JN318442

海 と 考 古 学

海交史研究会考古学論集刊行会編

序

　このたび海交史研究会編集の考古学論集『海と考古学』を刊行する運びになりました。海交史研究会とは，1999年5月に会誌第1号を発刊し産声を上げた，筑波大学前田潮教授が主宰するこじんまりとした研究会です。以来5年あまり，多くの方々のご協力とご助力を得て2004年4月までに，会誌は第7号を数えました。そこで，前田先生と日々交流のある方々にお声を掛けて考古学論集をつくろうという話が持ち上がり，今回の刊行となりました。
　顧みれば会誌創刊号に，発行者一同署名のもと次のような前書があります。

　海と人とのかかわりは古く，また新しい。人類史における様々な時代，様々な地域で，人々と海との独自のかかわり方があり，各々独自の文化を生み出すとともに，そこには共通の対応や共通の問題点も認められる。
　本誌は歴史上における海を媒介した様々な形の人々の活動や，その媒体としての海に関心のある人のために開かれ，考古学を記述とした論文や研究ノート，資料紹介などが掲載される。それらには，斬新なアイディアや視点の披露，オリジナリティーの高い資料の紹介，論文作成前の肩ならしなどがあり得るだろう。隣接分野の成果の活用や隣接分野からの問題提起も含まれよう。以上の点に関心のある者の投稿を期待している。

　今回の論集には，まさしくこの発刊の辞にあるような様々な分野からの寄稿が相次ぎました。時代や地域，分野を問わず様々な視点より独自の見解を披露しています。海交史研究会として今後も精進していくことを期し，発刊のことばといたします。

海交史研究会考古学論集刊行会
川名広文・内山幸子・日高　慎

目 次

列島周辺をめぐる文化

ススヤ文化の葬制について　　　　　　　　　　　　　　　　天野　哲也……1

ウスチ・アインスコエ遺跡出土の鈴谷式土器　　　　　　　　木山　克彦……7

香深井A遺跡出土陶質土器の再考　　　　　　　　　　　　　臼杵　勲……15

オホーツク文化における威信財の分布について　　　　　　　高畠　孝宗……23

装飾肢骨からみるオホーツク文化と周辺文化　　　　　　　　内山　幸子……45

「考古学的文化」の変容とエスニシティの形成
　　－北海道島における考古学的エスニシティ論の試み－　　加藤　博文……61

華北先史遺跡出土の海棲貝類素描　　　　　　　　　　　　　加藤　真二……87

高句麗太王陵出土瓦・馬具からみた好太王陵説の評価　　　　桃崎　祐輔……99

北海道島をめぐる文化

宗谷海峡周辺における続縄文土器の成立と展開　　　　　　　福田　正宏……125

札幌市内の遺跡分布からみた続縄文時代の土地利用方法
　　－道央部における続縄文時代の行動様式の復原にむけて－　石井　淳……141

蝦夷と昆布　　　　　　　　　　　　　　　　　　　　　　　松本　建速……167

焼畑の考古学－北海道における焼畑跡の考古学的分析－　　　横山　英介……179

同化・変容・残存－住居にみるアイヌ文化の成立過程－　　　瀬川　拓郎……207

古人骨からみた北海道の人々とその位置　　　　　　　　　　石田　肇……221

頭蓋形態からみた北海道アイヌの地域性とオホーツク文化人
の影響　　　　　　　　　　　　　　　　　　　　　　　　　近藤　修……233

Diet Breadth and Life History in the Okhotsk: A Preliminary
Comparison of North and East Hokkaido　　　MARK J. HUDSON……243

本州島をめぐる文化

縄文階層社会の存否に関する予備的考察
　　－考古学的属性と出土人骨の形質との対比から－　　　　山田　康弘……251

南関東における縄文時代の沿岸性遺跡に関する一考察－序章－　沖松　信隆……269

東北地方太平洋岸弥生時代以降における漁撈民の多様化
　　－仙台湾周辺出土回転式銛頭を手がかりとして－　　　　山浦　清……285

側面索孔燕形銛頭考
　　－東日本弥生文化における生業集団編成のあり方をめぐって－　　　　設楽　博己……299
国家形成初期における水上交通志向の村落群
　　－千葉県印旛沼西部地域を例として－　　　　　　　　　　　　　　田中　　裕……331
松戸市行人台遺跡の鋳造鉄斧と多孔式甑
　　－東京湾沿岸地域と渡来系文物－　　　　　　　　　　　　　　　　日高　　慎……355
中世地下式坑の形態変遷について　　　　　　　　　　　　　　　　　　大森　隆志……369
生活復原資料としての鳥類遺体の研究
　　－カモ亜科遺体の同定とその考古学的意義－　　　　　　　　　　　江田　真毅……387

友人，前田潮－学者として，教育者として－　　　　　　　　　　　　V.A.ゴルベフ……407

ススヤ文化の葬制について

天 野 哲 也

はじめに

　およそ紀元前後頃を中心とする時期，すなわちオホーツク文化の前に，サハリン南部から北海道北端部の海岸地帯には「ススヤ文化」が展開していた。その遺跡では竪穴住居群や主に海産物残滓からなる文化層などは確認されているが，墓に関する報告はこれまでおこなわれていない。正確には，これまでに「ススヤ文化」の墓と認識されたものはない。なぜか？それは，ある対象をわれわれがススヤ文化に属するものであると認識する際に利用する最も容易な指標が土器であり，これまで「ススヤ」式土器を伴う墓が見つかっていないからである。では土器を副葬しない墓があった場合，それはどのように認識されるであろうか？

I．稚内市オンコロマナイ貝塚遺跡

1．墓の概要

　宗谷岬の西南西約5kmのところ，オンコロマナイ川左岸の砂丘上に位置する（大場・大井編1973）。上下2枚の貝層で挟まれた包含層から主にオホーツク文化の遺物が得られている。この遺跡ではほかに縄文文化期やススヤ文化あるいはアイヌ文化の物も得られている。なお，背後の急な尾根上では，東京大学によってススヤ文化の竪穴住居3軒が調査されている（泉・曾野編 1967）。

　この貝塚遺跡では北海道大学によって1966年に3基（「オンコロマナイ人骨1～3号」），1967年に1基（「オンコロマナイ人骨4号」），墓が調査され，また1966年には人骨2体（「オンコロマナイ人骨5・6号」）が採集されている。これらのうちオンコロマナイ人骨1・2・4はアイヌに，オンコロマナイ人骨3・5・6は「貝塚人」すなわちオホーツク人に分類されており（大場 1973：175～186頁），「オンコロマナイ人骨3」を除き妥当な判断であろう。

　そこでここでは墳墓4：オンコロマナイ人骨3号を検討しよう。

（1）墓壙

　楕円形で，長径164cm短径97cm深さは約20cmである。長軸方向はW6°Nで，遺骸の頭位もほぼこれに一致し，わずかに真西から北に振れている。層位の観察結果から，この墓壙は「本遺跡の主要な包含層［オホーツク文化：筆者注］の形成される当初，あるいは少なくともその比較的早い時期」に造られたと報告者たちは判断している（大場・大井編 1973：48～52頁）。まったく撹乱されていない。

(2) 被葬者（図1）

遺骸は手足を伸ばした状態で葬られており，顔面は左を向いている。成年女性と推定されている。

(3) 副葬品（図2・3）

豊富である。琥珀玉製ネックレス（大小の玉348個），安山岩製環飾1，アホウドリの大腿骨製針入れ3と琥珀製の留め玉1，骨針1，骨製刺突具1，鯨骨製中柄3，骨製未詳品1，石鏃6，砥石1，石製剥片2である。

2．報告者による時間的位置付け

オホーツク文化期と報告されており，その根拠はつぎの3点である。1）アホウドリ骨製針入れはオホーツク文化前には知られていない。2）石鏃などは近世アイヌ文化の物とは考えがたく，それより前のものである。3）層位的にアイヌ文化期の墓より下位に位置する。はたしてこれらの根拠は充分であろうか？

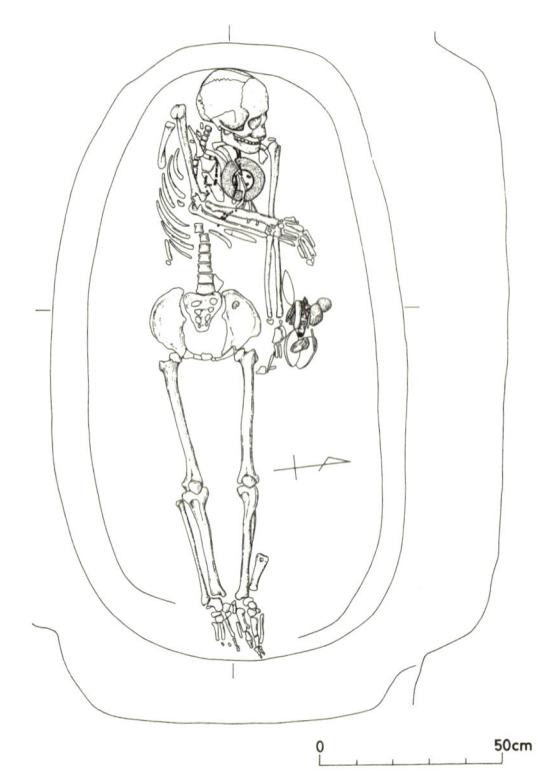

図1　稚内市オンコロマナイ貝塚 墳墓4（人骨3号）
出典：大場・大井編1973『オホーツク文化の研究1 オンコロマナイ貝塚』、東京大学出版会

3．種々の疑問

まず，墓壙の掘りこみは包含層形成当初か以前に求められ，縄文・続縄文期にさかのぼる可能性をもっている。骨製針入れは続縄文期浜中2遺跡で骨針入りの状態で見つかっており，オホーツク文化に限定される物ではない。さらに鯨骨製中柄は，オンネモト遺跡例（国分他編1974：94頁）を除き，オホーツク文化にはきわめて稀である。石鏃の材質は頁岩が主で黒曜石は無い。つまりこの墓は道東地方へのルート未開拓の段階，すなわちオホーツク文化前期かそれ以前に造られた。ところでその石鏃の形態は，オホーツク文化に一般的な柳葉形ではなく，有柄である。とくに第28図11～13のタイプは，オホーツク文化にほとんどみられず，類例を求めるならば，上記，尾根上に立地するススヤ文化期オンコロマナイ遺跡の竪穴住居に伴う石鏃（泉・曾野編 1967, Fig. 8 : 11～16）に類似している。

また形質人類学的には，この成年女性被葬者は高頭型で非オホーツク文化的であり，カラフトアイヌに類似すると指摘されている（大場 1973：185頁）。さらに近年の石田肇による再検討でも，非オホーツク人（鼻が高い，顔が小さい）という所見が得られている（未公表）。

以上を総合すると，オンコロマナイ人骨3号の埋葬された墳墓4は，オホーツク文化のもの

考えることは困難であり，それより前の時期の所産とみるべきである。石鏃の特徴などからみてそれは，ススヤ文化のものである可能性が大きい。

Ⅱ．礼文島船泊第2遺跡

島の北部で，船泊湾にそそぎこむ大沢川左岸の砂丘上に位置する。詳細な報告はない。人骨12体が発掘されている（児玉・大場 1952：181頁）。いずれにも土器の副葬は確認出来なかったようであるが，ここで倒立状態でみつかったオホーツク式土器2点はこの墓地の副葬品である可能性が大きい。12体中2体（4号・12号）が仰臥伸展葬，頭位北西で，他は仰臥屈葬である。4号・12号ともに成年女性と推定されている。うち4号には刀子1，骨針1，円盤形装飾品1，管玉1が，12号には刀子1が副葬されていた。

問題はこれらの墓の所属文化の推定である。報告では，明確な被甕葬が確認できない点と，2例の伸展葬に注目してはいるが，鉄器の豊富さを主たる根拠に，結局オホーツク文化のものとしており，以後これに異議を唱える研究者は現れていない。

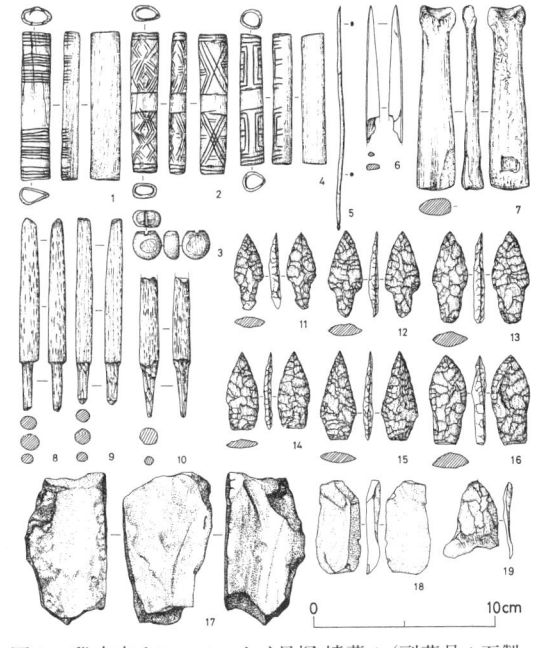

図2　稚内市オンコロマナイ貝塚 墳墓4（副葬品：石製・骨製道具）　出典：図1に同じ

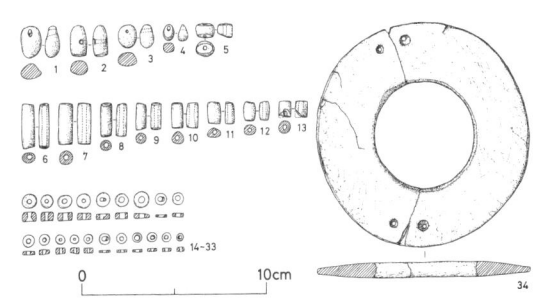

図3　稚内市オンコロマナイ貝塚 墳墓4（副葬品：装飾品）　出典：図1に同じ

しかし刀子はサハリン南西岸のウスチ・アインスコエ遺跡の竪穴住居（山浦 2003：33～40頁）で見つかっており（Vasilevski 2003），ススヤ文化にも鉄器が普及していたことは明らかである。その他の副葬品も必ずしも決め手にはならない。もっとも，この遺跡では，縄文時代後期の土器やオホーツク式土器，擦文式土器などは得られているが，ススヤ式土器は報告がない。しかしそもそも土器を副葬する伝統がなければススヤ式土器が残されるわけがない。

以上のことから，この墓地にオホーツク文化期の墓がふくまれる可能性は認められてよいし，12体のいずれかがそれに相当することはあり得る。とくに3号は，副葬された石鏃からみてオホーツク文化に属するものとして矛盾はない。しかしすべての墓がオホーツク文化のものであるとは断定できない。とりわけ上記4・12号についてはススヤ文化の可能性を考えてみる価値

があろう。DNA分析の手法をもちいて被葬者の系統を推定するやり方は大いに成果を期待できる。

Ⅲ．まとめと派生する問題

ではこのように，少なくともオンコロマナイ人骨3号の埋葬された墳墓4が，これまで考えられてきたオホーツク文化ではなく，ススヤ文化に属するものであるとなるとどのような問題が生ずるであろうか？

1．伸展葬

オホーツク文化の埋葬では，モヨロ貝塚遺跡などにみられるように屈葬が一般的である。このやり方が前期，「十和田式」の段階からすでに行われていたことは礼文島浜中2遺跡Ⅰ-3号の例（前田・山浦 2002）から明らかである。したがって，オホーツク文化とススヤ文化の関係については論争が続いているが（天野 1998：367～381頁，前田 2002：101～106頁，天野・小野 2002：115～118頁，H. Ono 2003：pp. 19-32），埋葬方式の面では両者の間には大きな断絶があることになる。

もっともオホーツク文化の墓すべてが屈葬というわけではない。枝幸町目梨泊遺跡では，遺骸の残存状態はよくなかったが，墓壙の規模・形状データをも総合して，伸展葬例が推定されている（佐藤編 1994）。ただしここでは中期，刻文土器の段階には伸展葬例は確認されておらず，沈線文土器の副葬された18号などがその最も古い例なので，後期の段階でこれが普及したことも考えられる。いずれにせよ，道北地方には伸展葬の伝統があったことは確かであり，それがどれくらい古い段階にまでさかのぼるものであるのかは，今後オホーツク文化の地方差を考える上で重要な点となろう。

2．形質人類学的研究，DNA分析

これまでオホーツク人についてもっぱら骨格の形態分析が行われ，成果が上げられてきた（Ishida 1988など）。今後さらにDNA分析などの方法を併用することによって，オホーツク人の地方的グループの確認や，これと周辺諸集団，現存する諸民族との比較などを進めることが出来れば，オホーツク人の系統関係の解明が飛躍的に進むことが期待できる。すでにわれわれ（天野，石田肇／琉球大学，増田隆一／北海道大学，松村博文／札幌医科大学，小野裕子／北海道大学，小寺春人／鶴見大学）は，北海道大学医学研究科から上記船泊遺跡人骨のほか大量のモヨロ貝塚人骨などを北海道大学総合博物館に移してこの研究に着手している。

小論は2004年6月19日におこなった口頭報告「オホーツク文化の等質性を疑う」（第68回北海道大学総合博物館セミナー／科学研究費補助金『特定領域研究』中世考古学の総合的研究－学融合を目指した新領域創生－（代表：前川要），A01中世総合資料学研究系，A01-5中世

日本列島北部－サハリンにおける民族の形成過程の解明―市場経済圏拡大の観点から―（分担者：天野哲也）成果報告会の内容の一部を発展させたものである。当日の報告では「墳墓4：オンコロマナイ人骨3号」をオホーツク文化のものと考えて議論したが，その後小論に示した理解に至った。

謝辞

　共同研究者である石田肇氏には，オンコロマナイ人骨についてご教示いただいた。御礼申し上げたい。

引用文献

天野哲也　1998　「オホーツク文化の形成と鈴谷式の関係－礼文島香深井遺跡群を中心として－」野村
　　　　　　崇先生還暦記念論集『北方の考古学』　367～381頁
天野哲也・小野裕子　2002　「オホーツク文化の形成－「十和田式」をさかのぼる－」　天野哲也・
　　　　　　VasilevskiA．A編『サハリンにおけるオホーツク文化の形成と変容・消滅』
　　　　　　北海道大学総合博物館，115～118頁
Ishida, H.
　　　　　　1988　*Morphological Studies of Okhotsk Crania from Omisaki, Hokkaido* Journal of the
　　　　　　Anthropological Society of Nippon 96－1　pp.17－45
泉靖一・曾野寿彦編　1967　「オンコロマナイ」『人文科学科紀要42輯　文化人類学研究報告1』　東京大
　　　　　　学
大場利夫・大井晴男編　1973　『オホーツク文化の研究1　オンコロマナイ貝塚』　東京大学出版会
大場利夫　1973　「第5章1966年および1967年度調査の人骨」，大場利夫・大井晴男編　1973　『オホーツ
　　　　　　ク文化の研究1　オンコロマナイ貝塚』　東京大学出版会
大場利夫・大井晴男編　1981　『オホーツク文化の研究3　香深井遺跡（下）』　東京大学出版
大場利夫他編　1972　『北海道枝幸郡枝幸町川尻チャシ調査概報』　枝幸町教育委員会
児玉作左衛門・大場利夫　1952　「礼文島船泊砂丘遺跡の発掘に就いて」『北方文化研究報告』7　北海道
　　　　　　大学　167～270頁
佐藤隆広編　1994　『目梨泊遺跡』　枝幸町教育委員会
前田潮　2002　「鈴谷期の銛頭」　天野哲也・VasilevskiA．A編『サハリンにおけるオホーツク文化の形成
　　　　　　と変容・消滅』　北海道大学総合博物館　101～106頁
前田潮・山浦清編　2002年　「礼文島浜中2遺跡第2～4次発掘調査報告」『筑波大学先史学・考古学研究』
　　　　　　13　筑波大学歴史・人類学系
山浦清　2003　「1993年サハリンにおけるウスチアインスコエ遺跡の調査」『北海道大学総合博物館研究報
　　　　　　告1　オホーツク文化形成期の諸問題』　33～40頁
A. Vasilevski　2003　筆者との議論。なお，この刀子は国立歴史民俗博物館で西本豊弘氏によって分析中
　　　　　　である。

海と考古学

第1号

目　次

オホーツク文化黎明期の宗谷海峡 ……………………… 前田　潮　1

種屯内貝塚の晩期縄文土器と続縄文土器について ……… 福田正宏　9

北海道斜里町の海岸で採集した貝類について ………… 内山幸子　21

津軽海峡と擦文土器・手づくね土師器・ロクロ土師器 … 松本建速　29

海交史研究会
1999.5

ウスチ・アインスコエ遺跡出土の鈴谷式土器

木 山 克 彦

はじめに

　鈴谷式土器については，これまでに多くの論考が提出されている。同土器の成立，展開をめぐる議論の中では，土器に見られる諸要素からその背景にある人間の動きや文化系統に言及されることも多い。これに関連して，その帰属についてオホーツク文化に含めるかどうかという議論や，近年には，ススヤ文化として独立させる見解が提示される等，いまだ統一した見解が得られていない。多様な見解やそれに基づく解釈に齟齬が生じている要因のひとつに，鈴谷式が豊富なヴァリエイションを内包しながら設定され，その実相について不明な点を残しながら議論されてきたことが挙げられている（熊木 2004）。

　鈴谷式におけるヴァリエイションの内，注目されてきた要素のひとつに「縄」と「櫛状工具」という異なる施文原体の存在がある。両者による文様は同一遺跡で出土し，共時性が認められる一方で，サハリン島南部には「縄線文」が多く，同島北部には「櫛目文」が多いという地域性も設定時より指摘されており，将来的に細分しうる可能性が持たされていた（伊東 1942）。この時，伊東信雄氏は「櫛目文」を有した北部の遺跡として，ウスチ・アインスコエ（Усть-айнское）（旧名：来知志）遺跡を挙げている（伊東前掲）。その後，新岡武彦氏は，同遺跡から70km程北にある恵須取遺跡等で，尖底，小形で櫛目文の文様からなる土器組成を見出し，これを，縄線文を主体とする鈴谷式から分離させ，「恵須取式」と設定した（新岡 1970）[1]。両氏の調査成果によって，北部の縄線文，南部の櫛目文という構図は，鈴谷式の基本的特徴として広く認識されるようになる。このうち縄線文を有した鈴谷式については，近年の日露研究交流の深化に伴い，続縄文土器からの系譜が辿れることについて一定の理解が得られるようになってきている。その一方で，櫛状工具による施文や尖底，丸底といった要素は続縄文土器から系譜が追えない要素として捉えられている。この状況に基づいて，鈴谷式土器の成立は，続縄文土器の伝統とサハリン島にある他系統の土器群との融合によるものであるとの認識が研究者間に定着することとなる。

　1993年に行われたウスチ・アインスコエ遺跡における発掘調査では，縄と櫛状工具という施文具によって同一の文様意匠が施文された土器が，竪穴住居内で共に出土している（山浦 2003，前田 2002）。この成果は，異なる土器伝統の接触・融合によって鈴谷式が成立した可能性の蓋然性を高めるものといえる。また，本遺跡周辺が異なる土器伝統の接触地域である可能性が浮かび上がり，改めてこの地域の重要性が注目されることになったのである。

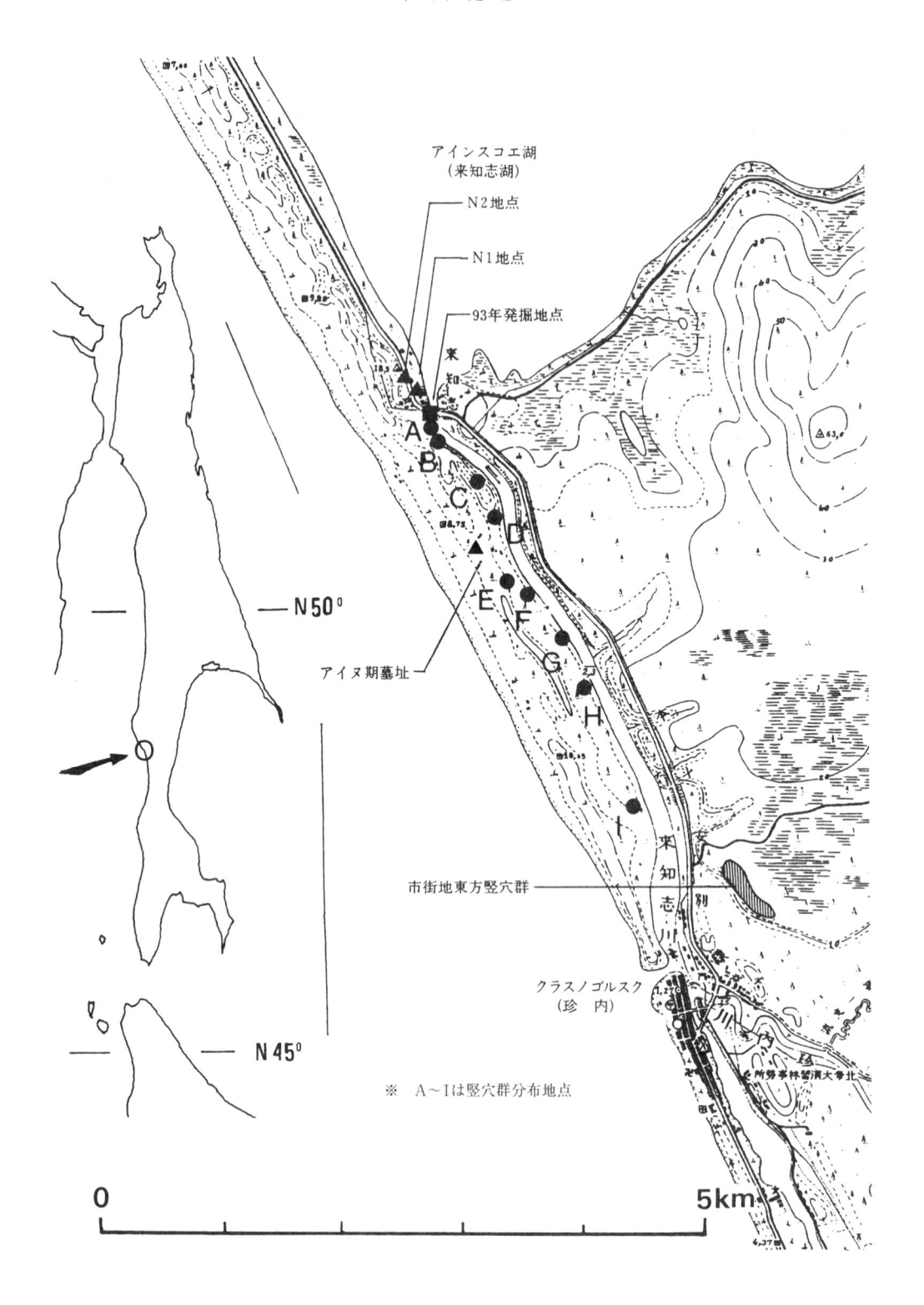

図1　ウスチ・アインスコエ遺跡
（前田・木山 2002より転載）

但し，このような進展が認められる一方，依然として，櫛目文を有した鈴谷式は資料数が限られ，提示された資料も断片的で破片資料が多いことから，その詳細な内容について不明な部分が多いことは否めない。また，続縄文土器の伝統と接触した土器群については，その候補として幾つかの説が提示されているが（前田前掲，熊木前掲，ワシリェフスキー 2003等），実資料を用いた検証はほとんどなされていないのが実状である。これらの問題を解決する為の鍵を握ると目されるのは，サハリン島中部以北地域の考古学情報であろう。しかし，残念ながら，本地域は全般的に調査密度が低く，今後もこの状況が近日のうちに解消されるとは思われない。現状からすれば，未公表である個々の資料を提示し，将来的な検証の為の「蓄え」が重要であることは言を俟たない。本稿では，鈴谷式の成立，展開に関する問題，ひいてはオホーツク文化の成立の問題について検討を加える際の基礎的な参照資料に供するため，未公表資料である櫛目文を持つ鈴谷式土器を紹介し，その位置づけについて検討を試みることとしたい。

I．ウスチ・アインスコエ遺跡の位置及び資料の出土地点について

ウスチ・アインスコエ遺跡は，サハリン島中部西岸に位置するクラスナゴルスク（旧名：珍内）市街地の北西約4kmにあるアインスコエ湖岸と，同湖より市街地に向かって海に流れ出るアインスコエ川岸に沿って展開している（図1）。戦前からロシア領になって以後も，幾度となく踏査，発掘調査が行われている（新岡 1940，前掲，伊東前掲，Голубев 1973，Шубин他 1977）。また1993年には，山浦清氏を団長とする日露共同調査で河川岸沿いの竪穴住居址の一部が発掘調査されている（山浦 2003）。これらの調査によって，本遺跡には新石器時代，鈴谷期・オホーツク文化期，アイヌ期の遺構，遺物の存在が明らかとなっている。

1997年，筆者は，前田潮氏とともに，本遺跡全体の状況を把握することを目的とした踏査を行った[2]。その結果明らかとなった竪穴住居の分布状況や調査で得られた土器資料については報告する機会を得ている（前田・木山 2002）。本稿で紹介する資料も，この時の調査時に得られた資料であるが，前報告では掲載しなかったものである。資料は前報告のN1地点とN2地点で得られた土器である。

N1地点はアインスコエ川沿いの道路脇に掘られた側溝にあたる。1993年の発掘地点と同程度の比高にある。本地点では鈴谷式の包含層，遺構が確認されている（前田・木山前掲）。本地点出土資料はV. A.ゴルベフ氏（В.А.Голубев，前サハリン国立大学教授）によって採集されたものであり，その詳細な出土地点や出土状況は不明である。

N2地点は，アインスコエ湖岸に沿って南北方向にのびる標高16m程の段丘に位置する。ちょうどN1地点を見下ろす位置関係にある。本段丘の南側は整地により東西方向に切り崩されており，その切断面に現表土より約1.5mの深さで竪穴住居とみられる落ち込みが認められた。同竪穴は，表土下の黄褐色砂層を掘り込んで構築されているが，床面直上には赤化し硬化した砂層が堆積していた。紹介資料2点はともにこの竪穴住居の床面にへばりついて露出していた。これ以外の資料は得られていない。確認できた床面と思われる平坦面は約2mである。本地点

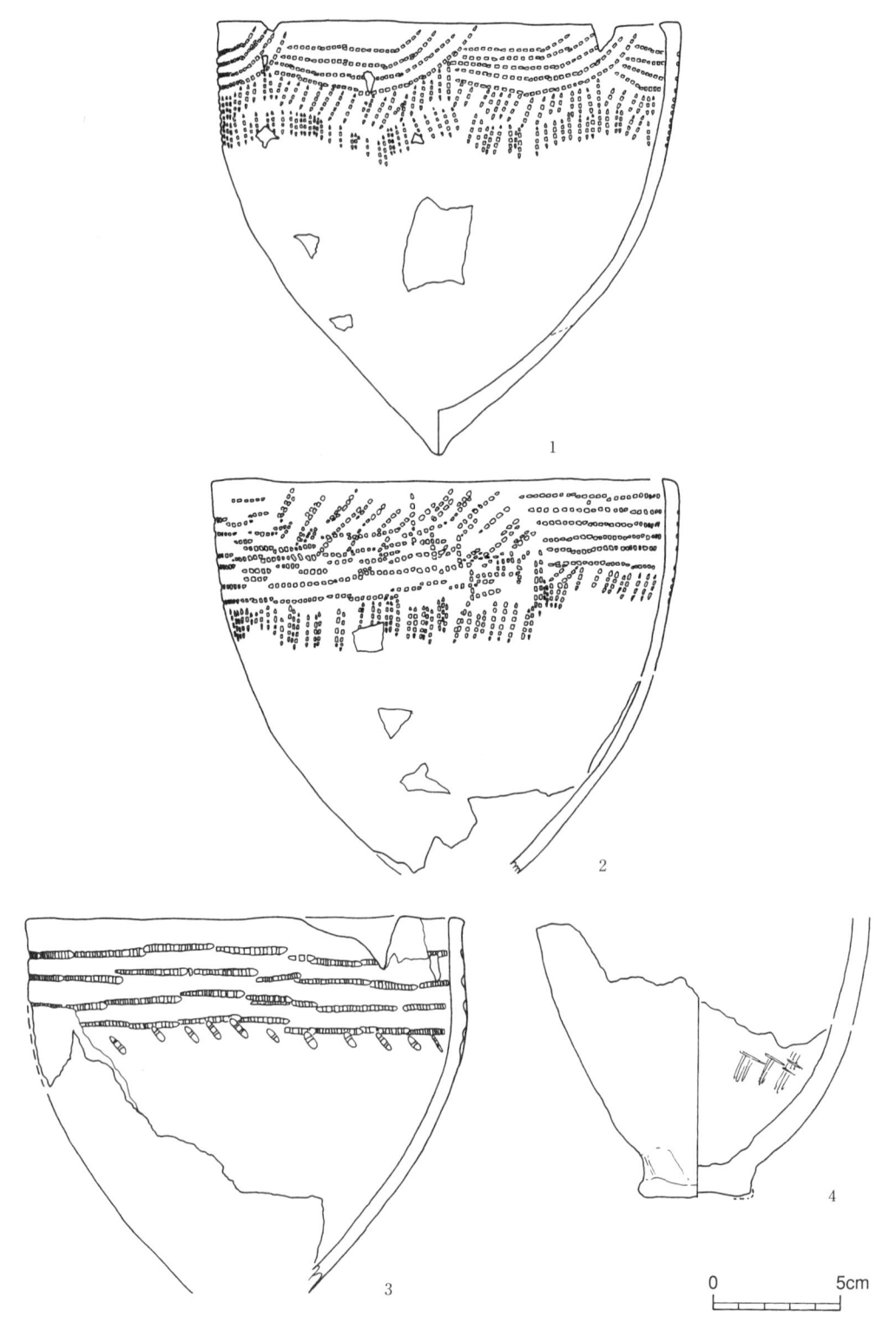

図2 ウスチ・アインスコエ遺跡出土の鈴谷式土器

の遺構と遺物はV.グリシェンコ氏（В.Грищенко，現サハリン国立大学研究員）によって発見され，調査に参加した者全員で観察，調査を行った。尚，これらの資料は現在サハリン大学考古学研究室に保管されている。

Ⅱ．資料について

　図2－1。N2竪穴住居出土資料。完存個体である。黒褐色から黒色を呈する。部分的に炭化物が付着する。胎土には砂粒を含むが，小礫等の混入は認められない。焼成は比較的良い。胴部付近の割れ面から判断すると，内傾接合による成形と推測できるが，断定はできない。口縁部内面には横方向のナデ，胴部内面から底部にかけて縦方向のナデ整形の痕跡が見られる。器高16.5cm，口径18.5cm。胴部から口縁にかけての器厚は一定しており4〜5mm程である。口縁部付近から胴部にかけて緩やかな傾斜を持ち，胴部下半から底部にかけて鋭くすぼまる広円錐形に近い器形である。底部は鋭く突出する尖底である。口縁部文様は櫛状工具の押圧による。先端は6叉に分かれる工具と思われる。施文方向は，圧痕の重複関係から基本的に左から右に向かう。同工具を水平に圧痕し，右方に上げていき口唇直下にぶつかり弧状を描く。この文様が繰り返し展開し，口縁を巡る。その下に，同工具により縦方向の圧痕が2段付されており，部分的に圧痕方向を変えて「く」の字形を呈する。口唇の断面形は基本的には長方形であるが，面取りされている為，押し出された粘土が内側にやや膨らむ箇所も認められる。

　図2－2。N2竪穴出土資料。全周の3分の2が残存する。残存高17cm，口径18.5cmで器形は1と同様である。底部は欠くが，そのカーブから判断して丸底ないし1と同様の尖底と思われる。胎土，色調，焼成の特徴も1と同様である。口縁部内外面に炭化物の付着が著しい。器厚は4〜5mmである。基本的な文様構成は図示した右側のように櫛状工具による水平の圧列が6段巡っている。図中左部分のみこの構成が崩れ，斜位，縦位の圧痕が混じりあっている。本来は1のような文様意匠を意図したものと思われる。水平方向の圧痕列の下に縦方向に垂下した圧痕列が見られる。器面に見られる「歯」数はまちまちだが，これは施文時の深度，器面との接着角度によるものであろう。工具の先端は6叉と思われる。施文方向は基本的に左より右である。

　図2－3。N1地点出土資料。全周の4分の3が残存する。底部は欠くが，丸底ないし尖底であろう。広円錐形に近い器形。残存高14.5cm，口径17.5cm。口縁部に櫛状工具による水平圧痕列を4段持つ。工具の先端は11叉である。水平列の下に右傾する圧痕列を持つ。1，2に比べ本例の櫛状工具は幅広である。また前2例では「歯」の圧痕列が展開していたのに対して，本例では「歯」とその周りも落ち窪み，全体が細長の圧痕となっている。胎土には砂粒，小礫を含む。焼成は比較的良い。褐色，黄褐色を呈し，口縁付近に炭化物の付着が認められる。

　図2－4。N1地点出土資料。黒褐色で所々に炭化物の付着が認められる。胎土には砂粒を多く含み，5mm程の小礫が混じる。焼成は悪い。器厚は1cm程あり，上記3点と比べて厚い。土器内面にはヘラ削りの痕跡がのこる。底面は台状となり，ごくわずかに張り出す。張り出し

部には指押さえの痕跡が残っている。やや上げ底ぎみである。底部内面の形状は丸みを帯びている。

Ⅲ. 資料の位置づけ

　Ｎ２地点出土資料の２点は，同一の竪穴住居とみられる遺構より出土したものである。これを竪穴住居址と確定することは，情報が少ない為に出来ないが，層位状況や資料の特徴から両資料の共時性は認めていいだろう。ウスチ・アインスコエ遺跡でこれまでに公表されている資料（前田他前掲，山浦前掲）と比較しておこう。１のような文様意匠がそのまま該当する例はないが，口唇直下から斜傾する櫛，縄の文様は本遺跡では比較的良くみられる事例である（前田他前掲図３−17，山浦前掲 Fig.9−4，Fig.10−18等）。1993年調査資料では完形個体が提示されていないが，先の尖った底部資料も得られている（山浦前掲 Fig.11−28−29, 31）。また，筆者は同遺跡出土資料を実見する機会を得ており，胴下半から急にすぼまる器形の資料を確認している。Ｎ１地点出土資料（図２−３）の水平圧痕列とその下に縦位の圧痕列を配する意匠は鈴谷式で一般的なものであり，前回報告のＮ１地点や1993年発掘資料にも多く含まれる。本例もこれらと同類と考えられることができよう。Ｎ１地点出土の４については，これまで得られている本遺跡の資料には類例が認められないものである。その特徴から考えると鈴谷式と思われるが，詳細については後述する。

　近年，熊木俊朗氏は，鈴谷式の研究状況と現有資料を用いて包括的な整理を試みている（熊木 2004）。その際，氏は鈴谷式土器をＡ１，Ａ２，Ｂ，Ｃ１，Ｃ２の５類型に分類し，大きく３時期に編年を行っている。類型化の基準や詳細については，今後も詰めていく必要性を感じるが，サハリン島における鈴谷式の変遷傾向の大枠に関しては概ね妥当であろう。ここで氏の提示する類型と本稿資料とを比較すると，１〜３はいずれも，鈴谷式土器タイプＢとしていいだろう。この類型は，1993年発掘事例で鈴谷式土器タイプＡとともに出土していることが確認されている（熊木前掲）。工具を変えながらも同一の文様意匠を描いている事例も多く認められる為，ほぼ同一の時期に存在したものといえる（前田前掲，熊木前掲）。また，縄による施文であるが（熊木氏の鈴谷式土器タイプＡ２），スタラドゥブスコエ（Стародубское）２遺跡２号竪穴で１と器形的に一致する事例が得られていること（Васильевский他 1976 Табл.LXVI-1, 5）も，これら縄目文と櫛目文の鈴谷式土器の間に凡その共時性があることを補強するものと考えられる。

　先に保留したＮ２地点出土の底部資料については，最も近似する例は利尻富士町役場遺跡出土例（内山編 1995 第13図-109）である。これを基にすれば，熊木分類の鈴谷式タイプＡ１に属することになり，氏の編年に従えば上述３例より１段階古くなる。しかし，内面は丸みを帯びた断面形状を取り，外面に張り出しを持つ平底は，例えば，鈴谷遺跡（Васильевский他前掲 Табл.ⅩⅦ-3）等，サハリン南部で一般的に見られる形態である。これらは熊木氏の鈴谷式土器タイプＡ〜Ｃが出土する遺跡で認められており，通時的に存在していた可能性がある。

その焼成や胎土の特徴からは，利尻富士町役場遺跡例や本遺跡の鈴谷式土器タイプAやBとは異なり，サハリン南部の鈴谷式土器タイプCに近い印象を受ける。N1地点では，鈴谷式土器タイプC2の資料が破片であるが得られており（前田他前掲 第3図4，5，10，14，20，21等），この底部資料もあるいはここに帰属する可能性を有している。

おわりに

ウスチ・アインスコエ遺跡における発掘調査の成果により，鈴谷式土器において縄目文と櫛目文の共時性やその関係性についてある程度の内容が把握されるようになった。基本的な見通しは，伊東，新岡両氏の指摘以来引き継がれてきたものであるが，格段に資料の充実が図られたといえる。本稿資料もこの類に属するが，全形が把握しうる資料として従来の内容を補強している点での意義は大きい。ところで，本稿資料のうち，完形資料3点について凡その共時性が窺え，熊木氏の言う鈴谷式土器タイプBに属するとした。次に問題となるのは，鈴谷式土器タイプBの更なる細分が可能かという点である。先に述べたように，鈴谷式土器が複数型式の土器の接触，融合によって成立した可能性を検証する場合，続縄文土器の伝統と接触した土器群を具体的に想定する必要がでてくる。こういった土器群が既に鈴谷式土器タイプB内にあるのか，例えば，N2地点出土資料とN1地点出土資料の間に若干の時間差も考えうるのかといった疑念も生まれるのである。また，既にその候補として挙げられている土器群は，現状では殆ど全容が分かるものではない。こういった問題に対して本稿資料が参照基準となりうると考える。

また，ウスチ・アインスコエ遺跡においては鈴谷式土器タイプA，B，C2が出土している。このうち，鈴谷式土器タイプBとC2の間にある差異は明瞭である。前者に比べ後者は，文様帯の狭小化，施文の減少，施文単位の分離が主要な差異のひとつとして挙げられている（熊木2004）。本遺跡で見る限りでは，鈴谷式土器タイプC2は口唇直下で括れを持つあるいは直立する器形で，口唇断面形は丸みを帯びた長方形の平縁で文様を持たない，また施文工具は「型」に近いものが多いという傾向も指摘できる。こういった傾向は，現状のサハリン島南部にある鈴谷式土器タイプC2にもある程度適用できる要素であると思われる。同タイプは本遺跡を含め，比較的広い纏まりを持っている。本遺跡以外の鈴谷式土器タイプC1からC2への移行は器形上ではスムーズに追えるように見える。変遷過程に地域的な差があるのか，またこれが鈴谷式に後続する十和田式土器とどういった関係を持つのか[3]，といった問題を今後検討していく必要がある。

サハリン島における鈴谷式の検討課題の中に，北部にあるとされる櫛目文土器の実態把握（鈴谷式以前を含む）と，十和田式土器との関係の把握（連続性の有無）がある。しかし，これらを含めた鈴谷式をめぐる多くの検討課題は近年に提起されたものではなく，長い間の懸案事項であった。この解決には，まず鈴谷式における細別単位の詳細を地域毎に把握していくことが最も基本的な姿勢であり，重要なことであろう。その上で，各氏によって提起された見通

しを検証していくことが求められる。その為，今後とも積極的に調査を行い，着実な資料増加を図ることが望まれよう。

註

1) 「恵須取式」に関してはその内容と時・空間的範疇が曖昧である。特に本文で述べるようにウスチ・アインスコエ遺跡の出土状況を考慮すると，その境界は更に引きにくい。本稿では，櫛目文を持つ資料についても特に分離せず，鈴谷式として包括する。但し，サハリン島中部以北の調査が進展し，新岡氏の指摘するような土器群の組成が判明し，はっきりとした地域差が把握できた際には有効な分類単位であろう。
2) 本調査は，辻誠一郎氏を代表とする調査（文部省科学研究費：サハリンにおける縄文海進期以降の人間を取り巻く環境史）の一環で行なわれたものである。筆者は当時サハリン滞在中であった為に，調査に同行させていただく機会を得た。
3) 鈴谷式土器タイプC2は，従来指摘されていた短刻線を持つ土器とほぼ同一の内容といえる（菊池1971）。この土器を鈴谷式から十和田式土器への移行期段階の資料とみるか，あるいは，十和田式土器の地方型とみるのか，といった問題を巡って既に議論されている（菊池前掲，1995，前田 1976等）。この是非を問う為にも，鈴谷式土器タイプC2の土器群組成，出土地域の詳細を把握する必要がある。

引用文献

（日本語文）

伊東信雄　1942「樺太先史時代土器編年試論」『喜田貞吉追悼記念国史論集』19～44頁
内山真澄編　1995『遺跡発掘調査報告書　利尻富士町役場遺跡』
小野裕子・天野哲也　2002「『鈴谷文化』の形成について」『サハリンにおけるオホーツク文化の形成と変容』　107～114頁
菊池俊彦　1971「樺太のオホーツク文化について」『北方文化研究』5　31～53頁
　　　　　1995「オホーツク文化に見られる女真・靺鞨系遺物」『北東アジア古代文化の研究』　31～131頁
熊木俊朗　2004「鈴谷式土器編年再論」『アイヌ文化の成立』　167～187頁
新岡武彦　1940「邦領樺太西海岸北部の遺跡調査概報」『人類学雑誌』第55巻8号　18～37頁
　　　　　1970「旧邦領樺太先史土器論考」『北海道考古学』第6輯　1～14頁
前田　潮　1976「オホーツク文化の成立過程について」『史学研究』第106号　1～21頁
　　　　　2002『オホーツクの考古学』　同成社
前田潮・木山克彦　2002「サハリン西海岸ウスチ・アインスコエ遺跡の竪穴群」『先史・考古学研究』第13号　113～122頁
山浦　清　2003「1993年におけるサハリン・ウスチアインスコエ遺跡の調査」『北海道大学総合博物館研究報告』第1号　33～40頁
ワシリェフスキー　A. A.　2003「サハリンにおける前オホーツク文化の諸問題」『北海道大学総合博物館研究報告』第1号　1～18頁

（ロシア語文）

Васильевский, Р. С., Голубев, В. А.　1976　*Древние поселения на сахалине.*
Голубев, В. А.　1973　*Археологические памятники Сахалинской области.*
Шубин, В, О., Шубина, О. А.　1977　Суаянки первобытного человека на южном Сахалине.
　　　Исследования по археологии Сахалинской области. cc.62－102.

香深井A遺跡出土陶質土器の再考

臼 杵 　 勲

はじめに

　発掘調査に際して，通常その地域では目にしない製品で型式や帰属の判定の難しい遺物に直面することがしばしばある。このような場合，その製品が他地域で作られたものと推定するのもきわめて自然なことである。通常整理の段階で，このような遺物の評価のために類例を探す努力がはらわれ，運がよければ周辺地域で類例が見つかり，その地域との交流を証明する根拠となる。しかし。まれに類例がうまく見つからない場合，とりあえず未知の地域からの招来品としてとりあつかわれることとなる。日本列島の場合は，その地域を大陸に求め，例証として候補地の遺物とのいくつかの共通点を指摘することが多いように感じる。北日本の場合は日本海の対岸地域であるロシア極東や中国東北部を想定する場合が多いようだ。しかし，このような推定が的をえていない場合もあるのだが，それでもこのような遺物の「大陸製品」という評価はそのまま残り，半ば定説化していくことも多い。北海道の場合，日本列島の北の玄関口という意識があるためか，とくに出自を大陸に求めてしまう傾向が強くなり，研究者の思考に一定の影響を与えているように感ずる。先日，筆者もこのような影響からの先入観にとらわれていたことを実感し，あらためて遺物の評価には注意が必要であることを自覚する機会を得た。本稿では，このときの体験と観察所見から標題の遺物について再考してみようと考える。

Ⅰ．香深井A遺跡出土陶質土器の概要

　本稿で取り上げる香深井A遺跡出土の陶質土器は，1968年から1972年にかけて北海道大学北方文化施設による発掘調査で出土したものである（大場・大井編 1981）。砂丘上に竪穴住居址6棟と6枚の魚骨層が検出された。これらの魚骨層出土土器の分析から，道北におけるオホーツク文化土器編年が確立したといってよい。陶質土器が出土したのは第Ⅳ層であり，土器文様が円形刺突文主体から刻文主体へと移り変わる時期にあたる（大場・大井編 1981：107～108頁）。サハリンの土器編年の十和田式から江の浦B式にあたる時期となろう。

　この陶質土器はその後，小嶋芳孝が取り上げて検討している（小嶋 1996：413～414頁）。香深井遺跡の報告書の記載・図に比べると，同種の土器を扱うことの多い小嶋の観察・図はより

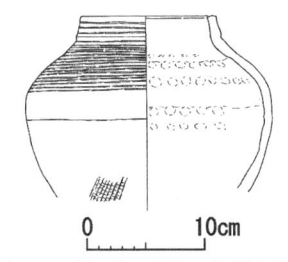

図1　香深井A遺跡の陶質土器
　　　（小嶋　1996より）

土器の内容が分かりやすいものとなっている。土器は完形ではないが器形の復元が可能な程度は遺存している。ここでは小嶋の記載に筆者の観察所見を加えて述べてみよう。

　土器の器形は口径11cmの短頸壺である。短い口縁部の形状から見て，本来は蓋が伴うものであったかもしれない。全体は輪積み成形され内面に接合時の指圧痕が残る。口縁はやや内傾して立ち上がり，外面に棒状工具を用いて3条の凹文が施される。口縁端面は内傾し，やや丸く仕上げられているが，器壁内・外面とは明瞭に区分けされ仕上げられ，稜を形成している。胴部と口縁の接合部分もロクロナデにより段状に整形される。胴部最大径は上半部に持つやや肩がはる形状であり，肩部はカキ目調整され，胴下部は全体がナデ整形されるが，部分的に整形の際の格子目様の叩き目の痕跡が残る。内面は全体をナデ整形して底部は破損しているが，下半部の形状から見て丸底に近いものであろう。胎土には粒子の細かい粘土が用いられ，混和材も粒子の荒いものは少ない。色調は灰白色である。二次的な火熱の痕跡があるが，色調もその影響を受けたものかははっきりしない。小嶋は「ヌメッとした感触」と表現しているが，焼成の印象は良好に固く焼かれたというものではなく，やや軟質に感ずる。小嶋はこれを胎土に滑石が混入されたためと考えている。

　この土器がオホーツク文化の製品でないことは明確であるので，はたしてどこから持ち込まれたものであるかが問題となる。報告書では大陸系土器と推定され，渤海東京城出土土器との類似が指摘されている（大場・大井 1981：320，489頁）。確かにオホーツク文化と関連する大陸側の文化として，渤海を含む靺鞨系諸文化をあげられるが，小嶋は，この土器の出土した地層の年代から渤海土器ではなく，渤海以前の靺鞨文化の灰陶土器との比較検討の必要を指摘している。4層の年代については，香深井A遺跡出土の北大式土器との関係から6世紀代と推定したものであるが，オホーツク文化の刻文系土器の年代を類似する靺鞨系文化の土器から検討した場合も6～7世紀ころに推定できるので，7世紀末建国の渤海土器より古いと判断するのは妥当な見解である。いずれにせよこの土器を大陸系とする点では両者の見解は一致しているが，ともに具体的に対比できる大陸側の資料を示しているわけではない。

II．大陸側資料の検討

　それでは，この6～7世紀ころにオホーツク文化と関わる可能性のある陶質土器にはどのようなものがあるだろうか。もっとも関わる可能性が高いのが小嶋の指摘するように渤海以前，靺鞨系文化の前期でヂャーコヴァによりブラゴスロヴェンノエ群・ナイフェリト群として設定された土器の段階であろう（Дякова 1984）。この段階の土器がオホーツク文化の刻文系土器に強い影響を与えたことは多くの研究者によって指摘されている（前田 1976など）。

　しかし，オホーツク文化の領域に近いアムール流域では，これらの土器群に陶質土器が伴うことはきわめて稀である。わずかにブラゴスロヴェンノエI遺跡の住居址出土例に1例（Дякова 1984：pp.90-91），羅北団結墓地で1例（李 1989）が確認されているにすぎない。両者とも頸部が外反する平底の短頸壺形土器である。肩部には波状文が施され，羅北団結墓地

では「寺」と思われる印字がある。これらの土器はその形状や文様・刻字から見て，高句麗系の陶質土器である可能性が高い（魏1994：101〜104頁）。しかし形状から，香深井B遺跡例と関連づけることは難しい。

一方，松花江流域では，比較的多量の陶質土器が靺鞨文化系前期の土器と共伴している。その代表的遺跡である老河深墓地では壺

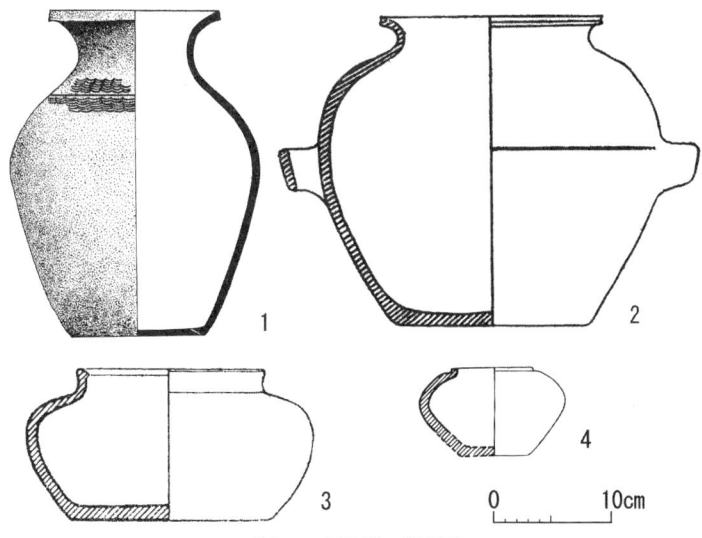

図2　大陸側の短頸壺
1　ブラゴスロヴェンノエ1遺跡（Дякова 1984 Таблица37より）
2　老河深井遺跡（吉林省文物考古研究所編1987 図九四より
3　高爾山城（徐・孫 1987 図三より）
4　上京龍泉府（中国社会科学院考古研究所編1997 図54より）

形土器との共伴例が多いが，器形や橋状把手などの特徴から見て高句麗系陶質土器と考えるのが妥当である（吉林省文物考古研究所 1991）。短頸壺は口縁部が外反するものがほとんどで，香深井A遺跡例のような内傾または直立するものは認められず，特徴的な胴上半部のカキ目も存在していない。老河深墓地と同様に靺鞨系文化前期土器を出土した大海猛墓地の陶質土器もほぼ同様である。つまりオホーツク文化に関連しそうなアムール流域や松花江流域では，6〜7世紀ころに高句麗系の陶質土器が若干分布しているが香深井A遺跡の類例は見られない。

なお，高句麗の陶質土器の小形短頸壺の例としては，撫順高爾山城出土品などがあるが径の大きい平底の形状は香深井遺跡のものとは差があり（徐・孫 1987：54頁），カキ目などの調整痕も認められないので，現時点では高句麗陶器にも類例は認められない。

なお，報告書で指摘された東京城における類例であるが，上京龍泉府宮城西区で小形の短頸壺（盃）が出土している（中国社会科学院考古研究所編 1997：93〜94頁）。非常に短い頸部の端面は丸く仕上げられ，肩部がはる平底の器形である。高台はつかないが奈良時代の薬壺に共通する器形であり，香深井A遺跡のものとは異なる。

Ⅲ．陶質土器の帰属

大陸側でもっとも生産地の可能性が高い地域には類例が存在していないので，あらためて香深井A遺跡の陶質土器の特徴から，その生産地を考察する必要がある。実は，筆者はこの土器を一度ならず実見している。1987年に北海道大学北方文化研究施設に保管されていた香深井A遺跡出土資料を実見したのが最初であるが，その際はいわゆるオホーツク土器を中心に資料を

観察していたために，特に詳しくみたわけではなく「焼きの悪い須恵質土器」という程度の印象を持ったにすぎない。その後，アムール女真文化の陶質土器など大陸側の資料を実見し，同じような焼成具合の土器が多いことから漠然と「大陸系土器」という評価をそのまま受けとめていた。その後も北方文化研究施設を訪問した際には，出土資料を何度か見学させていただきこの土器についても見ていたはずだが，当初の印象以上の見解をもつことはなかった。しかし，2003年にあらためて北海道大学総合博物館に移管された香深井A遺跡出土資料を熊木俊朗氏とともに実見する機会があり，その際に再度この土器を観察することとなった。観察所見は上記のとおりであるが，近年北海道出土の大陸系文物とされる資料を再検討する必要を感じていたため，あらためてこの資料の帰属を考えてみたのである。

オホーツク文化や大陸製の土器でなければ，この土器が本州以西の須恵器であるという可能性を考えなくてはならない。しかし，筆者がこの資料が須恵器ではなく大陸製という評価を肯定的にとらえていたのには，一応理由がある。一つは，口縁部に施された凹線文と，口縁部と肩部の段差である。管見では須恵器有蓋短頸壺で，このような仕上げをあまり見たことがない。また，上記のように焼成・色調も青灰色が一般的な須恵器とは差があるように感じられたのである。

しかし，大陸側の土器と比べたばあいにも，相違点はいくつも挙げることが可能である。上記のように一つは器形であるが，高句麗系土器から渤海，アムール女真文化期までの陶質土器まで含めても，同様な器形はアムール流域，松花江流域，沿海地方には見られない。さらに，この土器の大きな特徴である，カキ目による器面調整も，ロシア極東・中国東北部で確認することはできないのである。

それでは須恵器と仮定した場合，類例は存在するであろうか？上述のような形状の須恵器短頸壺は，陶邑では，田辺編年と中村編年の第Ⅰ～Ⅲ期，5世紀から見られ7世紀までは比較的よく見られる器形である（田辺 1966：52頁，中村 1981：111～234頁）。8世紀以降は，北海道では出羽国産須恵器の出土が増えることなどを考慮すると（鈴木 2004），6～7世紀においても北陸など日本海側の須恵器がもたらされた可能性もある。しかし，北陸で須恵器生産が本格化するのは7世紀に入ってからで，新潟より北で須恵器生産がはじまるのは7世紀後半以降である（斎藤・後藤編 1995）。現段階では6世紀段階の窯跡資料で香深井A遺跡出土資料と直接対比できるような資料は見られない。太平洋側でも関東以北での須恵器生産の開始の状況は同様であるので6～7世紀の須恵器を考える場合には，生産地域を限定せず広く見ていく必要がある。そこで全国的な

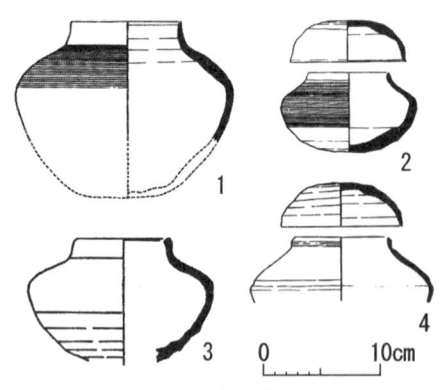

図3 須恵器短頸壺の類例
1 MT15号窯（田辺1966図版37より）
2 TK10号窯（田辺1966図版38より）
3 Ⅱ-4（TK43式）期 1981 図19より）
4 TK209号窯（田辺1966図版39より）

須恵器編年の基礎となった陶邑の資料を参考に検討してみることとする。この時期には，猿投・美濃須衛，湖西などを代表に各地に須恵器生産が展開していくが，器形・技法などの地域差は比較的少ないので，須恵器であるかどうかの判定には支障がないと考える。

陶邑では，田辺編年の標識資料として，Ⅰ期後半のTK23号窯，TK47号窯，Ⅱ期のMT15号窯，TK10号窯，TK209号窯で，香深井遺跡例に近い形状の短頸壺が報告されている（田辺1966：64～72頁）。特に口縁の形状について見ると，香深井例のようにやや内傾するものは，Ⅱ期のものである。また，TK209号例以外の土器には，すべて胴部にカキ目による整形が施されている[1]。また，MT15号例には，叩き目の痕跡が残る。また，この土器を特異なものに見せている口縁外面の凹線文と段差であるが，TK209号出土例に，同様な施文・整形が見られる。

以上のように，香深井A遺跡出土陶質土器に見られる多くの特徴は，実は須恵器に認められることが明らかである。焼成・色調についても，須恵器における変異として説明がつきそうである。逆に沿海地方の渤海土器には須恵器とそう変わらない焼成・色調のものも存在するので，これのみをもって大陸系と判断することは困難である。また，あらためて観察すると，アムール女真文化などとの焼成とも異なっている。つまり，この土器は大陸に類例を求めるよりも，須恵器と考えるほうがはるかに無理がないのである。

須恵器の場合，詳細な編年は杯などの特定の器種を指標としており，壺形土器での細かい年代比定は難しいが，上記のような特徴からある程度の年代を考察することは可能である。まず，形状の面から見て，陶邑田辺編年のⅡ期と見てよいと考える。さらにこの土器の口縁部端面であるが，内傾して器壁とのあいだに稜が形成されるのはⅡ期前半の杯などに見られる形状である。有蓋短頸壺の場合，杯蓋と同じ形状の蓋とセットで作成・焼成される場合があることから見ても，杯と同様な口縁形状を持つものと考えてよいと思われる。そこで，口縁形状を杯なども含めて比較すると，Ⅱ期はじめのMT15号期では，端面内湾か直線に近い形状で，香深井A遺跡例よりも強く面が作り出される場合が多い。TK10号窯，続くMT85号窯の例（田辺1981：107頁）では端面はより丸みをもった形状になるので，TK10式に近い年代と考えてよいと思われる。TK43式にほぼ対応する，中村編年Ⅱ型式4段階にも同様な形状の製品があり（中村 1981：177～178頁），一方TK209式では口縁にはっきりした端面を作り出していないので，おおむねTK10式期からTK43式期ころ，やや広く考えてもMT15式期からであろう。実年代としてはほぼ6世紀の中に収まるとしてよい。この年代は，十和田式～刻文系土器期で北大Ⅱ式併行と考えられる香深井A遺跡魚骨層Ⅳの年代と矛盾せず整合している。

Ⅳ．香深井A遺跡出土陶質土器の意義

以上のように香深井A遺跡出土陶質土器を，大陸製品ではなく須恵器である可能性が高いことが指摘できる。この見解を認めた場合，この土器の持つ意味がこれまでとは大きく変わることとなる。もっとも大きな変更点は，この土器が大陸との交流を示す資料ではなく，本州以西

の古墳文化とのつながりを示す資料となることである。日高慎は北海道出土の古墳文化関連資料を集成・整理し，5世紀以降の文物の流入について述べた（日高 2001）。また，大川遺跡出土の青銅製鐸を大陸からではなく，古墳文化領域からと想定したことも注目される（日高 2003）。日高の集成により5〜7世紀に本州から少なからず文物が流入していたことが明らかにされたわけであるが，香深井A遺跡の陶質土器は，その受け入れ先の一つがオホーツク文化であることがよりはっきりしたことになる。オホーツク文化の所産である利尻島赤稚貝塚第1ブロックで出土した赤彩土師器も同様な資料であるが，小野裕子は土器の詳細な検討から，このブロックが陶質土器の出土した香深井A遺跡魚骨層Ⅳに対応する時期であり，土師器の時期は6〜7世紀と結論した（小野 1998）。この他に，礼文島上泊遺跡出土の鹿角製刀装具も遺物の時期から見てオホーツク文化と関連する可能性が高い。

　近年，北海道埋蔵文化財センターにより調査された，青苗砂丘遺跡においては十和田式期〜刻文系土器期にオホーツク文化人の居住が行われ，本州の文化とも交流を行っていたことが確認されている（北海道埋蔵文化財センター 2002, 2003）。オホーツク文化人が比較的早い段階から続縄文文化・本州との交流を志向していたことを示しており，その中で香深井A遺跡にも須恵器が運ばれてきたのであろう。オホーツク文化に大陸的な要素が強いことはもちろんであるが，それと同時に本州方面との交流も活発であったことは，オホーツク文化が大陸と日本列島との架け橋の役割を担っていたともいえるだろう。

結　語

　香深井A遺跡出土陶質土器を検討し，それが須恵器である可能性が高いことを指摘した。ここでふりかえってみなくてはならないのは，なぜそれを大陸産土器と結論づけていたかという点である。冒頭に述べたように，筆者自身何度かそれを目にしていながら，まったくそのことに疑いを持つことはなかった。確かに通常の須恵器とは若干異質な部分もあるが，詳細に観察し大陸の土器と比較していれば，早くから同じ結果は得られていたように思う。

　中園聡は，観察者の事前知識や背景に基づいた概念駆動型処理が時には事物の誤った解釈を導く危険性を指摘している（中園 2003：209〜217頁）。中園の解説を援用させていただくならば，「大陸系陶質土器である」というトップダウンイメージと，「オホーツク文化は大陸と関連がある」，「極東の陶質土器は焼きが悪い」，「東京城に類例がある」，「須恵器には異質である」などの情報との再起的思考が行われ，「大陸系陶質土器」という結論が強化されていったということになろうか。実際には，東京城のどのような資料と比較されたのかも確認していないわけであり，具体的な検証も他の選択肢の検討もしていなかったことなる。筆者はどちらかといえば北方の大陸系遺物については比較的慎重な立場をとってきたつもりではあるが（臼杵 2004），それでも先入観に影響された結論を導きだしやすいということをあらためて実感した次第である。今後の反省点としたい。

前田潮先生には，筑波大学大学院入学以来，数々のご指導をいただき，調査にも何度となくご一緒させていただいた。今回，先生が中心となり活動されている海交史研究会の研究論集に寄稿するにあたり，先生にも縁の深いオホーツク文化の交流に関わるテーマを選ばせていただいた。これまでのご指導にもかかわらず拙い内容であることにお詫び申し上げるとともに，先生のこれまでのご厚情にあらためてお礼を申し上げたい。また資料実見に常にご助力いただいた天野哲也先生にもお礼申し上げる。

註
1）カキ目は短頸壺に限らず，須恵器の多くの器種に用いられる普遍的な技法である（田辺 1966：37頁）。

参考文献
（日本語文）
臼杵　勲　2004　「大陸と北海道」『北海道考古学』第40輯
大場利夫・大井晴男編　1981　『オホーツク文化の研究3　香深井遺跡　下』　東京大学出版会
小野裕子　1998　「利尻島亦稚貝塚と礼文島香深井A遺跡の時間的関係について」『野村崇先生還暦記念
　　　　　　　　論集　北方の考古学』
小嶋芳孝　1996　「蝦夷とユーラシア大陸の交流」『古代蝦夷の世界と交流』　名著出版
斉藤孝正・後藤健一編　1995　『須恵器集成図録　第3巻東日本編Ⅰ』
鈴木拓也　2004　「擦文文化期における須恵器の拡散」『北海道開拓記念館研究紀要』第32号
田辺昭三　1966　『陶邑古窯址群Ⅰ』　平安学園考古学クラブ
　　　　　1981　『須恵器大成』角川書店
日高　慎　2001　「東北北部・北海道地域における古墳時代文化の受容に関する一試考－古墳時代中期を
　　　　　　　　中心として」『海と考古学』第4号
　　　　　2003　「北海道大川遺跡出土資料の再検討」『考古学に学ぶ　Ⅱ（同志社大学考古学シリーズ
　　　　　　　　Ⅷ）』
北海道立埋蔵文化財センター　2002　『奥尻町青苗砂丘遺跡　重要遺跡確認調査報告書第2集』
　　　　　　　　　　　　　　2003　『奥尻町青苗砂丘遺跡2　重要遺跡確認調査報告書第3集』
中村　浩　1981　『和泉陶邑窯の研究－須恵器生産の基礎的考察－』柏書房
前田　潮　1976　「オホーツク文化の確立過程について」『史学研究』第106号
松本直子・中園聡・時津裕子編　2003　『認知考古学とは何か』青木書店

（中国語文）
中国社会科学院考古研究所編　1997　『六頂山与渤海鎮』中国大百科全書出版社
吉林省文物考古研究所編　1987　『楡樹老河深』文物出版社
李英魁　1989　「黒龍江省羅北団結墓葬発掘清理簡報」『北方文物』1989－1
魏存成　1994　『高句麗考古』　吉林大学出版社
徐家国・孫力　1987　「遼寧撫順高爾山城発掘簡報」『遼海文物学刊』1987－2

臼　杵　勳

（ロシア語文）

Дьякова, О.В.

 1984 *Раннесредневековая керамика Дальнего Востока СССР как исторический источник I - X вв.*, Москва

オホーツク文化における威信財の分布について

高 畠 孝 宗

Ⅰ. 歴史時代の狩猟採集民

　オホーツク文化が他の狩猟採集民文化と著しく異なる点は，その「時代性」にある。オホーツク文化の存続期間については研究者によって諸説あるが，オホーツク文化中期の刻文系土器群を7世紀，後期の擬縄貼付文系土器群を8世紀，ソーメン文系土器群を9世紀代に比定した右代啓視の論考は，C14年代やトコロ火山灰との関係，続縄文式土器や擦文式土器との関係について整理されており，現段階では矛盾のない見解と言えよう（右代 1995）。オホーツク文化が興隆した7世紀から9世紀にかけて，近隣には既に高度な政治体制を整えた国家が出現していた。大陸では隋から唐へと王朝が推移し，北東アジアではオホーツク文化と関連の深い靺鞨文化の世界が広がっていた。同じ頃，日本列島中央部では北東アジアの動きに呼応するように中央集権的な律令国家が急速に整備されつつあった。

　オホーツク文化の特徴の一つはこうした近隣の異文化集団と否応なく関わりを持たざるを得なかった点にある。こうした異文化との交流は，金属器を始めとする様々な遺物が物語っている。中でも蕨手刀や青銅製帯飾に代表される「威信財」の存在は，オホーツク文化と大陸や本州の文化集団との関係を考える上で極めて重要な意義を持っている。

Ⅱ. オホーツク文化の「威信財」

　「威信」とは特定の社会集団によって共有される意識であり，「威信財」は威信を伴う社会関係を形成，維持する作用を持つとされる（小杉 2000）。威信財は，それを帯びる個人の社会的地位の表象であり，個人の所有に帰するという性格上，副葬品という状態で出土することが多い。威信財は日常生活に不可欠な様々な財，すなわち食糧，衣服，金属製利器，家畜，土器，石器といった生存財と対置される概念であり，必ずしも実用性という基準に制約されない。

　威信財は入手の困難さや希少性，製作の難易度によってその価値を裏付けられるものであり，オホーツク文化においても蕨手刀などの鉄製武具や青銅製帯飾など，「威信財」と位置づけられる資料が存在しており，その多くは副葬品として墓壙に納められている。

　藤本強はオホーツク文化の墓の副葬品を分析し，墓の構造や副葬品に個人差が見あたらないことを指摘して，「経済力，権力の面において人々の上に君臨するような人間」が存在しなかったという見解を示している（藤本 1965）。一方，近年の調査例の増加によりオホーツク文化の墓制の中に，威信財を持つ者（被葬者）と持たざる者という差が歴然として存在することが明らかになった。こうした格差は被葬者の年齢差，性差あるいは墓壙構築の時期差のみによっ

て説明することは困難である。本論ではオホーツク文化おける威信財の出土状況を整理しオホーツク文化にとっての威信財の社会的機能，交易の様相について考察するものである。

Ⅲ．威信財の社会的位置

　威信とは一つの社会集団内における相対的な関係であり，その社会によって威信財は自ずから異なるものが選ばれる。では，オホーツク文化の人々にとって「威信財」として受け入れられた文物とは何であろうか。想定しうる威信財の条件として，①搬入品（＝自製不可能・入手の困難さ），②個人所有（＝墓壙副葬品），③装飾性（＝見栄え・奢侈性），④製作の手間（＝奢侈性）が考えられよう。オホーツク文化の遺物では鉄製武具，金属製装飾品，軟玉・ガラス・琥珀製装飾品などが，これらの条件を満たしている。威信財はその他の日常生活に必要な生存財との相対的な関係によって位置づけられるものであり，両者の関係を図1に整理した。

　オホーツク文化の物質文化を生業活動への実用性の観点から「実用品」と「非実用品」に分

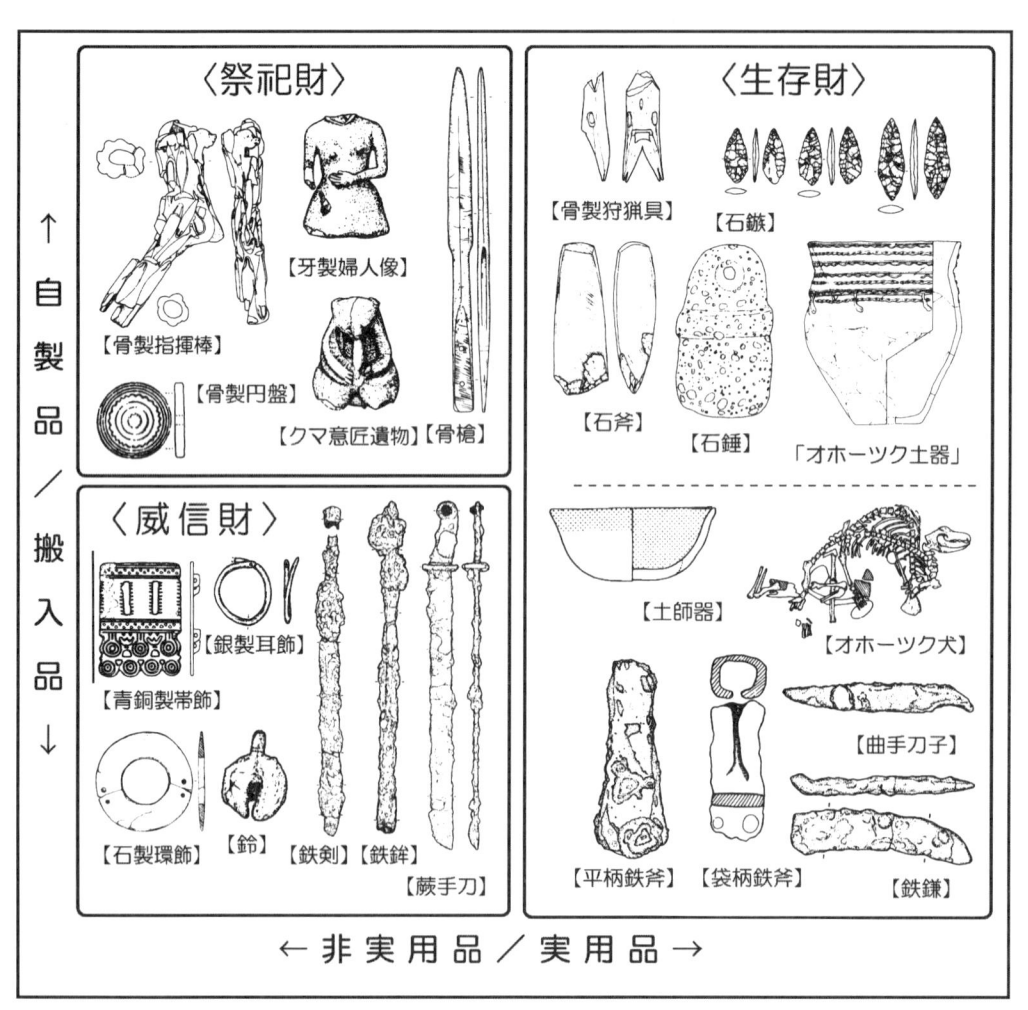

図1　オホーツク文化における威信財の社会的位置

類した場合，土器や石器，骨角器などの多くはより実用的な生存財に分類される。一方，実用性に制約されない装飾品や祭祀的な遺物，さらに武具はこの範疇からははずれる。

さらに物質文化を財の入手方法の差異から「自製品」と「搬入品」に分けることが可能である。生存財については，自製品と搬入品の双方が存在する。曲手刀子に代表される鉄製利器はオホーツク文化圏のほぼ全域に分布しており，搬入品が幅広く受け入れられていたことがうかがえる。一方，実用的な価値にとらわれない「非実用品」のうち，自製可能なものは多くが祭祀的・宗教的な性格を色濃く帯びている。牙製婦人像やクマ意匠遺物，クマの意匠を彫り込んだ鹿角製品，いわゆる「指揮棒」は，共同体の祭祀に用いられる品であり個人の所有物ではない。副葬品に用いられることの多い装飾品や武具とは対照的な出土状況を見せる。

威信財は，実用性に制約されない装飾性の高い財であり，なおかつ外部地域からの搬入品という「入手の困難さ」を背景に負っている。さらに墓壙副葬品として出土することが多く，個人所有物という性格が明確である。

Ⅳ．威信財の出土状況

オホーツク文化における威信財はガラス玉や軟玉製環飾などを除くと，その大部分が金属製品である。オホーツク文化の荷負者による金属器の生産・加工はごく限定的なものにとどまるため，これらの金属器は本州，もしくは大陸から将来されたものと考えられる。威信財はその出自によって本州系，大陸系の二つに分けることができよう。威信財が出土している遺跡はオホーツク文化の遺跡の中でもごく限られており，その分布範囲には大きな特徴がある。以下，オホーツク文化における威信財の出土状況について各遺物ごとに概観する。

1．蕨手刀

本州系の威信財として明確に位置づけられる遺物に蕨手刀がある。蕨手刀は柄頭が早蕨の巻いた形に似た曲線を描くことから名付けられた刀で，奈良から平安初期の比較的短期間に使用されたとされる（石井 1966）。蕨手刀は8世紀に東北地方に入ったのち，北海道を含む東日本各地に広がったとされる（八木 1996b）。北海道内では約40振が出土しており，オホーツク文化に帰属するものは6遺跡14振となっている。

オホーツク海北部沿岸の枝幸町目梨泊遺跡では6振の蕨手刀が出土している（佐藤 1988, 1994）。このうち1振は遺物包含層出土（図2-2）だが，残りはいずれも墓壙出土である。鋒はフクラが多く，いずれも刀身は平棟で肉は無い。責金具，足金具，鞘口金具，鞘尻金具など鞘に付随する金具類が付帯していないため，鞘を払った抜き身の状態で副葬されたものとされる。第34号土壙墓では2振の蕨手刀が副葬されており（図2-5・6），墓壙上面からいずれかに伴うものと考えられる青銅製山形単脚の足金具1点が出土している。蕨手刀の副葬に際して鞘を払い，恐らくは鞘を分解して墓前祭を執り行ったものと考えられる。目梨泊遺跡出土の蕨手刀は八木光則の分類（八木 1996a）に従えば，第34号土壙墓副葬品（図2-5・6），

範囲確認調査第1号土壙墓副葬品（図2-1）は柄頭1（二期／8世紀前葉），包含層出土資料（図2-2）は柄頭2（三期／8世紀中葉～後葉），第30号土壙墓副葬品（図2-3）と第7号土壙墓副葬品（図2-4）は柄頭3（三期～四期／9世紀）に位置づけられよう。

一方，蕨手刀の受容時期については被甕土器の型式から推定される。目梨泊遺跡では調査担当者である佐藤隆広による土器分類が行われ，文様の組合せや施文方法の画期から下記の三期に区分される。

・目梨泊Ⅰ期（刻文期後葉～沈線文期／佐藤a類，b-1～3類，d-1類土器）
・目梨泊Ⅱ期（貼付浮文期前葉／佐藤b-4類，d-2～3類，e-2類，f-1類土器）
・目梨泊Ⅲ期（貼付浮文期後葉／佐藤e-3～5類，f-2～6類土器）

包含層出土品と土器が伴出していない第7号土壙墓副葬品（図2-4）をのぞくと，第34号土壙墓副葬品が佐藤d-2類（貼付浮文期前葉），範囲確認調査第1号土壙墓副葬品（図2-1）

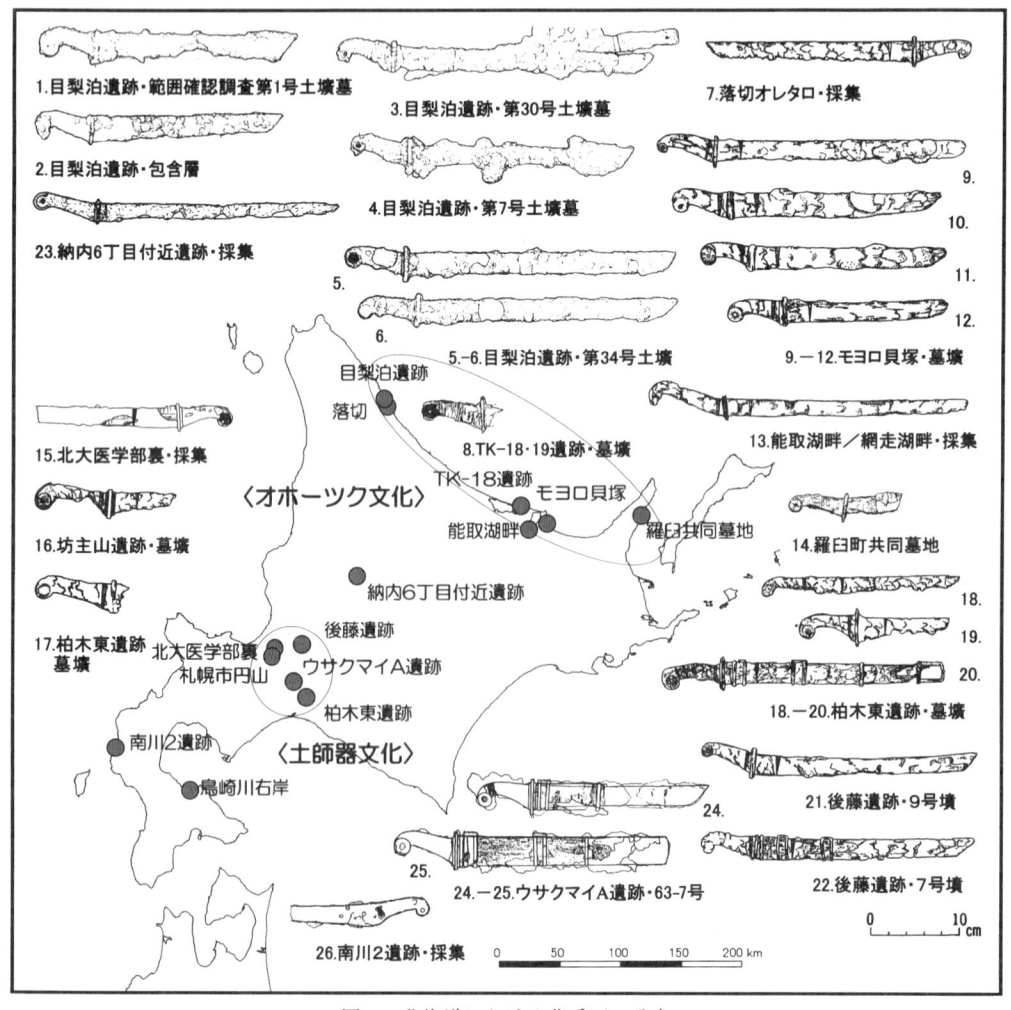

図2　北海道における蕨手刀の分布

が佐藤e-3類（貼付浮文期後葉），第30号土壙墓副葬品（図2-3）が佐藤e-4類（貼付浮文期後葉）に比定される。目梨泊遺跡の中葉から後葉にいたるⅡ期～Ⅲ期に蕨手刀が受容されている。

枝幸町ではもう1振の蕨手刀が採集されている（図2-7）。伊東信雄が実見し，報告している資料がこれにあたる（伊東1931）。鋒はフクラで平棟である。八木分類による柄頭C（二期／8世紀前葉）にあたる。伊東は当時，資料が保管されていた落切小学校で実見しているが，小学校は昭和22年に問牧小学校と改称され，蕨手刀についてはその後の行方が分かっていない。

オホーツク海沿岸南部の常呂から網走にかけての地域ではモヨロ貝塚を中心に6振が出土している。このうち，常呂町のTK-18～19遺跡ではトコロチャシ上部台地出土として蕨手刀の柄が報告されている（図2-8／右代1990）。八木分類の柄頭F1（一期／8世紀前葉）に相当する。

蕨手刀は柄巻に樹皮を使用し部分的に塗布した黒漆が残存しており，刀身は元の部分でで折損しているものの鞘口金具と山形双脚の足金具が伴出している。擬縄貼付文系土器，刻文系土器とともに採集されており副葬品の可能性が高い。

網走湖畔または能取湖畔採集と伝えられる資料（図2-13／宇田川1984）は，絞り，柄反がが大きく，八木分類の柄頭G（四期／9世紀）に比定される。出土状況には不明な点が多いがオホーツク文化に帰属するものであろう。

モヨロ貝塚からは確実なもので4振が確認できる。東京大学を中心とする合同調査団が1951年に調査した第1号墓～第3号墓にはそれぞれ蕨手刀の副葬が記載されている（駒井編1964）が，第2号墓の平面図に記された「ワラビ手刀」は長さが頭蓋骨痕跡の幅ほどしかなく，刀子の可能性もあるため除外した。米村喜男衛が報告した蕨手刀は3振が確認できる（図2-10-12／米村1950）。いずれも八木分類では柄頭1（二期／8世紀前葉）にあたる。このうち，2振はそれぞれ米村第3発掘，第6発掘によって出土したようだ。3振うち1振は鋒が折損している（図2-12）が，残り1振はフクラの可能性が高い（図2-10）。北海道立北方民族博物館に収蔵されている1振は鋒両刃の可能性があるとされる（図2-11／柳瀬1997）。もう1振は平棟で柄に毛抜形の透かしが入る。網走市在住の阿部清治が採集し，北海道大学の児玉作左衛門が後に購入した資料である（図2-9／大場1962）。八木分類の柄頭G（四期／9世紀）に比定される。

知床半島南岸の羅臼町では蕨手刀柄部が1点採集されている（図2-14／児玉・大場1956）。刀身の大半は失われているが，八木分類の柄頭G（四期／9世紀）であろう。

オホーツク文化における蕨手刀の分布はオホーツク海沿岸北部の目梨泊遺跡周辺地域（7振）と，同南部のモヨロ貝塚周辺地域（6振）の二ヶ所に集中していることが分かる。特に目梨泊遺跡での蕨手刀の集中的な分布は注目されよう。目梨泊遺跡はオホーツク文化後期の貼付浮文期を主体としており，この時期に蕨手刀の威信財としての価値が高く評価されていたことがう

かがえる。オホーツク文化の揺籃の地とも言える宗谷海峡沿岸や，多くのオホーツク文化遺跡が発掘されている根室半島では1振も出土していないことも注目すべき点である。モヨロ貝塚を中心とする道東地方では比較的古い型式（柄頭1）と新しい型式（柄頭G）が混在しており，中間型式の資料がないことから，蕨手刀の搬入が一時中断していたことがうかがわれる。

　蕨手刀の佩用者について八木光則は，蕨手刀の出自，普及状況から鉄器普及の一連のながれの中で盛行したとしながらも，刀という性格上，有力者個人が権威の象徴として佩用していた可能性を述べている（八木1996b）。また，蕨手刀の鵐目金具の共通性に着目した松本建速は，武器としての蕨手刀の実用性を問題にし，むしろ社会的な機能に注目している（松本2001）。蕨手刀は本来，実用性に富んだ武器であったが，オホーツク文化に受容された時点では権威の象徴としての社会性に評価の基準が移行していたものと想定される。

2．鉄鉾

　本州の鉄鉾は，古墳時代中期以降に盛行するが，オホーツク文化に威信財として鉾が流入する7世紀から9世紀には衰退していたとされる。古墳出土の鉾の基礎的研究を行った臼杵勲は，鉾先の変遷過程を第Ⅰ段階から第Ⅴ段階に分け，最後の第Ⅴ段階に出現する三角穂造り鉾について6世紀後半以降の年代を与えている（臼杵1985）。

　オホーツク文化と大陸の靺鞨文化のとの関係にいち早く注目した菊池俊彦は，オホーツク文化に流入した大陸系遺物として青銅製帯飾や軟玉製環飾，曲手刀子などとともに鉾を上げている（菊池1976）。オホーツク文化の鉄鉾は大陸に出自を求める方がより蓋然性が高い。

　鉄鉾の多くは副葬品として出土しており，目梨泊遺跡では2点の鉾が墓壙に副葬されている（図3-1・2／佐藤前掲）。2点とも柄木を装着する袋が長く，穂と袋の間の関がない。第6号土壙墓については被甕土器がないため時期は不明だが，第19号土壙墓は擬縄貼付文を文様主体とする土器を伴う。貼付浮文期前葉の目梨泊Ⅱ期に属する。

　トコロチャシ跡オホーツク地点採集の鉄鉾（図3-3／宇田川2003）は，目梨泊遺跡第6号土壙墓出土品（図3-1），モヨロ貝塚出土品（図3-4）と形態的に近似しているとされる（笹田2003）。身と袋の間の関が不明瞭で，身に対して袋がやや長い。

　モヨロ貝塚出土の鉄鉾については，米村喜男衛が報文の中で「相当数に達している」と述べ，保管している7点について言及していることから，少なくとも7点以上出土したことが想像される。また，河野広道は墓壙副葬品として十数本の鉾が出土したと述べている（宇田川1984）。

　墓壙からの出土が報告されているのは東京大学を中心とした合同調査団による第13号（1947年調査）と第15号（1948年調査）があり（駒井編前掲），いずれもオホーツク文化中期の刻文系土器群を伴っている。米村喜男衛による調査では第1発掘と第11発掘で鉄鉾の出土が記録されており，第1発掘については「細線の浮文と沈刻文」を有する土器を伴うとしている（米村前掲）。身と袋の間に関を作り出すもの（図3-5・7）と関が不明瞭なもの（図3-6・8）の両者が混在するが，身に対して袋が相対的に短い資料が多いようだ。形態比（身長／袋長）

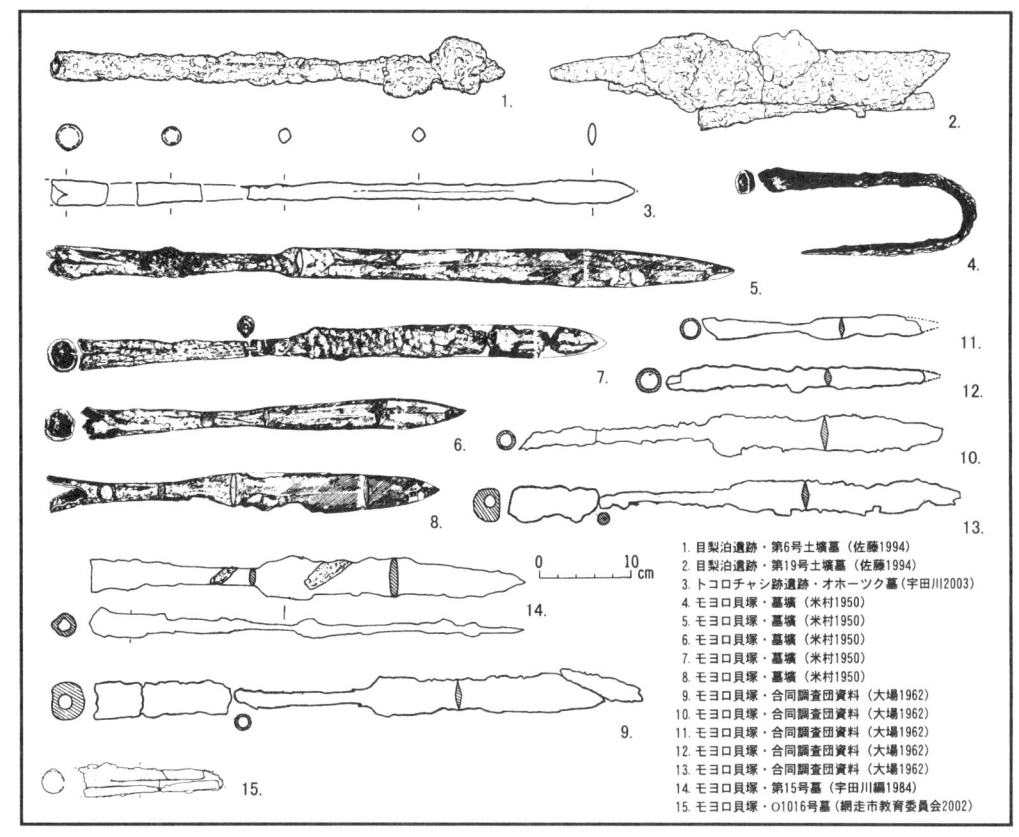

図3　オホーツク文化の鉄鉾

は，図示した4点（図5-5-8）の平均値で1.62を示す。

　さらに大場の報文ではモヨロ貝塚出土の鉄鉾として7例を上げている（大場　前掲）。図版を見る限り，米村の報告した鉄鉾とは形態的に大きな相違があり別個体のようだ。いずれも身と袋の間に関を作り出し，身に対する袋の長さは比較的短い。形態比は大場の報告した測定値から5点の平均値で1.12を示す。合同調査団による15号墓出土資料（図3-14）も形態的には近似している。モヨロ貝塚ではこれ以外に刻文系土器を伴う墓壙から鉄鉾の柄部が出土している（図3-15，宇田川・畑・大沼・和田・熊木・米村　2003）。

　鉄鉾の分布域は目梨泊遺跡と常呂を含むモヨロ貝塚周辺地域にほぼ限定される。一方，モヨロ貝塚出土の鉄鉾と目梨泊遺跡，トコロチャシ跡遺跡出土の鉄鉾には形態に大きな差がある。モヨロ貝塚出土の鉄鉾の多くは身と袋の間に明瞭な関を作り出し，身と袋の形態比（身長／袋長）が1.0を超える身の長いものが多い。一方，目梨泊遺跡出土例は関が不明瞭で，形態比は0.59と，袋が長い形状を呈する。数量的には刻文系土器群を主体とするモヨロ貝塚が，貼付浮文系土器群を主体とする目梨泊遺跡を圧倒している。目梨泊遺跡では鉄鉾を刀子や直刀と組み合わせて副葬品に用いるなど，副葬品における鉄鉾の主体性は必ずしも高くない。

モヨロ貝塚と目梨泊遺跡における鉄鉾の数量差，形態差は両者の時期の違いに求められよう。オホーツク文化中期の刻文期に威信財の中核をなしていた鉄鉾は，後期の貼付浮文期では副次的な扱いを受け，数量も減少する傾向にある。

3. 直刀・曲手刀

オホーツク文化世界には本州系の蕨手刀や大陸系の鉄鉾以外にも様々な武具が伝播している。その多くは本州の出土例との対比が可能だが，曲手刀のように大陸に出自を求められる遺物も存在する。

道北の目梨泊遺跡では直刀，曲手刀，鉄剣が出土している。図4-1は直刀で刀子，ガラス玉と一緒に副葬されていた。報告には刃と茎を浅い両区で画す形状に復元されているが，保存処理後の形状を確認すると，棟区のみで刃区は明瞭ではない。刻文に擬縄貼付文を組み合わせる佐藤a類土器を伴っておりオホーツク文化期中期の刻文期後葉，目梨泊遺跡では初期段階にあたる目梨泊Ⅰ期の所産である。図4-2は身幅の広い特異な形状を呈する。区は刃区のみで茎はやや湾曲する。鋒はカマスとなる。目梨泊遺跡出土の刀剣類を分析した森秀之は，東北北部の末期古墳に類例が多いことを指摘している（森 1996）。擬縄貼付文を文様の主体とする土器を伴い，貼付浮文期前葉（目梨泊Ⅱ期）に位置づけられる。図4-3は茎が刀身に対して下方に湾曲する曲手刀。茎の先端は刀身に対して直角に折り曲げられている。区は刃区のみで，鋒は錆化が著しいが鋒両刃の可能性が高い。被葬者は擬縄貼付文に鎖状，波状の貼付文を配する佐藤e-2類土器を被甕しており，貼付浮文期前葉（目梨泊Ⅱ期）に位置づけられる。後述するモヨロ貝塚出土の曲手刀にも茎の先端を折り曲げた例があり（図4-18・20），曲手刀の特徴の一つかもしれない。曲手刀は目梨泊遺跡でもう2振出土しており（図4-4・7），図4-7は細身で鋒は茅の葉となる。伴出土器はない。図4-5は鉄剣。刃と茎の間は両区となり鋒両刃となる。ソーメン文を巡らす佐藤f-3類土器を伴い，貼付浮文期後葉の目梨泊遺跡終末期（目梨泊Ⅲ期）に位置づけられる。第30号土壙墓からは蕨手刀と交差した状態で直刀（図4-6）が出土している。直刀は柄の木質部が残存しており，柄頭付近には目釘穴が確認できる。報告では錆によって鋒の形状は明らかでないが，保存処理後の形状はフクラとなる。佐藤e-5類（貼付浮文期後葉／目梨泊Ⅲ期）土器を伴う。

常呂町の栄浦第二遺跡では折り曲げられた短刀が出土している（図4-29／武田 1995）。短刀は小児の墓壙から平柄鉄斧とともに副葬されており，茎が緩やかに湾曲する曲手刀に近い資料である。

モヨロ貝塚の刀剣類については米村喜男衛の調査によるものと，東京大学を中心とする合同調査団によるものとが混在している。いずれも出土状況が不明瞭なため，伴出土器については不明なものが多い。米村の報文には長刀2点，短刀3点（図4-8-10）が図示されており（米村 前掲），墓壙出土によるものらしい。いずれも鋒はカマスで長刀には柄頭が残存するものもある。合同調査団による資料は大場利夫がまとめている（大場 前掲）。錆化が進行してい

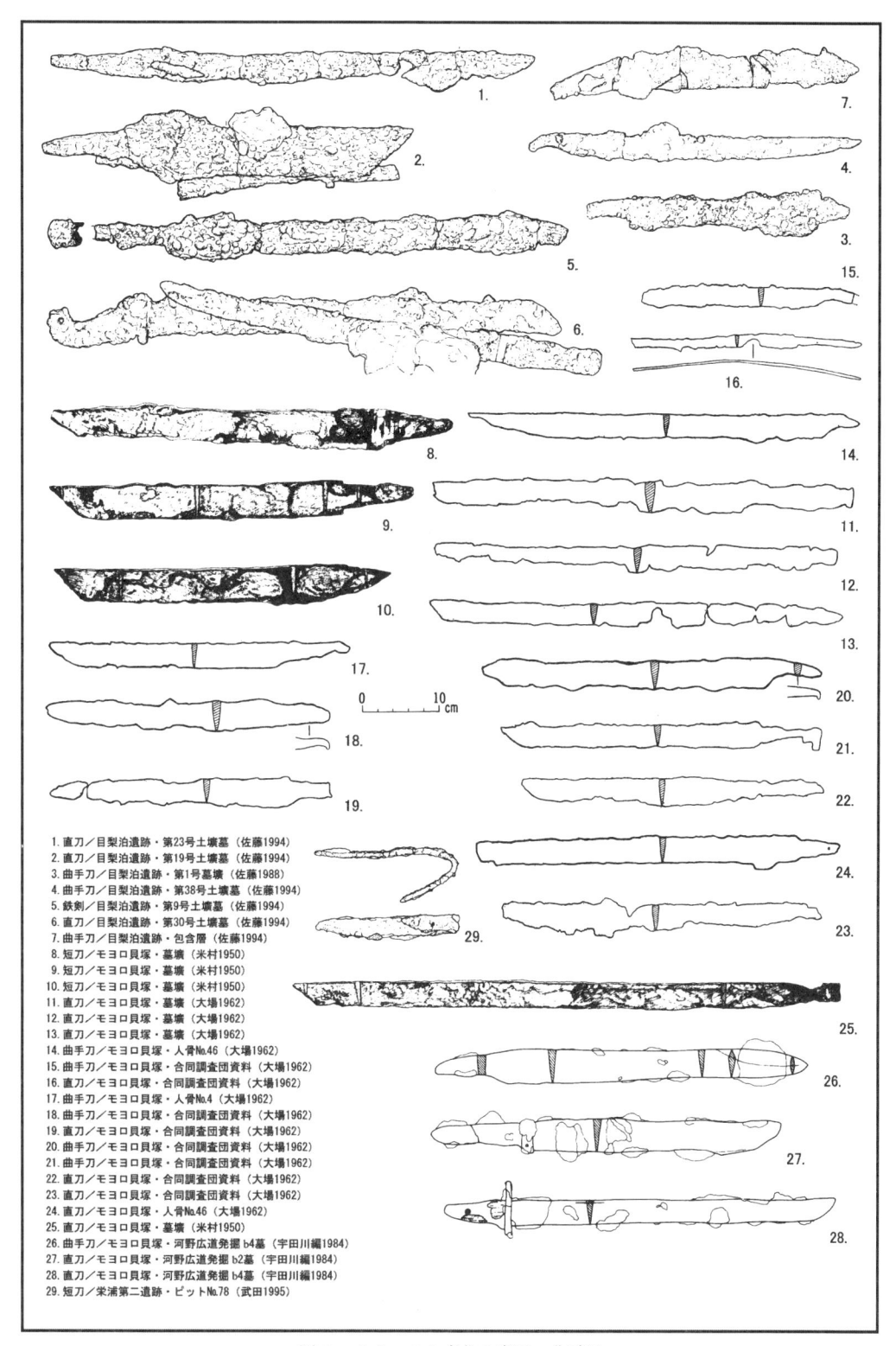

オホーツク文化における威信財の分布について

1. 直刀／目梨泊遺跡・第23号土壙墓（佐藤1994）
2. 直刀／目梨泊遺跡・第19号土壙墓（佐藤1994）
3. 曲手刀／目梨泊遺跡・第1号墓壙（佐藤1988）
4. 曲手刀／目梨泊遺跡・第38号土壙墓（佐藤1994）
5. 鉄剣／目梨泊遺跡・第9号土壙墓（佐藤1994）
6. 直刀／目梨泊遺跡・第30号土壙墓（佐藤1994）
7. 曲手刀／目梨泊遺跡・包含層（佐藤1994）
8. 短刀／モヨロ貝塚・墓壙（米村1950）
9. 短刀／モヨロ貝塚・墓壙（米村1950）
10. 短刀／モヨロ貝塚・墓壙（米村1950）
11. 直刀／モヨロ貝塚・墓壙（大場1962）
12. 直刀／モヨロ貝塚・墓壙（大場1962）
13. 直刀／モヨロ貝塚・墓壙（大場1962）
14. 曲手刀／モヨロ貝塚・人骨No.46（大場1962）
15. 曲手刀／モヨロ貝塚・合同調査団資料（大場1962）
16. 曲手刀／モヨロ貝塚・合同調査団資料（大場1962）
17. 曲手刀／モヨロ貝塚・人骨No.4（大場1962）
18. 曲手刀／モヨロ貝塚・合同調査団資料（大場1962）
19. 曲手刀／モヨロ貝塚・合同調査団資料（大場1962）
20. 曲手刀／モヨロ貝塚・合同調査団資料（大場1962）
21. 曲手刀／モヨロ貝塚・合同調査団資料（大場1962）
22. 曲手刀／モヨロ貝塚・合同調査団資料（大場1962）
23. 直刀／モヨロ貝塚・合同調査団資料（大場1962）
24. 直刀／モヨロ貝塚・人骨No.46（大場1962）
25. 直刀／モヨロ貝塚・墓壙（米村1950）
26. 曲手刀／モヨロ貝塚・河野広道発掘b4墓（宇田川編1984）
27. 直刀／モヨロ貝塚・河野広道発掘b2墓（宇田川編1984）
28. 直刀／モヨロ貝塚・河野広道発掘b4墓（宇田川編1984）
29. 短刀／栄浦第二遺跡・ピットNo.78（武田1995）

図4　オホーツク文化の直刀・曲手刀

るため形状は必ずしも明らかではないが茎を刀身に対して下方に湾曲させる曲手刀が非常に多い。鋒両刃で，幅広の刀身にやや太めの茎を緩やかに湾曲させる曲手刀（図4-18・20・26）は，目梨泊遺跡第1号墓壙副葬品（図4-3）に形態的に近似している。大場の報文中で直刀とされている図4-14の資料も，茅の葉形の鋒や細身の茎の形状など，目梨泊遺跡第38号土壙墓出土の曲手刀（図4-4）に形状が酷似しており，曲手刀の可能性がある。

蕨手刀や鉄鉾の出土分布と同じく，直刀・曲手刀についても目梨泊遺跡とモヨロ貝塚でその大部分を占有している。曲手刀については，モヨロ貝塚では少なくとも7振が出土しており，目梨泊遺跡の2振を大きく上回っている。モヨロ貝塚での曲手刀の受容年代については土器の伴出関係が不明なため必ずしも明らかでないが，モヨロ貝塚の墓壙群の主体である刻文期が中心となるものと思われる。鉄鉾と並んで大陸系の遺物と考えられる曲手刀がこの時期に威信財の中核を担っていたことを示している。一方，より新しい段階の目梨泊遺跡では曲手刀は著しく減少し，本州系と考えられる様々な型式の刀剣が出現する。森秀之は目梨泊遺跡の蕨手刀が比較的短期間に限定されるのに対して，直刀が遺跡の存続期間を通して出現することに注目している（森 前掲）。さらに刀剣の型式的変遷が本州におけるそれと軌を一にしていることを指摘し，目梨泊遺跡と本州との密接な関係を示唆している。

森が指摘するように，副葬された刀剣類は，モヨロ貝塚での河野広道発掘b4墓副葬品（図4-28）をのぞき，ほとんどが鐔や刀装具などを取り去った状態で出土しており，抜き身のまま埋納されたものと考える。故人への副葬にあたり，刀としての機能を破壊する儀礼的行為が行われたのであろう。栄浦第二遺跡の折り曲げられた短刀（図4-29）はこうした精神的作用の表れの一つと考えられる。

曲手刀はその形状の差から細分することが可能であろう。「曲手刀A」は刀身が細身で鋒が茅の葉となり，細い茎を湾曲させるもの。「曲手刀B」は刀身がやや広身で鋒が両刃となり，比較的太い茎を湾曲させるもの。さらに茎の先端は刀身に対して直角に曲げられることが多い。今後の出土例の増加により，曲手刀の型式による時期差・地域差が明らかになるかもしれない。

4．金属製装飾品

金属製装飾品は帯飾とその付属品，耳飾に大別される。帯飾は青銅製で矩形，円形，銙帯があり，さらに帯飾に付帯する可能性がある鐸，鈴などがある。

稚内市オンコロマナイ遺跡では包含層から鉄製鈴1点が出土している（図5-36／大場・大井編 1973）。オホーツク文化期の遺物の可能性がある。

目梨泊遺跡では矩形の青銅製帯飾5点，丸鞆の銙帯金具1点，青銅製小鐸1点，銀製耳飾2点が出土している（佐藤 前掲）。銀製耳飾（図5-72-73）は範囲確認調査第2号土壙墓の副葬品として出土した。被甕土器が伴出しており，佐藤分類f-1類に相当する。オホーツク文化の青銅製帯飾，青銅製鐸については早くから大陸の靺鞨文化，アムール女真文化との関係の

中で言及されてきた（加藤 1977，菊池 1976）。目梨泊遺跡の青銅製帯飾（図5-49-53）は4枚が重なり合った状態で，さらに1枚がやや離れた位置から出土した。出土位置は佐藤隆広によって第2群墓域とされた空間で，第2群墓域は佐藤分類a類（刻文系土器群／目梨泊I期）を被甕土器に使用する目梨泊遺跡では最も古い墓域である。銙帯金具について天野哲也は，日本国内の金具の規格に合致せず大陸製の可能性が高いとしている（天野 1994）。

　常呂川河口付近に互いに近接しているトコロチャシ（駒井編 前掲），常呂川河口遺跡（武田 1996），栄浦第二遺跡（藤本編 1972，武田 前掲）からは青銅製帯飾1点（図5-74），銀製または青銅製耳飾（図5-75-78），青銅製鈴（図5-79）が出土している。銀製耳飾は墓壙副葬品として出土しており，ピット88副葬品（図5-77）には沈線文+刻文を巡らす右代編年Ic土器である（右代 1991）。

　モヨロ貝塚では青銅製帯飾3点，青銅製鐸1点，青銅製鈴3点，銀製耳飾1点が出土している（大場 前掲，宇田川 1984）。このうち，矩形の青銅製帯飾（図5-80）が人骨No.86，銀製耳飾（図5-87）が河野広道発掘b1墓に伴うとされるが伴出土器の型式は分からない。その他の資料については遺構に伴うものではないようだ。青銅製帯飾のうち2点は円形帯飾（図5-81-82）で道内では他に例がない。河野広道調査資料の銀製耳飾は軟玉製環飾（図5-86）と組み合わせた状態で出土したとされ，使用方法を推測することができる。

　根室半島では弁天島遺跡から青銅製鐸（図5-92）の出土が報告されている（北構・山浦 1982）。竪穴住居跡の床面から出土しており，住居は貼付浮文系土器群を主体とする。

　金属製装飾品の分布は，道北の目梨泊遺跡と道東のモヨロ貝塚，さらにその近隣の常呂遺跡群に集中している。目梨泊遺跡では青銅製帯飾+青銅製鐸+銀製耳飾の組合せが見られ，モヨロ貝塚ではこれに青銅製鈴が加わる。常呂遺跡群ではモヨロ貝塚で見られるセット関係の一部が確認できる。目梨泊遺跡出土ののの矩形青銅製帯飾は，モヨロ貝塚出土品と文様構成が酷似し，重量も同じであることから同じ鋳型によって製作された可能性があるとされる（佐藤 1994）。さらに佐藤隆広は目梨泊遺跡とモヨロ貝塚との間に直接的な人間の交流を含めた密接な人間関係の存在を想定している。天野哲也はこの帯飾を「アムール型」と呼称し，モヨロ型と栄浦型に細分した上で，原産地の違いを反映している可能性に触れ，流入時期についても栄浦型がやや先行するとしている（天野 前掲）。

　青銅製鐸については，目梨泊遺跡出土品（図5-54）と弁天島遺跡出土品（図5-92）とが形態的に近似している。両者とも下縁が湾曲し，頂部に向かって緩やかにすぼまる。背腹に方形の窓を有する点も共通する。モヨロ貝塚出土品（図5-91）はやや異なった形状を呈している。肩が張った釣り鐘形で，下縁に四つの突起を作り出しており，前二者とは明らかに異なる。

5．軟玉・琥珀・ガラス製装飾品

　礼文町香深井5遺跡ではごく小さなガラス玉，琥珀玉が出土している（種市・内山・荒川

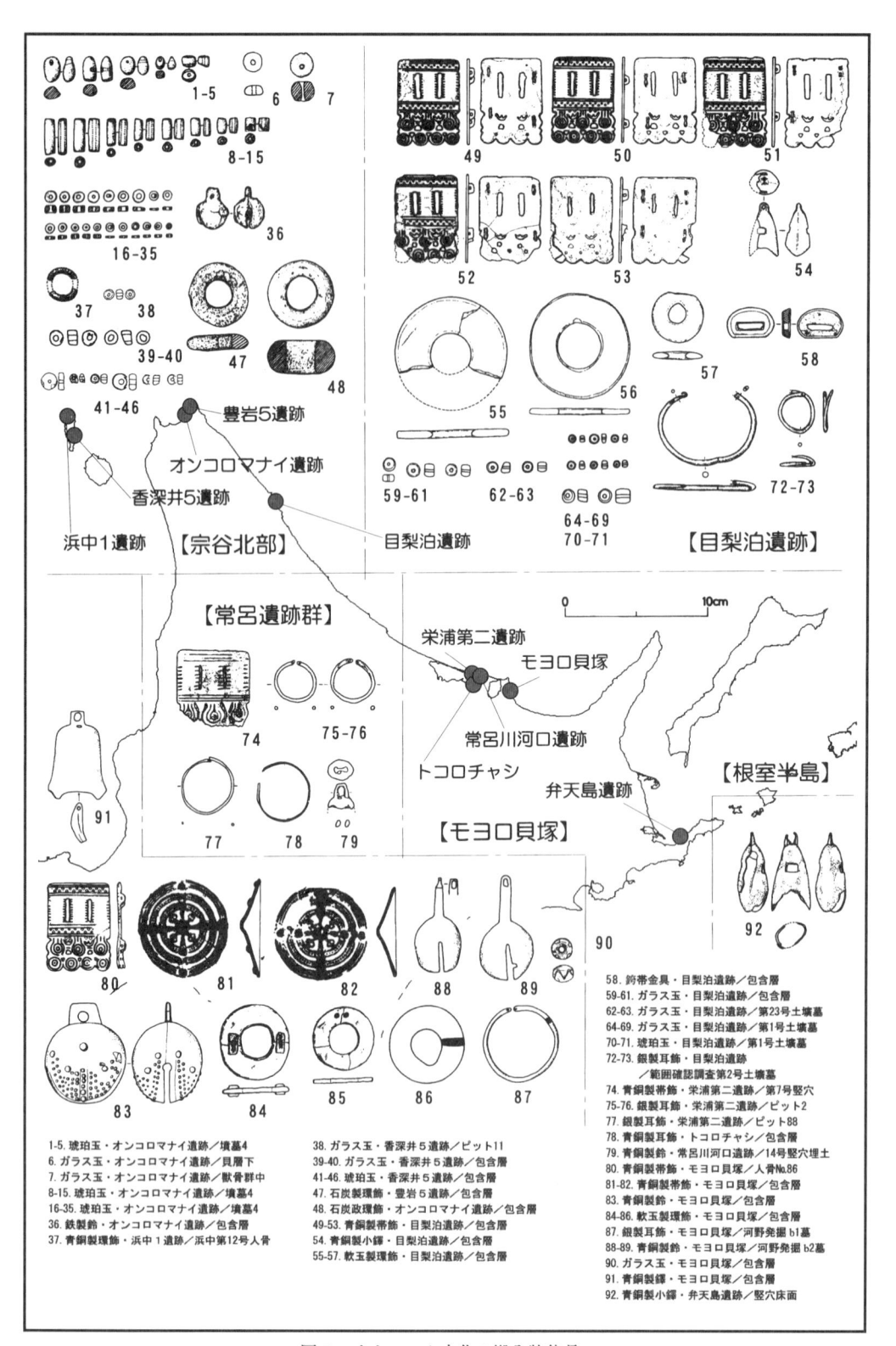

図5 オホーツク文化の搬入装飾品

1997)。焼土を伴う遺構，Pit-11から紫色ガラス玉1点（図5－38）が出土しており，層位的状況からオホーツク文化期初頭とされる。香深井5遺跡はオホーツク文化期前期の円形刺突文系土器群を伴う遺物包含層を主体とし，これ以外のガラス玉（図5－39-40），琥珀玉（図5－41-46）についても同様の時期と考えることができる。さらに同遺跡では管玉を輪切りにしたと見られる直径2mm程度の石製小玉が21点出土しており，ガラス玉・琥珀玉と同時に搬入，もしくは模倣品として製作されたものと考えられる。

稚内市オンコロマナイ遺跡ではオホーツク文化期の墓壙とされる墳墓4から多量の琥珀玉が出土している（大場・大井編 前掲，図5－1-5，8-15，16-35）。墳墓4は成人女性を伸展姿勢で葬っており，オホーツク文化期の墓制としてはやや特異な存在である。副葬品としては琥珀玉以外に安山岩製環飾，骨製針入，骨製中柄，頁岩製石鏃などが納められている。オンコロマナイ遺跡では上記の玉以外にガラス玉（図5－6・7），石炭製環飾（図5－48）が出土している。後者の石炭製環飾は，北海道内では同じ稚内市の豊岩5遺跡（佐藤・佐藤 1986）の出土例があるのみで他に例を見ない（図5－47）。

目梨泊遺跡では，墓壙副葬品を中心にガラス玉，琥珀玉，軟玉製環飾が出土している。ガラス玉は3点が包含層出土（図5－59-61），8点が墓壙副葬品（図5－62-63，64-69）となっている。このうち小児を埋葬したと推定される第1号土壙墓からは，ごく小さなガラス玉6点が2点の琥珀玉（図5－70-71）とととともに出土している。被葬者の首や胸を飾っていたものであろう。軟玉製環飾は3点が出土しており（図5－55-57），化学分析によって滑石を素材としていることが判明している（小林・高橋 1995）。いずれも包含層中からの出土だが，うち一点は内側縁の形状が卵形に摩耗しており，後述するモヨロ貝塚出土例と同様に金属製耳飾と組み合わせて使用されていた可能性が高い。

モヨロ貝塚では墓壙，包含層中から軟玉製環飾3点（図5－84-86）と，やや時期不明のガラス玉1点（図5－90）が出土している。軟玉製環飾のうち河野広道が発掘した墓壙副葬品の一点（図5－86）は銀製耳飾と組み合わせて使用されており，内側縁の一部が摩耗して歪んだ形状となっている。

ガラス玉，琥珀玉は小玉として製作され，複数の玉を組み合わせて装飾品として使用することが多い。これに対し軟玉製環飾は比較的大振りで，少なくとも一部は金属製耳飾と組み合わせて耳飾りとして使用されていたようだ。

両者の分布状況には大きな違いが見られる。ガラス玉，琥珀玉は礼文島や枝幸町の目梨泊遺跡を含む宗谷地方に多く，網走地方には少ない。近年多くのオホーツク文化期に属する墓壙群が発掘された常呂町の遺跡群でも出土例がないのが印象的である。また，礼文島や宗谷地方北部の遺跡群に出土するこれらの玉類が，いずれもオホーツク文化の比較的古い段階に属する可能性があることが注目されよう。稚内市オンコロマナイ遺跡，豊岩5遺跡から出土した石炭製環飾については北海道内に類例がなく，わずかにサハリンの鈴谷北貝塚の報告例があるのみで

ある（清野 1969）。宗谷海峡を挟む沿岸地域はオホーツク文化にとっての揺籃の地であり，オホーツク文化の初頭から前期段階におけるサハリン南部と宗谷地方との文化的な関連性を想像させるものである。軟玉製環飾は枝幸町目梨泊遺跡と網走市モヨロ貝塚の2遺跡でしか出土していない。北海道内ではこれ以外には擦文文化前期に属する小樽市蘭島D遺跡出土品の2点が知られるのみで，出土点数はごく少ない。

V．威信財の分布

　オホーツク文化社会に将来された威信財は，本州，大陸の双方に起源を持ち，装飾品や武具など様々な内容によって構成されている。出土状況を概観したようにこれらの威信財はその性格，系統・起源によって異なる地域的な分布を示している。外部から搬入された生存財の分布と比較しながら，威信財の分布の特徴を検討したい。

1．搬入生存財

　オホーツク文化社会には，武具や装飾品に代表される威信財以外に様々な搬入品が存在する。これらの搬入品は実用性を動機としており，下記の4種類を想定することができる。
　　①家畜（イヌ・カラフトブタ）
　　②穀物（オオムギなどの雑穀）
　　③容器（土師器坏）
　　④金属製利器（曲手刀子・平柄鉄斧・袋柄鉄斧・鉄製鎌・鉄製針）
　①家畜と②穀物については一時的に搬入したものを再生産することが可能であり，③容器についても模倣品を自製することができる。一方，④金属製利器についてはオホーツク文化社会において積極的な金属製錬，加工を行った痕跡を見いだせないことから，金属製品の恒常的な搬入があったと言わざるを得ない。中でも金属製刀子はまとまった数量が出土しており，威信財の分布との比較検討を行うことが可能である。

2．金属製刀子の分布

　オホーツク文化の刀子には通常の無反りの刀子以外に，茎頭が刃の方向に湾曲した曲手刀子と，身・茎の区が明らかな「マキリ形刀子」の三種が存在する。このうち曲手刀子は国内に類例がなく，一般的には大陸からの搬入品と考えられている（山田・平川・小林・右代・佐藤 1995）。
　管見の限りでは北海道内で158点の金属製刀子が出土しており，トコロチャシ跡遺跡出土の青銅製刀子（駒井編 前掲）をのぞき，全例が鉄製刀子である。礼文島では浜中1遺跡（児玉・大場 1952），浜中2遺跡（前田・山浦 1992，西本 2000，浜中遺跡調査団 2002），香深井1遺跡（大場・大井 1976），香深井5遺跡（種市・内山・荒川 前掲），オホーツク海北部沿岸では目梨泊遺跡（佐藤 前掲，前田・川名・高畠 2004），オムサロC遺跡（佐藤 2003），オホーツ

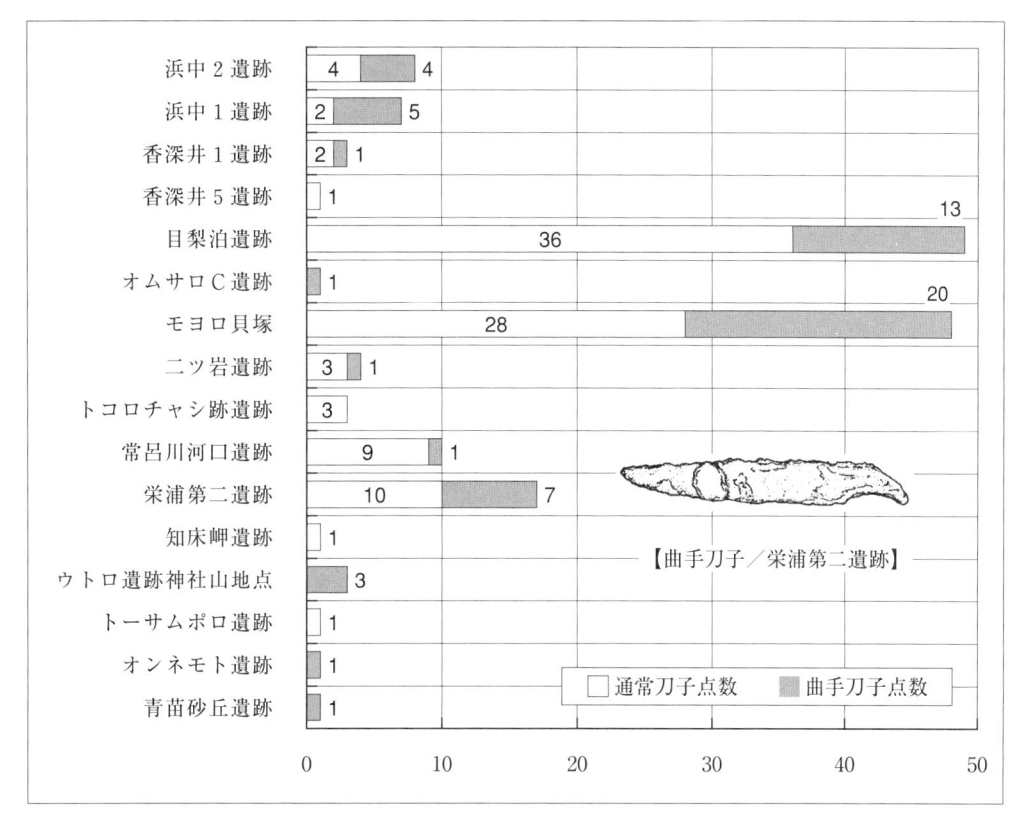

表1 オホーツク文化の遺跡から出土した金属製刀子

遺跡	通常刀子点数	曲手刀子点数
浜中2遺跡	4	4
浜中1遺跡	2	5
香深井1遺跡	2	1
香深井5遺跡	1	
目梨泊遺跡	36	13
オムサロC遺跡	1	
モヨロ貝塚	28	20
二ツ岩遺跡	3	1
トコロチャシ跡遺跡	3	
常呂川河口遺跡	9	1
栄浦第二遺跡	10	7
知床岬遺跡	1	
ウトロ遺跡神社山地点		3
トーサムポロ遺跡	1	
オンネモト遺跡		1
青苗砂丘遺跡		1

【曲手刀子／栄浦第二遺跡】

ク海南部沿岸の網走地方では常呂川河口遺跡（武田 前掲），トコロチャシ跡遺跡（駒井編 前掲，宇田川 2002），栄浦第二遺跡（藤本編 前掲，武田 前掲），モヨロ貝塚（大場 前掲，駒井 前掲，宇田川 1984，宇田川ほか 2001），二ツ岩遺跡（北海道開拓記念館 1982），知床半島西岸では知床岬遺跡（松下・米村・畠山・安部 1964），ウトロ遺跡神社山地点（高橋 1993，石田・西本・松田 1994），根室半島ではオンネモト遺跡（国分編 1974），トーサムポロ遺跡（北地文化研究会 2004），日本海側の奥尻島からは青苗砂丘遺跡（皆川・越田・藤原・倉橋 2003）での出土例が報告されている。報告書の刊行時期によっては「曲手刀子」の名称を使用していないものもあるが，茎が刃の方向に湾曲した刀子は鋒の形状等に関わらず曲手刀子に分類した。モヨロ貝塚出土資料は複数の調査主体，報告者が重複しているため，総量にやや不明な点が残る。また，道北の目梨泊遺跡でも性格不明鉄器多数が出土しており，未報告となっている。これらの資料については集計に加えていない。

威信財の分布状況と同様，目梨泊遺跡（49点），モヨロ貝塚（48点）の両遺跡の出土点数が は総点数の61％（97／157点）に達している。網走地方の常呂遺跡群からの出土点数を加えると全体の80％以上が目梨泊遺跡と網走地方に集中しており，鉄製品の分布・配分に大きな偏りがあることが分かる。一方，威信財の少ない礼文島の遺跡でも19点の鉄製刀子が出土しており，

威信財の分布とは異なった傾向を見せている。

　刀子の出土状況は，墓壙副葬品が80点と全体の50％を占め，包含層出土，住居跡出土がこれに続く。入手困難な貴重品として多くの刀子が副葬品として使用された状況がうかがえる一方で，相当の数量が貝層，遺物包含層，住居跡から出土しており，生活用品としての性格が強くあらわれている。

　大陸系とされる曲手刀子は全体の37％にあたる58点が出土している。曲手刀子は日本海沿岸の奥尻島青苗砂丘遺跡から礼文島，オホーツク海沿岸の主要遺跡群，知床半島，根室半島に至るオホーツク文化圏全域から出土している。多量の刀子が出土した目梨泊遺跡では49点中13点（27％），モヨロ貝塚では48点中20点（42％）が曲手刀子となっている。両遺跡の曲手刀子の占める割合にやや差があり，遺跡の形成年代の差を反映している可能性がある。

3．威信財の分布

　本論では蕨手刀，鉄鏃，曲手刀などの鉄製武具，青銅製帯金具などの金属製装飾品，ガラス玉や琥珀玉などの石製装飾品の一部を個人の威信を保証する「威信財」として取扱い，その出土状況や地域的分布について概観してきた。これらの特徴について下記のように整理することができる。

　①蕨手刀の分布→目梨泊遺跡とモヨロ貝塚に集中，さらに両遺跡の周辺地域にも点在。網走地方では比較的古い型式（柄頭１）と新しい型式（柄頭Ｇ）が混在。目梨泊遺跡では貼付浮文期に集中する。

　②鉄鏃の分布→目梨泊遺跡とモヨロ貝塚に集中。モヨロ貝塚が数量的に卓越する。目梨泊遺跡・トコロチャシ跡遺跡出土品とモヨロ貝塚出土品との間に形態差が存在。目梨泊遺跡では鉄鏃は副葬品の主体的な位置を占めるにはいたっていない。

　⑤直刀の分布→目梨泊遺跡・モヨロ貝塚に限定。目梨泊遺跡では遺跡の存続期間をとおして様々な型式の直刀が流入。

　⑥曲手刀の分布→目梨泊遺跡・モヨロ貝塚に限定。モヨロ貝塚が数量的に卓越する。細身で鋒が茅の葉になる型式と身幅が広く鋒両刃の型式に細分される。

　⑦青銅製帯飾の分布→目梨泊遺跡・栄浦第二遺跡・モヨロ貝塚に限定。目梨泊遺跡出土品とモヨロ貝塚出土品は規格，文様ともに強い近似性を示す。

　⑧金属製耳飾の分布→棒状の銀製品を環状に加工した装飾品。目梨泊遺跡・常呂遺跡群・モヨロ貝塚に限定。

　⑨鐸・鈴などの金属製装飾品の分布→目梨泊遺跡・モヨロ貝塚に集中。ごく少数が周縁部の遺跡（オンコロマナイ遺跡・弁天島遺跡）に分布。

　⑨軟玉製環飾の分布→目梨泊遺跡・モヨロ貝塚に限定。金属製耳飾との組合せによる使用状況が再現されている。

　⑩ガラス・琥珀玉玉の分布→礼文島の遺跡群，オンコロマナイ遺跡，目梨泊遺跡に集中。宗

谷地方を中心に分布。石炭製環飾は宗谷地方のオンコロマナイ遺跡・豊岩5遺跡に限定。
⑪鉄製刀子の分布→オホーツク文化圏全域に分布。目梨泊遺跡・常呂遺跡群・モヨロ貝塚に集中し，総量の80％を占めている。大陸系と考えられる曲手刀子は全体の4割弱を占める。目梨泊遺跡とモヨロ貝塚とでは曲手刀子の占める割合に差があり，モヨロ貝塚の方がより多数を占めている。

4．威信財の年代観

　威信財の大部分は発掘調査によって得られた資料だが，刀や玉といった性格上，採集品として伝えられたものも多い。また，最も多くの威信財が出土しているモヨロ貝塚の状況が必ずしも明らかではなく，被甕土器との伴出関係など威信財の年代観を決定する要素に恵まれていない。目梨泊遺跡や常呂遺跡群などの調査成果をもとに威信財の年代観を図6に整理した。
　オホーツク文化に流入した威信財はその多くが中期の刻文系土器土器群を伴う時期から，後期の貼付浮文系土器群を伴う時期までに集中している。オホーツク文化の土器編年については藤本強による編年（藤本 1965）や右代啓視による編年（右代 前掲）があり，本論ではこれらを総合して便宜的に下記の様な時期区分を設定している。

　第Ⅰ期／鈴谷式土器群（右代編年0）
　第Ⅱ期／円形刺突文系土器群（右代編年Ⅰa）
　第Ⅲ期／刻文系土器群（右代編年Ⅰb・藤本編年b群）
　第Ⅳ期／刻文・沈線文系土器群（右代編年Ⅰc－Ⅱa・藤本編年c群）
　第Ⅴ期／擬縄貼付文系土器群（右代編年Ⅱb・藤本編年d群）
　第Ⅵ期／ソーメン文系土器群（右代編年Ⅱc・藤本編年e群）
　第Ⅶ期／トビニタイ式土器群（右代 Ta－Tc）

　威信財の流入は上記の第Ⅱ期から第Ⅵ期までに限られており，鈴谷式土器群を伴う第Ⅰ期，擦文文化との融合期である第Ⅶ期には存在しない。図中の各土器群の絶対年代については右代による一連の研究成果を反映している（右代 前掲）。なお，第Ⅲ期（刻文系土器群）と第Ⅳ期（刻文・沈線文系土器群）との対比・区分が困難なため一括して扱った。また，沈線文系土器群（右代編年Ⅰc）は細分が可能であり，刻文を横走沈線文で挟み込む「沈線文＋刻文」文様を持つ土器群と鋸歯状沈線文を有する土器群に大別される。前者は概ね刻文系土器群の右代編年Ⅱa並行，後者は貼付浮文系土器群の右代編年Ⅱb並行と考えられる。後者の土器群に伴う威信財の存在は確認できないので，刻文系土器群の右代編年Ⅱa並行の「第Ⅳ期」として一括した。
　伴出関係の明らかな威信財が少なく，各時期ごとの特徴をまとめることは困難であるが，大まかな傾向を見出すことができる。

高　畠　孝　宗

期区分	威信財群
■第Ⅱ期（円形刺突文系土器群―右代Ⅰa） □琥珀玉（香深井5遺跡／包含層） □ガラス玉（香深井5遺跡／包含層・Pit.11）	5～6世紀	◆初期威信財群 （ガラス玉・琥珀玉）
■第Ⅲ期（刻文系土器群―右代Ⅰb） ■第Ⅳ期（沈線文系土器群―右代Ⅰc） 　　　　（刻文系土器群―右代Ⅱa） □青銅製帯飾（目梨泊遺跡／包含層） □ガラス玉＋琥珀玉（目梨泊遺跡／第23号土壙墓） □ガラス玉（目梨泊遺跡／第1号土壙墓） □銀製耳飾（栄浦第二遺跡／ピット88） ◇鉄製鉾（モヨロ貝塚／O1016号墓） ◇直刀（目梨泊遺跡／第23号土壙墓） ◇曲手刀（目梨泊遺跡／第38号土壙墓） ◇鉄製鉾（モヨロ貝塚／第13号墓） ◇鉄製鉾（モヨロ貝塚／第15号墓）	7～8世紀中葉	◆前期威信財群 （青銅製帯飾・銀製耳飾） （鉄製鉾・曲手刀・直刀）
■第Ⅴ期（擬縄貼付文系土器群―右代Ⅱb） □青銅製帯飾（栄浦第二遺跡／第7号竪穴） □青銅製鐸（弁天島遺跡／竪穴） ◇蕨手刀柄（TK-18遺跡／墓壙） ◇鉄製大刀・モヨロ貝塚／第10号 ◇鉄製鉾＋直刀（目梨泊遺跡／第19号土壙墓） ◇曲手刀（目梨泊遺跡／第1号墓壙） ◇蕨手刀（目梨泊遺跡／第34号土壙墓）	8世紀	◆後期威信財群 （銀製耳飾・蕨手刀・直刀）
■第Ⅵ期（ソーメン系土器群―右代Ⅱc） □銀製耳飾（栄浦第二遺跡／ピット2） □銀製耳飾（目梨泊遺跡／範囲確認調査第2号土壙墓） ◇蕨手刀＋直刀（目梨泊遺跡／第30号土壙墓） ◇蕨手刀（目梨泊遺跡／範囲確認調査第1土壙墓） ◇直刀（目梨泊遺跡／第9号土壙墓）	9世紀	

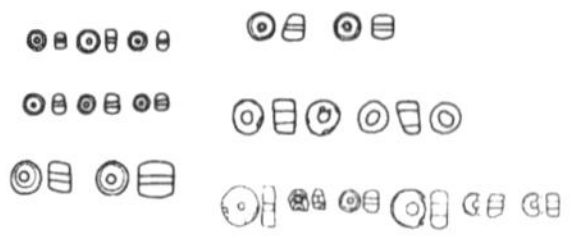

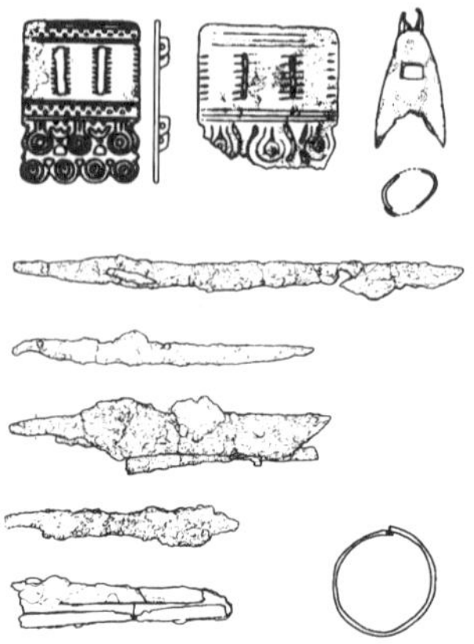

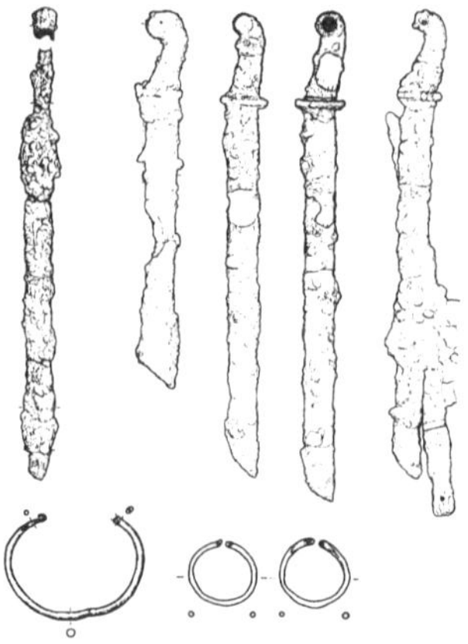

図6　オホーツク文化の威信財の年代観

①初期威信財群（5～6世紀）

　ガラス玉や琥珀玉など個人用の装飾品が宗谷地方の遺跡で見られる。石炭製環飾に見られるようにサハリン島との関係が強く感じられる。

②前期威信財群（7～8世紀）

　青銅製帯飾，青銅製鐸，曲手刀，鉄鉾などが威信財の主体的な位置を占める。これらの品々はいずれも北方の大陸に起源を持つ「大陸系遺物」であり，大陸との文化的関連性が強い。目梨泊遺跡とモヨロ貝塚を中心とし，常呂遺跡群や根室半島など道東地方にも広がりを持つ。

③後期威信財群（8～9世紀）

　蕨手刀や直刀など本州で生産された武具が威信財の中核をなす。道北地方の目梨泊遺跡が最も多く，モヨロ貝塚やその周辺地域にも広がりも持つ。

　前期威信財群は大陸系の装飾品や武具が，後期威信財群は本州系の武具がそれぞれ主体的な位置を占めていることが分かる。大陸系武具の曲手刀や鉄鉾は刻文系土器群に伴うことが多く，貼付浮文系土器群後期のソーメン文土器に伴うものは確認されていない。同様に本州系武具の蕨手刀は貼付浮文系土器群と共伴することが確実だが，刻文系土器群に伴う例はない。このことは，8世紀を境にオホーツク文化にもたらされる威信財の主体が大陸系から本州系へと徐々に変化した可能性を示している。この変化は8世紀代の東北アジア世界の政治的変動を反映しているものと考えられる。

　大陸系と考えられる銀製耳飾が第Ⅵ期にも存在するように，大陸系威信財の流入はオホーツク文化の後期段階まで継続しており，この交代は急激にもたらされたものではなく，比較的長時間をかけた漸移的な変化と考えることができる。

Ⅵ．威信財の受容・再分配

　威信財の多くは道北地方の目梨泊遺跡と道東地方のモヨロ貝塚に集中しており，両遺跡が威信財の受容・再分配の拠点的な集落として機能していたことは想像に難くない。一方で目梨泊遺跡とモヨロ貝塚とでは威信財の構成や数量などに差がある。モヨロ貝塚では鉄製鉾，曲手刀の出土点数が目梨泊遺跡を上回るのに対し，蕨手刀は目梨泊遺跡の方がやや多い。青銅製装飾品はモヨロ貝塚が青銅製帯飾（矩形）・青銅製帯飾（円形）・青銅製鈴・青銅製鐸が出土しているが，目梨泊遺跡ではその構成の一部しか見つかっていない。また，威信財ではないが，鉄製刀子に占める曲手刀子の割合はモヨロ貝塚の方が高い。こうした細かな違いは両遺跡の時期・機能の差異が原因しているものと考えられよう。

　目梨泊遺跡，常呂遺跡群，モヨロ貝塚の検出墓壙を各時期ごとに表2にまとめた。モヨロ貝塚の墓壙数は第Ⅲ期（刻文系土器群）が最多で第Ⅳ期以降は減少し，第Ⅵ期（ソーメン文土器群）に属する墓壙はごく少ない。第Ⅴ期以降はモヨロ貝塚に近い常呂遺跡群での増加が著しい。

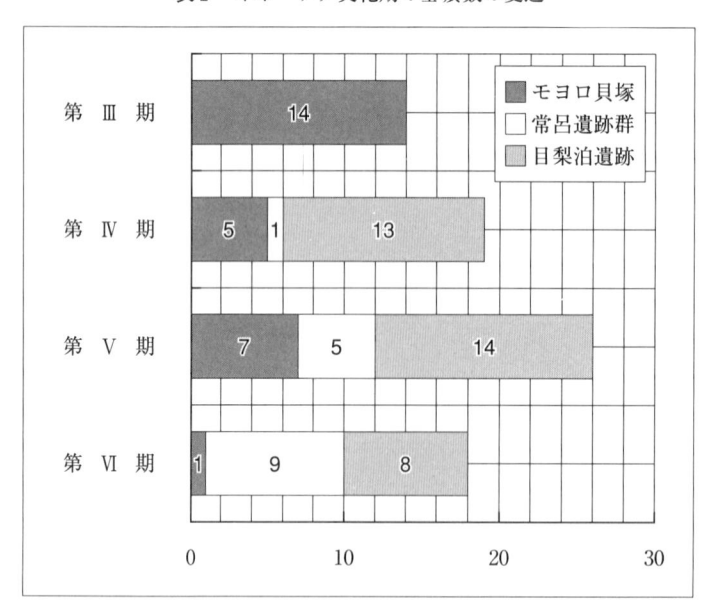

表2 オホーツク文化期の墓壙数の変遷

期	モヨロ貝塚	常呂遺跡群	目梨泊遺跡
第Ⅲ期	14		
第Ⅳ期	5	1	13
第Ⅴ期	7	5	14
第Ⅵ期	1	9	8

第Ⅴ期以降，道東地方ではモヨロ貝塚への「一極集中」傾向が緩和され，周辺の遺跡群へと分散している。

道北地方の目梨泊遺跡では第Ⅳ期に遺跡が成立し，第Ⅵ期まで存続する。

目梨泊遺跡とモヨロ貝塚との間には集落の存続期間に時間差がある。両遺跡を威信財の再分配拠点と位置づけた場合，モヨロ貝塚は前期の交易拠点，目梨泊遺跡は後期の交易拠点と考えることができる。さらに，両遺跡の威信財構成の差を考慮すると，モヨロ貝塚は大陸系遺物を中心とする「前期威信財群」の交易拠点として機能していた可能性が高い。一方，目梨泊遺跡は本州系遺物を中心とする「後期威信財群」の交易拠点として集落が成立し，集落が放棄される第Ⅵ期（9世紀）まで機能していたものと思われる。目梨泊遺跡とモヨロ貝塚の関係は対立的・対比的なものではなく，目梨泊遺跡はモヨロ貝塚を中心とする道東オホーツク文化集団の「出先」として成立したのであろう。目梨泊遺跡における沈線文系土器（道北系）に対する貼付浮文系土器（道東系）の卓越はこうした背景によるものと思われる。

オホーツク文化にもたらされた威信財は8世紀を境に大陸系から本州系へと大きく変化し，受け入れるオホーツク文化の側に新たな交易拠点の形成という社会的変容をうながした。オホーツク文化の遺跡から出土する蕨手刀について，大沼忠春は，「オホーツク文化の側からの公式な通行の結果，蕨手刀が配布され，本州の王権の配下に入ったことを示す」としている（大沼 1996）。たしかに蕨手刀に代表される威信財の流入は，供給側の集団の意志によって行われるものであるが，「後期威信財群」の交易拠点としての目梨泊遺跡の形成はオホーツク文化人の主体性によるものである。オホーツク文化の人々は大陸や本州の人々から単に武具や装飾品を受け入れていたのではなく，積極的に活用すべく自らの社会・文化に取り込んでいたではなかろうか。今後，オホーツク文化に流入した「威信財」がどのように扱われていたのか，社会的な役割・機能をさらに検証する必要があろう。

前田潮先生に初めてお会いしたのは大学一年の夏でした。そのとき連れて行って頂いた礼文島浜中2遺跡の発掘は，北海道生まれでありながら，初めて「オホーツク文化」に出会った瞬

間でした。その後もマガダンを始め様々なすばらしい遺跡の調査にお供させて頂き，かけがえのない経験やとんでもない目に遭いました。あれから十余年の月日が経ち，いつのまにか毎日オホーツク海を眺める暮らしが続いています。これも前田先生の暖かなご指導が導いて下さった御縁と深く感謝しております。本当にありがとうございました。

　これからの先生の益々のご活躍とご健康を心からお祈り申し上げます。

引用文献

天野哲也　1994「オホーツク文化期北海道島にもたらされた帯飾板の背景」『北方史の新視座』45～73頁　雄山閣

藤本　強　1965「オホーツク文化の葬制について」『物質文化6』15～30頁　物質文化研究会
　　　　　1966「オホーツク土器について」考古学雑誌51-4　252～268頁

藤本　強編　1972『常呂・本文編』東京大学文学部

浜中遺跡調査団　2002「礼文島浜中2遺跡第2～4次発掘調査報告」筑波大学先史学・考古学研究13　筑波大学

北海道開拓記念館　1982『二ツ岩』北海道開拓記念館研究報告7　北海道開拓記念館

北地文化研究会　2004『根室市トーサムポロ遺跡R-1地点の発掘調査報告書』北地文化研究会

石井昌国　1966『蕨手刀』雄山閣

石田肇・西本豊弘・松田功　1994「ウトロ遺跡神社山地点第三次発掘調査報告」知床博物館研究報告15

伊東信雄　1938「北見国出土の蕨手刀について」考古学雑誌28-8　461～468頁

加藤晋平　1977「ナイフェリド9号墓出土の青銅製帯金具」『江上波夫先生古希記念論文集美術・考古篇』243～252頁

菊池俊彦　1976「オホーツク文化に見られる靺鞨・女真系遺物」北方文化研究10　31～115頁　北海道大学文学部

北構保男・山浦清　1982「根室市弁天島遺跡出土の小銅鐸」考古学雑誌67-3　115～118頁

清野謙次　1969『日本貝塚の研究』岩波書店

小林幸雄・高橋興世　1995「オホーツク文化遺物に関する分析的研究」北の歴史・文化交流研究事業研究報告81～105頁

国分直一編　1974『オンネモト遺跡』東京教育大学文学部

駒井和愛編　1964『オホーツク海沿岸・知床半島の遺跡・下』東京大学文学部

小杉　康　2000「威信」安斎正人編『現代考古学の方法と理論Ⅲ』29～37頁　同成社

児玉作左衛門・大場利夫　1952「礼文島船泊砂丘遺跡の発掘に就いて」北方文化研究報告7　167～270頁　北海道大学文学部

児玉作左衛門・大場利夫　1956「根室国温根沼遺跡の発掘について」北方文化研究報告11　75～145頁　北海道大学文学部

前田潮・山浦清　1992『北海道礼文町浜中2遺跡の発掘調査』礼文町教育委員会

前田潮・川名広文・高畠孝宗　2004『目梨泊遺跡』枝幸町教育委員会

松本建速　2001「蕨手刀と牧」『海と考古学』4　海交史研究会

松下亘・米村哲英・畠山三郎太・安部三郎　1964『知床岬』網走市郷土博物館

皆川洋一・越田賢一郎・藤原秀樹・倉橋直孝　2003『奥尻町青苗砂丘遺跡2』北海道埋蔵文化財センター

森　秀之　1996「擦文・オホーツク文化期の出土刀剣に関する覚書（1）」紋別市立郷土博物館報告9　15～23頁
西本豊弘編　2000『浜中2遺跡発掘調査報告』国立歴史民俗博物館
大場利夫　1962「モヨロ貝塚出土の金属器」北方文化研究報告17　165～196頁　北海道大学文学部
大場利夫・大井晴男編　1973『オンコロマナイ貝塚』東京大学出版会
　　　　　　　　　　　1976『香深井遺跡・上』東京大学出版会
大沼忠春　1996「北海道の古代社会と文化」鈴木靖民編『古代蝦夷の世界と交流』103～140頁　名著出版
笹田朋孝　2003「4　鉄鉾について」『居住形態と集落構造から見たオホーツク文化の考古学的研究』東京大学
佐藤和利　2002「史跡オムサロ台地竪穴群」『市町村における発掘調査の概要・平成14年度』北海道教育委員会
佐藤隆広　1988『目梨泊遺跡』枝幸町教育委員会
　　　　　1994『目梨泊遺跡』枝幸町教育委員会
佐藤隆広・佐藤和利　1986『豊岩5遺跡・豊岩7遺跡』稚内市教育委員会
高橋　理　1993「ウトロ遺跡神社山地点発掘報告」知床博物館研究報告14　63～72頁
種市幸生・内山真澄・荒川暢雄　1997『北海道礼文町香深井5遺跡発掘調査報告書』礼文町教育委員会
武田　修　1995『栄浦第二・第一遺跡』常呂町教育委員会
　　　　　1996『常呂川河口遺跡（1）』常呂町教育委員会
右代啓視　1990「北海道常呂町出土のオホーツク式土器」北海道開拓記念館調査報告29　1～16頁
　　　　　1991「オホーツク文化の年代学的諸問題」北海道開拓記念館研究年報19　23～52頁　北海道開拓記念館
　　　　　1995「オホーツク文化にかかわる編年的対比」『北の歴史・文化交流研究事業研究報告』45～64頁
臼杵　勲　1985「古墳出土鉾の分類と編年」日本古代文化研究2　古墳文化研究会
　　　　　1990「武器」考古学ジャーナル321　ニューサイエンス社
宇田川洋　1984『河野広道ノート考古編5』北海道出版企画センター
宇田川洋・畑宏明・和田英昭・熊木俊朗・米村衛　2001「モヨロ貝塚試掘調査概報」網走市教育委員会
宇田川洋編　2002『常呂遺跡の史跡整備に関する調査研究』東京大学
宇田川洋　2003『居住形態と集落構造から見たオホーツク文化の考古学的研究』東京大学
宇田川洋・畑宏明・大沼忠春・和田英昭・熊木俊朗・米村衛　2003「モヨロ貝塚試掘調査概報」網走市教育委員会
山田悟郎・平川善祥・小林幸雄・右代啓視・佐藤隆広　1995「オホーツク文化の遺跡から出土した大陸系遺物」北の歴史・文化交流研究事業研究報告　65～80頁
八木光則　1996a「蕨手刀の変遷と性格」『坂詰秀一先生還暦記念・考古学の諸相』坂詰秀一先生還暦記念会
　　　　　1996b「蝦夷社会の地域と自立性」鈴木靖民編『古代蝦夷の世界と交流』249～280頁　名著出版
柳瀬由佳　1997「3.モヨロ貝塚」『遺物から見た律令国家と蝦夷』第6回東日本埋蔵文化財研究会資料
米村喜男衛　1950『モヨロ貝塚資料集』野村書店

装飾肢骨からみるオホーツク文化と周辺文化

内 山 幸 子

はじめに

サハリンから北海道北部・東部，千島列島にかけての沿岸部に主として分布したオホーツク文化は，（1）アムール河流域に展開した大陸文化の影響が明確に認められる点と，（2）高度に海洋適応を遂げた生活を営んでいる点において，特異な文化とみなされている（前田 2002）。このうち，（1）については，金属製品を中心とした外来系の出土遺物の検討を通じて，大陸文化との関係が盛んに論じられており（菊池 1976，山田他 1995，高畠 1998など），本稿で取り上げるイヌの装飾肢骨についても，「鞍韉文化」におけるウマの装飾肢骨の影響によって出現した可能性が指摘されている（桝本 1986）。

オホーツク文化のイヌの装飾肢骨は，桝本哲氏（1986）による検討以降，僅かではあるが，資料が増加している。また，オホーツク文化やその周辺文化における遺物の編年的整理も進んでおり，装飾肢骨をめぐる北東アジアの文化間交渉について，より具体的に検討することが可能な状況となっている。そのため，本稿では，オホーツク文化におけるイヌの装飾肢骨について取り上げ，周辺文化で見出された類似資料との形態的比較や所属時期の検討を通じて，その文化的位置づけの把握を試みることとした。

I. オホーツク文化の装飾肢骨

オホーツク文化の装飾肢骨は，サハリン南部と礼文島，利尻島に所在する3つの遺跡から計5点が確認されている。ここでは，出土遺跡ごとに，資料の説明を行うこととする。

ノーバヤブローチノエ2遺跡（図1－1）

サハリン南部西岸の日本海に面した当遺跡からは，装飾された上腕骨が1点出土している（Василевский 1996）（図2－1）。図示された資料の形態的特徴から，イヌ科動物の上腕骨（右側）を素材としたことが分かる。本資料の発見者であり，最初に資料を紹介したゴルブノフ（Горубнов）氏の文献が未入手であり，大きさは不明である。そのため，現時点では，当時のサハリンで入手可能であったとみられるイヌ科動物（オオカミ，イヌ，キツネ）[1]のうちのいずれの種の上腕骨が素材として用いられていたかについては明らかにし得ない。

本資料の骨幹部に認められた線刻は，クジラ猟の様子を表した可能性が指摘されている（Василевский 1996）。中央に見られる長い横線とその上に間隔をあけて刻まれた7つの短い縦線は「舟」と「猟師」を表し，その右斜め上には「巨大なクジラ様」の線刻が認められる。

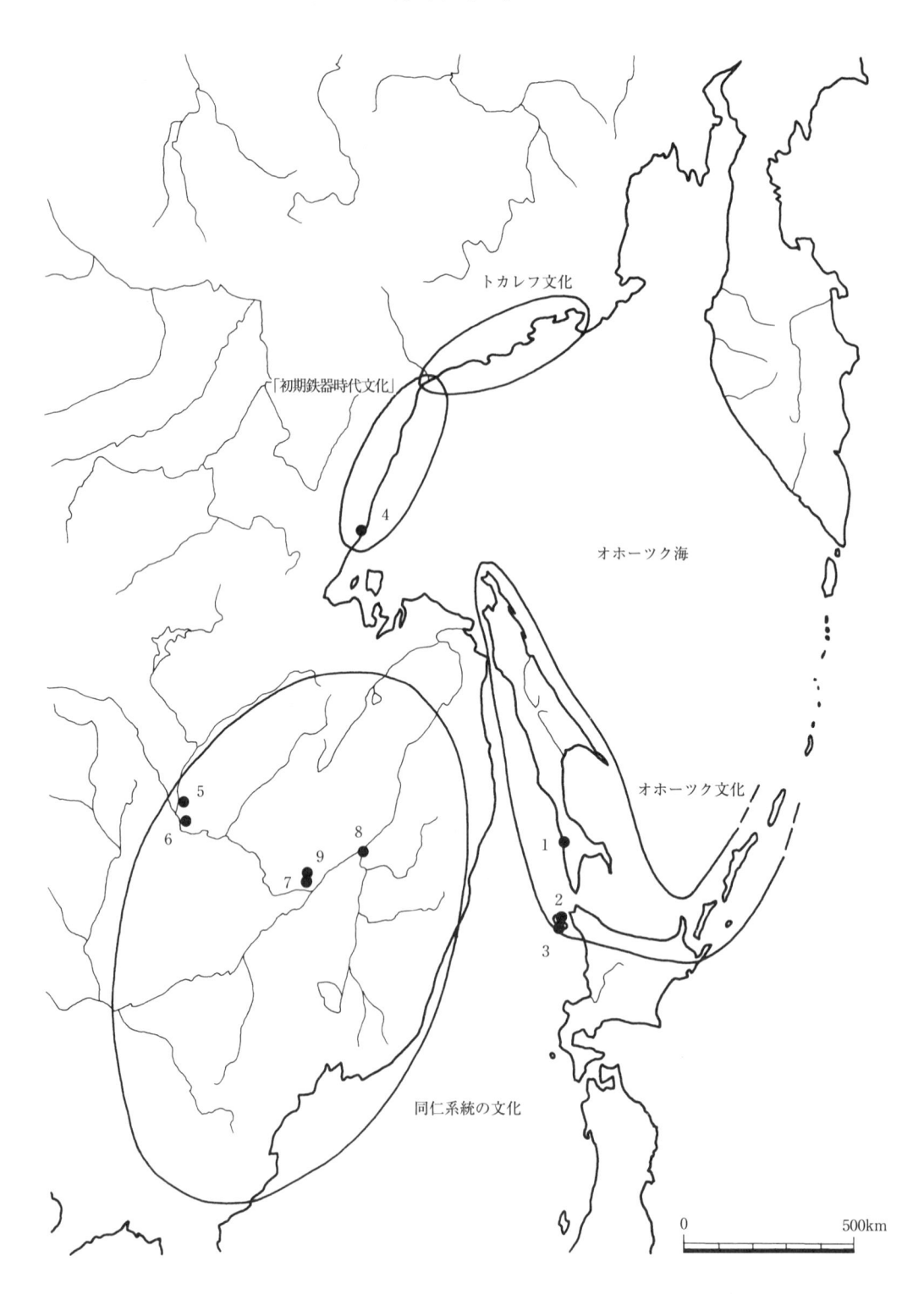

図1　本稿で言及する文化と主要遺跡
1: ノーバヤブローチノエ2　2: 香深井1　3: 種屯内　4: ウイカ　5: トロイツコエ
6: オシノヴォエ　7: ドゥボヴォエ　8: コルサコフ　9: ナイフェリト

「舟」の右端からは，「銛縄」の可能性のある細い線が「クジラ様の獲物」に向かって伸びている。右端に認められた線刻は，「別の獲物」を表現したものかもしれない。

礼文町香深井1遺跡（図1-2）

　礼文島の東岸に位置した当遺跡からは，イヌの上腕骨に線刻が施された資料3点が出土している（大場・大井編 1976）（図2-2～4）。これらは，刻文系の土器を主体的に含んだ魚骨層Ⅲと魚骨層Ⅲ₀から出土しており，いずれもオホーツク文化期の中期に属する資料である。

　魚骨層Ⅲから出土した2は，上腕骨（右側）を素材としており，全長は146mmである。装飾としては，横位の沈線が数条刻まれるのみである。同層から出土した3は，上腕骨（左側）を素材としている。近位部が欠損しており，残存長は139mmである。横位にめぐる沈線文の間を斜位の格子状文で埋めた模様や鋸歯状文などが認められる。魚骨層Ⅲの上部に堆積した魚骨層Ⅲ₀からは，上腕骨（右側）を素材とした4が出土している。全長161mmである。この資料には，平行沈線文や鋸歯状文などが幾条にもわたり浅く刻まれており，さらに，骨幹部の後面稜部に8つの抉りが認められるなど，3点中でもっとも多くの装飾を認めることができる。

利尻町種屯内遺跡（図1-3）

　利尻島の西岸に位置した当遺跡からは，刻文系の土器を主体的に含んだオホーツク文化期中期の包含層より，線刻の認められたイヌの上腕骨（右側）1点が出土している（種屯内遺跡調査団 1998）（図2-5）。全長は150mmである。

　骨幹部の内面にはV字状の線刻が刻まれており（図中a），また，擦れたことによるものか，光沢が3箇所で認められている（図中網掛け部）。本資料では，近位部後面の関節下が一部削られており（図中b），さらに，遠位部の滑車上孔が意図的に広げられた可能性もある（図中c）。

　以上，通観した内容から，オホーツク文化の装飾肢骨は，いずれもイヌもしくはイヌ科動物の上腕骨（図3）がほぼ完形のまま素材として用いられていたことが明らかであった。また，観察し得る限り，全ての関節が癒合していたため[2]，素材として，幼獣個体の上腕骨が選択されることはなかったことが分かる。骨幹部に認められた装飾の内容については，ノーバヤブローチノエ2遺跡例のような海上猟の様子を表したとみられる絵画的なものから，図2-3，4に示した香深井1遺跡例のような幾何学文，さらには，同じ香深井1遺跡例でも横位に沈線が刻まれただけの簡素な模様や，種屯内遺跡例のようなV字状の刻みまでさまざまあり，刻線によって装飾を施すという点以外に，共通性は見出されなかった。また，所属時期と出土地点については，詳細不明のノーバヤブローチノエ2遺跡例を除いて，全てがオホーツク文化期の中期に属する包含層から出土しており，遺構に伴う例は認められなかった。

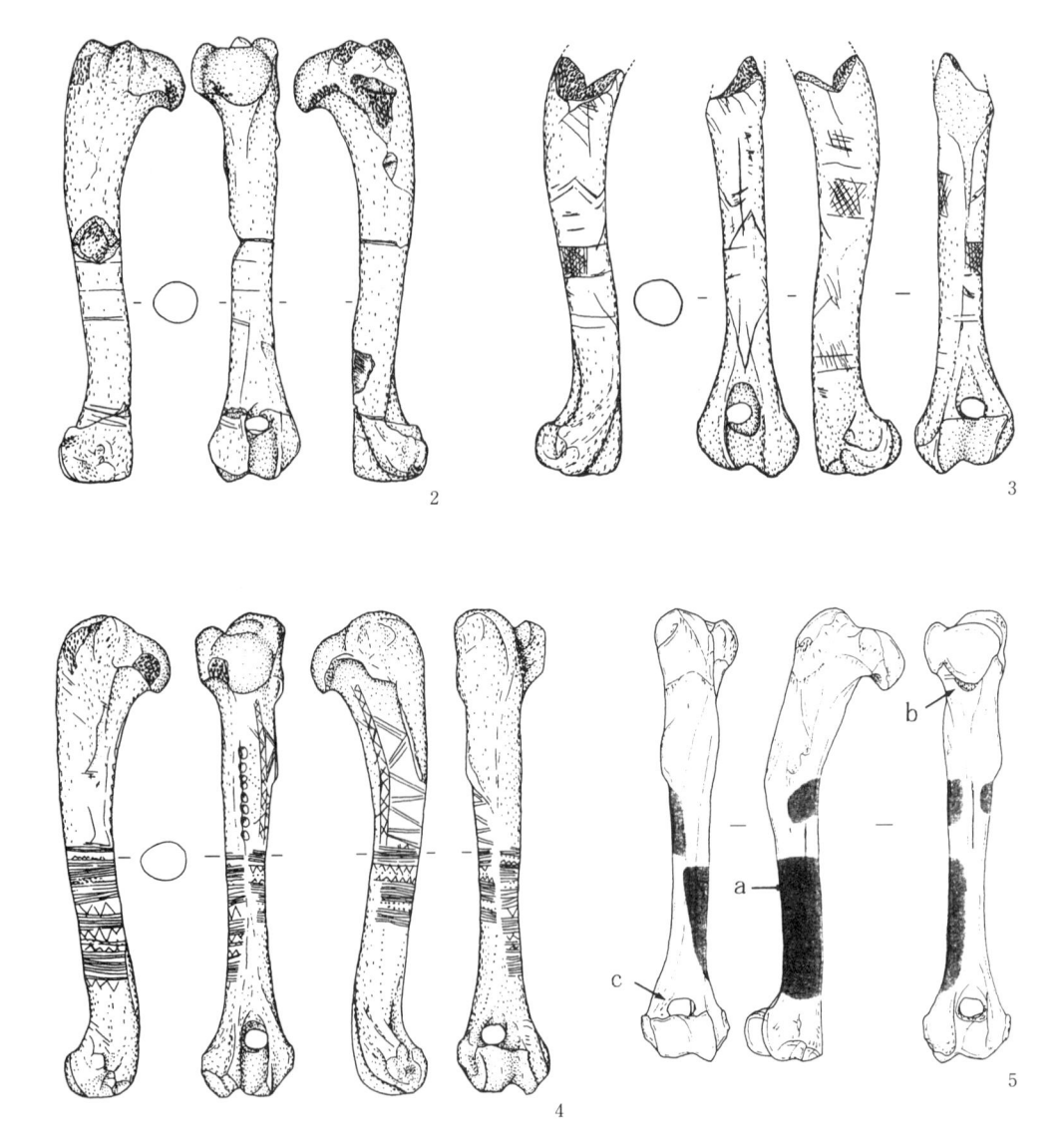

図2 オホーツク文化の装飾肢骨
1: ノーバヤプローチノエ 2〜4: 香深井1 5: 種屯内
(1のみ縮尺不明、他2/5)

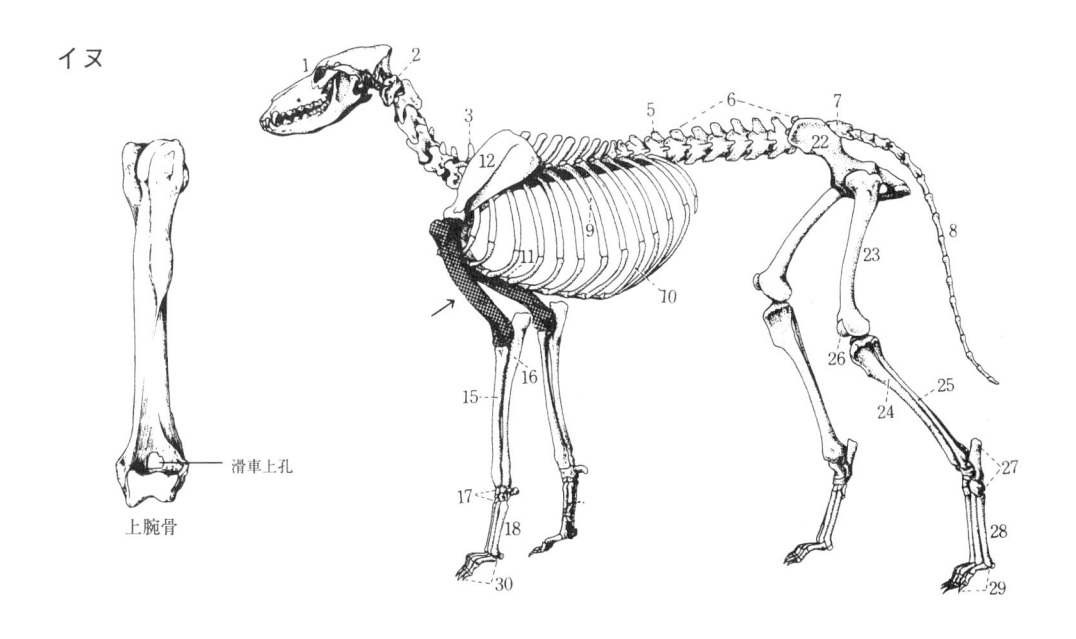

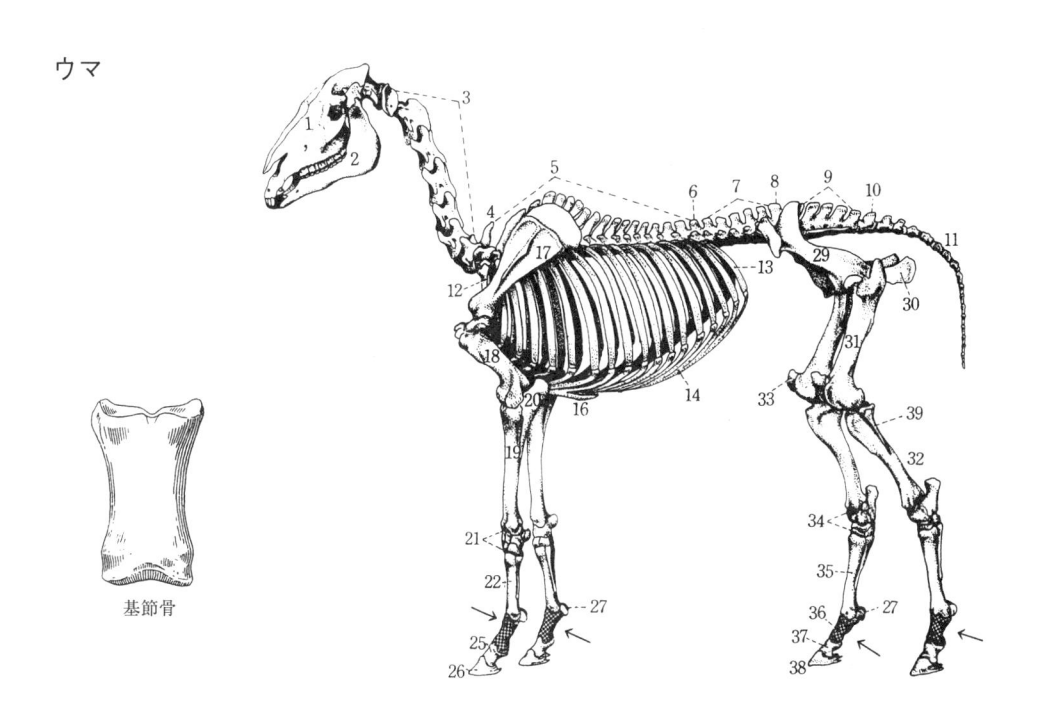

装飾肢骨からみるオホーツク文化と周辺文化

イヌ

滑車上孔

上腕骨

ウマ

基節骨

図3　装飾肢骨の素材とされた骨の位置とその形態

49

II．周辺文化の装飾肢骨

つづいて，オホーツク文化を取り巻く周辺文化の装飾肢骨について，所属文化ごとに資料の説明を行うこととする。

「初期鉄器時代文化」

オホーツク海の北西岸では，「初期鉄器時代文化」（Лебединцев 1990）として括られた文化複合が確認されている。ここで出土する土器には，刻文やスタンプ文というオホーツク式土器と共通する要素が認められるため，これらの所属時期は，オホーツク文化期の中期と併行するものとみられている（菊池 1993，臼杵 2004）。文化名はまだ確定していないが，出土土器にみる類似性の高さから，隣接するトカレフ文化と同一の文化複合である可能性を指摘する見解もある（臼杵 2004）。

「初期鉄器時代文化」に属するウイカ遺跡（図1-4）からは，装飾された上腕骨2点が出土している（Лебединцев 1990）。両資料とも刻線による装飾が施されているといい，このうち1点が図示されている（図4-1）。実測図からは，骨幹部の内面と外面を中心に，鋸歯状文などの線刻が複数確認できる。2点ともに切断や削りの痕跡が認められるというが，図示された資料で欠損しているのは近位部のごく一部分に限られており，実測図からは，人為的な切断や削りの施された箇所を確認することができなかった。これらはイヌとして報告されているが，図示された資料の全長は約218mmにも及ぶため，オオカミである可能性が高い[3]。また，図示された資料は，上腕骨（右側）を素材としており，近位部，遠位部ともに関節の癒合は完了している。この装飾上腕骨は2点とも，不正円形を呈した直径5～6m程の住居址の南壁付近で出土している。

同仁系統の文化

アムール河の中・下流域や沿海地方に分布した「靺鞨文化」や「女真文化」は，文献史料に記された名称をもとに設定された文化である。これらは考古学的に設定し得る文化とは必ずしも整合しないため，臼杵勲氏（2004）は，これらと「同仁文化」，「渤海」を合わせたものを「同仁系統」と総称し，土器や方形透彫帯金具の検討を通じた変遷過程と絶対年代の把握を試みている（表1）。なお，本稿では，装飾肢骨が出土した遺跡の所属時期を提示するにあたり，同氏の編年案に基づくこととした。

同仁系統の遺跡から出土した装飾肢骨については，桝本氏（1986）によって集成がなされ，詳細に検討されている。それによれば，装飾肢骨は，（1）トロイツコエ村墓址（図1-5）（チェレヴァンコ 1975，Деревянко, Е. И. 1975, 1977）〔臼杵氏（2004）による同仁系統の第5～8期〕（図4-2～12）や（2）オシノヴォエ湖岸集落址（図1-6）（Деревянко, Е. И. 1975）〔第7期〕（図4-13～15），（3）チェレムホヴォ村集落址（Деревянко, Е. И. 1975）〔コレクション資料のため，所属時期不明〕（図4-16），（4）ドゥボヴォエ村墓址（図1-7）

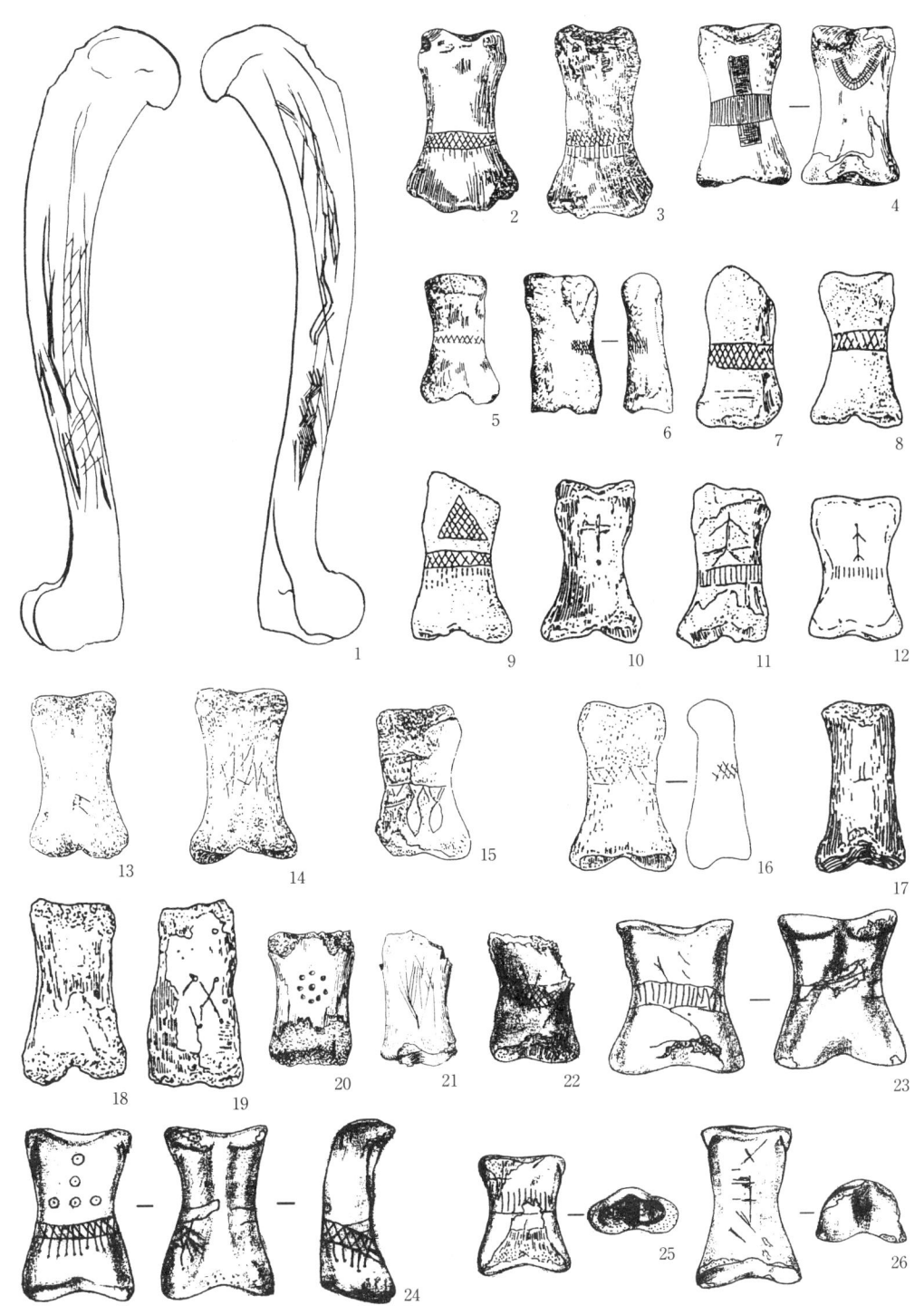

図4　周辺文化の装飾肢骨
1:「初期鉄器時代文化」　2〜26: 同仁系統の文化
1: ウイカ　2〜12: トロイツコエ　13〜15: オシノヴォエ　16: チェレムホヴォ
17: ドウボヴォエ　18,19: コルサコフ　20,21: オリスキー　22,23: ヴラディミロフカ2
24: ブッセ　25,26: シャーパチカ　　　　　　　　　（1のみ縮尺2/5、他3/10）

表1　同仁系統の編年（臼杵（2004）より）

同仁系統土器	方形透彫帯金具	推定される絶対年代
第1期		7世紀以前
第2期	第Ⅰ期	7世紀
第3期		7世紀末～8世紀初頭
第4期	第Ⅱ期	8世紀前半～8世紀中頃
第5期	第Ⅲ期	8世紀後半
第6期	第Ⅳ期	9世紀前半
第7期	第Ⅴ期	9世紀後半
第8期	第Ⅵ期	10世紀～11世紀初頭
第9期		11世紀中葉～12世紀初頭

〔第6期以降〕（図4-17），（5）コルサコフ村墓址（図1-8）〔第5～8期〕（図4-18, 19）で，墓址や住居址に伴って出土している。桝本氏の集成以降にも，（6）オリスキー墓址（Медведев 1986）〔第6～8期〕（図4-20, 21）や（7）ヴラディミロフカ2遺跡（Шеломихин 2001）（図4-22, 23），（8）ブッセ村周辺（Шеломихин 2001）（図4-24），（9）シャーパチカ城址（Шеломихин 2001）（図4-25, 26）（Шеломихин 2001）〔（7）～（9）の3遺跡についてはいずれも伴出遺物が提示されていないため，所属時期不明〕などで，新たに資料が追加されている。このうち，（1）トロイツコエ村墓址での出土例は装飾が施されていない資料を含めて40点以上と非常に多く，15点がまとまって出土した例もあるという（チェレヴァンコ 1975）。なお，これらの遺跡は全てアムール河流域に分布しており，これまでのところ，沿海地方での出土例は確認されていない。

これらの装飾肢骨のうち，全形が遺存していた資料の大半は，その形態的特徴から，ウマの基節骨（図3）を完形のまま素材としていることが明らかであった。ただし，図4-22, 23, 25のような幅広の資料については，中節骨を素材とした可能性も皆無ではない。なお，ウマの基節骨は，1個体あたり4点ずつ存在するため，墓址から40点以上の資料が出土したとされるトロイツコエ村墓址（チェレヴァンコ 1975）では，少なく見積もっても10個体分以上のウマの基節骨が副葬品として用いられたことになる。

装飾の内容をみると，骨幹部に刻線で装飾されたものが多く，横位にめぐらせた沈線文の間を縦線や斜位の格子状文で埋めた幾何学的な模様の他に，人間を表したような絵画的な模様までみられる。

以上，通観した内容から，すでに菊池俊彦氏（1993）や桝本氏（1986）によって指摘されている通り，オホーツク文化と時間的に併行する「初期鉄器時代文化」や同仁系統の文化において，装飾肢骨の出土が確認されている。このうち，「初期鉄器時代文化」では，これまでのところ，ウイカ遺跡例以外に出土例の報告がみられないため，当文化における装飾肢骨の位置づけを図ることは難しい。

一方，同仁系統の文化では，複数の遺跡で装飾肢骨が得られており，素材として主にウマの基節骨が完形のまま用いられている点や，その多くが墓址や住居址に伴って出土する点において高い共通性が認められた。そのため，同仁系統の文化では，ウマの基節骨を主とする指（趾）骨に装飾を施し，それを利用することに対して，一定の意味が認められていたものとみなすことができよう。『旧唐書靺鞨伝』（神田訳注 1971）にも，「生前乗っていた馬を屍の前で殺して祭りをする」（356頁）との記載が認められることから，葬送に際してウマを殺し，その骨格の一部を墓に副葬する習慣がなされていたものと推測し得る。なお，桝本氏（1986）の指摘にもあるように，ウマの装飾指（趾）骨の出土割合は，墓址や住居址の検出数からすれば決して多いとはいえないため，それが制作され利用された背景には，「被葬者の社会的地位と結びついた特定の事情」（桝本 1986：83頁）などが存在した可能性を考慮する必要があろう。

Ⅲ．装飾肢骨からみるオホーツク文化と周辺文化との関わり

表2は，オホーツク文化とその周辺文化で確認された装飾肢骨の内容（素材として用いられた動物種やその部位，装飾の内容，出土地点など）について整理したものである。ここでは，この表に基づいて装飾肢骨を比較し，オホーツク文化とその周辺文化との関係について検討を試みることとする。

表2 オホーツク文化とその周辺文化の装飾肢骨

	オホーツク文化			初期鉄器時代文化	同仁系統の文化
	ノーバヤ ブローチノエ2	香深井1	種屯内	ウイカ	
動物種	イヌ科（？）	イヌ（飼養動物）		オオカミ？（野生獣）	ウマ（飼養動物）
部位	上腕骨				基節骨中心
出土点数	1	3	1	2	多数
装飾の内容	海上猟の線刻	幾何学文 沈線，抉り	V字状の刻み 光沢（擦れ？）	幾何学文	幾何学文 絵画的な線刻
出土地点	？	包含層		住居址	墓址・住居址中心
図版	図2-1	図2-2～4	図2-5	図4-1	図4-2～26

1. オホーツク文化と「初期鉄器時代文化」

　菊池氏（1993）は，オホーツク文化に属する香深井1遺跡（大場・大井編 1976）と「初期鉄器時代文化」に属するウイカ遺跡（Лебединцев 1990）から出土した装飾肢骨の類似性に着目し，両文化でイヌの上腕骨に装飾を施すという伝統が共通することを指摘している。しかし，前述したように，イヌとして報告されたウイカ遺跡の装飾上腕骨は，大きさからオオカミである可能性が高いため，両者に共通する要素は，①上腕骨が素材として用いられている点と，②刻線によって装飾が施されている点の2点に限られる。「初期鉄器時代文化」における動物利用の内容は不明だが，隣接するトカレフ文化でイヌが食料資源として利用されていたことからすれば（佐藤 1996），「初期鉄器時代文化」においても，イヌが飼養されていた可能性は高い。しかし，それにも関わらず，装飾を施す対象としてオオカミが選択されている点は，両文化の差異として注目される。オオカミとそれを家畜化したイヌはきわめて近似しているため，両文化の装飾肢骨（図2-1～5，図4-1）の形態は，大きさ以外の点では，類似性が高い。しかし，一般に前者が野生獣であり，後者が飼養動物であることからすれば[4]，両文化における装飾上腕骨の位置づけは均質でなかった可能性が考えられよう。

　「初期鉄器時代文化」におけるオオカミの利用内容は不明だが，オホーツク文化では，イヌが主として食料資源として利用されていたことが，散乱した出土状況や若い個体に偏る年齢構成などから明らかとなっている。上腕骨を含めた肩部（骨格でいえば，肩甲骨から上腕骨にかけての部分）は，腿部（寛骨から大腿骨にかけての部分）と並んで肉量の多い箇所であるが，食料資源という利用内容や価値だけでは，上腕骨のみに装飾が施された理由を見出すことが難しい。したがって，上腕骨が素材として選択された理由については，利用内容や価値だけでなく，上腕骨特有の形態的特徴，－例えば，上腕骨のみに滑車上孔（図3）と呼ばれる貫通孔が認められる点など－が関与した可能性を考慮すべきであろう。

　オホーツク文化と「初期鉄器時代文化」の装飾肢骨は，既知の資料で見る限り，前者では包含層，後者では住居址というふうに，出土地点においても明瞭な差異が認められる。このような出土地点の差異は，装飾肢骨の制作された意味や果たした役割の差異を反映している可能性が高く，このことからも，装飾肢骨の位置づけが両文化間で異なっていた可能性が考えられよう。

　「初期鉄器時代文化」は，オホーツク海を挟んでオホーツク文化と対峙しており（図1），オホーツク式土器と類似した土器を使用していたことが明らかとなっている（菊池 1993，臼杵 2004）。このことからすれば，両文化間に何らかの影響関係が存在し，それによって，形態的に類似した装飾上腕骨が両文化で見出されることとなった可能性は否定できない。しかし，対象となる動物種や出土地点の違いからすれば，その位置づけは両文化において大きく異なっていたものとみなし得る。そのため，装飾肢骨で見る限り，その影響関係は，表面的な部分にとどまっていた可能性が高いといえよう。

2．オホーツク文化と同仁系統の文化

　桝本氏（1986）は，香深井1遺跡のイヌの装飾上腕骨について，オホーツク文化の展開に影響を与えたと目される同仁系統の「靺鞨文化」や「女真文化」の遺跡から出土したウマの装飾指（趾）骨との関連性を指摘している。それによれば，同仁系統の文化にみられる動物飼養や飼養動物に対する特異な精神観は，在地の農耕文化と南シベリヤの牧畜文化に系譜が求められるものであり，それがオホーツク文化圏の一部に影響を及ぼした結果，同文化においてイノシシ類の飼養やイヌの装飾上腕骨が出現するに至ったのだという。動物飼養やイヌに対する特異な行為の起源が大陸側に求められるとする同氏の説は参照すべき点が多いが，すでに同氏も認めているように，両文化の動物飼養や動物儀礼の間には差異があるのも事実である。両文化に共通するとされる装飾肢骨についても，類似点は，表2に示したように，①「飼養動物」の「肢骨」を素材としている点と，②線刻で装飾が施されている点に限られる。このうち，①に関しては，オホーツク文化では'イヌ'，同仁系統の文化では'ウマ'というふうに対象となる動物種が異なっており，ともに飼養動物であるとはいえ，前者が主に'食料資源'であるのに対し，後者では'使役用'（神田訳注 1971，Деревянко, А. П. 2000）とみられることから，文化内での位置づけに差異のあったことは想像に難くない。さらに，装飾が施される部位も，前者の'上腕骨'に対して，後者では主として'基節骨'が選択されており，ともに四肢を構成する骨ではあるが，その位置や大きさ，形態上の差異は決して小さいものではない（図3）。②についても，幾何学的な線刻の中には類似しているものもあるが，これに類する模様は，オホーツク文化期のより古い段階から全期にわたって認めることができる（図5-1，2）。加えて，ノーバヤブローチノエ2遺跡資料に認められた海上猟の線刻も，高度に海洋適応を遂げた文化として知られるオホーツク文化では割合よく表現される図柄である（図5-3〜7）。そのため，類似点とされる②についても，両文化の直接的な関係を示すには不十分である。

　さらに，両文化の装飾肢骨における出土地点の差異は顕著であり，同仁系統の文化では墓址や住居址からの出土例が多いのに対して，オホーツク文化に属する資料の中に遺構に伴った例はまだ認められていない。したがって，両文化において，装飾肢骨が制作された意味や果たした役割は異なっていた可能性が高いといえよう。

　つづいて，装飾肢骨の所属時期について検討を加えることとする。まず，同仁系統の遺跡から出土したウマの装飾指（趾）骨であるが，これについては前述した通り，表3のような所属時期が推定し得る。同仁系統の文化は，新旧関係にある（1）ブラゴスロヴェンノエ土器群の段階と（2）ナイフェリト土器群の段階，（3）トロイツコェ土器群の段階とに大別することができる（Деревянко, Е. И. 1975，Дьякова 1984，大貫 1998，臼杵 2004など）。このうち，臼杵氏（2004）の区分による同仁系統の第1期にあたるブラゴスロヴェンノエ土器群の段階と同第2期にあたるナイフェリト土器群の段階には，既知の資料で見る限り，装飾指（趾）骨は認められておらず，所属時期の推定できる資料はいずれもトロイツコェ土器群の段階に属している。ナイフェリト土器群の段階でも，ナイフェリト墓址（図1-9）の2号埋葬址底面から

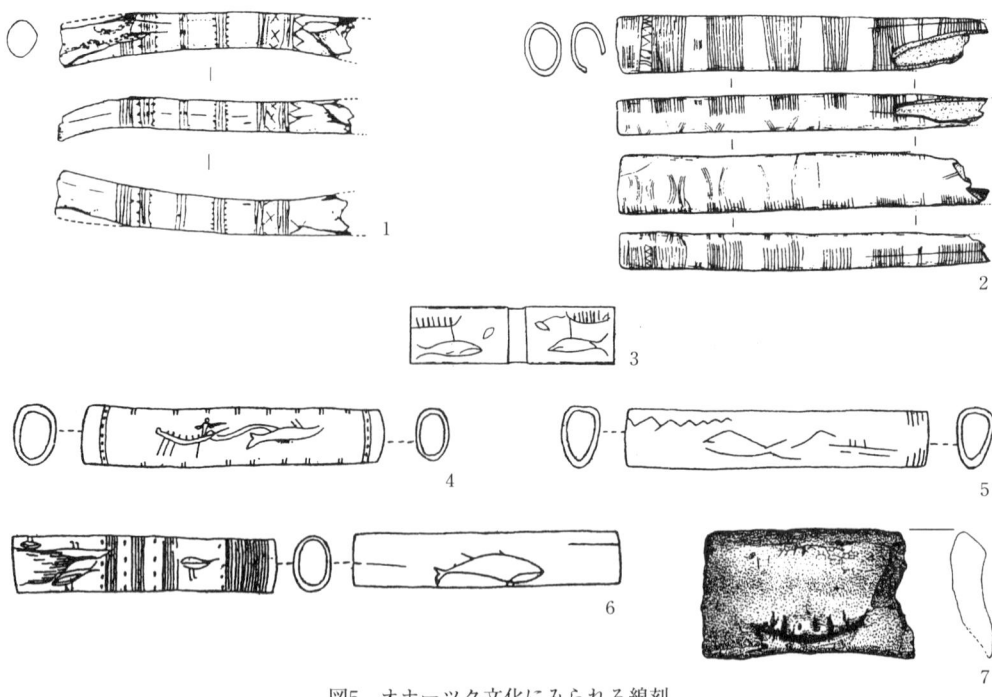

図5　オホーツク文化にみられる線刻
1〜6: 針入れ　7: 土器
1,2: 香深井1遺跡　3: 鈴谷貝塚　4,5: 弁天島貝塚　6: トーサンポロ貝塚　7: 弁天島遺跡（縮尺1/2）

表3　同仁系統の遺跡から出土した装飾肢骨の推定所属時期

世紀	同仁系統 時期区分 （臼杵2004）	装飾肢骨が出土した遺跡の所属時期				
6	第1期					
7	第2期					
	第3期					
8	第4期					
	第5期					
9	第6期					
	第7期	トロイツコエ	オシノヴォエ	ドボヴォエ	コルサコフ	オリスキー
10	第8期					
11	第9期					
12						

ウマの指（趾）骨3点の出土が報告されているが（Деревянко, А. П. et al. 1999），装飾の有無については記載されていない。仮に，これに明瞭な装飾が施されていたならば，おそらく特記されたであろうし，さらにここでは，基節骨，中節骨，末節骨という指（趾）骨3点が連なって出土していたことからすれば，筋や靱帯などがまだ残った状態で副葬されたものとみられ，この点からしても，この資料に装飾が施されていなかった可能性は高い。したがって，ウマの足先を副葬する習慣自体はより古くまで遡ることができるが[5]，骨格の一部（主として基節骨）に装飾を施す事例については，これまでのところ，トロイツコエ土器群の段階以降でしか確認し得ないことになる。なお，装飾が施されていないウマの指（趾）骨が墓址や住居址から出土する事例は，トロイツコエ土器群の段階でも認められている（桝本 1986）。

一方，オホーツク文化の遺跡から出土した装飾上腕骨は，所属時期の明らかな資料全てが，刻文系土器の卓越する同文化期の中期に属することが明らかである。この時期にオホーツク文化圏の全域に広がった刻文系の土器は，同仁系統のナイフェリト土器群と類似性の高いことが古くから指摘されており（加藤 1975，菊池 1976，前田 1976），近年の編年的整理からもこの時間的併行関係の妥当性が確認されている（臼杵 2004，熊木 2004）。そのため，臼杵氏による時期区分（臼杵 2004）に基づいて既知の資料を検討する限りにおいては，オホーツク文化の装飾上腕骨の方が同仁系統のウマの装飾指（趾）骨よりも早い段階で存在し，後者の影響によって前者が出現したとする桝本氏（1986）の見解は成り立ち得ないこととなる。

前述したように，ナイフェリト土器群の段階にも，装飾されていないウマの指（趾）骨の副葬例はあるため（Деревянко, А. П. et al. 1999），今後，この段階やそれ以前に属するウマの装飾指（趾）骨が発見される可能性は十分にある。しかし，オホーツク文化と同仁系統の装飾肢骨にみるギャップは，所属時期の側面のみにとどまらず，装飾される対象となった動物の種類や部位，さらには，出土地点の違いに反映された本資料の制作された意味や果たした役割などの多岐に及ぶことが明らかである。以上のようなギャップの大きさからすれば，両文化における装飾肢骨の間に，直接的な影響関係を認めることは困難といえよう。

オホーツク文化期の中期という時期は，本稿で取り上げたイヌの装飾上腕骨の他に，特異な出土状況が認められるなど，イヌに非実用的な価値が付加される時期にあたる（内山 2000）。この時期は，大陸由来のイノシシ類がオホーツク文化圏内で本格的に飼養され始める時期でもあり（大場・大井編 1976，1981），イヌと重複する利用価値を有したイノシシ類の導入が，イヌの利用内容やその価値に変化をもたらしたものと考えられる（内山 2002）。つまり，オホーツク文化のイヌの装飾上腕骨は，大陸側で古くから認められている飼養動物に対する特異な精神観の流入によって出現したものではなく，同仁系統からのイノシシ類飼養の受容によって惹き起こされたオホーツク文化内での生業体系や動物観の改変に伴って，出現するに至ったものと位置づけることができよう。

おわりに

　本稿では，オホーツク文化の装飾肢骨について，これまでに関連性が指摘されてきた「初期鉄器時代文化」と同仁系統の文化で見出された装飾肢骨との比較を試みた。その結果，「初期鉄器時代文化」における装飾上腕骨は，素材とされた動物種や出土地点においてオホーツク文化と異なることが明らかであり，装飾肢骨で見る限り，両文化の影響関係は表面的なものにとどまる可能性を示した。また，同仁系統のウマの装飾指（趾）骨とオホーツク文化のイヌの装飾上腕骨についても，素材とされた動物種や部位だけでなく，文化内での位置づけも大きく異なる可能性が考えられ，合わせて行った所属時期の検討からも，両者に直接的な影響関係は見出し難いことを述べた。そして，このようなイヌの上腕骨を対象とした装飾肢骨がオホーツク文化において出現するに至った背景には，イノシシ類飼養の受容による同文化内での生業体系や動物観の改変が強く影響した可能性を指摘した。

　本稿で取り上げた「装飾肢骨」には，紀元後1千年紀を中心とする北東アジアでの文化間関係という，きわめて重要な検討課題が深く関わっており，その中でも，精神観を反映している点に特徴が認められる。装飾肢骨を対象とした本稿での検討内容からは，これまでの指摘とは異なり，精神観における各文化間の直接的な影響関係の存在について否定的な見解が導かれ，文化ごとの独自性の高さが示されることとなった。今後は，他の文化要素を加味し，北東アジアにおける文化間のより具体的な関係性の解明に向けて取り組んでいきたい。

　なお，本稿は，筆者にあてられた平成16年度科学研究費補助金（特別研究員奨励費）による研究成果の一部である。

註

1) イヌ科に属するタヌキについては，サハリンで自然生息していなかったとみられるため（犬飼 1943），ここでは除外した。なお，現在では，かつて毛皮獣として導入されたタヌキが各地で野生化し，分布域を広げているという（米田 1994）。
2) イヌの上腕骨の関節癒合時期は，近位部で1歳，遠位部で1/2〜2/3歳程度とされる（Schmid 1972）。
3) オオカミである可能性については，すでに菊池俊彦氏（1995）によって指摘されている。なお，斎藤弘吉氏（1964）の記録によれば，ニホンオオカミ2個体の上腕骨全長はともに180mm，マンシュウオオカミ♀個体の上腕骨全長は192.5mm，チョウセンオオカミの上腕骨全長（平均値）は201.4mmであるという。
4) ウイカ遺跡の装飾肢骨が，'幼獣段階から人間によって飼養されたオオカミ'や，'オオカミと交雑して産まれた大型のイヌ'の上腕骨を素材としている可能性は残る。
5) ウマの骨格の一部が墓址から出土する事例は，同仁系統に先行するポリツェ文化でも認められている（Деревянко, А. П. 2000）。

引用文献

(日本語文)

犬飼哲夫　1943「北海道・樺太・千島に於ける鳥獣の分布」『北海道・樺太・千島列島編』山雅房　79～97頁

臼杵　勲　2004『鉄器時代の東北アジア』同成社

内山幸子　2000「オホーツク文化におけるイヌの埋葬について」『考古学雑誌』85-3　83～97頁
　　　　　　2002「サハリン中部におけるオホーツク文化後葉の動物利用について」『筑波大学　先史学・考古学研究』13　17～33頁

エバンス, H. E., ドラウンタ, A.　1981〔1971〕『犬の解剖の手引』学窓社（鹿野　胖・醍醐正之監修・訳者代表）《Evans, H. E. and deLahunta, A. Miller's guide to the dissection of the dog.》

大場利夫・大井晴男編　1976『香深井遺跡』上　東京大学出版会
　　　　　　　　　　　1981『香深井遺跡』下　東京大学出版会

大貫静夫　1998『東北アジアの考古学』同成社

加藤晋平　1975「間宮海峡を越えて－北アジアと日本列島の文化交流－」『えとのす』2　40～52頁

加藤嘉太郎・山内昭二　1995『家畜比較解剖図説』上　養賢堂

神田信夫訳注　1971「勿吉・靺鞨伝」『騎馬民族史』1　平凡社　341～363頁

菊池俊彦　1976「オホーツク文化に見られる靺鞨・女真系遺物」『北方文化研究』10　31～117頁
　　　　　　1993「環オホーツク海の古代文化」小泉格・安田喜憲編『海・潟・日本人－日本海文明交流圏』講談社　124～159頁

北構保男　2000「オホーツク人の舟艇資料」『北海道考古学』36　105～110頁

熊木俊朗　2004「サハリンの様相」『サハリンから北東日本海域における古代・中世交流史の考古学的研究』　73～80頁

斎藤弘吉　1964『日本の犬と狼』雪華社

佐藤孝雄　1996「トカレフ文化のイヌについて」『動物考古学』7　37～52頁

高畠孝宗　1998「オホーツク文化における大陸系遺物の分布について」『考古学ジャーナル』436　11～15頁

種屯内遺跡調査団　1998「種屯内遺跡第2次調査概要（1996年）」『利尻研究』17　67～96頁

チェレヴァンコ, イェ. イ.　1975「アムール州トロイツコエ村そばの靺鞨の墓地」『シベリア極東の考古学』①極東篇　385～394頁

前田　潮　1976「オホーツク文化の確立過程について」『史学研究』106　1～21頁
　　　　　　2002『オホーツクの考古学』同成社

桝本　哲　1986「オホーツク文化のイヌの装飾肢骨について」『考古学研究』33-2　67～108頁

八幡一郎　1943「骨製針入」『古代文化』14-8　1～9頁

山田悟郎・平川善祥・小林幸雄・右代啓視・佐藤隆広　1995「オホーツク文化の遺跡から出土した大陸系遺物」『「北の歴史・文化交流研究事業」研究報告』北海道開拓記念館　65～79頁

米田政明　1994「タヌキ」阿部永監修『日本の哺乳類』東海大学出版会　116頁

(外国語文)

Schmid, E.
　　1972　*Atlas of animal bones.* Elsevier publishing company. Amsterdam.

Василевский, А. А.

    1996   Заметки о до-и н протоистории острова сахалин. *Краеведческий бюллетень*, *1*, С.54-79.

Деревянко, А. П.

    2000   *Польчевская культура на Амуре*.

Деревянко, А. П., Богданов, Е. С., Нестеров, С. П.

    1999   *Могильник Найфельд*.

Деревянко, Е. И.

    1975   *Мохзские памятники среднего Амура*.

    1977   *Троичкий могильник*.

Лебединцев, А. И.

    1990   *Древние приморские культуры северо-западного приохотья*.

Медведев, В. Е.

    1986   *Приамурье*.

Шеломихин, О. А.

    2001   О функционалыном назначении лошадиных фаланг из средневековых памятников приамурья новые данные. *Традичионная культура востока Азии*, *3*. С.138-143.

挿図出典

図2－1　　　Василевский 1996を再トレース（線刻部分を除く）
　－2～4　　大場・大井編 1976
　－5　　　　種屯内遺跡調査団 1998
図3－イヌ　（全身骨格）加藤・山内 1995，（上腕骨）エバンス・ドラウンタ 1981〔1971〕
　－ウマ　　（全身骨格）加藤・山内 1995，（基節骨）Schmid 1972
図4－1　　　　　　　Лебединцев 1990
　－2～6，13～16　Деревянко, Е. И. 1975
　－7～12, 17～19　桝本 1986
　－20, 21　　　　　Медведев 1986
　－22～26　　　　　Шеломихин 2001
図5－1　　　大場・大井編 1981
　－2　　　　大場・大井編 1976
　－3～6　　八幡 1943
　－7　　　　北構 2000

「考古学的文化」の変容とエスニシティの形成
― 北海道島における考古学的エスニシティ論の試み ―

加　藤　博　文

はじめに

　本論の目的は，考古学的に歴史的時間上に存在した過去の人間集団の復元をめぐる問題をエスニシティ論とからめて検討することにある。考古学では，遺跡から出土する物質文化資料を過去における特定集団の特性を反映したものとみなし，その集団そして帰属する社会を復元しようと試みてきた。それは資料に過去の集団の存在が反映されているというよりは，むしろ彼ら，歴史的集団が意図的に集団アイデンティティを物質文化資料に反映させているとみなしてきたからであると言った方がより正確かも知れない。いずれにせよ考古学は，このような前提に立って物質文化から過去の人間集団の復元を試みてきた。

　物質文化に反映された集団の特徴は，一定の時空間の範囲に存在する「考古学的文化」として表現される。人類史はこれら「考古学的文化」が連なりまたは結びつき合い，そして編みだされる。つまり人類史は，人間集団の物質的表象の集合である「考古学的文化」の歴史的変遷として描かれてきたと言えよう。「考古学的文化」は，時代的に新しい段階であるほど，「民族集団」との対比が想定され，リアルな歴史的実像の描写と結び付けられることも少なくない。しかし，果たして「考古学文化」として認識されるものは，特定の「歴史的民族集団」と対比することが可能であろうか。「民族集団」という実体それ自体が確実に把握できる「静的」な存在なのであろうか。

　かつて，筆者は極東地域における「民族集団」の形成過程に関してロシア考古学，とりわけロシア極東地域における「考古学的文化」の概念規定と「民族起源論」との相関関係について，若干の考察をめぐらせたことがある（加藤 1999, 2000）。その中で地域的に限定された資料に基づいた考察ではあるが，文化形成の母体である民族集団の多様性と可変性について，また資料を生み出す「民族集団」や「考古学的文化」が普遍的に存在する固定化されたものではなく，時空間の領域において周辺との係わり合いで常に変化する「成るものとしての民族集団，あるいは考古学的文化」であることを提示した。

　本論では，先に考察の際に十分指摘し得なかった論点を再整理し，「考古学的文化」の示す実体とは何であるのか。集団アイデンティティの形成過程と背景について再考して見たいと思う。論の展開としては，はじめに物質文化資料から規定される「考古学的文化」という概念，この概念と過去の人間集団との相関性についてこれまでの考古学における議論を振り返りなが

ら，その概念の変遷過程と多様性を整理したい。次いで考古学におけるエスニシティ論を参照しながら「考古学的文化」を形成する集団アイデンティティ，またそれを導くものとしてエスニシティの形成過程について考える。加えてエスニシティと「考古学的文化」との相関性についても検討してみたい。そして最後にこれらの検討を踏まえて，エスニシティ論に基づいて「考古学的文化」を評価した際に，どのような歴史的動態を考古学資料から引き出すことができるのかを検討して見たい。分析対象としては，紀元4世紀ないしは5世紀から12世紀にかけて北海道島に展開したオホーツク文化を取り上げ，その変遷過程の背景にあるものをエスニシティの形成という視点から考えることとする。

I.「考古学的文化」：考古学における集団の同定，その問題点

「明確に定義でき，際立って区分される考古学的領域の境界は，疑いなく特定の人間集団や部族の領域と一致する」　　　　　　　　　　　　　　　　　　　　　　　　　（Kossina 1926〔Veit 1989 : p.39〕）

「我々は，明確に常に繰り返される容器，道具，装飾や埋葬儀礼や住居形態という残存物の型式を見出す。そのような特徴が結びついた複合体を「文化集団」ないしは単に「文化」とよぶ。そのような複合体は，今日我々が人間集団と呼ぶものの物質的表象であると仮定する。」　　　（Childe 1929 : p.v - vi）

考古学は，遺跡から出土する物質文化資料に基づいて過去の人間集団の歴史的動態を復元しようと試みてきた。すでにルネッサンス期において考古学的資料に表現される特徴を歴史的な集団であるブリトン人やローマ人，サクソン人やゲルマン人などに対比する試みがなされている。このような素地をもとにして，19世紀に入りヨーロッパ諸国（特に新興国家において）の国家意識が高揚するとともに自民族のアイデンティティ構築の有効な原典として考古学資料が注目されるようになった（Trigger 1989）。この関心は考古学という学問を社会的に認知させることに大きな影響を与えたが，20世紀の初頭には，考古学資料に基づいて歴史上の民族集団の具体的な領域復元が行われるようになる動きを導くことにもなった（Kossina 1911など）。

直接的に民族史の復元に考古学資料を対比させた研究としては，コッシナ（G. Kossina）による「住地考古学」がその代表例として引かれる。コッシナの1911年に出版された"Die Herkunft der Germanen"は，その名の通りドイツ民族の起源論を考古学資料の型式の特徴が過去の部族集団や民族集団を表象したものであるという前提において論じたものである。このコッシナの住地考古学は，第一次世界大戦にドイツ国家のプロパガンダとしての色合いを強めたこと，さらに戦後ナチスドイツの政治政策としてこの概念が利用されたことなどから，第二次世界大戦以後は否定的な評価が与えられることとなる。

しかし，考古学の基本的枠組みとして，集約された文化的アイデンティティを資料から読み取り，適正に「民族集団」として位置付けることは，これ以降も重要視された。1970年代までヨーロッパ先史考古学においては，積極的に時空間を限定した文化圏の設定と変遷が論じられている（例えばBordes 1968, Burkitt 1933など）。このことから考古学資料から文化的アイデ

ンティティをいかに読み取るのかという問題が理論と実践の両面における重要な主題として認識されてきたことがわかる。

　物質文化の複合体である「考古学的文化」やその担い手である人間集団は，人種，部族，エスニックグループと結び付けられてきた。この仮定は，文化史考古学においても，その後のプロセス考古学やポストプロセス考古学の枠組みにおいても繰り返し批判の対象とされてきたこともまた事実である。その理由としては大きく次の3点が指摘されている（Shenann 1989）。

　①第一には，「考古学的文化」を直接的にエスニック・グループに対比してきた点
　②第二には，考古学的（資料の）分布の本質と実体の分類としての「考古学的文化」の位置付けに関するもの
　③第三には，エスニシティの本質と基礎となるエスニックそして文化的実体の同質性への疑問

　考古学的痕跡から先史時代の人々を同定できる可能性への疑義は，すでにタルグレン（A.M. Tallgren）などによって1920年代から40年代に提起されている（Tallgren 1937）。また同時期に考古学的意味における文化と民族学的・人類学的意味においての文化との差異についての指摘もなされている（Daniel 1978）。しかし，批判は，文化史の位置する基本的仮定に焦点を当てるよりもむしろ，考古学的記録の貧困さに向けられる傾向にあった（Tallgren 1937）。それは考古学的記録がそれ自体の解釈的規範よりも，むしろ当時における過去の文化の観念的関心やデータの技術的諸問題によってエスニックグループにアクセスできないと主張するものであった。また人種主義者やナショナリストが民族的復元に利用しようとすることへのリアクションとして編年学や型式学の研究への回帰として現れたのである。

　考古学的資料の分布が過去における人間活動の範囲の反映であるとか，過去のエスニックグループの観念的規範を示したものであるという認識への強い批判は，1960年代以降のニューアーケオロジーによる文化史考古学への批判として表出する。このような批判の多くは1960年代以前にもなされていたが（Childe 1956, Daniel 1978 [1950], Tallgren 1937），一般的には，この1960年代以降にようやく広く受け入れられたと評価されている。1960年代から70年代にかけて発信されたプロセス考古学は，社会人類学に強く影響を受け，考古学における文化の理解を過去の特定の集団を反映したものとして理解するのではなく，むしろ環境への機能的な適応システムとして理解しようとしていた（Binford 1965, Clark 1968など）。

　プロセス考古学を支持する研究者は，もっぱら過去の人間集団の個別性を抽出するよりも，人類集団の普遍性を追及することをめざすために経済的側面や生業，交換システム，社会組織を理解することに強い関心をむけた[1]。考古学資料に反映される物質文化と過去の人間集団との関係に関する議論としては，中期旧石器時代のフランスにおけるムステリアン石器群をめぐるのビンフォード（L.R. Binford）とボルド（Bordes, F.）らとの間に展開された議論が知られているが，これは正に考古学的に認識された資料群の変異を異なる集団の差異として文化史的に認識しようとするのか，それとも同一集団による遺跡間での異なる活動の結果を反映し

たものとして機能的に理解するのかという資料群への評価をめぐる議論であった（Binford and Binford 1966, Bordes 1973）。

しかし，このようなプロセス考古学においても実質的な物質文化資料と人間集団との対比に関する議論として不十分であったことは，否めない。物質文化の分布に関するすべての変異を過去のエスニックグループに対比することに批判的な彼らも，様式的変異のレベルではエスニックグループに対比することが可能であると主張している（例えばConkey 1991など）。細分化されたシステムとしての文化の概念化を図ったクラーク（D. Clark）も，文化の定義として多角的アプローチのような考古学的分布の本質（性質）への適応を試みと評価している一方で，文化を過去のエスニックグループに対比できる実体としても定義している（Clark 1978 [1968]: pp.368-369）。このような視点は，ビンフォードにおいても同様であった。

システムとして文化を捉える中でビンフォードは，特殊化された3つの異なる階層，技術，社会技術，観念技術を人工物が基礎的機能として保有していると主張している（Binford 1962: p.219）。これらの機能的カテゴリーを横断して様式の特徴を区分する。さらに後の論文ではアセンブリッジの変異の源泉として行動についての知識から区分される様式的変異の時空間的連続性である「伝統」，社会間の一般化や組織化から区分される特殊な道具や遺物の集合の分布である「相関関係の領域」，自然環境を直接反映する共通の道具の分布である「適応の領域」を提示している（Binford 1965: pp.206-209）。ビンフォードはこれら異なる階層の変異を規範的変異，最終的には民族的差異としての様式的変異とみなしている。また1962年の著作においては様式的変異をエスニックな起源，移動，集団化の相関性について最も良好な研究対象であると位置づけている（Binford 1962: p.220）。このような仮定にもとづいた過去の集団の組織を考察する研究では，土器の装飾の独自性などの様式的変異のような物質文化の特殊な側面に焦点が向けられ（Whallon 1968），土器の形態は機能的側面が卓越し，非機能的である装飾にはエスニックな表象にような社会情報の変異は反映されると主張された（Sackett 1977: p.377）。

考古学資料の時空間における分布の理解への働きかけは，過去の文化システムの異なる諸要素の分析を試みるように考古学的分類をシフトさせた。文化は，普遍的な現象という見方よりもより多面的であるという見方がなされるようになる。しかしながら，果たして物質文化の表現されるレベルでの集団の反映であるのか，はたまた機能差であるのかという判断基準への疑問は残されたままであった。遺跡に残された考古学的な物質文化資料と「特定の過去の集団」との関係を解明するためには，具体的に文化的アイデンティティが如何にして表現されるのか，どのような要因が共通の集団表象を生み出すのかという点に焦点をあわせた議論が必要とされていた。

蓄積された数多くの民族誌データや歴史的データは，物質文化を生み出す背景の変異，多様性を提供し，型式や様式として抽出される資料体が示すものをエスニックグループ（民族集団）と一対一の関係で見ることは，あまりに単純すぎることという指摘が数多くなされるにいたっ

ている。エスニックグループとはどのような存在であるのか，実体を自明のものとして取り組むよりも，これらの自体への検討，それを生みだすものを検証の対象とする研究が提起されるようになるのである（Hodder 1982, Trigger 1978, Usko 1969）。

II. 旧ソヴィエト考古学における「考古学的文化」

　20世紀の考古学の潮流は，文化史考古学から進化主義，マルクス主義，ナショナリズム，そしてモダニズムと多様な様相を示している。この多様性を構成するひとつにロシアや東欧において展開したマルクス主義的考古学の流れがある（Trigger 1989, Greene 1990）。極東地域では島嶼地帯と大陸との間には，様々な時期を通じてヒトやモノの流れが活発に存在した。そのため常に島嶼地域の考古学的動態は，大陸地域の考古学的動態との間の比較考察が不可欠である。この意味において北東アジアの考古学では，ロシア帝国期から社会主義ソヴィエト期へ，そしてソヴィエト崩壊後へと政治形態の変化を経験しながら，どのようなコンテキストにおいて「考古学的文化」が語られてきたのか，ロシア考古学における「考古学的文化」について理解する必要性がある。

　社会主義ソヴィエト期も含めて，ロシア考古学における基本的な人類文化の枠組みは，やはりほかの地域における考古学と同様に物質文化資料に基づき設定される「考古学的文化」の変遷として人類史の構築が行われてきた。「考古学的文化」はソヴィエト期に刊行された概説書において次のように定義されている。

「時期や地域的にまとまり，共通した特徴を有する考古学的資料群の範囲を規定するもの。具体的には埋葬様式や住居の形態，土器の型式，生産技術，生業経済などの集合である。」

(Монгайт. 1955：p.14)

「特定の時間，痕跡が残された一定の領域と結びついた考古学遺跡や遺物の総体」

(Мартунов. 1982：p.8)

　概ねこれらの定義のみで判断すると，西洋における文化史考古学における「考古学的文化」とほぼ差異がない。特に旧ソヴィエト考古学における特性を指摘するならば，欧米考古学に一般的な「考古学的文化」の定義に加えて経済活動の側面の要素を強く反映させた点にある。しかし，学説史，理論的変遷に目を配るとその理解は一様ではなく，旧ソヴィエト考古学内部において「考古学的文化」に関する理解には，時代的な変化が存在していることを指摘できる（Bulkin et al. 1982, Trigger 1989）。

　旧ソヴィエト考古学は，大きく見て①革命直後から1920年代，②1920年代から30年代，そして③1950年代から60年代と大きく変化している。革命直後のソヴィエト考古学は，帝政期の考古学とほぼ変わらない方向性をもち，文化史的考古学が実践されていた[2]。しかし1920年代後半に入ると，これまでの研究の方向性を強く否定し，すべての社会的変化は経済的変化や生産力の革命的変化によって説明すべきであると主張する「新たな考古学運動」が提唱される。

この教条的マルクス史観の実践をめざす機運の中,モンテイリウス型式学,エスニック的または文化的側面による先史社会や古代社会の描写が否定され,社会経済形態に基づく歴史の再構築が推奨されることになる (Bulkin, et al. 1982)[3]。

しかし,1930年代以降に明確にソヴィエトを構成する諸民族の歴史と文化を研究するための民族誌学を確立する動きが開始されると,1940年代にはソヴィエト連邦を構成する諸民族の自意識の活性化,国家意識の強調,先住民の伝統文化への関心の高まりが生じてくる。この状況下において,考古学にはソヴィエト連邦を構成する諸民族集団の起源と歴史に対する理解を高めるために必要な具体的な歴史資料を提供すること,さらにいかなる人間集団でも潜在的創造力に限界はないという文化進化論的図式を時間的に掘り下げ,そこに信憑性をもたせることが期待された (Bulkin et al. 1982, Trigger 1989)。また人類史における文化変化の要因は,社会経済的進化を重視して内的要因によって説明するマルクス主義の原理に則し説明することも求められた。このため「考古学的文化」の変化についての説明も,民族的連続性の中における生産様式の進化として説明することが求められるようになる。

このような動きを受けて1950年代以降には「考古学的文化」の再評価やそれを生み出す主体をめぐる議論が復活する。考古学には,先史時代の民族集団の変異,そしてその単線的ではない進化の過程を明らかにする役割が改めて求められることとなった。ブロムレイ (Ю.А. Вромлей) は,考古学と民族の系統をめぐる諸問題の結びつきの過程を民族誌学者サイドからの視点として次のように述べている。ソヴィエト「の原始社会に関する科学は,その存続の当初の年以降,新たに蓄積された民族学資料と,――これは特に本質的な点だが―,前世紀の後半にはほとんど存在していなかった考古学・古人類学のデータとを総括し,理論的に意味付けることをその任務としてかかげてきた。」(ブロムレイ 1974：p.13)。民族起源論とも称されるこの動きには当時の政治的情勢と国家のための学問としての考古学や民族史学を取り巻いていた情況を反映している。この時期の「考古学的文化」と民族系統や民族起源論との結びつきは,ソヴィエトという国家の歴史的そして地理的環境が作りだした概念であったと理解することができよう。民族誌学の領域においても,この時期に考古学や言語学を巻き込んだ古民族誌学が形成されていく。そして考古学においても「考古学的文化」が反映する実態を民族集団であるとする主張が示され,ソヴィエト考古学と民族誌学はほぼ同じレールの上を歩き始めることになるのである。

第二次世界大戦以降このような「考古学的文化」が過去のある地域に存在した特定の民族集団を反映したものであるという理解に変化が生じる。1940年代から1950年代にかけて「考古学的文化」の反映するものが果たして歴史上の民族集団であるのかどうかという議論が生じ,考古学資料の客観的な評価を行うための作業概念として「考古学的文化」の再定義を求める動きが出始め,議論が活発化する。この動きは,さらに1950年代に入り「考古学的文化」の評価に変化を生じさせることになる。この動きを示す代表的な事例としては,アルタノフ (М.И. Артанов) とフォース (М.И. Фосс) による議論を挙げることができる。アルタノフは「考古

学的文化」が反映するものが単一の民族集団の形成体であると主張し（Артанов 1949），一方フォースは「考古学的文化」を複数のエトノスが一つの文化を形成したものと主張した（Фосс 1952）。この議論を契機にして，果たして「考古学的文化」という分析概念が示すものが従来主張されてきたような過去の民族集団に対比することが可能なのか，さらに過去の社会研究を目的とする考古学的作業にとってそのような「考古学的文化」の理解がふさわしいか否かが議論されるようになるのである。

旧ソヴィエト考古学における「考古学的文化」に対する位置づけは，次第に多様化しながら議論が継続されている。1990年代初頭には，遺跡や遺物群を歴史資料として操作するための概念であるという点において一致した見解が示された（ЛОИА АН СССР 1990）。しかし，「考古学的文化」をめぐる議論は，各研究者の資料に対するアプローチによってその反映されたものが歴史的民族集団として想定する見解や（Захарк 1964），文化・生業の生活様式を反映したものとする理解（Маркарян 1980, Массон 1990）など多様な解釈が提示されており，更に考古学資料の評価における作業過程の一段階として見る見解も提起されている。

Ⅲ．アジアロシアにおける「考古学的文化」と民族起源論

「考古学文化」の見直しの動きは，ソヴィエト民族誌学や民族学におけるエトノスという概念をめぐる議論と無関係ではない[4]。この民族起源論の議論に考古学が大きな影響を与えたのは，1970年代後半から80年代にかけてとされてきた（Смоляк 1980）。確かに極東地域の考古学において民族起源論に言及するものは，1970年代に多く見受けられる（Окладников 1970, 1971, Окладников и Деревянко 1973など）。しかし，すでに1955年に発表されたシベリア諸民族の文化類型や文化領域に関する論考においては，多くのシベリア地域の考古学による成果が取り入れられており（Левин и Чебоксаров 1955），考古学と民族起源論や民族系統論との接近は，時間的により以前に図られていたと考えるべきであろう（加藤 2000）[5]。ここでは，具体的に「考古学的文化」と民族起源論とが相互に結びつき民族史が論じられたアジアロシア地域，とりわけ極東ロシア地域の状況を検討してみたい。

民族起源論と考古学との結びつきにおいては，オクラドニコフ（А. Окладников）が重要な役割を果たしている。オクラドニコフは，1935年にアムール川河口のニコラエイフスク・ナ・アムーレからウスリー川との合流点に近いハバロフスクにいたるアムール下流域の組織的なフィールドワークを実施し，スーチュー島をはじめとする数多くの遺跡を発見した（Окладников 1936）。オクラドニコフは，このフィールドワークによって得られた成果に基づき，極東地域における旧石器時代から中世にいたる「考古学的文化」を設定し，歴史的変遷過程の図式の構築を進めていく。とりわけオクラドニコフが注目したのは，アムール下流域において確認された新石器文化が，それまで知られていたシベリア内陸部の新石器文化と大きく異なった生活様式を示していることであった。その差異をオクラドニコフは，地域性ではなく，文化の荷い手集団の違い，つまりは民族集団の違いとして解釈したのである。1941年に発表さ

れた「シベリアと極東における民族起源に関する資料としての新石器遺跡群」，1950年の「シベリア諸民族形成の初期段階の研究について」など，一連のアムール下流域の新石器文化資料を用いた民族起源論を発表していく（Окладников 1941，1950）。これらの民族起源論は，当時の言語集団の区分に従い民族誌学的な領域において進められてきたツングース起源論を考古学的に解釈したものであった。

　このようなオクラドニコフによる考古学からの民族起源論は，形質人類学的研究の側からのレーヴィン（М.Г. Левин）による研究によって補強される（Левин 1950，1958）。レーヴィンはアムール下流域の諸民族の形質人類学的特徴を3つのモンゴロイド集団に細分する。第一はニヴフ（ギリヤーク）に代表されるアムール・サハリン型，第二はネギダールとオロッコに特徴が見出せるバイカル型，第三はナーナイに代表される東部モンゴロイド型である（Левин 1958）。そして諸集団の歴史的変遷課程に関して，アムール・サハリン型集団が最も古くアムール下流に居住し，これに遅れてバイカル型と東部モンゴロイド型集団が進出してきたという仮説を提示したのである。これを受けてオクラドニコフは，1959年に発表された論考においてこのツングース集団の拡散過程とその時期に焦点を合わせ，物質文化に残された意匠の側面からの分析によってツングース集団の拡散以前に生活していた集団の解明をめざした（Окладников 1959）。これはタイガ地域とアムール下流域間の図像構成要素の差異が集団差として理解できるという仮説であった。タイガ地域の狩猟民文化の紋様には直線的・幾何学紋様を多用した縦横の短いモチーフ，ジグザグ，三角形，平行線のモチーフが支配的であるのに対して，アムール下流域においては，幅広の渦巻き紋様や複雑な交叉紋様であるアムール網目文が支配的であり，互いに異なる紋様分布圏を形成していると主張している。そして自らが発掘したスーチュ島やコンドン遺跡の土器紋様に始まり，シュレンクやラウファーによる民族誌資料に見られる紋様との対比も行った。しかし，そこでは紋様伝統に観察される中国からの影響については全く無視されている。アムール下流域への幾何学紋様の波及を資料として紋様分布の変遷から見てツングース集団のシベリア内部からアムール下流への移住過程が観察できると主張したのである。

　1960年代に入ると言語学における分析にも考古学側からの仮説が大きく影響を及ぼすようになる[6]。そのような動きの中でオクラドニコフは，1970年にアムール下流域における民族形成過程についての年代観を提示する（Окладников 1970）。これはアムール下流域には新石器時代を通じて地域的な集団が形成されており，独自の生活文化を発達させたが，やがて新石器時代終末期の紀元前2千年紀末と初期鉄器時代の紀元前2千年紀末から紀元前1千年紀にかけてタイガに生活する集団がアムール下流域に進出したというものであった。内陸部からの集団の拡散は数度に渡ったとされ，この集団拡散の担い手こそがツングース語族集団であったと主張している。

　オクラドニコフの仮説は，その後継者であるデレヴァンコ（А.П. Деревянко）に継承され，アムール流域における民族史をパレオアジアート語集団やツングース語集団の民族起源論とし

て総合化される（Деревянко 1973）。デレヴァンコが提起した民族史変遷過程を要約すると以下のようになる。
1）大きなエスニック・コミュニティ（明らかにパレオアジアートとツングース）の形成が中石器時代末から新石器時代初頭に生じていた。
2）このプロセスは，東部シベリア南部，極東ロシア，東部モンゴルにおいて同様に生じた。
3）新石器時代には，単一の大きなツングース集団が北部集団と南部集団とに分離した。
4）区分された「考古学的文化」（靺鞨など），それ以降の時代的に新しい段階においてもこれらの集団は大きなひとつのエスニック・コミュニティを形成していた。

オクラドニコフの提起した図式の根底には，常にシベリア東部の「考古学的文化」とツングース集団の拡散との間を取り結ぶモデルの構築という目標があった。すでに1950年の時点で自らの研究課題を次のように述べている。自らの研究課題は「古代沿バイカル地方とアムール流域の住民との関係についての研究であり，他方で現在この地域に生活している住民であるバイカル湖沿岸のエヴェンキ，アムール流域のニヴフ，ウリチ，ナーナイ，アイヌなどとの関係である」（Окладников 1950：p.36）。そのためより時間的に新しい段階の中世期の極東における民族集団と考古学的資料との対比も積極的に進められた。極東地域において確認される考古学資料は，直接文献資料に登場する民族集団や国家に対比されていく。オクラドニコフの中ではツングース集団の分裂と拡散，紀元前1000年紀におけるツングース集団の東シベリアからの東進という民族集団の歴史的変遷モデルがすでに確立しており（Окладников 1950），結果として靺鞨から渤海そして女真（金）へという単純な歴史的発展モデルが示されることとなった（Окладников 1970：pp.182-214）。オクラドニコフによって設定された「靺鞨考古学文化」は，すでにスタート時から西方よりの進入文化という観点をア・プリオリに有していた。この枠組みの中においても資料的な蓄積が図られ，1970年代に入るとデレヴァンコ（Е.И. Деревянко）による「靺鞨文化」の研究（Деревянко, Е. И. 1981），メドヴェージェフ（В.Е. Медведев）による「女真文化」の研究へと発展継承されるのである（Медведев, В.Е. 1977 など）。

上述してきたように旧ソヴィエトの考古学においても「考古学的文化」の背景には，ある種の「歴史的民族集団」を想定するという傾向性を指摘することができる。むしろ民族形成の問題と考古学資料との対比を積極的に行ってきた点からすると，欧米における考古学よりも積極的に考古学と民族起源論とが結び付けられて論じられてきた点を指摘できよう。言語類型を基礎として論じられた民族起源・民族形成論は，考古学と民族誌学からの研究成果を統合させて歴史・文化領域の設定へと移行した。このような枠組みの中で歴史的・文化的類型の発展過程と連続性，そして「民族集団」の歴史的系譜とその連続性を示す存在として「考古学的文化」が重要な役割を果たしてきたのである。極東考古学における「考古学的文化」の評価や解釈に際しては，このような歴史的民族集団が背後に想定されている点を考慮しなければならない[7]。

V.「考古学的文化」とエスニシティ

　考古学が遺跡から出土する物質文化資料を通して過去の人間集団に迫ろうとする以上，集団の意識が物質文化の形象にどのように反映されるのかという議論を避けるわけにはいかない。これまで指摘されてきているように考古学における文化や集団の同定は，ア・プリオリに物質文化の表象が過去の集団と一致するという視座から，物質文化を通して設定される「考古学的文化」が果たして過去の特定の集団に対比可能であるのかという議論へと変遷してきている。加えて，この議論は，「考古学的文化」の形成要因自体の議論へと推移している。考古学的にエスニシティを把握することは可能であるのかどうか，物質文化に表現されるアイデンティティの本質についての議論が必要となっているのである。

　エスニシティをめぐる議論は，1970年代以降，欧米やソヴィエトや東欧社会においても同様に社会学や人類学の議論と主題とされてきた。そしてこれら社会学や人類学において蓄積された議論は，次第に考古学における文化と文化の担い手をめぐる議論へと影響を及ぼすことになってきている。

　西欧においては，古くから主観主義対客観主義という図式で文化を生み出す主体としてのエスニシティを論じてきた。客観主義者はエスニックグループを相対的孤立化や相互関係の欠如によって特徴付けられる境界区分をもった社会的・文化的集団とみなし，分析者の視点（知覚）に基づいて集団を定義しようとした。一方，主観主義者はエスニックグループを社会的関係や行動が伝達されカテゴリー化される過程で文化的に構築されたものとみなし，調査される集団の主観的自己規定に基づいて定義しようとした（Jones 1997）。しかし，このような二者択一的な選択では，「客観的」文化的実践やまたは個人の知覚の独立した存在である社会・構造的関係を共有することを基礎とするのか，それとも主観的な知覚の過程や構成員の由来する社会組織によって基本的に構成されるのか，という異なる認識レベルの議論となるだけで問題の深化は図られることはなかった（Bourdieu 1977）。

　一方，同じ時期のソヴィエトや東欧においては，1970年代から80年代にかけてもエスニシティの概念化が民族的単位として文化的・歴史的連続性を強調したエトノスとして提示された（Shennan 1991）。しかしながら自己認識は一般的に重要な要素であると理解されており，エトノスを構成する要素は，集団アイデンティティの内部で保持される現実的な文化的・言語的構成要素とされた（Bromley 1980）[8]。

　しかし，このような物質文化のあらゆる側面における変異の存在，それが様式であろうとその他の要素であろうと，エスニックグループと一対一の関係で見ること自体への疑問は，考古学へ大きな問題提起をなすことになった。先に「考古学的文化」への評価で見たように1960年代以降活発化し，それまでの文化史考古学を批判して科学的考古学を標榜したプロセス主義考古学においてさえも，物質文化に表れた「考古学的文化」とその担い手集団との相関性に強い関心を注ぐことはなかった。「考古学的文化」は，プロセス考古学においてもエスニックな実体を反映したもの，文化とはエスニックグループに対比できると評価されたのである（Clark

1978 [1968] : pp.368-369)[9]。

しかし，人類学や社会学の領域において，エスニックアイデンティティと文化の差異や類似性が一対一の関係にはないことが明白にされ，さらにエスニックグループは自己規定による実存でしかないという評価が定着するにいたり，考古学においても物質文化とエスニシティの相関性，物質文化における様式や型式とその示す意味や情報について関心が注がれるようになる。

まず，物質文化とエスニシティとの関係については，集団のアイデンティティがどのように物質文化に提示されるのか，そして意味するものはなにかという点が問題となった。エリクセン（T. H. Eriksen）は，エスニックグループを「現実にまたは仮定された共有される文化や共通の系統性（通常，文化，言語，宗教，歴史または形質的特徴を通じたもの）の表現を基礎とした，文化的に起因するアイデンティティを有する集団である」と定義している（Eriksen 1992 : p. 3）。このような分析の視点は，エスニシティの構成に含まれている形成過程の分析，社会的相関性や社会関係を仲介する役割の分析を可能とした。物質文化における様式の示す役割の検証を行うために数多くの民族考古学的調査が実践されることになる。

ウィスナー（P. Wiessner）は，カラハリのサンにおける槍の様式論的変異の考察から，物質文化の様式が社会的アイデンティティとの関係で大きな働きをもち，社会的関係を形成するコミュニケーションの機能を果たすものであると報告している（Wiessner 1983, 1984, 1985, 1989）。報告によれば，サンの社会には，個人と集団，他者と我々，グループ内とグループ外という人間認識の過程が見出せ（Wiessner 1983），様式は社会的関係や戦略を仲介する物質文化の特殊な性質の象徴的な役割を果たすとみなされる（Wiessner 1984, 1985）。ウィスナーの指摘する様式には，異なる指示対象と異なる情報を保有する二つのが存在し，それらはそれぞれ異なる状況や変異を生み出す状況と産物によって一般化されるものであるという。それぞれ二つの様式について，次のように説明している。

「象徴的スタイルemblemic styleは，明確な指示対象と集団の意識的な帰属とアイデンティティを目的とした明確なメッセージを発信する物質文化の形式的変異であり，独断的スタイルassertive styleとは，個人を基礎とし個人のアイデンティティにもたらされる情報を反映した物質文化における形式的変異である。」　　　　　　　　　　　　　　　　　　　　　　（Wiessner 1983 : pp.257-258）。

これらの象徴的様式は通常社会集団およびその集団と結びつく規準および価値と見なすものと評価されることができ，独断的様式は特殊な指示対象をもたず，個人のアイデンティティを直接象徴するものではないとも指摘する。このようなウィスナーによる様式のもつ二つの機能と変異は，物質文化を生み出す要素の多様性を示唆する点で重要な指摘である。

ウィスナーは，様式の変異の本質やその担い手がどのように物質文化に現れる様式を作り出すかを示した。ここで資料として提示されたサンの槍先の様式の変異の分析においては，変異はサンによる集団の差異として作り出されたとされ，象徴的様式について明確に言語集団の差異を作りだし，方言やバンドクラスターのレベルの機能を持つと主張した。象徴的様式の共有は，自分たちの集団のものか他の集団のものかを識別する要素であり，帰属する言語集団のメ

ンバーとしてのメッセージを示していると理解されたのである (Wiesnner 1983 : p.269)。

　このようなウィスナーの解釈に対しては，サケット (J. Sackett) による象徴性はエスニックなスタイルにおいて大きな意味を持たないというと反論がある (Sackett 1985)。サケットは，ウィスナーの示すサンの槍先の事例は，アイデンティティのサインとしての様式の利用というよりは，積極的な等価主義の反映として解釈すべきであるとする。つまりサンの槍先の様式的変異からは，言語集団のような特殊な目的集団の自己意識の積極的なシグナルを引き出すことはできないと主張するのである。しかしながら，民族誌的観察において抽出される実体としての様式を生み出す背景の多様性は，プロセス主義考古学においてあまり取り上げられることのなかった言語や文化的特徴の影響が確実に集団アイデンティティに作用していること，社会的，歴史的文脈を考慮することを欠くことなどの問題点が提示される結果ともなった (Fardon 1987 : など)。

　さらに物質文化における様式とエスニシティという意識や表現は時空間を通いて常に変化するものであり，一時的な言語集団や固定の集団と常に一致するとは限らないという指摘もなされるにいたる。そして「考古学的文化」自体を変化の連続体として一般化する動き，更に「考古学的文化」という実体自体についても考古学者によって編み出された単純な構造でしかないという主張も提起されるようになるのである (Hodder 1978, 1982, Shennan 1978, McGuire 1992など)。

　ケニヤのバリンゴにおけるエスニックな境界を検討したホッダー (I. Hodder) は，部族の境界を超えた相互関係，広い範囲の人工物のカテゴリーにおける明確な物質文化の区分，部族境界を超えた物質文化の型式について報告している (Hodder 1982)。彼によれば物質文化の区分は，集団間の競争およびネガティヴな互酬性を正当化するために維持されための装置の一部であるとされる。そしてこれは，経済的なストレスが増加すると著しくなることを指摘している (Hodder 1979 a，1982 a)。文化的類似性は，例えば集団維持の戦略と関わるものであり，集団の相関性の強さやいかにそれを利用するか，そのような戦略の一部として物質的象徴は利用，処理されるという (Hodder 1982 : p.185)

　このような物質文化の様式を規定する要因への考察は，これまで考古学において漠然と「考古学的文化」を生み出す存在として認識されてきたエスニックグループの実体に対する考古学の側面からの考察の必要性を必然的にもとめることになる。エスニシティは，集団内部における特定グループの自己意識の同定としてみなされる単なる空間的な連続性や非連続性から定義されなくてはいけない (Shennan 1989)。しかしながら，一方でエスニックな意識は，実際の歴史的に存在した集団の共有意識の反映でもある。つまり考古学においても物質文化の様式を作り出す，あるいは作り出したエスニシティに対する多様なシナリオを想定する必要があるということになる。物質文化は，構造化されており社会生活を通じて構築されるものであるためその意味を明確化できないが，常に再生産や変化の対象となるというホッダーの指摘は傾聴に値しよう (Hodder 1982)。

エスニシティの機能として象徴的側面を強調したデ・ヴォス（de Vos）は，エスニックグループは共有する領域，言語，宗教，人種的独自性などをもつが，要素的基準は有しない特殊な伝統をユニットとする自己意識化された集団であると定義している（de Vos 1982［1975］：p.9）。集団のアイデンティティは，自らの集団を他の集団との差異化するために彼らの主観，象徴，文化あらゆる要素の象徴を使用して示されると主張する（de Vos 1982：p.16）。

では，人間集団は，どのような状況においてそのような他の集団との差異を作りだそうとするのであろうか。ウィスナーにおける事例研究においては，槍に反映された様式は，自集団と他者へのメッセージを含むコミュニケーション手段であった。ホッダーの報告したにおいては集団関係を維持する装置としてのエスニシティが示された。近年の考古学におけるエスニシティ論を論じる中でジョーンズ（S. Jones）は，二つの潮流，①物質文化とエスニックシンボリズム（集団表象）の関係で捉えようとする流れと，②エスニシティを経済的・政治的関係から構築されたシステムとしてみる流れに二分している（Jones 1997：p.28）。ホッダーにおける指摘に見られるように集団関係を調節する装置としてのエスニシティ，象徴的表象が経済状況を反映して変化するという指摘は，ジョーンズの指摘する二つの目の潮流を代表するものといえよう。エスニシティを形成する主たる要因として経済的かつ政治的影響を想定する必要がありそうである（Chappell 1993：p.268）。

エスニシティと物質文化の関係は，実際に，考古学者にとって直接分析し難い多様性に富んだ検討課題であるという指摘もなされており，考古学的にアクセスできない現象であるという主張もなされている（Trigger 1977, 1996）。この主張は，考古学の研究対象として観念には直接アクセスできないというものである。

しかしながら，エスニシティの研究から提起されたいくつもの課題は，考古学が過去の集団を検討する際に重要な概念である「考古学的文化」や集団によって造りだされる外・内部への記号，コミュニケーション手段としての象徴的様式を検討する上で避けて通ることのできない議論である。エスニックグループは動的で状況的な存在であり，エスニックグループの境界が時間や場所において変異をもつものでもある。経済的・政治的関係における戦略的行動の結果であるという視点も考古学的資料を理解し，その背景に存在する集団の動きを解釈する上では重要な論点である。

考古学的資料の特性として，物質文化資料には一定の歴史的幅が存在する。そのためホッダーが指摘したような（Hodder 1982），エスニックな境界が物質文化の限定された領域によって示される事例でも，また物質文化の様式や型式が集団の境界を超えて共有される状況においても物質文化の様式には時間的幅を有して存続したある種のエスニックアイデンティティが投影されていると見ることができる。歴史的な意識の共有と理解できよう。

すでに長くエスニックグループとして認識されてきた集団への歴史的形成過程の見直しも進められている（Olsen and Kobykinski 1991, Shennan 1989）。この視点の重要性は，これまで無批判に実存するものとして理解してきたエスニックグループも現実ないしは仮定される文

化的差異の認識を基礎とした自己規定ないし集団の自己定義にすぎないと評価する点にある。オルセン（B. Olsen）は，スカンジナビア半島北部に生活するサーミの民族系統研究において主になぜサーミというエスニシティが出現したのか，そして如何にしてそのエスニシティが維持されてきたのか，という研究課題を紹介している（Olsen 1985）。この場合に描写されるエスニシティは，文化的規範を反映したものというよりも，社会的な相関関係の過程において文化的な境界が形成されエスニックアイデンティティを形作ったものとして提示されている。その中でエスニシティは，他者を意識化，経済的・政治的関係と強く結びついた実体として生じるもとであるという理解が示されているのである。

エスニシティをめぐる議論が考古学へ及ぼす影響は大きいと言える。しかもエスニシティを巡る議論によって考古学が語らんとする過去の集団の実像は明確化されたというよりは，多様かつ不透明となった観すらある。しかしながら，物質文化資料に現れるスタイルがハビチュアルにサブリミナルなレベルで社会的習得されたものであると理解されるならば，考古学的に集団と文化的表象との対比が可能となろう。しかしそこで示されるエスニシティの示すものは，あくまでも集団内部の構成員の自己規定においてのみ形成されるのである点も重要である。考古学的枠組みで論じられるエスニシティの重要性は，一定の歴史的な時間幅をもった存在であることにあり，異なる歴史的な状況に対応したその時々の社会的適応としての変異をもつ可能性も指摘できる点にある。獲得される個々の状況は，サブリミナルな社会的習得であったとしても，歴史的には意識的な状況への適応行動として変化したものであることを想定せねばならない。経済的・政治的関係から集団が構成員の自己規定によって再編されたり，創生されるケースをエスニシティに，そして「考古学的文化」の背景に想定する必要があるということになろう。

IV．北海道島におけるエスニシティ形成過程の事例

北海道島は，北に宗谷海峡を挟みサハリン島と接し，南に津軽海峡を挟んで本州島と接している。サハリン島からさらに先にユーラシア大陸が位置しており，地理的には北東アジアの東端の一部を形成していると見なすこともできる。このような地理的特性から北海道島では各時期を通じて多様な先史文化が展開し，北海道島の外側にその系統性を求める先史文化も少なくない状況にある。ここでは，これまで見てきたエスニシティ論の視点から北海道島における先史文化の変遷過程を評価してみたい。これまで集団の移住という側面で評価されてきた文化変化を別のモデルを用いて解釈したいと思う。

オホーツク文化は，AD 4世紀ないしは5世紀から12世紀に北海道に展開した生活様式や生業活動において外来要素の強い先史文化として認識されている。このオホーツク文化を取り上げ，エスニシティ論との視座からこの文化の変遷過程を考えて見たい。オホーツク文化を取り上げる理由としては，その形成過程と終焉過程に隣接文化との接触の様相が指摘されていることが挙げられる。さらにオホーツク文化の形成と展開，そして終焉に関わる問題は，北海道島におけるアイヌ民族やサハリン島やアムール川下流域の先住民集団の民族形成論（民族起源論）

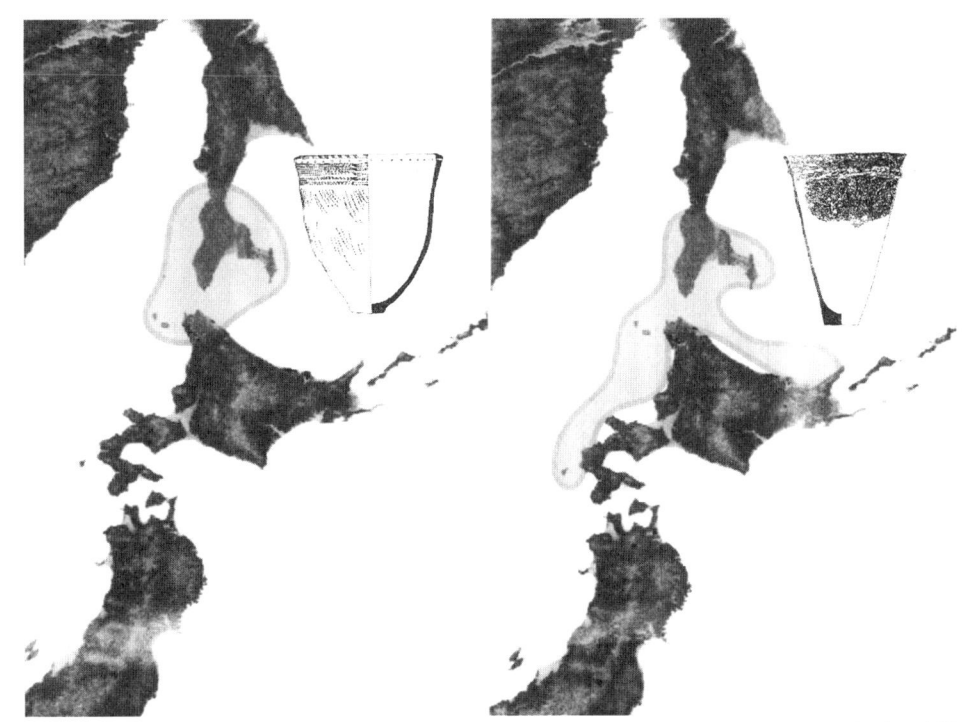

図1　オホーツク文化形成期1の領域（鈴谷式期）　　図2　オホーツク文化形成期2の領域（十和田式期）

と深く結びついており，当該地域の地域圏形成の問題という重要な問題群に発展していくと考えられるからである（藤本 1988，前田 2002）。

　オホーツク文化が北海道島において展開した時期は，二つの系統の異なる文化が北海道島に併存した時期として理解されている。ひとつはサハリンからの渡来集団によって形成された，海洋狩猟民集団の「考古学的文化」であるオホーツク文化であり，もうひとつは本州・東北の影響が色濃く窺える狩猟採集と雑穀栽培を生業とする集団の「考古学的文化」である擦文文化である（藤本 1988など）。中でもオホーツク文化という考古学的現象は，その形成（出現）過程において続縄文文化や擦文文化と明らかに系統の異なる文化として「『外来のオホーツク文化集団』という静的な民族・集団が想定され，しかもそれが民族誌に現れる民族に直接つながると考えられてきた」（臼杵 2004：204頁）。そしてその終焉の様相も次第に北海道島の南西部から北東部へと分布圏を拡大させる擦文文化によって，融合・吸収されるものとして理解されてきた（大井 1970，1984，藤本 1979，山浦 1983，前田 1996）。終末期の様相においては，擦文文化との具体的な接触・融合形態としての元地式土器やトビニタイ土器または「トビニタイ文化」が提示されている（大井 1970，前田 1996，大西 2001など）。

　近年の調査研究の進展は，北海道島やサハリン島を含む極東沿岸地域における文化変遷について数多くの新たな情報を提供した。特にオホーツク文化については重要な進展があったと言える。続縄文文化のサハリン島への波及現象が日本とロシア双方の考古学の共通理解となったことは，その後のオホーツク文化の基盤形成や展開についても重要な視点を提供するものであ

る。サハリン島南部におけるアニワ文化が北海道島北部の続縄文文化に系統を持つものであるという理解は，この背景にこそ北海道島とサハリン島間における集団移住（ワシリエフスキー 2002，熊木 2004）や文化変容・融合（小野・天野 2002）という異なる解釈を導いているが，その本質的問題については，ワシリエフスキー（A.A. Василевский）が「今日，我々にとってオホーツク文化とは，時間的・空間的に長期にわたって隣接してきた近隣地域の一連の考古学文化である。」（ワシリエフスキー 2002：96頁）という評価を引き出すにいたり，オホーツク文化の形成の問題を鈴谷式土器（「鈴谷文化」）や続縄文文化の問題から論じるという方向性を確定されたと言える（ワシリエフスキー 2002）。

海洋狩猟民の外来系の文化として理解され，大陸性文化遺物によって特徴付けられてきたオホーツク文化は，確かに刻文期段階では，靺鞨文化の影響を受け頸部のすぼまった深鉢形や壺形土器という統一した器形の拡がり，大陸性金属製品が各地の遺跡で確認されてきた（大塚 1968，加藤 1975，菊池 1976，前田 1976など）。また近年では，この段階の土器型式が広くオホーツク海沿岸域に拡散し，その共通性の背景を指摘する見解も提起されている（山浦 1998）。

しかしながらどの段階にオホーツク文化の成立期を設定するかの議論が残されているが（熊木 2004，前田 2002など），刻文期以前のオホーツク文化の成立過程については，鈴谷式土器段階もまたは十和田式土器の段階においてもその空間的広がりは小さく，母体となるものを大陸に求めることは現段階で困難である。現段階におけるオホーツク文化の形成過程という現象は，北海道島やサハリン島に限定した現象である評価するのが妥当である。そして鈴谷式土器の出現の背景には，北海道島からの続縄文文化の影響が指摘され，そしてサハリン島北部の土器製作技術との関連が少なからず認められている状況を考えるならば，オホーツク文化の形成期の動きは，地域集団の拡散や移住という状況で説明できるものはないと言えよう。むしろ注目すべきは，この時期の極東沿岸地域からサハリン島，北海道島にかけての地域での広域におよぶ文化的動態の存在とその背景である（小野・天野 2002，木山ほか 2003など）。

その後の刻文式土器以降における広領域の類似した文化要素の拡散，鉄製品の流通という現象から評価するに，当該地域における土器型式の成立や変遷は，大陸と島嶼地域間の相互関係によって変化する地域集団のアイデンティティを反映したものとして理解できないであろうか。先に見たようにエスニシティとは，個人の自己意識であり，その象徴的様式はどこに自らの帰属意識を表明するのかという非言語的伝達手段である。ならば正に，このオホーツク文化の形成という状況こそ，周辺領域の隣接する集団とのの強い直接的ないしは間接的相互作用によって集団アイデンティティが変動する様を提示するものであり，地域集団としてのエスニシティやその境界の形成過程と見るべきであろう。この時期に当該地域においては，まさに沿岸地域を結ぶヒトとモノの流れが発生していることが重要である。

オホーツク文化という考古学現象には，明らかに金属製品が深く結びついている。金属製品を模した土製模造品の存在からみても文化の主体者にとってその獲得や保有が利器以外の意味でも重要であったことを示している。一方で北海道島やサハリン島そしてオホーツク海沿岸地

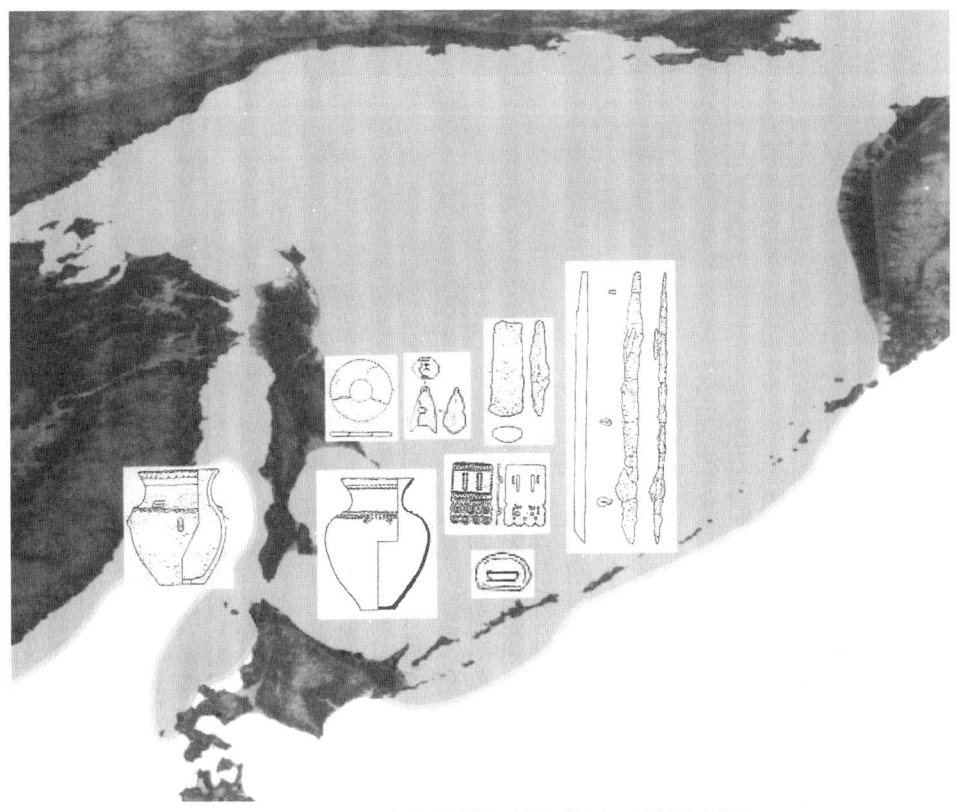

図3　オホーツク文化発展期の領域（刻文・貼付付文期）

図4　オホーツク文化終末期の領域（元地式・トビニタイ期）

域での生活者集団の生業活動が深く海洋環境へ適応と結びついた海洋狩猟民集団であったことから，これらの集団が内陸から短期間で海洋適応を遂げたと見ることは不自然である。むしろ生活領域は大きく変化していないと見なすべきであろう。前田潮の説く骨角器に見られる系統性は，この意味においても重要な指標となるものである。

いずれにしてもオホーツク文化を担った集団には，金属製品と海洋性産物を仲介とした広域のヒト・モノ・情報のネットワークが存在する。金属製品と海洋性産物（毛皮なども含んだ）の経済的結びつきとその関係を政治的に利用した土器様式の模倣現象が生み出したもの，これがオホーツク文化の実体であったのでないであろうか。オホーツク文化がそのようなエスニシティ形成の現象であったと仮定するならば，当然そこには複数のエスニックな起源をもつ複数の言語・地域集団が存在していても不思議ではない[10]。このようなオホーツク文化へのエスニシティ論からのアプローチは，形成期のみに適用できるものではなく，その終焉形態においても有効なモデルと見なし得る。

オホーツク文化の終焉については，河野広道（1955），大井晴男（1970, 1984）による仮説が提起され，その後の諸論考を導いている（藤本 1972，山浦 1983）。とりわけ大井は，本州からの「倭人勢力」の北海道進入に起因する擦文文化集団の大規模かつ急激なオホーツク文化圏への進出という仮説を提起した。これは，オホーツク文化の終焉形態に関する擦文文化との同化，吸収の具体的なモデル提示と言えるものであった。道東部におけるこの同化，吸収過程は，「接触様式」，「融合型式」としての「トビニタイ文化」の形成として認識されている。「トビニタイ文化」については，オホーツク文化や擦文文化とは異なる独自の「考古学的文化」として位置づける見解（藤本 1979）のほかに，オホーツク文化の終末形態としての評価や（大井 1970），擦文文化化したものとして評価する見解（山浦 1983，澤井 1992）などが提示されている。なお同様にオホーツク文化が展開していた道北部においては，元地式土器の形成という別の形の接触・融合現象が指摘されている（大井 1972，山浦 1982，前田 1996）[11]。

恐らくオホーツク文化の終焉という現象は，先学諸氏が説かれるように擦文文化との接触の増大，擦文文化の空間的拡大によって生じたと見て間違いないであろう。しかしながら接触融合現象と見なしうる道東部の「トビニタイ文化」現象も大西秀之がつまびらかにしたように遺跡立地，生業活動においては変容が認められるが，決してオホーツク文化から擦文文化へ転換したと見なしうるものでない。大西が指摘するようにトビニタイ文化の遺跡立地は，基本的にオホーツク文化の系譜に位置づけられるものである（大西 2001：33頁）。擦文文化に組み込まれるような状況，擦文文化の積極的な影響は認め難い状況にある（大西 2001）。唯一指摘できうるものは，オホーツク文化に比して安定した鉄製品の受容であり，銛頭を除く漁撈具への製品の浸透にある。とりわけ釣針や鉤への鉄製品の導入は，トビニタイ集団の生業におけるサケ漁の比重の増加と大きく関係するものであり，集団の外からの影響であり，この生業活動が集団の外と深く結びついていることを示唆している。

「トビニタイ文化」における金属製品は，明らかに入手ルートがサハリン島経由ルートから

擦文文化を介した本州島ルートへ転換されている（大西 2001：51頁）。オホーツク文化の終焉の状況には，この時期の金属製品の入手に関わる集団の経済的結びつき（その背後には毛皮などを含む海洋性産物の存在も想定される）が存在するとみて間違いない（山浦 1983など）。成立期において経済的結びつきとその関係を政治的に利用した土器様式の模倣現象が生み出したものがオホーツク文化の実体であったと見るならば，その文化の終焉もまた経済的結びつきの転換であったと理解することができよう。エスニシティ論において示唆されたようにエスニシティは経済的・政治的関係から構築される側面をもつ。そしてウィスナーがカラハリのサンにおいて指摘したように物質文化の様式は，社会的アイデンティティとの関係で大きな働きをもち，社会的関係を形成するコミュニケーションの機能を果たすものであり，様式は社会的関係や戦略を仲介する物質文化の特殊な性質の象徴的な役割を果たすものである（Wiessner 1983 など）。

　経済的・政治的関係から集団が構成員の自己規定によって再編され，創生されるエスニシティの事例を想定するならば，オホーツク文化という「考古学的文化」は，それまで形成されていたエスニシティの解体現象，この文化の担い手集団の「オホーツク文化」なるものへのアイデンティティの喪失と新たな経済的関係である交易ルートを機軸とした新たなアイデンティティの形成やその希求としてこの現象を解釈することができる。そしてこのようなモデルが成立可能な場合，この種の「考古学的文化」の成立過程には，大規模な外来集団の移住を想定する必要性はない。そこには，地域集団自体の生活領域は大きく変化させずに，彼らの文化様式がその時代的状況に対応しながら変容していく姿が導かれよう。オホーツク文化を中軸としてみた場合，この「考古学的文化」には，おそらく北海道島の東北部やサハリン島の地域集団が参加していたと考えられる。彼らは，当時のこの地域を取り巻く政治的経済的状況への対応として，オホーツク文化という「考古学的文化」を創生し，オホーツク文化の荷負者集団というエスニシティを形成したと解釈することができるであろう。

おわりに

　　「多くの場合，競争にさらされることで共同体意識を喚起するものは，とりもなおさず部外者との接触である」
　　　　　　　　　　　　　　　　　　　　　　　　　　　　　　　　（Chappell 1993：p.268）

　民族意識は特定の共同体の内的発展に起因するのはなく，複数社会の間の交渉の結果として生じやすい。このようにして考えた場合，北海道島におけるエスニシティの形成の背景には，当時の北東アジア的な政治・経済圏の形成が大きく関わっていると見なすことができる。前田潮は狩猟採集民の歴史性を説く中で，文明社会からの政治的・軍事的圧力への対応として「交易狩猟民化」する直前の段階に，オホーツク文化集団を位置づけている（前田 2004：15頁）。文化形成の母体である民族集団の多様性と可変性を想起するならば，また北東アジア沿岸地域の「民族集団」の複雑性を考慮するならば，歴史的存在である「考古学的文化」を普遍的に存在する固定化されたものと見るべきではない。時空間の領域において周辺との係わり合いにお

いて常に変化する「成るものとしての民族集団，あるいは考古学的文化」として評価すべきであろう。その際にエスニシティ論の視座は新たなモデルを提示してくれよう。

　末筆ではありますが，大学院在学時に筆者をオホーツク文化のフィールドへ導いてくれた前田潮先生に感謝したいと思います。縁あって北海道のフィールドへ赴任することになりオホーツク文化，北方狩猟民の世界に深く関わりを持っていくことになりましたが，今後ともフィールドをさらに開拓し，我々を深遠へ導いていただきたく思う次第です。先生の御健康と研究の発展をお祈りし，この拙論を献呈させていだきたく思います。

註
1) この視点において，一部ソヴィエト考古学の研究戦略と類似した傾向を指摘できる。社会組織の側面の復元においてソヴィエト考古学の果たした影響についてトリッガーは指摘しているが（Trigger 1989)，この西欧考古学への影響については，今後より考察する必要があろう。
2) 革命後の10年間は，ソヴィエト考古学においても革命以前からの研究者が中心的な役割を果たしていたとされる（Генинг 1982)。この時期の考古学の傾向は古典的または進化論的特徴を基礎としていた。1920年代初頭までこの流れの中で理論的方向性を主導したのはジェベレフとゴロドツォフである。古典的考古学の典型はジェベレフの著作に見られる。ジェベレフは考古学は人々の需要を満たすための遺跡を含む「生活考古学」と人々の精神的な需要を満たすための「芸術考古学」とに区分している。一方進化論的考古学はゴロドツォフに代表され，考古学を人類学と民族学との間に位置付けている。ゴロドツォフは歴史科学を「時空間における運動と発展を有する宇宙的，生物学的，人類的現象を平行して行うものである」と主張し，考古学を原始考古学（先史考古学）と歴史考古学とに区分した。このようなゴロドツォフの理論は1920年から30年にかけて大きな影響を与えた。
3) 1920年代の終わりには，よりマルクス主義的理論を取り入れたソヴィエト考古学を志向する運動が始まる。このような運動を実施したのは，1925年から1929年にかけてのモスクワの考古学・芸術学研究所の大学院生であったブリューソフ（А.Я.Блюсов），アルツィホフスキー（А.В.Арциховский），キセリョフ（С.В.Киселев），スミルノフ（А.П.Смирнов）であった。かれらは社会的復元，なによりも社会経済的発展段階の復元のために考古学的資料を利用するべきであると主張した。かれらは「新たな考古学運動」グループと呼ばれる。
4) ロシアにおいてエトノスは，その初期において系統性を示す用語として歴史的コミュニティhistorical communityとして用いられていたが，のちに限定的な意味で用いられるようになり，国家やコミュニティ，家族など歴史的に形成されたコミュニティとして多様な意味を持たせて定義する可能性が示された（Козлов 1969 : 18)。このエトノスという用語が広く定着した背景には，People of the Worldが刊行され，その中で広くエトノス（ethnos）と民族共同体（этническая общность）が使用されたことを指摘できる。多くの場合においてエトノスという用語は集団peopleという意味で用いられている。そのためすべての種のエスニックコミュニティ；国家，国民集団，部族などを含んでいる。

　エトノスを強調させた場合は，先階級社会のみに限定して用いられる。しかしながら通常ロシア語ではという用語は階級社会にも適用される。Народをethnosに置き換えることによって現代を含めたすべての歴史的時間軸に適用できることになる。一方でEthnic communityはethnosとpeopleより広く解釈される（Левин и Чебоксаров 1962 : p.29 ; Чебоксаров 1967 : p.100)。この解釈は，ethnic communityの解釈に異なる分類のレベルと基準が存在することを示している。ethnosやpeopleは「人類集団のethnic類別において基礎的単位となる，したがってethnic communityは分類学的に高低のレベルを有することになる」(Чебоксаров 1967：p.96)。民族言語コミュニティは，ひとつの階層に属し，ethnosやpeopleは別の階層に属するそして民族誌集団ethnographic groupと呼ばれるものはさらに別のレベルに属する。ある種のそして同様の集団のコミュニティが異なる分類レベルのいくつかのエスニックコミュニティの構成要素をなすであろう（Бромлей 1968 b ：p.42)。

5）レーヴィンとチュバクサーロフによるこの研究は，日本においても1960年に紹介され，「文化・経済類型」「歴史・民族誌的領域」として知られている（レーヴィン 1960, 松園 1963, 加藤・佐々木 1990など)。この問題については，加藤（2000）で検討したことがある。

6）言語学サイドからの研究としては，ワシリエヴィッチ Г.М.Васильевич) やツィンツィウス (В.И.Цинцнус) による研究が知られている（Васильевич 1969, Цинцнус 1978)。ワシリエヴィッチは，ツングース集団の東部シベリアから満州地方，アムール下流域への移住を新石器時代後期ないしは，紀元後初頭に位置付けることができると主張し，ツィンツィウスもツングース諸語のローカリゼーションを考慮すると集団移住の第一波は紀元前後ないしは新石器時代に生じたと推定した。

7）極東ロシアにおける考古学文化については，臼杵勲による指摘がある（臼杵 1996)。

8）ソヴィエト崩壊以後は，伝統的なソヴィエト理論と対象的に，エトノスをより幅広い経済や労働の空間的区分，環境適応と結び付けて考えている見解も提示されている（Dulkhanov 1994)。

9）すでに1977年の段階でホッダーは，フランス新石器の土器様式に現れる地域性を環境的ストレスへの積極的な反応であり，集団内部の結束や自立性を象徴するものと説いている（Hodder 1979：pp.151－152)。さらに土器様式の地域性からこの時期の集団間の相関関係や交換の増加が指摘でき，その背景にある要因は社会的相関性以外で説明することは困難であると主張した。またこのような様式に現れる変異の要因をエスニックなものとして解釈するのではなく，社会・経済的ファクターから適応として説明できるという主張はハアラントによってなされている（Haaland 1969, 1977)。

10）この地域における生業活動や家畜動物に見られる特徴は，活発な文化流入が存在したことを示唆するものであり興味深い（西本 2000, 佐藤 1996, 内山 2003)。またこの地域の集団が多様な集団で構成されていたことは，形質人類学的にも示唆されている（松村 2003)。

11）すでにこのような地域性は，終末段階に先駆けて道東部の貼付浮文期，道北部の沈線文系土器期に生じている（大井 1972, 天野 1979, 山浦 1982)。

引用・参考文献

（日本語文）

大井晴男　1970　「オホーツク文化と擦文文化の関係」『北方文化研究報告』4　21～70頁

　　　　　1972　「礼文島元地遺跡のオホーツク式土器について－擦文文化とオホーツク文化の関係について，補論2－」『北方文化研究報告』6　1～36頁

　　　　　1984　「擦文文化といわゆる「アイヌ文化」との関係について」『北方文化研究報告』15　1～201頁

大塚和義　1968　「オホーツク文化の偶像・動物意匠遺物－その信仰形態の再構成への試み－」『物質文化』6　21～32頁

大西秀之　2001　「"トビニタイ文化"なる現象の追求」『物質文化』71　22～56頁
　　　　　　2004　「擦文文化の展開と"トビニタイ文化"の成立」『古代』第115号　125～156頁
小野裕子・天野哲也　2002　「『鈴谷文化』の形成過程」『サハリンにおけるオホーツク文化の形成と変容・消滅』北海道総合博物館　107～114頁
ONO Hiroko（小野裕子）　2003　Relationship between the Susuya Culture and the Aniwa Culture.　『北海道大学総合博物館研究報告』1　19～31頁
臼杵勲　1996　「ロシア極東の中世考古学における「文化」」『考古学雑渉』　286～296頁
加藤晋平　1975　「間宮海峡を越えて－北アジアと日本列島の文化交流」『えとのす』2　40～52頁
加藤博文　2000　「北アジアにおける民族起源論の成立と考古学」『筑波大学地域研究』18　123～140頁
菊池俊彦　1971　「樺太のオホーツク文化について」『北方文化研究』5　31～53頁
　　　　　　1976　「オホーツク文化に見られる靺鞨・女真系遺物」『北方文化研究』10　31～117頁
　　　　　　1995　『北東アジア古代文化の研究』　北海道大学図書刊行会
木山克彦　2003　「北海道北部における続縄文前半期の集積土坑について」『海と考古学』6　1～21頁
木山克彦・I. Ya　シェフコムード・F. S. コシーツィナ
　　　　　　2003　「バリシャヤ・ブフタ1遺跡出土の土器が提起するもの」『古代文化』第55巻第11号　20～32頁
熊木俊朗　1996　「北海道北部の『鈴谷式土器』について」『古代文化』第48巻第5号，12～20頁
　　　　　　2003　「道東北部の続縄文文化」『新北海道の古代2　続縄文・オホーツク文化』　北海道新聞社　50～69頁
　　　　　　2004 a　「続縄文文化（道東・道北部）」『北海道考古学』40　77～89頁
　　　　　　2004 b　「鈴谷式土器編年再論」『宇田川洋先生華甲記念論文集』宇田川洋先生華甲記念論文集刊行記念会　167～189頁
河野広道　1955　「先史時代」『斜里町史』，1～75頁，斜里町
佐藤孝雄　1996　「続縄文文化期以降の狩猟・漁撈活動」『博物館フォーラム　アイヌ文化の成立を考える』　北海道立北方民族博物館　101～109頁
澤井玄　1992　「『トビニタイ土器群』の分布とその意義」『古代』第93号　128～151頁
西本豊弘編　2000　『国立歴史民俗博物館研究報告85　浜中2遺跡発掘調査報告』　国立歴史民俗博物館
藤本強　1979　「トビニタイ文化の遺跡立地」『北海道考古学』15　23～34頁
　　　　　1988　『もう二つの日本文化』UP選書　東京　東京大学出版会
ブロムレイ, Yu. A.　1974.　『マルクス主義と人類文化の起源』（中島寿雄訳）　大槻書店
前田潮　1976　「オホーツク文化の確立過程について」『史学研究』106　1～21頁
　　　　　1996　「オホーツク文化黎明期の宗谷海峡」『海と考古学』1　1～8頁
　　　　　2002　『オホーツクの考古学』同成社頁
松村博文　2003　「渡来系弥生人の拡散と続縄文人」『国立歴史民俗博物館研究報告』107　199～215頁
山浦清　1982　「オホーツク文化の骨斧・骨箆・骨鍬」『東京大学考古学研究室研究紀要』1　151～166頁
　　　　　1983　「オホーツク文化の終焉と擦文文化」『東京大学考古学研究室研究紀要』2　157～179頁
　　　　　1993　「「環オホーツク海文化」という視点－銛頭の分析から－」『北海道考古学』29　9～20頁
ワシリエフスキー, A. A.
　　　　　　2002　「サハリンにおける続縄文の遺跡」『サハリンにおけるオホーツク文化の形成と変容・消

滅』北海道総合博物館　1～9頁
　2003　「サハリンにおける前オホーツク文化の諸問題」『北海道大学総合博物館研究報告』1
　　　1～18頁

（英語文）
Binford, L. R.
　　1965　Archaeological systematics and the study of culture process. *American Antiquity* 31, pp. 203
　　　　－210.
Binford, L. R. and S. R. Binford
　　1966　A preliminary analysis of functional variability in the Mousterian levallois facies. *American Anthropologist* 68, pp. 238－295.
Bordes, F.
　　1968　*The Old Stone Age.* London, Weidenfeld & Nicolson.
　　1973　On the chronology and contemporeneity of different Paleolithic cultures in France. C. Renfew（rd.）*The Explanation of Cultural Change: models in prehistory,* pp. 217－226. London, Duckworth.
Bulkin, V. A., L. S. Klein and G. S. Levedev.
　　1982　Attainment and problems of Soviet archaeology. *World Archaeology,* 13（3）: pp. 272－295.
Burkitt, M. C.
　　1933　*The Old Stone Ages: a study of Paleolithic times.* Cambridge, Cambriddge University Press.
Clark, D.
　　1968　*Analytical Archaeology. London, Methuen.*
Chappell, D.
　　1993　Ethnogenesis and Frontiers. *Journal of World History* 4, 2: 267－275
Childe, G. V.
　　1976〔1929〕*The Danube in Prehistory.* Oxford, Clarendon.
Conkey M. W.
　　1991　Experimenting with style in archaeology: some historical and theoretical issues. Conkey, M. W. and C. A. Hastorf（eds）, *The Uses of Style in Archaeology.* pp. 5－17, Cambridge, Cambridge University Press.
Daniel, G.
　　1979　*One hundred and Fifty Years of Archaeology.* London, Duckworth.
Haaland, R.
　　1969　Economic determinants in ethnic processes. F. Barth（ed.）Ethic Groups and Boundaries, pp. 58－73. London, George Allen & Unwin.
　　1977　Archaeological classification and ethnic groups: a case study from Sudanese Nubia. *Norwegian Archaeological Reviws* 10, pp. 1－31.
Hodder, I.
　　1978　The spatial structure of material "cultures": a review of some of the evidence. I. Hodder（ed.）*The Spatial Organization of Culture,* pp. 93－111. London, Duckworth.

1979 Economic and social stress and material culture patterning. *American Antiquity* 44 (3), pp. 446-454.

1982 *Symbols in action.* Cambridge University Press.

Jones, S.

1997 *The Archaeology of Ethnicity.* London, Routledge.

Kossina, G.

1911 *Die Herkunft der Germanen.* Leipzig, Kabitzsch.

Olsen. B.

1985 Comments on Saamis, Finns and Scandinavians in history and prehistory. *Norwegian Archaeologicl Review* 18, pp. 13-18.

Olsen, B. and Z. Kobylinski

1991 Ethnicity in anthropological and archaeological research: Norwegian-Polish perspective. *Archaeology Polona* 29, pp. 5-27.

Sacett, James 1977. The meaning of style in archaeology: a general model. *American Antiquity* 42 (3), pp. 369-380.

Shennan, S. J.

1989 *Archaeological Approaches to Cultural Identities,* London, Unwin & Hyman

Tallgren, A. M.

1937 The method of Prehistoric archaeology. *Antiquity* 11, pp. 152-164.

Trigger, B

1978 *Time and Traditions: essays in archaeological interpretation.* Edinburgh, Edinburgh University Press.

1989 *A History of Archaeological Thought.* Cambridge, Cambridge University Press.

Ucko, P. J.

1969 Ethnography and archaeological interpretation of funerary remains. *World Archaeology,* 1 (2), pp. 262-280.

Veit U. 1989 Ethnic concepts in German prehistory: a case study on the relationship between cultural and objectivity. S. J. Shennan (ed.) *Archaeological Approaches to Cultural Identities,* pp. 35-56. London, Unwin & Hyman

Wisnner, P.

1983 Style and ethnicity in the Kalahari San projectile point. *American Antiquity* 48, pp. 253-276.

1989 Style and changing relations between the individual and society. I. Hodder (ed.) *The Meaning of Things.* pp. 56-63. London, Unwin & Wyman.

(ロシア語文)

Артанов, М.И.

1949. К вопросу об этногенез в советской археологии. *КСИИМК*, вып.29.

Деревянко, А.П.

1973 *Проблемы этногенеза народов сибири и дальнего востока.* Новосибирск, Наука.

Деревянко, Е.И.

    1981 *Премена Приамурья I тысячелетие нашей эры*, Новосибирск, Наука.

Захарк, Ю.Н.

    1964 Проблемы археологической культури. *Археология*.

Мартунов, А.И.

    1982. *Археология СССР*. Высокая школа. Москва.

Маркаян, Э.С.

    1980. *Теория культуры и современная наука,* Москва.

Мартунов, А.И.

    1982. *Археология СССР*. Высокая школа. Москва.

Массон, В.М.

    1990. Феномен культуры и культургенез древних общества. *Археологические культуры и культурная трансформация*, ЛОИА АН. СССР, Ленинград.

Медведев В.Е.

    1977 *Культура Амурских Чурчжэней конец, X-X I век.* Новосибирск, Наука.

Монгайт А.Л.

    1955. *Археология СССР*. Изд. Академи Наук СССР. Москва.

Левин, М.Г

    1950 Антропологические типы сибири и дальнего востока. *Советская Этнография* No. 1, стр. 53–64.

    1958 Этническая антропология и проблемы этногенеза народов дальнего востока. *Трудыинститута Этнография* 36.

Левин, М.Г.н Н.Н.Чебоксаров

    1955 Хозяйственно-культурные типы и историко-этнографические области (Кпостановке вопроса.). *Советская Этнография,* No. 4, стр. 3–17.

ЛОИА АН. СССР

    1990. *Археологические культуры и культурная трансформация*. ЛОИА АИ. СССР, Ленинград.

Окладников, А.П.

    1936 К археологическим исследованиям в 1935г. на амуре. *Советская Археология* т. 1 стр.275–277.

    1941 Неолитические памятники как источники по этногенезии сибири и дальнеговостока. *КСИИМК*. вып. 9.

    1950 К изчению начальных этапов формирования народов сибири. *Советская Этнография* No. 1, стр.37–52.

    1970 Неолит сибири и дальнего востока. *Каменный Век на териттории СССР*, Москва, Наука.

    1971 *Петрглифи Нижнего Амура*. Ленинград, Наука.

Окладников, А.П.и А.П. Деревянко

 1973 *Далекое прошлое Приморья и Приамурья*. Владивострк, АН СССР.

Смоляк, А.В.

 1980 Проблемы этногенеза тунгусоязычных народов нижнего амура и сахалина. *Этногенез народов Севера*, Москва, Наука.

Фосс, М.И.

 1952 Древнейшая история севера Еврорейской части СССР. *МИА*. No.29.

華北先史遺跡出土の海棲貝類素描

加　藤　真　二

はじめに

　本論考執筆の準備を行っている最中，南アフリカのブロンボス洞窟から中期石器時代（約7.5万年前）の海棲巻貝製ビーズ41点が発見されたことが報道された。また，ヨーロッパにおいては，後期旧石器時代初頭から海棲貝類が人によって700km以上の長距離を運搬された事例が知られている。これらの多くも装身具として利用されている。ヨーロッパのこうした事例について，ギャンブル（Clive Gamble）は，後期旧石器時代に成立した複合的な社会，複雑化した社会，広域化した社会を象徴するものとして評価している（田村訳 2001）。

　ひるがえって，ユーラシアの東端，東アジアの地域では，先史時代の海棲貝類の利用がどのような状況であるのかを考えるために，華北北部の永定河流域の旧石器遺跡である北京市周口店山頂洞と新石器時代前期の遺跡である同市東胡林遺跡の事例，華北南部の淮河流域にある細石刃遺跡である河南省霊井遺跡と新石器時代前期の同省中山寨遺跡の事例，華北西部の関中盆地にある新石器時代前期末の陝西省北首嶺遺跡の事例を中心に概述するとともに，関連する課題について触れてみたい[1]。

I. 華北地域における出土事例

1. 永定河流域の事例

　①周口店山頂洞（図1の1　裴 1990：115〜138頁，賈 1951）　周口店山頂洞は，北京市南西郊，北京原人の発見で有名な周口店遺跡群のうちの1遺跡である。周口店第1地点が開口する石灰岩丘である龍骨山の山頂部に北を向いて開口する洞穴で，1933年に裴文中によって発掘された。洞穴は，洞口，南北8m，東西14mの洞穴主要部である上室，上室の西半部の床面に開いた深さ8mの下室，下室の東部にみられる深い落ち込みで，洞穴の最下部にあたる下窖に分かれる。このうち，下室にみられる第4層において，海棲貝類を使った装身具が検出されている。中国北部の旧石器編年では第IVa期に位置づけられ，約2.7万年前（AMS法，陳ほか 1992：112〜116頁）と考えられている。

　山頂洞の海棲貝類製装身具は，3点の穿孔されたサルボウ（海蚶：*Arca sp.*）である（図2の1，2）。いずれも頂部に単孔をあけるとともに，縁辺が磨いたような光沢をもっているという。なお，あけられた孔は，2点が円孔，1点が方形に近いという。裴文中は，これらの頂部の孔は磨り石の上で磨いてあけたものではないかと考えている（裴 1990：132〜133頁）。

図1　関連遺跡位置図
1：周口店山頂洞，2：東胡林，3：霊井，4：中山寨，5：北首嶺，6：興隆溝，
7：富河溝門，8：ペレセレンチェスキー・プンクト，9：ヴェルホレンスク山Ⅰ，
10：ウスチ・ベラヤ，11：岩戸，12：栃原，13：上黒岩

図2　周口店山頂洞の装身具（×4／5）（賈1957　図版Ⅳより）

　この3点の穿孔されたサルボウは，男性老人の頭骨（101号頭骨）の左側より穿孔されたキツネ・アナグマの犬歯（図2の3～6）とともに出土したことから，これらの犬歯とともに，同一の頭飾などを構成すると考えられている（裴 1990：132頁，賈 1951：24～25頁）。
　②東胡林遺跡（図1の2　周・尤1972：12～15頁，趙ほか 2003：1面，東胡林考古隊 2003：1面）　東胡林遺跡は，北京市の西郊約45km，永定河の支流，清水河の第2段丘上にある新石器時代の遺跡である。周口店山頂洞からは直線距離で約30kmの位置である。1966, 2001, 2003年に調査が行われ，4体の埋葬人骨，5カ所の炉址，土器などが検出されたことから，新石器

時代早期の墓地を伴う集落と考えられている。海棲貝を使った装身具は，検出された4体の埋葬人骨のうち，2体にともなって出土した。これらの年代は，8720±170年B.P.～8450±70年B.P.（AMS法，半減期不明，趙ほか 2003：1面）と考えられている。

東胡林では，2例の海棲貝類製装身具が検出されている。1例は1966年調査で出土したもので，50個以上のカバクチカノコのなかま（蜑螺：*Nerita sp.*）の頂部を穿孔

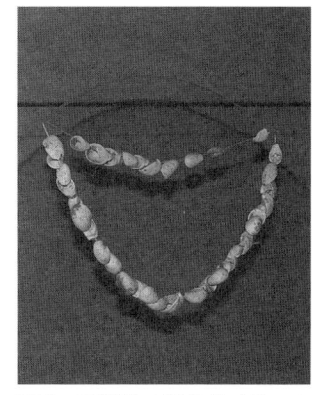

図3　東胡林の装身具（右×4／5）（左：加藤撮影，右：周ほか1972　図3より）

し連ねたものである（図3）。孔は，いずれも磨いてあけている。これらは，16才前後の少女の人骨の頸部周辺から原位置を保って出土し，その出土状況などから，ネックレスと考えられている（周・尤 1972：14～15頁）。2001年調査で出土したもう一例も，多数のヒロクチカノコ（紫游螺：*Neritina violacea*）の頂部を穿孔し連ねたもので，先例と同様，ネックレスと考えられている（趙ほか 2003）。

2．淮河流域の事例

①霊井遺跡（図1の3　周 1974：91～98頁）　霊井遺跡の資料は，1965年に河南省のほぼ中央，許昌の西北約15kmの地点の地表下約10mから掘り出された橙黄色細砂中で発見されたものである。1353点にのぼる細石刃石器群，獣骨，2個体分の人骨，炭化物，赤鉄鉱などとともに，海棲のカキ（牡蛎：*Ostrea sp.*）の貝殻が出土している。これらの年代については，動物群の構成や絶滅動物の割合が比較的高いこと，石器群の技術的特徴などから，中国北部旧石器編年第Ⅴa期に位置づけられ，約1.7万年前と筆者は考えている。

このカキ殻については，特に加工などの記述が無いことから，無加工のものと考えられる。ただし，2点の赤鉄鉱塊，人骨の出土をあわせて考えると，本来，遺跡内には墓が存在し，そこにカキを副葬していたことも想定できよう。

②中山寨遺跡（図1の4　中国社会科学院考古所河南一隊 1991：57～89頁）　中山寨遺跡は，許昌より西へ約90kmいった汝州市にある裴李崗文化期から仰韶文化期までの多層遺跡である。1985・86年の試掘で裴李崗文化期の4基の墓が9基の貯蔵穴とともに検出された。このうち，墓1基でマクラガイ（榧螺：*Oliva sp.*）10点が淡水棲のクサビイシガイのなかま（楔蚌：*Cuneopsis sp.*）2点とともに副葬されていた。これらの年代は，7180±100年B.P.～6760±90年B.P.（ともにβ線計数法，中国社会科学院考古研究所編 1991：159頁）と考えられている。

10点のマクラガイのうち6点は長さ2.5m，幅0.9mの長方形の墓坑中に仰臥伸展の姿勢で埋葬された被葬者の口中に入れられていた（図4の1）。また，クサビイシガイ2点は頭部上方

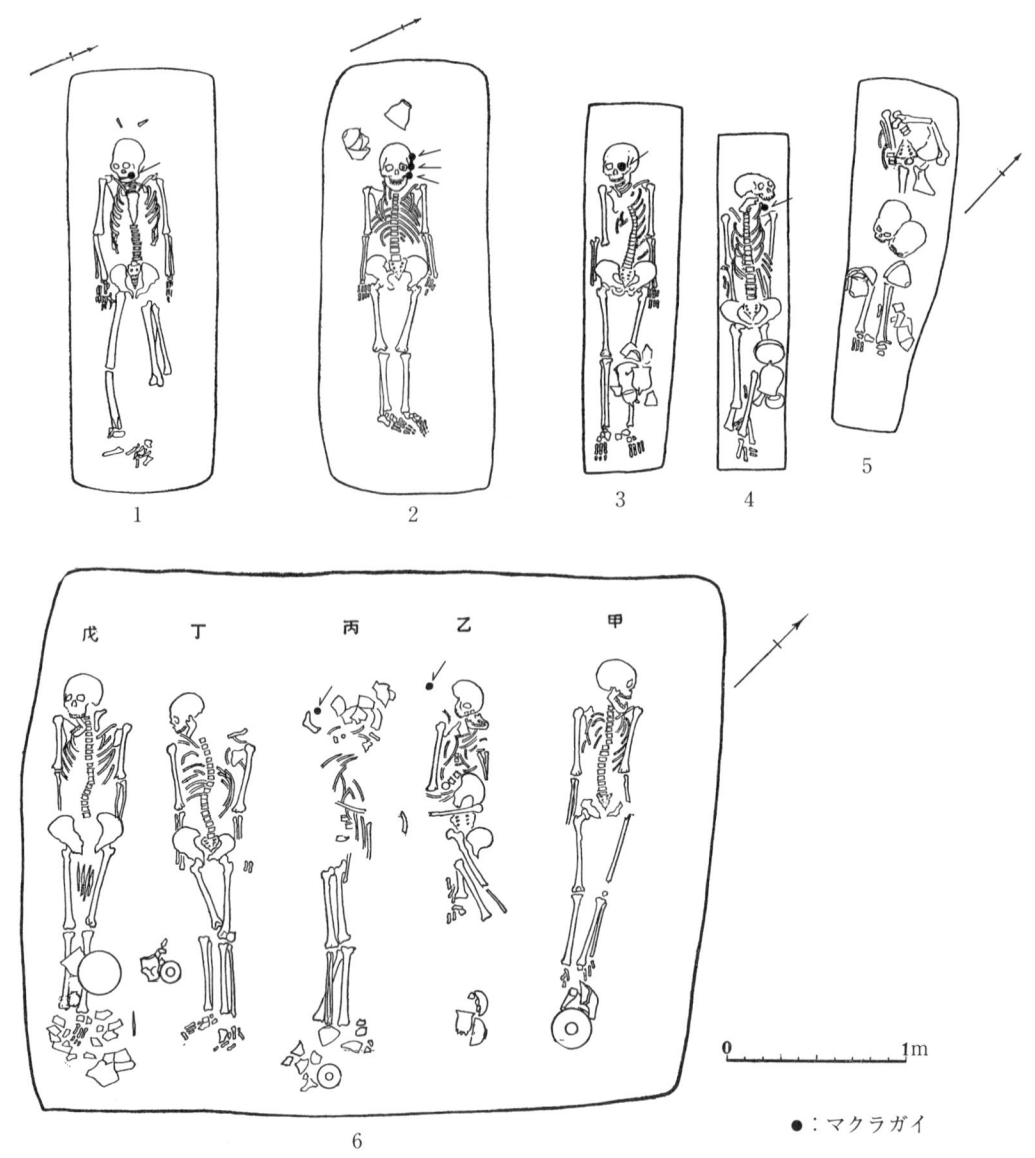

図4 マクラガイを副葬する墓（×1／40）（1：中国社会科学院考古所河南一隊1991 図4より、2～6：中国社会科学院考古研究所1983 図64, 66, 75より）
　　1：中山寨M5墓、2：北首嶺77M9墓、3～5：北首嶺77M12～M14墓、6：北首嶺77M10墓

に置かれていた。

3．関中盆地の事例

①北首嶺遺跡（図1の5　中国社会科学院考古研究所 1983）　北首嶺遺跡は，華北西部，関中盆地西端の陝西省宝鶏市内に所在する北首嶺下層文化期から仰韶文化期までの多層遺跡である。1977年の発掘調査で検出された北首嶺下層文化期の7基の墓のうち，5基（77M9，77M10，77M13，77M14，77M18の各墓）からマクラガイ（榧螺：*Oliva sp.*）が合計14点出土し

た。これらの年代は，6280±120年B.P.〜6150±120年B.P.（いずれもβ線計数法，中国社会科学院考古研究所編　1991：252頁）と考えられている。

　77M 9 墓では，長さ2.56m，幅0.96mの長方形の墓坑に仰臥伸展の姿勢で埋葬された40〜45歳の女性被葬者の頭骨左側こめかみ付近で 3 点のマクラガイが並んで出土した（図 4 の 2 ）。77M10墓は合葬墓で，長さ3.68m，幅2.82mの長方形墓坑の中に， 3 人を仰臥伸展の姿勢で埋葬し， 2 人を伸展の姿勢を意識して二次葬にしている。このうち，二次葬の二人（30〜35歳女性，20〜25歳女性）の頭部および頭部付近，伸展葬の約30歳男性の足首付近と45歳以上の男性からそれぞれ 1 点のマクラガイが出土している（図 4 の 6 ）。なお，二次葬の二人にはマクラガイがもう 1 点ずつ副葬されているらしい。77M13墓では，長さ1.86m，幅0.42mの長方形の墓坑に仰臥伸展の姿勢で埋葬された50歳前後の男性？被葬者の口部付近からマクラガイ 1 点が出土した（図 4 の 4 ）。この墓ではもう 1 点マクラガイが出土しているらしい。77M14墓は77M13墓に隣接して検出されたもので，長さ 2 m，幅0.52mの長方形墓坑に仰臥伸展の姿勢で埋葬された25歳前後の女性被葬者の左眼窩からマクラガイ 1 点が出土している（図 4 の 3 ）。さらに，77M18墓でも長さ1.92m，幅0.43mの長方形墓坑に二次葬された35歳前後の女性にともなってマクラガイが 2 点出土しているという。

　これらのマクラガイの多くは頂部を擦り切って孔を開けている。 3 点が並んで出土した77M 9 墓例などは紐を通してつづった頭飾りであったものかもしれない。

Ⅱ．華北地域の海棲貝類

　山頂洞出土の資料は，華北のみならず，東アジアにおいても最古の海棲貝類製品である。この資料と，旧石器時代末期の霊井の資料をもとにすれば，華北においても，後期旧石器時代の前半期には，すでに海棲貝類が装身具や副葬品として使用され，それは，旧石器時代の末期まで続いていた可能性を示している。また，山頂洞，霊井いずれも埋葬人骨に伴う可能性があることから，埋葬にあたって，これらの装身具で死者を飾り立てる習俗があったことも想定できるかもしれない。

　山頂洞の資料については，裴文中がサルボウの最も近い生息地が渤海湾沿岸であり，そこまで現在でも200kmあると指摘している（裴　1990：132〜133頁）。霊井についても現在最も近い海岸線である江蘇省連雲港付近まで直線距離で約500kmである。このことから，山頂洞，霊井の資料は700kmというヨーロッパの事例には及ばないとはいえ，海棲貝類が東アジアにおいても旧石器時代に長距離運搬されていたことを示す事例でもあるということができる。

　物資の長距離運搬ということでは，山頂洞からは，現在では長江流域に多く，黄河以北では極めて少ないというガマノセガイの仲間（巨厚河蚌：*Laprotula sp.*）の破片が多数出土していたり，周口店から約150km西北の張家口地区に原産地があるとされた鱗状赤鉄鉱が散布されている（裴　1990：133頁，賈　1951：72頁）。また，石器素材の石材でみると，周口店遺跡群のある龍骨山周辺では極めて見出しがたく，中国北部旧石器編年第Ⅰ期の第 1 地点で出土石器の

0.8％（QⅡ層）〜3.9％（1－3層）（裴・張 1985：219〜222頁），第Ⅱ期の第15地点で0.4％（高 2001：186〜187頁）と極めて少数であった燧石が，山頂洞では20％（25点中5点）と割合を増やしている。さらに，周口店から約130kmほど西北にいった河北省泥河湾盆地の石器素材となった石材の流通を研究した杜水生によれば，中期旧石器時代（中国北部旧石器編年第Ⅲ期に相当）では，基本的に遺跡周辺の石材を利用し，遠いものでも遺跡から5〜10km内にあったのに対して，後期旧石器時代前段（中国北部旧石器編年第Ⅳ期に相当）に入ると少数ながら，数十km以上の距離を運搬されるものが見られるようになり，後期旧石器時代後段（中国北部旧石器編年第Ⅴ期に相当）では，大量の石材が数十km以上運搬されるようになるという（杜 2003a：22〜26頁，2003b：121〜130頁）。

　これらをもとにすれば，華北の後期旧石器時代においても，海棲貝類を含む物資の長距離運搬がなされており，その社会もヨーロッパ同様，そうした物資の長距離運搬を支えることができるような複合的なものであり，複雑化，広域化したものであった可能性を想定することもできよう。

　しかし，海棲貝類についてみれば，現在のところ，華北の旧石器時代において，それが利用された事例は，今回取り上げた山頂洞，霊井をのぞくと皆無である。南フランスのペリゴール，ロット，ジロンド地域の事例だけで，2000点以上の海棲貝類の出土が伝えられているヨーロッパ（田村訳 2001：294〜297頁）と比べても，この地域での旧石器時代における海棲貝類の利用はきわめて低調な印象を受ける。これは一つには，華北においては，こうした海棲貝類を素材とした装身具や副葬品が共伴する可能性が高いと考えられる墓の検出例が希少という理由が考えられる。その一方，動物の骨や歯牙，ダチョウの卵殻，イシガイのなかま（蚌貝）を中心とした淡水棲貝類などを素材とした装身具は，山頂洞のほか，中国北部旧石器編年第Ⅳ期で，寧夏回族自治区水洞溝遺跡（動物骨，ダチョウ卵殻），第Ⅴ期では，山西省趙王村遺跡（動物骨，蚌貝），同省柿子灘遺跡群12A地点（蚌貝），河北省虎頭梁遺跡（ダチョウ卵殻，淡水棲貝類），同省于家溝遺跡（ダチョウ卵殻，淡水棲貝類）と，検出例も比較的多い（加藤 2004：印刷中）。華北においては本来，装身具の素材としてこれらのものが利用されるのが通例であり，海棲貝類を素材とすることは少なかったと想定することが妥当と思われる。山頂洞の資料も，裴文中が指摘したように穿孔されたキツネ犬歯とともに頭飾などを構成するとするならば，これらの貝殻は装身具の部品であり，偶然，少数のものが遺跡周辺に搬入されて，キツネの犬歯などとともにそこで装身具が構成されたとも考えられる。霊井の事例も偶然の搬入品の可能性があろう。

　以上，遺跡出土の海棲貝類のあり方などをもとにすれば，華北の後期旧石器社会は，潜在的にはヨーロッパ同様の複合的なもので，複雑化，広域化していたと考えられる。しかし，海棲貝類製装身具の低調な利用状況は，海棲貝類が果たしていた役割，あるいは社会的な機能の低さを示しているようである。また，海棲貝類を含む遠隔地物資の流通がヨーロッパにはるかに及ばない状況であることをあわせて考えるならば，華北の後期旧石器社会がもつ，ヨーロッパ

のものとは異なる特徴，例えば，物資の長距離運搬を発達させる必要性の低さ，その背景となる集団間の結びつきのゆるさ，などを見出すこともできよう。

新石器時代に入っても，華北における海棲貝類装身具の利用は依然低調である[2]が，華北の北部・南部いずれにおいても状況に変化を見せるようである。

東胡林のネックレスの素材であったカノコガイの仲間は亜熱帯環境下の海域に生息し，現在では浙江省の沿岸部にのみにみられるとされ，同じ永定河流域の山頂洞の資料よりも運搬距離が伸びている可能性が高いと考えられる。また，多数の貝殻からなる形状的に類似したネックレスが複数検出されたことは，山頂洞の資料が3点という少数の貝殻で構成され，かつ孤例であることと極めて対照的であり，これらのネックレスの形状がすでに様式化されるとともに，製品の形で流通していたこと，そして，こうした製品を副葬する習俗が定着していたことを想定させる。

中山寨で検出されたマクラガイも亜熱帯から熱帯の環境下に生息するものである。このため，中山寨の事例についても，同じ淮河流域の霊井の事例に比べて長い運搬距離を想定できる。また，出土点数が10点と比較的多数であることも注目されよう。なによりも，被葬者の口中に含ませる特異な習俗は，旧石器時代において海棲貝類がもっていた装身具や副葬品としての機能以上に，強い呪術的含意を見取ることができるのではないか。これは，海棲貝類に与えられていた社会的な機能の拡大を示しているといえよう。

華北北部の永定河流域や南部の淮河流域でみられた海棲貝類の長距離運搬は，年代はやや新しくなるが，華北西部でも見出すことができる。関中盆地西端に位置する北首嶺についてみれば，最も近い海岸線までの直線距離でも約1100kmに達している。また，5基の墓から14点のマクラガイが出土しており，マクラガイを副葬するという習俗が定着していた可能性も示すとともに，口部や眼窩中から出土している事例は，強い呪術的含意をもつとした中山寨の事例を想起させる。

このように，新石器時代に入ると，海棲貝類をめぐり，華北の各地で質的・量的な変化が生じている。これは，海棲貝類やその製品の運搬・流通を支える新石器社会が，旧石器社会と比較すると，格段に複雑化，広域化したものであったことを反映したこと，海棲貝類がもつ社会的な機能が拡大するとともに，それを利用する習俗が定着したためと考えられる。そして，華北の新石器時代でも比較的古い東胡林段階で，すでに，そうした新たな様相が出現していたことを知ることができる[3]。

Ⅲ. 周辺地域の様相

華北の後期旧石器時代および新石器時代前期と並行する時期，東アジアの他の地域での海棲貝類の利用状況はどのようなものであろうか。簡単に触れてみたい。

中国東北部においては，確実な旧石器遺跡の発掘例が少ないものの，遼寧省小孤山仙人洞（蚌貝，動物歯牙製），同省金牛山C地点（動物骨製）で装身具が検出されているが，海棲貝類

を素材としたものは見られない（加藤 2004：印刷中）。新石器時代前期では，内蒙古自治区東部から遼寧省西部にかけて広がる興隆窪文化（佐川・小林 2004：19～60頁）や遼寧省の新楽下層文化（瀋陽市文物管理弁公室・瀋陽故宮博物館 1985：209～222頁）などの諸遺跡で，淡水棲の蚌貝を素材とした装身具が出土している。特に前者においては，垂飾のほか，仮面や貝裙など比較的豊富なものが知られている。しかしながら，海棲貝類は出土していないようである。管見では，海棲貝類が中国東北部内陸部に搬入された最古の事例は，約5500～5000年前と考えられている[4]紅山文化後期の内蒙古自治区興隆溝遺跡第2地点の土坑（H17）から290点以上のフネガイのなかま（蚶，サルボウか？）が出土したものである（劉ほか 2003：154頁）[5]。

東シベリアでは，後期旧石器時代終末期のペレセレンチェスキー・プンクト遺跡（加藤 1976：208頁），アンガラ川流域の中石器時代のヴェルホレンスク山Ⅰ遺跡Ⅱ層，Ⅱa層（前Ⅷ千年紀），ウスチ・ベラヤ遺跡ⅩⅢ～Ⅱ層（Ⅳ～Ⅲ層の年代が8960±60年B.P）などから貝製小玉などが出土しているが，いずれも淡水棲の真珠貝を素材としているようである。また，バイカル湖周辺域であるプリバイカリエ地域では，新石器時代のキトイ文化，セルヴォ文化以降，やはり真珠貝製の小玉などが増加していくことが知られている。しかし，海棲貝類の出現は遅れ，初期青銅器時代のグラスコーヴォ文化期に入ってようやく出現するようである（小畑 2001：38・39頁，336～337頁，452頁）。

日本列島の後期旧石器時代については，後半初頭（AT直上）の大分県岩戸遺跡の集石墓とされる遺構にともなってイシダタミ，アワビなどの破片が出土しているほかは，貝類の検出例は知られていない。海棲貝類が内陸部で本格的にみられるようとになるのは，縄文時代早期に入ってからであり，長野県栃原岩陰遺跡，愛媛県上黒岩岩陰遺跡などの内陸部の岩陰遺跡から，ハイガイ，タカラガイ，イモガイ，ツノガイなどを加工した装身具が出土している（土肥 1990：4～11頁）。

以上のように，東アジアにおいては，中国東北部・東シベリアとくにバイカル湖周辺域では海棲貝類の使用・流通は華北や日本列島と比べてかなり遅れるということができる。これらの地域が海浜部から離れているという地理的な要因もあるだろうが，先述したように，新しい時期には中国東北部・東シベリアにも確実に海棲貝類は搬入されており，別の事由を考えなければならないだろう。おそらく，海棲貝類に対するこの地域の人々の意識や長距離運搬を支える社会構造等が海棲貝類が搬入された地域と搬入されなかった地域とでは異なっていたと考えられる。また，華北と日本列島においてほぼ並行して，海棲貝類の利用状況に変化が見られるということは，その変化が示すような社会構造や海棲貝類の機能の変化が両地域でほぼ同時期に起こったこと，さらには，それを促す要因が共通するものであった可能性を想定できるのではないだろうか。

おわりに

　わずか5遺跡出土の海棲貝類であるが，それを通して考えられる華北における後期旧石器時代から新石器時代前期の社会の様相についての私見を述べてきた。

　華北の後期旧石器社会は，潜在的にはヨーロッパ同様の複合的な社会，複雑化した社会，広域化したものであったと考えられたが，遠隔物資の流通を発達させる必要性の低さ，物資の長距離運搬を支える集団間の結びつきのゆるさなど，この地域に特徴的な点も想定することができた。そして，新石器時代になり，比較的古い東胡林の時期には，格段に複雑化，広域化した社会が成立するとともに，それにともなって海棲貝類やそれを素材とした装身具に与えられていた社会的な機能が拡大したと考えられた。

　また，華北における海棲貝類装身具をめぐる状況の変化は，日本列島と類似するのに対して，これらが旧石器時代から新石器時代前期には基本的に欠落し，出現するのが極めて遅れる中国東北部，東シベリアとは異なっており，華北とこれらのより北方の地域とは，社会構造等が異なっていたと考えた。また，華北と日本列島においては，社会構造や海棲貝類の機能の変化が両地域でほぼ同時期に起こるとともに，それを促す要因が共通するものであった可能性を想定した。

　本論考は，石器以外のものを利用しながら，東アジアの旧石器時代を中心とする先史時代の社会を考えていこうとする試みの一つである。今後も試行錯誤が続くだろう。皆様のご指導・ご鞭撻を願うものである。

　最後に，計算してみると，筆者の筑波大学入学時，前田先生は現在の筆者とほぼ同年齢だったことになる。その先生が，このたび，めでたく御退官になるという。まことに年月の流れるのは早いものだ。その割には筆者の歩みは遅々として進まない。本論考も先生の先史学特講の夏休みの課題のレポートのようなものになってしまった。まことにお恥ずかしい限りである。お許し下さい。

　本論考を執筆するにあたっては，三宅俊彦氏および東アジア古文化研究所の御助力を得た。感謝いたします。

註

1) 以下，旧石器編年については加藤 2000に，また，新石器時代の時期区分については小澤ほか 1999に，それぞれよった。年代測定値は未較正のものである。なお，中国では放射性炭素の半減期を5730年とした年代測定値を公表するのが通例であるが，本論考では，特に断っているものを除き，国際的に通用されている5568年によるものを示している。
2) 華北地域の新石器時代前期では，東部の山東省後李（済青公路文物工作隊 1994：97～112頁），小荊山（章丘県博物館 1994：490～494頁），中部の河北省磁山（河北省文物管理処ほか 1981：303～338頁）などの遺跡でも貝製装身具の出土が報告されているが，いずれも，淡水棲のイシガイのなかま（蚌貝）を素材としたものである。
3) なお，新石器時代中期の仰韶文化期に入ると，海棲貝類を含めた貝類の使用がより拡大・普及するよ

うである。
4) 紅山文化後期の放射性炭素年代としては，遼寧省東山嘴遺跡4895±70年B.P.（β線計数法，半減期5730年），遼寧省牛河梁遺跡4830±80.，4830±85，4470±125，4850±110年B.P.（いずれもβ線計数法，中国社会科学院考古研究所編1991：67頁）などが知られている。
5) これについて，調査者の劉国祥らは，それらの約三分の一は穿孔されているとともに，いままで知られている紅山文化の遺跡中で出土海棲貝類が最多の地点であるとも述べている（劉 ほか2003：154頁）。また，4600±110年B.P.（β線計数法，中国社会科学院考古研究所編 1991：55頁）と年代測定された内蒙古自治区富河溝門遺跡からもタカラガイが出土しているという（渡辺 1989：487～502頁）。さらに脱稿後，紅山文化後期の内蒙古自治区那斯台遺跡からも蚌貝製垂飾とともに海棲の巻貝（小海螺）が多数集中して出土していることを知った（巴林右旗博物館 1987：514頁）。

引用文献

（日本語文）

小澤正人・谷 豊信・西江清高 1999 『中国の考古学』 世界の考古学7 同成社

小畑弘己 2001 『シベリア先史考古学』 中国書店

加藤真二 2000 『中国北部の旧石器文化』 同成社

2004 「旧石器人と信仰」『考古学による日本歴史11 信仰と宗教』 雄山閣（印刷中）

加藤晋平 1976 「シベリア」『日本の旧石器文化』第4巻 日本周辺の旧石器文化 181～284頁 雄山閣

佐川正敏・小林亜矢 2004 「中国遼西地区新石器時代中期興隆窪文化段階の文物集成」『アジア文化史研究』第4号 19～60頁 東北学院大学大学院文学研究科アジア文化史専攻

田村 隆訳 2001 『ヨーロッパの旧石器社会』 同成社

《Gamble, C. S. 1999 THE PALAEOLITHIC SOCIETIES OF EUROPE. Cambridge, Cambridge University Press.》

土肥 孝 1990 「美・芸術そして独占のはじまり－アクセサリー－」『月刊 文化財』第326号 4～11頁

渡辺芳郎 1989 「中国新石器時代タカラガイ考」『横山浩一先生退官記念論文集Ⅰ 生産と流通の考古学』 487～502頁 横山浩一先生退官記念事業会

（中国語文）

巴林右旗博物館 1987 「内蒙古巴林右旗那斯台遺址調査」『考古』1987年第6期 507～518頁

陳鉄梅・Hedges, R. E. M.・袁振新 1992 「山頂洞遺址的第二批加速器質譜^{14}C年齢数据與討論」『人類学学報』第11巻第2期 112～116頁

東胡林考古隊 2003 「北京新石器早期考古的重要突破」『中国文物報』総第1163期 1面

杜水生 2003a 「泥河湾盆地旧石器中晩期以来人類行為的変化與環境変化的関係」『考古與文物』2003年第2期 22～26頁

2003b 「泥河湾盆地旧石器中晩期石製品原料初歩分析」『人類学学報』第22巻第2期 121～130頁

高 星 2001 「周口店第15地点石器原料開発方略與経済形態研究」『人類学学報』第20巻第3期 186～200頁

河北省文物管理処・邯鄲市文物保管所1981　「河北武安磁山遺址」『考古学報』1981年第3期　303〜338頁
済青公路文物工作隊　1994　「山東臨淄後李遺址第三，四次発掘簡報」『考古』1994年第2期　97〜112頁
賈蘭坡　1951　『山頂洞人』　龍門聯合書局
　　　　1957　『旧石器時代文化』　科学出版社
劉国祥・賈笑冰・趙明輝　2003　「敖漢旗興隆溝新石器時代遺址」『中国考古学年鑑 2003』152〜155頁　文物出版社
裴文中　1990　「周口店山頂洞之文化」『裴文中科学論文集』115〜138頁　科学出版社
　《Pei, W. C.　1939　The Upper Cave Industry of Choukoutien. Palaeontologia Sinica, New Series D, №. 9, pp. 1-58》
裴文中・張森水　1985　『中国猿人石器研究』　中国古生物誌　総号第168冊　新丁種第12号　科学出版社
瀋陽市文物管理弁公室・瀋陽故宮博物館　1985　「瀋陽新楽遺址第二次発掘報告」『考古学報』　1985年第2期　209〜222頁
章丘県博物館　1994　「山東章丘県小荊山遺址調査簡報」『考古』1994年第6期　490〜494頁
趙朝洪・郁金城・王濤　2003　「北京東胡林新石器時代早期遺址獲重要発現」『中国文物報』総第1112期　1面
中国社会科学院考古所河南一隊　1991　「河南汝州中山寨遺址」『考古学報』1991年第1期　57〜89頁
中国社会科学院考古研究所　1983　『寶鶏北首嶺』　中国田野考古報告集　考古学専刊丁種第26号　文物出版社
中国社会科学院考古研究所編　1991　『中国考古学中碳十四年代数据集1965-1991』　文物出版社
周国興　1974　「河南許昌霊井的石器時代遺存」『考古』1974年第2期　91〜98頁
周国興・尤玉柱　1972　「北京東胡林的新石器時代墓葬」『考古』1972年第6期　12〜15頁

海と考古学

第2号

目　次

アイヌ文化期のアワビ貝塚について ……………………… 内山幸子　1
　－利尻島種屯内遺跡の出土例を中心として－

恵山文化の銛頭について ……………………………………… 前田　潮　15

北の海を渡った鍛冶たち ……………………………………… 松本建速　23

海交史研究会
2000.2

高句麗太王陵出土瓦・馬具からみた好太王陵説の評価

桃 崎 祐 輔

はじめに

　高句麗を古朝鮮民族の国とみる朝鮮民主主義人民共和国（以下北朝鮮）・大韓民国（以下韓国）と，中国内の一地方政権とみる中華人民共和国（以下中国）の歴史認識が鋭く対立した，所謂「高句麗問題」は，北朝鮮単独による高句麗遺跡の世界遺産申請に端を発したものだった。朝韓を牽制しつつ，高句麗遺跡の世界遺産指定を実現した中国は，これまで行なわれた一連の発掘調査を総合するとともに追加調査を実施し，多大の成果をあげた。内容の一端は『2003中国重要考古発現』に紹介され，きわめて短期間のうちに質量とも充実した高句麗遺跡報告書類が相次いで刊行された。筆者は中国・韓国の会談による高句麗問題の鎮静を見届けて間もなく，『集安高句麗王陵』報告書を入手し，その内容に驚愕した。本書は，集安地域の王陵級古墳の調査成果を総括したもので，特に出土瓦の豊富で詳細な記載は，断片的な資料をもとに進められてきた高句麗瓦編年やこれに依拠する古墳編年に全面的な再検討を迫るものであった。

　中・韓・日の論争は，好太王碑に隣接して営まれた2基の古墳─高句麗最大級の古墳である太王陵と，これに後続する将軍塚を，どの年代に位置づけ，誰を被葬者に比定するかという点に集約される。すなわち中国側は，太王陵を好太王（広開土王）陵，将軍塚を長寿王陵に比定しているのに対し，日本や韓国の研究者の間では，関野貞氏以来，将軍塚を好太王陵，これに先行する太王陵を4世紀代の某王の陵墓とみる見解が多かった。しかし今回の調査では，太王陵から「辛卯年（391）　好大王　□造鈴　九十六」と刻書された銅鈴（日本の分類では鐸にあたる）が出土し，中国はこれを根拠に，太王陵を好太王陵と断定した。これに対して韓国や日本の研究者やマスコミの態度は，中国の見解に賛同するものと，鈴の出土状態や付帯的状況に対する疑問を提示するものに分かれた。後者では，たとえ鈴が好太王の治世のものでも，「九十六」の通番からみて，多数製作された一つに過ぎないこと，好太王の即位時に，多数の銅鈴を製作させ，これらを祖先祭祀のため諸王の陵墓に奉納した可能性が指摘された。こうした見解に立てば，銅鈴の出土をもってしても太王陵を好太王陵と断定することはできない。報告書が刊行されても，両主張は平行線のままである。

　そこで筆者が注目したいのは，太王陵から出土した馬具類である。盗掘後の再埋納品とみられ，完存は叶わなかったが，それでも鐙や辻金具，雲珠，杏葉，鞍金具片などが残されていた。近年，東アジアの古代馬具に関する分類や編年は非常に進展を見せ，中国五胡十六国，特に慕容鮮卑三燕と，朝鮮半島南部の状況がかなり判明してきたのに対し，両者の狭間にある高句麗

は，新資料の追加が乏しく，長らく停滞していた。そのような中で太王陵をはじめとする王陵級古墳から出土した馬具は，系譜論・年代論の空白を埋める存在として，測り知れない価値を有している。そこで本論では，高句麗王陵出土瓦の新知見ならびに太王陵出土の馬具類に注目してその系譜と年代を明らかにし，被葬者論の当否についても検討を試みたい。

Ⅰ. 研究の現状と課題
(1) 王陵比定作業の問題点

好太王（広開土王）碑は，高句麗王陵と考えられる将軍塚・太王陵にほど近い位置にある。このためいずれかの古墳が，好太王陵であると推定されてきた。

このうち将軍塚＝好太王陵説は，関野貞氏によって唱えられ（関野1941），永島暉臣氏も好太王碑との位置関係から将軍塚を好太王陵ととらえ（永島1979），田村晃一氏も瓦の編年から将軍塚を好太王陵とみる（田村1982・1984）。東潮氏も好太王陵は，巨大な墳丘を誇示するより，巨大で堅固な墓室をもつ将軍塚とみる（東1995）。

これに対し池内宏氏（池内1938）以来の太王陵＝好太王陵説は，日本では少数意見にとどまるが，中国では魏存成氏が太王陵を好太王陵，将軍塚を長寿王陵に比定する（魏成1994）など，学会の主流を占め，継承発展されてきた。

さて今回の高句麗王陵に関する新知見は，既に部分的に紹介されていた。1996年12月19日，吉林省文物考古研究所の傅佳欣氏が同志社大学で「集安における高句麗王陵について」と題して紹介した近年の調査成果よれば，王陵級の大型墓は集安地区に戦後に破壊された1基を含み17基あり，墓上建物の形跡，眺望の良さ，墓域空間の存在等より他の高句麗古墳と区別される。うち3基は過去に組織的な破壊を被っており，慕容氏の侵入に伴う破壊の可能性が考えられる。傅氏は特異な家形石槨を内蔵する太王陵を広開土王陵，将軍塚を長寿王陵に比定した（森1997）。今回の正式報告でその内容が具体的に示されたが，なかでも太王陵の家形石槨は，九州地方の石屋形や，中部地方の合掌式石室の源流とみられ，注目される。山西省大同の智家堡北魏墓（5世紀，文物2001年7期）でも，地下式の墓室の内部より家型の石槨が見つかり，彩色された人物壁画が描かれていた。両者は共通の祖型から分かれたものであろう。

(2) 高句麗古墳出土瓦が示す年代（図1・図2）

集安最古の巻雲文瓦当は，国内城出土の「太寧四年太歳閏月六日己巳造」銘瓦で，東晋の太寧四年（実は三年＝325）造と推定される。田村晃一氏は文様が簡略化し新相を示すとし，より複雑な3319号墓出土瓦の「丁巳」年を297年にあてた（田村1982）。これに対し李殿福氏は，小型で簡素な漢・晋代の蕨手文瓦が大型化・複雑化する発展過程を示した上で，太寧四年（325）銘瓦が巻雲文化した初期の型式であること，3319号墓出土の青磁盤口壺が，南京六朝墓出土古越磁編年（魏正瑾・易家勝1983）の二期（317〜357）に該当することを根拠に，「丁巳」年瓦を357年に置いた。また千秋塚で採集された，形骸化が進んだ巻雲文瓦当1片を紹介した（李1984）。田村氏は論駁を行なった（田村1984）が，李氏の論を覆すに至らなかった。

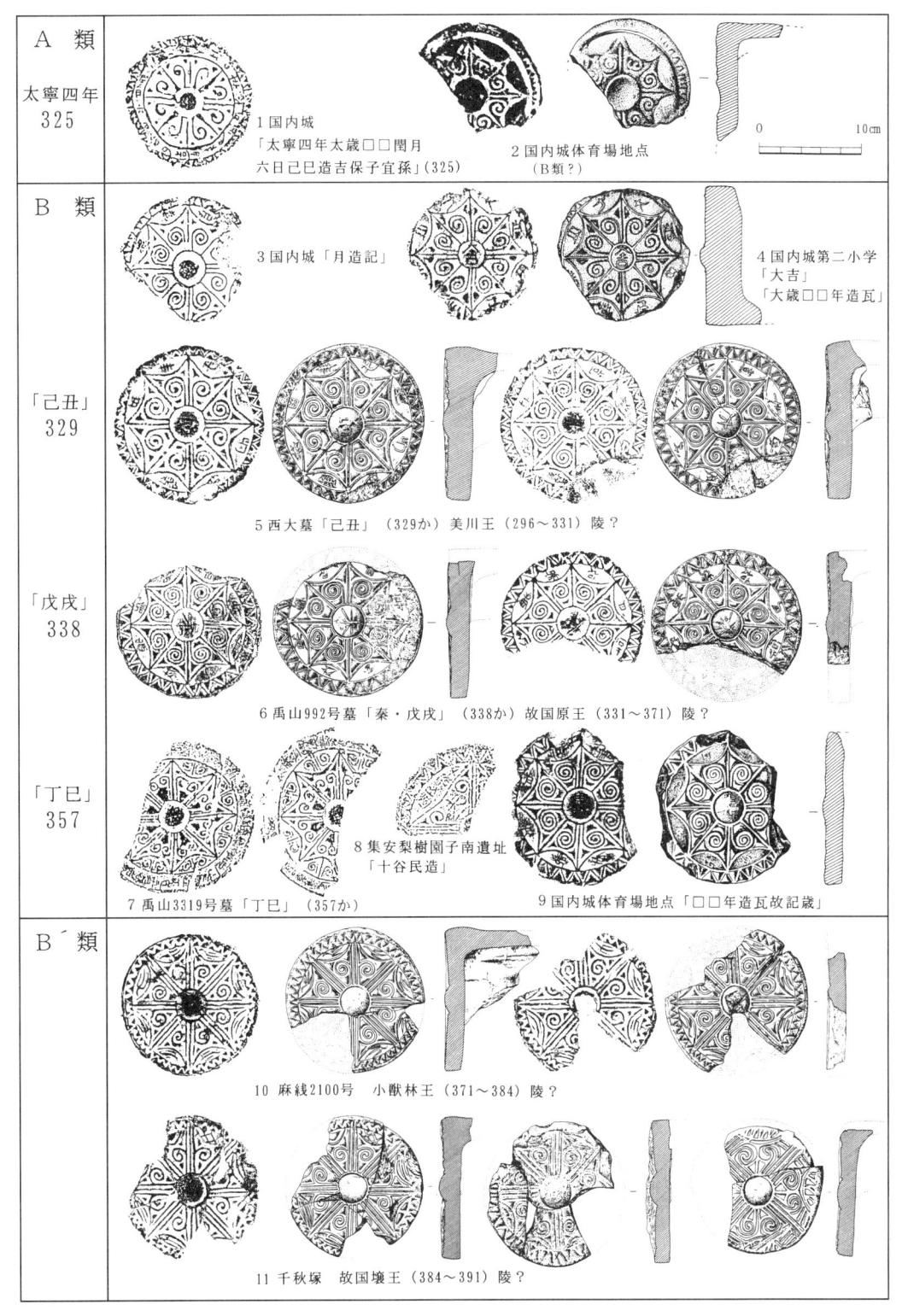

A 類 太寧四年 325	1 国内城 「太寧四年太歳□□閏月 六日己巳造吉保子宜孫」(325)	2 国内城体育場地点 (B類？)
B 類	3 国内城「月造記」	4 国内城第二小学 「大吉」 「大歳□□年造瓦」
「己丑」 329	5 西大墓「己丑」(329か) 美川王（296〜331）陵？	
「戊戌」 338	6 禹山992号墓「秦・戊戌」(338か) 故国原王（331〜371）陵？	
「丁巳」 357	7 禹山3319号墓「丁巳」(357か)　8 集安梨樹園子南遺址「十谷民造」　9 国内城体育場地点「□□年造瓦故記歳」	
B´類	10 麻綫2100号　小獣林王（371〜384）陵？	
	11 千秋塚　故国壌王（384〜391）陵？	

図 1　巻雲文瓦の変遷と年代

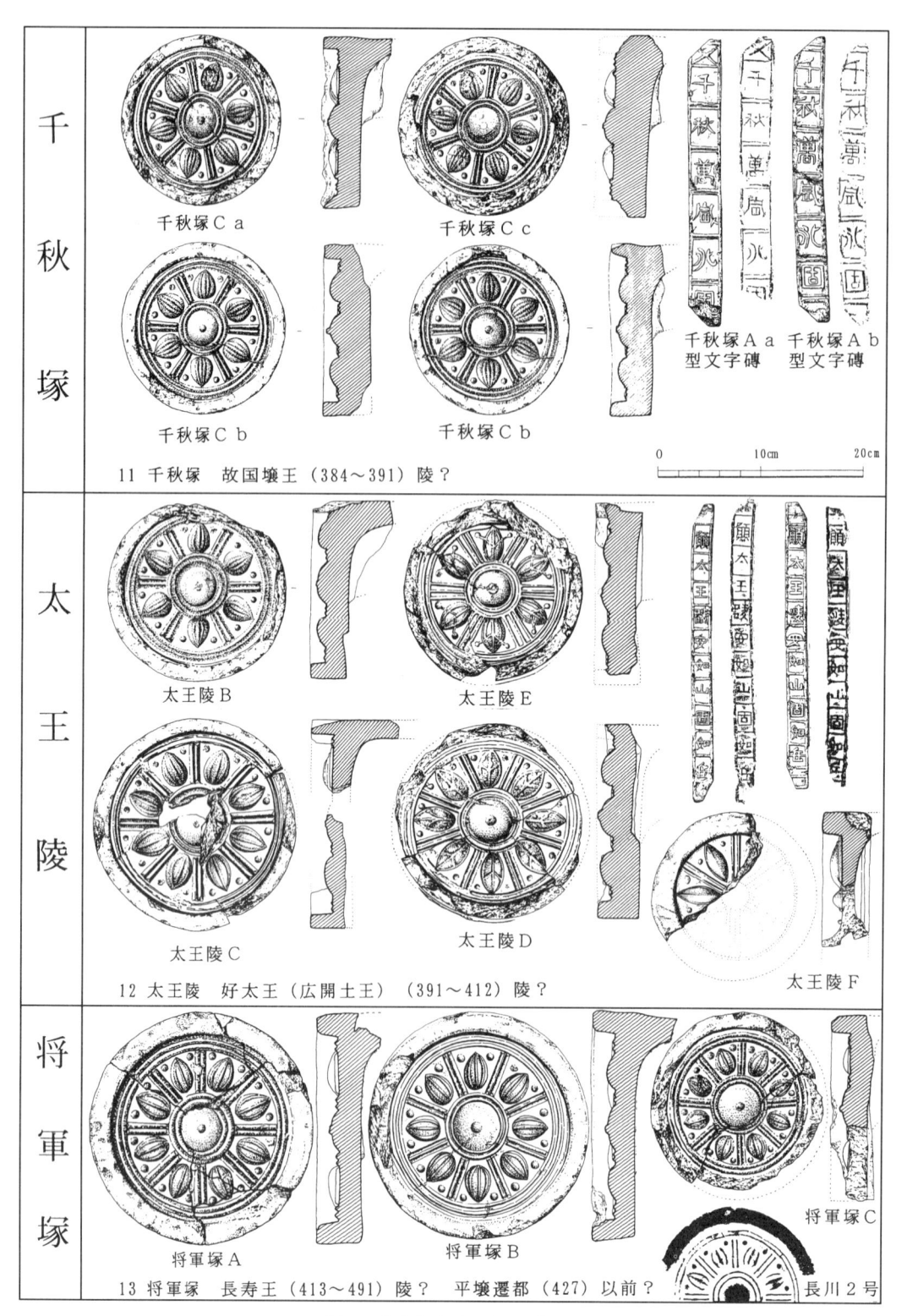

図2 蓮華蕾文瓦の変遷と年代

11 千秋塚　故国壌王（384〜391）陵？

12 太王陵　好太王（広開土王）（391〜412）陵？

13 将軍塚　長寿王（413〜491）陵？　平壌遷都（427）以前？

林至徳・耿鉄華氏は，新資料の紹介をかね高句麗瓦の分類を行い（林・耿 1985），谷豊信氏も，日本国内の戦前の高句麗古墳・遺跡採集瓦を丹念に検討した（谷 1989）。

　千田剛道氏はこうした先行研究を網羅的にまとめ，特に巻雲文瓦の変遷過程を整理し（千田ほか 1994），本論の図１も基本的にこの成果に依っている。しかし中国側の示した千秋塚の巻雲文瓦や長川２号墳の蓮華蕾文瓦当など新資料の多くを古墳築造とは無関係として年代推定から排除したことは，問題があるといわざるを得ない。

　2004年報告では，千秋塚出土の巻雲文瓦（B′類）が多数報告され，混入説が否定された。これによって，禹山992号墓の「丁巳」（357）年瓦（B類）よりは後続するとしても，千秋塚は４世紀後半代に築造されたことがほぼ確定された。

　ここで巻雲文瓦当の年代観を整理しておく。李殿福・耿鉄華・千田剛道・2004報告をまとめると，国内城「太寧四（三）年」（325）→国内城「月造記」→西大墓「己丑」（329か。中国側は美川王（296〜331）陵とする）→禹山992号墓「秦・戊戌」（338か。中国は故国原王（331〜371）陵とする）・国内城体育場地点「□□年造瓦記歳」→集安梨樹園子「十谷民造」→3319号墓「丁巳」（357か。耿鉄華氏らは小獣林王（371〜384）陵説を唱えたが，墳丘１辺が21ｍと小さく年号もあわない）→麻線2100号（中国側は小獣林王（371〜384）陵とする）→千秋塚（中国は故国壌王（384〜391）陵とする）となる。中国側の王陵比定は，313年に楽浪郡を滅ぼした美川王の陵墓で漢代蕨手文瓦の流れを汲む巻雲文瓦が現れ，最末期の巻雲文瓦と蓮華蕾文瓦が共存する千秋塚を４世紀末に置くなど，瓦当文の変化を整合的に説明できる。

　なお千秋塚からは「千秋萬歳永固」銘文塼，太王陵からはその呼称のもととなった「願太王陵安山固如岳」銘文塼が出土し，千秋塚の「永固」表現は，太王陵の「如山固如岳」に近似する。銘文塼の製作は帯方太守張撫夷など帯方故地での塼槨墳との関係が考えられるが，高句麗王陵級古墳に塼槨墳の例がないことからすれば，むしろ塼石混用墳との関係を考慮すべきであり，平壌駅構内佟利墓の「永和九年（353）三月十日遼東韓玄菟太守領佟利造」銘塼などの影響下に成立し，年号の省略など高句麗の独自色が強まった新しい段階に比定される。更に太王陵・将軍塚には４世紀に盛行した巻雲文瓦が見られず，蓮華文蕾瓦のみからなり，退化型式のB′型巻雲文瓦が存在する麻線2100号や千秋塚より新しい時期の築造とみなければならない。

　蓮華蕾文瓦について，太田静六氏は従来蓮弁とされてきた意匠が蓮の蕾であると指摘し，将軍塚型→千秋塚型→太王陵型に変化するとした（太田 1971）。これに対し井内功氏は，池内宏氏の太王陵＝広開土王陵説を踏まえ，これを５世紀初頭にあて，太王陵型→将軍塚型→千秋塚型の変遷を示し，将軍塚を長寿王陵とした（井内 1972）。

　これに対し田村晃一氏は，「杏仁形隆起上面の細隆起線の状況からみるとき，太王陵B型が千秋塚型と酷似し，太王陵C型が将軍塚型により近いことは明らかである。したがってこの点からいえば，千秋塚が古く，将軍塚型が新しいことは明らかである。また太王陵と千秋塚は有銘塼があるのに，将軍塚にはない。このことは太王陵と千秋塚の親近性を物語っている。さらに太王陵と千秋塚の平瓦の縁辺の押圧部にはコイル状の圧痕が認められるのに対し，将軍塚の

それには指痕が認められる」と述べた。これを素直に受け取れば，千秋塚→太王陵→将軍塚の築造順が導かれそうなものだが，田村氏はなぜかそう考えず，平壌土城里の瓦当セットを意識し，「太王陵型（4世紀中葉）→千秋塚型（4世紀後半〜末）→将軍塚型（5世紀初頭ないし前葉）」と結論したことは，いささか奇妙に感じられる（田村1982）。

谷豊信氏も，田村氏の変遷観を大筋で支持し，太王陵A型（4世紀中頃から後半中葉）→千秋塚型A型（4世紀後半〜末）→将軍塚型（5世紀初頭）の順とする。谷氏は太王陵A型に仏教芸術の要素を認め高句麗への仏教公傳（372），仏教寺院の建設（375）頃まで降る可能性も示唆した（谷1989）。両者とも瓦の相対編年をもとに太王陵→千秋塚→将軍塚の築造順序を想定し，将軍塚を広開土王（412没）陵にあてた。

しかし結論からいえば，上記の論考は，すべて誤っていると考えられる。

2004報告をもとに蓮華蕾文の変遷を見直すと，まず千秋塚は，4世紀型の巻雲文瓦の存在に加え，蓮華蕾文瓦（Ca・Cb・Cc型）はすべて径が中小のものばかりで巻雲文瓦と瓦当文様径が等しく，また六弁の型式のみからなる。これに対して太王陵には，千秋塚C型に類似するB型のほか，蕾に雄蕊状の装飾が加味されたE型，これを大径としたA型，更に大径で8弁化したC・D型などが存在し変異に富む。

将軍塚には，大径（仮A・B型）と中径（仮C型）の蓮華蕾文瓦のみが存在し，すべて8弁で，このうち仮A・Bは太王陵C型と酷似する。また仮Cは，5世紀中葉頃の馬具を出土した長川2号墳の出土瓦にきわめて近い。整理すると図2のようになる。

なお高句麗の蓮華蕾文瓦は自生ではない。遼寧省朝陽市街で4・6弁，北塔で4弁，営州路で6弁（李1996），北票県金嶺寺遺跡で6弁に蜘蛛の巣状の意匠を複合した蓮華蕾文瓦（辛2001）が出土し，三燕（後燕〜北燕か）の宮殿瓦と考えられる。

よって蓮華蕾文瓦は4世紀後半，後燕からまず4・6弁型が導入され，8弁型は5世紀に入ってから高句麗で新たに創出したと判断され，瓦の先後関係・古墳の築造順序とも千秋塚→太王陵→将軍塚とすべきである。導入の年代も，小獣林王372年の前秦僧順道による高句麗への仏教伝来，374年の東晋僧阿道の来高や，375年の寺院建立の開始を遡らないと考える。

東潮氏はまた，王陵として墳丘・石室の隔絶性を残す将軍塚型石室が，平壌遷都（427）後の漢王墓→土浦里大塚に同系石室が継承されたこと指摘する（東1995）。これも将軍塚が，平壌遷都を跨いで築造された寿陵であることを示唆している。

以上，従来の日本研究者による高句麗瓦の編年研究は，全面的な訂正が必要である。しかしいくら問題があるとはいえ，これらの編年研究を無視すると，かつて一部の馬具研究者が犯した，馬具編年の独善による古墳編年との矛盾や乖離に陥りかねない。将来専門家による正しい編年研究が提示される迄の繋ぎとして，中国側の調査成果に基づく高句麗瓦変遷私案（図1・図2）を示した。諸賢の御叱正を乞う。

Ⅱ．大王陵と出土馬具の検討
1．太王陵の調査概要（図3・図4）

　集安に所在する高句麗の王陵級古墳の中にあって，最大の千秋塚に次ぐ規模を誇るのが太王陵である。禹山南麓の台地上，鴨緑江の北約1.5kmに位置する。東北200ｍに『広開土王碑』が立つ。墳丘は1辺66ｍの正方形で，現高約14.8ｍを測る。巨石を七層に積築して，墳頂部を礫で覆う。各辺に五個の巨石を配し，外への張力・重圧を防いでいる。巨石は長さ3～5×1ｍのものである。上段に石室が築かれている。天井石の頂部まで地盤から約17ｍを測る。墳丘上の積石内には「願太王陵安如山固如岳」銘磚，6種類以上の蓮華蕾・蓮華文瓦が散布するが，巻雲文の瓦は知られていない。太王陵の南側からは蓮華蕾文軒丸瓦や磚，八角台座のある礎石が発見され，関係する建築址と推定される。1990年の調査で墳頂から大規模な横穴式石室が検出された。東西2.8ｍ，南北3.2ｍの玄室に羨道がつき，天井石の東西長4.5ｍ，厚さ0.8ｍを測る。玄室には扁平な切石で整然と構築された「家形」石槨を内蔵し，内部から棺床が二つ並んで確認された。2003年には墳丘周辺の組織的調査が実施され，陪葬墓や墳丘下の瓦による排水施設の状況が明らかにされた。また墳丘南側墳裾のＳＧ01トレンチでは，「辛卯年　好大王」と刻書された銅製鐸鈴を筆頭に，馬具や金銅製品類が一括して出土した。調査者は当初からの埋納ではなく，盗掘者が一時的に隠匿したものがそのまま放置されたとみている。出土遺物は多岐にわたるため，今回は銅鈴と馬具類に限って検討する。

2．太王陵出土鈴鐸・馬具の検討
（1）「辛卯年　好大王　巫造鈴　九十六」銘銅鈴（鐸）（図5上段）

　鋳銅製の鈴で，日本的な分類概念では鐸にあたる。円筒形に近い卓身には鋳造後に「辛卯年(391)好大王　□造鈴　九十六」銘を鏨で刻字している。年号・王名・（製造責任者）・器物名・通番という記載方法は，中国漢代に確立した尚方（宮廷付属工房）の器物銘記載法に通じており，高句麗の宮廷付属工房において，尚方のような製作体制のもと，製作されたと考えられる。千秋塚の出土遺物を見ても，太王陵に類似する馬鐸や歩揺付雲珠が見られることは，両者の年代の接近を窺わせる。なお太王陵1の鐸は，江原道江陵草堂洞の出土品，あるいは江原襄陽禅林院の統一新羅時代の三重石塔に納入されていた金銅製鐸と類似する。千秋塚の鐸は，韓国国立中央博物館の東垣コレクションや，啓明大学校の出土地不詳品と類似する。類品が韓国北辺の江原道に集中することは，高句麗域からの搬入品であることを示すものであろう。

（2）半球形方形脚付辻金具（図5下段）

　銅製鍍金の辻金具で，鉢形で四方に方形の脚が派生する十字形の辻金具で，台形もしくは梯形脚にそれぞれ長方形の立聞孔を設ける点に特徴がある。この方形孔には更に，コハゼ形の鉤金具を取り付け三鋲打ちで留め，そこから革帯が派生していたと考えられる。鉢部の上面には杏葉や鐙と同一意匠のとぐろを巻く龍文が表現され，その周縁を複波文縁で囲んでいる。龍文の輪郭や複波紋帯は蹴彫で表現されている。3点出土したものは各々形状が異なり，①十字形

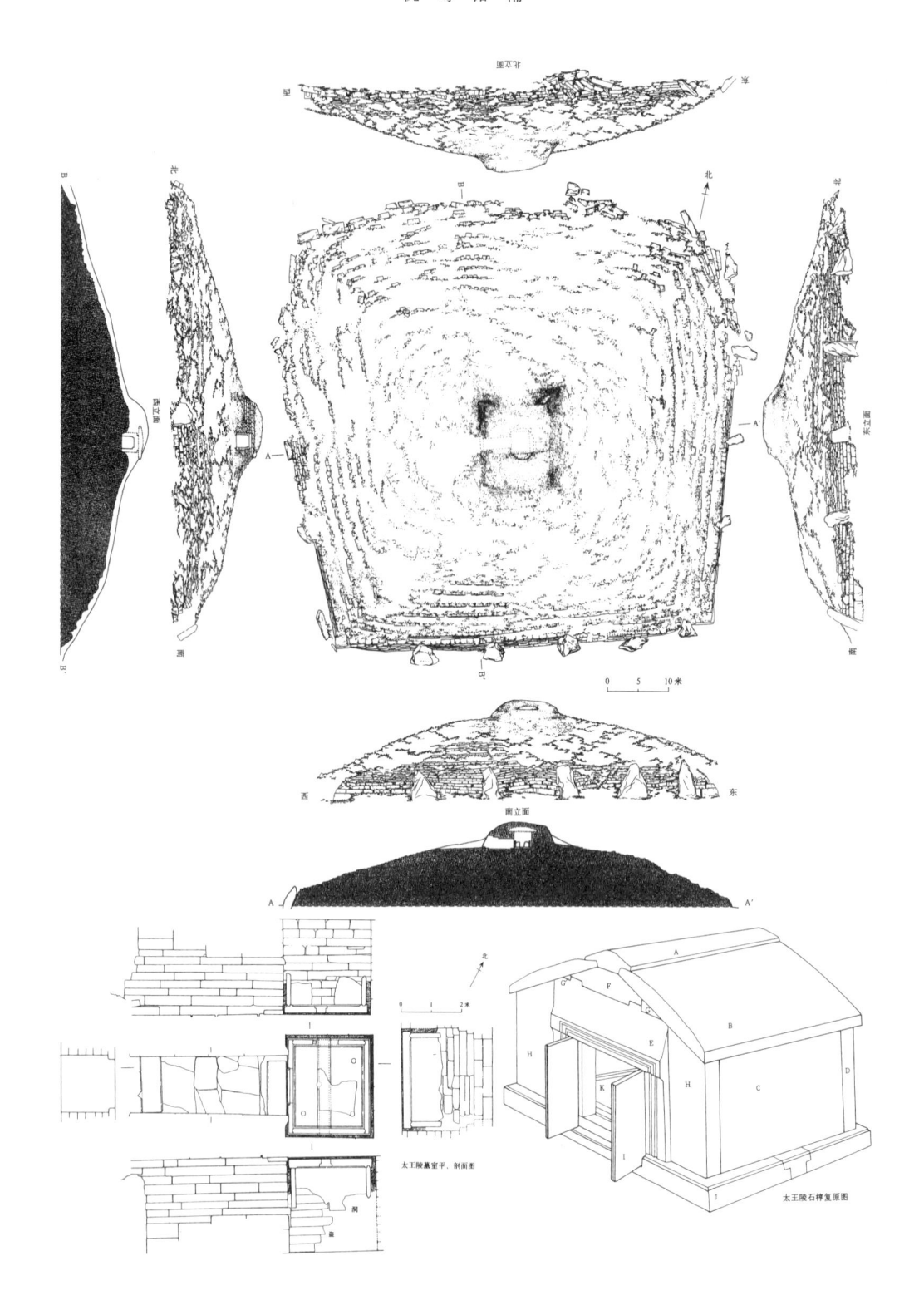

図3　吉林省集安市太王陵の墳丘と石室・石槨

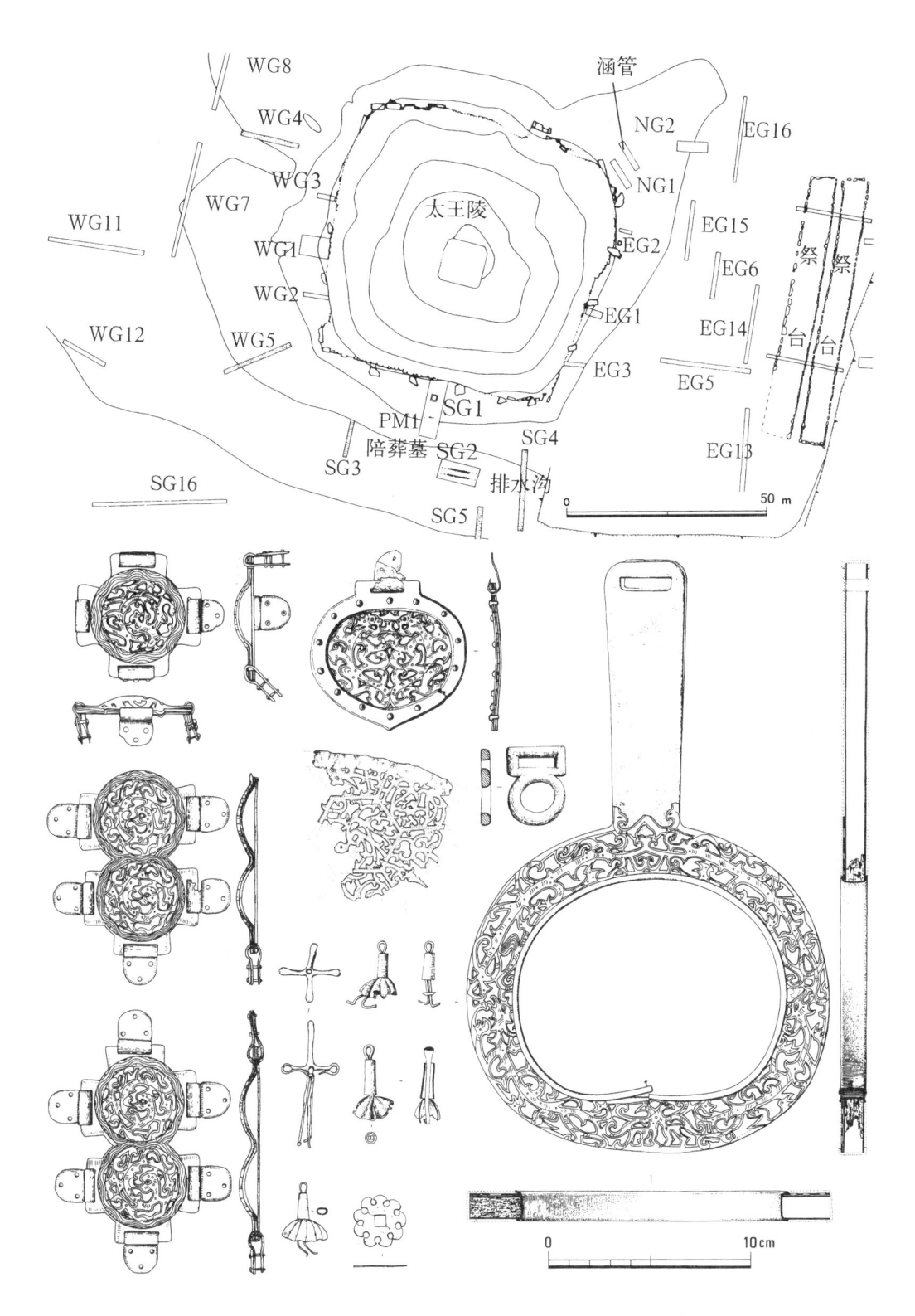

図4 太王陵周辺トレンチ位置図とSG1トレンチ一括出土馬具

1 集安千秋墓

2 集安太王陵 「辛卯年 好大王 □造鈴 九十六」鐸

1 太王陵

2 福岡県苅田町御所山古墳

3 北票喇嘛洞ⅠM21

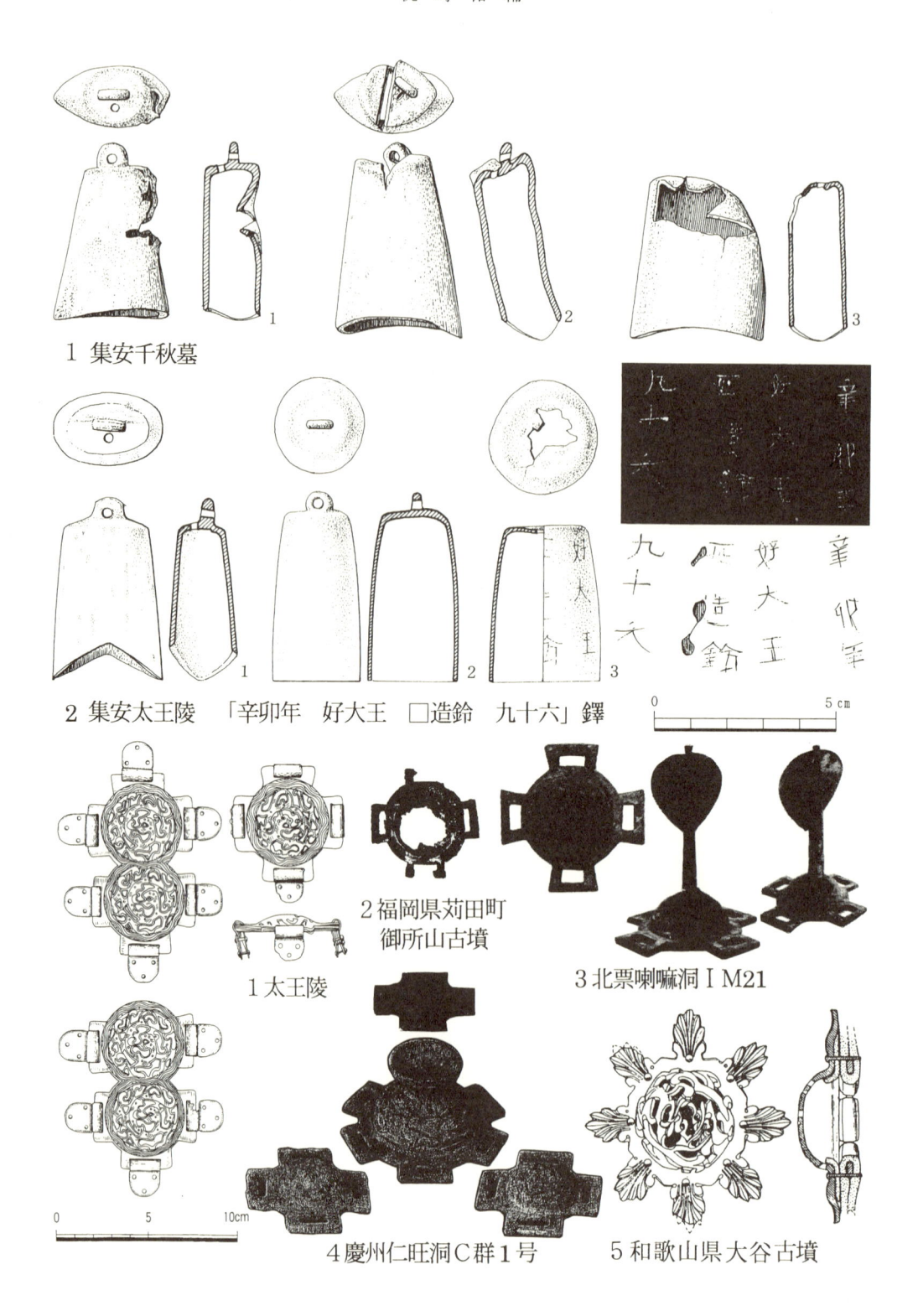

4 慶州仁旺洞C群1号

5 和歌山県大谷古墳

図5 太王陵「辛卯年」(391) 銘鐸と十字形龍文透彫辻金具の類例

単独形，②円形鉢部を二連瓢箪形にして六方に台形脚・コハゼ状金具を配するもの，③円形鉢部を二連瓢箪形にして五方に台形脚・コハゼ状金具を配するもの，の三種からなる。

馬具の面繫や尻繫を構成する辻金具か雲珠とみられるが，鉢上面に立飾がつく構造ではないらしい。類品は少なく，中国遼寧省の喇嘛洞ⅠM21号墓，新羅慶州仁旺洞Ｃ１号（嶺南大学校博物館 1986），福岡県苅田町御所山古墳（宮内庁書陵部 1985）を挙げる程度である。

喇嘛洞ⅠM21号墓では，鉢部に龍面を表現したものと素文の梯形脚付十時形金具が出土している。いずれも鉢部上面に細長い円錐形の柱を立て，その上に花弁状の保揺を針金で取り付けており，立飾のある雲珠として，おそらく尻繫に使用されたと考えられる。

福岡県苅田町御所山古墳では，銅製鍍金の辻金具で，鉢形で四方に方形の脚が派生する十字形の辻金具で，台形もしくは梯形脚にそれぞれ長方形の立聞孔を設ける点に特徴がある。鉢部の上面は欠損しているため文様の有無ははっきりしない。御所山古墳は初期の竪穴系横口式石室を埋葬施設とする前長120ｍの大型前方後円墳で，５世紀前半の築造と推定されている。副葬品には他に挂甲や玉類がある（宮内庁書陵部 1985）。

慶州仁旺洞Ｃ１号墳では，陶製紡錘車７点，陶質土器類とともに上面に鉢形の飾がある６脚の方形孔のある脚のある雲球を中心に，四脚の十字形辻金具３点とともに，金銅製でパルメット意匠の彫刻のある組合式十字形辻金具５個体分以上，古式の扁円魚尾形杏葉３点などが出土しており，５世紀中葉～後半前後の古墳と考えられるが，正式報告がなく，詳細は不明である（嶺南大学校博物館 1986）。

なお和歌山県大谷古墳で出土した辻金具は，龍文透のある半球形部に八角形の鍔がつき，さらにそこからパルメット形の八脚が派生するもので，従来その系譜は不明であったが，仁旺洞Ｃ１号墳のような，方形立聞状の脚部にパルメット形のコハゼ金具を組み合わせる手法が変化し，一体構造で表現したと考えると理解できる。

また宮崎県西都市百塚原古墳群出土馬具セットに伴う四脚辻金具についても，半球形部に透彫があり，内部に鈴を封入しているが，基部がすぼまるコハゼ状の脚部は，太王領出土辻金具・コハゼ金具を一体化したものと考えると理解しやすい。福岡県福間町津丸長尾２号墳（直径12ｍの円墳）でも鈴が入っていない同種の辻金具２点が出土しており，いずれも高句麗製品かそれを半島南部（新羅？）で模倣した可能性が高い。

なお太王陵辻金具の龍文透彫鉢部の周縁には複波線文帯を廻らす。同様な意匠は高句麗徳興里壁画古墳（408）に見られるが，この古墳は鮮卑王朝出身の鎮という人物の墓である。また五胡十六国期の「古式金銅仏」の装飾文様にもみられ，新田グループコレクションの如来坐像には，円錐形の襟状部に複波線文を加飾するものがある。いずれも五胡十六国様式の東方波及として理解されよう。

（３）方円結合金具（図６）

中山清隆氏は，誉田丸山の方形鏡板は，中国東北・高句麗系統の面繫構造の影響をうけて，新羅かその影響下にあった伽耶の工人が製作したと推定し，共伴した方円結合金具を福泉洞10

号墳例との対比から別造りの引手壺と推定し，新羅・新羅系伽耶の轡に特徴的な金具とみた（中山 1990）。金斗喆氏は，誉田丸山の金銅製方円結合金具について，4世紀の鮮卑系の轡に起原があること，新羅で5世紀前半の皇南洞109号墳4槨に鉄製のものが用いられたことを述べながら，中山論をひいて沖ノ島や綿貫観音山など6世紀代の例が存在する日本では遅い時期までその伝統が残るとみて5世紀後半以降とした（金 1996）。これに対し関義則氏はこの種の金具類を集成し，C類に分類した七観古墳例は鉄製引手先金具（引手壺）の可能性があるが，伝誉田丸山古墳例や沖ノ島7号遺跡出土品，また袁台子石室壁画墓の金銅製金具については，出土状態から引手先金具の可能性は低いとのべ，腹帯金具のバックルであるとの見解を示し，鉄製の綿貫観音山例は腹帯金具とする（関 2000）。

　袁台子石室壁画墓では金銅製板状の方円結合金具が出土している。共伴した立梯形聞付楕円形鏡板付轡（金銅製素文）は二条線毛抜状引手に横棒を渡すタイプである。

　喇嘛洞村墓収集品にも金銅鈴付金属鑣轡1対，金銅装亀甲繋瑞獣文鞍金具，歩揺付花形雲珠，大型帯金具片，鳳凰波状列点文透彫胡録帯先金具2，龍鳳凰波状列点文透彫胡鑲金具1具，円環状金具1，八葉花弁状飾1，四弁透彫飾1，方形銅板1，工字状銅飾1，銅仮面1などとともに方円結合金具1が含まれている。なお朝鮮半島南部では金銅製の方円結合金具は未発見で，すべて鉄をΩ状に曲げたものである。

　列島では，大阪府誉田丸山古墳で鉄地金銅張の方形二葉文鏡板付轡とともに，金銅製方円結合金具が出土している。これとセットをなす2号鞍は，喇嘛洞ⅡM101号墳，喇嘛洞封石墓出土品と酷似し，北燕滅亡の436年以前の三燕製か，これを高句麗で忠実に模倣した製品の可能性が高いと考える。

　宗像沖ノ島7号遺跡の金銅製方円結合金具は，平面形は三燕・高句麗出土品と全く同一だが，方形部に三角形のスリットを設けるなど改良が加わり時期の下降を窺わせる。共伴した羽人文透彫杏葉が太王陵出土品とよく似た意匠・構造を示すことから，5世紀後半～6世紀に降る高句麗系の舶載品とみられ，倭製とは考えがたい（宗像大社復興期成会 1958）。

　これに対して鉄製Ω状の方円結合金具は，高句麗桓仁五女山城F17号住居跡（第四期）で出土しており，鉄製鍍金の装飾金具を共伴している。玉田67-A号墳（5世紀前半～中葉）では鉄製Ω状金具とともに二条線スコップ柄状引手の逆T字環板轡が出土している。引手構造が高句麗の七星山96号墳の鏡板轡と共通するため，高句麗系の轡と考えられる。よってこれらの例から，高句麗で鮮卑系製の金銅製方円結合金具の模倣が行なわれ，鉄製への材質転換も開始されたと推測される。こうした想定を裏付けるように，高句麗集安禹山三隊鉄道北では金銅製のΩ部に鉄製横棒を渡すタイプが出土し，金銅製から鉄製への移行期の様相を窺わせる。また咸安道垣里48号墳では，鉄地金銅張で二条線引手を伴う鮮卑・高句麗系の楕円形鏡板付轡とともに鉄製Ω状金具が出土しており，5世紀初頭に遡る。福泉洞10・11号墳（5世紀中葉）でも，逆T字環鏡轡のΩ状二条線引手，および鑣轡の一条線引手に伴って鉄製Ω状引手壺がみられる。皇南洞109号墳4槨・新興里39号土壙墓・大阪府七観では一条線方形孔引手の環板轡に伴い鉄

高句麗太王陵出土瓦・馬具からみた好太王陵説の評価

1 太王陵（金銅製）
2 伝廣開土王碑付近出土鑣轡（韓国国立中央博物館）
3 伝廣開土王碑付近出土環板轡（韓国国立中央博物館）
4 桓仁五女山城 F17竪穴住居跡（鉄製）
5 朝陽袁台子石室壁画墓（金銅製）
6 北票喇嘛洞村墓（金銅製）
7 大阪府羽曳野市誉田丸山古墳（金銅製）
8 福岡県宗像市沖ノ島7号遺跡（金銅製）
9 陜川玉田M67-A号墳（鉄製）
10 尚州新興里39号土壙墓（鉄製）
11 慶州皇南洞109号墳3・4槨（鉄製）
12 東莱福泉洞10・11号墳（鉄製）
13 大阪府堺市七観古墳（鉄製）

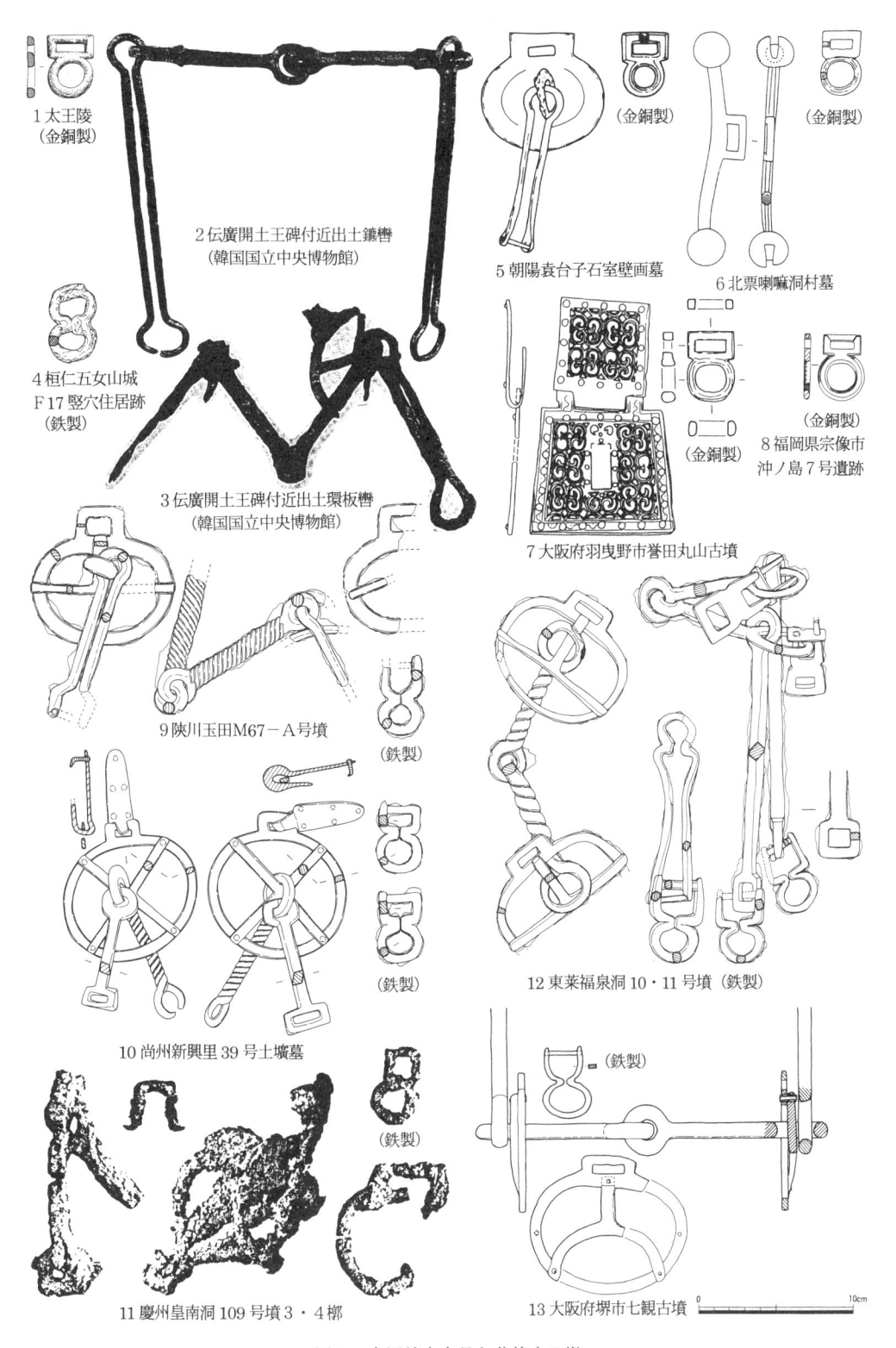

図6　方円結合金具と共伴する轡

製Ω状金具が出土している。以上より，慕容鮮卑三燕でまず金銅製のものが製作され，高句麗で模倣され鉄製への材質転換も行われ，半島南部を経て，一部が倭に搬入されたと考えられる。

（4）亀甲繋文透彫鞍残欠（図7）

　この金具について，中国の報告者は「(鎏)金鏤花四神飾片」として天地逆に図示し鞍と認識していないが，その形状・法量からみて亀甲繋文透彫鞍の海金具残欠と思われる。この鞍金具も，三燕墓と朝鮮半島南部・列島出土品の中間をつなぐ資料として位置づけられる。

　三燕墓葬から出土する鞍には，金銅製透彫（十二台郷磚廠88M1，西溝村墓，喇嘛洞採集品，喇嘛洞封石墓出土品，喇嘛洞ⅡM101号墓），金銅製文様蹴彫（三合成墓），金銅製素文（安陽孝民屯154号・北票北溝M8号墓・十二台郷磚廠88M1），鉄装透彫（喇嘛洞ⅡM226），鉄装素文（喇嘛洞ⅡM220），木製革張漆彩色（袁台子石室壁画墓）があり，記載した順に価値が高かったと考えることができる。構造でみると，①木製鞍（袁台子石室壁画墓）がまず最初に現れ，ついで②海金具を金属装にしたものだけを副葬するグループ（安陽孝民屯154号・北票北溝M8号墓・三合成墓，喇嘛洞ⅡM202号墓），③，②に磯金具を金属装化したものが加わるグループ（十二台郷磚廠88M1），④磯金具を金属装化したものだけが出土するグループ（西溝村墓，喇嘛洞採集品，喇嘛洞封石墓出土品，喇嘛洞ⅡM101号墓，喇嘛洞ⅡM226号墓）の順に現れる。高句麗では磯部金属装の確実な発見例がないが，太王陵と竹幕洞，七星山96号・万宝汀は③段階，地境洞が④段階以降とみられる。朝鮮半島南部や日本の鞍は，出現の当初から磯金具を金属装化したものが大部分を占める。さらに鮮卑鞍で磯金具が金属装化されているものは，例外なく磯の内側が尖っており，朝鮮半島や列島の磯金具内側が尖る鞍類は，慕容鮮卑（高句麗含む？）の系譜に連なると考えられる。伽耶では大成洞1号（金銀装とされる），玉田M67－A号墳，玉田42号墳，新羅周辺では皇南洞109号墳第4，新興里39号土壙墓などの例があり，日本では誉田丸山2号鞍のほか，大阪府鞍塚，滋賀県新開1号，奈良県ベンショ塚，岐阜県中八幡，宮崎市下北方5号地下式横穴の鞍がこうした特徴を遺している。

　以上を踏まえ，亀甲繋文鞍に限って検討すると，まず4世紀中葉まで素文だった金銅装・鉄装鞍金具は，4世紀後半のある段階に，金銅製の海を亀甲繋文で区画し，龍・鳳凰などの瑞獣を連続蹴彫による線刻で稚拙に表現する三合成墓のような鞍金具が現われる。ついで磯部金銅装鞍の出現とともに，海・磯部を亀甲繋文で区画し，糸鋸使用による透彫で龍・鳳凰などの瑞獣を表現する鞍金具が現われる。素文海金具鞍と共伴する十二台郷磚廠88M1号墓の透彫鞍が最も古く，磯金具の座金部のかかる死角部に「跲」銘がみられる。また亀甲繋文透彫鞍のみのセットは章吉営子西溝村墓・喇嘛洞村墓採集品にみられ，このうち西溝村墓では透彫海金具裏面に複数の刻字があり，十二台郷磚廠88M1号墓例とあわせ，漢人工人の参画を窺わせる。

　太王陵出土鞍金具片はこれらに後続するが，これに最も近いのは，韓国全羅南道扶安竹幕洞祭祀遺跡の出土品である。竹幕洞祭祀遺跡は東中国海東縁岸に位置し，山東半島を遠望する国際的な海上祭祀遺跡で，大量の滑石製模造品（和歌山県紀ノ川流域産らしい）や金銅鞍金具，鉄製剣菱形杏葉，鉄地金銅張心葉形杏葉，馬鐸，銅鈴などの馬具類が出土した。このうち金銅

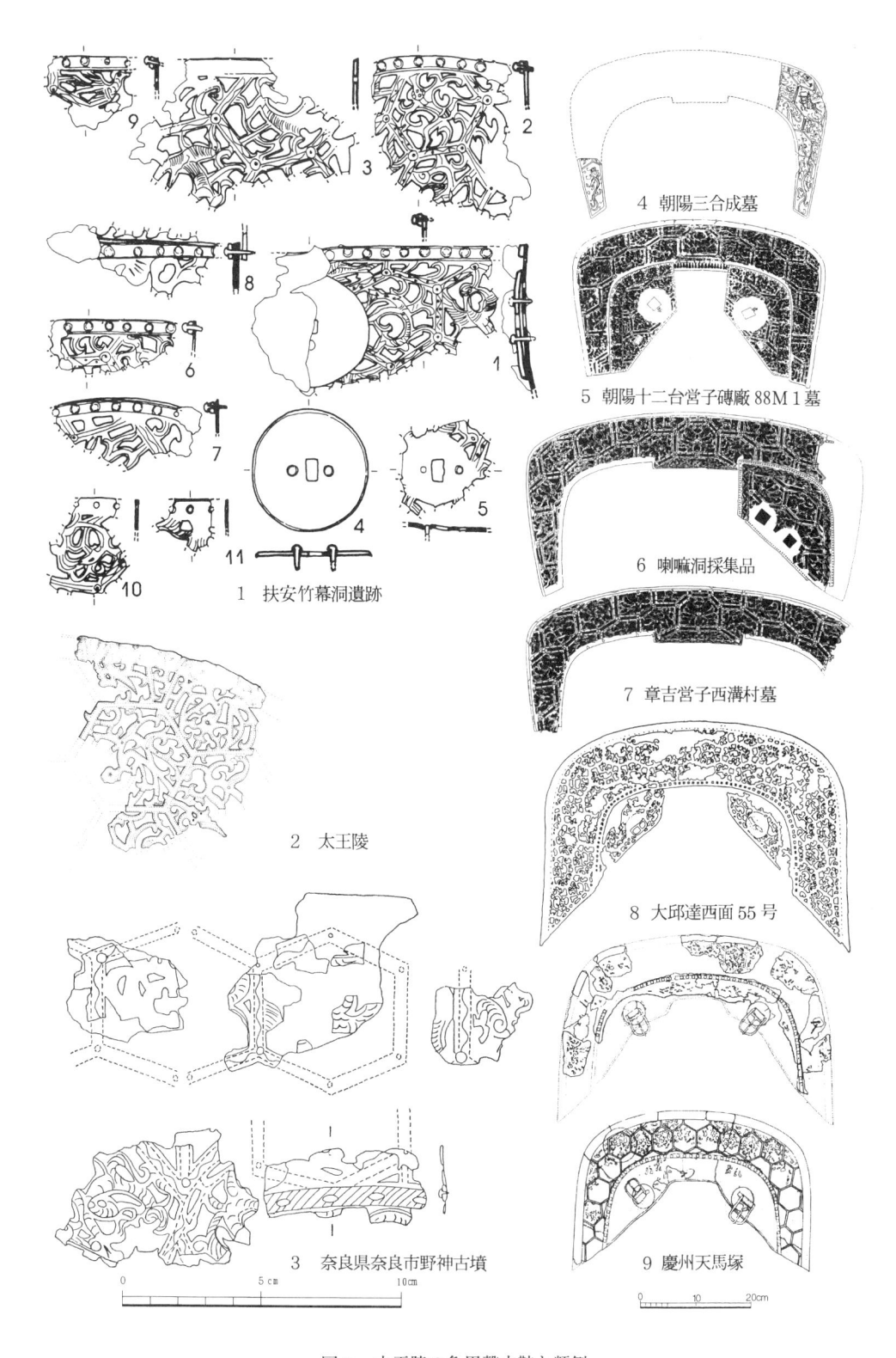

高句麗太王陵出土瓦・馬具からみた好太王陵説の評価

1 扶安竹幕洞遺跡
2 太王陵
3 奈良県奈良市野神古墳
4 朝陽三合成墓
5 朝陽十二台営子磚廠88M1墓
6 喇嘛洞採集品
7 章吉営子西溝村墓
8 大邱達西面55号
9 慶州天馬塚

図7　太王陵の亀甲繋文鞍と類例

113

透彫亀甲繋文鞍は，輪郭を円文と波状列点文で縁取る亀甲状区画の内部に瑞鳥獣を透彫する。鍍金は剥落しているが，分厚い銅板を糸鋸で切り抜いた透彫の出来栄えは誉田円山2号鞍に近い（鈴木勉氏のご教示による）。磯金具片にはシオデ座とおぼしき素文の円形座金具を伴う。類似する円形座金具は地境洞古墳（パクチャンス 1977・1986）に見られ，高句麗製の可能性が高い。亀甲繋文透彫鞍の系譜はその後も長く存続する。大邱達西55号墳は5世紀後半代の堅穴系横口式石室墳で，山字形金銅冠・冠帽・鍔・耳飾・腰佩・金銅履・環頭大刀と共に金銅装馬具（轡・杏葉・雲珠形飾金具・鞍二対）が出土し，鞍は亀甲文透彫後輪・前輪，透彫居木飾と，亀甲文打出文様の後輪・前輪の二種である。洛東江流域では有数の優品である。慶州天馬塚は6世紀前半の新羅王陵とみられ，馬具の一部は高句麗系の特徴を強く示している。

列島では奈良市野神古墳（6世紀前半〜中葉）で大型の剣菱形杏葉とともに出土した銀装亀甲繋文鞍もこの系譜に連なる。6世紀後半の藤ノ木古墳の鞍もやはり鮮卑・高句麗を淵源とする亀甲繋文鞍の系譜に連なると考えられよう。また栃木県足利公園古墳群では，鉄地銀象嵌で亀甲繋文の内部に形骸化した鳳凰文を表現した7世紀代の鞍金具が出土している。

(5) 木心金銅板張龍文透彫輪鐙（図8）

全長約28.8cm，柄部幅約4cm，輪部幅17.9cmを測る。やや柄部の長い長柄鐙に分類されるもので，踏込の中央が隆起する特長をとどめている。輪状に曲げた木材を芯とし，この全面を鍍金銅板で覆い，さらにその上面に対向し細長い体躯をうねらす龍文を透彫りにした装飾板で飾る。意匠の共有から杏葉や十字形辻金具とセットで製作されたと考えられる。

類似する透彫輪鐙は極めて限定され，その例に新羅慶州皇南大塚南墳・金冠塚を挙げる。

皇南大塚南墳では，全長27.0cmを測る鐙一対が完形で出土し，鐙の木心を白樺樹皮で包み，柄部に平らに加工した玉虫羽根を重ねて隙間なく貼る。輪部では平らに加工した羽根の基部と端部を切って貼る。その上に変形龍鳳文を透彫し，文様輪郭に列点文を蹴彫した金銅板（厚さ2mm未満）を前面・後面両面ともに被せ，周縁に7〜8mmの間隔で金銅釘を打って固定する。柄部の上段には半円形の力皮孔を空ける（文化財管理局文化財研究所 1993・神谷 2003）。

金冠塚の輪鐙は，断面方形の木材4片を結合して木心とし，踏受部上部の股部に台形の楔材を挿入して接合，柄部を釘で結合する。柄部では玉虫羽根を縦方向に隙間無く貼り，柄1本あたり約20枚を使用する。踏受部には切断した玉虫羽根の端部や基部を混ぜて貼り，羽根の末端部を踏受部内側に向ける原則で縦・横方向に敷き，踏受部一個につき約70枚の羽根を用いる。この上に厚さ1〜2mm，唐草文化した双龍文を透彫りし，文様輪郭を蹴彫の列点文で縁取った金銅板を当て，約1cm間隔の金銅鋲打ちで固定する（浜田・梅原 1924・神谷 2003）。

いずれも新羅の王陵・王族陵とみられ，鐙・鞍・杏葉の透彫金銅板の下に，一面に玉虫の羽を敷き詰め，比類ない装飾効果を発揮している。同様な技法は高句麗にも見られ，平安南道の真坡里1号墳は，華麗な壁画で名高い高句麗古墳（6世紀前半）で，石室羨道部より出土した冠帽形金銅透彫製品は，絹布や木質の付着状況から有機質枕の側面を飾る一対の装飾板とみられ，金具辺縁部の透彫連珠文帯の下に玉虫の羽根を敷き詰めている（神谷 2003）。高句麗によ

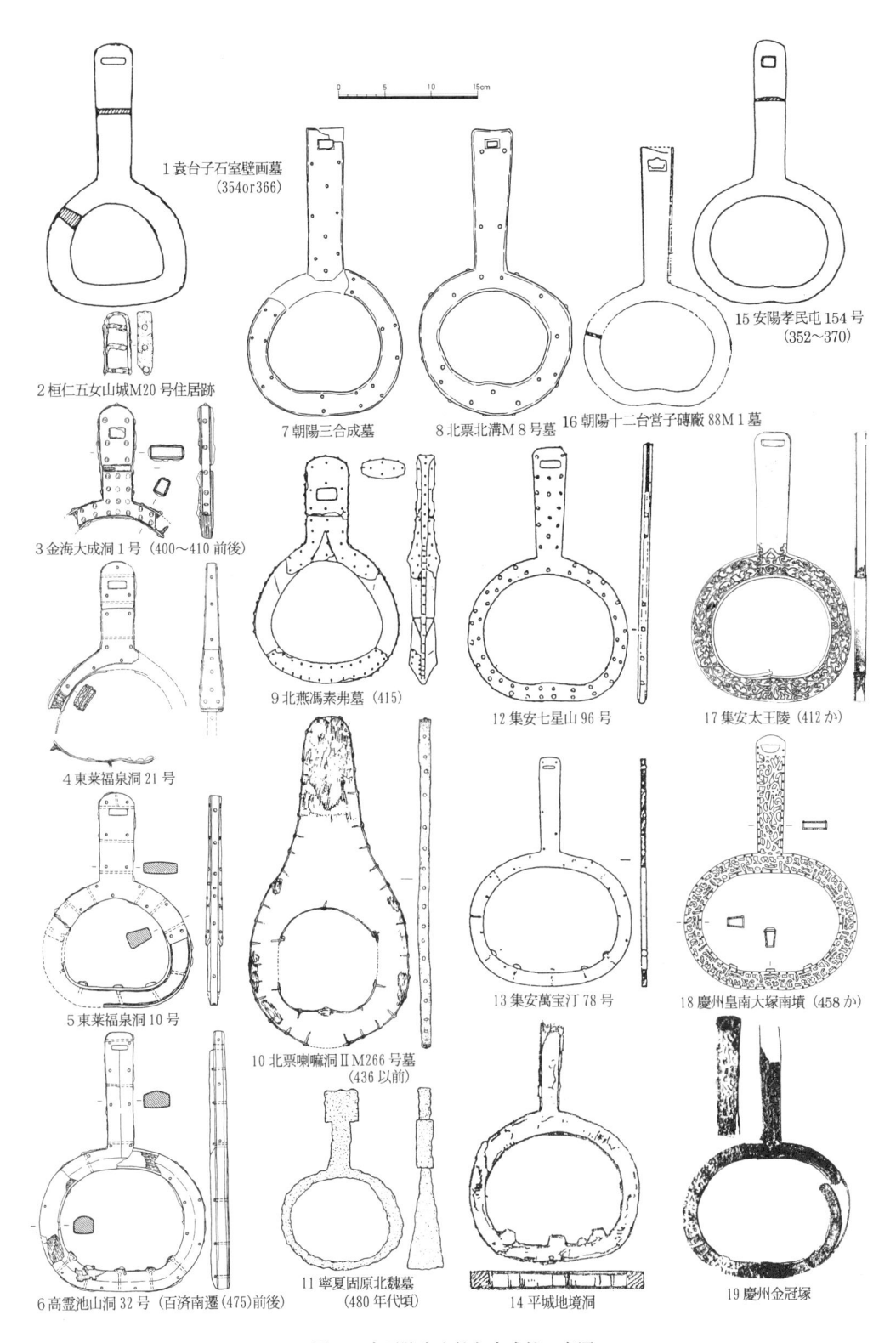

高句麗太王陵出土瓦・馬具からみた好太王陵説の評価

1 袁台子石室壁画墓（354or366）
2 桓仁五女山城M20号住居跡
3 金海大成洞1号（400〜410前後）
4 東萊福泉洞21号
5 東萊福泉洞10号
6 高霊池山洞32号（百済南遷(475)前後）
7 朝陽三合成墓
8 北票北溝M8号墓
9 北燕馮素弗墓（415）
10 北票喇嘛洞ⅡM266号墓（436以前）
11 寧夏固原北魏墓（480年代頃）
12 集安七星山96号
13 集安萬宝汀78号
14 平城地境洞
15 安陽孝民屯154号（352〜370）
16 朝陽十二台営子磚廠88M1墓
17 集安太王陵（412か）
18 慶州皇南大塚南墳（458か）
19 慶州金冠塚

図8　太王陵出土鐙と古式鐙の変遷

る百済漢城攻略（475）以降の古墳であり，半島南部で玉虫を調達したものであろうか。太王陵出土鐙も，透彫金銅板の下に反射素材を挟んで装飾効果を強調していた可能性もある。

さて太王陵出土鐙で注目されるのは，中国遼寧省の慕容鮮卑三燕墓から出土する輪鐙類（4世紀中葉～末）と，新羅の皇南大塚や金冠塚（5世紀中葉～後半代）の鐙の中間にあたる特徴を有し，なおかつプロポーションが高句麗の七星山96号墳（5世紀前半）に近い点である。

そこで鐙の型式変遷をやや詳しく見ると，現在最古の鐙資料は，西晋永寧二年（302）の湖北省長沙金盆嶺9号墓や，東晋南京象山7号墓（322）の騎馬俑に表現された輪鐙である。

最近は4世紀前半～中葉の鐙表現の馬俑が増えている。西安市草廠坡1号墓では，馬冑・馬甲装馬や，角笛を奏でる騎馬武人俑，牛車俑など120点の陶俑が出土した。従来5世紀前半の北魏代とされてきたが，張小舟氏の検討によって，五胡十六国の後趙（319～351）・前秦（351～394）墓に訂正された（蘇 2002）。咸陽市師範専門学校構内5号墓では，西安草廠坡1号墓と服装が類似する特徴的な人物俑，馬面・馬冑・障泥・片輪鐙が表現された陶馬4体とともに，晋元帝太興二年（319）に後趙で発行された「豊貨」銅銭2点が出土した。晋成帝咸和四年（329）正月，後趙が前趙の長安を攻略して後に持ち込まれたと考えられる（蘇 2002）。咸陽市秦都区平陵郷の墓からも鹵簿を構成する多数の馬俑や奏楽の騎馬武人俑，牛車俑などが出土し，人物表現の類似よりやはり後趙代の墓とみられる。なかでも2点出土した馬俑は黄釉褐彩陶器製で，馬面もしくは馬冑・札を綴った馬甲，轡・鞍褥，後輪垂直鞍，寄生，両輪鐙をリアルに表現する（陝西省咸陽市文物局 2002，岳・劉 2000・2003）。

鐙の実物では，1980年代，送電塔の工事中に発見された吉林省帽児山墓地は後漢～南北朝期の夫餘の大墓地とみられ，1993年に西山地区18号墓で木心銅片張の輪鐙が出土し，中国最古の鐙とみられている。また奈良県箸墓古墳の周溝内より出土した木製輪鐙は，布留式土師器との共伴関係が不明瞭で，形態からも4世紀への位置付けには疑問がある。

現在慕容鮮卑三燕で最古と考えられるのは，袁台子石室壁画墓の耳室で鞍とともに出土した輪鐙で，全高27cm，藤蔓状の素材（木心か）を曲げ漆革で巻いた木心革張の長柄輪鐙で，朱で雲文を描く木製鞍とセットをなす。袁台子石室壁画墓は安岳3号墳（357）と壁画が類似するため前燕代の4世紀中葉の築造とみられ（遼寧省博物館文物隊ほか 1984），近年石室墨書銘より354年か366年の築造と考えられるようになった（田 2002）。これとほぼ同時期に製作されたのが安陽孝民屯M154号墓出土品（中国社会科学院考古研究所安陽工作隊 1983）で，前燕が安陽周辺を攻略した352年の直後，もしくは近傍の鄴城に遷都した357年から前燕滅亡の370年までに限定できる（田 1991・徐秉琨 1992）。鞍の左側に装着する単鐙で，報告では鋳銅製とされるが，実見した穴沢和光氏によれば，厚さ4～5mm程の厚手の銅板を打ち抜き，鍍金したものらしいという（穴沢 1985）。朝陽十二台郷磚廠88M1墓でも同様の銅製鍍金の長柄輪鐙が出土し，報告では全高約41cmとされていた（張・田・孫 1997）が，『三燕文物精粋』（遼寧省文物考古研究所 2003）では全高27.4cm，輪部外径16cmと訂正された。この鐙は外面9箇所に刀傷があり，実際の戦闘で使用されたようである。

いっぽう三合成墓や北票北溝M8号墓で木心金銅板張の長柄輪鐙が出土している。

三合成墓の鐙は，長柄で輪部が三角形をなす木心に，柄頭部が角形に切り抜かれた薄い金銅板を釘鋲で留める。金銅板は現在片側の1枚のみ残る。端部が薄くなる木質の断面形にあわせて僅かに折り曲げ曲面としている。全高30.5cmを測る（干1997）。北票県採集品の木心金銅板張輪鐙（未報告）は柄頭が半円形で平面の全体を金銅板で被覆して釘鋲で留め，側面も細い帯状の金銅板を釘鋲で留めたもので，構造の進化から三合成墓に後続するとみられる（2001．5．2．遼寧省祐順寺朝陽市博物館で実見）。北票北溝M8号墓例でも同様な構造で柄頭が角形をなす木心金銅板張輪鐙が出土しており，全高29.5cmの両輪鐙であるという。董高氏は3世紀末～4世紀初頭とする（董1981・1995）が，4世紀後半～5世紀初頭が妥当であろう。

七星山96号墳では木芯を全面金銅板張鋲留する両輪鐙が出土している。全高26.8cm，幅17.2cmと，大王陵出土輪鐙よりひとまわり小さいが，プロポーションがよく似ており，時期の接近が推定される。共伴した轡も鮮卑系の特徴をとどめながら，引手が高句麗式のスコップ柄状に変化しており，5世紀前半に降る（集安県文物保管所1979，中国歴史博物館1998）。

北票県西官営子1号墓（馮素弗墓）は415年に没した北燕の王弟馮素弗の墓で，出土した木心金銅板張の両輪鐙は短柄で，輪部平面の上半面に部分的な金銅板張を施し，また輪部内側には薄い鉄板を釘鋲で張っている（黎1973，穴沢・馬目1973）。これらの特徴は木心鉄板張輪鐙へと受け継がれる。柳昌煥氏による輪鐙の検討によれば，馮素弗墓例に最も近いのは金官の大成洞1号例（柳1995・2004）で，金銀装鞍や鉄地金板張心葉形杏葉・馬甲・牛の供犠を伴う（慶星大学校博物館）。なお伽耶域の福泉洞48号や60号では，これより年代が古い木心鉄板張輪鐙の逆Y字状の鉄板が出土し（柳2004など），百済天安斗井洞Ⅰ-5号墳でも類似する逆T字状の鉄板が出土しているが，短柄か長柄かは不明である。

三燕では金銅板を伴わない木心鉄板張のみからなる輪鐙の発見例がないが，最近高句麗五女山城の第四期文化に属するF20号住居跡で出土し，中国側が「鉄构件」として報告した遺物は，良洞里78号墳や玉田23号墳の部分鉄板張タイプの木心鉄板張輪鐙の柄頭部鉄板に酷似し，輪鐙の柄頭残欠である可能性が高く，高句麗に木心鉄板張輪鐙の祖型が存在する可能性が高まってきた。五女山城第四期文化は，F32・37遺構で出土した水波紋壺が高句麗故国壌王九年（392）に建設された王室社稷とみられる東台子遺跡や，後燕崔橘墓（395）に類似することからその一端に4世紀末の年代を想定する。また城内の窖蔵から出土した馬具類が七星山96号や万宝汀78号，麻線溝1号，長川M2号のものに類似するとして4世紀中葉～5世紀初頭にあてる（遼寧省文物考古研究所2004）。しかし七星山96号墳は5世紀前半，万宝汀78号は5世紀中葉～後半が妥当で中国側の前提年代が古過ぎる。また窖蔵の出土品のうち，二条線引付十字文透彫鏡板は韓国ソウル市峨嵯山4号堡塁（高句麗占領期の475～562年頃）や日本熱田神宮蔵品のものとほぼ同一で6世紀中葉前後とみられ，長い脚のシオデ金具や心葉形透彫障泥金具は藤ノ木古墳（6世紀後半～末）に対比され，6世紀後半～7世紀前半を下限とすべきである。ただしF20号住居跡は第四期の中でも初期の遺構とみられ，同時期遺構より出土した土器は中国側の

指摘通り後燕〜北燕併行期とみられるため，出土した鐙とおぼしき鉄製品も4世紀末〜5世紀前半に遡る可能性が十分にある。よって大成洞1号の馬具類も，高句麗製かその忠実な模倣品の可能性が十分あり，400〜407年の高句麗軍南下に伴う遺品とみておきたい。

大成洞1号に後続するのが福泉洞21・22号や新興里39号，大阪府七観古墳の輪鐙で，うち七観は仁徳陵（TK208）併行の埴輪を伴い築造は5世紀後半まで降るが，主墳の履中陵古墳は，Ⅲ期の埴輪を伴い，陪塚の寺山東山古墳に大庭寺期の須恵器を伴う。さらに後続するのが新興里39号墓・玉田67-A号墳・鞍塚・新開1号の輪鐙で，うち新開1号の輪鐙は，踏込に大型方頭鋲が打たれ，福泉洞10号墳の輪鐙や，万宝汀78号墳で龍文透彫鞍と共伴した木心金銅張輪鐙と通じている。福岡県瑞王寺古墳（TK216）の木心鉄板張輪鐙は，部分鉄板張，踏込の鋲打が福泉洞10号墳と共通するも，柄部が長い点は慶州皇南大塚南墳の金銅板張輪鐙に近い。

以上，三燕では馮素弗墓（415）を短柄輪鐙の初見とし，伽耶の大成洞1号も同時期と見られるが，福泉洞48号や60号でこれらより古い木心鉄板張輪鐙が既に出現している点からみて，おそらく4世紀後半代のうちに長柄の木心鉄板張輪鐙が先んじて分岐し，半島南部に長柄・短柄鐙の両方がほぼ同時期に伝わった可能性が高い。この点単純に長柄鐙の時期を下降して理解してきた見解は，桃崎の過去の論考も含め，訂正する必要がある。

太王陵の鐙の下限時期を考える上で，後続する皇南大塚南墳の鐙が問題となる。皇南大塚南墳の年代については，崔秉鉉氏の4世紀末〜5世紀初頭（崔 1992，由水常雄（2001）氏も同旨の見解），李熙濬氏の5世紀前葉の遅い時期（李 1995），金龍星氏らの5世紀後半前葉（金 1998ほか）のおおむね3説に収斂し，年代観ごとに被葬者の王の比定も異なる。

崔秉鉉氏は「古新羅積石木槨墳の変遷と編年」において，慶州皇南洞109号墳と北燕馮素弗墓（415）の鐙の形態的類似を根拠に積石木槨墳の上限を5世紀前半とみてきた従来の見解に対し，馮素弗墓の年代及び系統関係の把握方法に疑問があるとし，系譜が異なる長柄鐙と短柄鐙の並存を指摘した上で，皇南大塚南墳の長柄鐙類と4世紀の鮮卑系鐙の系譜的連続を強調し，これを4世紀末〜5世紀初頭に位置付けた。この見解は，孝民屯154号墓や袁台子石室壁画墓の鐙を4世紀前半とするなど立論の前提に誤りがあるが，論理的には傾聴すべき指摘もある。すなわち太王陵の鐙は，350年代以降の鮮卑製輪鐙の形態や製作技法を引き継ぎ，4世紀後半の三合成墓や北票北溝M8号墳に後続する4世紀末〜5世紀初頭の特徴を有し，特殊な透彫金銅板の追加を度外視すれば，5世紀前葉とされる七星山96号墳の木心素文金銅板張輪鐙と構造やプロポーションが近い。よって412年に没した好太王の遺品である可能性は十分にある。

これに対して同様な長柄で透彫金銅板を伴う新羅慶州皇南大塚南墳・金冠塚の輪鐙は，木心の素文金銅板被せを省略して白樺皮を巻く点に三燕色の後退が窺え，玉虫羽根を張った上から透彫金銅板を被せる手法にも改良による時間の下降が窺える。また南墳・金冠塚のいずれも透彫龍鳳文意匠の形骸化が進み新相を示す。また両者とも踏込部にスパイク機能を果たす大型方頭鋲が追加され，これまた改良の進展を示す。以上，大型方頭鋲の追加や鞍の龍文の退化から5世紀中葉に比定される万宝汀78号墳に近い時期，450年前後に位置付けねばならない。

よって皇南大塚南墳の被葬者は，毛利光俊彦氏以来定説化しているとおり，458年に死去した新羅王の訥祇麻立干，後続する北墳は「夫人帯」の出土とあわせ，先王実聖王の娘で妃にあたる金氏とみる説が最も蓋然性が高い。訥祇麻立干は，実聖王の没後，高句麗の後見で417年に即位し，晩年の455年，百済と連合して高句麗に戦いを挑み，その支配から脱却を計っているが，在位時の大部分は高句麗王に臣従し，その強い文化的影響下にあったと考えられる。太王陵の系譜を引く豪華な金銅透彫輪鐙の持ち主に最も相応しい人物といえよう。

（6）歩揺付菊形雲珠（図9）

金銅製の歩揺付金具で，歩揺は欠失しているが，八弁菊花形の座金具と立ち飾りの金銅の棒が遺存している。座金具は，径2～3㎝の小形品で，管状の立ち飾りの先端に針金を出し，ここに歩揺を付ける構造となっている。歩揺付金具のうち，心棒と釣手の部分を共づくりにしたものについて，中山清隆氏や金斗喆氏は新羅製の可能性を想定した（中山ほか 1983）が，魏存成（1994）や李熙濬（1995）氏らは高句麗や慕容鮮卑三燕に類例があることを指摘した。更に東潮（1997）・濱岡大輔（2003）氏の集成・検討によって，三燕・高句麗製から新羅製への変遷過程が明らかにされ，誉田丸山例などは三燕・高句麗製の可能性が高いと判断される。

なお長野市大星山2号墳（一辺14ｍの方墳。合掌式天井の箱式石棺を主体部とする）では，十弁菊花形で頂部に穿孔のある金銅製飾金具3点が出土し，共伴した鉄鏃や土師器はＴＫ73併行期乃至それ以前とされる。大室古墳群など合掌式石室や積石塚が集中する高井郡は，高句麗の始祖，雛牟王の子孫を称する高井氏の居住地で，高句麗での政治構造を縮小した形での集団の居住が推定され（森 1994），大星山2号の状況と合致する。

以上に2004年報告の成果を加味して整理すると，まず，祖型と考えられる歩揺付飾金具が，4世紀中葉以降の三燕墓に現われ，心葉形歩揺に表現された鳳凰文の退化，素文化・小型化より，安陽孝民屯195号墓→十二台郷磚廠88Ｍ1墓→三合成墓→北溝北溝Ｍ8号墓→喇嘛洞ⅡＭ266号墓の変化がたどれる。喇嘛洞ⅡＭ266号墓では小型の菊形雲珠が共伴するが，喇嘛洞採集品は大型・小型の菊形雲珠のみからなり，そのセットは5世紀中葉に比定される大阪府誉田丸山古墳例に酷似し，中国東北部より半島経由で列島に搬入されたと推定される。これらに対して高句麗の状況を見ると，西大墓（己丑年（329？）銘瓦。美川王（331没）陵か？））→禹山992号墓（戊戌（338）銘瓦。故国原王（371没）陵か）→麻銭2100号墓（小獣林王（384没）陵か）・金永吉コレクション→千秋塚（故国壌王（391没）墓か）→太王陵（好太王（412没）陵か）4世紀第二四半期頃を上限，5世紀初頭を下限として菊形歩揺付雲珠がみられ，高句麗王や高位貴族の馬装を特徴付けるものであったことが窺える。戦前に朝鮮半島北部で出土したと伝える韓国の金永吉コレクションの菊形歩揺付雲珠大1・小6のうち，小型品は形態・法量が麻銭2100号墓で1点のみ出土したものと酷似し，高句麗王陵級古墳からの盗掘品と想像される。これに対し本渓小市晋墓，麻銭溝1号，萬宝汀78号，長川2号など，5世紀初頭～中葉には半球形に立飾りがつくタイプが見られ，新相を示す。近年喇嘛洞ⅡＭ217号で四環鈴とともにこのタイプが出土し，こちらの祖型も三燕に求められ，出現は436年以前に遡る。以上を踏まえ

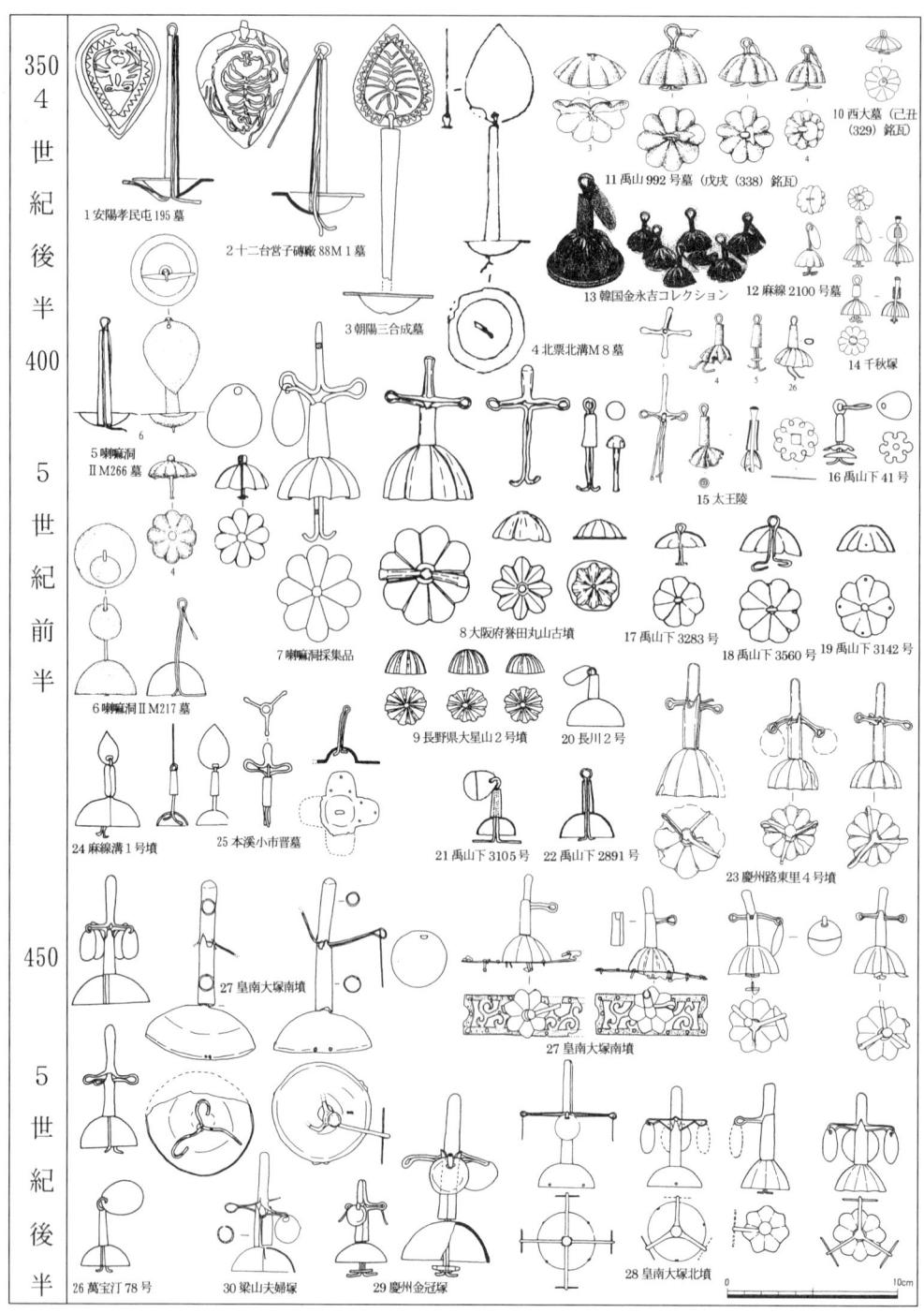

図9　歩揺付雲珠の変遷
東潮1997、浜岡大輔2003、各種報告書より構成

高句麗太王陵出土瓦・馬具からみた好太王陵説の評価

1 集安太王陵　　2 朝陽十二台営子磚廠88M1墓　　3 金海大成洞3号　　4 金海大成洞1号

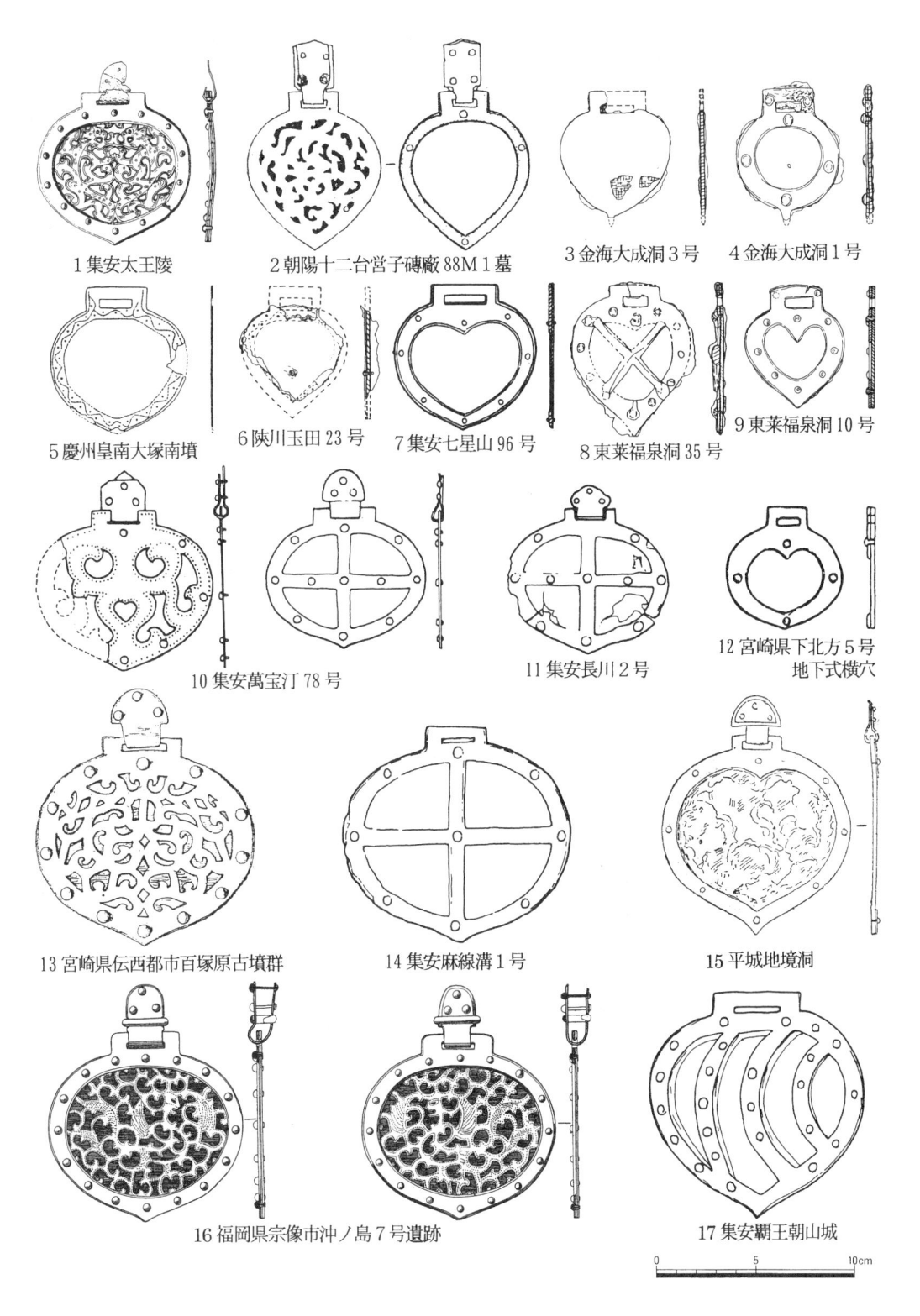

5 慶州皇南大塚南墳　　6 陝川玉田23号　　7 集安七星山96号　　8 東莱福泉洞35号　　9 東莱福泉洞10号

10 集安萬宝汀78号　　11 集安長川2号　　12 宮崎県下北方5号地下式横穴

13 宮崎県伝西都市百塚原古墳群　　14 集安麻線溝1号　　15 平城地境洞

16 福岡県宗像市沖ノ島7号遺跡　　17 集安覇王朝山城

図10　心葉形双龍文透彫杏葉と類例

121

て半島南部を見ると，慶州路東里4号墳では高句麗風の二条線引手を伴う波状列点文付楕円形鏡板付轡や，古式の扁円魚尾形杏葉とともに菊形歩揺付雲珠多数が出土し，5世紀中葉から後半に位置づけられる。これに対し慶州皇南大塚南墳・北墳にも同種の菊形歩揺付雲珠がみられ，短冊形やL字形の透彫金銅板に取り付けるものもあるが，すべて小型品で，大型の歩揺付雲珠はすべて半球形となっており，菊形のみのセットより新相を示している。

(7) 心葉形龍文透彫杏葉（図10）

　この心葉形杏葉は，向かい合った双竜文を表現した透彫文様板をはさみ，縁金を当てて鋲留したもので，すべて銅製鍍金である。杏葉はコハゼ形に三鋲打ちの吊鉤金具に懸垂されているが，この金具は，コハゼ形部に比べ吊鉤部の幅が狭くなり，それが幅の狭い杏葉の立聞孔にかけられているという特徴がある。李尚律（1993）・魏存成（1994）・李熙濬（1995）氏らの検討によれば，こうした形状の吊鉤金具は袁台子石室壁画墓（354か366）の花弁形杏葉を初見とし，十二台営子磚廠88M1墓（4世紀後半）では花弁形杏葉のほか，四鋲打ちの吊鉤金具に心葉形龍文透彫杏葉を懸垂したものがみられる。これは逆三角形に近い細身のプロポーションで，金海大成洞3号墳（4世紀末）や東莱福泉洞35号墳（X字形装飾あり。5世紀前葉）もその影響下にある。これに対し太王陵の心葉形杏葉は，幅広でその後の心葉形杏葉の祖型にあたる特徴を示し，七星山96号や皇南大塚南墳例と対比されるほか，将軍塚仮C型によく似た蓮華蕾文瓦を出土した集安北郊の長川2号，退化した龍文透彫鞍や新式鐙を共伴した萬宝汀78号墳（5世紀中葉）の十字文心葉形杏葉とも規格が共通する。環板轡の銜留の形態変化を念頭に置けば，十字文は福泉洞35号墳のようなX字文から変化したとみられる。おおむね小型品が古く，大型品が新しいとみられ，麻線溝1号墳は杏葉の極端な巨大化からみて5世紀中葉を遡るとは考えにくい。地境洞古墳（5世紀後半か）でも七星山96号の系譜に連なる大型の杏葉が出土している。列島では宮崎県傳百塚原古墳群出土品（6世紀中葉?）で退化した双龍文透彫杏葉・鏡板，透彫十字形辻金具・龍文透彫鞍が一括出土しているが，その意匠は慶州天馬塚や李容璿コレクションに通じている。福岡県沖ノ島7号遺跡（6世紀）の心葉形透彫杏葉も，太王陵出土品とよく似た構造で，一対をなす向かい合った羽人の意匠も，双竜文から変化したものであろう。高句麗製ないし新羅製と考えておきたい。

Ⅲ．歴史的背景の検討

　太王陵調査報告の検討を踏まえ，瓦・馬具の歴史的解釈を試みると，以下の点に集約される。

①五胡十六国・慕容鮮卑三燕で確立された要素の継承。方円結合金具・十字形辻金具・亀甲繋文透彫金銅装鞍・木心金銅板張輪鐙・菊形歩揺付飾金具・心葉形透彫杏葉はすべて，三燕領域に原型が辿れ，その様式的影響下にある。瓦も4世紀末の千秋塚の段階で漢・魏晋系の巻雲文瓦から，三燕経由の蓮華蕾文瓦への転換が本格化し，太王陵で移行が完了する。

②新羅系に継承される要素の確立。鐙の金銅透彫板張，横長形態の心葉形杏葉，大小の歩揺付飾金具，十字形辻金具の浮彫装飾など。これによって慕容鮮卑と，新羅・伽耶など，朝鮮半

③高句麗馬具の階層分化。鐙を例にとると，5世紀前半には太王陵の木心透彫金銅張輪鐙を頂点に，透彫がない金銅張の七星山96号，簡素な木心鉄板張の五女山城F20号住居跡という格差が確認できる。鞍についても，5世紀代には亀甲繋文透彫の太王陵鞍を頂点に，区画のない龍文透彫の万宝汀78号墳，透彫がない金銅張の七星山96号や集安出土品，その下位に鉄装鞍や地境洞のような部分金属装の木製鞍が存在し，階層編成が明らかである。
④蓮華蕾文瓦の編年補正と馬具の型式学的位置づけからみて，太王陵は4世紀最末以降から5世紀前葉の間に位置付けられ，412年に没した好太王の陵墓とみてほぼ誤りない。後続する将軍塚の好太王陵説は否定され，491年に没した長寿王陵の可能性が高い。

私が天久保2丁目のアパートに住んでいた大学生だったある日，前田先生が書類に印鑑を捺す必要があるとかで，原付自転車に乗って突然来られました。ヘルメットが頭に窮屈そうな先生は部屋の中を見回し「こぎたない所に住んでいるねえ」と評されました。またある時は，私が描いた馬装復元のイラストをみて「へたくそだねえ」と評されました。そんなこともあって，今でも前田先生に誉められると不安な気持ちになります。いつまでもお元気で，忌憚なく酷評される前田先生でいてください。

引用・参考文献（報告書の大部分と論文の一部は割愛した）
（日本語文）
東潮 1995 「国内城時代の巨大積石塚」『高句麗の歴史と遺跡』中央公論社 184～194頁
　　　　 1998 『高句麗考古学研究』吉川弘文館
井内功 1972 「高句麗最古の鐙瓦とその遡源」『井内古文化研究室報』9
池内宏 1938・1940 『通溝』上・下 日満文化協会
太田静六 1971 「高句麗系瓦の源流とその影響」『考古学雑誌』第57巻第2号 26～55頁
関野貞 1941 『朝鮮の建築と芸術』
谷豊信 1989 「四、五世紀の高句麗の瓦に関する若干の考察―墳墓発見の瓦を中心として―」『東洋文化研究所紀要』第108冊 225～307頁
　　　　 1990 「平壌土城里発見の古式の高句麗瓦当について」『東洋文化研究所紀要』第112冊 47～82頁
田村晃一 1982 「高句麗積石塚の構造と分類について」『考古学雑誌』第68巻第1号 18～41頁
　　　　 1984 「高句麗積石塚の年代と被葬者をめぐる問題について」『青山史学』8号 205～225頁
永島暉臣氏 1979 「将軍塚」『世界考古学事典』平凡社
中山清隆 1990 「初期の輸入馬具の系譜」『東北アジアの考古学〔天地〕』六興出版 205～224頁
服部敬史・千田剛道・寺内威太郎・林直樹 1994 「高句麗都城と山城－中国東北地方における基礎的研究」『青丘学術論集』第5集 5～100頁
濱岡大輔 2003 「植山古墳出土歩揺付金具について」『續文化財学論集』 685～694頁
宗像大社復興期成会 1958 『沖ノ島』
桃崎祐輔 2004 「倭国への騎馬文化の道―慕容鮮卑三燕・朝鮮半島三国・倭国の馬具との比較研究」『考

　　　　　　　　古学講座　講演集』「古代の風」特別号2　1～78頁
　　　　2004　「倭の出土馬具からみた国際環境―朝鮮三国伽耶・慕容鮮卑三燕との交渉関係―」『加耶・
　　　　　　そして倭と北方』国立金海博物館　金海市　97～143頁
森浩一　1994　『騎馬民族の道はるか』ＮＨＫ出版
　　　　1997　「集安の王陵研究と合掌式石室」『古代学研究』137　古代學研究会　表紙裏

（ハングル語文）
金斗喆　1996　「韓国と日本の馬具―両国間の編年調律」『四・五世紀の日韓考古学』　85～141頁
申敬澈　1994　「加耶初期馬具について」『釜大史学』第18輯　釜山大学校史学会　263～295頁
文化財管理局文化財研究所　1993　『皇南大塚Ⅱ（南墳）発掘調査報告書』
李尚律　1993　「三国時代杏葉小考―嶺南地方出土品を中心として―」『嶺南考古学』13　107～156頁
柳昌煥　2004　「古代東アジア初期馬具の展開」『福岡大学考古学論集―小田富士雄先生退職記念―』小田
　　　　　　富士雄先生退職記念事業会　283～296頁
パクチャンス　1977　「高句麗時代の馬具一式を出土せる地境洞古墳」『歴史科学』1977-3
　　　　　1986　「平城市地境洞高句麗墳墓発掘報告」『朝鮮考古研究』1986年第4期　42～49頁

（中国語文）
王巍　1997　「総出土馬具看三至六世紀東亞諸国的交流」『考古』1997年12期　66～84頁
魏存成　1991　「高句麗馬具的発現與研究」『北方文物』1991年第四期　18～27頁
　　　　1994　『高句麗考古』吉林大学出版社
吉林省文物考古研究所・集安市博物館編著　2004　『集安高句麗王陵―1990～2003年集安高句麗王陵調査報
　　　　　　告』
辛岩　2001　「金嶺寺魏晋建築群址為研究三燕文化提供重要線索」『中国文物報』2001.1.31.
蘇哲　2002　「五胡十六国・北朝時代の出行図と鹵簿図」『東アジアと日本の考古学』Ⅱ墓制②　同成社
　　　　　　113～163頁
中国社会科学院考古研究所安陽工作隊　1983　「安陽孝民屯晋墓発掘報告」『考古』189　1983年六期　501
　　　　　　～511頁
張克挙・田立坤・孫国平　1997　「朝陽十二台郷磚廠88Ｍ1発掘簡報」『文物』500　1997年11期　19～32頁
田立坤　1998　「三燕文化与高句麗遺存之比較」『青果集』吉林大学考古系建系十周年紀念文集　吉林大学
　　　　　　考古系編　知識出版社　328～341頁
　　　　2002　「袁台子壁画墓の再論説」『文物』2002年9期　41～48頁
董高　1981　「朝陽地区鮮卑馬具的初歩研究」『遼寧省考古』博物館学会成立大会会刊
　　　1995　「公元3-6世紀慕容鮮卑，高句麗，朝鮮，日本馬具的比較研究」『文物』1995年第10期　34
　　　　　　～42頁
遼寧省文物考古研究所　2004　『五女山城　1996～11999，2003年桓仁五女山城調査發掘報告』文物出版社
遼寧人民出版社　2002　『三燕文物精粋』文物出版社
李新全　1996　「三燕瓦当考」『遼海文物学刊』1996年1期　12～15頁
李殿福　1984　「集安巻雲紋銘文瓦当考弁」『社会科学戦線』1984年4号　67～75頁
林至徳・耿鉄華　1985　「集安出土的高句麗瓦当及其年代」『考古』1985年7期　644～653頁

宗谷海峡周辺における続縄文土器の成立と展開

福 田 正 宏

はじめに

　ロシア共和国サハリン島と日本の北海道島にはさまれた宗谷海峡が，とくにオホーツク文化期以降の社会文化において相互交渉の障壁になっていなかったことは，今日までのさまざまな調査研究によって明らかにされてきた。他方，年代的に先行する続縄文期においても，サハリン南部のアニワ（Анивская）文化が道北の続縄文文化とさほど変わらない文化要素によって構成されていたことが，最近になって具体的なデータをもとに認められはじめている。

　本稿では，まず，筆者がたずさわってきた利尻町種屯内遺跡で出土した続縄文土器の型式論的な分析をまとめ，道内の続縄文土器との対比からそれらの編年的な位置づけについて検討する。つぎに，宗谷海峡周辺で発見されている同時期の類例を含めて，この地域における続縄文土器の編年を試案する。そして，土器からみた場合，周辺地域との相互関係のなかで宗谷海峡周辺の続縄文土器はどのような社会的背景をもって成立・展開したのかについて，現状でわかる範囲内において考えてみる。

Ⅰ．種屯内遺跡の続縄文土器について

1．貝塚部における出土土器の層位的関係

　北海道の北端に位置する利尻島の西，利尻町内の沓形岬から北に1.2kmほど，通称「イナホ岬」にはさまれた湾内に立地する種屯内遺跡では，オホーツク文化の成立過程を解明する目的で1995～1999年に5ヵ年にわたる発掘調査がおこなわれた（前田・西谷 1997・種屯内遺跡調査団1998・1999・2000・2001）。沓形岬をはさんだ海岸砂丘上にはこの遺跡とほぼ同時期に形成され，牙製婦人像やトナカイの角製品などが発見されたことで有名な赤稚遺跡がある（坪井1901・岡田編 1978ほか）（図2参照）。

　種屯内遺跡の調査では，続縄文～オホーツク文化期の文化層がみつかった。そのなかでも，続縄文期の集石土坑や土坑墓などの遺構群，保存状態のよい魚骨層・貝層などによって形成された堆積層は宗谷地方における続縄文期の生業を解明するために重要な役割を担うことがわかった。層位的に遺物の前後関係をもっとも端的に理解できたのは魚骨層・貝層などが層位をなして堆積した2地点の「貝塚部」で，それぞれの調査の成果はすでに報告されている（種屯内遺跡調査団 1999・2000・2001・2002）。ひとつは，第3～4次調査による発掘区南部の1・2号墓壙や10・11集石土坑がみつかったW－1～2－Y区・W－1～3－Z区・W－2～4－A区・W－2～3－B区にあり，これを「南部貝塚」と呼ぶことにする。もうひとつは，第5次

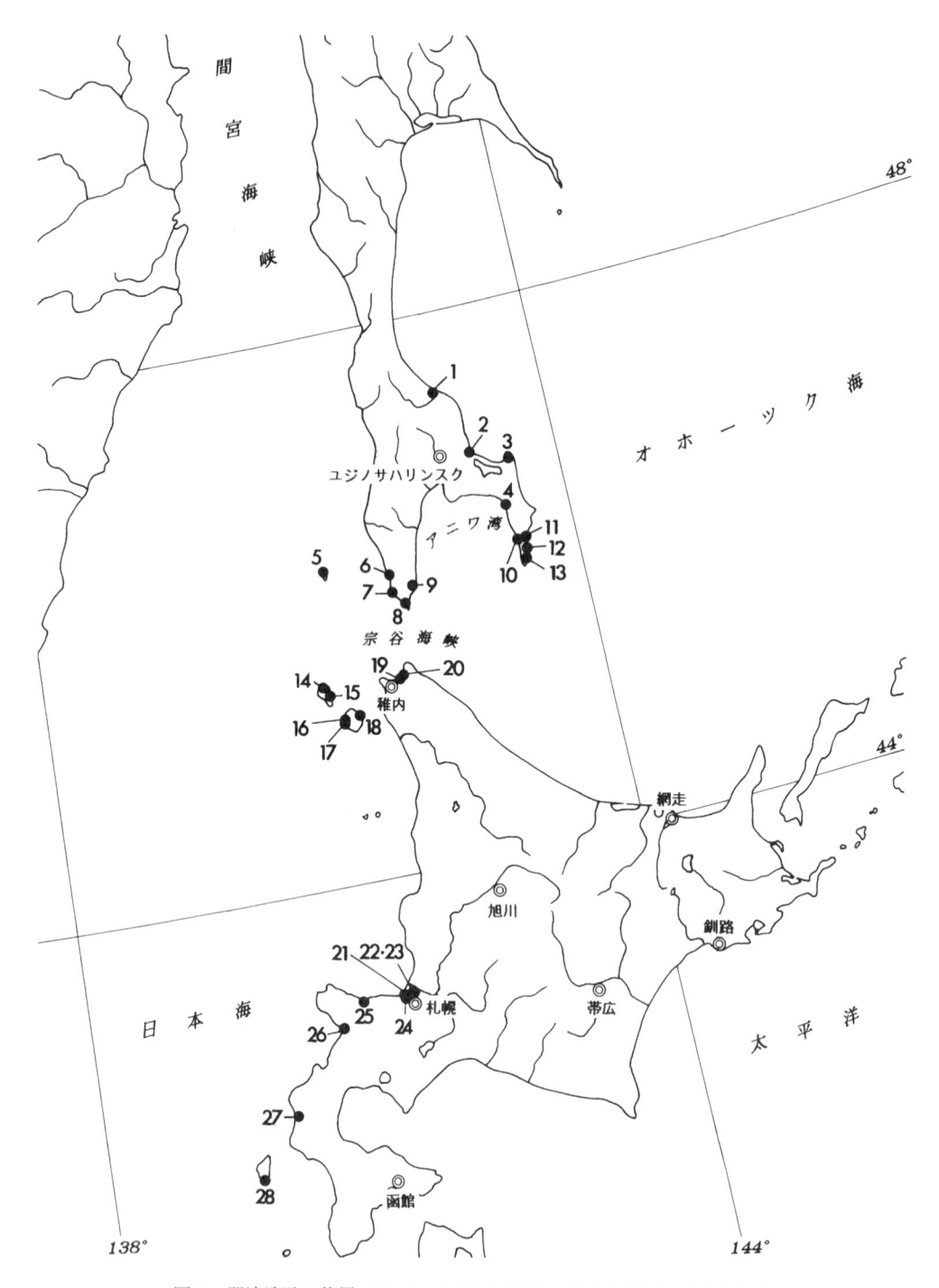

図1 関連遺跡の位置（サハリン南部と宗谷地方は続縄文期前半の遺跡を網羅）
1. スタロドゥフスコエ；2. ハザールスコエ；3. トニンⅠ；4. ビセルキ（遠淵）；5. モネロン島遺跡群（宇須・南宇須など）；6. ゴルブーシャ・コブリジュカ；7. クズネツォーヴォⅠ・Ⅱ；8. クリリオン；9. モゴチ；10. ユージナヤⅡ；11. プレドレフリャンカ；12. バクラン・ゴルブーシャ；13. チャイカ；14. 東上泊・上泊3・上泊4；15. 香深井B；16. 種屯内；17. 赤稚；18. 野塚；19. 声問川大曲；20. メクマ；21. N159；22. H317；23. H37；24. N30；25. 大川；26. 堀株神社；27. 兜野；28. 青苗B。

調査による発掘区北西部でみつかった溶岩からなる岩山の隙間に形成され，約50cmの厚さの魚骨・貝層の堆積がひろがるW-5～7-J区・W-7-K区にあった。ここでは「北西部貝塚」とする（図3参照）。

両地点での各層の認定方法についてはすでに説明しているので（同前），ここでは省略するが，結果的に以下のような層位順序を確認している。ちなみに，南部貝塚と北西部貝塚の連結箇所は一切ないので，それぞれに同じ層名がついていても対応関係はない。

南部貝塚：包含層②（1号墓壙）→魚骨層③→包含層①→軽石層→魚骨層②→魚骨層①

北西部貝塚：ウニ殻層②→魚骨層③→ウニ殻層①→貝層②→魚骨層②→貝層①→魚骨層①

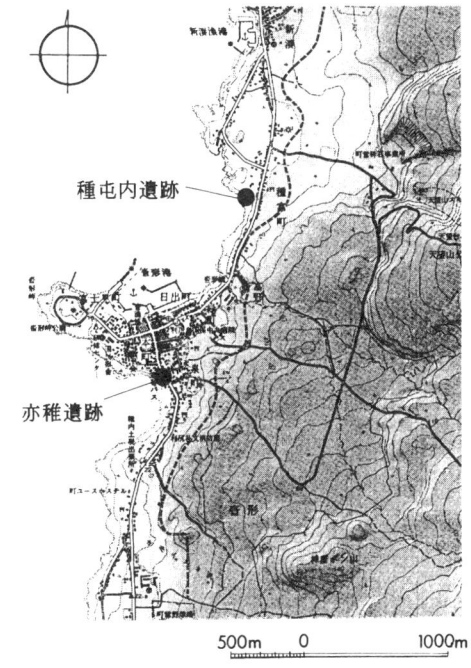

図2　種屯内遺跡周辺の地形

貝塚からは人工遺物として石器・骨角器のほかにヴァリエーションに富んだ土器片がみつかった。しかし，何枚かの層では土器の個体数がきわめて限られており，各層の土器組成を対比するだけの母数が得られない。そこでここでは，数量的にまとまりがあるか，年代順序が読みとりやすいと考えた層を抜きだし，種屯内遺跡の続縄文土器の型式変化を追ってみる。なお図4・5には，南部・北西部貝塚で出土した資料のうち，口縁部の遺存状況がよい類例を中心に選んで層位ごとに並べてみた。なかには，層位的順序の把握において重要な層に含まれるが，撹乱によって紛れこんだと考えられるものもある。資料の層位的なまとまりをみる場合，それらに利用価値がないことを強調するためにあえて併載した。

その結果，南部貝塚では「1号墓壙（8層）→魚骨層③（7層）→明褐色土面（12層）→魚骨層②（4層）→魚骨層①（3層）」という年代順序を抽出することができる。明褐色土面はW-2-A，W-1～2-Zにひろがる明褐色砂質土のうすい堆積である。南部貝塚の基本層序として認定することはできなかったが（種屯内遺跡調査団 1999），含まれる土器は数量的には少ないものの比較的まとまった型式内容を示すので本稿で採用した。図3左図のa-a'ラインの断面図で明らかなように，この層は6層と4層の間にはさまれている。よって，魚骨層③よりは新しく魚骨層①・②よりは古い。魚骨層②には続縄文土器，魚骨層①には続縄文土器と十和田式土器がふくまれるが，両層間で破片どうしが接合する類例もあり，層位の厳密な区分はできない。ただし，魚骨層①では十和田式の土器片がまとまって出土したので，これを十和田式期の文化層とみなし，続縄文土器の多い魚骨層②よりは新しいと判断する。

一方，北西部貝塚では「魚骨層③（10層）→貝層②（8層）→貝層①（4層）」という年代

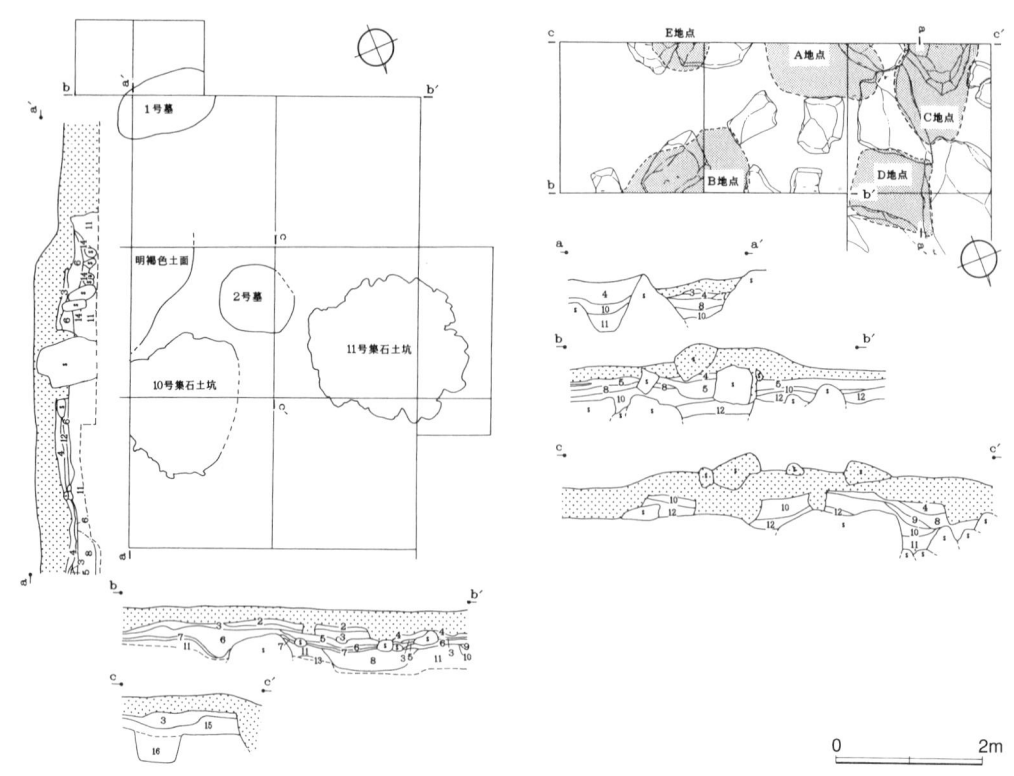

図3　種屯内遺跡の貝塚部における層位
左図：南部貝塚；右図：北西部貝塚。土層断面図のトーン部は表土・攪乱層。

順序を抽出することができる。堆積はA～Eの5地点に分かれていた（図3右図参照）。D地点では貝層②と貝層①は混合して1枚の層になり，E地点では貝層②と貝層①のいずれか判別できなかった（種屯内遺跡調査団 2002）。それらはまとめて貝層①・②としている。

2．種屯内遺跡における続縄文土器の編年
(1) 種屯内Ⅰ・Ⅱa群の特徴

以上で説明してきた層位的関係を考慮し，宗谷地方における従来の土器編年案を照らし合わせると，種屯内遺跡の続縄文土器には次のような分類を与えることができる（福田 1999・種屯内遺跡調査団 2001)[1]。

Ⅰ　群：稚内市メクマ遺跡（菅 1972）の出土土器を標式とする続縄文期初頭の「メクマ式」と呼ばれている一群。

Ⅱa群：稚内市声問川大曲遺跡（種市・土肥 1993）のⅢ群B類の大部分を構成する一群と同じ型式的な特徴をもつ一群。道東の宇津内ⅡaⅠ式（熊木 1997）と共通した型式的な特徴をもつものも多い。

Ⅱb群：道央南の後北A～C₁式に当てはめられる一群。南部貝塚の一部に破片が含まれていたが，層位的なまとまりはない。

[魚骨層①]

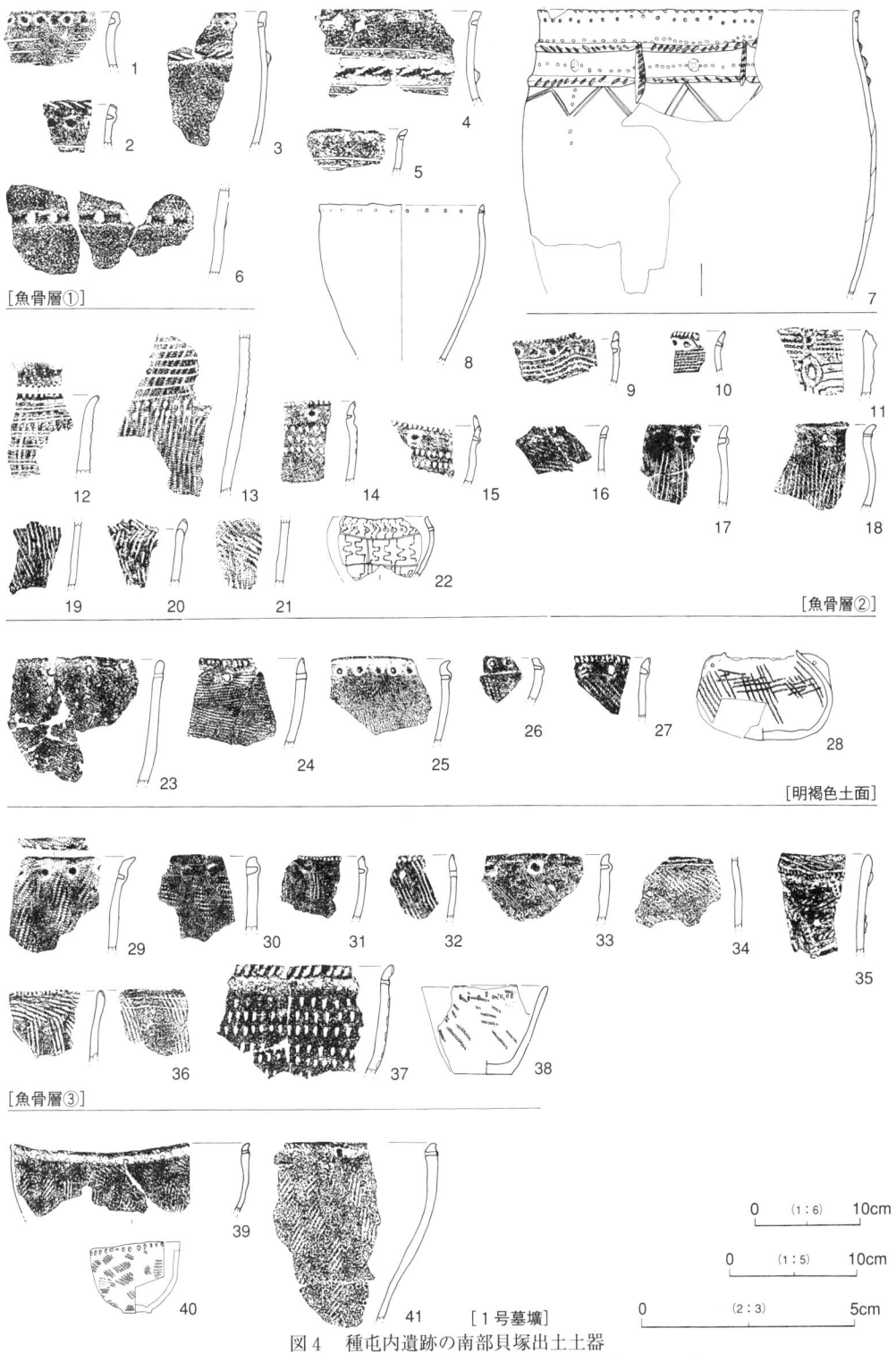

[魚骨層②]

[明褐色土面]

[魚骨層③]

[1号墓壙]

図4 種屯内遺跡の南部貝塚出土土器
縮尺：1/2（54）；1/5（1～11・14～19・22・23・25～45・47～5）；1/6（12・13・20・21・24・46・53）。

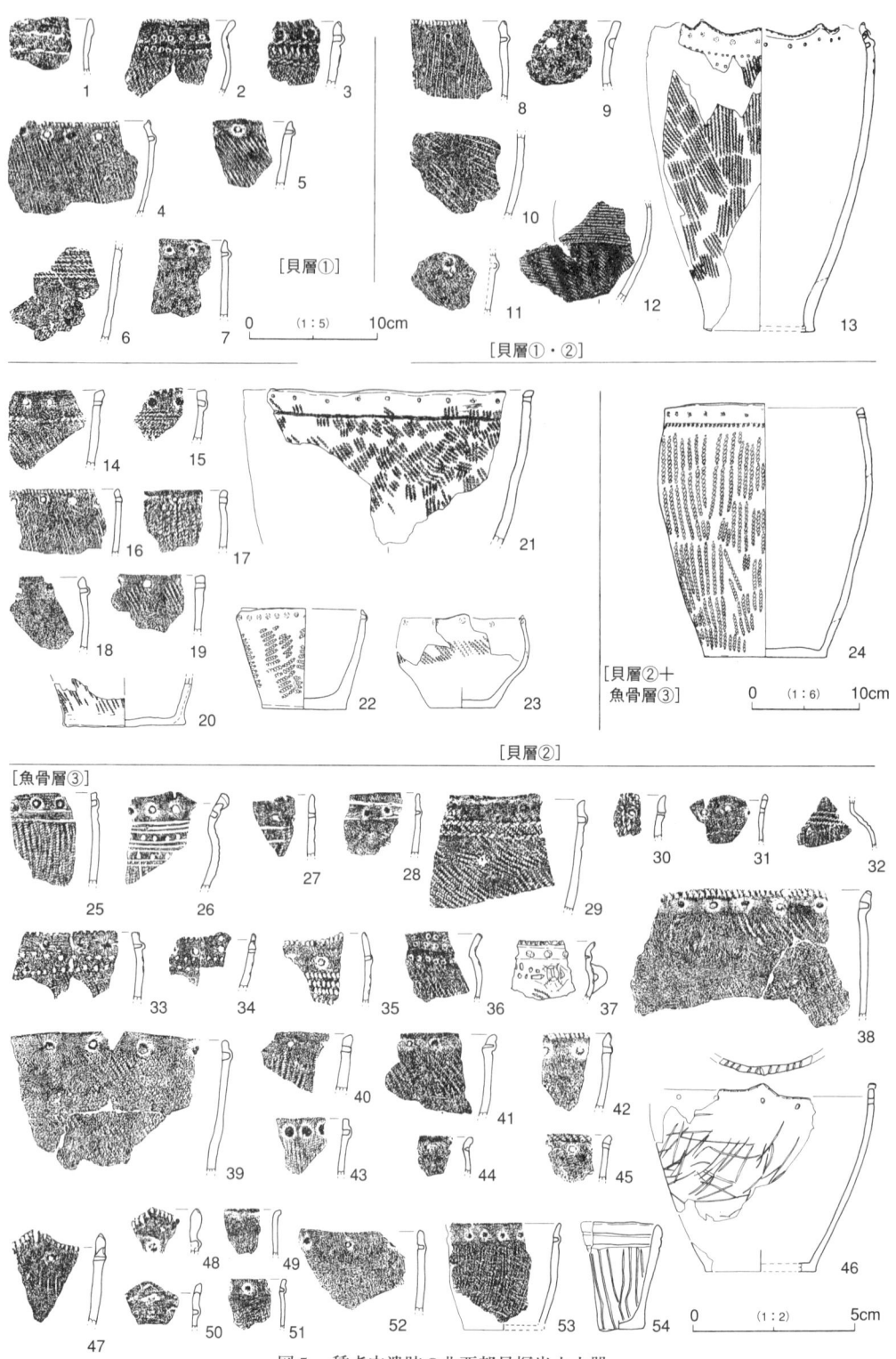

図5　種屯内遺跡の北西部貝塚出土土器
縮尺：2／3（22）；1／5（1～5・9～21・23～38・40・41）；1／6（6・8・39）。

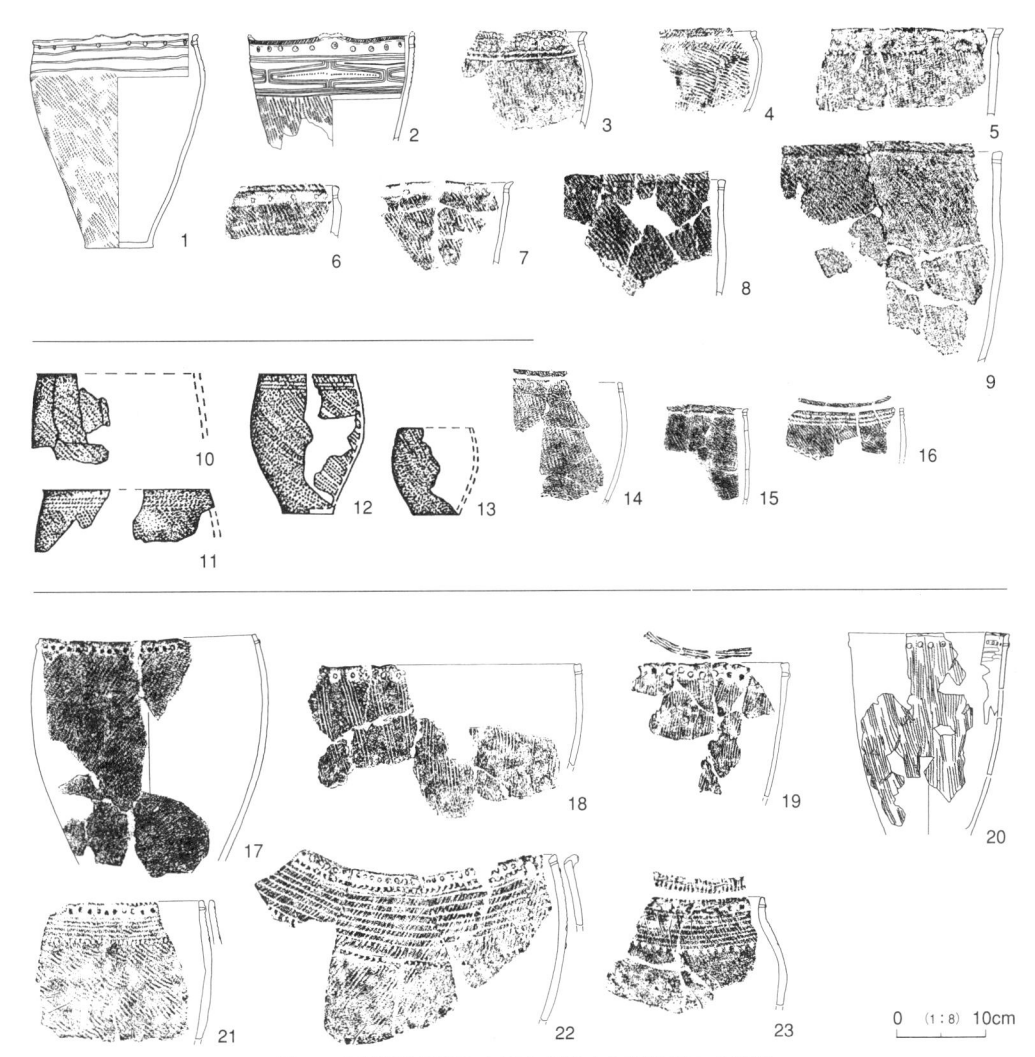

図6 宗谷海峡周辺における続縄文期前半期の土器群
出土遺跡：東上泊（1・3～6・9）；上泊3（2・8）；上泊4（7），ユージナヤⅡ（10～16）；
声問川大曲（17～23）。縮尺：1／8。

　Ⅰ群とⅡa群の差は北西部貝塚出土土器の層位的な比較によって理解しやすい。図5をみてもわかるように，大部分においてある程度の型式的なまとまりと傾向を各層でつかむことができる。層位的関係をふまえて，魚骨層③を第1段階（図5－25～54），貝層①・②を第2段階（同図1～23）とする。なお，第5図24は魚骨層③の上部と貝層②の両層から出土した土器片が接合した資料である。

　体部文様は，魚骨層③で2条以上の沈線文を多重させ，貝層①・②では縄線文（縄の側面圧痕文）を多重させる傾向がある。刺突文はIO（器内面から器外面にむかって突く）が両層で共通している。地文は，魚骨層③で単位のせまい回転縄文を密に充填させるものがほとんどだが，貝層①・②では撚糸文（絡条体回転文）の施される例が多い。地文の施文域は，魚骨層③で刺突文列の直下まで，貝層①・②では口縁部直下にまで及ぶものがめだつ。器形は，両層と

も深鉢主体だが，魚骨層③では口縁部にむかってゆるやかに外反するか直立するのに対して，貝層①・②では胴上半部がゆるやかに内湾する例が多い。口縁部の断面形態は，魚骨層③でやや丸みを帯び，口唇部外縁がとがり，口縁部下にやや強い屈曲がみられる。そのほかに，貝層①・②では角ばった口唇部をもつのが一般的で，頸部の屈曲はないかあまり明瞭ではない。以上の傾向にもとづけば，貝層②の一部（図5－21など）と貝層②・魚骨層③に接合関係がある同図24は第1・2段階の中間的な特徴をそなえていると言える。

魚骨層③にふくまれる土器の類例は，礼文町東上泊・上泊3・上泊4遺跡（種市編 1985）の「メクマ式」とよばれるⅡ群A類のなかにある。それらのなかにはケズリなどによるヘコミによって頸部無文帯が形成されるものがある（図6－5～7）。このように明瞭な頸部無文帯は魚骨層③でにないが，南部貝塚の最下層である1号墓壙の副葬品と考えられる深鉢（図4－39・41）では比較的はっきりと認められる[2]。また，日本海を南下した奥尻町青苗B遺跡（木村 1999）にも類似した特徴をもつ資料がある。さらに，口縁部直下の刺突文・突瘤文がつくたぐいは少ないものの，続縄文期初頭の道央の遺跡にも類例がある。一方で，貝層①・②の型式的な特徴は声問川大曲遺跡のⅢ群B類（図6－17～23）に共通している。以上の分析をふまえると，北西部貝塚の第1段階（魚骨層③）が種屯内Ⅰ群，第2段階（貝層①・②）が種屯内Ⅱa群に相当することがわかる。

北西部貝塚にくらべて撹乱箇所の多い南部貝塚では，各層の類例を詳細に対比することは難しい。しかし，北西部貝塚でのⅠ・Ⅱa群の型式差をもとに各層出土土器の違いをみると，1号墓（図4－39～41）は確実にⅠ群，明褐色土面・魚骨層②（同図9～28）の大部分はⅡa群，最上層の魚骨層①は遺跡全体で出土した土器の分類によるⅣ群（十和田式期）の段階に形成されている[3]。

（2）種屯内Ⅰ・Ⅱa群と道央における続縄文土器の併行関係

種屯内Ⅰ群と似かよった型式内容をもつ青苗B遺跡の第Ⅳ群a類1種（図7－1～11）は「青苗B式」（木村前掲）とよばれ，桧山地方の兜野式，胆振・日高地方の大狩部式や東歌別式，道央の琴似式などとともに続縄文期初頭に位置づけられている。これら道内各地の土器群の編年を考えるためには，近年，質量ともに好例が増えている道央（とくに札幌市内）における編年をまず把握するのが効果的である。

続縄文期初頭における道央をふくむ石狩低地帯の土器編年には，東北北部の砂沢式に併行する「H37（丘珠空港内）段階」がある（福田 2000）。その後の二枚橋式には，H317（仙庭編 1995）・N156（羽賀編 1999）・H37遺跡（栄町地点）（秋山編 1998）など札幌市内の遺跡で出土した類例が併行すると考えられている（高瀬・福田 2000・鈴木 2003など）。鈴木信（同前）は，東北北部の二枚橋式に併行する道央の土器群をH317遺跡からH37遺跡（栄町地点）という段階の順序で整理している。胴下部に縦走する縄文と胴上部に横走する縄文が組み合わせられたり，文様帯内に連続するキザミが加えられたりする深鉢はH37遺跡（栄町地点）にみられる。これらの特徴が二枚橋式より確実に新しい後北A式に近いことは江別市江別太遺跡（高橋

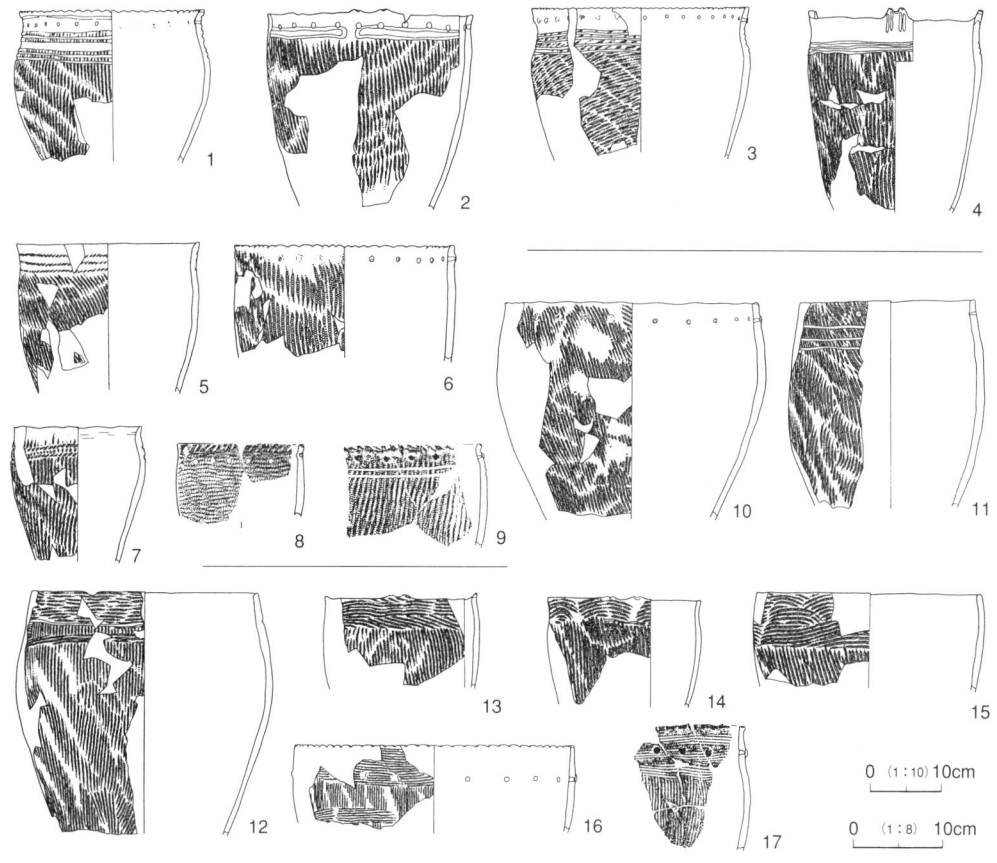

図7　青苗B遺跡の土器
縮尺：1/8（1・2・4〜10・13・14・17）；1/10（3・11・12・15・16）。

編 1979）における層位からわかる型式変化をみれば明らかである。そうすれば，H37（丘珠空港内）段階より口縁部・胴部の文様帯の区別がはっきりしなくなり，体部文様がさらに崩れるH37遺跡（栄町地点）の深鉢（図8－27・28）はそれらより一段階古いと考えられる。よって，鈴木のまとめた段階順序にさほど不都合は生じない。

　ただし，縄文晩期5期[4]〜二枚橋式併行期の道央の土器型式は，それぞれの遺跡で時期的にある程度かたよる傾向はあるものの，遺跡・遺構の存続期間としての年代幅は漠然として確認されているのが実情である。今のところ，H37（丘珠空港内）遺跡で認められる段階だけは遺構単位で明らかに区別できるが，H317・H37（栄町地点）遺跡で段階的なまとまりを認められるような状況は存在しない。そのためここでは，晩期5期〜二枚橋式併行期の土器群をひとつの系統として認定し，東北北部の砂沢式〜二枚橋式併行期の道央における続縄文土器を第Ⅰ〜Ⅲ段階にわけ，文様帯に注目して変遷過程を追ってみる。

　なお，道央の編年考察にあたって，あらかじめ旧稿からの変更をふたつ明記しておく。筆者は，この地域における晩期5期の大洞A'式に併行する段階として「N30段階」を設定したことがある（福田 2000）。しかし，N30遺跡（上野編 1998）では二枚橋式併行の段階までの型

式がそろっているため，この名称ではどの段階か混乱をまねく。7層のなかでも部分的にひろがる7c層は確実にまえに設定した「N30段階」の文化層である。よって，以前の呼称を訂正し，縄文晩期の一群は「N30-7c層段階」とする。また，かつて，本論で言う第Ⅱ・Ⅲ段階の順序を逆転させる編年を容認してしまった（高瀬・福田 前掲）。これについては撤回して，あらためて具体的な案を提示したい。

　道央第Ⅰ段階（H37（丘珠空港内）段階）（図8-4～11）　体部文様として連続菱形文が施される（同図6・11）。沈線の組みあわせによって構成される変形工字文もある（同図7・10）。また，N30-7c層段階（同図1～3）からの文様帯構成を継承した口縁部文様帯や頸部無文帯の形成もみられる。

　道央第Ⅱ段階（H317・N156・N30遺跡など）（同図12～23）　連続菱形文が崩れる（同図16・17・23）。体部文様帯の間隙に列点が充塡されるものもある。口縁部の突起の下に下垂する列点文列がつくことがある（同図13・19）。ほかに，第Ⅰ段階の変形工字文がさらに簡略化された比較的深い沈線や縄側面圧痕の組みあわせで構成される扁平化した変形工字文の描かれた類例（同図12・13・18・20）もある。地文が口縁部まで及ばないものもある。これは前段階の口縁部文様帯もしくは頸部無文帯を設定する手法が残ったものと理解できる。

　道央第Ⅲ段階（H37（栄町地点）・N30遺跡など）（同図24～29）　胴下部の縦走縄文と胴上部の横走縄文が組みあう一群。第Ⅱ段階まで採用されていた連続菱形文がなくなる。体部文様は消滅するが，胴上部の横走縄文のつけられる範囲と位置は第Ⅱ段階の文様帯構成が意識されている。いくつかの遺跡では，胴下部の縦走縄文と胴上部の横走縄文が組みあってIO突瘤文をもつ東歌別式土器（同図26）が混じっている。

　ここで，各段階における器形の変遷に注目したい。第Ⅰ段階では逆ハの字形にゆるやかに外反する深鉢が多いが，第Ⅱ段階になって体部文様帯が口縁部付近にまで上がり，その文様帯がめぐる部位の器壁が直立するようになる。その傾向は第Ⅲ段階でさらに強くなり，やや内湾ぎみの細長い深鉢になる。

　青苗B式では，地文が口縁部にまで及ばないことが往々にしてあり，扁平化した変形工字文，逆ハの字に外反しない器形が多い。したがって，この型式は道央の第Ⅱ段階に近い。また，OIあるいはIOの突瘤文が口縁部直下に加えられているが，これは，兜野（千代 1962）・堀株神社（木村編 1996）・大川遺跡（乾編 2000・2002）などの類例にもみられ，渡島半島日本海岸で頻繁にみられる特徴である。IO突瘤文は，道央で一般的な要素ではないが，N156・N30遺跡などでの道央第Ⅱ段階以降の土器組成のなかにわずかに混じっている。

　一方，文様・器形からみて，青苗B遺跡の胴下部の縦走縄文と胴上部の横走縄文が組みあう第Ⅳ群a類2種（図7-12～17）が道央第Ⅲ段階と併行することに異論はないだろう。

　以上の分析をふまえて，種屯内遺跡の北西部貝塚で出土した種屯内Ⅰ・Ⅱa群の諸特徴を確認すると，魚骨層③の土器の文様・器形は青苗B式や道央第Ⅱ段階のものと同じであることがわかる。また，種屯内Ⅱa群のゆるやかに内湾する器形は青苗B遺跡第Ⅳ群a類2種や道央第

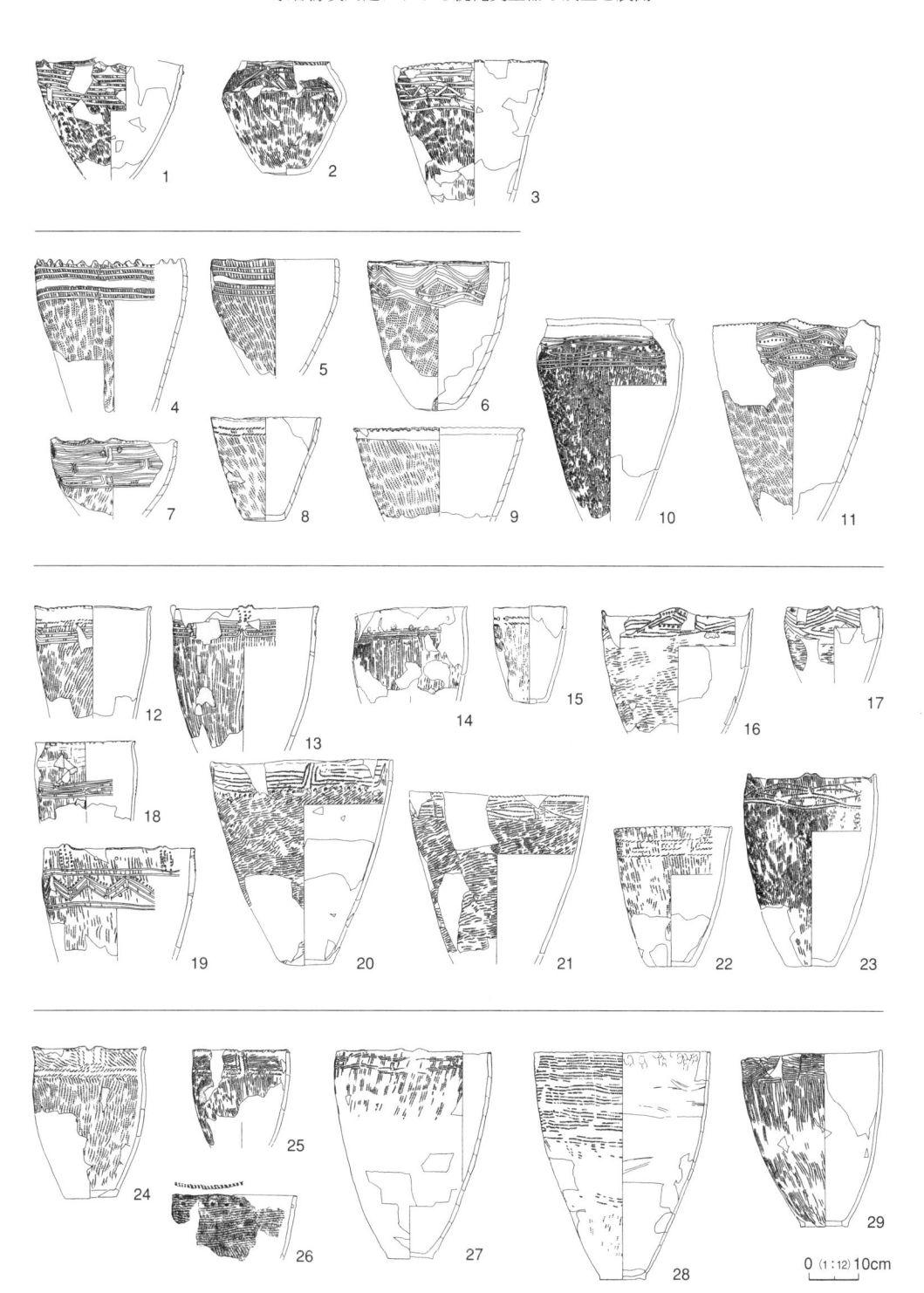

図8 道央における続縄文期初頭の土器群
出土遺跡：N30（1〜3・14・16・17・20・21・25・26・29）；H37（丘珠空港内）（4〜9・11）；H317（10・15・22・23）；N156（12・13・18・19・24）；H37（栄町地点）（27・28）。縮尺：1/12。

Ⅲ段階の類例に共通している。種屯内Ⅱa群には帯縄文はなく，縦走する撚糸文が一般的な地文になっている。しかし，条の流れからすれば帯縄文と撚糸文は同じ文様効果をもたらしており，このことも種屯内Ⅱa群と青苗B遺跡第Ⅳ群a類2種・道央第Ⅲ段階のあいだに連関性を認めるひとつの根拠となりえる。なお，種屯内Ⅱa群とほぼ同じ組成をなす声問川大曲遺跡Ⅲ群B類には宇津内ⅡaⅠ式の古段階との強い型式の関係があるので（熊木前掲），「道央第Ⅲ段階」－「種屯内Ⅱa群・声問川大曲ⅢB群」－「宇津内ⅡaⅠ式古段階」という併行関係を導きだせる。

後北A～C₁式に当てはめられるⅡb群については，貝層内であまりなく，宗谷地方でも断片的にしかみつかっていない。そのため，編年上での位置づけは難しい。かつて大沼（1982）が，道央では後北式直前から根強い伝統として縦走・横走縄文からなる「後北式の地文」があると指摘したが，それは道央第Ⅲ段階の特徴と言える。この型式と後北A式のあいだに何らかの型式がはさまれる可能性はあるものの，前者が後者より古いことは確実である。よって，種屯内Ⅱb群はⅡa群より新しいので，種屯内遺跡における続縄文土器の順序は「種屯内Ⅰ群（道央第Ⅱ段階併行）→種屯内Ⅱa群（声問川大曲ⅢB群類）（道央第Ⅲ段階併行）→種屯内Ⅱb群（後北A式～C₁式併行）」となる。

Ⅱ 土器型式からみた続縄文前半期の宗谷海峡周辺

1. 続縄文前半期の宗谷海峡周辺における土器型式の順序

ロシア側で新石器時代後期に位置づけられているアニワ文化の土器には，宗谷地方の続縄文土器とほぼ同じ型式内容をみてとれる（Ono 2003・熊木 2003・福田 2004）。アニワ文化の土器はアニワA～D式の四つに分類されている（Василевский 2002）。この分類を受けた熊木俊朗（前掲）は，種屯内Ⅰ群がアニワA・B式，種屯内Ⅱa群を包括する声問川大曲ⅢB群類がアニワC・D式に対応すると判断した[5]。IO突瘤文と多重縄線文を特徴とするアニワC・D式が声問大曲ⅢB群類と併行することに異論はないが，種屯内Ⅰ群からⅡa群への型式変化をふまえた場合，アニワA・B式の位置づけは変わってくる。

アニワA・B式土器（図6－10～16）は東上泊遺跡で出土した斜走縄文をもつ深鉢（同図8・9）と型式的に一致する（Ono 前掲）。東上泊の例では口唇部が角ばり，胴上半部がやや内湾する。これらの特徴は種屯内Ⅱa群になって増えるものである。一方で，地文は撚糸文ではなく斜走する回転縄文の充填が口縁部にまで及んでおり，ほかに種屯内Ⅰ群に多い特徴もある。そのため，アニワA・B式は，種屯内Ⅰ群と声問川大曲ⅢB群類の中間的な要素を兼ねそなえており，型式的には両者の中間型式と考えられる。

熊木（前掲）は，種屯内Ⅰ群とアニワA・B式でOI突瘤文（刺突文），声問川大曲ⅢB群類とアニワC・D式でIO突瘤文が多いと指摘しているが，種屯内Ⅰ群ではIO突瘤文が支配的で，東上泊遺跡の同時期の類例にもIO突瘤文がないわけではない。そのため，声問川大曲ⅢB群類段階の宗谷海峡周辺にIO突瘤文のみが採用されるようになったことは認めるにしても，OI・

IOの違いが段階的な差をあらわす指標になるとは考えにくい。

　以上のことから，宗谷海峡周辺の続縄文前半期の土器型式の順序は「種屯内Ⅰ群→アニワA・B式→声問川大曲Ⅲ群B類」となるわけだが，つぎにこれらを広域編年上で位置づけてみる。道央第Ⅱ段階は東北北部の「二枚橋式古段階」（高瀬 1998）に併行するので，種屯内Ⅰ群もこれに併行する。二枚橋式の前には砂沢式があり，道央では道央第Ⅰ段階が併行するものの（福田 2000），宗谷海峡周辺では確実に対応する型式は明らかでない。しかし，種屯内遺跡南部貝塚最下層の1号墓壙や東上泊遺跡でみつかった口唇部外縁が摘み出したようにとがり，頸部に強い屈曲をもつ深鉢（図4-39・40，図6-1・6・7）のたぐいは，種屯内Ⅰ群のなかでも系統的には古く位置づけられる。これらにみられる特徴は縄文晩期にはない。今のところ類型化できるほど出土量は少なく，型式的な特徴は種屯内Ⅰ群のなかに収めるのが無難だが，将来的に砂沢式併行の一群として認定できる可能性はある。一方，道央第Ⅲ段階では二枚橋式新段階の土器が組成のなかに介入しているため，声問川大曲Ⅲ群B類は二枚橋式新段階に併行すると言える。型式的には種屯内Ⅰ群と声問川大曲Ⅲ群B類の中間的要素をもつことを理由にアニワA・B式を段階として認定した場合，周辺地域との併行関係がたどれない。そして，種屯内遺跡の出土状況からわかるように，種屯内Ⅰ群と声問川大曲Ⅲ群B類のあいだに型式的・年代的な断絶は想定できない。ゆえに，アニワA・B式は種屯内Ⅰ群と声問川大曲Ⅲ群B類のいずれかに含まれるはずである。口唇部が角ばり，胴上半部が内湾する器形は声問川大曲Ⅲ群B類段階になってからひときわ発達することから考えて，声問川大曲Ⅲ群B類の古段階のヴァリエーションと判断するのが妥当である。

2．宗谷海峡周辺における前半期続縄文土器の成立と展開

　サハリン南部では種屯内Ⅰ群のまとまった遺跡は知るかぎりない。ユージナヤ（Южная）Ⅱ・クズネツォーヴォ（Кузнецово）Ⅰ遺跡などで出土しているアニワ文化のなかでも古段階とされている類例は大半がアニワA・B式以降のものである。新資料の増加は期待されるところだが，種屯内Ⅰ群段階にサハリン方面へ続縄文土器が広がったとは考えにくく，あったとしても断続的でその後に継続するような動きではなかったとみられる。

　種屯内Ⅰ群が作られた続縄文期初頭の北海道各地では，連続菱形文や縄線文による体部文様・口縁部直下の突瘤文などが遺跡の土器組成のなかで主要な一部として確認されることが多い。つまり，さまざまな型式要素が全道的に錯綜した状況を想定できるのである。さきに縄文晩期5期の道内において広範な土器の型式間交渉が想定されることを述べたが（福田 2003），多少の差異はあったとしても，続縄文期初頭にみられる現象はそれと同じ脈絡に位置づけられる社会構造のなかで連続的に理解されるべきだろう。種屯内Ⅰ群にみられる道央や奥尻島方面との型式的関係もこういった現象の一端を示している。

　声問川大曲Ⅲ群B類の一部であるアニワA・B式土器はサハリン南部で安定した個体数を確認でき，宗谷地方でも点在的にみつかっている。そのため，この型式はサハリン南部で盛行し，

その一部の影響が宗谷地方にも及んだ可能性がある。また，宗谷地方の声問川大曲Ⅲ群B類は地文が撚糸文であるのに対して，そのヴァリエーションと言えるサハリン南部のアニワC・D式では無文が多い。つまり，宗谷海峡周辺に広がった声問川大曲Ⅲ群B類にもこまかい地域差があったことがわかる。

声問川大曲Ⅲ群B類段階の宗谷海峡周辺には網走方面の宇津内式土器の影響が入ってくるが（熊木 2003），道央南の恵山式土器と型式的な特徴を共有する土器も同時にあらわれる。土器組成の主体は宇津内系で，恵山系土器の一部に突瘤文あるいは刺突文などの属性が組み込まれることはあるものの，両系統の融合型式は認められない。

恵山式や宇津内式の確立したあと続縄文後半期にいたるまでの道内では，型式的な融合がほとんどなくなり，道東と道央南という地域差がはっきりと見てとれるようになる。声問川大曲Ⅲ群B類段階の宗谷海峡周辺における土器もこうした全道的な型式どうしの関係と連動した背景のなかで製作されたと考えられる。しかし，道東や道央南では「排他的」とも言えるほどたがいの型式が受容されないのに対して，宗谷海峡周辺（とくに北海道側の宗谷地方）では両系統の土器が土器組成のなかで混在して発見されている。この事実は宗谷海峡周辺における土器がほかの地域とはややちがった社会文化的な背景によって作られていたことを意味する。

おわりに

種屯内遺跡出土土器の分析をもとに，宗谷海峡周辺における続縄文期前半期の土器の編年と型式間交渉を考察してきた。この地域における続縄文土器が道央南や道東と交渉をもってもちながら成立・展開したことが明らかになった。宗谷海峡周辺地域における続縄文文化は，より北にあったかもしれない何らかの文化と密接な関係をもったことは，間宮海峡周辺の先史文化の研究水準からみても考えにくい（福田 2004）。

サハリン・道北における調査事例がきわめて限られたなかでの考察のため，今後，変更が余儀なくされることもあると思われる。しかし，本論であつかった時期のあとの宗谷海峡周辺では，サハリン方面に生成母体があると指摘されることの多い鈴谷式土器が出現し，さらにはオホーツク文化が台頭することも忘れてはならない。オホーツク文化の成立過程を追及する場合，大陸側のコンテクストにばかり目が奪われ，本稿であつかった時期の諸現象についてはおざなりにされることがたいへん多い。しかし，続縄文期のいくつかの重要な文化要素がオホーツク文化に継承されたと指摘されているのも事実である（前田 1974・2002）。そういった学史的な脈絡のなかに本論の目的がある。

種屯内遺跡の発掘調査とその整理・分析は，筆者にとって続縄文文化と極東ロシア先史文化を本格的に学ぶきっかけとなった。本論は，そこで行なってきた編年試案のまとめであり，筆者にとって極東ロシアと北日本の先史社会文化研究を連結させるために重要な役割をはたしている。前田先生のご指導ではじめて礼文島浜中2遺跡の発掘調査に参加したのが大学入学直後，以後10年以上にわたってお世話になりつづけている。視野を広角にもつことで独自の社会構造

をえがくことの重要性を指南されてきたが，いまだに個別事象の説明に拘泥している。これからも，筆者の怠慢に対して厳しいご叱正をいただけるようにお願い申し上げたい。

註
1) 1995～1999年度の調査で出土したⅠ・Ⅱ類以外の土器の分類については，つぎのように設定している（種屯内遺跡調査団 2002）。Ⅲ群：鈴谷式土器・Ⅳ群：十和田式土器・Ⅴ群：いわゆる刻文土器・Ⅵ群：いわゆる沈線文土器・Ⅶ群：元地式土器・Ⅷ群：擦文土器。
2) 第4図39・41は接合しないものの，文様施文法や器形・胎土の状態から同一個体と考えられる。
3) 前稿（種屯内遺跡調査団 2002）では，南部貝塚の魚骨層③はⅠ群の段階と判断した。しかし，この層は撹乱を強く受けた箇所がたいへん多く，型式的なまとまりもない。そのため，年代順序を示す文化層として認定しないことにする。
4) 土器型式の系統とその断絶に注目して，筆者は北海道における縄文晩期の時期区分を1期（大洞B_1～BC_1式併行）・2期（大洞BC_2式併行）・3期（大洞C_2（古）式）・4期（大洞C_2（新）～A_1式併行）・5期（大洞A_2～A'式併行）に分けてとらえている（福田 2003）。
5) アニワA・B式は，A式が縄線文をもたなく，B式が縄線文をもつ。また，IOの突瘤文と多重する縄線文をもつアニワC・D式は地文の有無で区別されている。しかし段階的なまとまりも重視することで型式を設定するのなら，種屯内遺跡の類例をみても明らかなように，A式とB式，C式とD式にそれぞれ分けることに意味はない。

引用文献
（日本語文）
秋山洋司編　1998　『H37遺跡　栄町地点』札幌市文化財調査報告書57　札幌市教育委員会
乾　芳宏編　2000　『大川遺跡における考古学的調査Ⅱ』余市町教育委員会
　　　　　　2002　『大川遺跡発掘調査報告書（2000・2001年度）』余市町教育委員会
上野秀一編　1998　『N30遺跡』札幌市文化財調査報告書58　札幌市教育委員会
大沼忠春　1982　「道央地方の土器」『縄文文化の研究』第6巻　75～93頁　雄山閣出版
岡田淳子編　1978　『亦稚貝塚』利尻町教育委員会
菅　正敏　1972　「第5章　メクマ遺跡」『稚内・宗谷の遺跡』続　51～68頁　稚内市教育委員会
木村哲朗　1999　『青苗B遺跡』奥尻町教育委員会
木村哲朗編　1996　『堀株神社遺跡発掘調査報告書』泊村教育委員会
熊木俊朗　1997　「宇津内式土器の編年」『東京大学考古学研究室研究紀要』第15号　1～38頁
　　　　　2003　「道東北部の続縄文文化」『新北海道の古代』2　50～69頁　北海道新聞社
鈴木　信　2003　「3　道央部における続縄文土器の編年」『千歳市ユカンボシC15遺跡（6）』財団法人北海道埋蔵文化財センター調査報告書第192集　410～452頁
仙庭伸久編　1995　『H317遺跡』札幌市文化財調査報告書46　札幌市教育委員会
高瀬克範　1998　「恵山式土器群の成立・拡散とその背景」『北海道考古学』第34輯　21～41頁
高瀬克範・福田正宏　2000　「入舟遺跡出土の土器について」『余市水産博物館研究報告』第4号　59～68頁
高橋正勝編　1979　『江別太遺跡』江別市教育委員会
種屯内遺跡調査団　1998　「種屯内遺跡第2次発掘調査概要（1996年）」『利尻研究』第17号　67～96頁　利尻町立博物館

　　　　　　　1999　「種屯内遺跡第3次発掘調査概要（1997年）」『利尻研究』第18号　107～141頁
　　　　　　　　　利尻町立博物館
　　　　　　　2000　「種屯内遺跡第4次発掘調査概要（1998年）」『利尻研究』第19号　101～135頁
　　　　　　　　　利尻町立博物館
　　　　　　　2001　「種屯内遺跡第5次発掘調査概要（1999年）」『利尻研究』第19号　113～151頁
　　　　　　　　　利尻町立博物館
　　　　　　　2002　「利尻町種屯内遺跡発掘調査報告　総括編1　事実関係」『利尻研究』第21号
　　　　　　　　　131～150頁　利尻町立博物館
　　　　　　　2004　「利尻島種屯内遺跡の考古学的調査」『歴史人類』第32号　55～115頁　筑波大
　　　　　　　　　学歴史・人類学系
種市幸生編　1985　『礼文島幌泊段丘の遺跡群』財団法人北海道埋蔵文化財センター調査報告書第19集
種市幸生・土肥研晶　1993　『声問川大曲遺跡』稚内市教育委員会
千代　肇　1962　「弥生式文化の北方伝播とそれをめぐる問題」『考古学研究』第9巻第1号　18～32頁
坪井正五郎　1901　「北海道利尻貝塚發見の海獣牙製の人形」『東京人類學會雑誌』第16巻第178号　125～128頁
羽賀憲二編　1996　『H37遺跡　丘珠空港内』札幌市文化財調査報告書50　札幌市教育委員会
　　　　　　　1999　『N156遺跡』札幌市文化財調査報告書62　札幌市教育委員会
福田正宏　1999　「種屯内貝塚の晩期縄文土器と続縄文土器について」『海と考古学』第1号　9～20頁
　　　　　　　2000　「北部亀ヶ岡式土器としての聖山式土器」『古代』第108号　129～158頁
　　　　　　　2003　「北海道における亀ヶ岡式土器と在地系土器の系統」『海と考古学』第5号　19～52頁
　　　　　　　2004　「サハリン新石器時代の土器型式にみられる対外交渉の特徴について」『北方探究』第6
　　　　　　　　　号　27～45頁　北方懇話会
前田　潮　1974　「オホーツク文化とそれ以降の回転式銛頭の型式とその変遷」『史学研究』第96号　1～
　　　　　　　35頁　東京教育大学文学部
　　　　　　　2002　『オホーツクの考古学』ものが語る歴史シリーズ7　同成社
前田　潮・西谷榮治　1997　「利尻町種屯内遺跡発掘調査報告」『利尻研究』第16号　29～60頁　利尻町立
　　　　　　　博物館

（外国語文）

Ono, Hiroko 2003, Relationship between the Susuya Culture and the Aniwa Culture, 『北海道大学総合博物
　　　　館研究報告』第1号　19～31頁
Василевский А.А. 2002 Памятники эпи дзёмон на Сахалине, 日ロ共同シンポジウム『サハリンにおけ
　　　　るオホーツク文化の形成と変容・消滅』1～14頁　北海道大学総合博物館
Василевский А.А. Шубина О.А. 2002 Неолит Сахалина и Курильских островов, *Вестник
　　　　Сахалинского музея*., Южно-Сахалинск, No. 9, С.196-230, СОКМ.

挿図出典
図3　種屯内遺跡調査団（2002：Fig. 9・10）を一部改変；図4　拓映図は種屯内遺跡調査団（1999・
2000）より転載。土器断面図は再トレース；図5　拓映図・実測図は種屯内遺跡調査団（2001・2002）よ
り転載。土器断面図は再トレース；図6　1～9は種市編（1985）より転載。10～13は、（2002）より転
載。14～16はOno（2003）より転載。17～23は種市・土肥（1993）より転載；図7　1～7・9～17は木
村（1999）より転載。8は独自に作成；図8　1～3・14・17・20・21・25・26・29は上野編（1998）よ
り転載。4～6・8・9・11は羽賀編（1996）より転載。10・15・22・23は仙庭編（1995）より転載。12・
13・18・19・24は羽賀編（1999）より転載。27・28は秋山編（1998）より転載。

札幌市内の遺跡分布からみた続縄文時代の土地利用方法
— 道央部における続縄文時代の行動様式の復原にむけて —

石 井　淳

はじめに

　北海道の続縄文文化は，縄文時代後・晩期以来の伝統を発展的に継承した文化であり，その後の北海道の文化の源流となる文化であると言われている（藤本 1982）。その前半については，縄文時代晩期以来の地域圏が継承され，道西南部および釧根地域では海獣猟や海での漁撈を主な生活基盤とし，道央部の石狩低地帯では河川の中・下流域，北見・網走地域では河川の河口部における漁撈を主な生活基盤としていたことが指摘されている（藤本 1982, 西本 1984・1985）。サケ・マス漁を重視する見解もあるが（木村 1976），大局的には，海や河川における漁撈を主な生業基盤としていたという点で一致しており，現状においても大きな変更は必要ないものと思われる（工藤 1998）。

　その一方で，続縄文時代の後半については，地域圏が解消され，河川漁撈を生業基盤とする文化が，道央部から全道に斉一的に展開していったと考えられているものの（藤本 1982, 澤 1982, 石本 1984），遺跡数の少なさや遺跡内容の貧弱さから，各地域における活動内容について具体的に論じられることは少なく，また，地域圏の解消と斉一化の背景については，抽象的な見解が提示されるにとどまってきた観がある。筆者もまた，続縄文時代の後半における全道的な斉一化について，それまでの定着的な生活形態が遊動的な生活形態へと変質したことに起因するものであるとの見解を提示したが（石井 1997・1998），全道各地の数遺跡の概要から大局的な様相を述べたにとどまり，抽象的な表現に終始してしまったことは否めない。

　このように，抽象的な表現で全道的に一括りに論じられてきた続縄文時代の後半における斉一化について，土器様式の詳細な分析から，地域性を具体的に見直す見解が提示されている（熊木 1997・2001）。道東部の続縄文時代後半の土器について分析した熊木によれば，道央部から道東部に進出した後北C2-D式土器は，はじめは在地の土器作りの伝統に拠って製作され，その後，在地の伝統が一端弱まりながら，再度道央部との地域差が増大するという，三つの過程を経ながら変遷していくという（熊木 2001：210頁）。

　したがって，表面的には全道で急激に斉一化したように見える現象の背後に，実は，各地域ごとに複雑かつ多様な斉一化の過程が存在していたことが予想されるのである。当然，その背景にある行動様式の変質過程や変質結果も，地域ごとに多様であったものと思われる。

　すなわち，続縄文時代の後半に大局として全道的に文化が斉一化していくという現象の背景

をより具体的に論じるためには，より小さな地域単位ごとに，続縄文時代における行動様式の変遷過程を復原し，地域間で比較検討を積み重ねていくことが必要と言えるのである。

そのためには，まず，全道的に斉一化していく後北式土器様式の生地である道央部自体で，続縄文時代における行動様式の変遷過程をより具体的に明らかにしておく必要があろう。

そこで，本稿では，近年調査事例の増加が著しい札幌市域を対象とし，遺跡分布と遺跡内容の検討から，続縄文時代の土地利用方法について明らかとし，道央部における続縄文時代の行動様式を復原するための足がかりとしたい。

なお，本稿における続縄文時代の時期区分は，便宜的に大沼忠春氏による大別二期，細別四期区分を用いることとしたい（大沼1977・1989）。この時期区分は，続縄文時代を前期と後期とに大別し，それぞれ前半と後半とに細別するものである。この分類では，恵山式の南川Ⅲ群およびプレ後北A式までが続縄文時代前期前半（第一期），恵山式の南川Ⅳ群および後北C1式までが続縄文時代前期後半（第二期），後北C2-D式期が続縄文時代後期前半（第三期），北大Ⅰ・Ⅱ式期が続縄文時代後期後半（第四期）となる（大沼1989）。

以下，札幌市内の地形を概観し，さらに，各地域の遺跡分布と遺跡内容の検討を通して，各地域における土地利用方法の変遷について明らかにしていくこととする。

Ⅰ．札幌の地形と地質

1．明治29年製版『北海道假製五万分一圖』

札幌市は，北海道の中央部と西南部とを区画する地形上および地質構造上の境界である石狩低地帯の日本海側に所在する（図1）。南北で45.4km，東西で42.3kmの範囲に広がり，面積は1,121.12km²で全国の都市の中で三番目の広さである。このように，北海道の地形・地質構造上の重要な境界に所在し，広大な面積を有する札幌市内の地形は，まさに多種多様であり，端的に言えば「山あり，川あり，平野あり，海あり」ということになる（大内1996：23頁）。

札幌市内の地形は，大まかにみれば，「北西部から南西部を構成する山地地域」，「東部に広がる丘陵地や台地地域」，「豊平川や発寒川がつくった扇状地や河岸段丘地域」，そして「北部に広がる沖積平野（石狩海岸平野）地域」から構成されている（赤松・五十嵐・北川・松下1989：3～4頁）。

このような多種多様な地形を視覚的に理解するために，ここでは明治時代に作製された地形図を用いたい。図2は，明治29年に陸軍省陸地測量部が製版した『北海道假製五万分一圖　札幌第十號　札幌』を中心として，同年刊行の『札幌第五號　當別』，『札幌第六號　江別』，『札幌第七號　長都』，『札幌第九號　石狩』，『札幌第十一號　平岸』，『札幌第十五號　札幌岳』，さらに明治42年部分修正測量し明治43年に改版された『北海道假製五万分一圖　札幌第十三號　小樽』，『札幌第十四號　錢函』を周囲に配し，縮小して12万分の1の縮尺で調整したものである。

図中の網掛け範囲は，市内において続縄文時代の遺構・遺物が発見された埋蔵文化財包蔵地

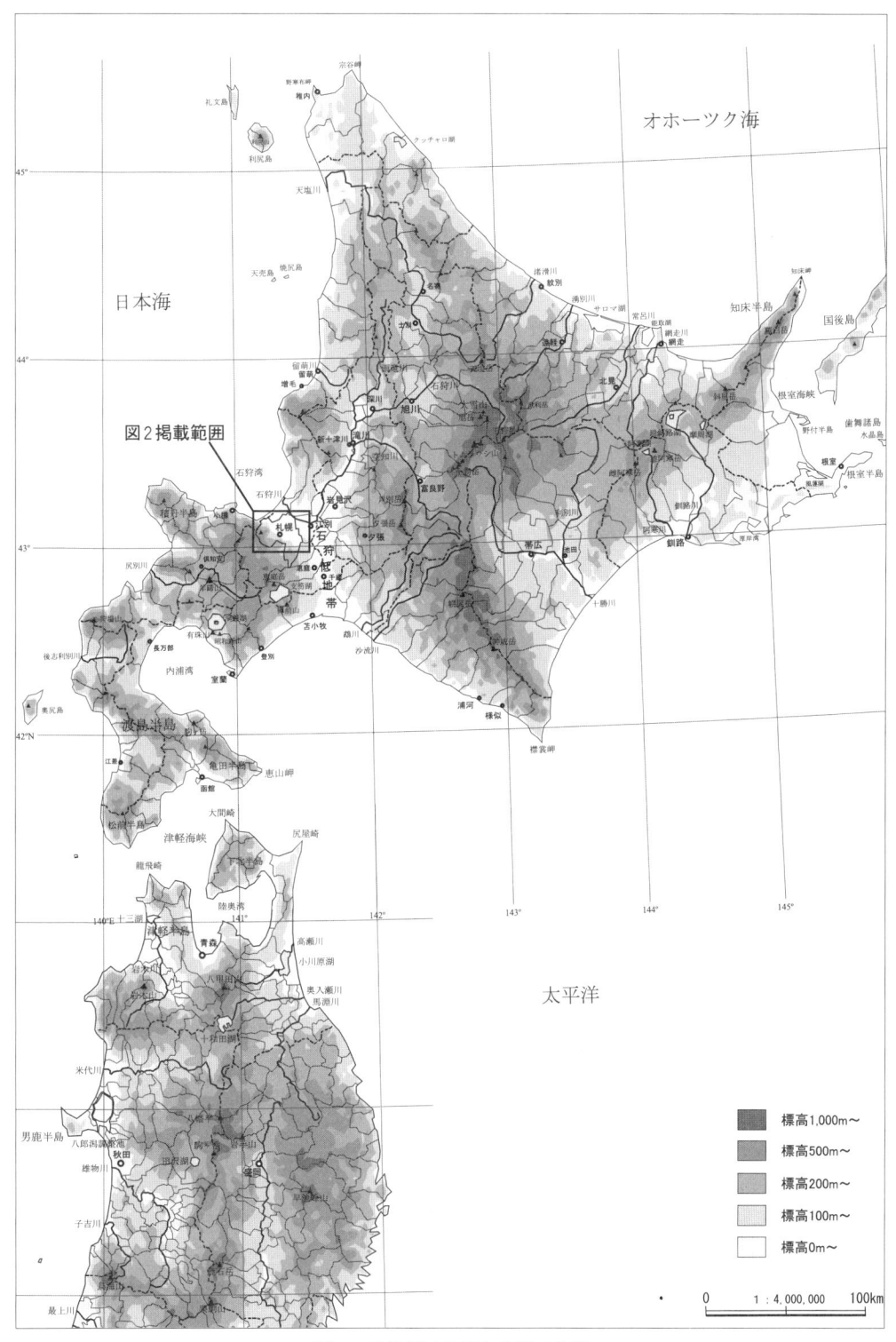

図1 北海道の地形と札幌の位置

の範囲であり，アルファベットと数字との組み合わせはその遺跡名である。また，石狩市と江別市の続縄文時代遺跡の一部についてもその位置を表示した。遺跡の範囲をよりわかりやすくするために，第2図では，背景の地形図自体の濃度をやや落としている。なお，地形図上の濃度が薄い右読みの町村名や河川名は明治時代の表記そのままであるが，やや濃度が濃く鮮明な河川名等は筆者が加筆したものであることをお断りしておきたい。図中央のK135遺跡の所在地が，現在の札幌駅周辺に相当する。

　この明治期の地形図は，本格的な三角測量により作製されたものではないことから，厳密に精確な地形図と言えるものではない。しかし，明治以降の開発によって地形が大きく改変されてしまった札幌市内の地形について，その本来の姿を把握するという意味において，この地形図の有する価値は極めて高いものと言える。第2図の中央付近をみると，すでに道路が東西および南北方向に整然と区画化されており，明治20年代にはすでに現在の札幌中心部の原型が形づくられていたことがわかる。しかし，その周囲に目を転じれば，北西から南西側に山地地域が迫り，その山地に源を発する豊平川が中心部の東をかすめながら北西流し，この豊平川を境として，その西側にはいくつもの小支谷に刻まれた台地や丘陵地が広がり，さらに北側には広大な原野である石狩海岸平野が広がっている。

　以下，第2図をもとに，札幌市内の地形について概観することとしたい。

2．札幌の地形と地質

（1）「北西部から南西部を構成する山地地域」

　「北西部から南西部を構成する山地地域」は，第三紀鮮新世末期（約300万年前）から第四紀更新世初頭（約180万年前）にかけての火山活動により形成されたものであり，豊平川上流域の定山渓付近で河川の分水界となる山々と，第三紀鮮新世（500万～180万年前）や後期中新世（1,000万～500万年前）の火山活動により形成された豊平川の中～下流域の山々とから構成される（赤松・五十嵐・北川・松下　1989：4～6頁）。

（2）「東部に広がる丘陵地や台地地域」

　「東部に広がる丘陵地や台地地域」は，西側から順に，豊平川右岸の台地である平岸面，月寒川と望月寒川との間および望月寒川の左岸に広がる西岡台地，月寒川上流の東側に広がる月寒台地，月寒台地の東縁を刻むラウネナイ川と厚別川（アツベツ川）との間に広がる清田台地，西岡・月寒・清田台地の南側に広がる滝野丘陵，厚別川（アツベツ川）の東側から野津幌川右岸まで広がる厚別台地，そして札幌市の東縁で江別市街地まで半島状に突出する野幌丘陵から構成される。このうち平岸面は，扇状地堆積物により形成された札幌扇状地の一段高い平坦面であり，他の台地や丘陵地とは地質構造的に異なるものである。西岡台地は支笏軽石流堆積物からなり，標高90～70mの平坦面，標高70～45mの緩斜面，さらに標高45～20mの平坦面からなる。月寒台地は支笏軽石流噴出以前からの台地であり，広い緩斜面が特徴的である。清田台地は，月寒台地の東縁に沿って支笏軽石流が流下したことにより形成されたもので，小支流で

複雑に刻まれている。滝野丘陵は，西岡・月寒・清田台地の南側で支笏軽石流堆積物により形成された丘陵地であり，標高は250〜200m程である。厚別台地もやはり支笏軽石流堆積物により形成されたもので，河川によって区分される三つの台地からなり，緩やかな起伏に富んだ地形を呈する。野幌丘陵は上記の台地群とは地質構造的に異なり，第四紀更新世堆積物で形成されたもので，南北に延びる中央平坦面から東西に緩斜面が広がり，この緩斜面が複雑に浸食されている（赤松・五十嵐・北川・松下 1989：6〜9頁）。なお，野幌丘陵の大半は現在の行政区分では江別市に属している。

（3）「豊平川や発寒川がつくった扇状地や河岸段丘地域」

札幌の中心部がのる扇状地は，東側から順に，豊平川により形成された札幌扇状地，琴似川により形成された琴似川扇状地，発寒川により形成された発寒川扇状地から構成される。札幌扇状地は，南区真駒内の南端付近から北に向かって扇状に広がり，豊平川の伏流水が湧出する標高15m付近を境にして沖積平野へとつながっている。この扇状地は，豊平川中流域の右岸に沿って広がる比高15〜5m程の一段高い平岸面（標高約30〜90m前後）と，豊平川中流域の左岸を中心に広がる札幌面（標高約15〜80m前後）とからなり，平岸面が先に形成され，その後河道がやや西に移動して札幌面が形成されたものと考えられている。琴似川扇状地は，円山動物園や円山球場がのる小規模な扇状地で，平岸面とほぼ同じ頃に形成されたものらしい。西区を流れる発寒川沿いに形成された発寒川扇状地は，急傾斜しながら北東方向に広がっており，標高15m付近で地下へと潜伏する。これらの扇状地とは別に，豊平川上流域の左岸には河岸段丘が形成されており，比高50〜40mの高い段丘と比高13〜12mの低い段丘とからなる（赤松・五十嵐・北川・松下 1989：9〜12頁）。

（4）「北部に広がる沖積平野（石狩海岸平野）地域」

札幌扇状地の北部に広がる沖積平野は，石狩湾から内陸に向かって，海浜，石狩海岸砂丘，花畔砂堤列地帯，紅葉山砂丘，後背低地に区分される。石狩海岸砂丘は，200〜300m程の幅で，石狩湾の海浜に面して小樽市銭函から石狩川河口まで細長く延びている。この石狩海岸砂丘と紅葉山砂丘との間に5〜6km程の幅で広がるのが花畔砂堤列地帯で，幅20〜30m程の砂堤と砂堤間低地との繰り返しから形成されている。石狩湾の海岸からおよそ6km程内陸で，上記の砂堤列地帯の内側を区画するように500〜1,000m程の幅で南西から北東方向に延びるのが紅葉山砂丘である。さらに，紅葉山砂丘の内側に広がる低湿地帯が，後背低地である。この低地帯は，縄文海進に伴い紅葉山砂丘の内側に侵入した海水が引き，その跡に広がった浅い潟湖に，石狩川・豊平川・厚別川・発寒川などの河川が土砂を埋積したことによって形成されたものである。その後も土砂の埋積は進み，約5,000年前頃には湖水域がほとんど埋め尽くされて沖積低地が形成されたようである。また，河川の洪水と流路変更に伴い形成された自然堤防の間の低地には，湿地化に伴って4,000年〜2,000年前頃に泥炭地が形成されたと考えられている（赤松・五十嵐・北川・松下 1989：12〜14頁，大丸 1996：61頁）。

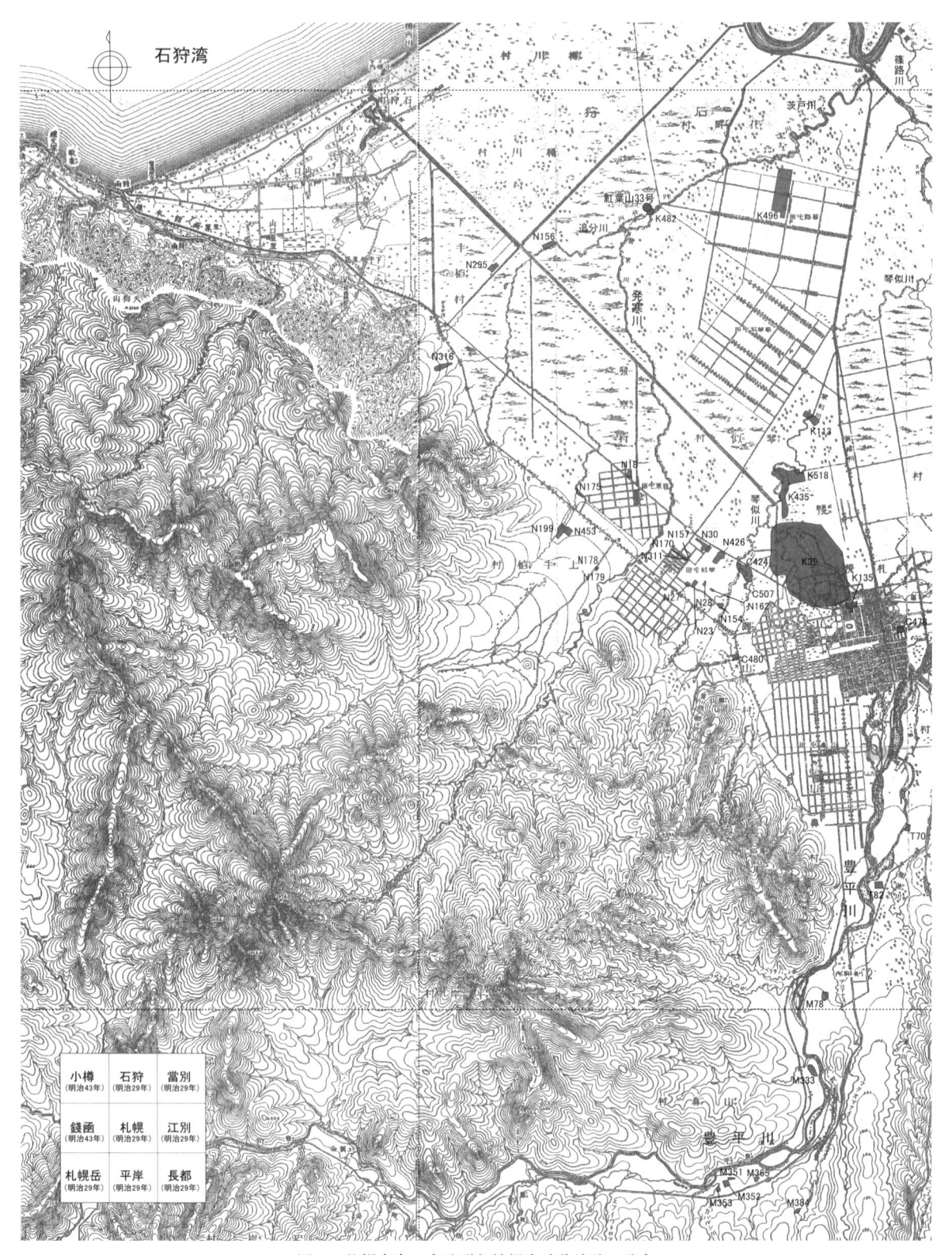

図2 札幌市内の古地形と続縄文時代遺跡の分布

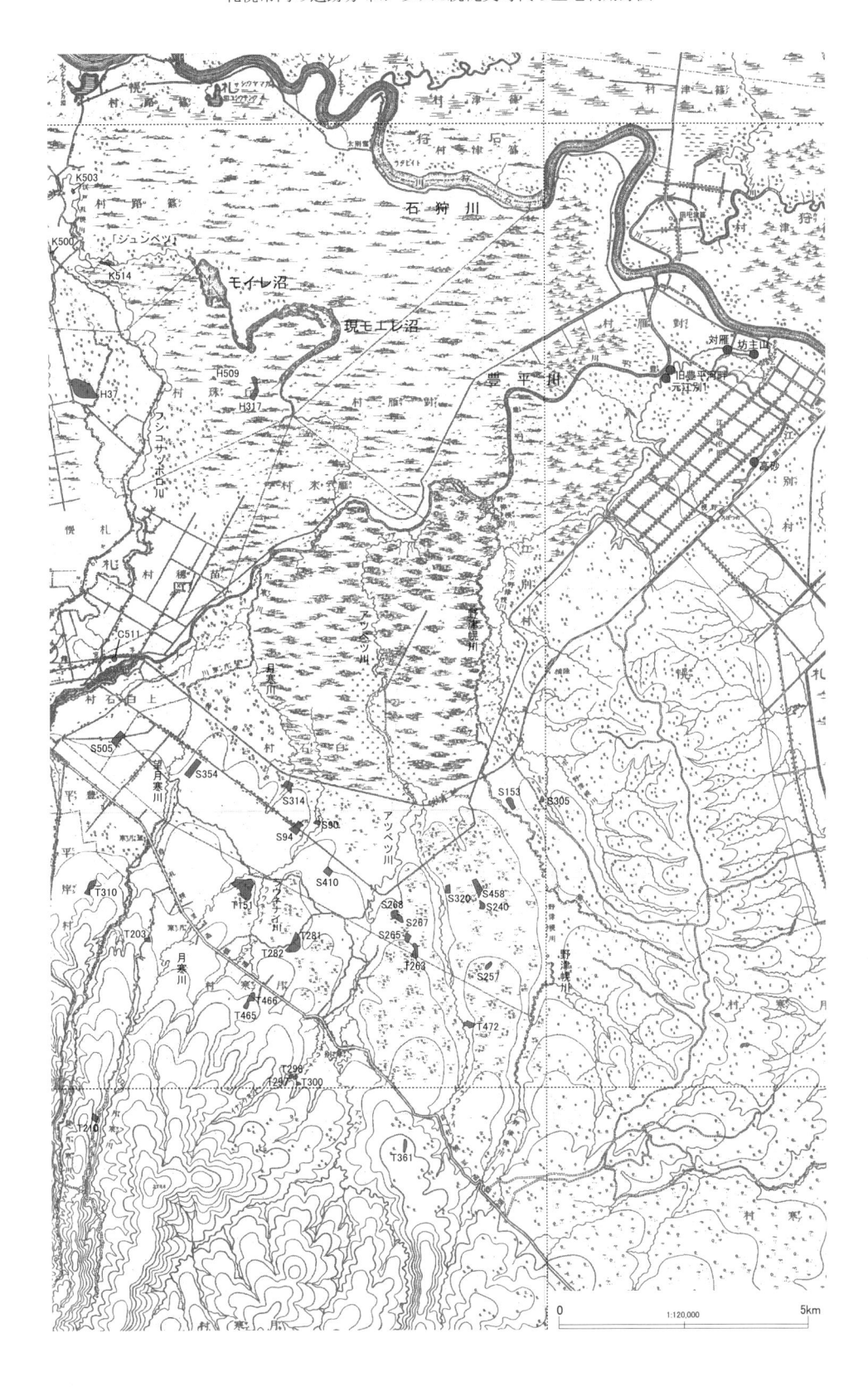

札幌市内の遺跡分布からみた続縄文時代の土地利用方法

3．札幌の河川

次に，札幌市内を流れる河川について，第2図をもとに概観しておきたい。現在では，市街地化と河川改修により消滅ないし直線化してしまった河川本来の流れを，明治期の地形図から読み取ることができる。ここでは，主要河川である豊平川，市内で最も遺跡が集中する「旧琴似川流域」，そして近年の調査で遺跡の存在が明らかになってきたモエレ沼周辺について取り上げることとする。

（1）豊平川（サッポロ川）

地図の左下山海中に源を発し，河岸段丘を形成しながら北流して札幌中心部がのる扇状地を形作り，その中心部の東側をかすめながら北東方向に流れを変え，後背低地を蛇行しながら地図右上の江別市街の北側で石狩川へと注いでいる河川が豊平川である。現在の豊平川は，図中の「現モエレ沼」の南側より下流（現江別市雁来大橋よりも下流）で直線化されているが，これは1941年に竣工した新水路であり，明治時代には図に見られるように，現在の世田豊平川の川筋を流れて江別市対雁付近で石狩川へと注いでいた。

この豊平川は，何回かの大規模な河道の変更を経てきたことが知られている。第2図にみられるルートに豊平川が河道を変更したのは，幕末の1,801年ないし1,802年頃のことである。この河道の変更は，江戸幕府による西蝦夷見分の記録（『遠山村垣西蝦夷日記』）中に聞き書きとして見いだすことができ，そこには，見分を行った4・5年前（1,801・02年）に大洪水でサッポロ川（豊平川）の本流の川上が切れ，ツイシカリ川に合流したとの伝聞が記録されている（犀川会編 1931：44頁，山田 1965：112〜114頁，札幌市教育員会編 1989：484〜494頁）。したがって，19世紀の初頭に，伏籠川筋（第2図中の「フシコサッポロ川」）を北流していた豊平川が大洪水を起こし，現在の南大橋から一条大橋付近で決壊して，小河川であったツイシカリ川へと流れ込んだわけである。これによって豊平川の中・下流域の河道は，第2図のルートへと移動したようである。この結果，それまで本流であった伏籠川筋は「古い・サッポロ（川）」を意味する「フシコ・サッポロ」の名で呼ばれるようになる（山田 1965：96〜97頁）。

札幌中心部がのる豊平川の扇状地札幌面の等高線は，舌状の張り出しの集合であり，最も西側の張り出しが1万〜5,000年前頃，現在の創世川ラインに相当する扇状地中央部の張り出しが3,500年前頃，最も東側の張り出しが200年前頃に形成されたものと考えられている（大丸 1996）。このことから，扇状地から沖積平野へと抜ける豊平川のルートは，時代とともに西から東へと移動していき，最終的に対雁に抜ける第2図のルートに落ち着いたものと推定されている（赤松・五十嵐・北川・松下 1989，大丸 1996）。したがって，豊平川が伏籠川筋を流れていた時期は，3,500年前以降のある時期から現在とほぼ同じ川筋を流れるようになった200年前頃までということになる。いつ伏籠川筋に流路が変わったのかが問題となるが，その時期については定かではない。ただし，地表面下の深さ2mまでの土性分布によれば，石狩海岸平野において伏籠川沿いには砂や砂質シルトなどからなる自然堤防が最も広範囲にかつ連続的に分布しており，その自然堤防が最も新しい時期に堆積していることから（二ッ川 1996），今から

200年前に流路が変わるまで，長期間にわたり安定した状態で伏籠川筋を流れていたことは確かなようである。

したがって，続縄文時代には，豊平川は現在の伏籠川（図中の「フシコサッポロ川」）とほぼ同じルートを北流して，茨戸付近で当時の石狩川本流（現在の茨戸川）へと合流していた可能性が高い。

(2) 旧琴似川流域

豊平川の水は，伏流水となって扇状地の地下に潜伏し，札幌面末端の標高15〜20m線付近で湧き出している。第2図が作製された明治時代頃までは，十数カ所の湧泉池が存在し，サケの良好な産卵場所であったことが知られており，現在でも，知事公館，北大植物園，清華亭などに湧泉池としての名残りをとどめている。

この湧泉池に湧き出した水は，かつては流れを集めながら大小の河川となって，扇状地末端から沖積平野の後背低地に向けて網の目のように北流していたことが知られている。これらの旧河川は，東から順に，「サクシュコトニ」，「セロンペツ」，「コトニ」本流と称され，流れを合わせながら，現在の札幌競馬場の北側で，西方の円山，宮ノ森方面を流れてきた「ケネウシペツ」と合流し，「シノロ」川（現在の琴似川）となって北東方向に流れ，篠路付近でフシコサッポロ川へと流入していた。これらの河川は，「サクシュコトニ」川や「シノロ」川の一部を除いて，現在ではその姿を地上に認めることはできない。

続縄文時代にも，これらの河川は網の目状に北流していたものと思われるが，その詳細な流路は十分に把握できていないのが現状である。

(3) モエレ沼周辺

第2図中央やや右上の三日月湖が，現在公園として整備されているモエレ沼である。図をみると，この三日月湖のやや北西側に，また別の沼地が存在していることがわかる。明治29年製版のこの地形図中では，この沼地に「モイレ沼」との表記がなされていることから，本来はこちらの沼地がモエレ沼と呼ばれていたらしい。

この「モイレ沼」と三日月湖である現モエレ沼の成立は，いつ頃のことなのであろうか。先にふれた地表面下深さ2mまでの土性分布によれば，モエレ沼の周辺にも砂や砂質シルトなどからなる自然堤防の分布が認められることから，かつてここに大きな河川が流れていたことは確実のようである。第2図をみても，現モエレ沼の南側から豊平川へ向かって小河川が流れており，また，当時の「モイレ沼」の西側からフシコサッポロ川へと小河川（「シュンベツ」：西川）が注いでいたことがわかる。17世紀後半の『津軽一統志』巻第十之下には，「さつほろの枝川に縦横半里計の沼御座候由」との記載があることから（北海道編 1969：178頁），豊平川の河道が現在のルートに移動した時期よりも100年以上も前に，すでに「モイレ沼」ないし現モエレ沼は存在していたものと考えられる。したがって，17世紀後半より古い時期に，大きな河川がこの付近を北西方向に流れていたことは確実と言える。

Ⅱ．札幌市内における続縄文時代の遺跡分布

　前章で述べたように，札幌市内の地形は変化に富んでいる。このような地形のあり方に比例して，札幌市内の続縄文時代の遺跡は多様な立地を示している。ここでは，前章で述べた各地域ごとに，遺跡の分布およびその内容を概観していくこととしたい。

　すでにふれたように，図2で埋蔵文化財包蔵地の脇に記載したアルファベットと数字との組み合わせは遺跡名であり，札幌市内では続縄文時代の遺構・遺物が発見された埋蔵文化財包蔵地が現状で75ヶ所登録されている。これら75ヶ所の続縄文時代遺跡の一覧を，表1として掲載した。表1は，『札幌市埋蔵文化財台帳』（札幌市教育委員会 1989）を基に，各報告書を参考にして作成したものである。表示順は，埋蔵文化財台帳登載番号順であり，また，「遺跡の時期と種別」欄における記号は，検出された遺構に拠る遺跡の内容を示している。

　以下，図2および表1をもとに，各地域の遺跡分布と遺跡内容を概観していきたい。

1．東部の台地に分布する遺跡

　東部に広がる台地上には，28ヶ所の続縄文時代遺跡が分布している。最西端の台地である西岡台地には，望月寒川の両岸や月寒川の左岸に面して，T210遺跡，T203遺跡，T310遺跡，S354遺跡，S94遺跡，S314遺跡が分布している。このうち，T210遺跡では縄文時代晩期末葉から続縄文時代初頭頃と推定される119基の土坑（土壙墓を含む）が，S354遺跡では縄文時代晩期末葉から続縄文時代初頭頃と推定される土壙墓1基，後北B～C1式期の土壙墓3基，後北C2-D式期の土壙墓1基が，S94遺跡では後北C2-D式期の墓の可能性もある土坑2基が検出・調査されている。これ以外の3遺跡は，表面採集ないし試掘調査が行われたのみで，詳細は不明である。

　西岡台地の東側，月寒川上流右岸の月寒台地には，T465遺跡，T466遺跡，T151遺跡が分布している。このうち，T466遺跡では縄文時代晩期末葉の竪穴住居跡1軒，土坑69基，炉跡をはじめとした屋外の焼土関連遺構25ヶ所が検出されている。三次にわたって調査が実施されたT151遺跡では，縄文時代晩期末葉から続縄文時代初頭頃と推定される129基の土坑（土壙墓を含む）が調査され，後北A～C2-D式の土器片が出土している。また，T466遺跡に隣接するT465遺跡では，包含層から北大Ⅰ式の土器片が出土している。

　月寒台地の東側，ラウネナイ川と厚別川との間に広がる清田台地には，T300遺跡，T298遺跡，T297遺跡，T282遺跡，T281遺跡，S410遺跡，S90遺跡が分布している。このうち，T300・T298・T297遺跡は詳細試掘調査が実施され，続縄文時代前期後半の恵山式や後北式土器および後期前半の後北C2-D式土器が出土している。また，T282・T281遺跡では，続縄文時代前期前半の土器と後半の後北C1式土器が出土している。S410遺跡とS90遺跡とは，発掘調査が実施されておらず，詳細不明である。

　清田台地の東側，厚別川の東側から野津幌川右岸まで広がる厚別台地には，T361遺跡，T263遺跡，S265遺跡，S267遺跡，S268遺跡，T472遺跡，S257遺跡，S240遺跡，S320遺跡，

表1 札幌市内続縄文時代遺跡一覧

遺跡名	所在地(住所：H16年7月現在)	標高(m)	立地	発掘調査地点名等	発掘調査期間(西暦.月)	調査面積(㎡)	続縄文初頭〜縄文晩期末	前半 恵山式	前半 後北式	後半 恵山式	後半 後北式	続縄文後期前半 後北式	擦文前半 北大式	擦文早期 北大式	報告書等※2
N18	西区発寒10条4丁目	13〜14	発寒川扇状地末端, 発寒川左岸						?		?	?			郷土の科学41・42 北海道の文化10
N23	西区二十四軒3条5丁目	17〜18	発寒川扇状地末端, 発寒川右岸												琴似町史 郷土の科学41・42
N27	西区二十四軒3・4条5丁目	20	琴似川左岸					?		?					琴似町史 郷土の科学41・42
N28	西区二十四軒3条4丁目	15	琴似川左岸						?		?				琴似町史 郷土の科学41・42
N30	西区二十四軒4条1丁目7-1,8	15〜16	旧琴似川流域, 河川微高地, 発寒川扇状地末端, 発寒川右岸	第2次調査	2002.09〜10	3,900	■▲●	■▲●							札文報76
H37	東区丘珠町580〜585, 588, 589, 885-1, 888-1, 890-1, 891-1	19	豊平川扇状地	丘珠空港内	1993.08〜10 1994.08〜10	2,200	■●								札文報50
				栄町地点	1994.08〜10 1995.05〜10 1996.05〜08	12,600	■●				●				札文報57
K39	北区北7条西5〜10丁目, 北8〜11条西5〜11丁目, 北12・13条西5〜12丁目, 北14〜16条西5〜13丁目, 北17・18条西6	13	旧琴似川流域	第1次調査	1991.11						?	▲	▲		概報のみ
				第6次調査	1996.09〜10 1997.05〜10 1998.06〜11 1999.04〜08	11,720	○								札文報65
				第9次調査	2000.09〜10	440	○				●				札文報69
K39(北海道大学構内：北大調査地点)	北区北7条西5〜10丁目, 北8〜11条西5〜11丁目, 北12・13条西5〜12丁目, 北14〜16条西5〜13丁目, 北17・18条西6	13	旧琴似川流域	中講堂	1984.05〜06	1,560							▲		北大構内の遺跡5 昭和59年度(1987)
				ポプラ並木東地区	1984.07〜09	249						▲●			北大構内の遺跡5 昭和59年度(1987)
				学生部体育館	1986.06	1,600					●				北大構内の遺跡6 昭和60・61年度(1988)
				医学部附属大学病院パワーセンター建設予定地	1987.06	1,512					○				北大構内の遺跡7 昭和62・63年度(1989)
				中央道路共同溝(第4工区)地点	1993.08〜09	45	○								北大構内の遺跡10 平成3・4・5・6年度(1995)
				ゲストハウス地点	1994.07〜08	1,000	●	●							北大構内の遺跡10 平成3・4・5・6年度(1995)
				附属図書館本館北東地点	2002.04〜05	試掘調査	?	?							北大構内の遺跡XⅢ(2003)
				文系総合研究棟新営工事	2000.11	試掘調査									北大構内の遺跡XⅡ(2002)
				人文・社会科学総合教育研究棟新営工事予定地	2001.05・9・12				■●?						報告書未刊北大構内の遺跡XⅢ(2003)に記載あり
				人文・社会科学総合教育研究棟新営に伴う防火槽設置工事予定地	2002.05〜07	72			■?						報告書未刊北大構内の遺跡XⅢ(2003)に記載あり
				創成科学研究棟給水管工事予定地	2002.1	210					○				北大構内の遺跡XⅢ(2003)
				構内共同溝予定地理学部北側の道路沿い	1987.1	約300					○				北大構内の遺跡7 昭和62・63年度(1989)
				(構内共同溝予定地)理学部北側地点	1993.10.	工事立会									北大構内の遺跡10 平成3・4・5・6年度(1995)
				地球物理学西・ポプラ並木東	採集?				?		?	?			北大構内の遺跡3 昭和57年度(1984)
				医学部附属病院中央診療棟建設地区	1982.09	試掘調査									北大構内の遺跡3 昭和57年度(1984)
				サクシュコトニ川	1981.08〜09	5,904					○				サクシュコトニ川遺跡1本文編(1986)
T70	豊平区平岸1条12丁目	50〜52	精進川右岸, 河岸段丘上												考古学雑誌27-9 郷土の科学41・42
M78	南区真駒内公園	69	豊平川, 真駒内川にはさまれる台地									?	?		ウタリ3-5 郷土の科学41・42
T82	豊平区中の島1条13丁目, 平岸1条21丁目	52〜55	豊平川右岸段丘上												考古学雑誌27-9 郷土の科学41・42
S90	白石区平和通15丁目北	20	月寒川右岸段丘上						?		?	?			郷土の科学41・42
S94	白石区本通13・14丁目北	20	月寒川左岸段丘上	白石神社	1972.10〜11	1,000					▲				札文報1
K113	北区北34・35条西5〜7丁目	8〜9	旧琴似川流域, シノロ川右岸	北34条地点	1994.06	500					●				札文報49
K135	北区北5条西5丁目4・7番地, 北6条西4・5丁目	17	旧琴似川流域, 河川微高地	4丁目地点	1984.07〜11 1985.04〜08	6,200 385				● ●	● ●	○			札文報30 札文報40
				5丁目地点	1985.04〜08	2,000		●			●				札文報30
				西5丁目通地点	1988.08〜09	400					○	○			札文報39
T151	豊平区月寒東3条11丁目, 東5条13丁目	40	月寒川とラウネナイとの合流地点, 中州の段丘上		1981.06〜07	6,610	▲				○				札文報26
				あやめ野中学校校地内	1987.09〜11	5,800	▲	○		○					札文報38
				南側地点	1990.05〜06 1991.05〜07 1992.06	429	▲			○					札文報44

石井　淳

遺跡名	所在地(住所：H16年7月現在)	標高(m)	立地	発掘調査地点名等	発掘調査期間(西暦.月)	調査面積(㎡)	続縄文初頭～縄文晩期末	続縄文前期前半 恵山式	続縄文前期前半 後北式	続縄文前期後半 恵山式	続縄文前期後半 後北式	続縄文後期前半 後北式	続縄文後期後半 北大式	擦文早期 北大式	報告書等※2
S153	厚別区厚別東3・4条2丁目	28	野津幌川右岸段丘上		1973.09～11 1974.05～10	10,500	▲	▲			▲	▲	▲	▲	札文報10
					1980.06～07	10,000					▲				札文報24
N154	西区琴似二十四軒1条5・6丁目	14	琴似川扇状地末端，界川左岸		1973.08	(実質約1,068?)					○				札文報4
N156	手稲区手稲前田522, 52-2-1・3, 523, 523-2・13, 529, 530	5	紅葉山砂丘の西側，旧発寒川左岸		1998.05～08	3,400	○	○	○	○	○				札文報62
N157	西区琴似1条3丁目	8	発寒川扇状地末端，発寒川右岸		1978 1980	試掘調査					○				
N162	西区琴似二十四軒2条4丁目	14～16	琴似川扇状地末端，琴似川左岸		1973.06～07	3,300					▲	▲	▲	▲	札文報5
N170	西区琴似1条3丁目	18	発寒川扇状地末端，発寒川左岸		2001.07	試掘調査					○				
N175	西区発寒6条9丁目	26～27	発寒川扇状地末端，発寒川右岸，中の川右岸		1994.05～10	5,200	○				○	○			札文報52
N178	西区西野2条2丁目	46～47	発寒川扇状地中央，発寒川右岸段丘			表面採集					○				
N179	西区西野2条2丁目	46～47	発寒川扇状地中央，発寒川右岸段丘			表面採集					○				
N199	西区西野1・2条3丁目	44	中の川左岸低位段丘上		1976.06～07	3,500	○				○	▲			札文報17
T203	豊平区西岡4条2丁目	75	月寒川左岸南向段丘上			表面採集			?		?	?			
T210	豊平区西岡5条14丁目	120～140	月寒川左岸河岸段丘上の南向のゆるやかな傾斜面		1975.04～05	1,660	▲	○							札文報13
S240	厚別区厚別南5丁目	30～40	野幌丘陵，沢地		1973	試掘調査									
S257	厚別区上野幌1条4丁目，2条3・4丁目	49	野津幌川左岸		1974.09～10	2,400	○								札文報11
T263	清田区平岡10条1丁目	32	厚別川右岸段丘上		1976.05～09	4,400					○?				札文報15
S265	厚別区大谷地5・6丁目	32	厚別川右岸段丘上		1976.05～09	4,012	▲				○				札文報15
S267	厚別区大谷地西5丁目，東3丁目	30	厚別川右岸段丘上		1975.06～10 1976.09～11	24,000	○				○				札文報14
S268	厚別区大谷地西5丁目，東3丁目	27	厚別川右岸段丘上												
T281	豊平区月寒東4条19丁目	40～50	ウラネナイ川右岸段丘上		1978.07～09	3,000	○				○				札文報21
T282	豊平区月寒3・4条19丁目	50	ウラネナイ川右岸段丘上		1978.07～09	3,000	○				○				札文報21
N295	手稲区前田7・8条11丁目	5	紅葉山砂丘最西端		1984.06～10 1985.07～11	6,500	■▲	▲			○	○			札文報32
T297	清田区清田5条2丁目	70	厚別川右岸段丘上		1974	詳細試掘			○?	○?	○				
T298	清田区清田5条2丁目	70	厚別川右岸段丘上		1974	詳細試掘			○?	○?					
T300	清田区清田5条2丁目	70	厚別川右岸段丘上		1974	詳細試掘					○				
S305	厚別区厚別東2条4・5丁目	25	小野津幌川左岸段丘上		1975 1976・77	北大調査 試掘調査			○						
T310	豊平区平岸5条10・11丁目	40～60	豊平川扇状地に面する舌状台地		1973.1	448									札文報7
						表面採集				?	○?				
N311	西区琴似1条3丁目83番地17	18	発寒川扇状地末端		1970.11	(実質約260)					●				札文報8
S314	白石区平和通9・10丁目北	15	月寒川右岸		1985	試掘調査	○?								
N316	手稲区富丘3～5条6丁目	60～70	丸山山麓，三樽別川右岸		1992.04～07	1,200	○								札文報45
H317	東区丘珠573-2・3・24, 575-2-3, 576-2, 577-3	5	伏篭川右岸，モエレ沼西南の自然堤防上		1992.08～11 1993.05～10	20,000	●								札文報46
S320	厚別区厚別南1丁目	31	野幌丘陵上		1980.04～05	2,500					○				札文報23
M333	南区川沿10条1丁目	80～90	豊平川左岸段丘上			表面採集						○?	○?		寄贈資料
M351	南区石山1条7丁目	120	豊平川右岸段丘上		1991	試掘調査		○?		?	○	○			
M352	南区石山1条8丁目	125	豊平川右岸段丘上		1989	試掘調査									
M353	南区石山1条9丁目	130	オカバルシ川右岸段丘上		1984・1985	試掘調査									
S354	白石区本通1丁目南,本郷通り1丁目北	20	望月寒川右岸段丘上		1980.11～12	777	▲				▲				札文報25
						約800					▲	▲			未報告
T361	清田区美しが丘4・5丁目, 2条5丁目	65	厚別川右岸段丘上		1980・81	15,000					●	▲●			札文報29
M365	南区石山5・6丁目	112	豊平川右岸段丘上		1989・94 1996	試掘調査 現地確認									
M384	南区石山	150	穴の沢川右岸山中，湧水地点			表面採集									
S410	白石区本通18丁目南	120	厚別川左岸段丘上			表面採集									
C424	中央区北13条西20・21丁目, 北14・15条西20～22丁目, 北16条西21丁目	14	旧琴似川流域，ケネウシペツ右岸，ヨコシペツ左岸	A地点	1999.04～07	4,000	○				●				札文報71
				B地点	2001.04～08	10,600	○				○				
N426	西区二十四軒2・3条1丁目，八軒1条西4丁目	13	旧琴似川流域，ケネウシペツ左岸		1999.04～10	4,000?						○			札文報41
K435	北区北21～24条西12・13丁目,北25条西11・12丁目,北26条西11～14丁目,北27条西11・12丁目	11	旧琴似川流域，シノロ川右岸	第1次調査	1990.06～11 1991.05～11	17,300							○		札文報42
				第2次調査	1998.05～09	3,700					●				札文報63

札幌市内の遺跡分布からみた続縄文時代の土地利用方法

遺跡名	所在地 (住所:H16年7月現在)	標高 (m)	立地	発掘調査 地点名等	発掘調査 期間 (西暦.月)	調査 面積 (㎡)	続縄文 初頭~ 縄文晩 期末	続縄文前期 前半 恵山式	続縄文前期 前半 後北式	続縄文前期 後半 恵山式	続縄文前期 後半 後北式	続縄文後期 前半 後北式	続縄文後期 後半 北大式	擦文 早期 北大式	報告書等※2
N453	西区西野1条7丁目	45~50	発寒川扇状地末端,中ノ川左岸の低位段丘上。		1980.09	試掘調査									
S458	厚別区厚別南2丁目,青葉町5丁目	35	野幌丘陵,野津幌川の小支谷右岸		1979.10~11	5,000				○					札文報23
T465	豊平区羊ヶ丘1	60	ウラネナイ川左岸段丘上		1982.04~10	2,236					○				札文報27
T466	豊平区羊ヶ丘1	60	ウラネナイ川左岸段丘上		1982.04~10	3,000	■▲●								札文報27
T472	清田区平岡公園東4丁目,平岡公園	55	三里川の小支谷にいる段丘上		1983・88	試掘調査		?	?	?	?				
C478	中央区北1条東3丁目	19	豊平川左岸			学術調査			?		?				
C480	中央区大通西22丁目,北1条西22丁目	18	ケネウシベツの両岸		1999.11	試掘調査									
K482	北区新琴似町1031-2	4	紅葉山砂丘南東部		1986.08~08	420	○	○							札文報35
K496	北区屯田784~791, 794~798, 787-1, 792-1, 793-1, 903, 904-1, 905,905-1, 906, 908~912, 913-1, 914-1, 915, 1008-2, 1009-	3	発寒川の自然堤防		1995.05~10 1996.05~10 1997.05~10	32,800		○			○				札文報60
K500	北区篠路1条9丁目	4	旧琴似川流域,シノロ川右岸		1994.10	試掘調査					?	?	?		
K500					1995.08~10	3,500			●						札文報61
K503	北区篠路町上篠路238-3	4	旧伏籠川左岸		1997.05~08	4,500						●			札文報61
S505	白石区東札幌3条1丁目,4・5条1丁目,菊水7・8条1丁目	18	豊平川扇状地の末端部		1999.05~10 2000.05~10	32,000					○				札文報67
C507	中央区北12条西20丁目	14	旧琴似川流域,ケネウシベツ右岸,ヨコシベツ左岸		2000.09~11	4,500	○				▲●				札文報71
H509	東区丘珠町	4	モエレ沼西南側の自然堤防上		1994.10~11 1995.04	試掘調査	○?								
C511	中央区北2条東18丁目		豊平川流域		1999.06	下水工事									
K514	北区篠路町上篠路295,296	4.5	フシコサッポロ川右岸自然堤防,シュンベツ右岸		2002.04~10	3,000				●					札文報73
K518	北区北25条西11丁目22-119外	10	旧琴似川流域,河川微高地		2002.08~11 2003.05~11 2004調査予定						●?				2005年度刊行予定

※1 「遺跡の時期と種別」欄における記号は,遺跡の種別を示すものである。内容は,右記の通りである。■:竪穴住居跡が検出された遺跡,▲:墓の可能性のある土坑が検出された遺跡,●:屋外炉等の焼土関連遺構が検出された遺跡,○:土器・石器のみが出土した遺跡,○?:型式が不確かな遺跡,?:試掘・立会・分布調査等のみで詳細内容が不明な遺跡,空欄:詳細内容が全く不明な遺跡。

※2 「報告書等」欄における「札文報」は,「札幌市文化財調査報告書」の略である。なお,「札文報」の号数表記は,45号以前がすべてローマ数字表記であるが,ここでは煩雑さを避けるために,すべてアラビア数字表記とした。

S458遺跡S153遺跡,S305遺跡など多くの遺跡が分布している。このうち,T361遺跡では後北C1式期の屋外炉3基,後北C2-D式期の土壙墓9基と屋外の焼土関連遺構25ヶ所等が,T265遺跡では縄文時代晩期末葉から続縄文時代初頭頃と推定される土坑2基が検出されている。また,二次にわたり2万㎡以上が調査されたS153遺跡では,縄文時代晩期末葉から続縄文時代初頭頃と推定される土坑77基,続縄文時代前期前半の恵山式期の土坑15基,前期後半の後北A~C1式期の土坑20基,後期前半の後北C2-D式期の土坑116基,後期後半の北大式期の土坑30基,擦文時代早期の北大式期の土坑3基が調査され,また,これ以外に時期不明の土坑532基,屋外炉73基が検出されている。S153遺跡の土坑の多くは,土壙墓である可能性が高いものと考えられる。その他としては,S257遺跡で縄文時代晩期末葉から続縄文時代初頭頃の土器片,S305遺跡で続縄文時代前期前半のプレ後北A式期の土器片,S458遺跡で前期後半の後北C1式期の土器片,S267・S268・S320遺跡で後期前半の後北C2-D式期の土器片が出土している。S240遺跡,T263遺跡,T472遺跡については,表面採集ないし試掘調査が実施されているのみで詳細不明である。

2．豊平川中流域の河岸段丘に分布する遺跡

　南西部の山地地域から札幌中心部に向かい北流する豊平川中流域の両岸には，9ヶ所の続縄文時代遺跡が分布している。山岳地帯から東流してきた豊平川が北へと蛇行するやや手前右岸の河岸段丘上には，M351遺跡，M352遺跡，M353遺跡，M365遺跡が分布し，やや西側の山中にはM384遺跡が分布している。また，大きくカーブして北へと流れを変えた豊平川の左岸段丘上にはM333遺跡が，やや下った右岸の台地上にはM78遺跡が所在する。さらに，北へ扇状地付近まで下ると，右岸段丘上に，T82遺跡，T70遺跡が分布している。このうちM351遺跡では後北C1式および後北C2-D式土器が，M333遺跡では北大式土器が出土しているようであるが，これらの遺跡はいずれも表面採集や試掘調査によって土器片が回収されたのみの遺跡であるため，詳細については不明と言わざるをえない。

3．扇状地に分布する遺跡

　札幌扇状地，琴似扇状地，発寒川扇状地の末端部は，続縄文時代以降の遺跡の密集地帯と言える。続縄文時代に属する遺跡は，23ヶ所で確認されている。

　札幌扇状地の東側の遺跡はあまり知られていないが，豊平川右岸の扇状地末端にはS505遺跡，豊平川を挟んで対岸にはC478遺跡が分布する。C478遺跡の詳細は不明であるが，S505遺跡では続縄文時代後期後半の北大Ⅰ式土器が出土している。

　札幌扇状地末端，豊平川伏流水の湧泉に源を発する旧琴似川流域では，東側を流れる「サクシュコトニ」川の源流部にK135遺跡，そのやや下流にK39遺跡が所在する。現在の札幌駅構内に所在するK135遺跡では，4丁目地点と5丁目地点とがそれぞれ二回にわたって総面積で8,985㎡調査され，続縄文時代前半の恵山式期の屋外炉4基と柱穴36本，続縄文時代後期前半の後北C2-D式期を主体とする屋外炉244基，土坑16基，柱穴1,590本等が検出されている。

　扇状地の末端から沖積平野にまたがって広がるK39遺跡は，現在の北海道大学構内を含む推定総面積が約200万㎡の市内最大規模の遺跡であり，本来は遺跡群として認識すべき規模と言える。この遺跡では，札幌市による九次にわたる調査と北海道大学による複数回にわたる調査が実施されており，石狩低地帯における擦文時代の標識遺跡と成り得る大集落跡が検出されている。このような擦文時代の遺構・遺物包含層の下位から，複数の地点で続縄文時代の遺構・遺物が検出されている。札幌市による第1次調査では続縄文時代後期の土壙墓群が調査され（報告書未刊），第9次調査では後期前半の後北C2-D式期の屋外炉2基と焼土粒集中9ヶ所が検出されている。また，北海道大学の埋蔵文化財調査室による調査では，中講堂地点で擦文時代早期の北大Ⅲ式期の土坑2基（報告書未刊），ポプラ並木東地区で続縄文時代後期後半の北大Ⅰ式期の土壙墓7基，土坑2基，屋外炉2基，学生部体育館地点で後期前半の後北C2-D式期の屋外炉4基，ゲストハウス地点で続縄文時代初頭の屋外炉3基，前期前半の恵山式期の屋外炉1基，炭化材片とベンガラの集中範囲1ヶ所，さらに，最近の調査では，人文・社会科学総合教育研究棟予定地で続縄文時代前期の竪穴住居跡や屋外炉跡が検出されている（報告書未

刊)。

　旧琴似川流域の西側上流部にあたる「ケネウシペツ」川流域には，C480遺跡，N154遺跡，N162遺跡，N28遺跡，N23遺跡，N27遺跡，C507遺跡，C424遺跡，N426遺跡が分布している。このうち，N162遺跡では，続縄文時代前期後半の後北C1式期の土坑4基，後期前半の後北C2-D式期の土坑6基，後期後半から擦文時代にかけての土坑9基が検出されており，この他の時期不明の土坑25基も上記のいずれかの時期に帰属するものと思われる。これらの土坑は，土壙墓である可能性が指摘されている。この他には，C424遺跡で続縄文時代後期前半の後北C2-D式期の炭化物集中8ヶ所，C507遺跡で後期後半から擦文時代早期頃の北大式期の土壙墓1基，土坑1基，焼土粒集中1ヶ所が検出されており，また，N154遺跡で後期前半の後北C2-D式期の土器，N426遺跡で縄文時代晩期末葉と続縄文時代後期後半の北大Ⅱ式期の土器が出土している。これ以外のC480・N28・N23・N27遺跡については，本発掘調査が実施されておらず，詳細は不明である。

　旧琴似川流域の西側，発寒川扇状地末端の発寒川右岸には，N30遺跡，N157遺跡，N170遺跡，N311遺跡が分布する。このうち，N30遺跡は二次にわたり総面積11,400㎡程が調査されており，第1次調査で縄文時代晩期末葉の竪穴住居跡2軒，土壙墓1基，土坑13基，屋外炉67基，焼土粒や炭化物集中26ヶ所，柱穴2,119本，第2次調査で続縄文時代前期前半の竪穴住居跡7軒などが調査されている。前期前半の竪穴住居跡は，この時期に特有の舌状張り出し部を有する柄鏡形の住居である。また，N311遺跡では続縄文時代後期前半の後北C2-D式期の屋外炉5基が検出されている。N157遺跡とN170遺跡は，本発掘調査が実施されておらず，詳細は不明である。

　発寒川扇状地末端の発寒川左岸には，N178遺跡，N179遺跡，N199遺跡，N453遺跡，N175遺跡，N18遺跡が分布する。このうちN199遺跡では，続縄文時代後期前半の後北C2-D式期と思われる墓の可能性が高い土坑19基が検出されており，また，N175遺跡では縄文時代晩期末葉から続縄文時代後期後半にかけての複数時期の土器が出土している。なお，N178遺跡，N179遺跡，N453遺跡，N18遺跡は，本発掘調査が実施されておらず，詳細は不明である。

4．石狩海岸平野の紅葉山砂丘に分布する遺跡

　紅葉山砂丘には，N295遺跡，N156遺跡，K482遺跡が分布している。

　N295遺跡では，続縄文時代前期前半の恵山式期の竪穴住居跡4軒，土壙墓3基，前期前半のプレ後北A式期の土壙墓2基が調査されている。竪穴住居跡には，この時期に特有の舌状の張り出し部が付くものと付かないものとが混在している。この他に，時期不明の土坑29基と前期後半から後期前半にかけての後北式土器が少量検出されている。

　また，N156遺跡では続縄文時代初頭から後期前半にかけての土器が，K482遺跡では縄文時代晩期末葉から続縄文時代前期前半にかけての土器が出土している。このうちK482遺跡は，続縄文時代前期前半の土壙墓群が調査されたことで著名な石狩市の紅葉山33号遺跡と隣接して

おり，本来は同一の遺跡として捉えられるものである。

5．石狩海岸平野の後背低地に分布する遺跡

紅葉山砂丘よりも内陸の後背低地では，旧河川流域の自然堤防上に続縄文時代の11遺跡が点在している。

発寒川下流右岸の自然堤防上には，K496遺跡が分布する。ここでは，続縄文時代前期前半の恵山式と後期前半の後北C2-D式の土器が少量出土しているのみで，遺構は検出されていない。

旧琴似川中～下流域の「シノロ」川流域の自然堤防上には，上流からK435遺跡，K518遺跡，K113遺跡，K500遺跡が分布している。K435遺跡では，第2次調査において，続縄文時代後期前半の後北C2-D式期の屋外炉6基と焼土粒や炭化物の集中が検出されている。K435遺跡の北東側に隣接するK518遺跡は，平成14年度から調査されており，やはり後北C2-D式期の焼土粒の集中などが検出されている。また，その北側のK113遺跡では，続縄文時代後期後半から擦文時代早期にかけての北大式期の土坑1基と炭化物集中2ヶ所が検出されている。さらに下流に降った右岸の自然堤防上に立地するK500遺跡では，続縄文時代前期後半の後北C1式期の屋外炉3基が検出されている。

この時期には豊平川の本流であった可能性が高いフシコサッポロ川流域の自然堤防上には，上流からC511遺跡，H37遺跡，K514遺跡，K503遺跡が分布している。このうち，H37遺跡は，フシコサッポロ川の本流から北西方向に流れ出る支流の左岸自然堤防上に立地する遺跡で，二次にわたって総面積14,800㎡が調査されている。第1次調査では，続縄文時代初頭の竪穴住居跡1軒，「住居跡状遺構」6ヶ所，屋外炉29基，炭化物の集中4ヶ所等が，第2次調査では続縄文時代初頭の竪穴住居跡1軒，屋外炉3ヶ所，炭化物の集中2ヶ所等が検出されている。2軒の竪穴住居跡は，舌状の張り出し部を有する続縄文時代前期に特有のものであるが，いずれも壁高が数cm～15cm程しかなく，極めて掘り込みが浅い。また，6ヶ所の「住居跡状遺構」とは，屋外炉として調査した炉跡周囲に同心円状に遺物が集中する範囲であり，本来は住居として機能した可能性があるものと指摘されている。2軒の竪穴住居跡のような浅い掘り込みであった場合には，壁の検出が極めて困難であることから，6ヶ所の「住居跡状遺構」とは，本来は先の2軒と同じ掘り込みの浅い竪穴住居跡であった可能性が高い。

モエレ沼方面から西流する「シュンベツ」とフシコサッポロ川との合流点に立地するK514遺跡では，続縄文時代前期後半の後北B～C1式期の土坑2基，屋外炉17基，焼土粒集中8ヶ所，炭化物集中8ヶ所，柱穴8本等が検出されている。さらに，フシコサッポロ川を降った左岸自然堤防上に立地するK503遺跡では，続縄文時代後期後半から擦文時代早期の北大Ⅱ～Ⅲ式期の土坑3基，屋外炉1基，焼土粒集中1ヶ所等が検出されている。なお，フシコサッポロ川最上流の右岸に立地するC511遺跡は，下水道工事中における不時発見であり，詳細は不明である。

現モエレ沼付近をかつて流れていた河川の自然堤防上には，H317遺跡とH509遺跡が分布している。H317遺跡では，続縄文時代初頭の土坑1基，屋外炉93基，焼土粒集中33ヶ所，炭化物集中11ヶ所等が検出されている。また，その西側に位置するH509遺跡でも，試掘調査によって同時期の遺物が出土しているようである。

Ⅲ．札幌市内における続縄文時代の土地利用方法
1．各地域における土地利用のあり方
　前章で概観した各地域ごとに，遺跡の時期と検出された遺構の種別とを指標として，土地利用方法のあり方をまとめると以下のようになる。
（1）東部台地における土地利用のあり方
　東部の台地上には，縄文時代晩期末葉から続縄文時代後期後半にいたる各時期の遺跡が分布している。これらの遺跡では，竪穴住居跡，土坑ないし土壙墓，屋外炉，焼土粒や炭化物の集中が検出されているが，特に，土壙墓を主体とする土坑がまとまって十数基から数百基検出される遺跡が多いことが注目される。土坑ないし土壙墓が検出された遺跡は8遺跡（T210，S354，S94，T466，T151，T361，T265，S153遺跡）あり，時期別に整理すれば，縄文時代晩期末葉から続縄文時代初頭頃と推定されるものが397基，続縄文時代前期前半の恵山式期と推定されるものが15基，前期後半の後北式期と推定されるものが23基，後期前半の後北C2-D式期と推定されるものが128基，後期後半の北大式期と推定されるものが30基である。続縄文時代初頭および後期前半のものが多く，前期前・後半と後期後半に属するものが少ない。これらの土坑群が検出される遺跡では，屋外炉や焼土粒・炭化物の集中などの屋外遺構は検出されるものの，竪穴住居跡は検出されていない。土坑群の多くが土壙墓からなると仮定すれば，これらの遺跡は当時の墓域であったものと推定される。

　竪穴住居跡については，T466遺跡で1軒が検出されているのみである。この住居跡は，厳密には縄文時代晩期末葉に属する。したがって，現在までの調査では，続縄文時代に属する竪穴住居跡は1軒も発見されていないことになる。T466遺跡では竪穴住居跡・土坑・屋外炉という遺構の組み合わせが認められ，小規模ながらも定着的な居住地としての性格をうかがうことができる。

　以上のことから，東部の台地上では，縄文時代晩期末葉頃まで小規模ながらも定着的な集落が営まれていたようであるが，その後，続縄文時代になると，竪穴住居に象徴される定着的な集落が途絶え，専ら墓域としての土地利用が計られていたものと推定される。S153遺跡のように，続縄文時代初頭から北大式期まで連綿と土壙墓が構築される遺跡が存在することから，墓域としての土地利用は，続縄文時代を通して継続性を有するものであった可能性が高い。
（2）豊平川中流域の河岸段丘における土地利用のあり方
　豊平川中流域の河岸段丘上に点在する遺跡については，本格的な発掘調査が行われた遺跡が皆無であるため，土地利用方法の詳細は不明とせざるを得ない。M351遺跡やM333遺跡で続縄

文時代前期後半から後期の土器が得られていることから，河岸段丘上で何らかの活動が行われていたことは確かである。

（3）扇状地における土地利用のあり方

札幌扇状地，琴似川扇状地，発寒川扇状地の旧河川沿いには，各時期の遺跡が多数分布しており，その内容も多様である。

まず第一に，K39遺跡やN30遺跡のように，定着的な居住の痕跡と言える竪穴住居跡が発見され，土坑や屋外炉，そして柱穴等が伴う遺跡が認められることが注目される。N30遺跡では，1基ではあるが土壙墓が検出されていることから，この遺跡では集落内に墓域が設定されていた可能性が高い。これらの竪穴住居跡の時期は，縄文時代晩期末葉から続縄文時代前期前半にかけてであり，この頃に扇状地末端付近で定着的な集落が営まれていたことは確実と言える。

第二に，N162遺跡，N199遺跡，K39遺跡ポプラ並木地点，C507遺跡におけるように，土壙墓の可能性がある土坑が数基から十数基検出された遺跡が存在する。時期別に整理すれば，続縄文時代前期後半の後北C1式期が4基，後期前半の後北C2-D式期が25基，後期後半の北大Ⅰ式期が9基（内土壙墓7基），後期後半から擦文時代早期の北大Ⅱ～Ⅲ式期が10基である。また，K39遺跡の第1次調査においても後期後半の北大式期と思われる多数の土壙墓が検出されている。これらの遺跡では，屋外炉や焼土粒・炭化物の集中などの屋外遺構は伴うものの，竪穴住居跡は検出されていない。したがって，調査面積の問題はあるものの，これらの土坑の多くを土壙墓であると仮定すれば，上記した遺跡は続縄文時代後期の小規模な墓域であったものと推定される。このように，扇状地上においては，墓域を伴う定着的な集落が営まれた時期と居住地から離れた小規模な墓域が設定された時期とが，時間的に前後していることになる。

第三としては，100基を越える数の大規模な屋外炉群からなる遺跡をあげることができる。現状では，旧琴似川流域の東側を流れる「サクシュコトニ」川の源流部に所在するK135遺跡のみがこの種の遺跡に該当する。焼土粒・炭化物の集中などの屋外遺構と杭列を構成するとされる多数の柱穴が検出されているものの，竪穴住居跡は報告されていない。これらの遺構の時期は，続縄文時代後期前半の後北C2-D式期前後に位置づけられるが，多数の生活面が複雑に重なりあっており，屋外炉群や柱穴群の共時性を理解するまでにはいたっていない。ただし，複数回にわたる活動がこの付近に集中的に累積した結果として100基以上の屋外炉が遺されたことは，間違いがないものと思われる。したがって，K135遺跡は，複数回にわたる活動の痕跡が複雑に集積された遺跡であり，その活動痕跡の集積密度の高さとその規模において，当該期の拠点的な遺跡と言える。この付近は，旧河川の源流部で，扇状地の地下を流れる豊平川の伏流水の湧出地点であり，サケの良好な産卵場所であったことが知られている。したがって，後北C2-D式期前後には，サケの良好な産卵場所である扇状地末端の河川の湧水地点付近が，拠点的な活動の場として利用されていたものと考えられる。

一方で，数基から十数基の屋外炉群からなる小規模な遺跡も存在する。この種の遺跡として，K39遺跡第9次調査地点，学生部体育館地点，ゲストハウス地点，N311遺跡などをあげるこ

とができる。その時期は，現状では，続縄文時代初頭から前期前半と続縄文時代後期前半の後北C2-D式期に限られるようであり，特に後北C2-D式期に顕著に認められる。これらの遺跡でも，大規模な屋外炉群からなる遺跡と同じように，竪穴住居跡は検出されていない。この種の小規模な屋外炉群は，考古学的には同一の生活面上に形成された遺構群として理解できるものではあるが，その全てが一回性の活動によって遺された痕跡であるのかどうか判断することは難しい。K39遺跡の学生部体育館地点では，炉石や周辺から出土した土器の分布や接合状況から，近接する4基の屋外炉（火床）は，最低4回にわたる活動が短い時間幅で累積した結果として形成されたものと推定されている（横山 1988）。ただし，その短い時間幅が，一季節であるのか一年間であるのか，また，数年間にわたるものなのかは不明とせざるをえないようである。いずれにしても，これらの数基の屋外炉からなる小規模な遺跡が，極めて短期間の断続的な活動の痕跡であることは間違いない。これらの遺跡は，上記した河川の湧水地点よりもやや下流部に点在している。したがって，続縄文時代初頭や続縄文時代後期前半には，旧河川源流部よりもやや下流域の扇状地上が，短期間の活動の場として利用されていたものと考えられる。

最後に，焼土粒集中や炭化物集中のみが少数検出される遺跡と土器のみが出土する遺跡とをあげることができる。これらの遺跡は，本来，上記にあげたような遺跡の一部分を調査したにすぎない可能性もあるが，ここでは，極めて痕跡的な遺跡として理解しておくこととしたい。

以上のことから，札幌中央部の扇状地上では，縄文時代晩期末葉から続縄文時代前期前半にかけて竪穴住居に象徴される定着的な集落が営まれていたものの，その後，集落は断絶し，続縄文時代前期後半から後期になると，屋外炉を中心とする活動の拠点を旧河川源流部の湧水地点付近に設け，さらに，その下流域を短期間の活動の場として広く利用するようになったものと推定される。また，続縄文時代前期後半から後期には，小規模な墓域も扇状地上に設定されていたものと考えられる。

（4）紅葉山砂丘における土地利用のあり方

石狩市との境を形成する紅葉山砂丘上の遺跡では，続縄文時代前期前半の竪穴住居跡や土壙墓が検出されている。N295遺跡では，続縄文時代前期前半の恵山式期の竪穴住居跡4軒，土壙墓3基，プレ後北A式期の土壙墓2基，さらに時期不明の土坑29基が検出されている。また，K498遺跡と隣接する石狩市の紅葉山33号遺跡では，土壙墓群とともに住居跡と考えられる窪みが2ヶ所で確認されている（石橋 1985）。2ヶ所の窪みでは，最大で10cm程とされる壁状の立ち上がりが認められ，また，柱穴も分布していることから，報告者も指摘するように，この2ヶ所の窪みは浅く掘り込まれた竪穴住居跡であった可能性が極めて高い。

一方で，続縄文時代前期後半から後期にかけては，遺構の検出例がなく土器が少量出土しているのみであり，極めて痕跡的な活動しか行われていなかったようである。

以上のことから，紅葉山砂丘上では，続縄文時代前期前半において，墓域を伴う定着的な集落が営まれていたが，その後，集落は断絶し，続縄文時代前期後半以降には極めて短期間における小規模な活動しか行われていなかったものと推定される。

（5）後背低地における土地利用のあり方

　扇状地の北に広がる後背低地では，河川流域の自然堤防上に遺跡が点在している。これらの遺跡では，竪穴住居跡，土坑，屋外炉，焼土粒や炭化物の集中などが検出されている。

　竪穴住居跡は，フシコサッポロ川中流域に所在するH37遺跡の二次にわたる調査において検出されている。その時期は，続縄文時代初頭であり，先にふれたように6ヶ所の「住居跡状遺構」を竪穴住居跡と認定すれば，合計で8軒が検出されたことになる。いずれも，壁がほとんど立ち上がらない浅く掘り込まれた竪穴住居跡である。周辺部では，屋外炉や炭化物の集中は検出されているものの，土壙墓群は確認されていないことから，H37遺跡では，集落内に墓域が設定されていなかったのか，あるいは，隣接する調査区外に墓域が設定されている可能性が高い。したがって，続縄文時代初頭には，後背低地の旧河川中流域に分布する自然堤防上に，ある程度定着的な集落が営まれていたものと理解することができる。

　数基から数十基からなる屋外炉群を主体とする遺跡は，河川中～下流域の自然堤防上に点在している。モエレ沼南西側に位置するH317遺跡では，続縄文時代初頭の屋外炉93基や焼土粒集中33ヶ所等が検出されている。続縄文時代初頭の包含層の調査は，部分的なものであることから，さらに多くの屋外炉が存在していた可能性が高く，続縄文時代初頭において，この付近に屋外炉を中心とする活動の拠点が形成されていたものと推定される。

　この種の遺跡は，旧琴似川中～下流域の「シノロ」川の自然堤防上にも点在している。扇状地に近い上流側では，K435遺跡で後北C2-D式期の屋外炉6基が検出されており，フシコサッポロ川との合流点近くでは，K500遺跡で後北C1式期の屋外炉3基，K514遺跡で後北B～C1式期の屋外炉17基，K503遺跡で北大Ⅱ～Ⅲ式期の屋外炉1基が検出されている。

　このうち，モエレ沼から西流する「シュンベツ」とフシコサッポロ川との合流点に位置するK514遺跡では，屋外炉を主体とする遺構群が東西で二群確認されている。東西の遺構群は，それぞれ部分的に薄層を介在する2～3枚の生活面から構成されており，それぞれの生活面の形成期間は極めて短時間で，さらに，生活面間の時間差も短いものであったことが推定される。また，屋外炉の配置状況から，同一の生活面上では，2～3基の炉（火床）を一つの単位として使用する活動が行われていたことが推定でき，それぞれの生活面自体が，数回の断続的な活動の累積として形成されたものであることが判明している（石井 2004）。したがって，上記した続縄文時代前期後半から後期の遺跡は，屋外炉を中心とする短期間の小規模な活動が，断続的に繰り返された結果として形成されたものと思われる。

　以上のことから，後背低地では，続縄文時代初頭において，旧河川中流域の自然堤防上に，ある程度定着的な集落が営まれ，また，同時に屋外炉を主体とする活動拠点も設けられていたが，その後，集落は断絶し，続縄文時代前期後半から後期になると，旧河川の中～下流域の自然堤防上で小規模な断続的な活動が繰り返されていたものと推定されるのである。

2．札幌市内における土地利用方法の変遷

前節で述べた市内の各地域単位における土地利用のあり方について，時期ごとに整理すると以下のようになろう。

（1）縄文時代晩期末葉～続縄文時代初頭

この時期には，東部の台地上や扇状地の末端，さらに後背低地の旧河川中流域に広がる自然堤防上に定着的な集落が営まれたようである。後背低地では今のところはっきりとしないが，東部の台地上や扇状地の末端付近では，確実に集落内に墓域が設定されている。ただし，東部の台地上には，百基以上の土坑群からなる遺跡も存在することから，この頃には，東部の台地上に，集落から離れた墓域が設けられていたものと思われる。また，扇状地の末端や後背低地の旧河川中流域には，数基～数十基の屋外炉群からなる活動の痕跡が点在しており，扇状地末端以北の低地部を積極的に利用していたものと考えられる。特に，後背低地の旧河川中流域に所在するH317遺跡は，屋外炉を中心とする活動の拠点と推定できることから，続縄文時代初頭の屋外炉を主体とする遺跡は，比較的長期間に及ぶ断続的な活動の累積により形成された遺跡と，極めて短期間の活動によって形成された遺跡とに分類できる可能性が高い。今後，扇状地上でも前種の拠点的な遺跡が確認されることが予想される。

（2）続縄文時代前期前半

続縄文時代前期前半になると，東部の台地上では，引き続いて墓域が設けられているものの，定着的な集落は途絶えてしまうようである。竪穴住居跡は，扇状地末端や紅葉山砂丘で確認されており，紅葉山砂丘上では，墓域を伴う定着的な集落が営まれていたものと言える。また，扇状地上では，屋外炉を主体とする短期間・小規模な活動の痕跡も発見されており，集落を拠点として，扇状地の河川流域で活動を繰り返していたことが想定される。一方で，後背低地での活動内容については，遺構を伴う遺跡の検出が皆無であり，今のところ全くの不明である。

（3）続縄文時代前期後半

続縄文時代前期後半になると，札幌市内において，竪穴住居跡を伴う定着的な集落は完全に断絶してしまったようであり，今のところ，竪穴住居跡すら確認されていない。一方で，東部の台地上には，前段階から引き続いて墓域が設けられており，また，扇状地上にも数基の土壙墓からなる小規模な墓域がつくられるようになったようである。さらに，扇状地や後背低地の旧河川流域における屋外炉を主体とする活動は，当該期に再度活発化し，扇状地末端の河川源流部や後背低地の河川下流域には，数基から数十基の屋外炉群が形成されている。これらは，比較的短期間の断続的な活動により形成されたものと考えられ，長期間に及ぶような活動の拠点は，現状では確認されていない。

（4）続縄文時代後期前半

続縄文時代後期前半の後北C2-D式期には，竪穴住居を伴う定着的な集落が発見されておらず，墓域のみが東部の台地上で継続的に営まれている。また，扇状地上でも小規模な墓域が設定されているようである。このような状況は，続縄文時代前期後半とほぼ同様と言える。

その一方で，扇状地末端から後背低地における活動は，前段階以上に活発化したようである。扇状地末端の河川源流部の湧水地点には，K135遺跡にみられるように屋外炉を主体とする活動の拠点が設けられており，その北側の河川中流域の自然堤防上には，数基の屋外炉からなる小規模な遺跡や遺物のみが発見される痕跡的な遺跡が点在している。特に，旧琴似川流域の東側を流れる「サクシュコトニ」川流域では，調査事例が比較的多いことから，土地利用のあり方について，ある程度は推測することができる。「サクシュコトニ」川流域の当該期の遺跡を上流からたどっていくと，源流部の湧泉地付近には拠点的な遺跡であるK135遺跡があり，川を下って北海道大学構内に入ると医学部付属大学病院パワーセンター（吉崎 1989），学生部体育館（吉崎・岡田 1988），K39遺跡第9次調査地点（石井 2000）が点在し，さらに「シノロ」川へと下り後背低地に降りると，K435遺跡第2次調査地点（仙庭 2000），K518遺跡（平成17年度報告書刊行予定）が分布している。このような分布のあり方から，当該期には，扇状地末端の湧水地付近を屋外炉を中心とする活動の拠点として，その下流域で短期間の活動を断続的に繰り返していたものと推測される。

(5) 続縄文時代後期後半

最後に，続縄文時代後期後半であるが，前段階と同じように，定着的な集落は発見されていない。当該期の遺構としては土壙墓が顕著であり，続縄文時代初頭から継続する東部の台地上および中央部の扇状地上に墓域が設けられている。後背低地の河川流域における活動については不明な点が多いが，前段階から引き続き，自然堤防上で短期間の活動を繰り返していたことが予想される。

Ⅳ．続縄文時代における行動様式の復原にむけて～課題と展望～

1．土地利用方法の変遷からみた行動様式復原のための課題

前章で概観した札幌市内における土地利用方法の変遷において，続縄文時代の行動様式を今後復原していく上で，特に重要な課題となる点をあげれば，以下の四点であろう。

第一に，縄文時代晩期末葉から続縄文時代初頭，さらに続縄文時代前期前半まで，東部の台地上や扇状地の末端，また，紅葉山砂丘や後背低地の自然堤防上に営まれた定着的な集落が，続縄文時代前期後半以降完全に途絶えてしまう点である。集落と呼べるものが途絶えるばかりか，竪穴住居跡自体が発見されていないことは，大きな問題と言える。

第二に，東部の台地が，続縄文時代初頭以降，常に墓域として利用されている点である。続縄文時代初頭と続縄文時代後期前半に，特に大規模な墓域が設定されていることが注目される。

第三に，続縄文時代初頭以降，扇状地や後背低地の自然堤防において，屋外炉を主体とする活動が常に展開されていた点である。特に，続縄文時代初頭と続縄文時代後期前半における屋外炉を主体とする遺跡は，長期間にわたり断続的な活動が繰り返されたと思われる拠点的な遺跡と短期間のうちに一回ないし複数回の活動が行われたと思われる小規模な遺跡とに分類することが可能である。この分類は今後さらに細分することが必要と思われる。また，続縄文時

後期前半では，扇状地末端の河川源流部に拠点的な遺跡が，その下流域に小規模な遺跡が点在することも重要であろう。

　第四に，続縄文時代後期前半において，扇状地末端から後背低地における活動が非常に活発化する点である。これは，第三の事項とも密接に関連するものであり，当該期における行動様式の変化を反映しているものと思われる。

2．今後の展望

　最後に，上であげた課題について，若干の展望を述べておきたい。

　まず，第一の課題であるが，続縄文時代前期後半以降に集落が減少ないし断絶することは，札幌市内に限ったことではなく，全道的に認められる現象と言え，この問題は続縄文時代の行動様式を復原する上で避けて通れない課題と言える。この課題を解明する上で注目しておきたいのは，紅葉山砂丘や扇状地から後背低地で検出された続縄文時代初頭から前期前半にかけての竪穴住居跡である。紅葉山砂丘のN295遺跡を除き，同砂丘の紅葉山33号遺跡と後背低地のH37遺跡で検出された竪穴住居跡は，いずれも壁の立ち上がりが極めて浅く，その識別が困難なものばかりである。また，扇状地のN30遺跡でも続縄文時代前期前半の同例が調査されている。

　筆者は，かつて，後北C1式～後北C2-D式期に属する可能性が高い北海道内の住居跡7軒について，その形態から二種に分類した（石井 1998：15頁）。一つは，「明確な掘り込みを有する竪穴住居跡」で，床面中央に地床炉が設けられるが，柱穴が不明瞭ないし存在しないものである。形態は，不整円形，隅丸方形，舌状の張り出しを有する柄鏡形など多様である。もう一つは，「明確な掘り込みの認められない浅い皿状の遺構」で，前段階の埋まりきらない竪穴住居の窪みを利用することが多いものである。上記した続縄文時代初頭から前期前半にかけての竪穴住居跡は，まさに後者の「浅い皿状の掘り込みを有する竪穴住居跡」の類例と考えられる。したがって，石狩低地帯では，続縄文時代初頭から前期前半に，すでに，極めて浅い掘り込みしかもたない竪穴住居が構築されるようになっていたと考えることができる。今後，新知見の増加が著しい扇状地から後背低地における遺跡の調査で，続縄文時代前期後半から後期にかけての竪穴住居跡が発見される可能性は極めて高いものと言える。

　筆者は，続縄文時代前期後半以降の集落の断絶を，遊動性に富んだ生活への転換と結びつけて論じたが（石井 1997・1998），今後，石狩低地帯において，極めて浅い掘り込みしか持たない竪穴住居跡が検出されたとしても，その論に大幅な訂正は必要ないものと考えている。定住の象徴である竪穴住居が，検出も困難な程の浅い掘り込みしかなされなくなる現象こそ，まさに遊動性の増大を反映していると考えるからである。

　第二の課題については，縄文時代に集落が営まれていた東部の台地上に，なぜ墓域のみが設定されるようになったのかが問題となる。この問題については，第一の課題とも関連しており，続縄文時代初頭頃にすでに行動様式が変質していた可能性がある。また，大規模な墓域の設定

が予想される続縄文時代後期前半については，第三・四の課題とした扇状地以北における積極的な活動との関係性を解明する必要があろう。

第三の課題については，K135遺跡のような屋外炉を中心とする拠点的な遺跡と小規模な遺跡とで，どのような活動がいかなる単位で行われていたのかを具体的に解明する必要がある。また，比較的調査例の多い続縄文時代初頭と続縄文時代後期前半とにおいて，これらの遺跡における活動内容に大きな相違があるのかどうかも検討すべきであろう。

特に，続縄文時代後期前半については，第四の課題と密接に関連している。先に指摘したように，当該期には扇状地末端の河川源流部に拠点的な遺跡であるK135遺跡が，その下流域に小規模な遺跡が点在している。前者については，集約的なサケ漁との関連が指摘されているものの（上野1989，石井1997・1998），それがどの程度の時間幅をもっていかなる単位で実施されたものであるのか具体的に論じられていない。また，後者についても，個々の遺構ごとに具体的なデータに基づいて活動単位が論じられることはこれまで少なかった。今後は，具体的なデータに基づいて両者の遺跡を機能的に検討するとともに，両遺跡間の機能的な関係性を究明していくことが必要である。

おわりに

本稿では，石狩低地帯北西縁の札幌市という狭い範囲を対象とした遺跡分布の検討を通して，続縄文時代における土地利用方法の変遷をまとめた。したがって，本稿は，道央部における続縄文時代の行動様式をより具体的に復原するための足がかりに過ぎない。

今後，道央部における行動様式の復原を進めていくためには，他市町村についても，同様な観点から土地利用方法の変遷を把握する必要がある。また，そこから行動様式の復原へと帰結させるためには，各段階の遺構や遺物の総合的は検討とともに，動植物遺存体をはじめとした微細遺物の分析が必要と言える。当該期に特徴的と思われる屋外炉を主体とする活動内容を具体的に把握するには，土壌サンプルの全採取とその中に含まれる微細遺物の総合的な分析が不可欠と思われるからである。今後は，微細遺物を含めた遺物の総合的な検討から，小地域単位における行動様式の具体的な解明に努めていきたい。

追記

最後となったが，今年度をもって筑波大学を退官される前田潮先生には，筑波大学在籍時にご指導をいただいたばかりか，北海道やロシア極東における調査にも参加させていただくなど，教官と学生という枠を超えて多くの貴重な経験を与えて頂いた。ここに心から深謝する次第である。

参考文献

赤松守雄・五十嵐八枝子・北川芳男・松下勝秀 1989 「第一編 札幌の自然史」 高倉新一郎他編

札幌市内の遺跡分布からみた続縄文時代の土地利用方法

　　　　　　　　　　　『新札幌市史』第一巻通史一　札幌市
秋山洋司　1998　『H37遺跡　栄町地点』　札幌市文化財調査報告書57　札幌市教育委員会
石井　淳　1997　「北日本における後北C2-D式期の集団様相」『物質文化』第63号　物質文化研究会
　　　　　1998　「後北式期における生業の転換」『考古学ジャーナル』No.439　ニュー・サイエンス社
　　　　　　　　15～20頁
　　　　　2004　『K514遺跡』　札幌市文化財調査報告書68　札幌市教育委員会
石橋孝夫　1984　『紅葉山33号遺跡』　北海道石狩町教育委員会
上野秀一編　1998　『N30遺跡』　札幌市文化財調査報告書58　札幌市教育委員会
上野秀一・加藤邦雄編　1987　『K135遺跡　4丁目地点　5丁目地点』　札幌市文化財調査報告書
　　　　　　　　ⅩⅩⅩ　札幌市教育委員会
上野秀一・加藤邦雄・百々幸雄・野村崇・羽賀憲二　1989　『第二編　先史の札幌』　高倉新一郎他編
　　　　　　　　『新札幌市』第一巻通史一　札幌市
大内　定　1996　「3　札幌の地形」「序章　生きている札幌」　さっぽろ文庫編集室・札幌市教育委員
　　　　　　　　会文化資料室編　『地形と地質』　さっぽろ文庫77　札幌市・札幌市教育委員会　23～
　　　　　　　　30頁
大沼忠春　1977　「北海道考古学講座6　六，続縄文期」『北海道地方史研究』12　68～80頁
　　　　　1989　「続縄文土器」『縄文土器大観』5　小学館　357～358頁
木村英明　1976　「続縄文文化の生産用具　定形的な刃器出現の意味するもの」『どるめん』10号　17～
　　　　　　　　32・82頁
熊木俊朗　1997　「宇津内式土器の編年－続縄文土器における文様割りつけ原理と文様単位（1）－」
　　　　　　　　『東京大学考古学研究室研究紀要』第15号　東京大学　1～38頁
　　　　　2001　「後北C2・D式土器の展開と地域差」　東京大学大学院人文社会系研究科考古学研究
　　　　　　　　室・常呂実習施設編『トコロチャシ跡遺跡－北海道常呂川下流域におけるアイヌ文化の
　　　　　　　　遺跡の調査－』　東京大学　176～217頁
小杉康編　2002　『北大構内の遺跡ⅩⅡ』　北海道大学
　　　　　2003　『北大構内の遺跡ⅩⅢ』　北海道大学
犀川会編　1931　「遠山村垣西蝦夷日記」『犀川会資料』第十三号　（国立国会図書館所蔵本の写本）
札幌市教育委員会　1989　『札幌市埋蔵文化財台帳（付　分布図）　平成元年4月現在［五訂版］』　札
　　　　　　　　幌市文化財調査報告書Ⅱ　札幌市教育委員会
札幌市教育委員会編　1978　『札幌歴史地図〈明治編〉』　さっぽろ文庫・別冊　札幌市・札幌市教育委
　　　　　　　　員会
　　　　　　　1999　『古代に遊ぶ』　さっぽろ文庫90　札幌市・札幌市教育委員会
札幌市市民局生活文化部文化財課埋蔵文化財係編　2000　『札幌市埋蔵文化財包蔵地分布図（平成12年8
　　　　　　　　月現在)』　札幌市教育委員会
澤　四郎　1982　「北海道の続縄文文化」『縄文土器大成』5　続縄文　講談社　114～118頁
仙庭伸久編　1995　『H317遺跡』　札幌市文化財調査報告書46　札幌市教育委員会
大丸裕武　1996　「3　豊平川扇状地と洪水の歴史」「第1章　川の流れが運んだ大地」　さっぽろ文庫
　　　　　　　　編集室・札幌市教育委員会文化資料室編　『地形と地質』　さっぽろ文庫77　札幌市・
　　　　　　　　札幌市教育委員会　57～68頁
高倉新一郎編　1987　『北海道古地図集成』　北海道出版企画センター

地学団体研究会　1996　『新版　地学事典』　平凡社
地質調査所　1991　『札幌及び周辺部地盤地質図』　特殊地質図30　通商産業省工業技術院地質調査所
西本豊弘　1984　「北海道の縄文・続縄文文化の狩猟と漁撈―動物遺存体の分析を中心として―」『国立歴史民俗学博物館研究報告』第4集　国立歴史民俗博物館　1～15頁
　　　　　　1985　「北海道の狩猟・漁撈活動の変遷」『国立歴史民俗博物館研究報告』第6集　国立歴史民俗博物館　53～74頁
羽賀憲二　1987　『N295遺跡』　札幌市文化財調査報告書ⅩⅩⅩⅡ　札幌市教育委員会
　　　　　　1995　『H37遺跡　丘珠空港内』　札幌市文化財調査報告書50　札幌市教育委員会
林謙作・横山英介　1988　「Ⅱ-3　学生部体育館建設予定地の調査」　吉崎昌一・岡田淳子編　『北大構内の遺跡6』本文　北海道大学　24～47頁
藤本強　1982　「続縄文文化概論」『縄文文化の研究6』　雄山閣　10～20頁
二ツ川健二　1996　「4　軟らかい地盤の形成」「第3章　埋もれている地形」　さっぽろ文庫編集室・札幌市教育委員会文化　資料室編　『地形と地質』　さっぽろ文庫77　札幌市・札幌市教育委員会　212～226頁
北海道大学埋蔵文化財調査室編　1986　『サクシュコトニ川遺跡　1本文編　2図版編』　北海道大学
北海道編　1969　「石狩地形之事」『津輕一統誌　巻第十之下』　高倉新一郎他編　『新北海道史』第七巻史料　北海道　157～200頁
吉崎昌一編　1989　『北大構内の遺跡7』　北海道大学
　　　　　　1990　『北大構内の遺跡8』　北海道大学
　　　　　　1995　『北大構内の遺跡10　縄文時代晩期・続縄文時代遺跡の調査』　北海道大学
吉崎昌一・岡田淳子編　1988　『北大構内の遺跡6』　北海道大学
山田秀三　1965　『札幌のアイヌ語地名を尋ねて』　楡書房
横山英介　1988　「第Ⅲ章　野営地の再構成－考古学資料を用いた人間行動の復原－」　吉崎昌一・岡田淳子編　『北大構内の遺跡6』本文　北海道大学　49～54頁
　　　　　　1987　「Ⅰ-2　中講堂建設予定地区の調査」　吉崎昌一・岡田淳子編　『北大構内の遺跡5』本文　北海道大学　10～13頁
　　　　　　1987　「第Ⅱ章　ポプラ並木東地区遺跡の調査」　吉崎昌一・岡田淳子編　『北大構内の遺跡5』本文　北海道大学　15～102頁

※札幌市文化財調査報告書については，紙数の都合上，主な参考文献以外は割愛した。

蝦夷と昆布

松本建速

はじめに

　昆布という表記が日本の文献に最初に登場するのは、奈良時代である。閉村の蝦夷が昆布を古代日本国に貢いでいたことが『続日本紀』に記されている。日本列島周辺における現在の昆布の分布域は、朝鮮半島東北部、日本列島東北部太平洋側からサハリン、千島列島にかけてである。平安時代の『延喜式』によれば、陸奥国以外の古代日本国領域には昆布の記載がない。奈良時代の古代日本国領域においても、昆布の利用は一般的でなかったはずである。それなのに、公民でもなかった蝦夷が昆布を朝貢していたのはなぜであろうか。

　以下に、昆布の分布や史料・考古資料を考慮しながら、古代日本国に蝦夷が昆布を貢献することになった背景について、そして蝦夷の系譜について、少々考える。

Ⅰ．古代日本における昆布に関する史料

　奈良時代から平安時代にかけての昆布に関する史料については、関根真隆（1969）、大石圭一（1987）に詳述されており、その後、新たに発見された文献はない。昆布の文字が記された文献を古い順に記すと、霊亀元（715）年10月29日条の『続日本紀』（史料1）、天平宝字4（760）年のものと推察されている『正倉院文書』「小波女進物啓」（史料2）、昌泰年間（898〜901年）『新撰字鏡』、延喜18（918）年『本草和名』（史料3）、延長5（927）年『延喜式』、承平年間（931〜938年）『和名類聚抄』である。

　史料1は、蝦夷が古代日本国に朝貢していたことを示す例としてよく言及される（今泉1992・関口1992・工藤1998・樋口2004など）。先祖以来と述べられていることから、関口（前掲）は7世紀後半代には昆布の朝貢が始まっていたと推測している。何世代前からのことであるかは不明だが、1代前だとしても7世紀末葉頃にはなるであろうし、数世代だとすれば7世紀後半代には朝貢関係が持たれていたと考えて良いであろう。

　なお、『令集解』「賦役一」の調あるいは諸国貢献物に海藻（わかめ）、海松（みる）、未滑海藻（かちめ）、海藻根（わかめの根）といった諸海藻は見えるが、昆布は含まれていない。養老2（718）年成立の『養老令』段階では、昆布は公式には諸国貢献物に入っていなかったことになろうか。

　史料2は謹啓で終わり、年号も記されないので、写経所内の当事者間でのみ通用する私信であると考えられる。『大日本古文書巻之二十五』では、『大日本古文書巻之十四』「供養分量料

雑物進上文」の内容との関連から，天平宝字4（760）年のものと推定している。そうであるならば，「小波女進物啓」に記された品は供養分料であることになる。この文書を用いて，昆布の利用についての細かな記載をおこなうには，どこの写経所で，いつ誰がだれに上申したかなどの考察の必要がある。ここでは，単に，古代日本国中央の写経所で昆布についての記載があることに注目しておく。

史料3は延喜18（918）年，深根輔仁の撰になる，薬物の漢名のそれぞれの和名を記した文書である。昆布の和名として「比呂女（ひろめ）」と「衣比須女（えびすめ）」とが見える。後者はエビス居住地域の海藻の意味と考えられるので，当時，畿内では蝦夷をエビスと呼んだことが窺える。同時に昆布には薬物としての効用があるとされていたことがわかる。

他に，史料として掲載はしなかったが，日本最古の漢語辞典である『新撰字鏡』天治本では，昆布の和名を比呂女（京都大文学部国文研究室 1987），『和名類聚抄』（早稲田大学本）では，比呂女と衣比須女としている（辻村編 1987）。

史料1
『続日本紀』霊亀元（715）年10月29日条
「（前略）又蝦夷須賀君古麻比留等言，先祖以来，貢‐献昆布‐，常採‐此地‐，年時不レ闕。今国府郭下，相去道遠，往還累旬，甚多‐辛苦‐，於閉村，便建‐郡家‐，同‐於百姓‐。共率‐親族‐，永不レ闕レ貢。」
　　　　　　　　　　　　　　　　　　　　　『新訂増補国史大系　続日本紀前編』64頁

史料2
『正倉院文書』「小波女進物啓」天平宝字4（760）年か
「進上
　　米五斗六升　海藻五連　滑海藻六十村
　　昆布一把　味醤三升　醤三升
　　酢三升　心太一升五合　芥子八合
　　塩二升
右，依先宣，進上如件，但有欠物，後追進上，　謹啓
　　　　　　　　二月十九日　小波女謹上」
　　　　　　　　　　　　　　　　　　　　　　　　『大日本古文書巻之二十五』264頁

史料3
『本草和名』巻9　延喜18（918）年
「昆布　乾苔性熱柔苔性冷昆布一名綸布出兼名苑和名比呂女一名衣比須女」
　　　　　　　　　　　　　　　　　　　　　『覆刻日本古典全集　本草和名』上巻第9巻

昆布に関する記載が最も多いのは『延喜式』である。その内容はⅢでやや詳しく述べること

にして，ここには昆布が登場する箇所を簡単に記しておく。

第7巻「神祇7」には，践祚大嘗祭の神饌の一つとして昆布が記載されている。

第23巻「民部下」では，陸奥国が昆布を交易雑物として貢納していたことがわかる。

第30巻「大蔵省」には，昆布が授戒をおこなう十人の僧侶並びに沙弥への菜料として給付されたことが記されている。

第31巻「宮内省」では，陸奥国が昆布を天皇の贄として献上したことがわかる。

昆布の記載が最も多いのは第33巻「大膳下」で，10箇所ある。すべて仏教行事に際しての供え物である。

第39巻の「内膳司」は天皇の食事を調進する官司であるが，その中の記載からも昆布が天皇の食物とされていたことが窺える。

表1　昆布の種類と分布域

種名（和名）	分　　　布
ミツイシコンブ	北海道白糠から室蘭の間、渡島半島東部、本州太平洋岸北部
チジミコンブ	北海道西部
ガッガラコンブ	北海道東部
オニコンブ	北海道東部から千島列島
マコンブ	北海道南部から三陸沿岸
エナガコンブ	北海道東部（厚岸湾、釧路港）
ナガコンブ	北海道東部、千島列島南部
リシリコンブ	北海道北部、千島列島、サハリン
ホソメコンブ	北海道西岸、本州太平洋北部
カラフトコンブ	北海道北部、千島列島、サハリン
カラフトトロロコンブ	北海道東部
エンドウコンブ	北海道南部（室蘭と有珠）
ゴヘイコンブ	北海道東部、千島列島、カムチャッカ、アリューシャン、アラスカ、カナダ

※吉田忠生（1998）を基に作成

II．昆布の分布

大石（1987）によると，昆布は太平洋沿岸の親潮寒流域に分布し，現在では，その南限は宮城県北部の金華山沖である。吉田忠生（1998）に基づき，コンブ科コンブ属の分布を見ると表1のようになる。本州最北部の太平洋沿岸には，ミツイシコンブ，マコンブ，ホソメコンブの3種がある。この3種のうち三陸沿岸まで分布するのはマコンブである。また，前掲の大石によれば，マコンブとミツイシコンブとでは，前者の方が優れた品質であるという。

史料1では，昆布を貢いでいた須賀君古麻比留という陸奥の蝦夷が，霊亀元（715）年に閉村に郡家を建てることを要請し，それが許されている。陸奥国では，710～720年代に黒川以北の10郡が置かれた（図1）。閉村はこれらの郡に近い地域と考えることができる。ただ，郡家を建てるという記載は，『日本書紀』斉明5（659）年3月17日条に，現北海道にあると推定される「後方羊蹄」の地でも見られるので，陸奥国の外であった可能性もある。

ところで，黒川以北の10郡近隣で昆布が採れるのは，海の存在から考えると牡鹿郡だけである。当時の国府の位置は不明だが，仮に現在の宮城県仙台市郡山遺跡であったとすると，舟を使えば牡鹿郡からそれほど遠い距離ではない。したがって，閉村はさらに北の三陸沿岸域地域

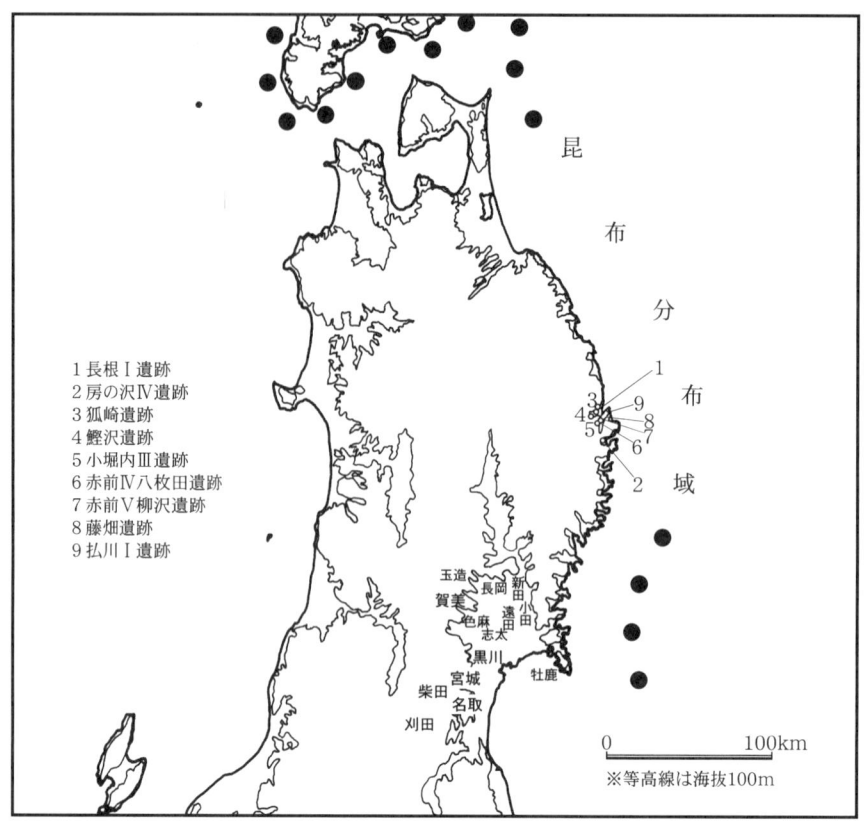

図1　古代の陸奥国以北の地名と三陸沿岸の8世紀の遺跡

と考えるべきであろう。現在の宮城県本吉郡から岩手県下閉伊郡あたりと推測しておく。

　以上に述べたことをまとめると，昆布は北海道から本州島東側北部の寒流域に分布し，その南限は現在の宮城県牡鹿半島あたりである。この分布は，『続日本紀』の記録から考えて，古代においても同じであったと推測できる。

Ⅲ．昆布の利用
1．奈良時代

　史料1によれば，8世紀前葉の時点で古代日本国に対して蝦夷が昆布を貢いでいた。しかし，昆布は当時の古代日本国の大部分では産せず，その名称も漢名である。『万葉集』巻16の角島（現在の山口県角島か）を舞台とした歌に，稚海藻（わかめ），和海藻（にぎめ）は見られるが，平安時代には存在していた昆布の和名，比呂女，衣比須女は登場しない。奈良時代の古代日本国において，それは一般的な食品ではなかったのである。蝦夷が貢いだ昆布は，朝廷の周辺で食されたと考えて良いであろう。

　史料2は，写経所における私信であると考えられた。東大寺あたりのものであろうか。『正倉院文書』「経師校正等布施食法等定文」（東京帝国大学編 1917）に，経師・装丁者には海藻，

表2 延喜式に見られる昆布の利用

巻	式名	昆布記載箇所の内容	昆布の種類および量	備考
7	神祇7	践祚大嘗祭	昆布筥4合、15斤を別納する	大嘗殿での神撰
23	民部下	交易雑物	昆布600斤、索昆布600斤、細昆布1000斤	陸奥国の貢納品
30	大蔵省	僧への菜料（延暦寺）	昆布13斤12両	
31	宮内省	諸国例貢御贄	昆布、縒昆布	陸奥国の貢納品
33	大膳下	正月最勝王経斉会供養料	細昆布1巻を20人分に充てる、索昆布2条、昆布1帖を20人分に充てる	
33	大膳下	修太元師法料	細昆布60斤、索昆布390条	
33	大膳下	嘉祥寺春地蔵悔過料	細昆布16把	
33	大膳下	盂蘭盆供養料東寺（西寺、佐比寺、野寺、出雲寺、聖神寺）	昆布半斤、細昆布14両	
33	大膳下	仁王経斉会供養料	細昆布1把を6人分に充てる、広昆布1帖を20人分に充てる	
39	内膳司	年料（贄としての）	索昆布42斤、細昆布120斤、広昆布30斤	陸奥国の貢納品

滑海藻，末滑海藻が，史生・雑使・膳部・校正らには海藻，滑海藻が支給されたことが記録されているが，昆布は見えない。『正倉院文書』中の昆布の記載は「小波女進物啓」だけである（関根 2001）。昆布は一般の写経生が食していたものではないと考えられる。

2．平安時代

表2は，『延喜式』中の昆布に関する記載がある箇所とその概要の一覧である。1とした神祇に関わる式の第7巻では，天皇即位後に一度だけおこなわれる践祚大嘗祭に関する細則が記されている。大嘗殿で神に捧げられる供御として種々の魚類や昆布，海松（みる），紫菜（のり），海藻（わかめ）などが挙げられている。神祇に関わる式のうち第1巻から第7巻までは，種々の祭式の内容と供えられた食料品が多数記載されており，海藻（わかめ），凝海藻（こるもは）といった他の海藻類が数多く存在するが，昆布はただ1箇所にしか見られない。

2とした交易雑物は，『延喜式』「民部下」の場合，国ごとに毎年特定品目を一定量納めていた年料であった（中西康裕 1983）。「民部下」によれば，わかめを年料としていた国は多い。海藻根（わかめの根）を貢いだ国として，参河国，伊勢国，紀伊国，出雲国，石見国，長門国，伊予国，阿波国等の暖流地域の名が見られる。寒流地域に分布する昆布を貢献したのは陸奥国だけである。当時は北海道と関連していたと考えられる出羽国の記載はない。

3とした大蔵省記載中の昆布は，戒壇の僧らに対して与えられたものである。この記事の前後は，延暦寺で実施された諸仏事における菜料のことが記されているので，この戒壇は延暦寺のものかもしれない。戒壇とは僧尼らに戒を授ける場であり，当時の平安京周辺にでは東大寺と延暦寺だけに，他地域では，東の下野薬師寺，西の筑紫観世音寺に設けられていた。

4の宮内省の諸国例貢御贄は，神や天皇へ毎年納めた食料品である。同じ箇所の記載によれば贄として海藻（わかめ）を納めている国は，遠江，若狭，越前，能登，但馬，因幡等と複数あるが，昆布は陸奥国だけである。ここにも出羽国名はない。

5の大膳式における記載では，昆布は各種の法会の供養料，法料などとして納められており，仏教と関連が深かったことがわかる。大膳職は宮内省の被官であり，宮廷用の饗膳の調進を司る。中林隆之（1994）によれば，ここに記された各種法会は護国法会である。この時期の昆布の利用は，仏教一般と結びついていたのではなく，国家と関連した仏事に関連して使われたと

まずは考えるべきであろう。また，同式には親王の月料も記されているが，そこには，海藻（わかめ），滑海藻（あらめ），海松（みる），紫菜（むらさきのり）などの記載はあっても，昆布は見られない。

6の内膳司での記載では，年料として陸奥国が各種の昆布を貢献したことがわかる。この場合の年料とは贄，すなわち天皇の食事である。

以上に記したように，平安時代，昆布は一般の神祇の祭式では用いられず，天皇や護国法会をおこなった国家中央の寺院関係者の食事として利用されていた。それは，非常に限られた人々だけが食した特別な品だったのである。天皇や護国法会の成り立ち時期を考えれば，奈良時代においても，その利用実態ほぼ同様であったと考えられる。

IV. 昆布を貢いだ蝦夷の系統

奈良時代から平安時代において，昆布は特別な食品の位置にあった。そのような品を蝦夷は貢いでいた。『続日本紀』に基けば，貢献していたのは古代日本国領域外の三陸地域に在った蝦夷であり，それは7世紀後半代から継続していたと考えられた。この記事からは，一般に言われるような古代の蝦夷が「まつろわぬ」人々であったという印象は受けない。また，先祖以来昆布を貢いでいたと須賀古麻比留という蝦夷は，編戸の民になりたいとも申し出ている（史料1）。さらにこの直前には，邑良志別君宇蘇弥奈という蝦夷が「親族死亡子孫数人。常恐被狄徒抄略乎。請於香河村。造建郡家為編戸民。永保安堵。」と述べたという記事がある。蝦夷が，狄に襲われないかと恐れ，編戸の民となって永久に安心して暮らしたいというのである。この時期は，ちょうど黒川以北の10郡が設置される頃なので，これらは，それを象徴する記事であると考えることもできよう。しかしながら，狄を恐れた邑良志別君宇蘇弥奈や，先祖以来昆布を貢献し続けた須賀古麻比留とは，どのような系統の蝦夷なのであろうか。

ところで，第2節で述べたように，日本列島において昆布の分布する範囲は三陸地方以北の寒流地域に限られる。したがって，古代日本国の中央にいた人々は，本来その利用法を知らなかったはずである。それなのに，蝦夷の居住域にのみ存在した特殊な藻類を，天皇の贄として貢がせるようになった背景には何があったのであろうか。

これは，昆布を利用したのが天皇や国家の中央にあった仏教寺院であったことと，昆布という名称が，大和言葉や蝦夷が住んでいた地域の言葉ではなく漢語である[1]，という2つの点を考えれば理解できそうである。大石（1987）によれば，遅くとも6世紀の中国には昆布という表記があった。8世紀初頭に古代日本国で利用されたその表記は，中国から輸入されたものなのである。そして同時に，その利用法も中国から伝わったと考えられるのである。

ただし，中国沿岸には本来昆布は生息しないので[2]，それは国外から得られていたはずである。東アジアで昆布の採れる地域は，朝鮮半島北東部沿岸（現朝鮮民主主義人民共和国）と日本列島北部太平洋岸だけなので，それらの地域は中国の昆布入手先の候補地となる。鄭大聲（1979）は，『海東繹史』に，唐の『南海薬譜』を引用して，新羅で採られた昆布の乾燥物

が中国に送られていたことが記されていると述べている。今回その源典を見ていない。

　中国が昆布を日本列島から得ていたという史料も見つけてはいない。しかしながら，昆布の名称もその利用法も，中国を源として古代日本国に伝わったと考えられる。昆布は古代日本国外からの情報の動きを知る手がかりとなるであろう。昆布の利用を知らなかった古代日本国の人々は，仏教を伝えた人々から，仏事と関連する食品（薬物）である昆布の分布を知らされたのではなかったろうか。須賀君古麻比留の古麻（こま）は高麗にも通じ，高句麗の出身者とも関係のある者であったとも思える。すなわち，蝦夷と呼ばれた者の中には，司東真雄（1976）が推論したように韓国（からくに）系の人がいたかもしれない。昆布を貢いだ蝦夷は，昆布分布域の自然環境に関する知識を持った渡来系の者を祖先に持つ者であったという推測をここでは述べておく。これについては，多方面からの検証が必要となる。今後の課題としたい。

Ⅴ．三陸地方南部の末期古墳を伴う遺跡から見た蝦夷

　地名の類似から，閉村は現在の閉伊郡であると考えられている（関口 1992，樋口 2004など）。昆布の分布地域を考慮すると，さらにその蓋然性は高まる。次に，考古資料を用いて，閉伊郡沿岸部周辺の8世紀代の集落遺跡を営んだ人々の系譜を考える。

　現在の宮城県本吉郡から岩手県下閉伊郡周辺に至る三陸沿岸地域には，715年前後の遺跡は多くない。調査された8世紀代の集落および末期古墳遺跡を図2に示し，所在地や存続時期等の情報を表3に掲載した。集落遺跡が6箇所，末期古墳のある遺跡が2箇所である。鰹沢遺跡（図2-4）は海岸から約6km内陸に入るが，他は海岸から3km以内の海を望む丘陵上にある。後者の諸遺跡を載せる丘陵は海に注ぐ河川の河口低地に面しており，当時の低地が居住に不適な環境であったことを考慮すれば，それらの位置は海を生活の場として意識した結果であると評価できる。各集落遺跡は推定範囲の一部が調査されたに過ぎず，当時の集落規模は不明である。しかしながら出土遺物に基づくと，各々の集落には，それまでこの周辺に見られなかった生活様式が定着していたことがわかる。住居にはカマドがあり，土師器が利用されていたのである。また，宮古市長根Ⅰ遺跡（図2-1）からは28基，山田町房の沢Ⅳ遺跡（図2-2）からは35基の末期古墳が検出された。後者には馬の墓とされる土坑も4基あった。

　最も注意すべきなのは，それらの集落等が造営された1～2世紀前，すなわち6～7世紀代の集落遺跡が，三陸沿岸地域では知られていないことである。また，山田町房の沢Ⅳ遺跡最古の末期古墳は7世紀末～8世紀初頭頃のものであり，この辺りでは最も古い。つまり，7世紀末～8世紀初頭になって，その後この地に継続することになる墓や集落の造営が開始された。これはいかなる活動の結果を示すのであろうか。

　末期古墳は，青森県八戸市丹後平古墳群（八戸市教委 1991）のように，7世紀前半以来東北北部東側に造営されている。先行する集落が存在しない当該地域にそれらが突然出現したことから，どこかで確立した風習が移入されたと推定できる。しかもそれに共伴する諸遺物には，金属製品を中心に，当該地域で独自に生まれたとは思えない物質文化が多い。

表3　三陸沿岸の集落および末期古墳出土遺跡

No.	遺跡名	所在地	海からの距離	主な遺構	時期	文献
1	長根Ⅰ	宮古市千徳第2千割字長根	3.0km	末期古墳28基	8世紀前半～後半	(財)岩手埋文1990
2	房の沢Ⅳ	下閉伊郡山田町山田	1.0km	末期古墳35基	7世紀末～8世紀後半	(財)岩手埋文1998
3	狐崎	宮古市山口3丁目	2.9km	住居跡5棟	8世紀前半	宮古市教委1989・1990
4	鰹沢	宮古市花輪字程久保	6.4km	住居跡5棟	8世紀前半～後半	宮古市教委1992
5	小堀内Ⅲ	宮古市赤前第14地割小堀内	0.1km	住居跡4棟	8世紀前半	宮古市教委1999
6	赤前Ⅳ八枚田	宮古市赤前第11地割八枚田	0.1km	住居跡1棟	8世紀後半	宮古市教委1999
7	赤前Ⅴ柳沢	宮古市赤前第12地割柳沢	0.2km	住居跡2棟	8世紀後半	宮古市教委1999
8	藤畑	宮古市津軽石字藤畑	2.0km	住居跡1棟	8世紀後半	宮古市教委1998
9	払川Ⅰ	宮古市津軽石字払川	3.0km	住居跡4棟	8世紀前半～後半	宮古市教委1991

　表4として2遺跡の末期古墳から出土した金属製品をまとめ，その代表例を図2に掲載した。房の沢Ⅳ遺跡からは，刀子も含めると19基の古墳，1基の石組み遺構，1基の土壙墓から刀剣類が出土した。蕨手刀（図2－8）が副葬された古墳は1基だけである。轡が7および21号墳（図2－6）から検出された。長根Ⅰ遺跡で刀剣類が検出された古墳は7基である。蕨手刀が1点ある（図2－10）。22号墳主体部には刀剣類はなく和同開珎（図2－7）が1点副葬されていた。以上のほとんどは古墳の主体部に副葬されていた。

　同図には，房の沢Ⅳ遺跡から出土した土師器の坏・高坏・鋸歯状沈線文を施した長胴甕も少し掲げた。坏は東北南半の7世紀代の栗囲式の系譜上にある。図2－1の底部や，3のように器外面にケズリが施されるのが一般的な栗囲式の特徴であり，図2－2のように内外面が磨かれている点は東北北部以北の特徴である（桑原1976）。鋸歯状沈線文を施した土師器は7～8世紀前半に宮城県北部～青森県東部にかけて分布し，この地域の在来系の人々の土器と考えられている（宇部2000）。ただし，それはあまり出土しない。房の沢Ⅳ遺跡でも少量しか検出されていないし，表3に挙げた他の遺跡からは報告されていない。

　上に述べた遺物のうち，和同開珎は古代日本国産である。蕨手刀が存在した理由については様々な考え（大場1947・八木1996）があるが，その分布圏と馬，牛の牧の分布域が重なることから，それらはそれぞれの地の牧の長などに，古代国家側の人間から与えられたものと考える（松本2003）。直刀や方頭大刀，方頭横刀の類も同様にして入手したものではなかろうか。その契機には，公的，私的の両方があったであろう。『類聚三代格』巻19「禁制事」延暦6（787）年に，王臣らに蝦夷との間での私的交易を禁止する官符が見える。同文献によれば，弘仁6（815）年にも，それを徹底するようにとの官符が出ている。東北地方の蕨手刀はその頃のものが多い。房の沢Ⅳ遺跡では，8世紀前葉頃の土師器（21号墳）や8世紀中葉頃の蕨手刀（7号墳）に伴って轡が副葬されており，馬を埋葬した土坑も検出された。桃崎祐輔（1993：117頁）は，「馬の供犠を伴う古墳の被葬者は馬飼育にかかわる集団の一員であった可能性が高い」と述べる。同遺跡には馬を飼う人々がいたのであろう。

　しかし，これら三陸沿岸地域の末期古墳に葬られた人々は，馬を飼っていただけではないであろう。遺跡が湾を望む丘陵上にあることから，昆布を採取する人々であったとも考えられる。

表4　三陸沿岸の末期古墳出土の金属製品

金属製品	長根遺跡	房の沢遺跡
蕨手刀	6	7
直刀	9, 27	1, 14, 22, 26
方頭大刀	28	8, 9, 10, (13), (23)
刀子	12, 16	5, 12, 14, 16, 18, 19, 20, 21, 25, 29, 30, 32
和同開珎	22	
鉄鏃		1, 4, 5, 7, 12, 14, 30
轡		1, 7, 10, 21

※1．数字は古墳№　（　）は別の形態の墓

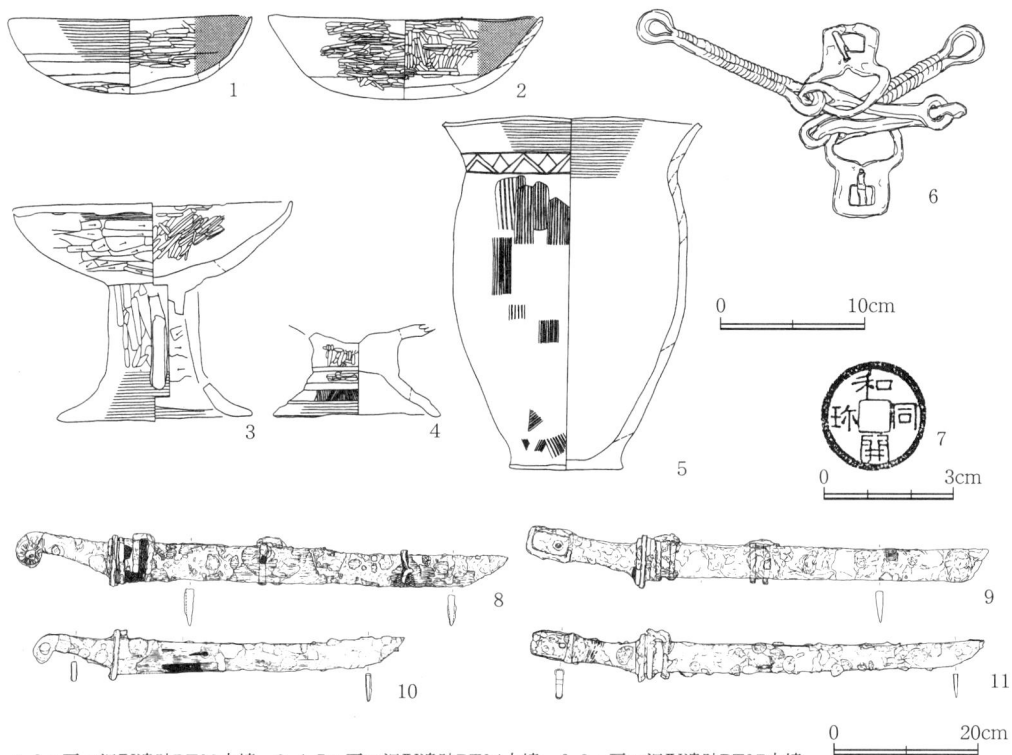

1・3：房の沢Ⅳ遺跡RT02古墳　2・4・5：房の沢Ⅳ遺跡RT04古墳　6・8：房の沢Ⅳ遺跡RT07古墳
7：長根Ⅰ遺跡22号古墳　9：房の沢Ⅳ遺跡RT10古墳　10：長根Ⅰ遺跡6号古墳
11：長根Ⅰ遺跡27号古墳

図2　房の沢Ⅳ・長根Ⅰ遺跡出土の諸遺物

　副葬品の中には，昆布を貢いだ結果，与えられた品があるのではなかろうか。さらに加えると，7世紀末～8世紀初頭頃，三陸沿岸地域に末期古墳を築いた人々は，昆布を採集して古代日本国に貢ぐことを目的の一つとして移住してきたのではなかったろうか。

　本来三陸沿岸地域には集落がなかった以上，その地域での昆布の利用も一般的であったとは言えない。史料1とした『続日本紀』の須賀古麻比留の言によれば，彼は先祖以来昆布を貢いでいた。古代日本国で昆布が利用されるようになった時期は，天皇や国家仏教が誕生した頃と考えられるので，7世紀末頃であろう。三陸沿岸における集落遺跡の開始時期と同じである。

先行する集落遺跡がおよそ2世紀の間存在しなかったので，昆布を貢いだ蝦夷の系譜が，当該地域の先住民を中心とするとは考えられない。当該地域先住民の系統を反映する鋸歯文を施す土師器は，房の沢IV遺跡に少数あるだけなので，古代日本国との関連を持った人々を核として構成された集団が移住したと推測するのである。

論証はできないが，さらに推測を加えておく。第4節の最後にも述べたが，その移住者に，古代日本国内の人々の中でも，東アジアにおけるもう一つの昆布産地である朝鮮半島北部東側の高句麗などの渡来系の人々が含まれていた可能性を考えたいのである。房の沢IV遺跡から出土した轡（図2-6）は，岡安光彦（1984）を基に考えると6世紀中葉以前の特徴とされる二条線引手を持つ。墓は8世紀中葉に属すが，祖先伝来の品を副葬したのではあるまいか。

おわりに

昆布を貢いだ蝦夷，特に対外的にその中心的役割を担っていた者は，元来三陸沿岸地域に住んでいた者ではなかったろうということを述べてきた。6〜7世紀のその地域の集落遺跡が見つかっていないのに，奈良時代に入ると突然遺跡が表れるという点に注目しての説である。

昆布を貢いだ蝦夷が何者であったかについての疑問は，昆布の語源が大和言葉でもアイヌ語でもないことや，古代日本国の領域にそれが分布していなかったはずだということに気付いたときに生じた。アイヌ民族の昆布利用の低調さと，関西以西の昆布料理の豊富さとの違いを考えたとき，なぜ三陸の蝦夷が昆布を貢がねばならなかったのか，疑問を抱かずにはおられなかったのである。昆布を貢いだ蝦夷の系譜について，さらなる追究を継続したい。

私が前田潮先生に初めてお会いしたのは，1988年8月の北海道伊達市有珠10（有珠モシリ）遺跡での札幌医科大学による発掘調査の折りでした。先生は鹿角製の銛頭を検出するご自身の竹べらの動きを止め，隣にいた私に，そこを掘るようにと勧めて下さいました。それ以来，私は先生のお世話になり続けています。寒くなると研究室でしばしば鍋を囲みました。底に沈む昆布を食べながら，決まって先生は京都でだし昆布を食べたときの思い出話をされました。いつも私はそこでふと考えることがありました。今回の拙論は，そのお話に繋がっているものです。私は，先生のだしのお陰で存在しているようなものだと，つくづく思います。

註

1) 新崎盛敏・新崎輝子（1978）のように，昆布の語源をアイヌ語の「コンブ」または「クンブ」であるとする説もある。知里真志保（1976）によれば，「マコンブ」を指すアイヌ語には「コンブ」と「サシ」の二つがあり，前者は幌別，沙流で，後者は北海道中北東部，サハリン，千島で使用が認められた。すなわち，アイヌ語としては「サシ」が広範囲に通用した名称なのである。「コンブ」は日本語「こんぶ」からの借用と考えるべきである。
2) 大石（1987）によれば，1960年代以降は中国でも昆布が養殖されている。しかし，ここに述べているのは，あくまでも古代のことである。

引用・参考文献

新崎盛敏・新崎輝子　1978『海藻のはなし』　東海大学出版会
今泉隆雄　1992「7 律令国家とエミシ」須藤隆・今泉隆雄・坪井清足編『新版古代の日本9　東北・北海道』163～198頁　角川書店
宇部則保　2000「古代東北地方北部の沈線文のある土師器」『考古学ジャーナル』462号　8～12頁　ニュー・サイエンス社
大石圭一　1987『昆布の道』第一書房　東京
大場磐雄　1947「蕨手刀に就いて」『考古学雑誌』34巻10号　20～39頁
岡安光彦　1984「いわゆる「素環の轡」について」『日本古代文化研究』創刊号　95～120頁
京都大学文学部国史研究室編　1987『天治本　新撰字鏡』　臨川書店　京都
黒坂勝美編　1966『国史大系　第23巻　令集解前篇』　吉川弘文館
　　　　　　1969『新訂増補国史体系　続日本紀前篇』　吉川弘文館
　　　　　　1983『新訂増補国史大系　類聚三代格』　吉川弘文館
　　　　　　1983『新訂増補国史体系　交替式・弘仁式・延喜式前篇』　吉川弘文館
　　　　　　1981『新訂増補国史体系　延喜式中篇』　吉川弘文館
　　　　　　1981『新訂増補国史体系　延喜式後篇』　吉川弘文館
桑原滋郎　1976「東北地方北部および北海道の所謂Ⅰ型式の土師器について」『考古学雑誌』61巻4号　1～20頁
小島憲之・木下正俊・東野治之校注・訳　1996『新編日本古典文学全集9 萬葉集④』小学館
現代思潮社　1978『覆刻日本古典全集　本草和名』
（財）岩手県文化振興事業団埋蔵文化財センター　1990『長根Ⅰ遺跡発掘調査報告書』岩手県文化財調査報告書第146集
　　　　　　　　　　　　　　　　　　　　　　1998『房の沢Ⅳ遺跡発掘調査報告書』岩手県文化財調査報告書第287集
司東真雄　1976「坂上田村麻呂の征夷の「夷」考」東北考古学会編『東北考古学の諸問題』425～440頁　東出版寧楽社　東京
関口　明　1992『蝦夷と古代国家』　吉川弘文館
関根真隆　1969『奈良朝食生活の研究』　吉川弘文館
　　　　　2001『正倉院文書事項索引』　吉川弘文館
鄭　大聲　1979『朝鮮食物誌－日本とのかかわりを探る－』柴田書店　東京
知里真志保　1976『知里真志保著作集　別巻Ⅰ分類アイヌ語辞典　植物編・動物編』平凡社
辻村敏樹編　1987『早稲田大学蔵資料影印叢書国書篇第二巻倭名類聚鈔二』早稲田大学出版部
東京帝国大学編　1917『大日本古文書巻之十一（追加五）』　東京帝国大学文学部史料編纂掛
　　　　　　　　1940『大日本古文書巻之二十五』　東京帝国大学文学部史料編纂所
中西康裕　1983「交易雑物について」『ヒストリア』101号　17～31頁　大阪歴史学会
中林隆之　1994「護国法会の史的展開」『ヒストリア』145号　1～23頁　大阪歴史学会
八戸市教育委員会　1991『丹後平古墳』八戸市埋蔵文化財調査報告書第44集
樋口知志　2004「律令制下の気仙郡－陸前高田市小泉遺跡の周辺－」『アルテス　リベラレス』74号　21～42頁　岩手大学人文社会科学部紀要

桃崎祐輔　1993「古墳に伴う牛馬供犠の検討－日本列島・朝鮮半島・中国東北地方の事例を比較して－」
　　　　　　『古文化談叢』31号（下）1～141頁
宮古市教育委員会　1989『狐崎Ⅱ遺跡－昭和63年発掘調査報告書－』宮古市埋蔵文化財報告書第20集
　　　　　　　　　1990『狐崎遺跡－平成元年発掘調査報告書－』宮古市埋蔵文化財報告書第22集
　　　　　　　　　1991『払川Ⅰ遺跡－平成2年発掘調査報告書－』宮古市埋蔵文化財報告書第29集
　　　　　　　　　1992『鰹沢遺跡－平成2年発掘調査報告書－』宮古市埋蔵文化財報告書第34集
　　　　　　　　　1998『藤畑遺跡』宮古市埋蔵文化財報告書第52集
　　　　　　　　　1999『赤前Ⅲ遺跡　赤前Ⅳ遺跡　八枚田遺跡　赤前Ⅴ柳沢遺跡　赤前Ⅵ釜屋ヶ沢遺跡　小
　　　　　　　　　　　堀内Ⅲ遺跡』宮古市埋蔵文化財報告書第53集
八木光則　1996「蕨手刀の変遷と性格」坂詰秀一先生還暦記念会編『坂詰秀一先生還暦記念　考古学の諸
　　　　　　相』375～396頁　文明堂印刷　東京
吉田忠生　1998『新日本海藻誌　日本産海藻類総覧』　内田老鶴圃

挿図出典

図3－1：(財) 岩手埋文 (1998) 第20図56，図3－2：(財) 岩手埋文 (1998) 第23図68，図3－3：
(財) 岩手埋文 (1998) 第20図57，図3－4：(財) 岩手埋文 (1998) 第25図90，図3－5：(財) 岩手埋文 (1998) 第23図72，図3－6：(財) 岩手埋文 (1998) 第31図110，図3－7：(財) 岩手埋文 (1990) 第27図29，図3－8：(財) 岩手埋文 (1998) 第30図108，図3－9：(財) 岩手埋文 (1998) 第39図134，図3－10：(財) 岩手埋文 (1990) 第13図3，図3－11：(財) 岩手埋文 (1990) 第32図39

焼畑の考古学
― 北海道における焼畑跡の考古学的分析 ―

横 山 英 介

はじめに

「伐採・火入れ・播種・除草・収穫・輪作・休閑期間・遷地」－これは，焼畑農法のキーワードであり，焼畑に対する一般的な認識である。

考古学の対象とする大前提として遺構と遺物は欠かすことが出来ないキーワードであることからみると，火入れ作業に伴う延焼防止溝などのほか，明瞭な遺構が存在しない焼畑は，少なくとも日本考古学史のなかで取り扱われたことはなかった。

北海道で農業が本格的に行われるようになるのは擦文時代からであるが，その糸口となったのは札幌市北大構内におけるサクシュコトニ川遺跡の発掘所見からであった（北海道大学埋蔵文化財調査室編 1986）。多種多量に及ぶ栽培植物の埋蔵種子の検出は，一方で畑跡の存在を想定させるに十分であり，以来筆者は畑跡の発見に力を注いできたのだが，未だ発見に至っていない。

北海道の考古学的発掘調査において，畑跡の調査は1965年に実施された胆振管内虻田町高砂貝塚（峰山 1987）や1974年発掘の渡島管内森町鳥崎遺跡（佐藤 1975）にみることができるが，近世を主体とした発掘調査事例が増加し本格的になるのは1997・8年からである。この段階で筆者は，1998・9年渡島管内七飯町内において3ヶ所の畑跡の発掘調査にかかわったのだが，なかでも2000年から2ヵ年調査を実施した渡島管内八雲町内における畑跡が焼畑説に至る大きな切っ掛けとなるものであった。畑の耕作土に含まれる炭化物質が焼畑の火入れによるものの可能性がありはしまいか，という極めて初歩的な発想からスタートしたわけだが，それが本州東北部の民俗事例にみる畝立てした焼畑－「アラキ型」の焼畑（佐々木 1976）へと結び付くことになるわけである。

その間，2002年2月2日第1回シンポジウム--えぞ地の畑（札幌市，かでる2・7）や同年11月9・10日第10回東日本の水田跡を考える会（静岡市）などで口頭発表を行い，「北海道における焼畑跡」として小論にまとめた（横山 2003）わけである。

今回は上記小論に新たな資料を加えて分析を重ね，改めて焼畑説を補強することを目的とするものである。

―凡例―

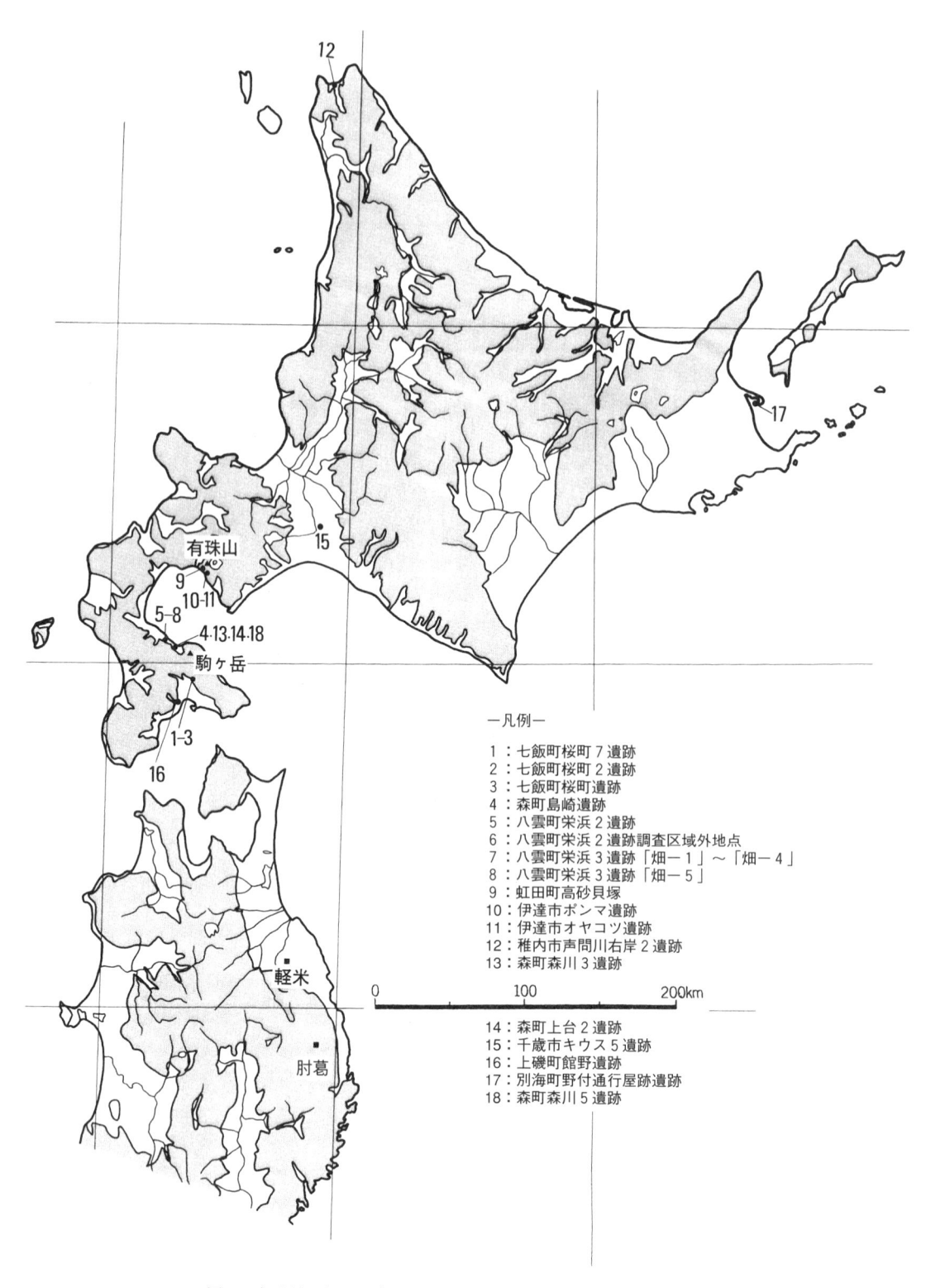

1：七飯町桜町7遺跡
2：七飯町桜町2遺跡
3：七飯町桜町遺跡
4：森町島崎遺跡
5：八雲町栄浜2遺跡
6：八雲町栄浜2遺跡調査区域外地点
7：八雲町栄浜3遺跡「畑－1」～「畑－4」
8：八雲町栄浜3遺跡「畑－5」
9：虻田町高砂貝塚
10：伊達市ポンマ遺跡
11：伊達市オヤコツ遺跡
12：稚内市声問川右岸2遺跡
13：森町森川3遺跡
14：森町上台2遺跡
15：千歳市キウス5遺跡
16：上磯町館野遺跡
17：別海町野付通行屋跡遺跡
18：森町森川5遺跡

図1　えぞ地の畑跡分布状況（横山　2003に追加，2004年7月作成）

Ⅰ. 分布

　考古学的発掘調査などで明らかにされた畑跡は，16遺跡18ヶ所となった（図1）。これは，筆者が2001年11月に集計した11遺跡13ヶ所（横山 2003）を3年余りで大きく上回るもので，もはや北海道考古学の新しい分野を形成しつつある状況である。

　とくに，この3年余りの間で検出された畑跡は，道央部（図1-15）や道東部（図1-17）へと調査事例が拡大したこと，そして依然として渡島半島部で増加していること，などが特徴的な諸点として上げられる。

Ⅱ. 年代的位置付け

　新たに検出された畑跡のうち，道央部の千歳市キウス5遺跡では樽前a降下軽石層（Ta－a）によって覆われていた（三浦ほか 2004）から，1739年に近い頃の所産とみられる。また，道東部の野付半島・別海町野付通行屋跡遺跡は1799年（寛政11年）に幕府によって設置された通行屋であり，畑はそれに関連するものの可能性が強いとみられている（石渡 2001）。

　この2つの遺跡の畑跡も含め，先に年代的位置付けがなされている渡島半島域や西部胆振地域あるいは稚内・声問川右岸2遺跡など，北海道で検出・調査の対象となった多くの畑跡は近世に営まれたことが確実である。

　そのような状勢のなか，筆者は渡島半島・上磯郡館野遺跡で検出された畑跡（中山ほか 2004，図1-16，図2，図3）が中世にまで遡るとみている。と言うのは，この遺跡の畑跡も渡島半島でみつかっている他の多くの畑跡同様，1640年6月13日降灰の駒ヶ岳火山灰層（Ko－d）によって覆われていたのだが，畑の上面からKo－d層までの間に厚さ3cm程の自然堆積のクロボク土がみられたことによる。少なくとも，渡島半島でみつかっている畑跡のほとんどすべてを観察している筆者にとって，このような層位的特徴を示していた畑跡は，七飯町桜町遺跡（石本・竹花 2000，図1-3，図4-（3），図6）につぐものである。館野遺跡の場合，本報告書刊行までに調査スタッフの間でこの辺の検討がなされようが，筆者はこの2ヶ所の畑跡，つまり館野，桜町の畑跡の年代的位置付けを現在までのところ北海道ではもっとも古い畑遺構として中世の所産を考えておこうと思う。

Ⅲ. 立地と小分布

1. 渡島半島の畑跡

（1）上磯町の畑跡

2003・4年の調査で館野遺跡において畑跡が検出された（中山ほか 2004）。津軽海峡に面した標高60m代の台地上が耕作地として利用されていた（図2，図3）。なお，上磯町において畑跡の検出は，この遺跡が唯一である。

（2）七飯町の畑跡

1998・9年の2ヵ年の間に桜町7遺跡（石本・横山・菊池 1999），桜町遺跡（石本・竹花

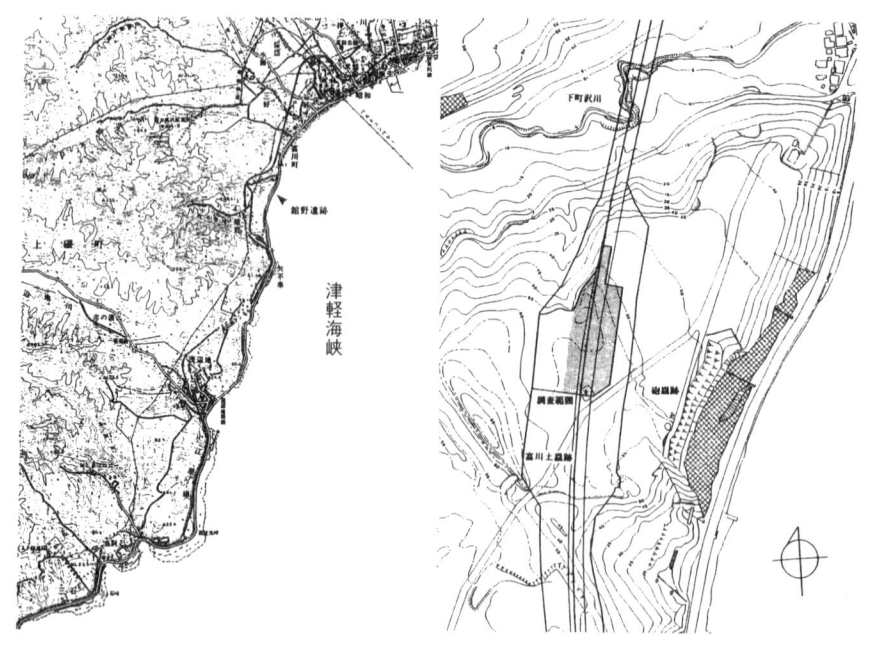

図2 館野遺跡の位置（左）と調査区（右）。畑跡は調査区のほぼ中央部分で検出された。（中山ほか 2004を一部改変）

図3 館野遺跡の遠景（左）。畑跡は写真中央白い建物の手前の森の部分で検出された。ここは津軽海峡に突き出した標高60m代の高台にある（東から）。畝間の溝はほぼ等間隔で写真中央部分にみえる（右）。向こう側の削平部分にも広がっていた。森の向こうは津軽海峡。（北西から，いずれも2004年筆者撮影）

焼畑の考古学

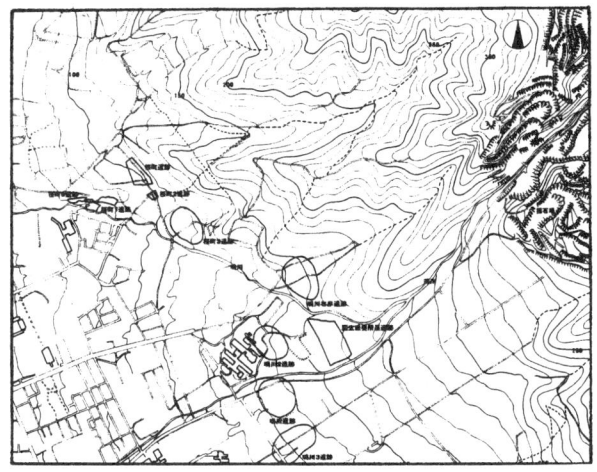

(1) 畑跡周辺の地形（石本・竹花 2000を一部改変，畑跡は図左上の3遺跡で検出された）

(2) 桜町7遺跡の畑跡（石本・横山・菊池 1999）

(3) 桜町遺跡の畑跡（石本・竹花 2000）

(4) 桜町2遺跡の畑跡（石本・山田 2000）

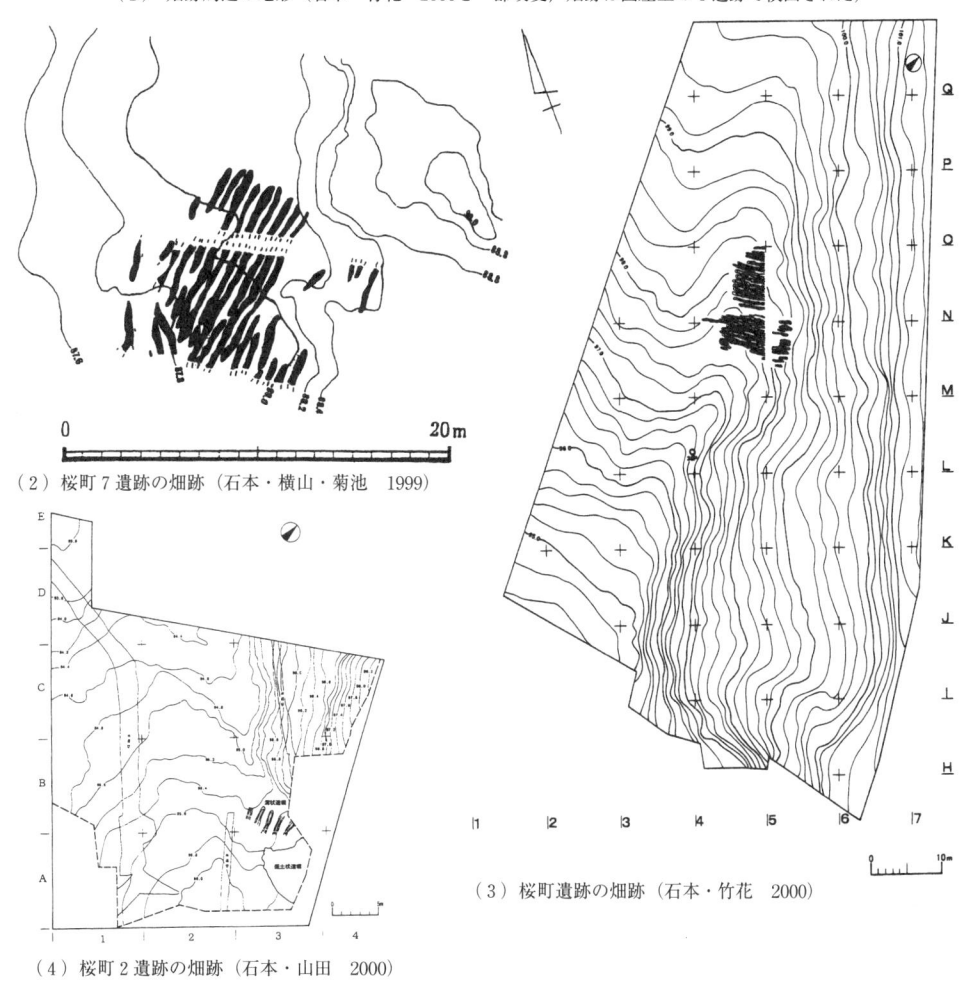

図4　七飯町検出の畑跡に関する諸図

図5　七飯町桜町7遺跡の畑跡（南から，1998年筆者撮影）

図6　七飯町桜町遺跡の畑跡（西から，七飯町教委提供）

2000）桜町2遺跡（石本・山田 2000）の三遺跡で畑跡が検出された。七飯町の主要部分は横津岳連峰の裾野に位置しているが，畑跡は標高100m前後の丘陵傾斜面に集中して発見された（図4-（1）左上）。いずれも横津山地から流れ出る鳴川沿いにあり，とくに桜町7遺跡はその低位面に営まれていた（図4-（2））。桜町遺跡と桜町2遺跡の畑跡は，湧水池をはさんでほぼ同じような傾斜地にみられる（図4-（3），（4））。

このように，鳴川沿いの低位面，あるいは南面する傾斜地にはより多くの畑が営まれたものとみられる。

（3）森町の畑跡

森町においては，鳥崎遺跡（佐藤 1975），上台2遺跡（袖岡・坂本 2004），森川3遺跡（谷島・中山・袖岡 2003），そして2004年には森川5遺跡で畑跡が検出された。

鳥崎遺跡は，海岸にほぼ接した標高16mの南面する傾斜地に営まれていた（図7-1，図8）。上台2遺跡は，海岸線からおよそ2.5km内陸にあり標高87～102m代の傾斜面（斜度は12度，南面）にみられた（図7-2，図13，図14）。森川3遺跡は海岸線からおよそ2km内陸に入った標高95m代の緩斜面にあり（図7-3，図11，図12），森川5遺跡はそこから西へ約200m程の距離にある（図7-4，図9）。

このように森町で検出された畑跡は，海岸に近接した斜面から2km以上丘陵・山岳地帯に入ったいずれも日当りの良好な傾斜地に営まれていた（図7）。

（4）八雲町の畑跡

2000年の発掘調査で八雲町栄浜地区において，四ヶ所の畑跡が検出されている。栄浜2遺跡の調査区域内の畑跡（図15-1）は，海岸線から直線距離にしておよそ500m内陸に入った標高30m代の段丘上に営まれていた。畑跡の南東側には小さな沢が見られ，畑跡はそれに面した低位傾斜地が使用されていた（図16，図18-（1））。また，調査区域外（図15-2）でも畝がみつかっている（図18-（2））。海岸線からおよそ400mの距離にあり，標高40m代の傾斜面であり，北側には小さな川が流れている（横山 2004）。栄浜3遺跡の畑-5は，南東側に小さな川が流れる傾斜地にみられた（図17，図18-（5））。海岸線からはおよそ600mの距離にあり，標高40m代の台地である（図15）。畑-1～4は，海岸線からおよそ500mの距離にあり（図15），南東側に沢をもつ標高40m代の傾斜地にみられた（図17，図18-（3）・（4））。

栄浜地区の四ヶ所の畑跡は，およそ500mの範囲内にあって，それぞれの畑跡は小さな川に面した傾斜地に営まれていた。もっとも海岸線から離れた位置にある栄浜3の畑-5で，およそ600mである。このような畑の立地・分布状況から判断すると，栄浜地区などでは小さな川に面した傾斜面には数多くの畑跡が分布していると思われる。

2．西部胆振地区の畑跡

虻田町高砂貝塚（峰山ほか 1987，角田 1988），伊達市有珠オヤコツ遺跡（竹田・千代 1993），ポンマ遺跡（青野編 1999，図19）において畑跡が検出されている。

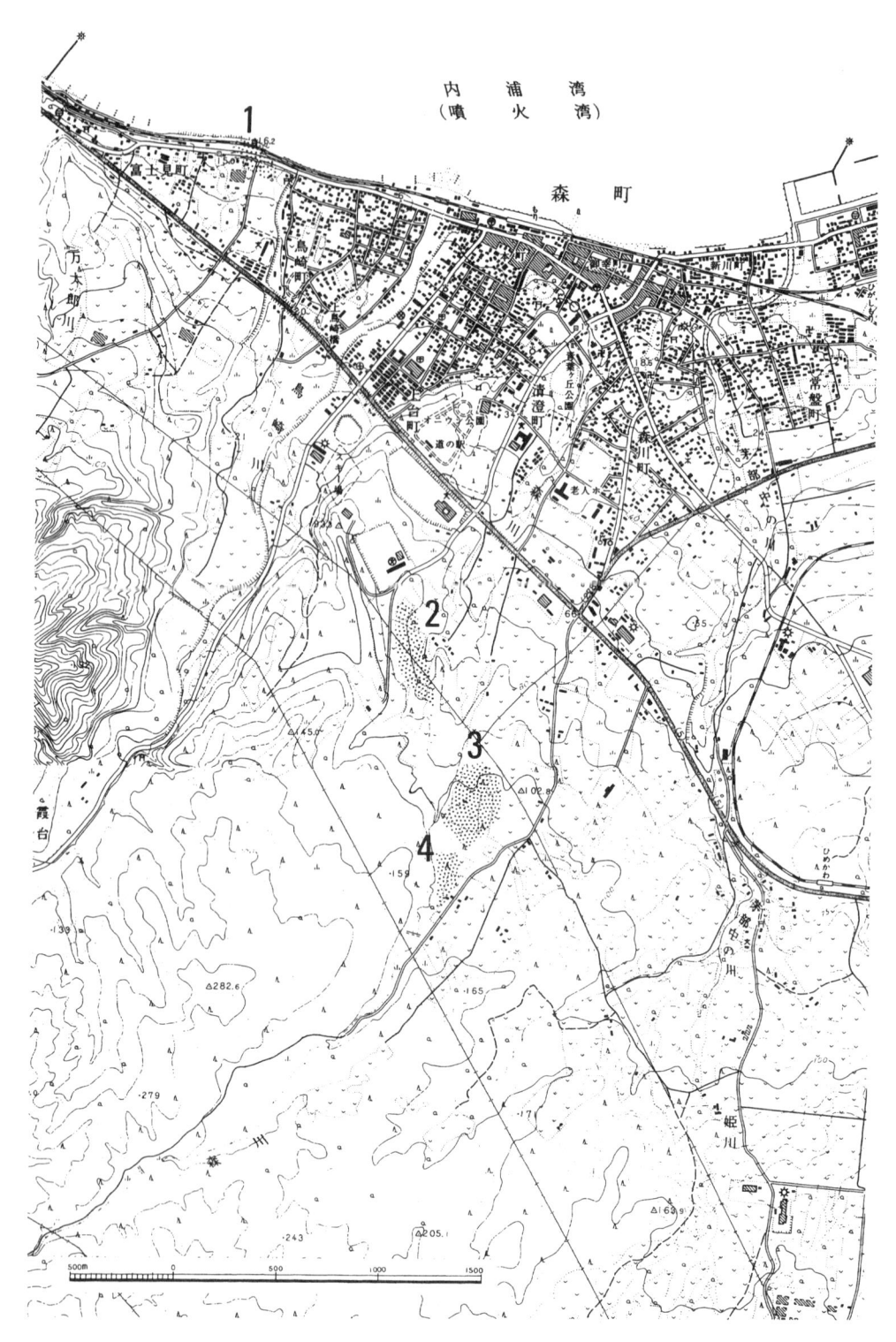

図7　森町内で検出されたアイヌ期の焼畑跡の分布（ドット）　1：鳥崎，2：上台2，3：森川3，4：森川5の各遺跡

図8　鳥崎遺跡の畝（佐藤忠雄氏提供）

　高砂貝塚は海岸線からおよそ300〜400mの距離で，標高およそ10mの低位段丘上にみられる。数本の試掘溝のデータにもとづけば，この台地上およそ20,000㎡にわたって畑跡が分布しているものと推定されている（角田 1988）。

　伊達市の二ヶ所の遺跡でみつかっている畑跡は海岸線からおよそ120m，標高3〜5m弱の砂丘が耕地である。二遺跡間はおよそ400mと近接しており，耕地としてはひとつのものと考えられている（青野 2000）。

3．石狩低地帯の畑跡

千歳市キウス5遺跡で畑跡が検出された（三浦ほか 2004）。千歳市街地から北東へ約8km，馬追丘陵の西麓の中央地区で，キウス川右岸の低位面（標高18〜19m）に畑が営まれていた（図20, 21）。

　この調査を機に，石狩低地帯においても畑跡の発見・発掘が期待される。

4．根室地方の畑跡

　根室管内別海町野付半島において，2003年から3ヵ年の予定で野付通行屋跡遺跡の発掘調査が実施されるなかで，畑跡の発掘調査が行われている。海岸に接した低位面（図22下の畑）と段丘上面（図22上の畑）で畑跡が検出されている。

5．宗谷地方の畑跡

　稚内市声問川右岸2遺跡において畑跡が検出されている（内山 2001）。

　畑跡は宗谷湾に近接した標高4〜5mの海岸砂丘上に営まれていた（図23, 24）。北海道の他地域の畑跡は，火山灰によって覆われていたのだが，当畑跡は飛砂によって覆われていた。したがって，当地域では砂丘上に耕地を選定したわけで，飛砂に覆われ数多くの畑跡が埋没しているとみられる。今後の発見・発掘に期待がもたれる。

図9　森川5遺跡の焼畑跡（南東から，2004年筆者撮影）

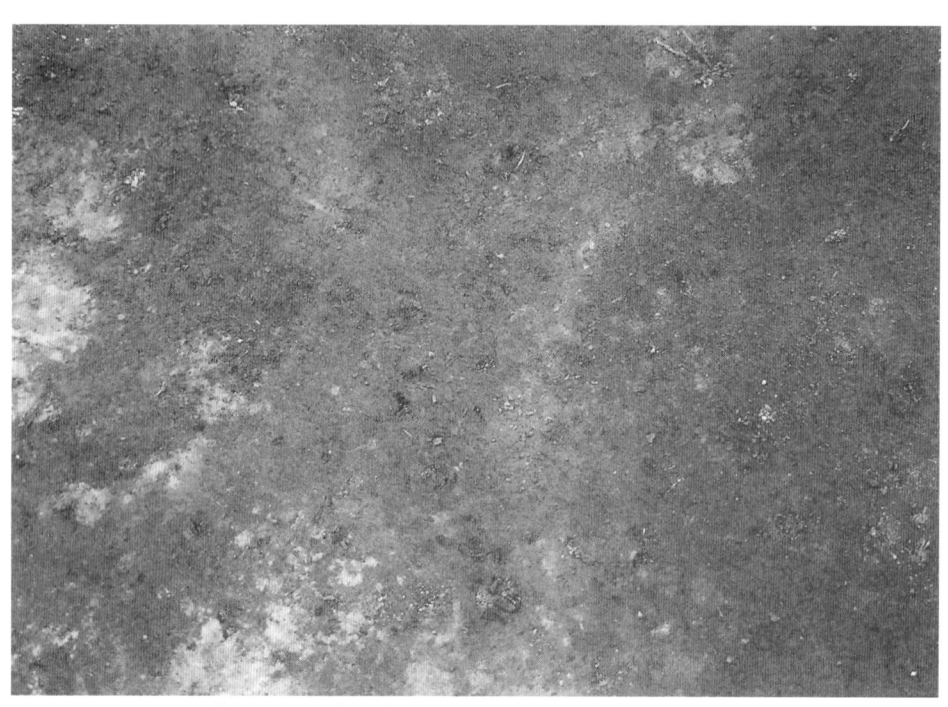

図10　森川5遺跡の畝・畝間にみられる炭化樹木類（2004年筆者撮影）

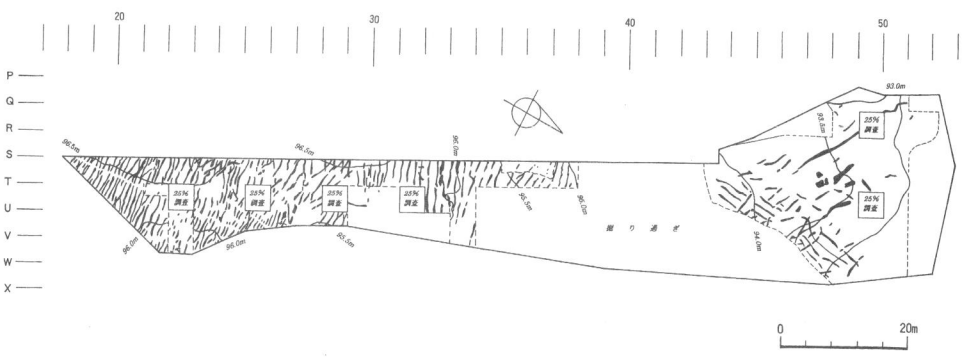

図11 森川3遺跡の焼畑跡平面（谷島・中山・袖岡 2003）

（1）森川（手前）右岸台地上に耕地が広がっている（北から）

（2）広大な焼畑跡（南西から）
（3）広大な焼畑跡（南西から）

図12 森川3遺跡焼畑跡の状況（2004年筆者撮影）

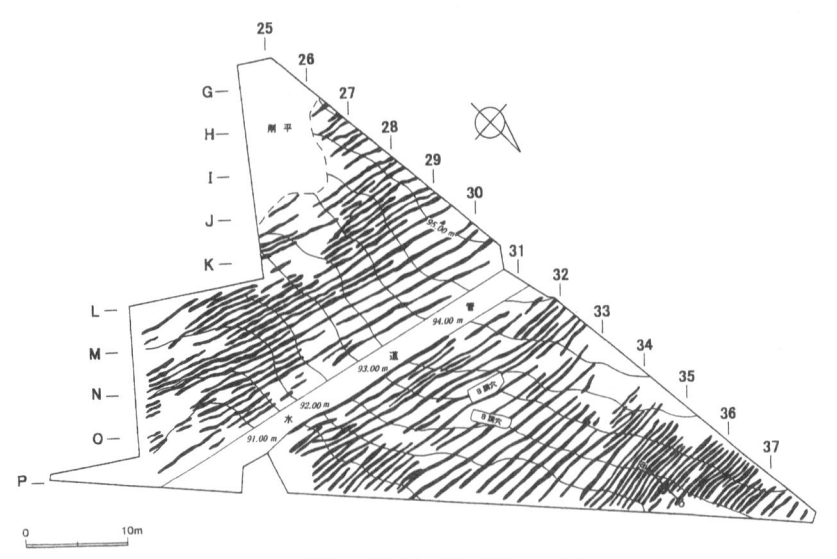

図13　上台2遺跡の焼畑跡平面（袖岡・坂本　2004）

図14　上台2遺跡の焼畑跡（東から，2003年筆者撮影）

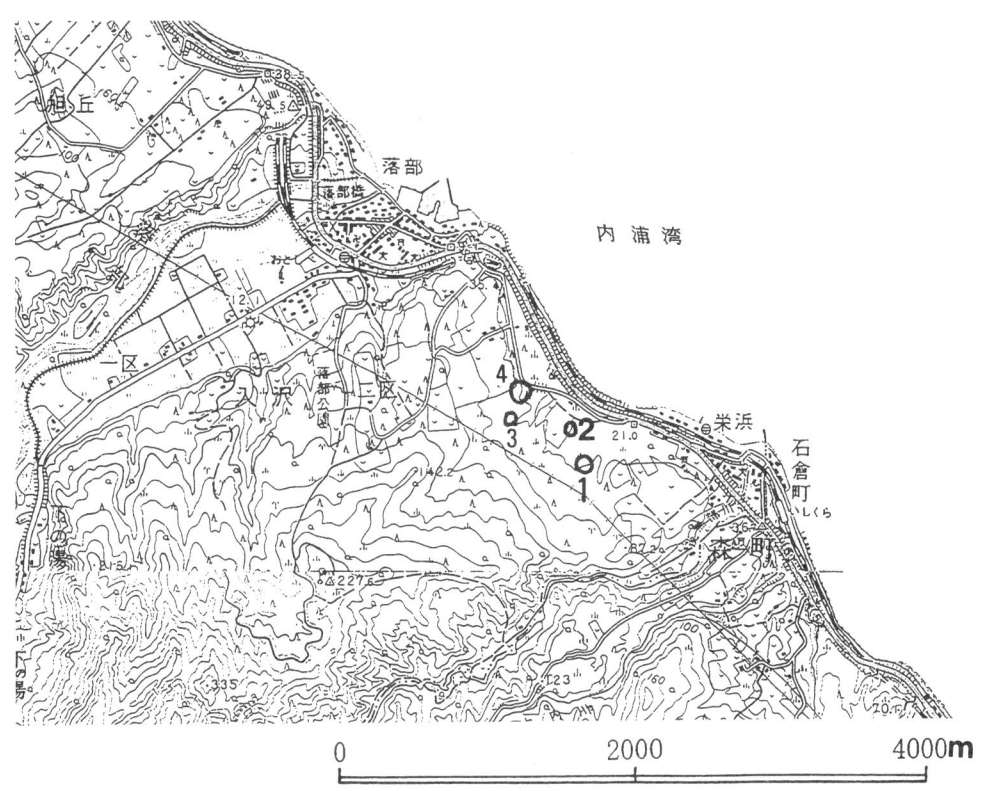

図15 八雲町内で検出されたアイヌ期の焼畑跡の分布　1：栄浜2，2：栄浜2調査区外，3：栄浜3の畑-5，4：栄浜3の畑-1～4

Ⅳ．耕地

1．耕地の広さと畑の大きさ

かつて，高砂貝塚周辺にみられる畑跡について数地点の試掘溝の所見から調査担当の角田隆志は，その耕地はおよそ20,000㎡に及ぶと推定したし，また近隣にあるポンマ遺跡の耕地はおよそ15,000㎡とみられていた（青野 2000）。

最近になって発掘調査区域全域にわたって畑跡が展開される状況が，いくつかの遺跡でみつかるようになり，耕地の広さがかなり確信をもって示されるようになってきた。

森町上台2遺跡の発掘調査区域は9,165㎡，森町森川3遺跡の発掘調査区域は4,980㎡，森町森川5遺跡の発掘調査区域は5,900㎡であり，いずれの遺跡とも調査区域全面に畑跡がみつかっているのである。更に，森川3遺跡と森川5遺跡の距離は200m程で，その間にも畑跡が存在すると推定されるので，この二つの遺跡は実質的には同一遺跡とみられるわけで，そうなると1万㎡以上にわたる耕地となる。

つまり，1町もしくはそれを上回る耕地が，発掘調査によって示される状況が形づくられつつあるわけである。

このような広大な耕地も一時期に使用されたものではない，ということも同時に判明しつつ

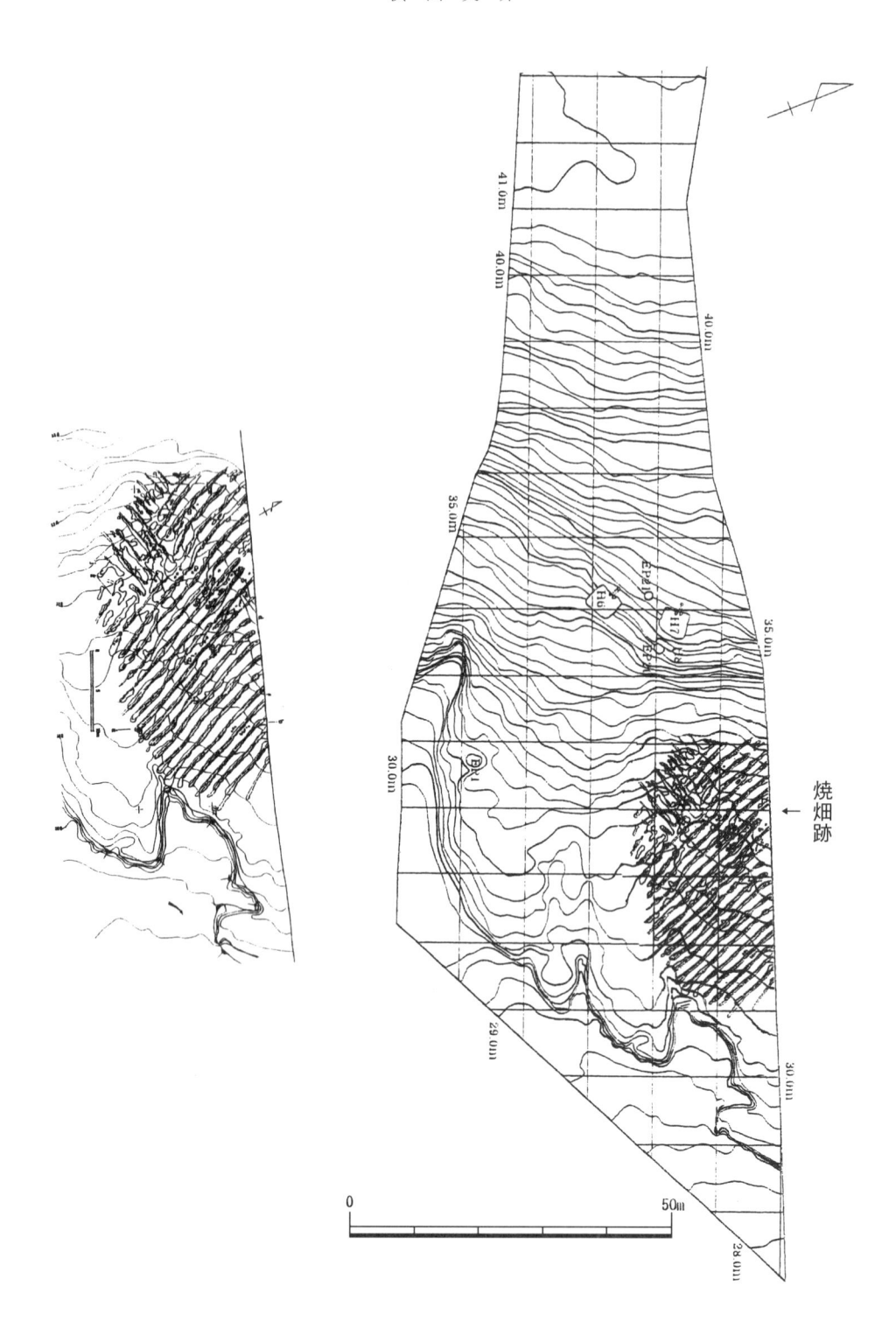

図16　栄浜2遺跡の焼畑跡平面（右）と拡大（左）（横山　2004を一部改変）

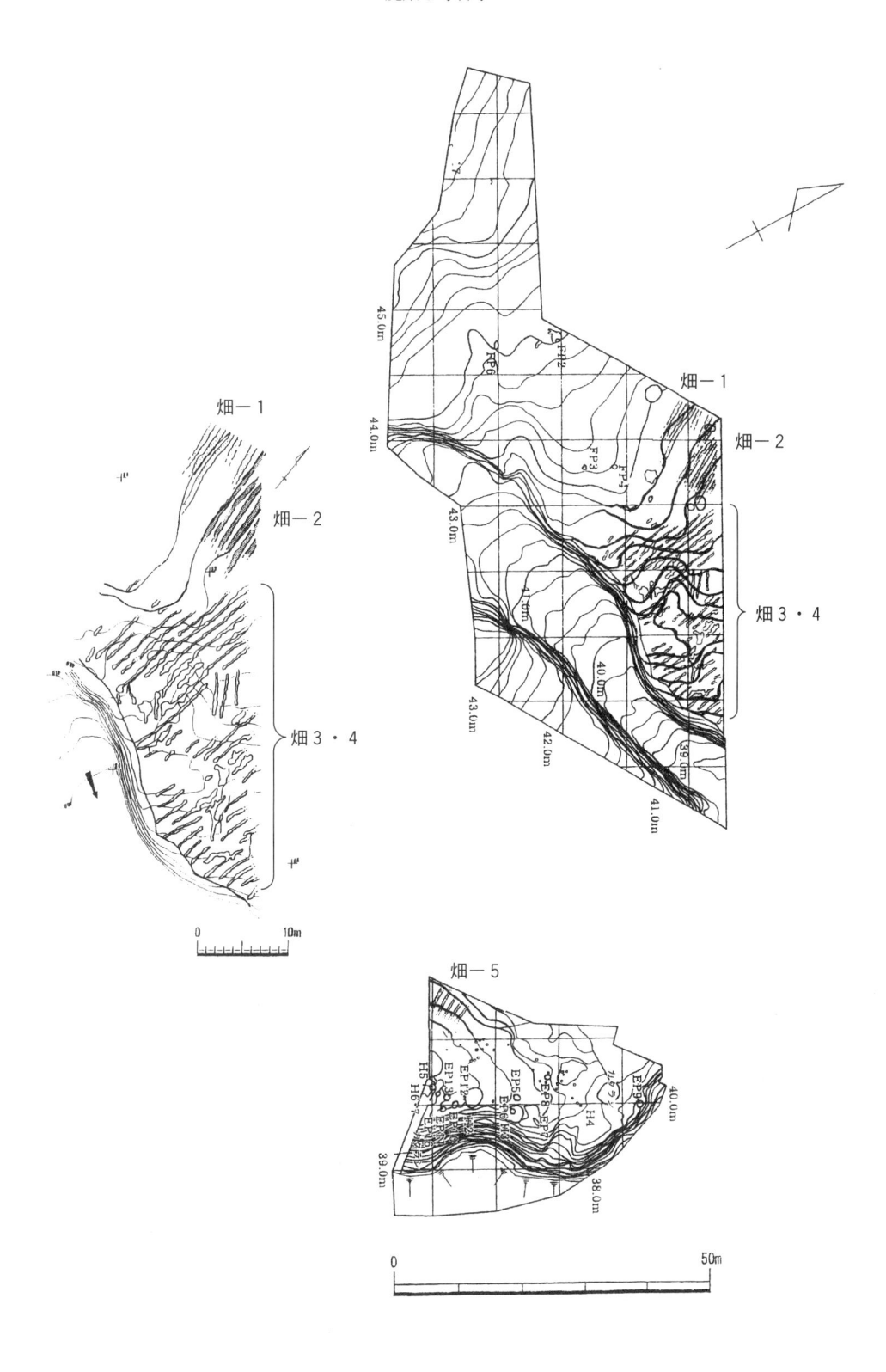

図17 栄浜3遺跡の焼畑跡平面（右上，下）と拡大（左）（横山　2004を一部改変）

(1) 栄浜 2 遺跡畝上の栽培痕
(2) 栄浜 2 遺跡調査区外の畝断面（北から） 
(3) 栄浜 3 遺跡畑－ 1・2（東から） 
(4) 栄浜 3 遺跡畑－ 3・4（南から） 
(5) 栄浜 3 遺跡畑－ 5（北から） 

図18　栄浜 2，3 遺跡の焼畑跡（2001年筆者撮影）

ある。八雲町栄浜 2 遺跡で推定された一つの畑跡の大きさは1,400㎡，同栄浜 3 遺跡の「畑－3・4」の大きさは1,000㎡弱であった（横山 2004）。

1 町を上回る広大な耕地は，このように1,000㎡〜1,400㎡くらいの畑跡の累積の結果であり，一つひとつの調査区域内の畑跡の大きさを推定していく作業が今後の課題となる。

2．幅広の縦畝

かつて筆者は主要な畑跡の畝幅の計測値を示し，50cm前後から100cm前後と幅の広い畝に特徴があるとした（横山 2003）が，その後発掘された畑跡にみられる畝幅も見事にその計測値の範囲内におさまる。

図19　ポンマ遺跡の畝（青野友哉氏提供）

　したがって，北海道における近世ないし一部中世における畝の特徴に太畝という点を再度確認をしておきたいと思う。

　これに関連して，2003年道埋文センターが実施した森町森川3遺跡と上台2遺跡のふたつの畑跡について現場検討会が行われた際，明瞭な畝がみられず，したがって畝間相当部分の溝に作付けした可能性が強いと判断されたことがあった。しかし，この両遺跡とも引き続き調査が行われた2004年度の区域には立派な畝が展開されており，「耕作溝」は事実上否定されたことになった。「耕作溝」はやはり畝間であったわけである。両遺跡とも畝幅は100cm前後の太畝であり，従来の畑跡の畝幅の範囲内に十分おさまっている。

　さて，「耕作溝」と誤認した両遺跡とも溝は，傾斜地に則して切られている。とくに上台2遺跡は斜度が12度と急であり，このことと当初畝が確認できなかったこととは無関係ではない。また，後述するように耕作土に含まれる炭化物質の量が比較的少量であったこととも関係していると言えよう。つまり，耕作土は斜面にそって流出作用がはたらき，したがって畝の盛り上がり部分がくずれてしまった結果であろうと推定される。このことは，2004年に検出された畝が筆者がかつて指摘したように，少なくとも渡島半島で検出されている畝の多くが等高線に比較的直交する形でつくられているといった特徴に一致するものである。新たに検出された館野遺跡，森川5遺跡の畝も含め，その特徴が縦畝である，という点を再確認しておきたい。

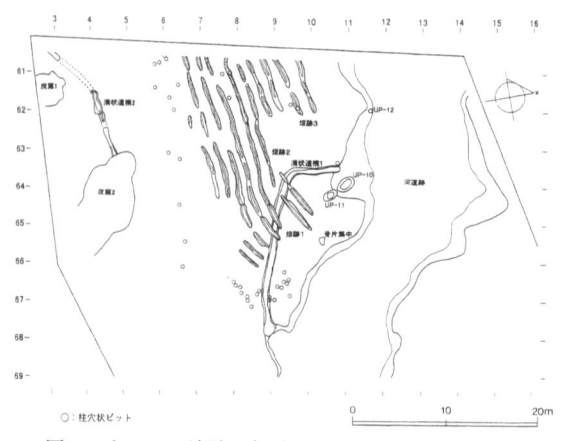

図20 キウス5遺跡の畑跡平面（三浦ほか 2004）

図21 キウス5遺跡検出の畑跡（南から，2003年筆者撮影）

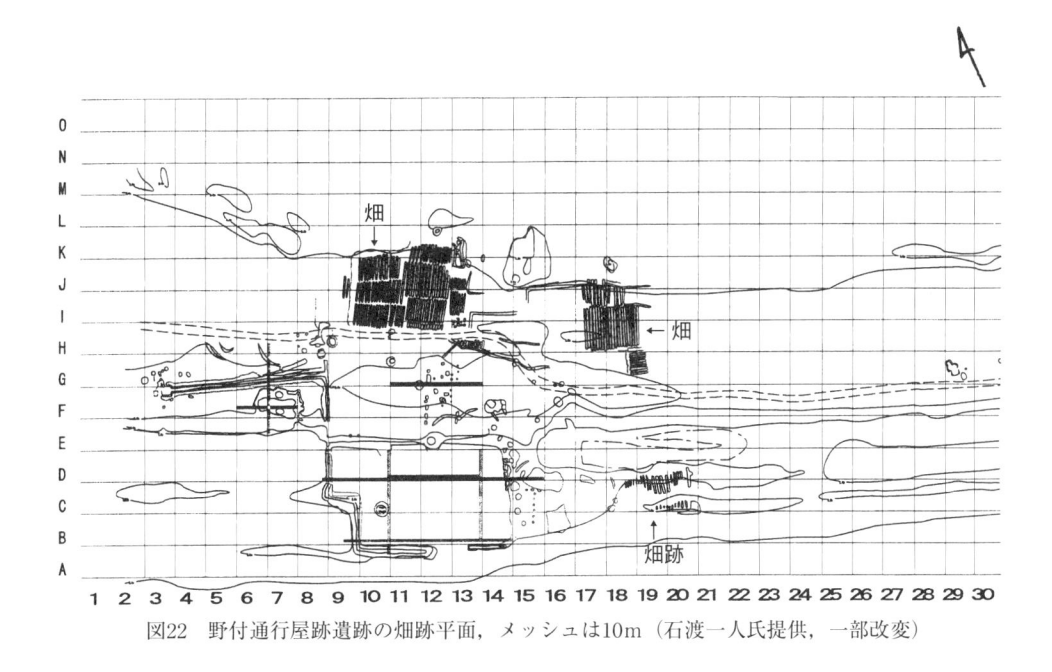

図22 野付通行屋跡遺跡の畑跡平面，メッシュは10m（石渡一人氏提供，一部改変）

Ⅴ．耕作土に含まれる炭化物質の重量とその種類

1．耕作土に含まれる炭化物質の重量

耕作土のなかに炭化物質が含まれている状況は，筆者が調査にかかわった七飯町桜町7遺跡（石本・横山・菊池 1999）で確認していたのだが，実際に耕作土を採取しフローテーション法によって炭化物質を計量したのは，八雲町栄浜2及び3遺跡の調査が最初の試みであった（横山 2003，2004）。その後，上磯町館野遺跡（中山ほか 2004），森町森川3遺跡（谷島・中山・袖岡 2003），森町上台2遺跡（袖岡・坂本 2004）の諸遺跡において炭化物質を計量する試みを行った。

炭化物質の計量までの工程は，以下に示す通りである。

①試料採取は耕地全体を50×50（cm）メッシュに区画したもののうちから採取する，50cmメッシュ法と，それとは別の任意選択法による。

②試料採取量は，一試料1㍑とする。

③一試料単位でフローテーション法により炭化物質を採取し計量を行う。

（1）上磯町館野遺跡の炭化物質量

試料採取日：'04年6月20日

協力者：佐川俊一・中山昭大・福井淳一（道埋文センター）

試料採取法：任意選択法

試料番号：番号①（U32グリッド），番号②（S32グリッド），番号③（S34グリッド），番号④（S35グリッド），番号⑤（T32グリッド），番号⑥（畑地外の1ヶ所）。

炭化物質の重量など：表1及び図25・26に示す。最少0.15g（試料番号①），最多2.34g

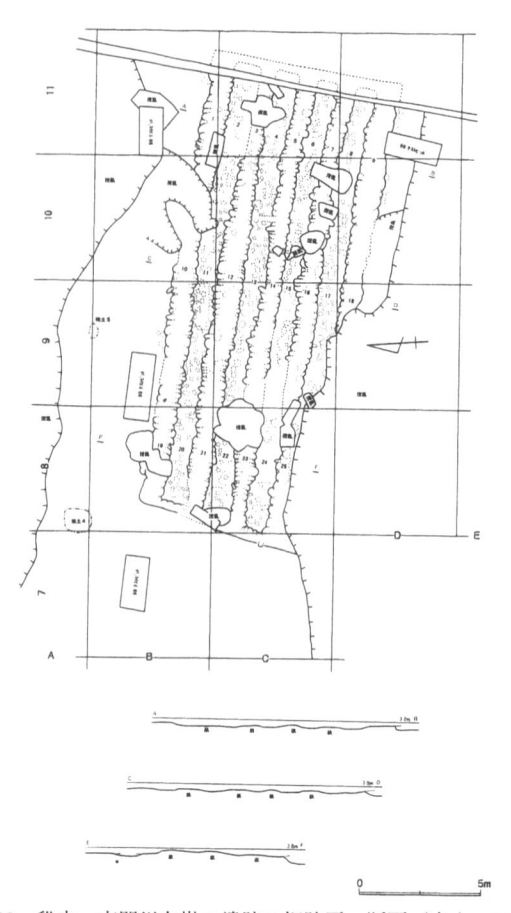

図23　稚内・声問川右岸2遺跡の畑跡平・断面（内山　2001）

図24　稚内・声問川右岸2遺跡の畑跡（西南より，内山真澄氏提供）

図25 館野遺跡耕作土1ℓ中にみられた炭化物質 番号は採取地点を示す バーは5cm

図26 館野遺跡耕作土中の炭化物量（g）

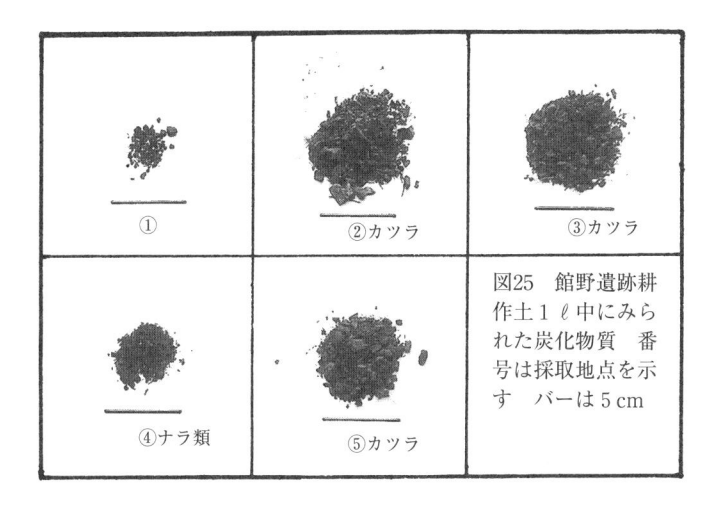

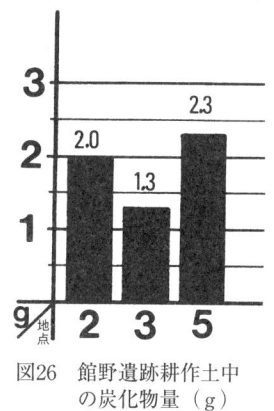

表1 館野遺跡畑跡・畑地外の炭化物質

試料	地点	耕作土1ℓ中の炭化物g	樹種
①	U32	0.15	
②	S32	2.01	カツラ
③	S34	1.33	カツラ
④	S35	0.43	ナラ類又はクリ
⑤	T32	2.34	カツラ
畑外	－	0.00	

（試料番号⑤）である。なお，畑地外（試料番号⑥）は0gである。

（2）森町森川3遺跡の炭化物質量

　試料採取日：'04年6月21日

　協力者：熊谷仁志・谷島由貴（道埋文センター）

　試料採取法：任意選択法

　試料番号：番号①（L22グリッド），番号②（O29グリッド），番号③（O29グリッド），番号④（O29グリッド），番号⑥（P33グリッド），番号⑦（K34グリッド－畑地外），番号⑧（K35グリッド－畑地外），番号⑨（P24グリッド）の8点。なお，番号⑤，⑩など他に7試料を採取したが今回は使用していない。

　炭化物質の重量など：図27・28に示す。最少4.8g（試料番号⑥），最多53.5g（試料番号③）である。なお，畑地外（試料番号⑦，⑧）は0gである。

（3）森町上台2遺跡の炭化物質量

　試料採取日：'04年6月29日

　協力者：熊谷仁志・袖岡淳子・坂本尚史（道埋文センター）

　試料採取法：任意選択法

図27 森川3遺跡耕作土中1ℓ
中にみられた炭化物質
番号は採取地点を示す
バーは5cm

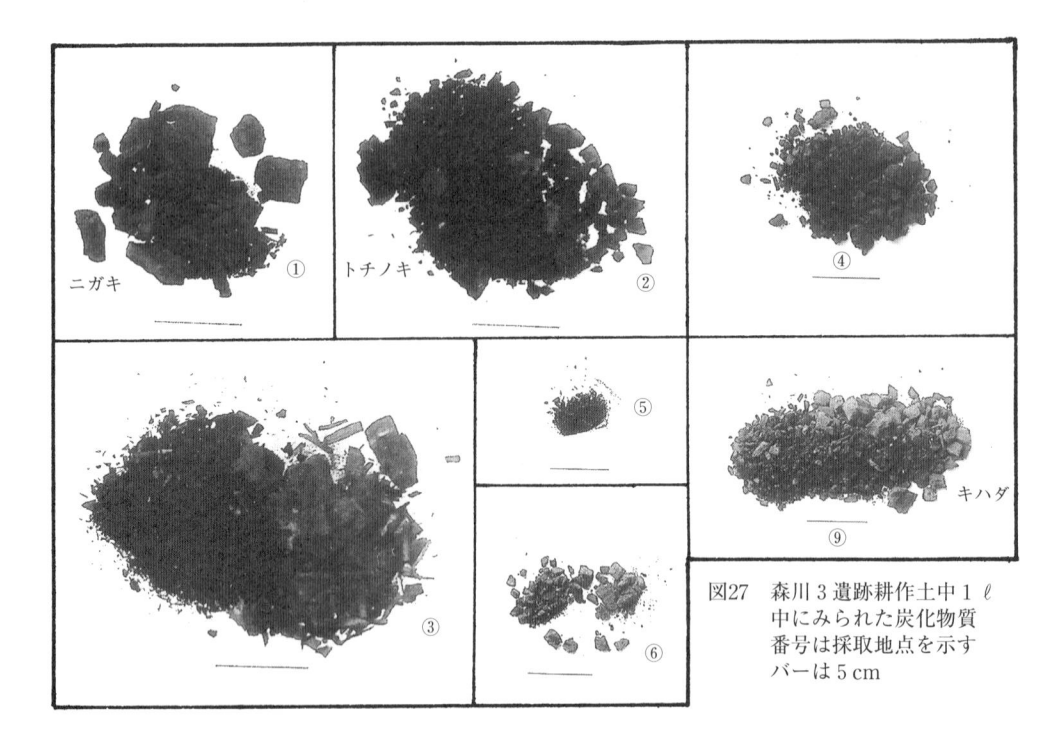

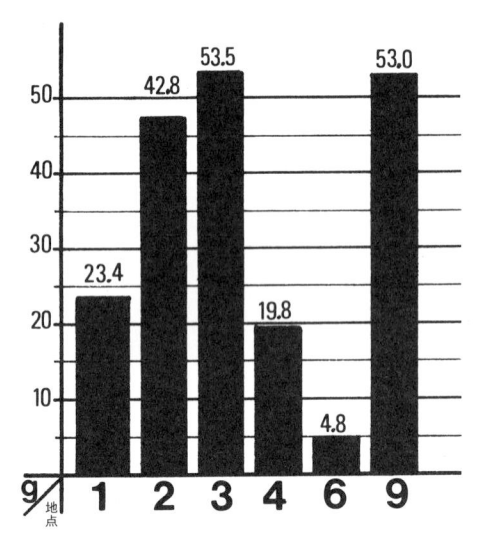

図28 森川3遺跡耕作土中の炭化物量（g）

試料番号：番号①（E46グリッド畝），番号②（E46グリッド畝間），番号③（E46グリッド畝間），番号④（E46グリッド畝），番号⑤（E47畝），番号⑥（E47畝間），番号⑦（E47畝），番号⑧（E47畝間）。なお，当遺跡は調査区域全域が耕地のため，畑地外試料は採取していない。

炭化物質の重量など：表2及び図29に示す。最少0.18g（試料番号⑧），最多4.24g（試料番号③）である。

(4) 八雲町栄浜2・3遺跡の炭化物質量

この項の冒頭で述べたように，耕作土中に含まれる炭化物質の計量は，当遺跡の畑跡から開始された。詳細は報告書など（横山 2003, 2004）を参照願うことにし，結果を図30に示す。

任意選択法にもとづく栄浜2遺跡の場合，平均すると1㍑当りの土量中に2.1gの炭化物質が含まれていたし，50cmメッシュ法にもとづく栄浜3遺跡畑-3・4の場合2.5g，任意選択法にもとづく栄浜3遺跡畑-1，2の場合3.9gの炭化物が含まれていた。

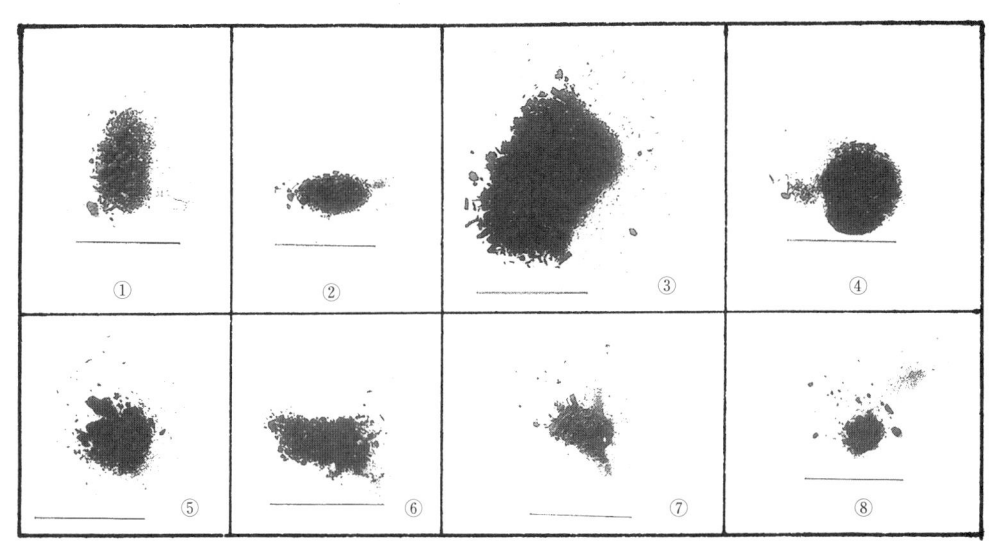

図29 上台2遺跡耕作土中1ℓ中にみられた炭化物質　番号は採取地点を示す　バーは5cm

表2　上台2遺跡畑跡の炭化物質

試料	地点	耕作土1ℓ中の炭化物g
①	E46	0.43
②	〃	0.34
③	〃	4.24
④	〃	0.73
⑤	E47	0.62
⑥	〃	0.28
⑦	〃	0.23
⑧	〃	0.18

2．炭化物質の種類

　耕作土試料のうち，八雲町栄浜2遺跡，上磯町館野遺跡，森町森川3遺跡の3遺跡で同時に炭化物質の種類の同定を行った。栄浜2遺跡の炭化物質の同定は，小林博昭氏（岡山理科大学），館野遺跡と森川3遺跡の炭化物質の同定は，平川泰彦氏（独立法人森林総合研究所）によるものである。両氏に感謝申し上げるものである。

（1）八雲町栄浜2遺跡の炭化物質の種類
　クマイザサ及びネザサ

（2）上磯町館野遺跡の炭化物質の種類
　試料番号②，③，④，⑤の4点について同定を依頼した。結果を表1及び図25に示す。

（3）森町森川3遺跡の炭化物質の種類
　試料番号①，②，⑨の3点について同定を依頼した。結果を図27に示す。

Ⅵ．農作物

　道内で18ヶ所検出されている畑跡でそれらに伴出した農作物は，まだ明らかではない。七飯町桜町遺跡，同町桜町7遺跡，八雲町栄浜2・3遺跡など筆者のかかわった畑跡のフローテーション試料の分析が途上にあり結果は先になるが，各遺跡の調査とも，フローテーション法が導入されているから，埋蔵種子から栽培農作物が判明するのもそう遠いことではないと思われる。

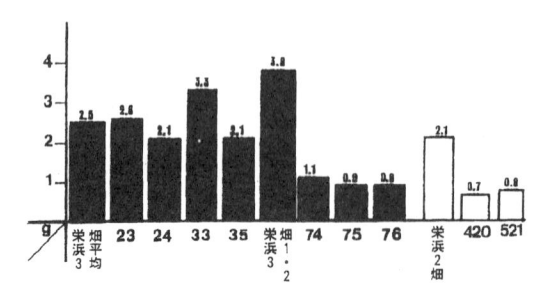

図30 栄浜3遺跡畑−1，2，3，及び畑外と栄浜2遺跡耕作土及び畑外の炭化物量（g）

ただ，中世・近世の遺物包含層からは，コメ・オオムギ・アワ・ヒエ・キビ・ソバ・アズキ・シソ・アサ・アブラナ科などの埋蔵種子がしられている（山田1999）し，古文書に記されている農作物のリスト（山本編 1998，石渡 2001など）は，近世農作物の種類が極めて豊富であった状況をつたえている。

VII．農工具

道内で18ヶ所検出されている畑跡でそれに伴出した，明らかに農工具といわれる道具類はまだ出土していない。

しかし，近世の遺物包含層や墓地などから主として石狩低地帯や日高地方を中心に，踏鋤先（図31−1）や鉄製鍬先（図31−2〜5）など耕起農具，鉄製鎌などの苅取農具，あるいは鉄斧・鉈などの伐採具といった農工具類は出土している。

VIII．考察

まず最初に，考古学的調査によってその存在が確認されている16遺跡18ヶ所に及ぶ畑跡の年代的位置付けを整理すると，つぎのようになる。

中世に位置付けが推定される畑跡は，館野遺跡と桜町遺跡のものであり，現在のところ最も古い。

残りの畑跡はすべて近世のものであるが，1640年以前に位置付けられる畑跡は，渡島半島のものとポンマ遺跡の一部のものである。ついで1640年以後で1663年以前の畑跡は，ポンマ遺跡の大部分のものと高砂貝塚のものである。1739年以前の畑跡は，キウス5遺跡のものである。1700年以後1800年初頭と推定される畑跡は，声問川右岸2遺跡のもので，1799年から営まれはじめたと推定される畑跡は，野付通行屋跡遺跡のものということになる。

これらのうち，明らかに常畠とみられているのは野付通行屋跡遺跡のものである。この遺跡の耕作土（畝・畝間）に炭化物質は含まれていないとみるのが所謂常識であろうが，一応その確認作業を調査担当の石渡一人氏に依頼してあるので結果が期待される。また，耕作土中に炭化物が含まれていないということからだけで判断するならば，声問川右岸2遺跡とポンマ遺跡では火の使用が行われなかったとみることもできる。また，これから整理作業を経て結論が示されるキウス5遺跡のように，焼畑農法によるものか否か不明なものもあるが，渡島半島を中心に発見されている畑跡は焼畑農法によるものである。更に，肘葛（畠山 1994），軽米（佐々木 1984）あるいは青森県南部・馬渕川流域・小川原湖周辺・三本木原台地（青森県史編さん民俗部会2001・青森県環境生活部県史編さん室編 2001）などの民俗事例にみられる「アラキ

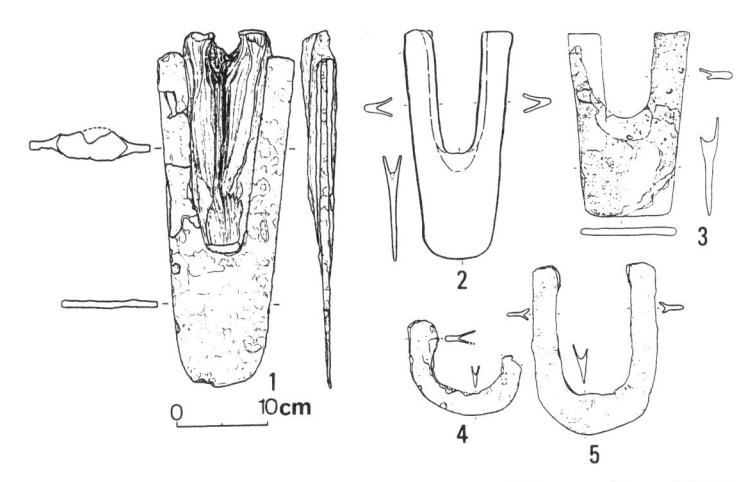

図31 道内各遺跡出土の近世の鉄製起耕農具。1：踏鋤，2〜5：鍬先。1は美々8遺跡（田口ほか1989），2はイルエカシ遺跡（森岡 1989），3は末広遺跡（大谷・田村 1985），4・5は二風谷遺跡（高橋編 1986）

型」焼畑（佐々木 1976）によるものと見られる（横山 2003など）。

ここでは，発掘・分析所見にもとづき，渡島半島を中心とする「古アラキ型」焼畑の概要をみる。

畑の占地は海岸に近い台地にもみられるが（館野，鳥崎），発見された多くのものは500〜600m（栄浜2，栄浜3），あるいは2〜2.5km（森川3，森川5，上台2）の山岳・丘陵地帯にみられる。また，七飯町の三ヶ所の畑跡は函館湾から約12kmの丘陵地帯である。

これに関して，畑跡と集落との関係を知る手掛かりを示す発掘事例などは全く得られていないが，1810年頃の集落の状況（図32）をみると渡島半島や西部胆振地域などでは海岸に接するように集落（この場合アイヌ，和人双方を含む）が形成されていたという特徴を読み取ることが出来る。

畑跡は日当たりのよい傾斜地にみられ，いまのところ最も急な斜面では12度という所もみられた（上台2）。斜面地形は，各地域によってそのあり方が異なっているが，八雲町栄浜地区のように小河川沿いの低位傾斜地の利用も特徴的である。

畑地として選定された傾斜地の植生は，つぎの諸遺跡から採取し同定した炭化物質から判明したものもある。したがって，栄浜2遺跡の畑地は，ネザサ・クマイザサに，館野遺跡の畑地はカツラ・ナラ類の樹林に，森川3遺跡の畑地はニガキ・トチノキ・キハダの樹林にそれぞれ火入れが行われたものと推定される。つまり，このような景観はそれぞれの遺跡が所在する現在の景観とほとんど同じとみてよい。

火入れに先だって樹林の伐採が行われたと推定されるが，石狩低地帯や日高地方の諸遺跡で出土が確かめられた鉄斧や鉈の存在がその作業を可能にしたであろう。

畝立ては，幅広（広いもので100〜120cm）の縦畝によって特徴付けられる。畑跡から直接畝立て作業を可能にした踏鋤は未発見であるが，これも石狩低地帯の低湿地遺跡から出土が確か

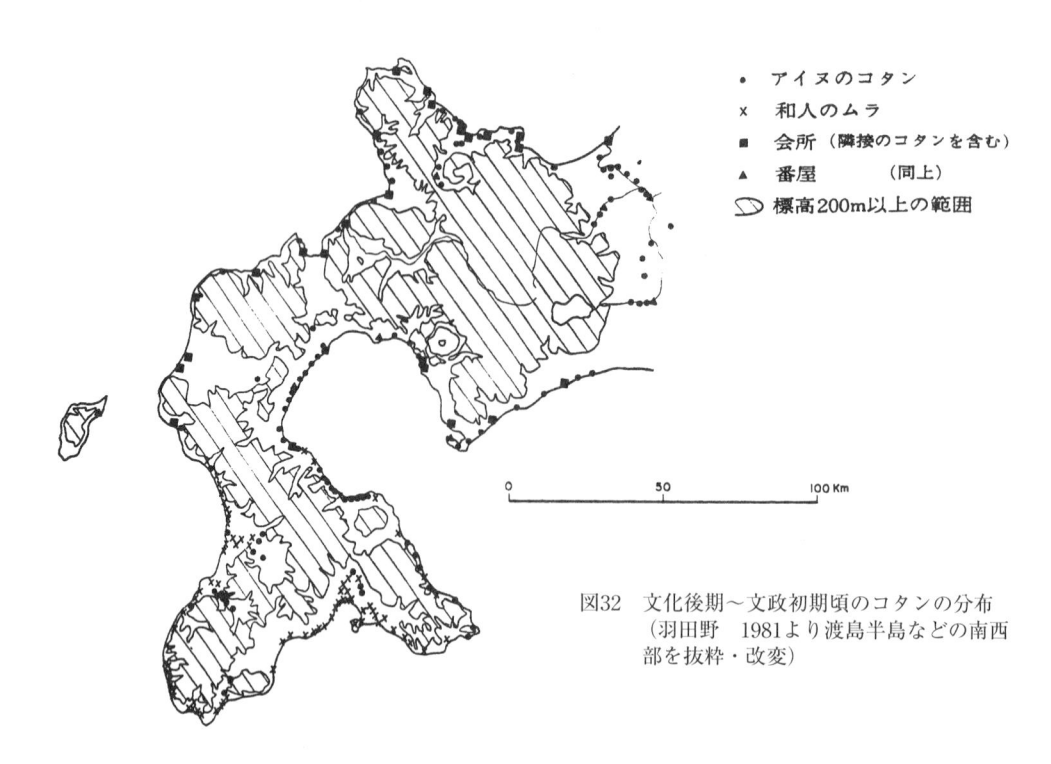

図32 文化後期〜文政初期頃のコタンの分布
（羽田野 1981より渡島半島などの南西部を抜粋・改変）

　められているので，今後畑跡から直接出土する踏鋤に注目したい。
　また，広大な発掘調査区内にみられる異なった方向を示す複数の畝群の存在や，同一地域内における耕作地の点在は，焼畑特有の畑用地を換える遷地とみることができるし，同時にその背後には休閑期間を想定することができよう。
　さて，今回もまた何点かの重要課題が未解決となった。まず，焼畑で何が栽培されたか，である。各焼畑跡の調査を通じ必ずフローテーション法などを用いて埋蔵種子の検出に努めているが，現在分析中のものも含め，栽培植物がみつかったという報告はないのである。石狩低地帯などの低湿地の試料や遺物包含層からは，アワ・ヒエ・ソバ・アズキ・アブラナ科など焼畑作物に含まれるリストはみられるが，焼畑跡からの検出例はみられないわけである。今後益々検出の作業を続けて行くことが必要であることに変わりはないと言える。栽培植物の検出と共に，焼畑雑草を検出し，焼畑跡が休閑地や二次林なのかどうかの検討も重要な課題である。
　館野遺跡の畑跡，あるいは桜町遺跡の畑跡が中世に遡る可能性が極めて濃厚であるという層位的観察所見は，本州東北部における「アラキ型」焼畑の民俗事例の祖型がやはり中世へと遡ることを前提としなければならないのは言うまでもないが，そもそも「アラキ型」焼畑を生み出した地域をもかなりの確信をもって絞り込める状況がつくり出されたと言えるのではないだろうか。
　ここで，擦文農耕の中核部分が本州東北部から農耕民が北海道へ移住することによってもたらされた，という点をもう一度想起しよう。つまり，擦文農耕の源郷の地が狭義のエミシの地域にあったということと同様，「アラキ型」焼畑もまた，かつてのエミシの地域からもたらさ

れたとみられるわけである。したがって，この点に関して主要な課題二点を示すことができる。第一点は前述したように本州東部における中世の「アラキ型」焼畑の検出である。第二点は北海道考古学界永年の課題である擦文時代の畑跡の検出である。

遺跡の調査から導き出された「アラキ型」焼畑の起源の問題は，このようにエミシの地域に求められる可能性が極めて強いというところまで行き着いたのだが，一方で，「北からの文化の影響が北上山地を中心に残」った（佐々木 2003），つまりアイヌによって「アラキ型」焼畑が本州東北部へもたらされたという見解もみられるわけである。

それでは，現在発見されている北海道の畑跡は誰の畑であったか，つまり北海道という地域的特性からみてそれがアイヌによるものか否か避けて通れない宿命でもあるわけである。畑跡からの出土品からアイヌによると推定された稚内・声問川右岸２遺跡と，古文書の記載記事から和人のものと判断される野付通行屋跡遺跡のほか，実を言うと判別が確かめられた畑跡はみられない。今後とも，出土遺物などを軸に発掘調査にもとづく考古学的方法が駆使され，畑跡に対する分析は続けられようが，一方古文献資料の援用も不可欠である。再度，図32に目を転じてみよう。館野遺跡や桜町遺跡は所謂和人の主要分布域であるが，森町や八雲町あるいはそれより北部に分布する畑跡はアイヌの集落が主体を占める地域である。しかし，和人の居住もみられ両者混住する地域でもある。混住する地域において，畑の所有者と耕作者（集団）の問題も派生し，複雑な課題が山積する。

さて，仮に現在みつかっている焼畑跡も含め，アイヌの人々によって焼畑が営まれていたことがはっきりした場合，自然生態系を重視する民族としてのアイヌの人々のイメージダウンに連なるのではないかと心配される諸賢には，焼畑研究の第一人農学者・藤原宏志氏の言を示し，今後とも考古学的手法にもとづく焼畑の立証にむけ努力することを目標に掲げ筆を置く。

「―― 焼畑は森林と共存する農法である。森林を破壊すれば，焼畑の存続じたいが望めなくなる。焼畑の特徴は，作付け休閑期間を設け，その間は森林にもどすところにある。森林として経過する間に腐葉土が蓄積し，つぎの焼畑が可能な条件を再生させるのである。」（藤原 1998）。

あとがき ―― 「海」をテーマとした前田潮氏には申し分なかったが，「陸」を課題としてしまった。しかし，氏と最初に調査し出会った1990年のサハリンでの調査活動の１日，氏の目前でガルブーシャ（カラフトマス）のメスをルアーで釣り上げた一件をもってご容赦願いたい。氏の永年にわたる研究・教育活動は，これを契機にとどまることは決してないであろう。益々のご活躍を心から願うものである。 ―― 乾杯 ――

2004年８月，函館にて

引用・参考文献（アルファベット順）
青森県生活環境部県史編さん室　編　1999　「馬渕川流域の民俗」『青森県史叢書』
青森県生活環境部県史編さん室　編　2001　「小川原湖周辺と三本木原台地の民俗」『青森県史叢書』

青森県史民俗部会　編　2001　『青森県史　民俗編　資料南部』　青森県
青野友哉　編　1999　『ポンマ』　北海道伊達市教育委員会
青野友哉・小島朋夏　1999　「北海道における近世畑跡の解釈について」『郷土の考古学』No.112
青野友哉　2000　「北海道における近世畑跡と地域的課題」『はたけの考古学』　日本考古学協会
藤原宏志　1998　『稲作の起源を探る』　岩波書店
畠山剛　1989　『縄文人の末裔たち』　彩流社
　　　　　1994　『むらの生活誌』　彩流社
羽田野正隆　1981　「十勝平野におけるアイヌ集落の立地と人口の変遷 ― 江戸時代後期を中心に ― 」
　　　『北方文化研究』第14号　北海道大学文学部附属北方文化研究施設
北海道大学埋蔵文化財調査室　編　1986　『サクシュコトニ川遺跡』1・2　北海道大学
石本省三・横山英介・菊池博　1999　『桜町6・7遺跡発掘調査報告書』　北海道亀田郡七飯町教育委員会
石本省三・竹花和晴　2000　『桜町遺跡発掘調査報告書』　北海道亀田郡七飯町教育委員会
石本省三・山田央　2000　『桜町2遺跡発掘調査報告書』　北海道亀田郡七飯町教育委員会
石渡一人　2001　『加賀家文書館展示解説』　別海町郷土資料館
峰山巌ほか　1987　『高砂貝塚』　札幌医科大学解剖学第二講座
三浦正人ほか　2004　「キウス5遺跡」『調査年報』16　財団法人北海道埋蔵文化財センター
森岡健治　1989　『北海道平取町イルエカシ遺跡』　平取町教育委員会
中山昭大ほか　2004　「館野遺跡」『調査年報』16　財団法人北海道埋蔵文化財センター
大谷敏三・田村俊之　1985　『千歳市末広遺跡における考古学的調査（続）』　千歳市教育委員会
佐々木高明　1976　『稲作以前』　日本放送出版協会
　　　　　　2003　「南からの文化，北からの文化 ― 日本の基層文化の形成を考える ― 」『北海道の
　　　　　　　　基層文化をさぐる ― 北から南から ― 』　北海道開拓記念館
佐々木魏　1984　『軽米の焼き畑（あらき）』　軽米町教育委員会
佐藤甲二　2000　「畑跡の耕作痕に関する問題点と今後の課題 ― 仙台市域の調査事例をとおして」『は
　　　　　　　たけの考古学』　日本考古学協会
佐藤忠雄　1975　『鳥崎遺跡』　森町教育委員会
袖岡淳子・坂本尚史　2004　「上台2遺跡」『調査年報』16　財団法人北海道埋蔵文化財センター
田口尚ほか　1989　『美沢川流域の遺跡群』XⅢ　（財）北海道埋蔵文化財センター
高橋和樹　編　1986　『ユオイチャシ跡・ポロモイチャシ跡・二風谷遺跡』　北海道埋蔵文化財センター
竹田輝雄・千代肇　1993　『伊達市有珠オヤコツ遺跡・ポンマ遺跡』　伊達市教育委員会
谷島由貴・中山昭大・袖岡淳子　2003　「森川3遺跡」『調査年報』15　財団法人北海道埋蔵文化財センター
角田隆志　1988　『高砂貝塚』　虻田町教育委員会
内山真澄　2001　『稚内市声問川右岸2遺跡』　稚内市教育委員会
山田悟郎　1999　「中世および近世アイヌ文化期遺跡から出土した作物」『北海道開拓記念館研究紀要』
　　　　　　　　第27号
山本正　編　1998　『近世蝦夷地農作物地名別集成』　北海道大学図書刊行会
横山英介　1994　「北海道における概要 ― 古代における農具」『古代における農具の変遷』
横山英介　2002　「新しい視点・分野の考古学 ― 渡島半島の考古学的検証より」『南北海道考古学情報
　　　　　　　交換誌20周年記念論集』　南北海道考古学情報交換会・20周年記念論集作成実行委員会
　　　　　2003　「北海道における焼畑跡」『物質文化』75　物質文化研究会
　　　　　2004　「Ⅲ－1（3）畑跡」「Ⅴ－1（3）畑跡」『栄浜2・3遺跡』　北海道山越郡八雲町教
　　　　　　　育委員会

同化・変容・残存 ― 住居にみるアイヌ文化の成立過程 ―

瀬 川 拓 郎

はじめに

　アイヌの住居チセは，地域性や時代性を超越した定型的な建物としてイメージでされがちである。それは，長方形平面の主屋に出入り口のある付屋をもち，寄棟・茅の段葺き屋根・茅壁という構造のいわゆる「白老・二風谷型チセ」にほかならない（小林 2002）。本論は，アイヌの住居が実際には地域や時代によって多様なものであった事実を示し，その多様性が古代の擦文文化やサハリンを故地とするオホーツク文化の建築伝統に由来することを明らかにしながら，アイヌ文化の成立過程について考察を加えるものである。

I．同化 ― 道東のアイヌ住居にみるオホーツク文化の伝統 ―

　　北緯45度10分，住民がアッケイスと呼ぶ場所に来た。［中略］彼らの家屋は，主として海岸に面した丘の斜面にあり，丘の上に位置する場合もある。その家は，削った板張り造りであって，木材はお互いにきちんと組合わされ，木の皮で覆われている。しかし，大抵は真直ぐに立てた柱があり，家の上部同様，側面も幅広い木の皮で覆ってある。家の中央の真上には，窓がつけられている。一室の内側には，仕切りをされた部分があり，そこは四方を何枚かの藺草のむしろで被っている。長さは，10歩から12歩ぐらい，幅は6歩ほどで，すべてがたいへん手際よく造られており，中には樅材の柵を回した家屋もある。その家々は，人の背丈の2倍を越える高さはなく，オランダの農家に似ている。扉は，入るのに身体を曲げなければならないほど低い（「フリース船隊航海記録」北構1983：145～146頁）。

　寛永20年（1643），釧路管内厚岸に上陸したオランダ東インド会社のM・G・フリースがみたアイヌ住居 ― 板張りで窓のない壁 ― は，一般的なイメージのアイヌ住居（チセ）とは大きく異なるものであった。とくに樹皮の使用はエキゾチックな印象を与えるものといえる。だが，文政6年（1823）の『蝦夷生計図説』をみると，道東ではこのような樹皮葺きの住居は特異なものではなかった。

　同書によれば，太平洋に面した東蝦夷地のアイヌ住居には3つの種類があったとされる。すなわち，シリキシナイからシラヲイの地域に特徴的な住居「キキタイチセ」，シラヲイからビロウの地域に特徴的な住居「シヤリキキタイチセ」，ビロウからクナシリ島の地域に特徴的な住居「ヤアラキタイチセ」である（図1）。

　このうちキキタイチセは「キは茅をいひ，キタイは屋をいひ，チセは家をいひて，茅の屋の家」の意であり，シャシリキキタイチセのシャリキは蘆，ヤアラキタイチセのヤアラは樹皮を

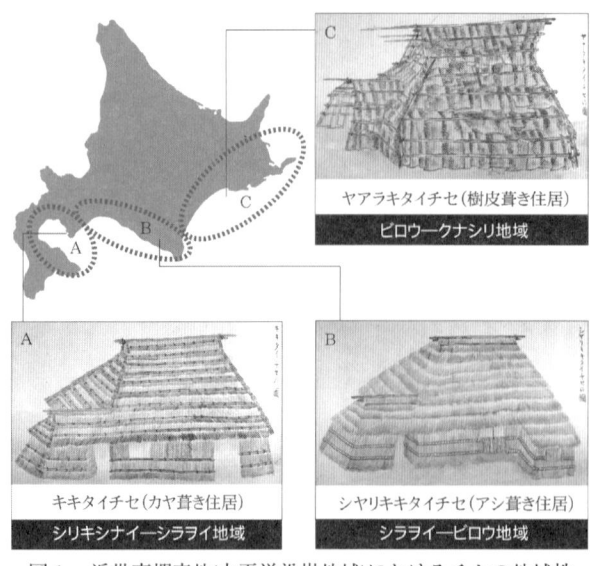

図1 近世東蝦夷地(太平洋沿岸地域)におけるチセの地域性
チセ図は河野・谷澤1990による

それぞれ意味する。つまり十勝から国後島にかけての道東地域では，ヤアラキタイチセと呼ばれる樹皮葺きの住居が特徴的だったというのである（高倉1969：617頁）。

3種のチセの図をみくらべると，このヤアラキタイチセは他地域のチセと樹皮葺きの点だけがちがっていたのではなく，横入りの入口小屋を欠き，壁に窓がないなど，構造的にも大きく異なるものだったようである。その外観はいっけん竪穴住居をおもわせるが，フリースのみた厚岸などの住居も，樹皮葺きで壁に窓がないという共通性を考えると，おそらくこのような外観だったのであろう[1]。

安政5年（1858）に松浦武四郎が道東内陸の津別町でみたチセも樹皮葺きであった。

此辺小屋の架方は，また石狩辺とは違ひて，ヲロツコ，タライカ辺の架方なり。其屋棟（根）をふくには椴皮もて葺に至極宜。[中略]是（剥いだ樹皮）をもて屋根をふき（く）に，五枚も有ば六七人住居の家出来る也（「東部安加武留宇智之誌」弐　秋葉1985：307頁）。

同地のチセが道央のものとはちがって，サハリンの「ヲロツコ」や「タライカ」の小屋がけと同じであるという指摘はたいへん興味深い。

また同年に松浦が根室付近でみたチセも，樹皮葺きではないものの，窓や入口小屋を欠く点でやはりヤアラキタイチセとよく似たものであった。

此辺［根室付近］の家は外より異にして，入口の上に一つの窓を明け，是より明りをとるなり。其さま異様にておもしろし（同前：599頁）。

このチセは，北海道をくまなく踏査した松浦が驚き，わざわざスケッチを残したほど特異な構造のものであった（図2）。道東では19世紀中葉になっても樹皮葺きや竪穴住居をおもわせる構造のチセが存在していたのである。

ところで，道東のチセの特徴であったとされる樹皮葺きは，8世紀から12世紀にかけて北海道で展開した擦文文化においても確認できる。注目すべきは，その分布が枝幸町ホロナイポ遺跡・遠軽町寒河江遺跡などやはり道東にかぎられていることである。つまり樹皮葺きの住居は，擦文文化においても道東の地域性となっていたらしいのである。

中田裕香は，このような道東の擦文住居にみられる樹皮葺きについて，サハリンで成立し，北海道のオホーツク海沿岸に展開したオホーツク文化からの影響を考えている（中田 1996）。

常呂町常呂川河口遺跡のオホーツク文化の住居で出土した，上屋に木の釘で固定されたシラカバ樹皮などにみられるように，オホーツク文化の住居は樹皮葺きだったようであり，この伝統が道東の擦文文化に影響を及ぼした可能性は高いとおもわれる。実際，道東の擦文文化の住居にはオホーツク文化との関係をうかがわせる事実がほかにもいくつか存在する。

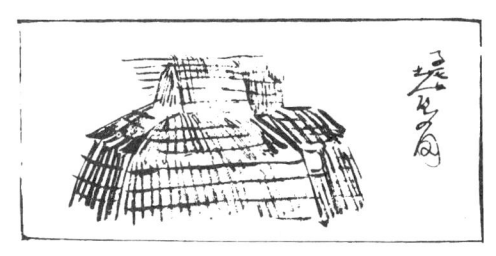

図2 根室付近の特異なチセ 安政5年(1858)の松浦武四郎によるスケッチ(秋葉1985)

そのひとつは住居の構造材に用いる樹種の選択である。擦文文化とオホーツク文化の竪穴住居に用いられた構造材の樹種を比較してみると，そこには明らかなちがいがある（図3）。オホーツク文化の住居では針葉樹であるモミ属が多用されており，オホーツク住居でサンプリングした炭化材のうちモミ属の出現率は平均20～30％にもおよんでいる（三野 1994・2000 a）。これに対して擦文住居ではトネリコ属やコナラ属といった広葉樹が使用され，基本的に針葉樹を用いることはない。

現在，針葉樹（トドマツ・エゾマツ・イチイ）は北海道の全域に分布し，道央以北では沖積地など平低地の広葉樹林内にも生育する。さらに花粉分析の結果では縄文時代以降，森林内の樹木構成は現在と大差なかったと考えられている。したがって擦文とオホーツクそれぞれの文化における住居構造材の樹種のちがいは，両者の環境に起因するものというより，意図的な選択にもとづく結果といえるのである（三野 2000 b）。

ところが，道東の擦文文化の遺跡（枝幸町ホロナイポ遺跡・同ウエンナイ2遺跡）については，住居構造材に針葉樹が使用されており，とくにホロナイポ遺跡では針葉樹が9割を占めている。これは広葉樹に強い選択性を示す擦文文化の住居のなかではきわめて異質である。ホロナイポ遺跡は花粉分析の結果，イタヤカエデ・シラカバ・ミズナラといった広葉樹林下に成立したと推定されている。つまり遺跡周辺に針葉樹が卓越していたため，やむを得ずこれを使用したというわけではなかったのである。そこで三野紀雄は，ホロナイポ遺跡の住人がわざわざ離れた場所でトドマツを伐採して運び込み，構造材として利用したとみてい

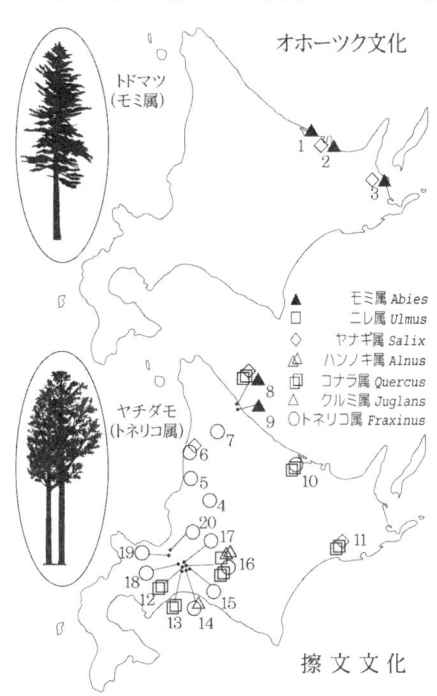

1 常呂町常呂川河口 2 網走市二ツ岩 3 標津町カリカリウス 4 深川市広里 5 小平町高砂 6 苫前町香川 7 美深町楠 8 枝幸町ホロナイポ 9 枝幸町ウエンナイ2 10 佐呂間町浜佐呂間Ⅰ 11 釧路市北斗Ⅱ 12 千歳市ママチⅢ 13 千歳市末広 14 千歳市ユカンボシC2・C6 15 恵庭市ユカンボシE10 16 恵庭市中島松5A 17 恵庭市中島松5B 18 恵庭市柏木川11 19 札幌市K435 20 札幌市K113

図3 擦文文化とオホーツク文化の住居における構造材の樹種 三野1994原図に加筆・改変

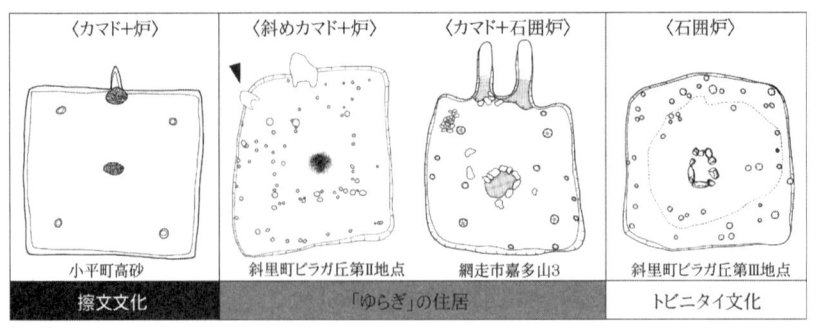

図4　擦文文化とトビニタイ文化の接触領域における「ゆらぎ」の住居

る（三野 1994）。

　このホロナイポ遺跡の擦文住居では樹皮葺きも確認されており，サハリンの針葉樹林帯で成立したオホーツク文化の針葉樹と樹皮を多用する建築文化が，複合的に取り入れられていた可能性が高い。

　擦文文化とオホーツク文化の関係をうかがわせるもう1点は石囲炉である。擦文文化の住居は本州古墳文化の住居伝統に連なるものであり，四角い平面形でカマドをともなう。ただし，地床炉が住居中央に設けられる点に固有性があり，この炉は前田潮が指摘するように縄文文化以来の住居伝統が組み込まれたものといえそうである（前田 1980）。この炉に石囲いはおこなわない。これに対してオホーツク文化の住居は五角形または六角形という特異な平面形で，石囲いの炉をもつ。ところが常呂町常呂川河口遺跡と網走市嘉多山3遺跡でみつかった擦文住居では，炉に石囲いがおこなわれていた（図4）。これもオホーツク文化との関係を抜きにしては理解しがたい事実なのである。

　このようにみてくると，オホーツク文化が道東の擦文文化に強い影響を及ぼしていたのはほぼまちがいないとおもわれるが，実は擦文文化とオホーツク文化は時間的に共存していたわけではない。

　4～5世紀ころから北海道に展開したオホーツク文化は，9世紀後葉に擦文文化との融合文化であるトビニタイ文化へと変化する（右代 1995）。一方，擦文文化は同じ9世紀後葉に道央部から全道へ拡散し，これがオホーツク文化のトビニタイ化にも関与したと考えられるが（瀬川 2003），道東では擦文文化がそのまま定着するには至らなかった。この地域への擦文文化の本格的な波及・定着は，おおむね11世紀以降のことであり，したがってオホーツク文化の直接的な影響が，道東に進出した擦文文化に直接及んだ可能性はほとんどないといってよい。

　とすれば，道東の擦文文化にオホーツク文化の伝統を伝えたのはトビニタイ文化だったことになろう。その住居は，擦文文化と同じ四角形の竪穴平面でありながら，オホーツク文化と同様カマドがなく，石囲いの炉をもつものであった。

　このトビニタイ文化の分布域は擦文文化によって次第に浸食され，擦文文化終焉の12世紀末葉ころには知床半島部まで縮小したが，その文化圏に進出した擦文文化の住居をみると，先ほ

ど述べたように石囲いの炉をもつものや，カマドを住居の角に斜めに据えたつけた特異な例が見受けられる（図4）。後者は枝幸町ウエンナイ遺跡・斜里町ピラガ丘遺跡・白糠町和天別遺跡に類例がある。

このような奇妙な住居は，擦文文化に同化したトビニタイ文化人のものであり，擦文文化とトビニタイ文化のあいだに生じた「ゆらぎ」といえるものだったのであろう。実際，大西秀之は，道東の擦文土器には一般の擦文土器と施文順序が異なる模倣の擦文土器が少なくないと述べている（大西 1996）。つまりオホーツク文化の伝統である針葉樹の利用や樹皮葺きの建築文化は，次々同化していったトビニタイ文化を通じて道東の擦文文化に取り込まれたと考えられるのである[2]。

ただし，斜めのカマドが設けられていた上記のウエンナイ遺跡の住居からは，擦文土器とともに南貝塚式と呼ばれるサハリンのオホーツク土器が出土している。さらに，サハリンのセディフ遺跡で調査された南貝塚式のオホーツク文化の住居には（木村 1994），本来オホーツク文化の住居にはないカマドがともなっており，これも斜めに設けられていた[3]。したがって道東の擦文文化におけるオホーツク文化の影響は，トビニタイ文化からのほか，サハリンのオホーツク文化から海峡を越えた交流によってもたらされた可能性も考慮しなければならない。

いずれにしても，道東の擦文文化には，我々が想像する以上にオホーツク文化の伝統が深く浸透し，またオホーツク人との混血化も展開していたようなのである。前述のとおり松浦武四郎は，道東の津別のチセをサハリンの「ヲロッコ」「タライカ」と同じものであると鋭く指摘したのであるが，近世の道東アイヌのチセの樹皮葺きが，擦文文化を介して継承されたオホーツク文化の伝統であったとすれば，継承された伝統がただ樹皮葺きひとつにとどまったはずはない。近世の道東アイヌの文化・形質・言語をオホーツク文化との関係から検討してみる必要があろう[4]。

II．変容 ── アイヌ住居にみる竪穴住居のレリック ──

　　家チセト云ハ貴賤となく，大方弐間乃至弐間半四方成，柱は打割にし，軒の高さ四尺位に過す，四壁
　　ハ草聚袮とは草を聚て是を葺き，四方の壁際にヘ土居の如く高さ二尺位土を寄せて寒気を防ぐ備と
　　す，入口三尺計り，本朝麹室の如く小き廻戸あり，打割の板を鯨の鰭にて綴付，これをアパと云，
　　入口［汚損］より低く曲り屋を立，此内へ薪を入置く（「毛夷東環記」浪川1995：53頁）

文化3～4年（1806～07）に択捉島へ派遣された津軽藩士，斉藤蔵太が同地の産物などを記した「毛夷東環記」は，同地のチセにも注目し，その構造を詳細に記している。

そのチセは，割材の多用や，軒がかなり低い点を除けば，本屋に入口小屋が附属する草葺きの一般的なチセと解されるものであるが，ここで注目したいのは住居それ自体ではなく，四方の壁際にめぐっていたとされる「寄せた土」である。

これは，「ヘ土居」（「へつい」と読ませるのであろう）のごとく，とあるから，カマドの壁体のようにわざわざ丸みをつけて成形したものだったようである。さらにその高さは2尺（約

図5　周堤をもつ択捉島のチセ(イメージ図)「毛夷東環記」(浪川1995)の記載から推定復元

60cm）もあったというのであるから，ただ壁裾に「寄せた土」などではなく，「周堤」と呼ぶのがふさわしい構造物だったのである（図5）。チセでは壁裾に土を寄せることはあっても，このような周堤をもつ例は知られていない。

　この周堤は，あらためて指摘するまでもなく，擦文時代などの竪穴住居では一般的な構造である。竪穴住居の周堤がもともとどれほどの高さであったのか，正確なところはわからないが，居住当時のまま火山灰に覆われた群馬県渋川市中筋遺跡の古墳時代の竪穴住居では，周堤は高さ70cmと復元されている（大塚 1989）。択捉島のチセの周堤は，竪穴住居のそれとかわらない本格的な規模のものだったのである。

　ところでこの周堤は，竪穴住居の場合には壁の高さをかさ上げする役割をもっていた。しかし平地住居であるチセの場合，「毛夷東環記」の著者が指摘するように，その役割は「寒気を防ぐ備」，つまりせいぜい壁裾のすきま風を防ぐものでしかなかったはずである。とすれば，高さ60cmもある手の込んだ周堤が平地住居になぜ必要であったのか，理解に苦しむところである。

　そもそも竪穴の掘削にともなって自動的に揚げ土が確保できる竪穴住居とちがい，平地住居では周堤の土をわざわざ確保しなければならない。仮に2間四方の住居に高さ・幅とも60cmの周堤をめぐらせたとすれば，その土量は5㎥を超えるから，それを建物の整地によって生じた土だけでまかなうことができたとはおもわれない。

　はたして周堤をもつチセは択捉島という周縁地域に成立した特異な例だったのであろうか。

　そこで注目されるのが，日高の平取町ポロモイチャシ遺跡でみつかったアイヌの平地住居である。A郭建物跡と呼ばれるこの住居は，寛文7年（1667）に降下した樽前ｂ層火山灰に被われており，使用されていた年代は火山灰の降下年代を大きく遡らないと考えられている。興味深いのは，この住居でも周堤が確認されているのである（北海道埋文センター 1986）。

　建物は7.8m×5.6mの方形で，報告書に「土塁」「盛土」と記載された周堤が三方（コの字形）にめぐっている（図6）。周堤は，図面みると幅1m，高さ20～40cmほどの規模で，上面には2,000個を超す多数の礫が敷き詰められていた。報告者はこの礫を土留めと考えている。周堤は崩れており，その崩落土は住居を埋めていたから，本来の周堤はさらに高さがあったとみてよいであろう。このA郭建物に隣接するB郭建物跡でも同様な周堤が確認されている。

　ところで，このA郭・B郭建物の周堤は，いずれもその内側（住居側）に幅20cm・厚さ2cmの板材（ヤチダモ・ヤチハンノキなどの広葉樹）が立ち並んでいた。報告者はそれらを壁材とみている。つまりこのA郭・B郭建物は，いずれも板壁の住居であり，その外側に周堤をまわしていたことになる。このような板壁のチセは，フリースがみた厚岸のチセ以外には例がない。

　しかしこの板壁も，擦文文化では枝幸町ホロナイポ遺跡や遠軽町寒河江遺跡，恵庭市中島松

7遺跡などの住居で確認することができる。柱や土留めに板や割材を使用している例は擦文住居では枚挙にいとまがないほどである（瀬川 1996）。つまり，平取町ポロモイチャシ遺跡でみつかったチセの周堤と板壁は，ともに擦文時代の竪穴住居では一般的な構造だったといえるのである。

このようにみてくると，周堤と板壁をもつポロモイチャシ遺跡・択捉島・厚岸のチセは，いずれも竪穴住居の構造をとどめる古い様相の平地住居だったのではないかとおもわれる。択捉島と厚岸のチセに共通する軒や入口の低さも，同様に古い様相だった可能性が

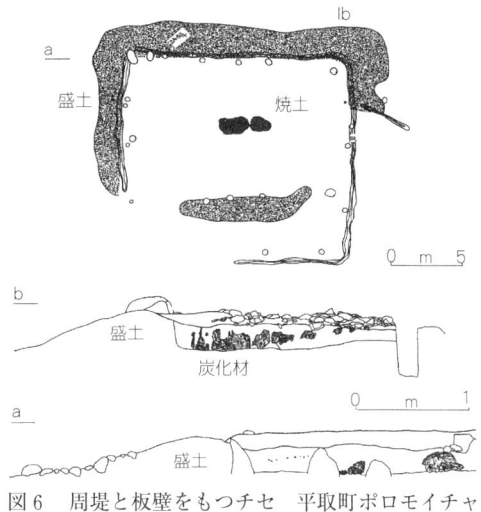

図6　周堤と板壁をもつチセ　平取町ポロモイチャシ遺跡A郭建物跡(道埋文1986)

あるのではないか。いずれにせよ道東においては，近世初頭あるいはそれ以降であっても，「白老・二風谷型チセ」とはまったくおもむきの異なる平地住居が存在したことは確かなのである。

擦文文化の終焉は，竪穴住居から平地住居への転換をともなったとみられている。少なくとも中世のあいだに竪穴住居の伝統が廃絶し，平地住居への転換がほぼ完了したことはまちがいない[5]。だが上記の想定を踏まえるならば，この転換は建築文化の断絶を意味するのではなく，竪穴住居から周堤・板壁・低い軒などをそのまま継承した「竪穴風平地住居」への変容を介在していたといえるのではないか。

チセは，アイヌの世界観とも深く結びついた建築文化であるが，擦文文化以降の漸移的な変容の過程のなかで理解すべきもののようである。その成立をめぐっては，本州の建築文化の影響と同時に[6]，擦文文化とオホーツク文化の建築伝統がどのように受け継がれ，あるいは変化していったのか，複合的な視点からの追求が求められているといえよう。

III. 残存 ── 冬の家にみるサハリン・アイヌの成立過程 ──

此島の夷［サハリン・アイヌ］，冬月に至て穴居する者あり。然も其地の寒暖によって是をなす事にして，島夷すべて是をなすにあらず。其穴居する者も実に寒威堪がたく，やむ事を得ずして是をなすなり。故に九，十月の此既に積雪の時に至て是を造り其内に入り，春二，三月の頃積雪いまだ解ざる前に穴を出て生平の家に居す。斯如せざる時は其身疾病をうくと云（「北夷分界余話」洞・谷澤 1988：41頁）

文化5年から6年（1808〜09）にかけてサハリンとアムール川沿岸を探査した間宮林蔵の「北夷分界余話」は，サハリン・アイヌの冬の家である竪穴住居を図入りで詳細に紹介している（図7）。それは地面を1mほど四角に掘り下げたもので，4本の柱の内側を土間，外側を

ムシロ敷きの寝所としている。土間には炉があり，これと別に壁にカマドがある。

松浦武四郎によれば，サハリン・アイヌの竪穴住居の使用は，

我始て北蝦夷に遊行し時は弘化丙午クシユンコダン辺惣て穴居なりしが，今度見るに安政丙辰半は止みたり，繊十年の間に如此風俗も気候も改る事（「久摺日誌」渡辺1960：67頁）。

とあって，19世紀半ばには急速に廃れていったものらしい。サハリンの竪穴住居は最終的に明治末年にはみられなくなったとされているが（馬場 1979：41頁），昭和15年（1940）ころサハリン・アイヌの古老数名から聞き取った冬の家の復元図をみると（図8），間宮がみた住居とほとんどかわらないものであったことがわかる（馬場 1979）。

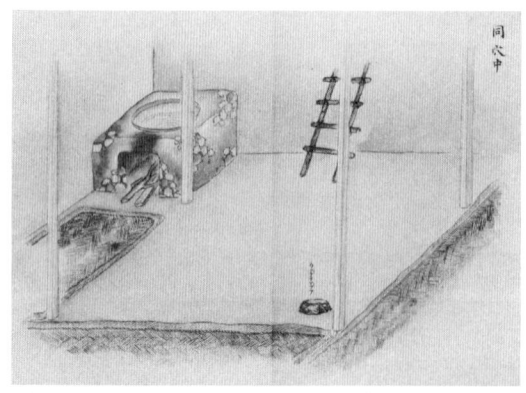

図7　サハリン・アイヌの竪穴住居内部　間宮林蔵「北夷分界余話」巻之三(国立公文書館所蔵)

このようなサハリン・アイヌの竪穴住居の特徴は，石附喜三男が指摘したように（石附1974：37頁），擦文文化の住居と共通する[7]。近年サハリン州郷土博物館が調査をおこなったオホーツコエ3遺跡でも，竪穴平面が方形でカマドをもつ擦文文化そのものといってよい竪穴住居が数基みつかっている（図9）。そのうち1基からは内耳土器・漆器・鉄鍋が出土しており，報告者は「古アイヌ」期の住居としている（シューピナ 2002）。おそらく中～近世のアイヌ住居なのであろう[8]。擦文文化の竪穴住居そのものといえるサハリン・アイヌの冬の家は，古い伝統をもつものと考えてよさそうである。

石附が上記の考えを発表した当時，サハリンでは擦文文化の住居はもちろん土器も確認されておらず，したがってオホーツク文化圏（南貝塚期）であったサハリンに擦文文化が進出した事実を示すものはなかったから，サハリン・アイヌの冬の家と擦文住居の関係については，類似の指摘以上に議論が展開することはなかった。しかしその後，プロコフィエフらの集成によってサハリン南西岸を中心に11世紀以降の擦文土器の出土が知られるようになり（Prkof'ev 1990），現時点では擦文文化の竪穴住居の伝統が後世まで継承された可能性は簡単には否定できないといえる。

しかし，擦文集団がサハリンに進出し，同地で建築文化を守り伝えたとする理解について，大方の見方は否定的である。

考古学では天野哲也が，サハリンの擦文土器の確認は散発的であることから，同地に擦文集団の集落はなかったとみている。しかし最近，サハリンのオホーツク文化（南貝塚期）の住居にカマドをもつ例が確認されるようになってきた[9]。このカマドの伝統はオホーツク文化にはなく，したがってそれは「擦文文化の住居にもとめるしかない」（天野 2003：132頁）。そこで天野は，この矛盾を解決するため，次の二つの場合を想定して説明している。ひとつは，オ

ホーツク人が北海道の擦文文化から間接的にカマドの文化を導入した，もうひとつは，擦文土器が使われなくなったあと（つまり擦文文化の終焉後），北海道では擦文文化の住居がそのまま用いられていた段階があり（そうした段階が実際に確認されているわけではない），この段階の集団がサハリンに進出した，とするものである（同前）。

文献史では中村和之が，北海道集団がサハリンに本格的に進出して在地社会を形成したのは，サハリンで元朝の勢力が後退した14世紀後葉のことであり，『元史』などから，それ以前には北海道の集団はサハリンに散発的に往来するか，サハリン南部のかぎられた地域に居住する状態であったと考えている（中村和之 1999）。

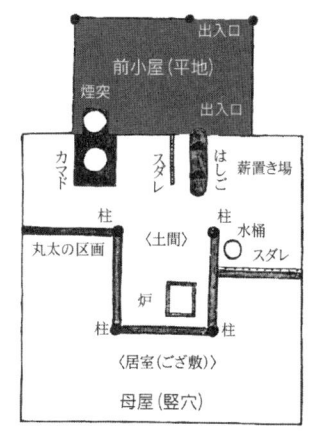

図8 サハリン・アイヌの竪穴住居の間取り 馬場1979原図に加筆

このうち天野の説は，一方でサハリンのオホーツク文化の住居にみられるカマドを擦文文化の影響と認めながら，一方で擦文文化からの直接的な影響は否定するため，両者を整合するアクロバティックな解釈を余儀なくされており，説得力を欠く。

中村の説は，サハリンで擦文文化の伝統が継承された可能性を根底から否定するものではないが，そのことを積極的に評価する立場にないことは明らかである。たしかに中村が指摘するようにサハリン南部が擦文文化圏に含まれていたわけではない。しかしながら，現状では擦文集団がサハリンに進出して前線基地や小コロニーを築いていた可能性まで否定できないし，むしろオホーツク文化にカマドが伝わった事実やサハリン・アイヌの冬の家と擦文住居が酷似するといった事実は，コロニーの存在を想定することでトータルな説明が可能なのである。

実際，次に述べるように，擦文土器がサハリンに分布するようになる11世紀頃の北海道の社会的状況は，擦文人のサハリンへの進出が組織的なものだったことを示唆するのである。

擦文時代の北海道は本州から多くの産物を移入しており，鉄製品のほか10世紀以降には佐波理と呼ばれる青銅鋺・漆塗椀・コメ・青森県五所川原産の須恵器が北海道全域で出土している。同じころ北海道の日本海沿岸には交易拠点が一斉に成立し，同祖関係を表象する刻印を共有してヨコの連携を強めていくのであるが（「日本海沿岸集団」），そこにはこのような本州との交易の活発化が深く関わっていたとみられる（瀬川 2003a）。だが，この交易活動は本州と北海道の間だけで閉じていたものではなかった。

10世紀以降，擦文文化の遺跡からは本州の産物とともに大陸産とみられるガラス玉が出土し始めるようになり，現在までに6遺跡70点以上を数える。このガラス玉はサハリンを経由して北海道に

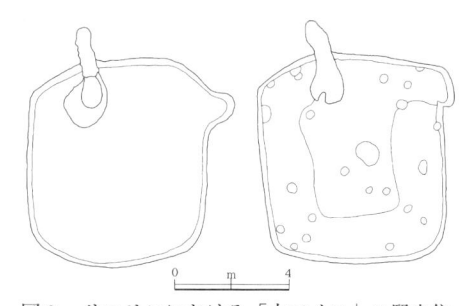

図9 サハリンにおける「古アイヌ」の竪穴住居跡 オホーツコエ3遺跡75号住居(左)・41号住居(右)。シュービナ2002原図を浄書

流通したものとおもわれ，したがって日本海沿岸集団は本州－北海道間にとどまらず，サハリンをも巻き込んで広範な流通体制を築きつつあったといえる。

日本海沿岸集団の集落規模からみて，日本海交易は11世紀代に最盛期を迎えたとおもわれるのであるが，とすれば，その11世紀代に擦文土器がサハリン南西岸に分布しはじめた事実は，最盛期の日本海沿岸集団が交易の前線基地をサハリンまで拡大したものと理解するのが自然であろう。そしてこの「拡大」は，規模の大小に関わらず，擦文集団のサハリンへの「組織的な」進出を意味しているのである。

サハリン・アイヌの冬の家は，元朝後退以前における北海道集団のサハリン進出の事実を過小評価すべきではないこと，つまりサハリンにおける北海道集団のコミュニティーの成立（サハリン・アイヌの成立）が，元朝後退以前にさかのぼる可能性があることを示しているといえよう。

おわりに

擦文文化の終焉・アイヌ文化への移行は，大きな文化的ギャップをともなうものとみられている。しかし，近世のアイヌ住居チセに認められた古代文化の残存は，アイヌ文化と古代文化の連続性・漸移的な変化を示している。さらに，道東のチセに認められたオホーツク文化の要素は，アイヌ文化の成り立ちがけっして単系的なものではなかったことも意味しているのである。

アイヌ文化は縄文文化と直接結びつけて論じられる傾向がある。たしかにチセは擦文住居から漸移的に変化したようであり，縄文住居から続縄文住居，さらには擦文住居への移行についても，断絶するものではなかったのであろう。だが，チセが縄文住居とは異なるように，アイヌ文化は縄文文化とは異なるものである[10]。アイヌと縄文人の世界観を同一とみる論理は，アイヌの歴史性の軽視と表裏一体をなしている。アイヌのアイデンティティをめぐる「アイヌ文化＝縄文文化」論は，「縄文文明」に民族的一体性を求めようとする国民国家日本の超歴史的な言説と同根であるといえよう。

アイヌ文化のアイデンティティは，縄文時代から変容しつつ継承されてきた文化的伝統に本州文化や北方系の異文化が複合する，その多様性にこそ求められるのではないか。そしてその多様性は，本論で述べたごとく，古代以降の交易の展開にともなう北方世界の交流が生み出した歴史的な所産だったのである。

謝辞

近世における竪穴住居の残存の問題および擦文文化の住居構造について前田潮氏からご教示をいただいた。またシュレンクの報告（Schrenck 1891）については中村和之氏のご配慮により奥村博司氏の日本語訳原稿を参照させていただくことができた。本論の一部については科研「日本列島南北端の住居形成過程に関する学際的研究」（代表：玉井哲雄）主催の旭川シンポジ

ウム（2003年8月30日）において同名で報告し，また「擦文文化の住居と墓」と題して発表している（瀬川 2004）が，シンポジウムの席上，玉井哲雄・萩原眞子・越田賢一郎ほかの諸氏から有益なご教示をいただいた。以上の各氏に感謝申し上げる。

註
1) 樹皮葺きではないが，窓がなく，その形状が竪穴住居をおもわせるという点では，同書に示された笹葺きの「トツプラツプキタイチセ」も同じであり，これも十勝から国後島の道東地域に分布するものであった。ちなみに村上島之丞『蝦夷島奇観』には，西蝦夷地のアイヌ住居として窓と入口小屋を欠く笹葺きの住居が図示されており，興味深い（佐々木・谷澤 1982：56頁）。だが残念なことに，このチセの所在地が「西蝦夷地」でも日本海側の地域であったのか，あるいは道東のオホーツク海側であったのか不明である。
2) サハリン・アイヌのチセ（平地住居）は明治末年ころまでは樹皮葺きであった（西鶴 1974：35頁）。これもオホーツク文化人の後裔の可能性があるニブフの建築文化との関連を考えなければならないのであろう。
3) カマド付きのオホーツク文化（南貝塚期）の住居は，サハリンではほかにもスタラドゥプスコエ3遺跡で確認されているという（天野哲也 2002：131頁）。
4) 北海道アイヌの形質は道東と道西のあいだで地域差が大きく，なかでもオホーツク海沿岸地域のアイヌは顔面頭蓋の幅・高さが大きいという特徴があることから，このような地域差を生み出す要因にオホーツク文化人の遺伝的影響を想定する考えもある（石田・近藤 2002：78頁）。
5) 北海道では中世の考古学的状況が不明であるため竪穴住居がいつまで存続したのか明らかではない。史料では，宝暦13年（1763）に名古屋の船頭吉十郎が十勝の海岸に漂着し，「穴居」していた同地のアイヌに救われたとの記事があり（北海道庁 1918：63頁），さらに前田潮が絵図をもとに北海道北部では近世後半まで竪穴住居が使用された可能性を指摘している（前田 1998）。したがって近世においてもなお一部地域で，あるいは何らかの事情によって竪穴住居が使われていたことも考えられないわけではないが，近年の石狩低地帯や日高における調査成果を参照すれば，基本的に近世以前には住居の平地化が完了していたとみてよいようである。
6) 擦文文化の住居が東日本の土師器文化の住居そのものであったように，チセの成立についても日本の民家建築の影響下にあったと考えるのが自然であろう。たとえば新潟・長野県境の秋山郷で鈴木牧之がみた民家などにチセと通底する様相をうかがうことができる（瀬川 2004）。ただし，このことがアイヌ固有の建築文化の存在を否定するものでないのは「おわりに」でも述べるとおりである。
7) シュレンクによれば，オホーツク文化人の後裔の可能性があるサハリンのニブフ（ギリヤーク）の住居には冬季用と夏季用があり，冬季用住居は単純で原始的なToryfと呼ばれる竪穴住居（カマドなし）と，Tschadryfと呼ばれる角材を組み合わせた平地式の中国式住居（カマドあり）の2種があった。大陸のニブフの冬季用住居は中国式住居1種のみであり，これに対してサハリンでは大陸対岸の西海岸・アムール川河口付近・オホーツク海沿岸では中国式平地住居と竪穴住居が混在，それ以外では竪穴住居1種であることから，シュレンクはニブフの本来の住居は竪穴であり，大陸から次第に中国式平地住居が波及したと述べている（Schrenck 1891）。ちなみに同書に示されたニブフの夏の家は杭上家屋であり，これにはカマドはない。またタクサミが示すニブフのToryfとTschadryfの図も，シュレンクのそれと同じであり（加藤 1986），前者はカマドを欠き，後者はカマドをもつ。間宮林蔵が「北夷分界余話」で示した「スメレンクル夷」（ニブフ）の「穴居せざる者の居家」（平地住居）の図も，

シュレンクやタクサミのTschadryfとまったく同じ構造であり，やはりカマドをともなう。ただしToryfにあたる「穴居する者」の家（竪穴住居）は，「其表面のみを見て其居中をしらず」とあって外観図だけが示され，残念ながら内部については知り得ない（洞・谷澤 1988）。いずれにしてもニブフ本来の冬用住居とみられる竪穴住居は，サハリン・アイヌの冬季用の竪穴住居とちがってカマドがなく，したがってカマド自体は中国風の平地住居と一体になって新しく伝わったものだったようである。

8) ただしオホーツコエ3遺跡の方形でカマドをもつ住居について，天野哲也はオホーツク文化の南貝塚期の住居としている（天野 2003：131頁）。
9) 註3に同じ。
10) 筆者は，交易品生産をめぐって擦文社会が「縄文エコシステム」から「アイヌ・エコシステム」への転換を迎えたと考えている（瀬川2003a）。この転換によって，ほぼ同じ環境のもとで狩猟採集の暮らしを送っていたにも関わらず，アイヌの世界観は縄文人のそれとはかなり異なるものに変容したとみられる（瀬川 2003b）。

引用文献

（日本語文・アイウエオ順）

秋葉　実　解読　1985『戊午東西蝦夷山川地理取調日誌』上　北海道出版企画センター
天野　哲也　2003「オホーツク文化とはなにか」野村崇・宇田川洋編『新北海道の古代2－続縄文・オホーツク文化』北海道新聞社
石田　肇・近藤　修　2002「骨格形態にもとづくオホーツク文化人」西秋良宏・宇田川洋編『北の異界－古代オホーツクと氷民文化』東京大学総合研究博物館
石附喜三男　1974「エミシ・エゾ，アイヌの文化」新野直吉・山田秀三編『北方の古代文化』毎日新聞社
右代　啓視　1995「オホーツク文化にかかわる編年的対比」『北の歴史・文化交流研究事業報告』北海道開拓記念館
大塚　昌彦　1989「群馬県中筋遺跡」『日本考古学年報』40
大西　秀之　1996「トビニタイ土器分布圏における『擦文式土器』の製作者」『古代文化』48－5
加藤　九祚　1986『北東アジア民族学史の研究』恒文社
菊池　俊彦　1978「オホーツク文化の起源と周辺諸文化との関連」『北方文化研究』12
北構　保男　1983『1643年アイヌ社会探訪記－フリース船隊航海記録』雄山閣出版
木村　英明　1994「南サハリンの遺跡と調査」『AMSUニュース』3.4　札幌大学埋蔵文化財展示室
河野　本道・谷澤　尚一　1990『蝦夷生計図説』北海道出版企画センター
小林　孝二　2002「アイヌ民族の住居（チセ）に関する研究2－北海道における民家研究史の検討と竪穴住居から平地住居への変容過程についての考察」『北海道開拓記念館研究紀要』30
佐々木利和・谷澤　尚一　1982『蝦夷島奇観』雄峰社
シュービナ，O. A.　2002「2000年～2001年に南サハリンにおけるオホーツコエ・3古遺跡の発掘調査」天野哲也・ワシリエフスキー，A. 編『サハリンにおけるオホーツク文化の形成と変容・消滅』北海道大学総合博物館
瀬川　拓郎　1996「擦文時代住居の上屋について」『アイヌ民族博物館研究報告』5
　　　　　　2003a「擦文時代の交易体制」『歴史評論』639　校倉書房
　　　　　　2003b「神の魚を追いかけて－石狩川をめぐるアイヌのエコシステム」『エコソフィア』

             11　昭和堂
             2004「擦文文化の住居と墓」野村崇・宇田川洋編『新北海道の古代 3 －擦文・アイヌ文化』
             北海道新聞社
高倉新一郎　編　1969『日本庶民生活史料集成』4　三一書房
中田　裕香　1996「北海道の古代社会の展開と交流」鈴木靖民編『古代王権と交流 1 －古代蝦夷の世界と
　　　　　　　　交流』名著出版
中村　和之　1999「北の『倭寇的状況』とその拡大」入間田宣夫・小林真人・斉藤俊男編『北の内海世界』
　　　　　　　　山川出版社
浪川　健治　校注　1995「毛夷東環記（3）」『國史研究』98
西鶴　定嘉　1974『樺太アイヌ』みやま書房
馬場　脩　1979「樺太アイヌの穴居家屋」『北海道ライブラリー14　北方民族の旅』北海道出版企画セ
　　　　　　　　ンター
北海道庁　1918『北海道史附録』
北海道埋蔵文化財センター　1986『ユオイチャシ跡・ポロモイチャシ跡・二風谷遺跡』
洞　富雄・谷澤　尚一　1988「北夷分界余話」『東韃地方紀行他』東洋文庫484　平凡社
前田　潮　1980「擦文時代住居の火処について」『北方科学調査報告』Ⅰ
         1998「日本北部における竪穴住居の廃止について」『時の絆－石附喜三男先生を偲ぶ』
三野　紀雄　1994「先史時代における木材の利用」『北海道開拓記念館研究年報』22
         2000 a「先史時代における木材の利用 3」『北海道開拓記念館研究紀要』28
         2000 b「先史時代における木材利用」『北の文化交流史研究事業研究報告』北海道
渡辺　茂　編　1960『松浦武四郎蝦夷日誌集』釧路叢書 1　釧路市

（外国語文）
Prokof' ev, M. M., Deryugin, V. A., Gorbunov, S. V.　1990　Keramika kul' tury satsumon i ee nakhodki na
　　　Sakhaline i Kuril' skikh ostrovakh. Yuzhno－Sakhalinsk.
Schrenck, Leopold von.　1891　Die Völker des Amur－Landes. St. Petersburg.

海と考古学

第3号

目　次

ウニ類の出土量の算出方法について………………内山幸子　　1

ヤンコフスキー文化の伝統と地域性……………福田正宏　　9

テルペニア湾北岸の貝塚を伴う集落の土器……B.D. フェドルチェク　15
　　　　　　　　　　　　　　　　　　　　　　（訳）前田　潮

生月の海士と海士漁……………………………桑原安須美　37
－現代の潜水漁撈の道具について－

海交史研究会

2001．3

古人骨からみた北海道の人々とその位置

石 田 　 肇

I．形質人類学とは

　ヒトの進化の形態学的研究は，比較解剖学の一分野である。たとえば，ヒトの骨盤は，隣人どうしの比較では分からないが，いわゆる哺乳類の中では非常に変わった形をしている。それは動物園などに行ってみれば分かる。一例を挙げたが，ヒトを中心とする比較解剖学を学ぶためには，解剖学もしくは形質人類学を勉強していかなければならない。

　形質人類学とは，19世紀のヨーロッパで，ダーウィンの進化学説の発表があり，またネアンデルタールの洞窟で人類化石の発見等があり，人類が動物の仲間であることがはっきりと分かった結果，人類の歴史を生物学の面から明らかにしようとして成立した研究分野である。日本では明治以降，数々の欧米の科学者が政府により招聘されたが，その中に人類学的な興味をもって日本人を見ていこうという人たちが出てきた。これが，日本での人類学の始まりである。これからは，具体的に，遺跡から出る人骨，それから北海道に住む先住民族であるアイヌの人々について，述べていく。

　遺跡からは，ご存じのように人工遺物として，石器，土器，それから金属器などが見つかるが，そのほかに昔の人が食べるもの，食べ残したもの，つまり貝であるとか木の実などが出てくる。埋葬された人骨も時おり見つかるが，人工遺物に比べるとはるかに数が少ない。出土した遺物を分析するのは考古学者だが，それ以外にも，タネが出てくると農学が分析し，遺跡が湿地帯であったとか砂丘であったとかを調べるには地質学が担当し，動物の骨などを調べてどのような動物が暮らしていたかを調べる古生物学という分野もある。また，花粉の有無を調べるには，植物学の応援が必要になる。人骨が出土すると形質人類学が登場する。古人骨から人々のすがたを調べることが可能になり，一つにはその人々の系統を調べること，もう一つは歯の使い方や労働の軽重などの生活痕を調査することを目的として行う。北海道の伊達市北黄金貝塚から出た縄文時代前期人骨の頭の破片を示す（図1）。完形で発掘される頭蓋も時々にはある

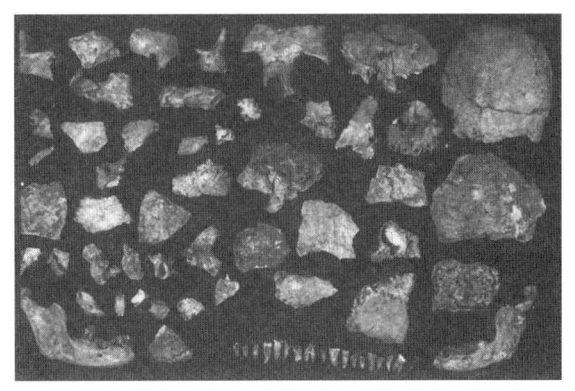

図1　伊達市北黄金貝塚出土縄文時代前期人骨頭蓋
　　発掘直後のばらばらな状態を示す

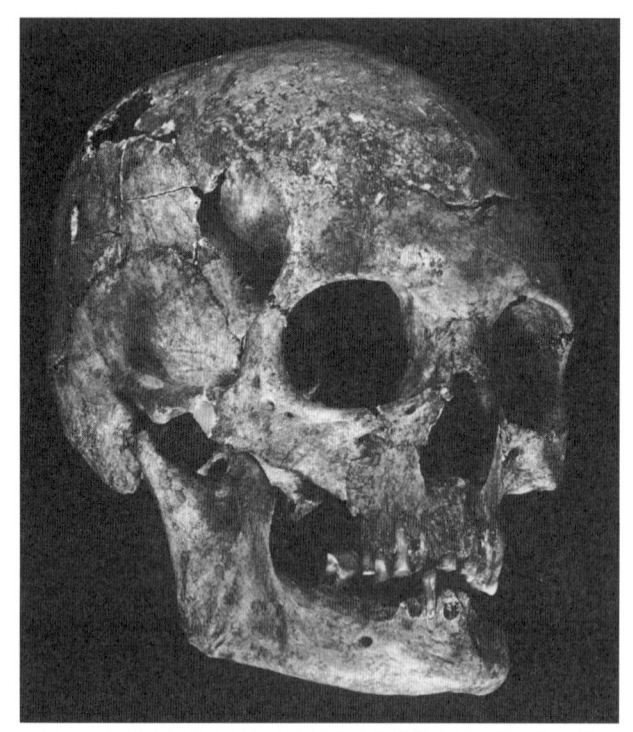

図2　伊達市北黄金貝塚出土縄文時代前期人骨頭蓋　復元後

が，だいたい取り上げるとバラバラになる。これを一個一個洗って復元する作業が必要になる（図2）。そして出来上がったものから計測を始め，その後に性別や年齢の推定をし，さらに形質の研究を進めるのである。

II．北海道の古人骨
1．縄文時代人骨とアイヌ人骨

明治時代に小金井良精が北海道各地を回り，発掘したアイヌの頭蓋の図版を示す（図3）。北海道ではアイヌ研究が人類学研究の大きなテーマである。明治時代には，石器時代人（縄文時代人）の起源論争があり，縄文時代人が果たしてこのアイヌの人々とどういう関係があったのか議論になった。たとえば，坪井正五郎は，石器時代人というのはいわゆるコロポックルであるという意見を出した。アイヌの人骨を集めた小金井良精たちは，アイヌ説を掲げた。

ここでアイヌの頭蓋の形態を紹介する。頭蓋がたいへんに長く，眉間が発達する。鼻が高く，顔が少し寸詰まりで，立体的な顔をしている。四肢では，上腕に比べて前腕のほうが相対的に長いなどの特徴がある。このアイヌの人々の起源に関しては昔からいろいろな説があった。「人種」という言葉は現在使われなくなってきたが，有名なのはハーバード大学のハウエルズや，北海道大学医学部の児玉作左衛門らが唱えた「コーカソイド」説である。また，旧ソ連の人類学者たちは太平洋の人々に近いという意見を述べていた。そして，小金井良精は，アイヌの人々に近い集団は見当たらないとして「人種の孤島」という言葉を使っている。東京大学にいた埴原和郎や尾本恵市が，アイヌは「蒙古系人種」の古代的特徴を部分的に保存している集団であると述べていた。

実際にどうなのか，北海道から出てきた古人骨について少し調べてみよう。日本全国だけでなく，とくに北海道ではアイヌの系統がどの程度古くまで遡るのかを知りたいので，国立科学博物館と我々で北海道のいろいろな旧石器時代の遺跡を探していた。後志の島牧村にある鍾乳洞を探したが，なかなか手がかりがない。旧石器時代は文化も北からの影響が強いのでその人骨がぜひ見たいところである。

縄文時代になると，日本全国では数千体の人骨が発見されていると思う。ただ北海道ではま

だまだ少ない。縄文時代人はアイヌと似た形態の部分もあるし，違う部分もある。顔が低くより幅が広いという共通した特徴がある。つまり，眉間の部分が非常に出っ張っていて，鼻が高い，顔が低い，眼窩が低い，鼻がやや拡がっているという特徴である。このような形態はなかなか他の地域の人たちには見られないので，縄文時代の人々についても，いったいどこから来たのだろうか，南からか，北からか，などいろいろな意見が出ている。では，北海道の縄文時代人がどういった特徴をもっているのか，北海道内で発見された人骨について見ていこう。

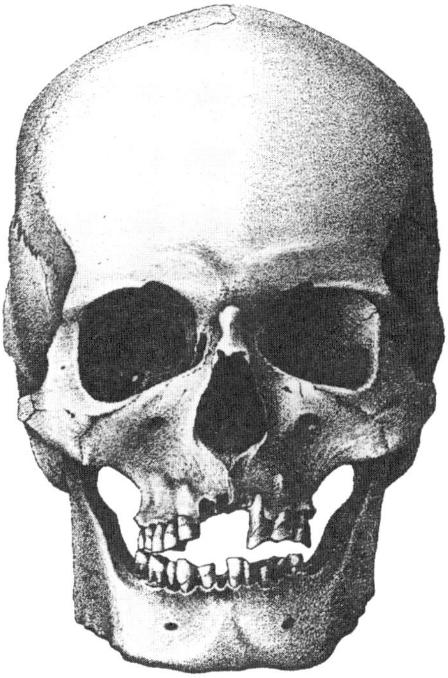

図3　アイヌ頭蓋　（Koganei, 1893より）

2．道南部の縄文時代人骨

道南部では，1963年から札幌医大を中心として，虻田町の高砂貝塚の発掘を行った。そこから，縄文時代晩期，大洞式土器を伴った人骨が多数出土した。この人骨を調べた山口敏（当時札幌医大）によると，本州の縄文時代人と共通する特徴が見られると述べている（図4）。続いて同じ虻田町の入江貝塚，それから伊達市の北黄金貝塚の調査を続け，同じく噴火湾に位置する縄文時代前期および後期の人骨を発見していった。東北大学の百々幸雄（当時札幌医大）の分析により，女性人骨の多くが本州の縄文時代人骨よりもアイヌに類似することが報告されている。また1989年に八雲町コタン温泉遺跡から17体の人骨が発見されている。この結果，頭蓋については本州の縄文時代人の特徴をもっていることが分かった。つまり，北海道南部の縄文時代人骨は基本的に本州の縄文時代人骨の特徴を持ちながら一部にはすでに近世アイヌに通じる特徴も表していたのではないかと百々幸雄は述べている。

3．道東北部の縄文時代人骨

一方，文化的にやや異なるとされる北海道の北部や東部の縄文時代人骨を見てみる。古い時期では釧路市東釧路貝塚がある。これは1960年頃から発掘が始まり，保存状態は悪いが，縄文時代早期から前期の人骨が数多く発見されている。山口敏によれば，近世の道東部アイヌの特徴ととくに異なるところは見当たらないと言う。さらに，1959年から63年にかけて釧路の緑ヶ岡遺跡から縄文時代晩期末ないし続縄文時代初頭の人骨が発見された。1984年に山口敏により報告され，特徴としては顔面がやはり著しく低く，幅広く，大腿骨や上腕骨の形態は縄文時代

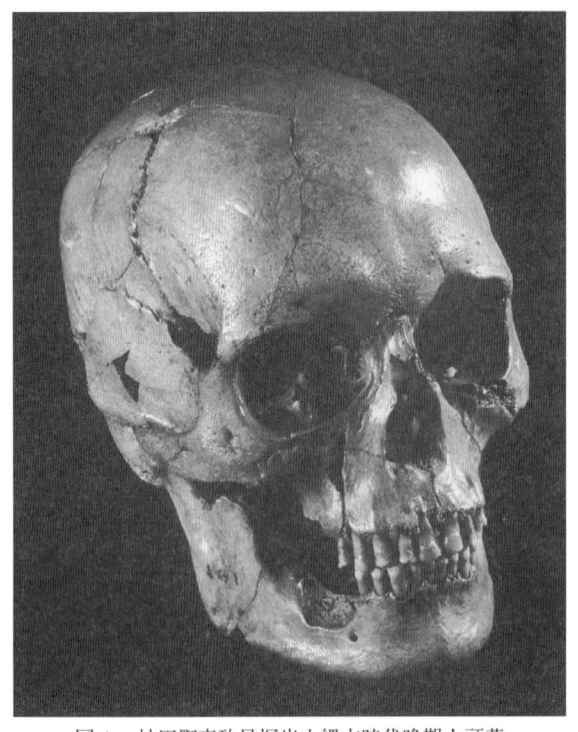

図4　虻田町高砂貝塚出土縄文時代晩期人頭蓋

人骨に類似すると言うことである。ただ，鼻の幅が狭い，下顎枝の幅が広いという点で，本州の縄文時代人とやや異なる部分もある。

北海道における縄文時代の人たちの形質はどうまとめられるか，1974年の山口敏の意見では，アイヌにもっとも類似するのは北海道北東部の縄文時代人，とくに早期の人々であると言う。その基である東釧路貝塚の資料は極めて断片的ではある。また，アメリカのチャードは，山口の観察と北海道の縄文時代における特徴からまさにこの地域が最も古いアイヌのテリトリーであったと結論している。このようにアイヌ特徴は北海道の北東部において，縄文時代の始まりから出現していたという考えも出されている。礼文島船泊遺跡出土の縄文時代後期に属する人骨を調査した百々幸雄によれば，その頭蓋は縄文時代人骨の特徴を示しながらも，額の部分が非常に平たい，そして眉間の隆起も少ないことから本州の縄文時代人的形質をベースとしながらも多少の北方アジア人的要素が混入していると言う。北アジアに住む人々は顔が平たく，顔が大きく鼻も平坦で，その特徴が最も北の端の縄文人には見られているということを示唆している。その後，礼文島からは，多数の縄文時代人骨が発掘されている。それらは，本州の縄文時代人骨の特徴を持ちながら，道南部の縄文時代人骨に類似するようだ。

網走市大曲から発掘された縄文時代前期の頭蓋を示す（図5）。計測値の分析では，本州の縄文時代人よりは北海道アイヌに近いという結果が出てくる。眉間の部分がかなり扁平で，ここにもやはり北からの影響が考えられるかもしれない。また，上顎が大きく，下顎枝がたいへんに幅広い。これは北海道における縄文時代人の一つの特徴である。

4．道央部の縄文時代人骨

北海道の中央部では，縄文時代人骨はほとんど見つかっていない。千歳市ママチ遺跡からは，土面が出土した。人骨がないため，この顔をみて少し判断すると，少し受け口で，眉間が発達しているので，縄文時代人の特徴を現わしていると考えることができる。この墓から歯が2点だけ出土したが，この個体が成人であることだけが判明した。

5．続縄文時代の人骨

　続縄文時代の北海道南部の文化を恵山文化と呼ぶが，この恵山文化の人骨はある程度数，発見されてきている。遺跡としては，虻田郡豊浦町の小幌洞窟，礼文華貝塚，室蘭市の絵鞆遺跡，伊達市には南有珠6遺跡，南有珠7遺跡，有珠モシリ遺跡（図6）などがある。山口敏は，この集団は縄文的な形質を一方で保持しながら著しく多様化し，全体として近世の道南アイヌの形質に近づきつつあったのではないかと述べている。

　北海道の北部，東部では，稚内市の宗谷オンコロマナイ貝塚および江別市坊主山遺跡から出土した人骨群について，1963年に山口敏が報告した（図7）。その形態は，顔面が著しく低く広く，眉間の部分から鼻にかけての形態が立体的である，四肢骨では前腕の部分

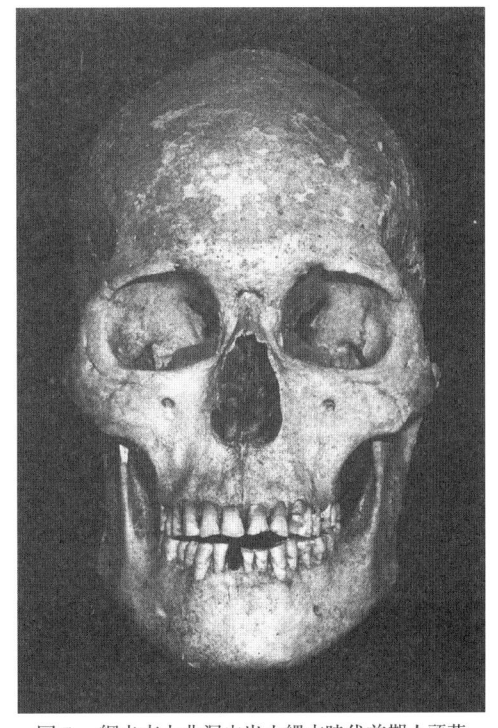

図5　網走市大曲洞穴出土縄文時代前期人頭蓋

が相対的に長い，大腿と下腿の比を調べると下腿が相対的に長めであるという特徴があり，縄文時代からひき続き，この地域ではアイヌ的特徴がみられる。

　また，北海道東部，常呂町栄浦第一遺跡から1個体の人骨が発見されている。全体として大柄な人骨で，形態的にはアイヌと基本的に共通する特徴が多く，今まで発見されている北海道の続縄文時代人との類似が顕著に認められた。この人骨を報告した山口敏は，眼窩に注目して北海道中央部以東の広大な地域にはこの眼窩のひじょうに低い特徴をもった人たちが一様に分布しているのではないかと述べている。以上，北海道の中央部，北東部では縄文時代から連続して本州の縄文時代人骨とは少し形態を異にした集団，はっきりいうとアイヌの祖先といっても良い集団がいたと考えられる。

　まとめると，縄文時代では，北海道道南部，たとえば高砂貝塚や八雲のコタン温泉遺跡の縄文時代人骨はどちらかというと本州の縄文時代人ととくに変わるところはない。ただ，女性人骨のなかには，アイヌと縄文時代人と比較すると，アイヌに判別される人骨もある。それに対して，北海道東部の東釧路貝塚や緑ヶ岡遺跡には，その時代にすでにアイヌらしい特徴をもった人たちがいるわけである。続縄文時代になると，北海道各地から出てくる人骨は大きな多様性を示しながら，本州の縄文時代人骨と近世のアイヌの人たちのとの中間の形態ないしはアイヌに近い形質が出てくる。そして，弥生文化の影響による遺伝子の流入は限られた範囲であったと，最近，百々幸雄は述べている。以上は，山口敏，百々幸雄両先生が長年研究したことのおおまかなまとめである。

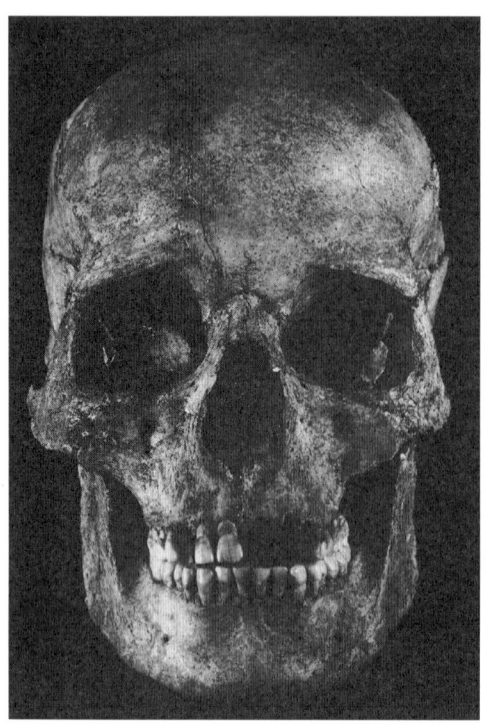

図6　伊達市有珠モシリ遺跡出土続縄文時代人頭蓋

6．擦文時代の人骨

　擦文時代から出土した人骨は非常に少なく，一つは昔大阪大学の欠田早苗が発見した伊達市有珠善光寺遺跡人骨がある。1978年の欠田の報告では和人的な特徴を認めるとしたが，それを再分析した百々幸雄によると，やはり北海道アイヌに近いという結果が出ている。その後，伊達市南有珠7遺跡や余市町大川遺跡でも擦文時代人骨が発見されている。余市町の大川遺跡から一体の女性の擦文時代とされる人骨が発見されたが，その特徴はやはりアイヌに通じるようだ。

　北海道の中央部からも断片的な資料が出ているに過ぎない。千歳市ウサクマイ遺跡からは擦文時代初期の人骨が9体出土している。その下顎骨の形態には近世のアイヌに共通する特徴が見られるとの報告がある。

　現在のところ北海道の数少ない古人骨を調べると，北海道とくに中央部以東では縄文時代から近世にいたるまで形質に連続性が認められることが今までの研究結果から言える。縄文時代人と北海道アイヌはどれほど違うのか問題であるが，現在までの研究では，やはり本州の縄文時代人にもっとも近いのは近世アイヌであろう。ただし，北海道の縄文時代人骨が近世アイヌの人々により近い。つまり，縄文時代人にも変異がある程度あったのではないか。本州の縄文時代人というのはそれなりに均質な人々がいたが，北海道の東北部にはどちらかといえばアイヌ形質をすでに示している人たちが縄文時代の初めのころからいたのではないかと考えられている。

7．オホーツク文化の人骨

　オホーツク文化とは，5，6世紀から10世紀まで北海道の北部，オホーツク海沿岸，サハリン，千島に広がった海獣狩猟を主体とする文化である。土器や文化遺物その他からみても北海道の在来の文化とは極めて異質な特徴をもっている。また，人骨の研究からも同じことが言えるので，より北方との結びつきが深い文化である。オホーツク文化人由来の研究史については，早稲田大学の菊池徹夫（1987）が「論争学説　考古学の総論」に興味深く書いているので，参照されたい。

　人骨の研究に関しては，1924年に京都大学の清野謙次が，サハリンにある鈴谷貝塚を調査し，

出土した人骨について「日本原人の研究」に記しているのが最初である。その頭蓋の形態は，眉間の隆起がほとんどない，鼻が平たい，眼窩がたいへん高い，上顎骨と頬骨がともに大きい，顔が高くて幅が広い，つまり顔が全体に大きく，平坦である。下顎の角が出張っている。頭蓋が高く，尖ったような感じをもっている。歯はたいへんに磨り減りが強いという特徴を示している。

（1）北方近隣集団との形質比較

第2次世界大戦前，中，後を通して網走のモヨロ貝塚から多数の人骨が発見され，児玉作左衛門らが本格的に研究を始めた（図8）。ソ連のデベッツがシベリア，極東の人たちの骨のデー

図7　稚内市宗谷オンコロマナイ貝塚出土続縄文時代人頭蓋

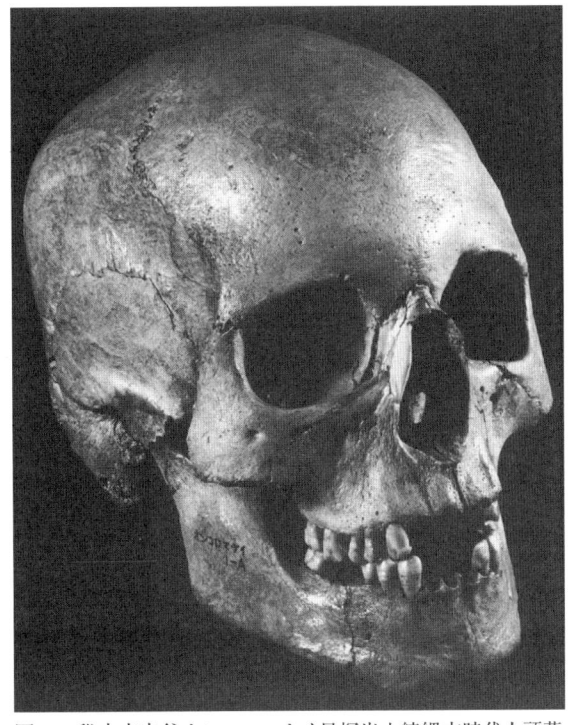

タを発表したのが，1951年である。具体的資料が手に入らなかったせいもあるが，近隣集団のなかではアリュートに近い人たちであると考えた。このアリュート説が社会的にも大きな問題を投げかけたことは先程の菊池徹夫の論文に詳しく書いてある。その後も，礼文島浜中遺跡から児玉らが約20体の人骨を発掘している。

これに対して東京大学の鈴木尚は，1958年に，モヨロ貝塚の頭蓋はアリュートよりもエスキモーに似ていると発表した。オホーツク文化人の顔は，上顎と下顎がたいへんに大きくて，しかも扁平な顔をしているので直感的に極北の集団と結びつけても無理はない。しかし，鼻骨が平坦なことはアリュートやエスキモーと違い，さらに，いろいろな形質を吟味すると違った結果が出てくる。

1960年ごろに，稚内市宗谷の大岬遺跡から出土した人骨もモヨロ貝塚の人骨と同じ形質をもっている。山口敏らによって研究が開始され，オホーツク文化人の全身骨格に，新石器時代以降の北方に住む人，北東アジア人の特徴が見いだされた。これらの研究はオホーツク文化人の特徴をとらえ，近世の北海道アイヌとの間にはっきりとした形態的な違いを見いだしたことが重要である。さらに，山口敏は，モヨロ貝塚人頭蓋計測値をもとに，ソ連の人類学者デベッツが1951年に報告したシベリアの集団のデータと比較をおこない，オホーツク文化の担い手は，北東シベリアの人々，とくにアムール川下流域にいるウリチに類似する集団であると発表した。

筆者も1988年に同様の分析を行い，ナナイ，ウリチなど，アムール川下流域の集団に近いことを報告している。また，中国のウェイと，ロシアのコーズィンツエフは大岬遺跡頭蓋を分析

した結果，やはりオホーツク文化人の由来はおそらく大陸であろうと述べている。とくにコーズィンツエフは1992年の論文のなかでは，自ら用いた分析法で近い集団はニヴフではないかと述べている。また別な方法では，ナナイ，ウリチが近いとしている。

（2）オホーツク文化の遺跡からみる人骨の状況

ここから，オホーツク文化の人骨を紹介していく。北見枝幸の目梨泊遺跡から見つかった人骨がある。オホーツク式土器を被って出土したこの頭蓋には，いくぶんアイヌ的特徴がみられた。

道東の斜里町ウトロ神社山遺跡は，昔から人骨が発見されていたので，近年，斜里町と共同で調査した。遺跡そのものはあまり残っていなかったが，人骨を発見することができた。土器を被っていたので頭蓋の残りは非常に良いが，四肢骨は保存不良であった。

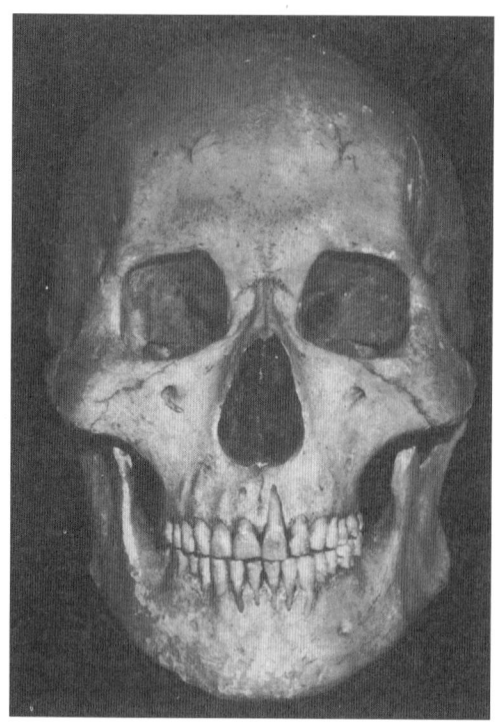

図8　網走市モヨロ貝塚出土オホーツ文化期人頭蓋

礼文島は下に矢印を向けた形をしていて，その北の湾を船泊湾とよぶ。その船泊湾のいちばん奥を浜中と呼ぶ。ここは昔から北大の調査も行われ，家を建て替えるたびに人骨が出てくるところである。1990年から95年までに，筑波大学や国立歴史民俗博物館の調査に加わり，オホーツク文化に属する人骨を18体発掘できた。1992年にはオホーツク土器でも古い，十和田式土器を伴った人骨が見つかった（図9）。成人女性人骨で，顔が大きく平たく，上顎骨が大きく下顎骨も大きい，頭蓋が高いなどの特徴があり，オホーツク文化人骨の特徴をはっきり示している。

（3）トロイツコエ人骨と北方シベリア集団

オホーツク文化の由来の一つとして，靺鞨文化が挙げられていた。その靺鞨文化に属するとされますアムール川の中流域のトロイツコエ遺跡から出た人骨がある。このデータが，1980年にソ連の人類学者のアレクセーエフによってようやく公表された。そこで早速，オホーツク文化人頭蓋計測値と比較したが，トロイツコエはオホーツクとはかなり違っているという結果が出た。その後，1988年の終わりから89年にかけて実際にノヴォシビルスクでトロイツコエの人骨を見る機会を得た。その結果，トロイツコエは，計測値や顔面平坦性で他のシベリア集団とは大きな差があること判明した。つまり，トロイツコエの人骨は，シベリア集団のなかでも極端に顔が平たいということである。また，頭蓋のいろいろな細かな特徴を調べる形態小変異の分析でも，アムール下流域集団とは違い，内陸のブリヤートやモンゴル集団により近いという

結果が出た。このことより,オホーツク文化人の起源地はこの内陸のトロイツコエを考えるよりも,より海岸の方を考える必要があるだろうと思う次第である。

また,オホーツク文化人の顔は,鼻も平坦である。それに対して,たとえばエスキモー,チュクチといった極北の人々,それから約2000年前のチュコト半島のエクヴェンの人骨は鼻骨の湾曲が強いのが特徴である。この点はオホーツク文化人骨とずいぶん違うが,下顎角が張っている,上顎骨が大きい,上顎骨前面がかなり平たいなどの形質が似ている点もある。

このように,オホーツク文化の人骨を調べると,形態的に現在の

図9　礼文町浜中2遺跡出土オホーツク文化期（十和田式）人骨の出土状況

北方アジアの人たちにたいへん近いということ,それから北海道在来のアイヌの人たちとは違った形態をもっていたということが分かった。その由来に関しては計測値の分析では,アムール川下流域の人たち,それからコーズィンツエフらの頭蓋のいろいろな形態の変異をみると,サハリンのニヴフとか,アムール川下流域の人たちが考えられている。

III. 骨考古学

従来より,先史時代の生業形態,生活についての復元は考古学的手法によりなされるものとされてきた。しかし,人骨に現れる生活痕を利用して,古代の人々の生活を復元しようとする骨考古学が盛んになってきている（片山 1990）。

ここでは,オホーツク文化の人骨例を示していく。人が蹲踞（つまりしゃがむこと）の姿勢をとった時,股関節,膝の関節および足首の関節が過度に屈曲する。とくに,脛骨の下関節面と距骨の距骨滑車ならびに距骨頚に現れる蹲踞面は,蹲踞の習慣をよく反映していると考えられている。ウトロ神社山遺跡7号人骨の距腿関節には,はっきりとした蹲踞面が見られる。実は,オホーツク文化の人々にこのような蹲踞面が多く認められることは,札幌医科大学の三橋公平と山口による大岬人骨の研究ですでに明らかにされている。この他の所見も含め,三橋と山口は,「蹲踞位が,大岬群においても休息姿勢として一般化していたという推測は成り立つと考えられる。」と述べている。縄文時代人も,下肢骨を見ると同じ所見があり,しゃがむ姿

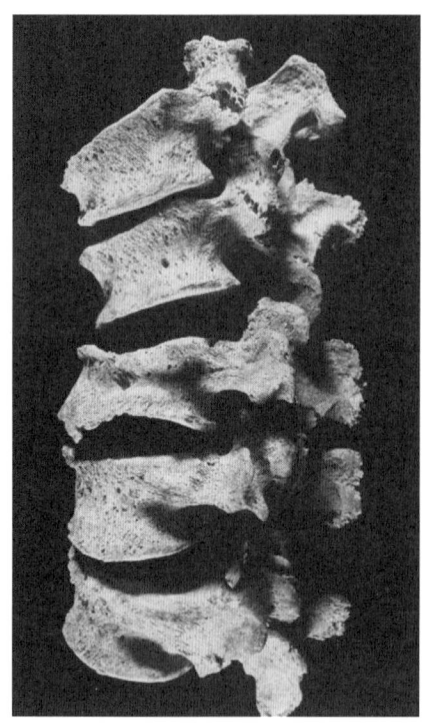

図10 礼文町浜中2遺跡出土オホーツク文化期（十和田式）人骨にみられた腰椎圧迫骨折

勢を取っていたことがわかっている。

同じウトロ神社山遺跡の例で，左の肩甲骨の肩峰関節面の関節症性変化が見られる。マーブス（1983）はカナダイヌイト集団を調査し，肩峰関節面の変化を観察した。それによると，肩峰関節面の関節症性変化は男性に多く，女性の場合，右側に多いという。マーブスは，この病変の原因として，モリを投げること，カヤックを漕ぐことをあげている。また，関節窩の関節症の原因として，女性の場合，皮を剥ぎとる労働を考えている。同じくウトロの女性人骨の例では，両側の肘関節に変形性関節症の所見がみられ，関節面には硬化像を認め関節運動が制限されていたと推定される。関節症性変化からすぐに特定の労働を考えるのは短絡的だが，民族学的な事例を参考にすることも生活誌を復元するうえで重要かもしれない。

礼文の浜中2遺跡の例では，女性人骨の第1および第2腰椎に圧迫骨折が見られた（図10）。マーブスが同じくカナダイヌイトの人骨の調査で，圧迫骨折の頻度が高いことから，たとえば，ソリにのって，堅い雪の上を滑っていくといった時に起こりやすいのではと，推察している。また，'Snowmobile back' という言葉もあり，現代でも起こる障害である。同じ個体の上顎の歯では，大臼歯部が斜めにすり減っている。下顎では，切歯から大臼歯にかけて，たいへん咬耗が進んでいて，切歯と犬歯の頬側へのまるまりがみられる（図11，上）。左の下顎第1大臼歯には，歯尖性歯周囲炎，歯尖膿瘍の所見がある。この第1大臼歯は歯折し，この歯を中心として大きな力が加わったことが想像できる。さらに，歯根の部分に肉芽ができて，石灰化し，長い間続いた炎症を表している。

生まれた後，歯に変化をもたらすものとして，一つが食物による咬耗ないし摩滅，二つめが歯を道具として使用することによる摩耗，三つめがキセルやラブレットを使うことによって歯に残る何らかの痕跡，最後は意図的に歯にいろいろな装飾を施す場合がある。食物による咬耗ないし摩滅は，世界中の先史時代人骨によく見られるものである。今回の例もこの原因によることは間違いなく，それに歯を道具として使用することによる摩耗が合わさったと考えられる。

また，ウトロ神社山遺跡の女性人骨の例でも，上下左右の第1大臼歯の周囲には，根尖性歯周炎（いわゆる歯根膿瘍）と思われる病変像が見られた。第一大臼歯の咬耗がもっとも激しかったので，歯髄腔が露出し，感染がおこり，歯髄炎から病巣が歯周部，骨へと広がり現在みられる病変となった。

極北の人たちは，歯を第三の手として使っていたので，オホーツク文化の人々も歯を道具として使ったのではないかと想像できる。また，図11の下は歯石の例である。この極端な歯石は，別にして，オホーツクの人々には，歯石が多い。これは，食料を海産物に頼った結果と考えられる。

最近，人骨の中に含まれる，コラーゲンという蛋白質から，炭素と窒素の値を調べて，何を食べていたのかを復元しようと研究が進んでいる。それぞれ食物によって，炭素と窒素の同位体の割合が違い，それを元に食性を復元してみると，北海道では，古くから，海の食糧に頼っていたことが分かってきた。また，伊達市の大島直行によると，北海道では縄文時代から近世に至るまで，虫歯の頻度が本州に比べて低く，食性が海産物に頼っていたことを示す傍証となっている。上記のオホーツク文化の人骨の歯に見られた歯石もこの傍証である。

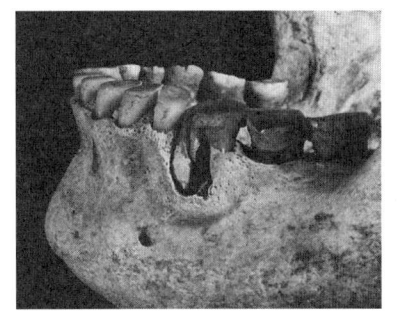

図11　上：礼文町浜中2遺跡出土オホーツク文化期（十和田式）人骨下顎。左下顎第一大臼歯にみられる歯尖性歯周囲炎、歯尖膿瘍および歯折

下：礼文町浜中2遺跡出土オホーツク文化期人骨にみられた極端な歯石例

註）これは，パネルディスカッション「北海道文化の源流」古人骨から見た北海道の人々とその位置．札幌学院大学公開講座「北海道文化論」第14回，1994，江別，のまとめである。

参考文献

第13回「大学と科学」公開シンポジウム組織委員会編1　1999　『検証・日本列島　自然，ヒト，文化のルーツ』　東京　クバプロ

百々幸雄（編）　1995　『日本人のなりたち．モンゴロイドの地球5』　東京　東京大学出版会

池田次郎，大野晋（編）　1973　『論集　日本文化の起源　第5巻　日本人種論・言語学』　東京　平凡社

石田　肇　1996　「形質人類学からみたオホーツク文化の人々」『古代文化』　48巻　63～69頁

　　　　　2003　「日本人骨格の変遷」　鈴木隆雄編　『骨の事典』　東京　朝倉書店　89～103頁

片山一道　1990　『古人骨は語る』　東京　同朋舎

菊池徹夫　1987　「北方文化論－オホーツク人の系譜を求めて－」　桜井清彦・坂詰秀一編，『論争・学説日本の考古学　1．総論』　東京　雄山閣　251～285頁

Koganei Y
　　　　　1893　Beitrage zur physischen Anthropologie der Aino. I. Untersuchungen am Skelet. Mittheil. med. Fak. Univ. Tokyo　2巻　1～249頁

MERBS, Charles F.
　　　　　1983　Patterns of Activity-induced Pathology in a Canadian Inuit Population.

石田　肇

National Museum of Man Mercury Series, Archaeological Survey of Canada, No.119, National Museums of Canada, Ottawa.

大島直行　1996　「北海道の古人骨における齲歯頻度の時代的推移」『人類学雑誌』　104巻　385〜397頁
山口　敏　1981　「北海道の古人骨」　『人類学講座第5巻：日本人Ⅰ』　東京　雄山閣　137〜156頁
　　　　　　1999　『日本人の生いたち』　東京　みすず書房
（文献は，研究論文が多数あるが，ここでは，参考論文として，入手しやすいものを挙げるに留めた）

頭蓋形態からみた北海道アイヌの地域性と
オホーツク文化人の影響

近藤　修

はじめに

　北海道アイヌの系統関係については，一時期アイヌ白人説などが提唱されたが，今日では縄文人との強い類縁性が認められている。これは，明治時代に書かれた小金井の歴史的論文（Koganei 1893）にすでに述べられているが，その後の多くの比較研究によって北海道アイヌが東アジア集団（いわゆるモンゴロイド）の一員であること，また，周辺の現代人集団（北方モンゴロイドや現代本州日本人）とは異なり，原日本人である縄文時代人的要素が強く残されていることが明らかとなっている。一方，北海道アイヌの地域差については伊藤（1967）によってその計測的所見が得られ，その後，山口（1981）による判別関数を用いた分析によって，オホーツク海沿岸地域と道東，道南部に大きく分類できることが示された。オホーツク沿岸地域のアイヌは顔面頭蓋が幅も高さも大きく，道東部では顔面頭蓋の幅は広いが，相対的に高さが低い。道南部では和人に似て顔面の幅が狭く，脳頭蓋がやや低いという傾向が見られる。

　北海道アイヌ頭蓋にみられるこのような地域差は，アイヌの成立史（ポピュレーションヒストリー）と何らかの関係があると思われる。アイヌに先行する時代の北海道には擦文文化とオホーツク文化が共存する形で存在し，それぞれの文化を担っていた人類集団はおよそ形質的に異なっていたと考えられているからである。

　擦文文化人の形質は，人骨資料が乏しいためあまり詳しく判っていないが，数少ない断片的な資料からおよそ北海道アイヌに似た形質をもつとされており（例えば　百々 1991など），縄文からアイヌへの直線的な系統を予想するシナリオにおいて，その中間的な位置を占めると考えてよさそうである。すなわち，この系統では，顔面が低く，眼窩が四角く，鼻根部の陥凹が強く顔の彫りが深いという特徴が頭蓋において共通してみられる（図1A）。一方，オホーツク文化人骨は非常に対照的な形質をもっている。こちらの頭蓋は，顔面が高さも幅も大きく平面的であり，眼窩は丸く，鼻根も極めてフラットである（図1B）。

　北海道アイヌ，オホーツク文化人を含めた北方アジア集団の近縁関係を見てみよう（図2）。ここでは頭蓋計測値22項目による分析と，頭蓋形態小変異22項目による分析を紹介する。頭蓋計測値22項目を基に，マハラノビスの距離を計算すると，オホーツク文化人は，ウリチ，エクヴェン，モンゴル，ニヴフといった集団に近く，サハリンアイヌを含め，北海道アイヌとは相当な距離があることがわかる（図2A）。一方，頭蓋形態小変異による結果では，オホーツク

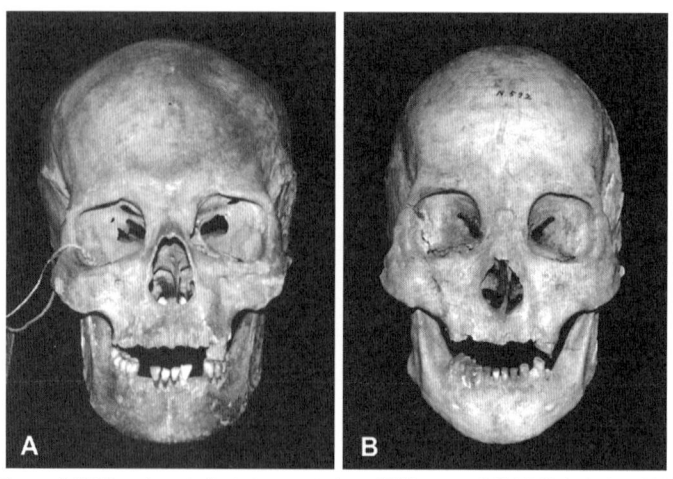

図1．北海道アイヌ(A)とオホーツク人(B)頭蓋．A：北海道岩内出土．男性．
東京大学所蔵．B：サハリン鈴谷貝塚出土．男性．京都大学所蔵．

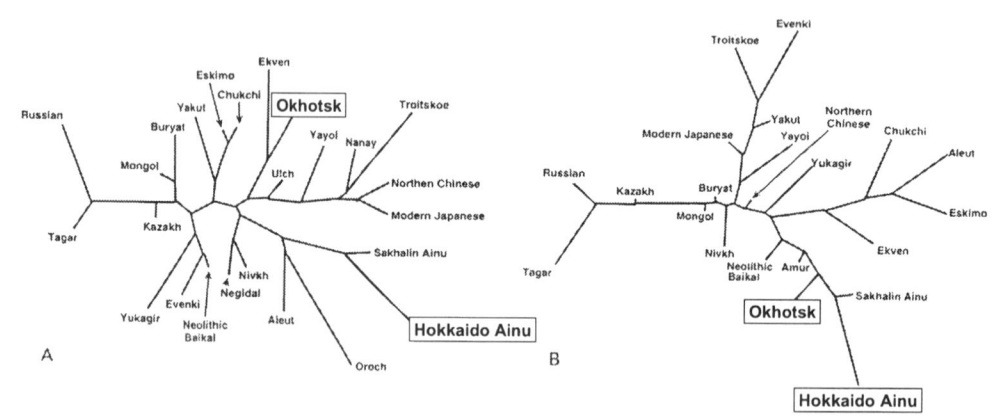

図2．集団間距離の近隣結合法による展開図．A：頭蓋計測値22項目にもとづくマハラノビスの距離．
B：頭蓋形態小変異22項目にもとづく生物学的距離 (Ishida, 1996を改変)．

文化人骨から近い集団として，サハリンアイヌ，バイカル新石器時代人骨，アムール集団を挙げることができる．北海道アイヌもこの枝に含まれる（図2B）．頭蓋計測値では離れていた北海道アイヌとオホーツク文化人であるが，形態小変異ではサハリンアイヌを含めた同じ枝に含まれる．したがって，形態データからも北海道アイヌの成立にオホーツク文化人が何らかの遺伝的影響を与えた可能性を否定することはできない．

筆者は以前，北海道アイヌの地域差を頭蓋形態の変異（分散）の大きさにより表現し，およそ脊稜山脈で区切られる地域間で変異が大きくなることを見いだした (Kondo, 1995)．このことはアイヌの社会構造が基本的に川筋を単位としたものであり，通婚やナワバリ関係で区別される地域が脊稜山脈で区分されたいくつかの地域であるという民族学的研究とも一致する (Watanabe 1972, 渡辺 1984)．以上のことから，アイヌの地域差が生じる過程で脊稜山脈が遺伝子交流のバリヤとして作用してきたことが予想される．しかしながら，観察された地域差

が，外部からの遺伝子流入（他の集団との混血）によるのか，それぞれの集団内での遺伝子浮動によるものなのかという点に関しては具体的なアプローチが不可能であった。

ここでは，Harpending-Wardの遺伝子頻度モデルを量的形質に応用したRelethford-Blangero法を用いて，頭蓋形態の変異性から遺伝子流入のパターンを探る試みを行った。北海道アイヌにたいする外部集団としては，オホーツク文化人と本土日本人が考えられるが，オホーツク文化人の遺伝子流入を仮定した場合に結果がよりうまくあてはまることがわかった。また，男性と女性の場合で異なる傾向を示す分集団があり，遺伝子流入パターンに性差がある可能性が示唆された。

I. 資料と方法

用いた資料は，北海道アイヌ頭蓋である。資料は東京大学総合研究博物館，札幌医科大学に収蔵されている。東大資料は小金井良精が1888～89年にかけて収集したもの，札幌医大標本は1960年代初頭に解剖学第2講座によって発掘されたものである。地域分類はおおむねKondo (1995) に従った。すなわち北海道アイヌ全体を10群に分けたもの（10地域分類と呼ぶ）とこれらをさらに統合し，北東（NE），中央（C），南東（SE），南西（SW）の4群に分けたもの（4地域分類と呼ぶ）を分析モデルとした。前者はおよそ明治・大正期の支庁境界に対応する。後者は10地域分類におけるサンプルサイズのかたよりをなくすために必要であったが，およそ山口（1981）が見いだしたオホーツク海沿岸，道東，道南に対応しつつ，脊稜山脈の配置も考慮にいれて考案した（図3）。それぞれの地域分類におけるサンプル数は表1に示す。

頭蓋形態変異は12個の線計測値を用いて表現する。すなわち，1頭蓋最大長，2最大幅，3最小前頭幅，4頭蓋基底長，5バジオン・ブレグマ高，6顔長，7頬骨弓幅，8上顔高，9眼窩幅，10眼窩高，11鼻幅，12鼻高である。これらは頭蓋全体の形態を表すものとして一般的に用いられているものである。この分析ではこれらの形態データをもとに，それぞれの分析モデルにもとづいて集団間・集団内の変異パターンを数値化し，これより集団間の遺伝的変異パターンを復元する。すなわち，形態変異パターンが遺伝的変異パターンとつりあっている（少なくともプロポーショナルである）ことが仮定されている。一般に骨格形態は遺伝的変異（遺伝分散）よりも環境による変異（環境分散）による影響が強いといわれており，骨格形態変異パターンと遺伝的変異パターンの違いは環境への適応の結果であると解釈されることが多い。しかしながら，頭蓋形態変異をもとにした集団比較研究では，しばしば遺伝的なデータと形態データとの一致が見られることがしられている。すくなくとも，全世界の大集団に対してあてはめた集団間の変異パターンは一致することが多い。ここでは，アイヌ頭蓋に見られる地域差が，その地域ごとの環境や生業への適応形態ではなく，地域集団ごとに作用する遺伝的浮動と遺伝子流入の相互作用の結果であると仮定することになる。

より正確に集団間の形態的・遺伝的変異関係を復元するために，サンプルサイズだけではなく集団の人口比がわかることが重要である。ここでは1960年の北海道アイヌの人口統計を用い

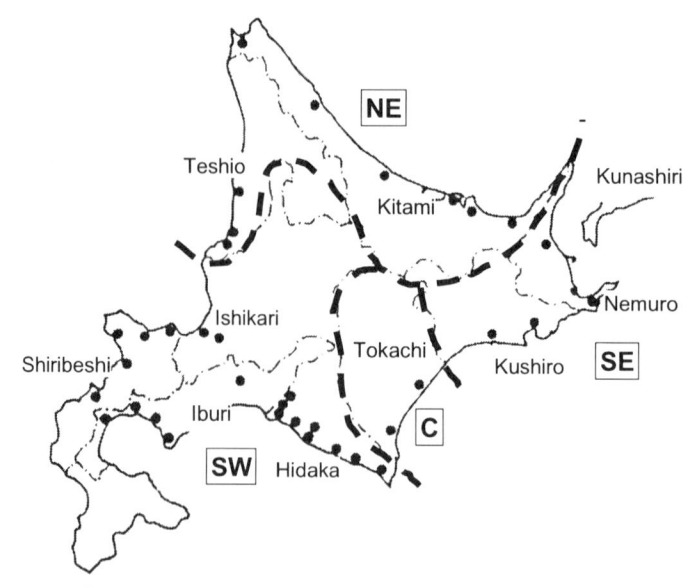

図3. 分析で用いた北海道アイヌ頭蓋の出土地点. 10地域分類と4地域分類.

表1. 10地域分類, 4地域分類それぞれのサンプルサイズとセンサスサイズ

10地域分類	サンプルサイズ	センサスサイズ
Hidaka	46	10451
Iburi	8	2273
Ishikari	12	362
Kitami	33	619
Kushiro	6	971
Kunashiri	8	300
Nemuro	3	334
Shiribeshi	25	531
Tokachi	19	635
Teshio	5	58

4地域分類	サンプルサイズ	センサスサイズ
中央部 C	19	635
北東部 NE	38	677
南東部 SE	17	1605
南西部 SW	91	13617

(Suda and Watanabe 1975) 集団平均や重心を求めるときの重みづけとして利用した（表1）。

Relethford-Blangero 法（Relethford and Blangero 1990）は遺伝子頻度データに基づく Harpending-Ward モデルを生体計測値や頭蓋計測値などの量的形質に発展させたものである。

後者のモデルから説明しよう。Harpending-Ward モデルは，ある一定地域内のいくつかの分集団において集団間の遺伝的変異パターンを数値化し，その期待値からのズレを調べることにより，外部からの影響（遺伝子流入）の多寡を類推するものである。集団間の遺伝的変異はヘテロ接合度として表される。このモデルによると，集団 i の期待されるヘテロ接合度 $E(H_i)$ は全体集団のヘテロ接合度 H_t と集団 i の重心からの遺伝距離 r_{ii} の関数で表される。

$$E(H_i) = H_t(1 - r_{ii})$$

すなわち，重心からの距離が大きくなるにつれて分集団のヘテロ接合度は下がる。周辺の小集団ほど遺伝的固有性が高くなることを意味する。すべての分集団が等しい割合の遺伝子流入

を単一かつ均質な外部集団から受け入れているという仮定のもとでは，この集団 i の実際に観察されたヘテロ接合度と上記式による期待値は一致する。もし，集団間で異なる遺伝子流入がある場合はこの関係はくずれ，平均以上の遺伝子流入を受けた集団は観察されたヘテロ接合度が期待値よりも大きくなる。したがって観察値と期待値を比較することにより，どの集団が平均以上の（あるいは平均以下の）外部からの遺伝子流入を受けたかという判断を下すことができる。

Relethford-Blangero 法はこのモデルを量的形質に発展させたものである。これは遺伝子モデルのヘテロ接合度を量的形質の遺伝分散に置き換えることで可能となる。しかし，一般に量的形質の遺伝分散を知ることは難しい（家系調査，双生児データが必要となる）。そこでさらに遺伝分散を表現形分散に置き換える。この過程で2つの仮定が必要となる。1つは環境による変動がランダムであり，分集団間の差に関与しないという仮定。もう一つはすべての形質がすべての分集団において等しい遺伝率をもっているという仮定である。ここでは全世界の現代人頭蓋形態による分析例にならって遺伝率を一律0.55と設定した（Relethford 1994, Roseman 2004）。最終的に Harpending-Ward モデルは次の形で量的形質にあてはめられる。

$$E(\overline{V_i}) = \overline{V_w}(1 - r_{ii}) / (1 - r_0)$$

ここで，$E(\overline{V_i})$ は表現形分散の期待値，$\overline{V_w}$ はプールした集団内分散，r_{ii} は重心からの遺伝距離，r_0 はその平均で固定示数（Fst とよく表現される）と同等の定数である。それぞれの分集団における多変量形質の分散の観察値と期待値を比較することによって，外界からの遺伝子流入の程度を予測する。実際にはこの多変量分散値と重心からの遺伝距離をプロットすることによって集団間変異の特徴がわかりやすく表現される。このプロットでは，それぞれの分集団の多変量分散の期待値は一直線上にならび，この直線より上にプロットされる集団は平均以上の遺伝子流入があることを示し，直線より下にプロットされる集団は外部からの遺伝子流入が平均以下，すなわち外部の影響が少なく，より分集団間の交雑が多いことを意味する。

具体的な分析は，10地域分類，4地域分類の順におこなった。最初は男女性別を区別せず，それぞれの性別グループで平均値と標準偏差により基準化したデータを結合した。4地域分類では男性，女性それぞれの場合を分析し，比較を行った。すべてのデータ処理と統計計算は S-plus と Rmet というソフト上でおこなった。

II．結果

10地域分類の結果を図4Aに，4地域分類の結果を図4Bに示す。直線はそれぞれの分集団における重心からの遺伝距離と期待される形質分散との関係を示している。すなわち，この直線上では重心からの遺伝距離とその集団の変異の大きさ（形質分散）が釣り合っており，外部からの遺伝子流入の影響は相殺されている。直線より上にプロットされている集団は，観察された変異が期待値よりも大きいので，外部からの遺伝子流入が平衡状態よりも大きいことを示す。一方，直線より下にプロットされている集団は，観察された変異が期待値よりも小さく，

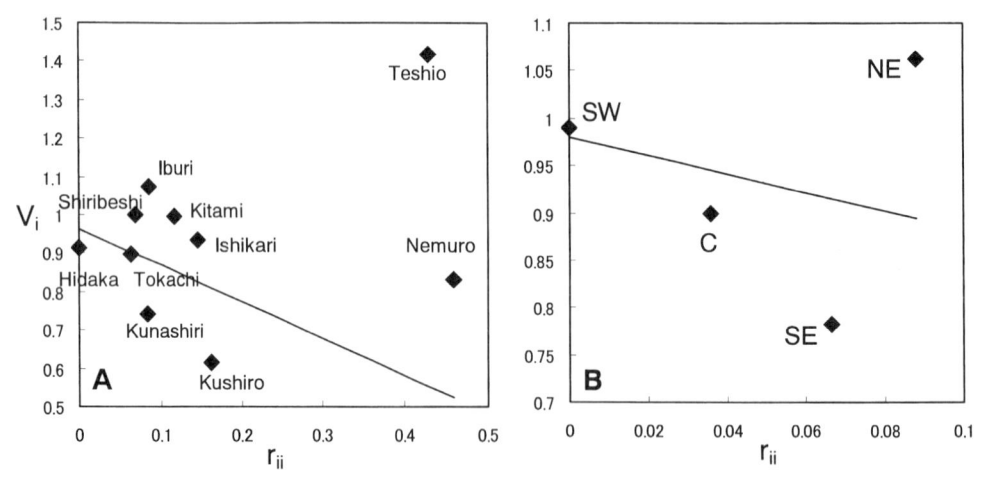

図4. 観察された形質分散(Vi)と重心からの遺伝距離(rii)のプロット．直線はモデルにもとづく平衡状態を示す．A：10地域分類によるもの．B：4地域分類によるもの．男性と女性を混合している．

外部からの遺伝子流入が少ないかあるいは地域内の分集団間での交雑が多いことを示す．

10地域分類では，Teshio が突出して直線より上に位置していて，次に Nemuro が続く（図4A）。この2集団はサンプルサイズが小さいので，サンプリングによるエラーの可能性もある。しかしながらオホーツク文化人の遺伝子流入という可能性も考える価値がありそうである。もっともオホーツク文化人の遺伝的影響を受けていそうなのが Kitami アイヌであるが，あまり大きな変異性は見せていない。また，Kunashiri アイヌは平均以下の遺伝子流入パターンを示しており，単純なモデルでは説明がつきそうにない。

4地域分類では分集団ごとのサンプル数はある程度確保できていると思われる（図4B）。ここでも北東集団（NE）が直線の上にはなれて位置しており，この集団への外部からの遺伝子流入が大きかったことを予想させる。逆に南東集団（SE）は，外部からの遺伝子流入が少ないかあるいは他の分集団との交雑が大きいことを予想させる。北東集団に対する外部からの遺伝子流入は，やはりオホーツク文化人の遺伝的影響を考えるのがもっとも適当であろう。

4地域分類において，男女を区別して分析をおこなってみた（図5）。男性（図5A）と女性（図5B）で2つの異なる点が見いだされる。1つは各集団の重心からの遺伝距離の絶対的，相対的大きさの違いである。すべての分析で南西集団（SW）がもっとも左に位置する（遺伝距離がゼロ）のはサンプルサイズもセンサスサイズも圧倒的に大きいためである。大きな違いは，男性では中央集団（C）が比較的小さい遺伝距離を示すのに対し，女性では大きな値を示すことである。この遺伝距離は実際には頭蓋形態における平均形状からの差と釣り合っているので，この距離が大きいということは中央集団の女性頭蓋が異なる形態をもつことを意味する。また，遺伝距離の絶対的スケールが男性より女性の方が大きいことは，女性の方が地域間の差が大きいことを表す。

異なる点のもう1つは直線に対する位置関係である。男性では南東集団（SE）が直線より

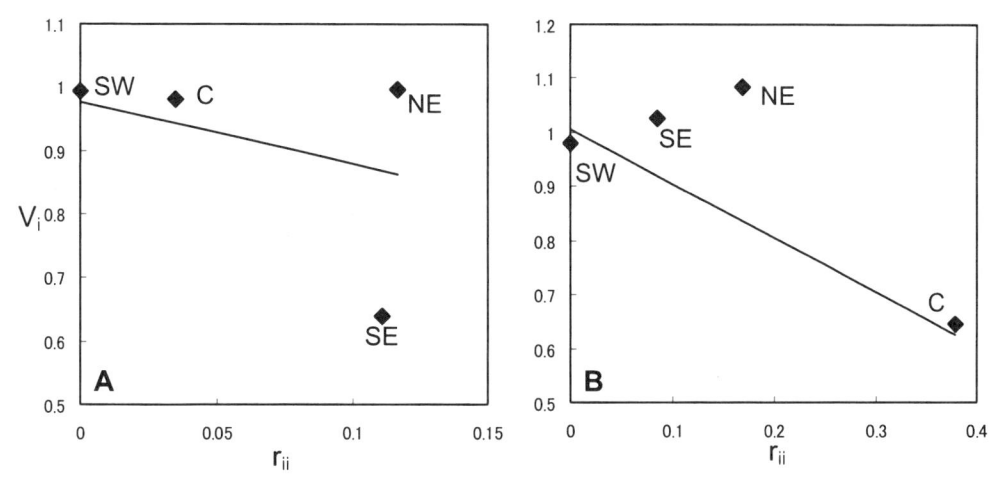

図5．観察された形質分散(Vi)と重心からの遺伝距離(rii)のプロット．直線はモデルにもとづく平衡状態を示す．A：男性、4地域分類によるもの．B：女性、4地域分類によるもの．

かなり下に位置するのに対し，女性では直線より上に位置している。この集団では，男性と女性で遺伝子流入・流出のパターン，言い換えると交雑・婚姻のパターンが異なっていた可能性がある。

III．考察

10地域分類，4地域分類の結果は，天塩・根室を含む北海道北東部アイヌに比較的強い外部からの遺伝子流入があったことを予想させる。これは，北海道アイヌの集団構造の成因に関し，オホーツク文化人が強く影響してきたとするシナリオにうまくあてはまる。これまでも，北海道アイヌの成立にオホーツク文化人が影響してきたことは，さまざまな観点から予想されてきたが，頭蓋形態からもその変異パターンを調べることにより，このシナリオを支持する結果となった。

しかしながら，この結果を解釈するには注意が必要である。1つは，分析の前提となっている仮定について，これが常にあてはまるわけではないという点。もう一つは，この結果が，北海道アイヌ（あるは北東部アイヌ）とオホーツク文化人の生物学的近縁性を表しているわけではないという点である。

既に述べたように，この分析では，形態情報を遺伝モデルにあてはめるためにいくつかの仮定を必要としている。大きく分けて3つある。1つは，外部集団として単一のホモジニアスな集団を仮定していることである。北海道アイヌの成立史を考える場合には，外部集団としてオホーツク文化人と本土日本人の2つを考えればよいと思われるが，これらはとてもホモジニアスな集団とはいえない。しかし，実際には外部集団を単一に仮定しても，地理学的・考古学的状況証拠を考慮すると，オホーツク文化人の影響は北東部集団への効果を，本土日本人の影響は南西部集団への効果をもって判断できる。一度に二つの集団の影響を考えることはできない

が，観察された変異のパターンがどちらのモデルに適しているかは判断できる。この分析では，オホーツク文化人の影響を考えるモデルによりフィットしていると言える。

2つめは形態情報を遺伝モデルにあてはめる際に必要となる仮定で，形質の遺伝率が形質間で一定かつ分集団間で等しいというものである。脳頭蓋と顔面頭蓋の計測値間には，幾らかの遺伝率の差があるかも知れないが，集団構造パターンの結果にはあまり影響しないと思われる。分集団間の違いについても，北海道アイヌという比較的小さな地域集団を考えている限り，問題ない。遺伝率の大きさは，集団間あるいは重心からの遺伝距離の絶対値には影響するが，集団構造パターンには影響しないことがわかっている（Relethford and Blangero 1990）。

3つめは，形態変異のパターンが遺伝的変異パターンと釣り合っているという仮定であるが，もっとも注意を要する。これは，地域間の形態差が遺伝子組成のパターンとのみ関連することを意味しており，それぞれの地域に特有な環境などへの適応を無視している。一般的に，骨格形態などの量的形質の変異（分散）は遺伝分散と環境分散に分けられるが，骨形態は環境分散の占める割合が高いとされているのである。ここで用いた頭蓋計測値12項目は，集団間変異を分析するときによく用いられるものである。これらには四肢骨形態・計測値よりは環境変動の占める割合は小さいと考えられるものの，無視することは出来ない。しかしながら現時点で筆者は，適応形態による地域差はそれほど大きくはないだろうと考えている。頭蓋形態に地域差を生じさせる適応とはおそらく生業に関連することと予想されるが，北海道アイヌの生業活動は基本的に狩猟・採集を中心としたものであり，これらの中に頭蓋形態に影響するような地域差は考えにくいからである。

分析結果の解釈について，考察を続けよう。北海道アイヌ頭蓋の形態変異パターンのなかにオホーツク文化人の遺伝的影響が予想されたわけであるが，これは直接，生物学的な近縁性を示しているわけではない。北海道アイヌの頭蓋形態の地域差の分析において，オホーツク海沿岸部集団にみられる，大きい眼窩，幅広く高い顔面部といった特徴は，一見，オホーツク文化人との近縁性を期待させる。実際，最近の頭蓋形態の多変量分析（Hanihara 1998）や形態小変異分析（Shigematsu et al. 2004）においても，北東部あるいはオホーツク海沿岸部のアイヌは他の地域の北海道アイヌと比べるとよりオホーツク文化人に近いことがわかっている。しかしながら，近隣集団を含めたより大きな範囲での集団比較からは，北海道アイヌとオホーツク文化人の近縁性が確認されてはいない。頭蓋計測値をもちいた多変量分析結果では，北海道内のアイヌは地域差が小さく，その生物学的類縁関係は北海道の祖先集団である縄文，続縄文人に近く，オホーツク文化人を含む北東アジア集団とはことなる（Hanihara 1998）。頭蓋形態小変異による分析では，北海道アイヌはアムール川流域集団や新石器バイカル集団に近く（Ishida and Kondo 1999），また縄文と北東アジア集団の中間的な位置をしめる（Shigematsu et al. 2004）。頭蓋計測値と形態小変異による分析との間には，北海道アイヌの周辺集団に対する類縁性に幾分の相違が見られるものの，北海道アイヌの進化史が先住民である縄文人からの流れを強く受けていることは頭蓋形態の上からは疑いようがなく，オホーツク文化人の影響

頭蓋形態からみた北海道アイヌの地域性と
オホーツク文化人の影響

は一時的なもの，地域的に限られた，あるいは影響の程度に地域的なクラインのあったものと考えるのが適当であろう。

　これまで，形質人類学の世界では，集団の進化史を探る目的で集団間の比較研究に多大な労力を割いてきた。そこでは興味のある集団をひとくくりの単位として扱うことが多い。しかしながら，ある特定の集団の進化史をより細かく知るには，その集団の内部構造の違いとパターンに注目し，これを産み出した周辺集団との歴史的背景を考察することが重要であろう。言い換えると，集団の地域差とその歴史的解釈ということができる。ここで試みた分析は，いくつかの仮定を必要とするものの，形態情報から集団構造をしるためのツールとして今後も応用していくことができるだろう。

引用文献

（日本語文）

伊藤　昌一　1967　「アイヌ頭蓋の地方的差異－計測所見－」『北方文化研究』2　191〜238頁

百々幸雄，木田雅彦，石田肇，松村博文　1991　「北海道厚岸町下田ノ沢遺跡出土の擦文時代人骨」『人類学雑誌』99　463〜475頁

山口　敏　1981　「北海道の古人骨」『人類学講座 第5巻 日本人 I』137〜156頁

渡辺　仁　1984　「アイヌ川筋間の関係－婚姻と闘争を通して－」『早稲田大学大学院文学研究科紀要』30　97〜105頁

（外国語文）

Hanihara, K.
　　　　1998　Reanalysis of local variations in the Ainu crania. *Anthropol. Sci.* 106（supplement），pp. 1–15.

Ishida, H.
　　　　1996　Metric and nonmetric cranial variation of the prehistoric Okhotsk people. *Anthropol. Sci.* 104, pp. 233–258.

Ishida, H. and Kondo, O.
　　　　1999　Nonmetric cranial variation of the Ainu and neighboring human populations. *Perspectives in Human Biology* 4, pp. 127–138.

Koganei, Y.
　　　　1893　Beiträge zur physischen Anthropologie der Aino. I. Untersuchungen am Skelett. *Mitt. Med. Fak. Univ. Tokyo.* 2, pp. 1–249.

Kondo, O.
　　　　1995　An analysis of Ainu population structure, based on cranial morphology. *Anthropol. Sci.* 103, pp. 369–384.

Relethford, JH.
　　　　1994　Craniometric variation among modern human populations. *Am. J. Phys. Anthropol.* 95, pp. 53–62.

Relethford, JH. and Blangero, J.

1990 Detection of differential gene flow from patterns of quantitative variation. Human Biology, 62, pp. 5−25.

Roseman, CC.
    2004 Detecting interregionally diversifying natural selection on moden human cranial form by using matched molecular and morphometric data. *Proc. Natl. Acad. Sci.* USA 101, pp. 12824−12829.

Shigematsu, M., Ishida, H., Goto, M., and Hanihara, T.
    2004 Morphological affinities between Jomon and Ainu: reassessment based on nonmetric traits. *Anthropol. Sci.* 112, pp. 161−172.

Suda, A and Watanabe, S.
    1975 Introductory remarks. Watanabe, S., Kondo, S., and Matsunaga, E. (eds.) Anthropological and Genetic Studies on the Japanese. JIBP Synthesis, Human Adaptability vol. 2. Tokyo, University of Tokyo Press, pp. 207−212.

Watanabe, H.
    1972 *The Ainu ecosystem: environment and group structure.* Tokyo, University of Tokyo Press.

Diet Breadth and Life History in the Okhotsk: A Preliminary Comparison of North and East Hokkaido

MARK J. HUDSON

THE BONE HARPOON TECHNOLOGY of the Okhotsk culture has been one important focus of the research of Ushio Maeda (e.g., 2002). Maeda's work has helped us understand the production, function and style of these tools, but one aspect that has yet received little attention in the literature is the social implications of the inter-generational transmission of this technology. The production of bone harpoons and their use in sea mammal hunting represent a complex technology that would have required considerable time and effort to teach and to learn. The transmission of this technology, most probably between male relatives, would have represented a major social investment.

Life history theory suggests that heavy parental investment in teaching subsistence technologies is more consistent with a "k-selected" strategy of low fertility (Voland 1998: p. 356). Amano (1979: p. 86) and Ohyi (1978: p. 116, 1981: p. 726) have argued for population pressure in the north Hokkaido Okhotsk, but, as I have noted elsewhere (Hudson 2004), actual evidence for this demographic increase is ambiguous. In this article I present a comparison of faunal diet breadth between north and east Hokkaido in an attempt to further test demographic dynamics in the Okhotsk culture. "North Hokkaido" refers here to Ohyi's (1975, 1978, 1981) northern "local group" based on Rebun, Rishiri, Wakkanai and Esashi, while "eastern Hokkaido" denotes the other "local group" to the southeast.

The diet breadth model has been widely used in studies of foraging economies (Winterhalder and Smith 1981; Winterhalder 2001). One assumption of this model is that "An optimal forager is selective in a rich environment; less discriminating in a poor one" (Winterhalder 1981: p. 25). In other words, where resources are abundant and search and handling times low, foragers will tend to exploit high-ranked items, only expanding to low-ranked items when higher ones become rarer or their costs increase. One practical result of this is that larger-bodied animals usually tend to be exploited before smaller ones. While taphonomic and other factors need to be considered, this tendency gives us a useful framework for analyzing archaeological collections of faunal remains.

In this article, therefore, I attempt a preliminary study of taxonomic richness in faunal collections at ten Okhotsk period sites in Hokkaido. Faunal identifications are taken from the published site reports (Table 1). All the collections are from "midden" deposits, either from

Table 1. Faunal samples used in this study. Sites are listed from north to south.

Site	Location	Faunal Report
Kafukai A	Rebun Island	Nishimoto (1981)
Kafukai 5 Str. 1	Rebun Island	Niimi (2000)
Kafukai 6	Rebun Island	Uchiyama (2001)
Onkoromanai	Wakkanai	Kaneko (1973)
Menashi-domari	Esashi	Nishimoto (1994)
Sakaeura 2	Tokoro	Nishimoto and Sato (1995)
Kawanishi	Abashiri	Nishimoto (1995)
Chienbetsu	Rausu	Sato and Kami (1999)
Otafukuiwa	Rausu	Nishimoto and Sato (1991)
Onnemoto	Nemuro	Kaneko (1974)

garbage disposal areas or house fill. The faunal reports used vary as to how much information is provided regarding sampling procedures; the areas excavated at the sites also differ, although most are quite small by Japanese standards. Further research needs to consider such problems of sampling and taphonomy, but for the preliminary analysis conducted here it is assumed that direct comparisons between these ten faunal collections are a useful initial step in understanding Okhotsk diet. Most of the faunal reports were completed by Toyohiro Nishimoto or his former students and sampling and reporting methods are likely to be similar. Limitations of space make it impossible to include the original faunal lists. However one important point needs to be noted: the data here follow the original reports which identify bones to species where possible or to genus or family otherwise. The analysis in this article uses the reported categories, which means that there is some overlap and the taxonomic diversity is slightly inflated. This is particularly a problem for the fish and bird remains and means that the results presented here cannot be directly compared with other similar analyses such as that recently published by Fitzhugh et al. (2004) for Sakhalin and the Kurils. For the purpose of a preliminary comparison of north and east Hokkaido, however, it is assumed that this is an acceptable simplification.

RESULTS

Figure 1 shows the number of taxa for each of the ten sites. Taxonomic richness is quite similar across the sites. Although, as I have noted elsewhere (Hudson 2004), the proportion of marine mammals increases in east Hokkaido, the overall diet breadth is similar between north and east Hokkaido. The mean number of taxa is 31.5 (range 19-38, SD 5.8). Table 2 lists total NISP samples sizes with the number of taxa present. The two sites with the lowest number of taxa, Chienbetsu and Kawanishi, also have the lowest NISPs. For the other sites, however, taxonomic richness does not seem to be related to sample size. The two sites with the highest number of taxa in Fig. 1, Kafukai 5 and Otafukuiwa, are chronologically the latest of the sites analyzed here, suggesting that diet breadth increased at the end of the Okhotsk period in Hokkaido.

Figure 2 shows the percentage of small-bodied terrestrial mammals (*Lepus timidus, Nyctereutes procyonoides, Vulpes vulpes, Martes zibellina, Lutra lutrawhiteleyi*, and Sciuridae) in the total terrestrial mammal assemblages. This percentage is independent of sample size and, with the exception of the small assemblage from Chienbetsu, does not increase in east Hokkaido.

The three sites on Rebun Island (Kafukai A, Kafukai 5 and Kafukai 6) all have above average numbers of taxa. We know that Okhotsk populations imported brown bears as well as domesticated pigs and dogs to this island, but the diversity at the Kafukai site complex is founded particularly on lower-ranked birds and fish. This result is probably consistent with the well-known difficulties of exploiting small island environments. Fitzhugh et al. (2004) also found high taxonomic diversity based especially on birds on Shumshu Island in the northern Kurils.

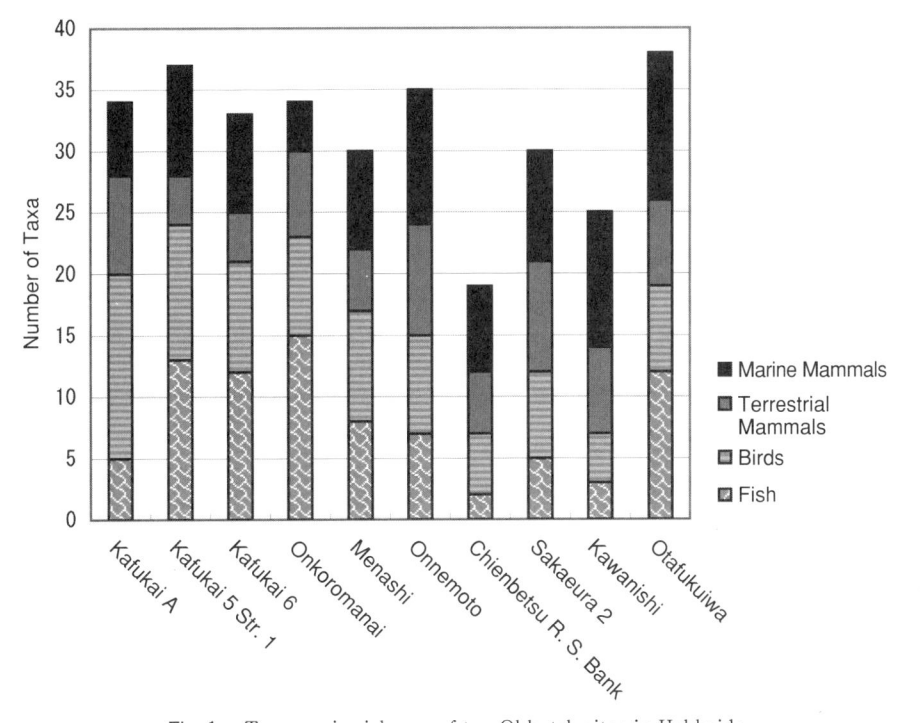

Fig. 1. Taxonomic richness of ten Okhotsk sites in Hokkaido.

Another interesting aspect of the results presented here relates to the nature of the Onkoromanai site. Ohyi (1975: p. 140) proposed that Onkoromanai was a temporary hunting-fishing camp within what could be termed, following Binford (1980), a collector settlement system. The high taxonomic richness at Onkoromanai may not be consistent with limited seasonal use of this site. At the same time, however, the high percentage of small terrestrial mammals (61.39% of all terrestrial mammals) may suggest some sort of specialist use for this location.

Table 2. Total taxa and NISPs.

Site	Number of Taxa	Total NISP
Kafukai A	34	1,9261,826
Kafufai 5	37	N/A
Kafukai 6	33	17,502
Onkoromanai	34	2433
Menashi-domari	30	11,162
Sakaeura 2	30	1,811
Kawanishi	25	695
Chienbetsu	19	345
Otafukuiwa	39	1,023
Onnemoto	35	1,983

Further analysis of the zooarchaeology of this site is warranted.

CONCLUSIONS

It must once again be emphasized that the analyses in this article are extremely preliminary. Nevertheless, the results suggest some interesting points for further research. Despite significant environmental differences between north and east Hokkaido, no major changes in faunal diet breadth were identified in Okhotsk period assemblages from these regions. This suggests that the Okhotsk expansion into eastern Hokkaido was not accompanied by significant dietary or demographic changes, a finding that is consistent with my recent study of metabolic stress in Okhotsk human skeletal remains (Hudson 2004).

Future research needs to consider a range of factors, such as technology, taste preferences,

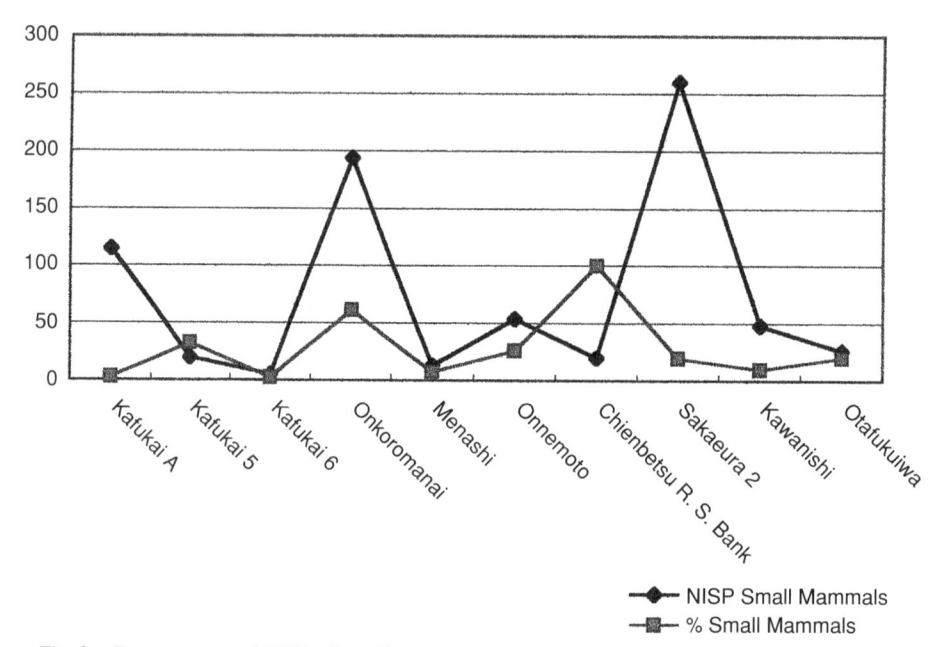

Fig. 2. Percentage and NISP of small terrestrial mammals at ten Okhotsk sites in Hokkaido.

nonfood yield and social value (Yesner 1981: pp. 163-168), which could potentially complicate the results presented here. Yet the initial impression from the data analyzed above is that Okhotsk diet breadth in Hokkaido was quite broad with many low-ranked species forming part of the diet. This in turn suggests resource stress and a low fertility regime that may be consistent with what we know about the culture history of the Okhotsk. In particular, the following aspects of Okhotsk society may have had the effect of decreasing fertility: limited resources, limited opportunities for dispersal into interior Hokkaido due to Satsumon settlement, and high costs of parental investment in teaching subsistence technologies (cf. Voland 1998: 356-357). The social transmission of bone harpoon technologies will form an important aspect of future research on Okhotsk life histories and Ushio Maeda's detailed work on those technologies gives us an invaluable basis for that research.

Acknowledgment. I am grateful to Professor Maeda for inviting me to participate in his excavations of Okhotsk sites at Tanetonnai, Rishiri Island and Menashi-domari, Esashi. Much of this article was written in Honolulu during Christmas 2004. The blue ocean and balmy climate of Oahu were very different to the cool, windy early autumns of the Tanetonnai field seasons, yet my thoughts often wandered to the gray steely sea and orange sunsets on Rishiri Island. Today Rishiri is culturally and economically much more isolated than Hawai'i, but that was not the case in prehistory and I will long remember Professor Maeda's honest attempts to emphasize the complex history of the island to me and our students.

REFERENCES CITED

Amano Tetsuya 天野哲也
    1979 オホーツク文化の展開と地域差 [The Development and Regional Diversity of the Okhotsk Culture]. 北方文化研究 *Hoppo Bunka Kenkyu* 12: pp. 75-92.

Binford, Lewis R.
    1980 Willow Smoke and Dogs' Tails: Hunter-Gatherer Settlement Systems and Archaeological Site Formation. *American Antiquity* 45: pp. 4-20.

Fitzhugh, Ben, Scotty Moore, Chris Lockwood and Cristie Boone
    2004 Archaeological Paleobiogeography in the Russian Far East: The Kuril Islands and Sakhalin in Comparative Perspective. *Asian Perspectives* 43: pp. 92-122.

Hudson, Mark J.
    2004 The Perverse Realities of Change: World System Incorporation and the Okhotsk Culture of Hokkaido. *Journal of Anthropological Archaeology* 23: pp. 290-308.

Kaneko Hiromasa 金子浩昌
    1973 オンコロマナイ貝塚における動物遺骸 [Animal Remains from the Onkoromanai Shell Midden]. In オンコロマナイ貝塚 [The Onkoromanai Shell Midden]. 大場利夫・大井晴男（編）Toshio Oba and Haruo Ohyi, eds. pp.187-246. Tokyo: Tokyo University Press.

1974 動物遺存体 [Animal Remains]. Inオンネモト遺跡 [The Onnemoto Site]. pp.117–151. Tokyo: 東京教育大学 Tokyo University of Education.

Maeda Ushio 前田潮

2002 オホーツクの考古学 [The Archaeology of the Okhotsk]. Tokyo: 同成社 Doseisha.

Niimi Michiko 新美倫子

2000 香深井5遺跡出土の動物遺存体 [Animal Remains Excavated from the Kafukai-5 Site]. In 香深井5遺跡発掘調査報告書（2）[The Kafukai-5 Site (2)]. 内山真澄・熊木俊朗・藤沢隆史（編）Masumi Uchiyama, Toshiaki Kumaki, and Takashi Fujisawa, eds. pp.174–179. Rebun: 礼文町教育委員会 Rebun Board of Education.

Nishimoto Toyohiro 西本豊弘

1981 動物遺存体 [Animal Remains]. In 香深井遺跡（下）[The Kafukai Site], Vol. 2. 大場利夫・大井晴男（編）Toshio Oba and Haruo Ohyi, eds. pp.711–727. Tokyo: Tokyo University Press.

1994 目梨泊遺跡出土の動物遺体 [The Animal Remains Excavated from the Menashi-domari Site]. In 目梨泊遺跡 [The Menashi-domari Site]. 佐藤隆広（編）Takahiro Sato, ed. pp.373–382. Esashi: 枝幸町教育委員会 Esashi Board of Education.

Nishimoto Toyohiro 西本豊弘 and Takao Sato 佐藤孝雄

1991 オタフク岩洞窟遺跡出土の動物遺体 [Animal Remains Excavated from the Otafukuiwa Cave Site]. In オタフク岩遺跡．[The Otafukuiwa Site]. 涌坂周一（編）Shuichi Wakusaka, ed. pp. 247–264. Rausu: 羅臼町教育委員会 Rausu Board of Education.

1995 栄浦第二遺跡出土の動物遺体について [On the Animal Remains Excavated from the Sakaeura 2 Site]. In 栄浦第二・第一遺跡 [The Sakaeura 1 and 2 Sites]. Tokoro Board of Education, eds. pp.474–499. Tokoro: 常呂町教育委員会 Tokoro Board of Education.

Ohyi Haruo 大井晴男

1975 The Okhotsk Culture, a Maritime Culture of the Southern Okhotsk Sea Region. In *Prehistoric Maritime Adaptations of the Circumpolar Zone*. William Fitzhugh, ed. pp.123–158. The Hague: Mouton.

1978 オホーツク文化の社会組織 [The Social Organization of the Okhotsk Culture]. 北方文化研究 *Hoppo Bunka Kenkyu* 12: pp. 93–138.

1981 Summary. In 香深井遺跡（下）[The Kafukai Site], Vol. 2. 大場利夫・大井晴男（編）Toshio Oba and Haruo Ohyi, eds. pp.711–727. Tokyo: Tokyo University Press.

Sato Takao 佐藤孝雄 and Kami Naomi 上奈穂美

1999 知円別川南岸遺跡の動物遺体 [Animal Remains of the Chienbetsu River South Bank Site]. In 知円別川南岸遺跡 [The Chienbetsu River South Bank Site]. pp.30–39. 涌坂周一（編）Shuichi Wakusaka, ed. Rausu: 羅臼教育委員会 Rausu Board of Education.

Uchiyama Sachiko 内山幸子

2001 動物遺体 [Faunal Remains]. In 香深井6遺跡発掘調査報告書1998–1999 [Excavation Report of the Kafukai 6 Site, 1998–1999]. 前田潮・藤沢隆史（編）Ushio Maeda and Takashi Fujisawa, eds. pp.81–107. Rebun: 礼文町教育委員会 Rebun Board of Education.

Voland, Eckart

1998 Evolutionary Ecology of Human Reproduction. *Annual Review of Anthropology* 27: pp. 347–374.

Winterhalder, Bruce
 1981 Optimal Foraging Strategies and Hunter-Gatherer Research in Anthropology: Theory and Models. In *Hunter-Gatherer Foraging Strategies: Ethnographic and Archeological Analyses.* Bruce Winterhalder and Eric Alden Smiths, eds. pp. 13−35. Chicago: University of Chicago Press.

 2002 The Behavioral Ecology of Hunter-Gatherers. In *Hunter-Gatherers: An Interdisciplinary Perspective.* C. Panter-Brick, R.H. Layton and P. Rowley-Conwy, eds. pp.12−38. Cambridge: Cambridge University Press.

Winterhalder, Bruce and Eric Alden Smith, Eds.
 1981 *Hunter-Gatherer Foraging Strategies: Ethnographic and Archeological Analyses.* Chicago: University of Chicago Press.

Yesner, David R.
 1981 Archeological Applications of Optimal Foraging Theory: Harvest Strategies of Aleut Hunter-Gatherers. In *Hunter-Gatherer Foraging Strategies: Ethnographic and Archeological Analyses.* Bruce Winterhalder and Eric Alden Smiths, eds. pp.148−170. Chicago: University of Chicago Press.

海と考古学

第4号

目　次

東北北部・北海道地域における古墳時代文化の受容に
　関する一試考　－古墳時代中期を中心として－ ……… 日高　慎　1

燕形銛頭起源論の研究史について ………………………… 高橋　健　23

推定体長に基づいたマダラ漁の復元的研究 ……………… 内山幸子　33

蕨手刀と牧 ……………………………………………………… 松本建速　58

海交史研究会

2001.12

縄文階層社会の存否に関する予備的考察
― 考古学的属性と出土人骨の形質との対比から ―

山 田 康 弘

はじめに

　近年，縄文時代に「階層社会」が存在したとする研究が数多く見受けられるようになってきている。これらの論文のほとんどは，米北西海岸地域などにおけるアメリカ先住民の民族誌の影響を受けたものであり，その論者が縄文社会を語る際に用いる「階層」という語も，この民族誌に準ずる形で使用されていることが多い（渡辺 1990，武藤 1999，高橋 2003など）。これらの研究に対して，これまで筆者はその論拠が不十分であるとして，必ずしも肯定的な評価を与えてはこなかった（山田 2003a）。しかし，その一方で縄文時代に何らかの上下関係が存在したことを考慮しながら墓制等の詳細な検討を行なうことは必要である，と考えている。問題は，その方法論をどのように整備し，鍛え上げていくかということだろう。

　ところで，米北西海岸先住民など，階層化した狩猟採集民の社会にみられる特徴の一つとして，階層間に労働分化が認められるということが従来より指摘されてきた。また，これに伴って上位階層が重要な食料資源などを独占するという現象も，階層化した狩猟採集民の社会には広く存在するとされている（Suttles, ed. 1990など）[1]。もしそうならば，上位階層の人々と下位階層の人々の間において，摂取した食料の違いから栄養状態に差が生じ，それが形質差となって発現する可能性も考えられる。実際に，バイキストラ（J. Buikstra）は，イリノイ州ホープウェル（Hopewell）遺跡群においてそのような事象を指摘し，米先住民社会における階層差について考察を加えている（Buikstra 1976）。バイキストラによれば，ホープウェル遺跡群のうち，いくつかの墳丘墓群，例えばギブソン墳丘墓群（Mounds of Gibson）などでは埋葬主体部の位置や装身具・副葬品のあり方によって一般の埋葬例とは異なった，よりエラボレーションの度合いの高いstatus individualの埋葬例を抽出することができ（図1），これらの身長推定値は他の埋葬例よりも有意に高かったとされている（図2）。バイキストラは，考古学的属性のあり方と形質人類学的属性の相関をもとに，これを階層差によるものと考えた。つまり，ある程度同時性が保証される複数の埋葬例の中に，何らかの考古学的属性によって区分することのできる人々がおり，その人々の間に栄養状態に起因すると思われる形質差が観察されるのであれば，そこには食料事情の差があったと考えることができ，その背景として何らかの階層差が存在したと推定することも可能だというわけである。このような，人骨間に観察できる形質差の成因を，生前における何らかの社会的立場の差異に求めるという方法論は食養仮説

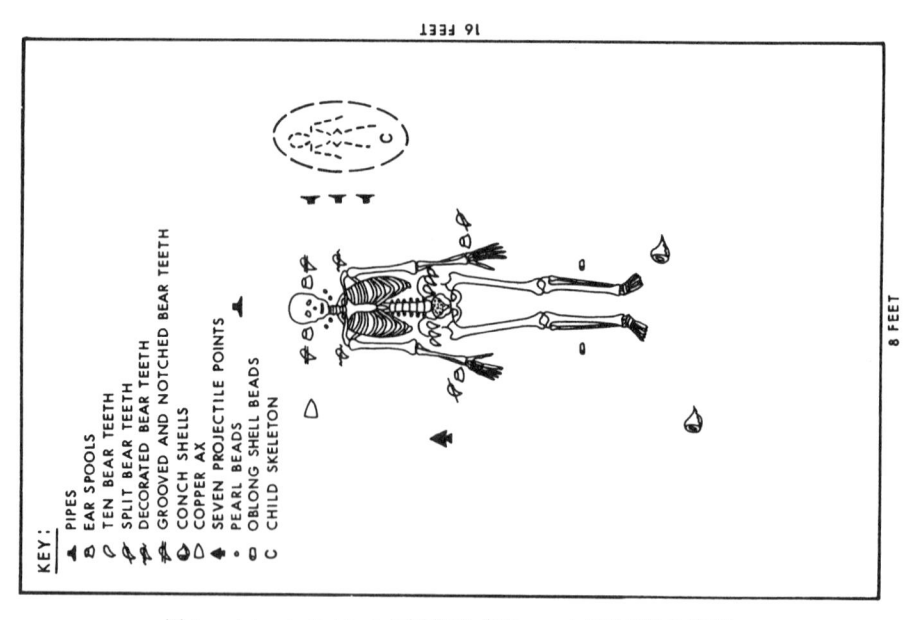

図1 status individual の埋葬例 (Gibson 4号墳丘墓主体部)

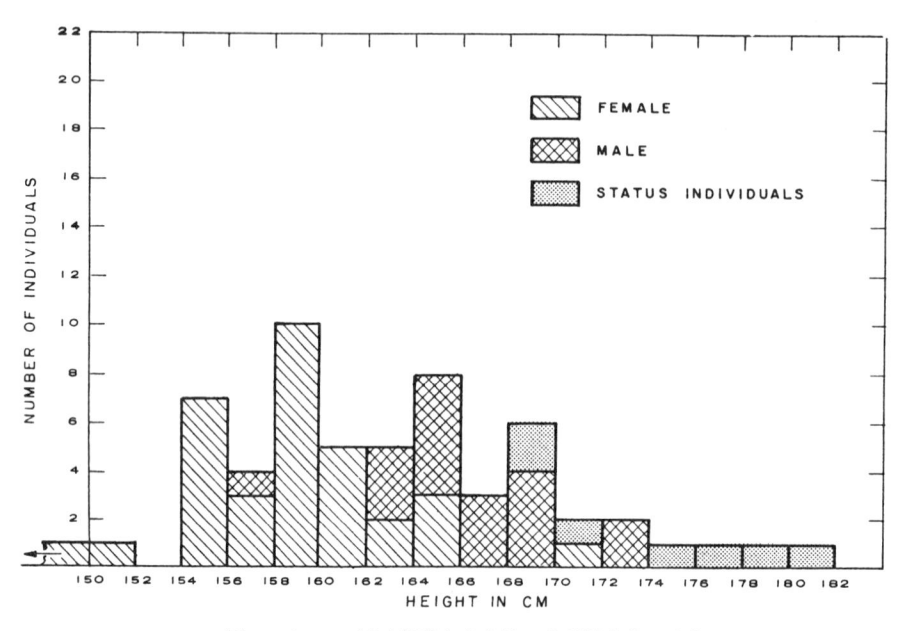

図2 Gibson 墳丘墓群出土人骨の身長推定値の分布

(Dietary Hypothesis）と呼ばれバイキストラ以外にも，ステッケル（R. Steckel）やラーセン（C. Larsen），ブラウン（A. Brown）らによって研究が行なわれている（Steckel 1979, Larsen 1997, Brown 1973など）。この論理を縄文時代にも適用すれば，当時の社会に米先住民社会にみられるような階層差が存在したか，証明することができるかもしれない。いささか突飛な議論かもしれないが，縄文社会における「階層」の有無，ないしはその程度や内容について見通しを得るためにも，この種の作業はどこかで行なっておく必要があるだろう。

このような予測のもと，本稿では果たして縄文時代に栄養摂取状況に差異をもたらすような上下関係が存在したのか，埋葬人骨における考古学的および人類学的な属性を比較検討し，縄文階層社会論に関する一視座を提供したいと思う。

I. 資料と分析方法

今回注目する考古学的属性は，抜歯型式である。抜歯は生前付加属性であり，かつ不可逆的なものであるから，その施行には何らかの社会的な意味が存在していたと推定することができる。特に春成秀爾は，縄文時代西日本晩期における抜歯型式が4I型と2C型の二つの系列に分別されることを指摘し，これを出自差と解釈している（春成 1973・1979など）。確かに春成が指摘するように，4I型系列と2C型系列の間には，装身具の着装状況などにも差が存在し，これが何らかの社会的な状況を指し示している可能性は高いと思われる。しかし，春成の抜歯出自表示仮説は1970年代の縄文時代観を前提としたものであり，現在の縄文時代研究の到達点とは若干異なる部分も生じていることは否めないだろう（山田 2003b）。春成の抜歯仮説が最初に提出されてから，すでに30年あまりが経過している。改めて現在の視点から，この抜歯型式の差が社会的な上下関係に還元できないものかどうか，検討を行なうことが必要であろう。

抜歯型式との関係を検討する形質人類学的な属性としては，身長推定値と脛骨の扁平示数を取り上げることにしたい。この二つの属性が，当時の栄養摂取状況を物語るとする研究は，すでに小片保や森本岩太郎らによって提出されている（小片 1981, Morimoto 1971など）。今回は抜歯型式という考古学的属性と，身長推定値および脛骨扁平示数という比較的「大きな」形質人類学的属性を比較検討することにより[2]，縄文社会における「階層」の有無について予備的な考察を加えることとしよう。このような検討を行なうためには，まずはある程度まとまった数の人骨が出土しており，そしてその人骨の抜歯型式の判明している事例の多い資料を使用することが必要となる。そこで本稿では，上記の属性を検討する資料として，縄文時代晩期の愛知県吉胡貝塚出土人骨（石澤 1931），同稲荷山貝塚出土人骨（清野 1969）[3]，岡山県津雲貝塚出土人骨（清野・平井 1928）の3遺跡出土人骨群を取り上げることにする[4]。

また今回，抜歯型式以外の考古学的属性として埋葬小群のあり方と先の形質人類学的属性との対応関係についても若干の検討を行ない，一定の見通しを立てておきたい。なぜならば，埋葬小群が世帯など何らかの血縁集団を表示しているとの見解が，これまでにもいくつか提出されているからである（春成 1980, 林 1980など）。これについても社会的な上下関係の中で解

釈ができないものなのか，考えてみることにしよう。この事例としては，多数の人骨が出土し，かつ装身具の着装状況が，想定される埋葬小群間で異なる傾向のある岩手県蝦島貝塚の資料（山口 1983，山田 2004）を取り上げることにする[5]。

II．資料の分析

各遺跡の人骨資料の中から，右大腿骨最大長および右脛骨全長を計測できる事例を抽出し，その計測値にピアソンの公式のうち a・c・e・f の各式を適用して，その身長推定値を算出した[6]。ただし蝦島貝塚出土人骨では，資料の制約上ピアソン a 式のみから身長推定を行なっている。また，吉胡・稲荷山・津雲貝塚出土人骨に関しては，右脛骨の栄養孔位最大径（馬場 1991 の 8 a）と栄養孔位横径（同 9 a）から脛骨扁平示数（9 a / 8 a）を算出している。以下，各遺跡ごとに検討を加えてみることにしよう。

吉胡貝塚出土人骨（図 3）

表 1 は，吉胡貝塚出土人骨の身長推定値である。抜歯型式ごとにみた場合，ピアソンの公式を適用して身長を推定できた事例は，4 I 型系列では男性が 16 例，女性が 7 例，2 C 型系列では男性が 6 例，女性が 9 例であった。それぞれの数値を比較すると，4 I 型系列男性では最大値が163.3cm，最小値が153.1cmで，平均値は158.3cmであった。2 C 型系列男性では，最大値が163.7cm，最小値が156.8cmで，平均値は159.9cmであった。平均値では 2 C 型系列の男性の方が1.6cm高いことになる。4 I 型系列女性の場合，最大値は153.1cmで，最小値は142.1cm，平均値は147.7cmであった。2 C 型系列女性では，最大値が158.7cm，最小値が144.0cm，平均値は148.7cmとなる。女性の場合，2 C 型系列の方が 4 I 型系列よりも平均値で1.0cm高いことがわかる。

吉胡貝塚出土人骨の場合，男性および女性ともに推定身長の平均値は，4 I 型系列よりも 2 C 型系列の方が大きいということができる。しかし，その差は約 1 ～1.6cm程度のものであり，計測時の誤差などを勘案した場合，4 I 型系列と 2 C 型系列との間にはほとんど差がないと判断できるだろう。

ちなみに，装身具を着装している事例を抽出し，その身長推定値をみてみると，4 I 型系列の男性の場合，その平均値が159.1cmであり，4 I 型系列の男性全体の平均値との差がわずか0.8cmと，両者ともほぼ同じであることもわかる。装身具を持つ事例の方が身長が高いという傾向を見いだすことはできない。なお，4 I 型系列の女性および 2 C 型系列の場合，装身具着装者が各 1 例ずつしか身長の推定ができなかったため，比較検討をすることはできなかった。

表 2 は，吉胡貝塚出土人骨の脛骨扁平示数である。抜歯型式ごとにみた場合，脛骨扁平示数を算出できたのは，4 I 型系列では男性が 13 例，女性が 5 例，2 C 型系列では男性が 5 例，女性が 9 例であった。それぞれの数値を比較すると，4 I 型系列男性では最大値が80.6，最小値が60.0で，平均値は69.8であった。2 C 型系列男性では，最大値が69.4，最小値が66.7で，平

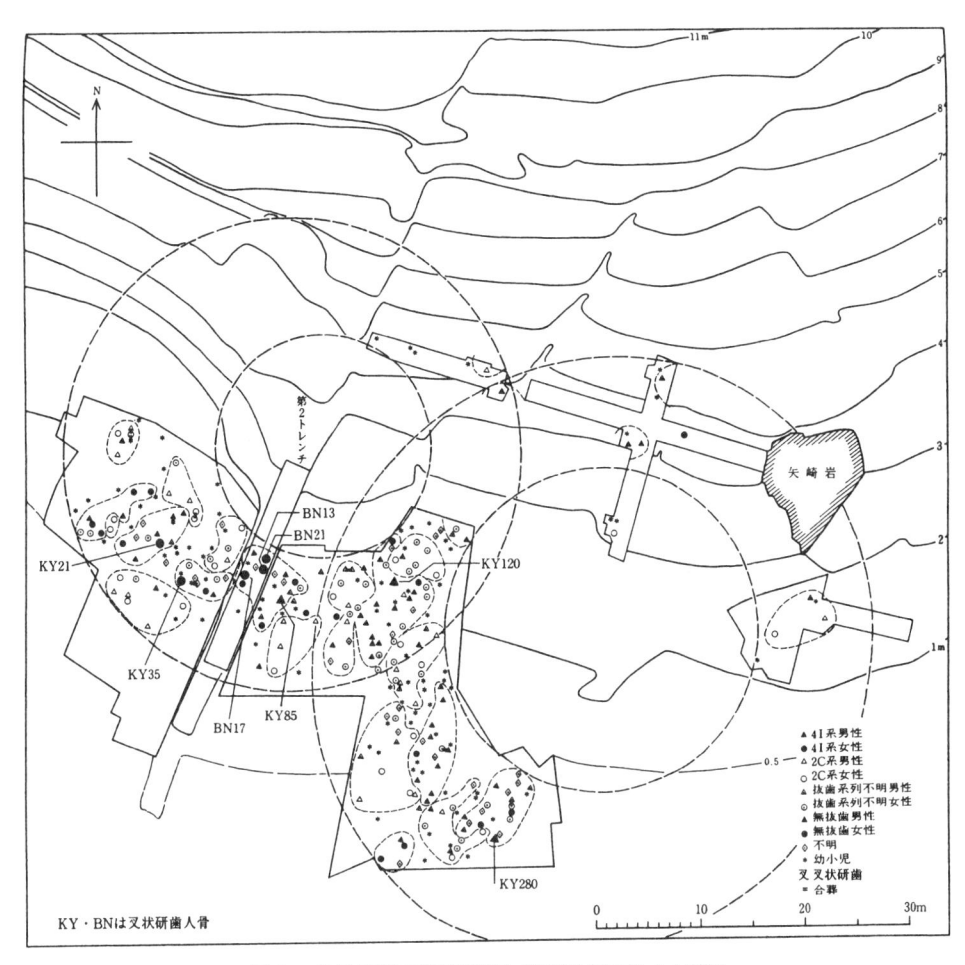

縄文階層社会の存否に関する予備的考察

図3　吉胡貝塚の墓域形態と抜歯型式に基づく群別

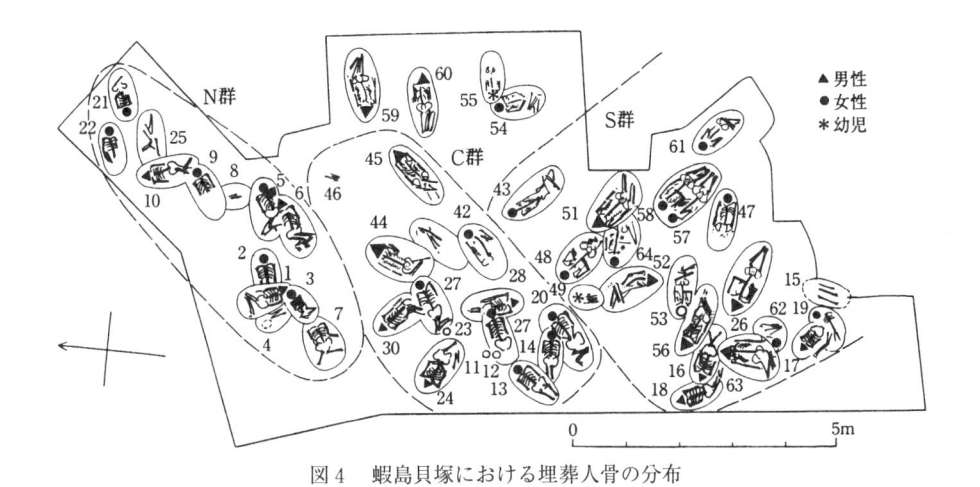

図4　蝦島貝塚における埋葬人骨の分布

表1　吉胡貝塚出土人骨の身長推定値（cm）

人骨番号	性別	抜歯型式	右大腿骨最大長	右脛骨全長	ピアソンa式	ピアソンc式	ピアソンe式	ピアソンf式	平均値	装身具
261	m		42.2		160.6				160.6	
266	m			32.0		154.7			154.7	
273	m	4I	39.2		155.0				155.0	
280	m	4I	43.4	35.0	162.9	161.8	162.1	162.2	162.3	
287	m	4I		31.6		153.7			153.7	
305	m			31.9		154.5			154.5	
345	m	4I	43.4	35.9	162.9	164.0	163.2	163.2	163.3	腰飾1
355	m			35.3		162.5			162.5	
363	m	2C		35.8		163.7			163.7	腰飾1
364	m		38.1	31.9	152.9	154.5	152.4	152.4	153.0	腰飾1
366	m	4I	39.0	31.1	154.6	152.6	152.5	152.6	153.1	腰飾1
380	m	4I	42.0	34.3	160.3	160.2	159.7	159.7	160.0	腰飾1
382	m	4I	41.7		159.7				159.7	
386	m	4I	42.0	33.0	160.3	157.1	158.2	158.3	158.5	
388	m	4I	41.5		159.3				159.3	腰飾1
396	m	4I	40.3	34.8	157.1	161.3	158.3	158.2	158.7	
410	m			33.1		157.3			157.3	
411	m	2C		33.1		157.3			157.3	
418	m		41.5	34.0	159.3	159.4	158.8	158.8	159.1	
421	m	2C	43.7	35.4	163.5	162.8	162.9	163.0	163.0	
431	m	4I	40.0	33.1	156.5	157.3	156.0	156.0	156.5	
435	m	2C	43.3	34.2	162.7	159.9	161.1	161.2	161.2	
436	m	2C	40.4	33.3	157.3	157.8	156.7	156.7	157.1	
461	m		40.4		157.3				157.3	
463	m	4I	42.0	34.5	160.3	160.6	159.9	159.9	160.2	
492	m	4I	41.1	34.8	158.6	161.3	159.2	159.2	159.6	腰飾1
494	m	2C		32.9		156.8			156.8	
509	m	4I	40.0		156.5				156.5	
534	m	4I	40.0		156.5				156.5	
540	m	4I		33.9		159.2			159.2	
277	f	4I		32.0		150			150.0	
279	f		38.2	31.8	147.1	149.6	148.0	148.0	148.2	
293	f		40.6	32.8	151.8	151.9	151.8	151.8	151.8	
302	f	2C	36.6	29.6	144.0	144.4	143.7	143.7	144.0	
306	f	4I		30.3		146			146.0	
310	f	2C	38.5	31.3	147.7	148.4	147.7	147.8	147.9	
321	f	2C	44.0	35.7	158.4	158.7	158.9	158.9	158.7	
325	f	4I	35.6		142.1				142.1	
352	f	4I	38.3	31.7	147.3	149.3	148.0	148.0	148.2	腰飾1
353	f		40.4	33.3	151.4	153.3	152.1	152.2	152.2	
357	f		38.5	32.0	147.7	150	148.5	148.6	148.7	
389	f		37.0		144.8				144.8	
403	f			31.9		149.8			149.8	腰飾1
422	f			31.7		149.3			149.3	
434	f	2C		32.4		151			151.0	
460	f	2C	36.6		144.0				144.0	
483	f	4I		33.3		153.1			153.1	
495	f		36.8		144.4				144.4	
500	f	2C	38.7		148.1				148.1	耳飾1
522	f	4I	39.5		149.7				149.7	
523	f	4I	37.0		144.8				144.8	
541	f	2C	36.6	29.6	144.0	144.4	143.7	143.7	144.0	
558	f	2C	37.5	30.4	145.8	146.3	145.6	145.6	145.8	
561	f	2C	42.2		154.9				154.9	

表2　吉胡貝塚出土人骨の脛骨扁平示数（脛骨計測値はmm）

人骨番号	性別	抜歯型式	栄養孔位最大径	栄養孔位横径	扁平示数	装身具	人骨番号	性別	抜歯型式	栄養孔位最大径	栄養孔位横径	扁平示数	装身具
261	m		35	23	65.7		272	f		25	18	72.0	
266	m		33	24	72.7		277	f	4I	32	22	68.8	
273	m	4I	30	23	76.7		279	f		29	19	65.5	
280	m	4I	31	25	80.6		283	f		29	22	75.9	
287	m	4I	30	24	80.0		293	f		28	20	71.4	
292	m		37	23	62.2		295	f		30	20	66.7	
305	m		32	19	59.4		302	f	2C	27	19	70.4	
307	m		29	19	65.5		303	f		30	20	66.7	
308	m		39	24	61.5		306	f	4I	28	20	71.4	
329	m		34	24	70.6		309	f		32	19	59.4	
341	m		29	17	58.6		310	f	2C	31	20	64.5	
345	m	4I	37	26	70.3	腰飾1	311	f		30	20	66.7	
348	m		34	24	70.6		315	f		35	22	62.9	
349	m		33	24	72.7		321	f	2C	34	23	67.6	
355	m		31	24	77.4		322	f		38	21	55.3	
363	m	2C	36	24	66.7	腰飾1	324	f		29	20	69.0	
364	m		35	20	57.1	腰飾1	325	f	4I	30	18	60.0	
366	m	4I	33	23	69.7	腰飾1	328	f		30	22	73.3	
368	m		34	22	64.7		342	f		32	22	68.8	
375	m		33	24	72.7		352	f	4I	28	18	64.3	腰飾1
380	m	4I	37	24	64.9	腰飾1	353	f		33	17	51.5	
383	m		33	25	75.8		357	f		30	20	66.7	
386	m	4I	34	24	70.6		358	f		25	16	64.0	
388	m		35	23	65.7	腰飾1	367	f		29	20	69.0	
390	m		38	26	68.4		378	f		31	19	61.3	
396	m	4I	34	22	64.7		384	f		33	22	66.7	
410	m		34	25	73.5		389	f		29	20	69.0	
411	m	2C	31	21	67.7		399	f		33	23	69.7	
414	m		35	23	65.7		403	f		33	24	72.7	腰飾1
418	m		33	21	63.6		407	f		30	21	70.0	
419	m		39	25	64.1		412	f		28	19	67.9	
431	m	4I	35	26	74.3		415	f		29	20	69.0	
435	m	2C	32	22	68.8		416	f		31	22	71.0	
436	m	2C	34	23	67.6		420	f		32	24	75.0	
445	m		32	20	62.5		422	f		32	24	75.0	
461	m		37	24	64.9		434	f	2C	30	20	66.7	
463	m	4I	35	21	60.0		460	f	2C	28	20	71.4	
469	m		31	20	64.5		483	f	4I	28	20	71.4	
480	m		37	24	64.9		488	f		35	23	65.7	
492	m	4I	35	24	68.6	腰飾1	495	f		30	22	73.3	
493	m		37	24	64.9		500	f	2C	31	20	64.5	耳飾1
494	m	2C	36	25	69.4		530	f		28	23	82.1	
503	m		30	20	66.7		541	f	2C	30	20	66.7	
534	m	4I	35	23	65.7		542	f		29	21	72.4	
540	m	4I	31	19	61.3		545	f		31	20	64.5	
553	m		36	24	66.7		558	f	2C	31	21	67.7	
263	f		32	22	68.8		561	f	2C	29	25	86.2	

均値は68.1であった。平均値では，4I型系列の男性の方が1.7大きいことになる。4I型系列女性の場合，最大値は71.4で，最小値は60.0，平均値は67.2であった。2C型系列女性では，最大値が86.2，最小値が64.5，平均値は69.5となる。女性の場合，2C型系列の方が4I型系列よりも平均値で2.3大きいことがわかる。しかし，この場合でも4I型系列，2C型系列それぞれの脛骨扁平示数は中脛に分類され（馬場1991），男女ともあまり有意な差を見いだすことはできないといえるだろう。

また，装身具の着装例を抽出して比較してみると，4I型系列の男性では平均値が68.4であ

り，全体の平均値よりも1.4ほど小さいことがわかる。4 I 型系列の女性および 2 C 型系列の場合，装身具着装者が各 1 例ずつしか身長の推定ができなかったため，比較検討をすることはできなかった。

　これらの検討結果を総合して考えてみると，吉胡貝塚の場合，身長推定値および脛骨扁平示数に関して，4 I 型系列と 2 C 型系列ではほとんど差がないと考えて大過ないだろう。

稲荷山貝塚出土人骨（図 5）

　表 3 は，稲荷山貝塚出土人骨の身長推定値である。抜歯型式ごとにみた場合，ピアソンの公式を適用して身長を推定できた事例は，4 I 型系列では男性が 2 例，女性が 4 例であり，2 C 型系列では男性が 6 例で，女性については推定可能な資料が存在しなかった。それぞれの数値を比較すると，4 I 型系列男性では最大値が160.6cm，最小値が151.8cmで，平均値は156.2cmであった。ただし，この値は 2 例のみから算出されたものであり，あまり意味があるとはいえないだろう。2 C 型系列男性では，最大値が164.7cm，最小値が154.5cmで，平均値は157.9cmであった。抜歯型式間における平均値を比較してみると，2 C 型系列の男性の方が1.7cm高いことになる。4 I 型系列女性の場合，最大値は154.1cmで，最小値は146.2cm，平均値は149.5cmであった。稲荷山貝塚出土人骨の場合，男性の推定身長の平均値は，4 I 型系列よりも 2 C 型系列の方が大きいということができるだろう。しかし，その差は1.7cmであり，計測時の誤差などを勘案した場合，4 I 型系列と 2 C 型系列との間にはほとんど差がないということができるだろう。

　表 4 は，稲荷山貝塚出土人骨の脛骨扁平示数である。抜歯型式ごとにみた場合，脛骨扁平示数を算出できたのは，4 I 型系列では男性が 4 例，女性が 5 例，2 C 型系列では男性が 7 例，女性が 1 例であった。それぞれの数値を比較すると，4 I 型系列男性では最大値が76.7，最小値が69.0で，平均値は73.3であった。2 C 型系列男性では，最大値が69.7，最小値が60.0で，平均値は65.3であった。平均値では，4 I 型系列の男性の方が8.0大きいことになる。4 I 型系列の女性の場合，最大値は68.8で，最小値は64.3，平均値は66.6であった。2 C 型系列女性は，1 例のみ算出することができ，その値は72.0である。注目しておきたいのは，男性の抜歯型式別の平均値である。馬場悠男の分類によれば，4 I 型系列は広脛に，2 C 型系列は中脛に分類される（馬場 1991）。事例数が少なく，決して有意ものであるとはいい切れないが，脛骨の扁平示数に関しては，両系列間に差があると考えることができるかもしれない。

　なお，稲荷山貝塚では装身具を着装している人骨が少なく，これと形質人類学的属性との比較検討はできなかった。

津雲貝塚出土人骨（図 6）

　表 5 は，津雲貝塚出土人骨の身長推定値である。津雲貝塚の場合，抜歯型式のあり方が性別と相関するということが，すでに春成秀爾によって指摘されている（春成 1973）。その指摘ど

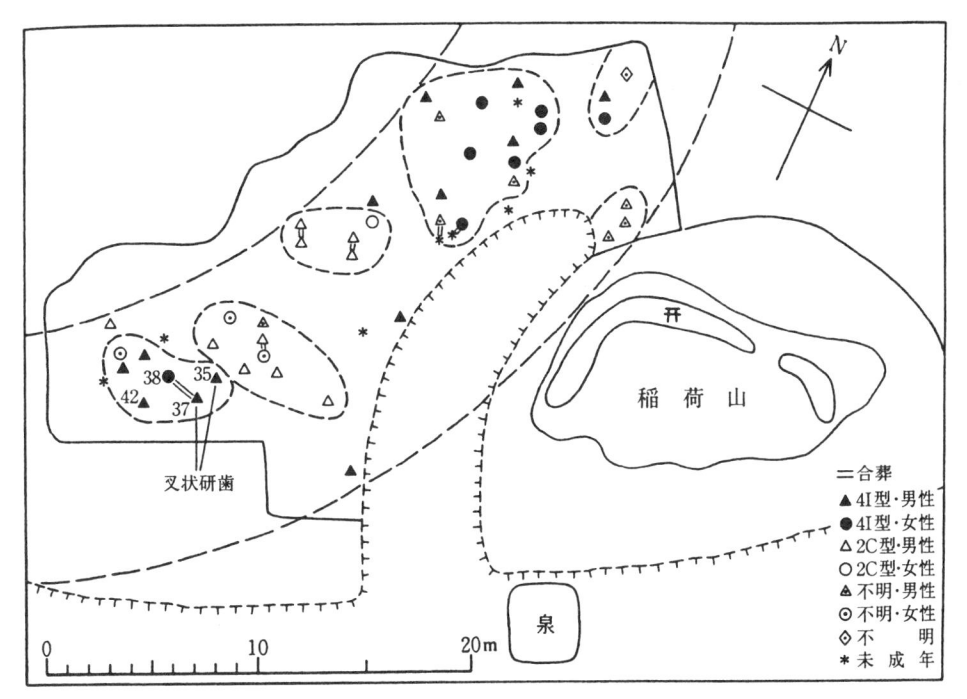

図5 稲荷山貝塚の墓域形態と抜歯型式に基づく群別

図6 津雲貝塚の埋葬小群と抜歯型式

表3　稲荷山貝塚出土人骨の身長推定値 (cm)

人骨番号	性別	抜歯型式	大腿骨最大長	脛骨全長	ピアソンa式	ピアソンc式	ピアソンe式	ピアソンf式	平均値
223	m	4 I							
231	m	2 C	44.8	35.8	165.5	163.7	164.7	164.8	164.7
232	m	2 C		33.9		159.2			159.2
233	m	2 C		32.1		154.9			154.9
234	m	2 C	41.5	32.5	159.3	155.9	157	157.2	157.4
236	m	2 C		31.9		154.5			154.5
238	m	2 C							
239	m								
242	m		40.2		156.9				156.9
244	m	4 I		34.5		160.6			160.6
247	m	4 I							
248	m								
249	m	4 I		30.8		151.8			151.8
251	m	2 C		32.8		156.6			156.6
252	m								
211	f		36.7	29.4	144.2	143.9	143.6	143.6	143.8
212	f	4 I							
213	f		38.2	30.5	147.1	146.5	146.5	146.5	146.7
224	f	4 I	39.4	31.6	149.5	149.1	149.1	149.1	149.2
225	f	2 C							
228	f	4 I	38.6		147.9				147.9
229	f	4 I	42.1		154.7				154.7
237	f			30.4		146.3			146.3
240	f								
245	f		39.2		149.1				149.1
253	f	4 I	37.7		146.2				146.2

おり，男性は2C型系列だけしか身長推定値を算出することができず，抜歯型式間において比較検討をすることができなかった。

　2C型系列男性では，4例の身長推定値を算出することができた。その最大値は164.9cm，最小値が154.6cmで，平均値は158.7cmであった。4I型系列女性の場合，11例の身長を推定することができた。その最大値は153.6cmで，最小値は143.8cm，平均値は149.2cmであった。また，2C型系列女性では，2例が身長を推定することができた。これらの事例の値は150.0cmと147.2cmであり，その平均値は148.6cmであった。女性同士で比較した場合，2C型系列よりも4I型系列の方が，0.6cmほど身長が高いことになるが，計測誤差等を考慮すると，この差はさほど意味のあるものではないだろう。

　また，装身具を着装していた事例のうち，身長を推定できたものは4I型系列の女性のみであり，その平均値は148.9cmである。これは，全体の平均値よりも0.3cmほど小さい。このことから，装身具を持つ事例の方が身長が高いという傾向はないといえるだろう。

　表6は，津雲貝塚出土人骨の脛骨扁平示数である。抜歯型式ごとにみた場合，4I型系列では男性が2例，女性が13例，2C型系列では男性が5例，女性が3例であった。4I型系列男性では60.0と55.6の2例のみであり，その平均値は57.8であった。2C型系列男性では，最大値が64.3，最小値55.9で，平均値は60.2であった。平均値では2C型系列の男性の方が2.4大きいことになる。4I型系列女性の場合，最大値は76.0で，最小値は53.3，平均値は63.9で

あった。2C型系列女性では、最大値が73.1, 最小値が65.4, 平均値は68.8となる。女性の場合, 2C型系列の方が4I型系列よりも平均値で4.9大きいことがわかる。

装身具着装例について検討を加えることができたのは4I型系列の女性のみであり、その平均値は64.2である。この値は4I型系列全体の平均値よりもやや大きいが、それぞれの脛骨扁平示数は中脛に分類され（馬場 1991), あまり有意な差を見いだすことはできないといえるだろう。

また, 津雲貝塚出土人骨の場合, 吉胡貝塚や稲荷山貝塚

表4 稲荷山貝塚出土人骨の脛骨扁平示数（脛骨計測値はmm）

人骨番号	性別	抜歯型式	栄養孔位最大径	栄養孔位横径	脛骨扁平示数
223	m	4I	32.0	24.0	75.0
231	m	2C	34.0	23.0	67.6
232	m	2C	35.0	21.0	60.0
233	m	2C	34.0	21.0	61.8
234	m	2C	32.0	22.0	68.8
236	m	2C	31.0	21.0	67.7
238	m	2C	33.0	23.0	69.7
239	m		34.0	24.0	70.6
242	m		35.0	25.0	71.4
244	m	4I	33.0	24.0	72.7
247	m	4I	29.0	20.0	69.0
248	m		30.0	17.0	56.7
249	m	4I	30.0	23.0	76.7
251	m	2C	34.0	21.0	61.8
252	m		28.0	21.0	75.0
211	f		31.0	20.0	64.5
212	f	4I	32.0	22.0	68.8
213	f		30.0	21.0	70.0
224	f	4I	28.0	18.0	64.3
225	f	2C	25.0	18.0	72.0
228	f	4I	30.0	20.0	66.7
229	f	4I	30.0	20.0	66.7
237	f		31.0	20.0	64.5
240	f		25.0	19.0	76.0
245	f		32.0	22.0	68.8
253	f	4I	27.0	18.0	66.7

の事例と比較して脛骨が扁平である傾向が看取できる。さらに興味深いことに, 津雲貝塚の中においては男性が, 馬場のいうところの扁平脛骨に分類されるのに対し, 女性は中脛に分類される（馬場 1991)。津雲貝塚出土人骨の場合, 同性同士の抜歯型式間よりも, 男女間の方が差があるということもできるだろう。

蝦島貝塚出土人骨（図4）

蝦島貝塚の場合, すでに春成秀爾によってN群とC群, S群の三つの埋葬小群が設定されている（春成 2003a）。しかし, 埋葬人骨の頭位方向をみると, N群とC群では北東から東の間に頭位を持つものが多いのに対して, S群ではその多くが北西側に頭位方向を持つことがわかる。また, 装身具を持つ事例は, 45号（鹿角製腰飾1), 52号（足飾：鳥長骨製管玉33), 53号（土製耳飾1), 55号（ヒスイ製首飾1), 58号（首飾：頁岩製勾玉1, 土製耳飾1), 62号（足飾：鳥長骨製管玉30), 63号（獣骨製頭飾1), 64号（土製耳飾2）であり, その多くはS群に含まれる（山口 1983)。これらの点からみて, 蝦島貝塚の墓域は大きく南北の二つに再整理することができるものと思われる。この境界は, 春成秀爾が設定したN・C群とS群との境界とほぼ一致する。北側を埋葬小群1（N・C群, および59・60号), 南側を埋葬小群2（S群および54・55号）と呼ぶことにしよう。

抜歯のあり方や人骨の性別について検討をしてみると, これらの属性が特定の埋葬小群に明

表5 津雲貝塚出土人骨の身長推定値 (cm)

人骨番号	性別	抜歯型式	右大腿骨最大長	右脛骨全長	ピアソンa式	ピアソンc式	ピアソンe式	ピアソンf式	平均値	装身具
2	m	2C	40.5	32.0	157.4	154.7	155.3	155.4	155.7	
3	m		41.2	34.7	158.8	161.1	159.2	159.2	159.6	腰飾1
5	m	2C	41.7		159.7				159.7	
9	m	2C	39.0		154.6				154.6	
19	m		41.6		159.5				159.5	
24	m	2C								
27	m		41.8	34.7	159.9	161.1	159.9	159.9	160.2	
30	m		39.2	32.0	155.0	154.7	153.8	153.8	154.3	
32	m	2C								
33	m	2C	44.6	36.2	165.2	164.7	164.9	165.0	164.9	
46	m		39.7		155.9				155.9	
55	m		41.5		159.3				159.3	
58	m		46.2		168.2				168.2	
61	m									
65	m		42.4	34.5	161.0	160.6	160.4	160.4	160.6	
66	m		42.9	37.9	162.0	168.7	164.9	164.7	165.1	
1	f		38.1	31.9	146.9	149.8	148.0	148.0	148.2	
4	f	4I	39.3	33.1	149.3	152.6	150.7	150.7	150.8	腕飾1
6	f	4I	40.0	32.7	150.6	151.7	151.0	151.0	151.1	腕飾1
7	f	4I	40.0		150.6				150.6	腕飾2
11	f	4I	37.2	31.2	145.2	148.2	146.2	146.2	146.4	腕飾1
12	f	4I	38.0	31.0	146.8	147.7	146.8	146.9	147.0	
13	f	2C		32.0		150.0			150.0	
16	f	4I	37.7		146.2				146.2	
17	f		37.2	30.6	145.2	146.7	145.5	145.5	145.7	
23	f	4I	38.7		148.1				148.1	腕飾1・腰飾1
34	f	2C	37.4	31.7	145.6	149.3	147.0	147.0	147.2	腕飾15・耳飾1
38	f	4I		32.5		151.2			151.2	腕飾4・耳飾1
40	f	4I	40.6	34.3	151.8	155.4	153.5	153.5	153.6	
41	f	4I	36.5		143.8				143.8	腕飾2
42	f	2C								
44	f	4I	40.5	33.3	151.6		152.3	152.3	152.0	
60	f		37.4	30.6	145.6	146.7	145.7	145.8	146.0	
62	f		37.5	30.8	145.8	147.2	146.1	146.1	146.3	腕飾2
68	f			29.6		144.4			144.4	
70	f									

確に偏る傾向は存在せず（山田 2002・2004），埋葬小群への帰属がこれらの属性によって峻別されたものではないことがわかる。表7は蝦島貝塚出土人骨のうち，大腿骨最大長が計測できたものの身長推定値である。わずか11例のみであるが，これをもとに各埋葬小群ごとの推定身長の平均値を算出してみると，埋葬小群1の男性が159.6cm（n＝3）であり，女性が147.6cm（n＝2）となる。埋葬小群2では，男性が161.2cm（n＝2），女性が152.6cm（n＝4）である。二つの埋葬小群間において，男性の推定身長の平均の差は0.6cmであるが，その一方，女性の身長推定値に関しては5.0cm程の差が存在する。しかし，これは身長の極端に低い事例（30号人骨）が混ざっていることによってバイアスがかかっているためであろう。このことを考慮すると，男性と女性の両者ともに統計的に処理できるだけの事例数はないものの，その身長推定値にはあまり有意な差はみられないということができるだろう。

表6 津雲貝塚出土人骨の脛骨扁平示数（脛骨計測値はmm）

人骨番号	性別	抜歯型式	栄養孔位最大径	栄養孔位横径	脛骨扁平示数	装身具
2	m	2C	30	18	60.0	
3	m	4I	35	21	60.0	腰飾1
9	m	2C	34	20	58.8	
10	m		34	20	58.8	
19	m		36	22	61.1	
27	m		34	19	55.9	
30	m		30	21	70.0	
32	m	2C	34	19	55.9	
33	m	2C	34	21	61.8	
35	m		26	16	61.5	
36	m		33	23	69.7	
39	m	2C	28	18	64.3	
46	m	0	29	19	65.5	
51	m		33	18	54.5	
55	m		29	20	69.0	
58	m		34	21	61.8	
61	m		27	17	63.0	
65	m	0	33	20	60.6	
66	m	4I	36	20	55.6	
1	f	4I	28	18	64.3	
4	f	4I	28	18	64.3	腕飾1
6	f	4I	27	16	59.3	腕飾1
11	f	4I	25	19	76.0	腕飾2
12	f	4I	26	16	61.5	
13	f	2C	28	19	67.9	
14	f	4I	30	18	60.0	
17	f		26	19	73.1	
20	f		26	19	73.1	
34	f	2C	26	17	65.4	腕飾15・耳飾1
37	f	4I	26	19	73.1	
38	f	4I	30	16	53.3	腕飾4・耳飾1
40	f	4I	29	17	58.6	
41	f	4I	25	17	68.0	腕飾2
42	f	2C	26	19	73.1	
43	f	4I	30	18	60.0	
44	f	4I	29	18	62.1	
60	f		25	16	64.0	
62	f		25	15	60.0	腕飾2
68	f	4I	24	17	70.8	
70	f		28	19	67.9	

　ちなみに，装身具を着装していた事例の場合，男性の平均値は161.1cm（n＝2）であり，これは身長を推定できた男性全ての平均値160.2cm（n＝5）よりも0.9cm高い。しかし，その差はわずかであり，これをもって装身具着装例のほうが身長が有意に高いとはいえないだろう。

　また，脛骨の計測値については公表されておらず，今回検討は行なっていない。後日，改めて検討を行なうことにしたい。

　なお，上記の4遺跡出土人骨のうち，実際に手に取って観察できたものについては，クリブラ＝オルビタリアの有無やその程度，永久歯のエナメル質形成不全のあり方などについても検討を行なったが，抜歯型式との間に有意な関連性を捉えることはできなかった。

表7　蝦島貝塚出土人骨の身長推定値（cm）

人骨番号	性別	抜歯の歯種	帰属埋葬小群	右大腿骨最大長	ピアソンa式	装身具
6	m	上顎右第二切歯	1	41.3	159.0	
45	m	?	1	42.7	161.6	腰飾1
60	m	上顎左右犬歯	1	40.9	158.2	
27	f	上下顎左右犬歯	1	40.2	151.0	
30	f	なし	1	36.7	144.2	
51	m	上顎右犬歯	2	42.8	161.8	
52	m	上顎右犬歯	2	42.2	160.6	足飾33
16	f	なし	2	40.4	151.4	
43	f	?	2	41.1	152.8	
57	f	上顎右第二切歯左右犬歯	2	41.5	153.6	
64	f	?	2	41.0	152.6	土製耳飾2

III. 考察

　本稿で検討を行なった吉胡貝塚では，春成秀爾によって埋葬小群が抜歯型式によって異なることが指摘されており（図3），同様の傾向は稲荷山貝塚においても確認できるとされている（図5）（春成 1979）。また春成は，他の遺跡の事例も含めて，抜歯型式によって装身具のあり方が異なることもあわせて指摘している（春成前出）。このように，可視属性と思われる埋葬位置と不可視属性である装身具の着装という複数の考古学的属性の間に相関がみられる以上，吉胡貝塚と稲荷山貝塚においては，抜歯型式の異なる人々の間に何らかの社会的な差異が存在したということは肯定してもよいと思われる。

　さて，先の分析により，吉胡貝塚では身長推定値および脛骨扁平示数という形質人類学的属性において，抜歯系列間の差異は存在しないということが判明した。また，稲荷山貝塚の場合も身長推定値においては，両抜歯系列間に差異が存在しないことが明らかとなった。その意味では，吉胡貝塚と稲荷山貝塚においては4I型系列と2C型系列の間で栄養状態に極端な差は存在しなかった，つまり摂取した食料資源には大きな違いがなかったと推定することも可能であろう。ただし，稲荷山貝塚の場合，2C型系列の男性の方が，4I型系列の男性よりも脛骨が扁平である可能性も指摘できることには注意しておきたい。事例数が少ないために，統計的には決して有意なものではないが，この結果は同遺跡出土人骨の推定身長に関する分析結果とは異なるものであり，今後さらなる検討が必要である。

　中国地方に所在する津雲貝塚においても，抜歯系列間で身長推定値および脛骨扁平示数が大きく異なることはないということが，今回の検討により判明している。このことから，津雲貝塚においても4I型系列と2C型系列の間では，栄養状態に極端な差が存在しなかったと考えることができるだろう。ただし，津雲貝塚の場合，男性と女性の間で脛骨の扁平示数に差があることも明らかにされている。春成によれば，津雲貝塚では抜歯型式のあり方が性別によってどちらか一方に偏るということであるから（春成 1973），今回両性の間で確認できた差異が，そのまま抜歯型式間の差異に直結する可能性も否定はできない。この点については，今後より慎重に検討する必要があるだろう。ただ，いずれにせよ現状では，身長推定値および脛骨扁平示数に関して，4I型系列と2C型系列の間に大きな形質的差は存在しないと考えられる。

表8　吉胡・津雲貝塚出土人骨の身長推定値の分布と装身具着装率

吉胡貝塚出土人骨の身長と装身具の有無の関係

男性：ピアソンa式による推定値
　　　　n＝21　max＝163.5　min＝152.9

身長（cm）	個体数（例）	装身具着装率（％）
152－154	1	100
154－156	2	50
156－158	6	0
158－160	4	25
160－162	4	25
162－164	5	20

女性：ピアソンa式による推定値
　　　　n＝18　max＝158.4　min＝142.1

身長（cm）	個体数（例）	装身具着装率（％）
142－144	1	0
144－146	7	0
146－148	4	25
148－150	2	50
150－152	2	0
152－154	0	0
154－156	1	0
156－158	0	0
158－160	1	0

津雲貝塚出土人骨の身長と装身具の有無の関係

男性：ピアソンa式による推定値
　　　　n＝13　max＝168.2　min＝154.6

身長（cm）	個体数（例）	装身具着装率（％）
154－156	3	0
156－158	1	0
158－160	5	20
160－162	1	0
162－164	1	0
164－166	1	0
166－168	0	0
168－170	1	0

女性：ピアソンa式による推定値
　　　　n＝15　max＝151.8　min＝143.8

身長（cm）	個体数（例）	装身具着装率（％）
142－144	1	100
144－146	5	60
146－148	3	0
148－150	2	100
150－152	4	50

　東海地方と中国地方の代表的な遺跡において，抜歯型式間による形質差が有意な形では観察できないということは，特定の抜歯型式の人々が重要資源を独占的に利用するという現象が，少なくとも東海地方および中国地方の晩期には存在しなかったということを意味するものだろう。ちなみに表8は，吉胡貝塚と津雲貝塚出土人骨における身長推定値と装身具着装率のあり方である。これをみても身長が高い事例ほど，装身具の着装率が高くなるという傾向を見いだすことはできない。このことから，身長の差がそのまま社会構造に連動するようなものではなかったと考えられるだろう。

　東北地方に所在する蝦島貝塚では，検討できた事例数が少ないものの，埋葬小群間において有意な形質差が存在しないということが明らかとなった。この遺跡では，埋葬小群間で頭位方向や装身具のあり方が異なるが，そのような考古学的属性が人骨の形質差と直接連動するようなものではなかったと推定できるだろう。

　縄文時代に，抜歯や埋葬小群のあり方といった考古学的属性を反映した形で，何らかの社会的「規制」が存在したことは間違いない。しかし，その「規制」が人骨の形質にまで影響を及ぼしている事例は，現在までのところ確認できていない。このことから，縄文時代における上

記の様な社会的「規制」は，バイキストラらが分析に用いた食養仮説モデルと適合するようなものではなかったということができるだろう。すなわち，縄文時代における抜歯型式や埋葬小群のあり方，装身具着装の有無といった考古学的属性の差異は，米中央平原地域などの先住民にみられるような，摂取食物までが相違する明確な階層性に起因するものではなかったと推察される。

おわりに

本稿では，考古学的な属性と形質人類学的な属性との比較検討を通して，縄文時代における「階層社会」の存否について若干の予備的考察を行なってきた。ここでとりあげた形質人類学的な属性である推定身長および脛骨扁平示数は，いずれの場合も資料数が限られていることとも相まって，抜歯型式間において決して統計的に有意な結果が出ているわけではない。しかし，数が少ないとはいえ，4Ⅰ型系列と2C型系列の間に大きな形質的差異は存在しないようだということは指摘できよう。その意味では，エイムス（K. Ames）らがフライド（M. Fried）の研究（Fried 1967）をもとに定義するようなstratified societiesが（Ames and Maschner 1999）[7]，少なくとも西日本の縄文時代にあったとを積極的に主張することは難しいのではなかろうか。今後は資料および属性の数を増やすとともに，古人骨のコラーゲンによる食性分析や，ある種の栄養素の摂取不足から生じる骨病変の検討といった古病理学的な知見などとも絡めながら，この問題についてさらなる議論を積み上げていくことが必要であろう。

人骨の実見および計測，資料の収集に際して，国立科学博物館の馬場悠氏，東京大学総合研究博物館の諏訪元氏および水嶋崇一郎氏，京都大学理学部の中務真人氏および京都大学総合博物館の本川雅治氏に多大なる御配慮をいただいた。また，今回の検討結果，および取り上げた各遺跡における埋葬のあり方については，国立歴史民俗博物館の春成秀爾氏から多くのご教示をいただいた。アメリカにおける研究の状況については，エール大学のローゼンブルース（F. Rosenbluth）氏にご教示いただいた。ここに記してお礼申し上げる。

なお，本稿は2004年度の日本考古学協会総会における研究発表「縄文階層社会の存否に関する予備的考察－考古学的属性と出土人骨の形質との対比から－」（山田 2004）をもとに一部再検討を行ない，文章化したものである。

追記

前田先生との出会いは，私が大学に入学した1986年まで遡る。あれから早くも20年近く経過してしまった。筑波大学在学中は私も生意気盛りで，前田先生を酔った勢いで羽交い締めにしたり，足を抱えてタクシーに放り込んだりと無礼の限りを尽くしていたが，前田先生はいつもそれを「笑い話」にしてくださった。その先生が筑波を去られるとなると，一つの時代が終わったようでもあり，やはり寂しい気がする。受けた学恩を仇で返すことのないように自らの気を引き締めるとともに，前田先生の今後の研究のご発展とご健康をお祈り申し上げます。

註

1) 特にエイムスは，重要な資源を利用する権利の有無をもって，egalitarian societiesおよびranked societiesと，stratified societiesを区分している（Ames and Maschner 1999）。
2) ただし，もしこの二つの属性において違いがみられるならば，その背景にある栄養状態の差はかなり大きいと考えなくてはならないだろう。
3) 稲荷山遺跡出土人骨については，京都大学総合研究博物館において山田が計測を行なった。
4) ただし，これらの資料の正確な時期比定は困難である。
5) 山田 2004に掲載した蝦島貝塚の人骨分布における埋葬小群の分離には一部誤りがある。本稿で訂正しておきたい。
6) 今回用いたピアソンの公式は次の通りである。推定身長をS，大腿骨最大長をF，脛骨全長をTとした場合（ただし計測はいずれも右側，単位はcm），Sは以下の式で求められる。

$$a : S = 81.306 + 1.880 F$$
$$c : S = 78.664 + 2.376 T$$
$$e : S = 71.272 + 1.159 (F + T)$$
$$f : S = 71.443 + 1.220 F + 1.080 T$$

7) Friedは，stratified societiesにおいては，階層によって生命を維持するための基本的な資源への接近（摂取および利用）が制限されると述べている（Fried 1967）。この点は先のエイムスの定義とほとんど同一である。

参考文献

（日本語文）

小片　保　1981　「縄文時代人骨」小片　保編『人類学講座』第5巻　日本人Ⅰ，雄山閣

清野謙次　1969　『日本貝塚の研究』岩波書店

清野謙次・平井　隆　1928　「津雲貝塚人人骨の人類学的研究　第四部下肢骨の研究　其一　大腿骨・膝蓋骨・脛骨及腓骨に就て」『人類学雑誌』第43巻第4付録

高橋龍三郎　2003　「縄文後期社会の特質」大学合同考古学シンポジウム実行委員会編『縄文社会を探る』，学生社

林　謙作　1980　「東日本縄文期墓制の変遷（予察）」『人類学雑誌』第88巻第3号

春成秀爾　1973　「抜歯の意義（1）」『考古学研究』第20巻第2号

　　　　　1979　「縄文時代晩期の婚後居住規定」『岡山大学法文学部学術紀要』第40号（史学篇）

　　　　　1980　「縄文合葬論」『信濃』第32巻第4号

　　　　　2003a　「縄文時代の合葬」『縄文社会論究』，塙書房

　　　　　2003b　『縄文社会論究』，塙書房

馬場悠男　1991　「人骨計測法」江藤盛治編『人類学講座』別巻1　人体計測法，雄山閣

武藤康弘　1999　「縄文，階層化した狩猟採集民」『考古学研究』第45巻第4号

山口　敏　1983　「岩手県花泉町蝦島（貝鳥）貝塚出土縄文時代人骨の体幹体肢骨について」『国立科学博物館専報』第16号

山田康弘　2002　『人骨出土例の検討による縄文時代墓制の基礎的研究』平成12・13年度科学研究費補助金〔奨励研究〔A〕〕研究成果報告書

　　　　　2003a　「子供への投資に関する基礎的研究－縄文階層社会の存否をめぐって－」『関西縄文

時代の集落・墓地と生業』関西縄文文化研究会
- 2003 b 「書評 春成秀爾著『縄文社会論究』」『考古学研究』第49巻第4号
- 2004 「縄文階層社会の存否に関する予備的考察－考古学的属性と出土人骨の形質との対比から－」『日本考古学協会第70回総会研究発表要旨』

渡辺 仁 1990 『縄文式階層化社会』，六興出版

(外国語文)

Ames, K. and Maschner, H.
- 1999 *Peoples of the Northwest coast – Their Archaeology and Prehistory –*. Thames and Hudson.

Brown, A.
- 1973 *Bone Strontium Content as Dietary Indicator in Human Skeletal Populations.* University of Michigan.

Buikstra, J.
- 1976 *Hopewell in the Lower Illinois Valley: a Regional Approach to the Study of Human Biological Variability and Prehistoric Behavior.* Northwestern University Archaeological Program Scientific Papers, No. 2.

Fried, M.
- 1967 *The Evolution of Political Society.* Random House.

Larsen, C.
- 1997 *Bio archaeology: Interpreting Behavior from Human Skeleton.* Cambridge University Press.

Morimoto, I.
- 1971 Notes on the flattened tibia of the Earliest Jomon juvenile from Kamikuroiwa, Japan. *Journal of the Anthropological Society of Nippon 79（4）*.

Steckel, R.
- 1979 Slave height profiles from coastwise manifests. *Explorations in Economic History* 16.

Suttles, W. ed.
- 1990 *Handbook of North American Indians,* Volume 7, Northwest coast. Smithsonian Institution.

挿図出典

第1・2図：Buikstra 1976, 第3～6図：春成2003 b

南関東における縄文時代の沿岸性遺跡に関する一考察
— 序章 —

沖 松 信 隆

はじめに

　近年，伊皿子貝塚や中里貝塚などの調査を契機に，台地上の集落遺跡と低地に存在する貝塚を有機的にとらえる生業論が展開している[1]。両貝塚のように，貝類以外の遺物が少なく専業的な活動が窺える遺跡は，台地上の「ムラ貝塚」に対する「ハマ貝塚」として注目された[2]。さらに，「ハマ貝塚」以外の低地性貝塚[3]の概念も提示され[4]，生業の形態に基づいた遺跡の類型分けが行われている。しかしその議論の中には，貝塚を伴わない沿岸性の低地遺跡は対象とされていない。貝類を含めた水産資源を活用しようとした縄文時代の生業システムを復元するためには，貝塚のみではなくキャンプサイトのような低地遺跡をも包括して分析していくことが必要とされよう。

　そこで小稿では，南関東地方の東京湾岸と九十九里沿岸に存在する低地性貝塚と低地遺跡を対象とし，各遺跡の概要を比較する。既存の類型を用いて遺跡の性格を分類するとともに，地域的な特徴についてまとめてみたい。今回は対象地域を東京湾東岸と西岸，および九十九里沿岸の３つに分け，地域ごとの概況について触れ，若干の問題点を指摘するにとどめる。各遺跡ごとの詳しい分析は今後の課題としたい。

Ⅰ．研究小史

　南関東地方の貝塚の立地は，各河川とその支谷沿いに河口部から上流の谷奥まで分布する特徴を持つ。河川は樹枝状の無数に分岐した支谷を有するので，数量的には河口部よりも流域の遺跡数が優越する傾向がある。それゆえ，河口部よりも河川流域に面する台地上に形成された集落内の貝塚というかたちが一般的であった。

　東京都港区伊皿子貝塚の調査は，河口部に立地する沿岸性の貝塚を注目する契機となった。伊皿子貝塚は，立地から貝層の内容に至るまで，一般的な貝塚のイメージと異なるものであった。まず立地的に東京湾に直接面する台地下の緩斜面に位置すること，貝層の規模に比して土器等の人工遺物や貝類以外の動物遺存体が非常に少ないことが特徴として挙げられる。報告では「集落からやや離れた日常の作業場」（港区伊皿子貝塚遺跡調査団編 1981：456頁）と考えられた。さらに，鈴木公雄は谷奥の台地上に形成された同時期の千葉市木戸作貝塚と伊皿子貝塚を比較し，伊皿子貝塚を「部分的な活動のために利用された季節的居住を示す遺跡」（鈴木 1982：156頁）と捉えた。

同じ頃，堀越正行は市川市奉免安楽寺貝塚の特殊性を指摘し，焼けた貝層の堆積と遺物の僅少性という伊皿子貝塚との類似点を示して，奉免安楽寺貝塚を「海に接近した貝処理作業場」（堀越 1983：12頁）と考え，より限定された性格を想定している。

近年では，東京都北区中里貝塚の調査により，最大厚み4.5mを測る膨大なマガキ・ハマグリの貝層と極端な遺物の僅少性が明らかになった（北区教育委員会 1997）。また，マガキを処理したとみられる土坑状の施設も発見されたことから，この遺跡が「浜辺に形成された貝類の加工専用の作業場」（保坂，樋泉ほか 2000：221頁）であると考えられた。これに前後して阿部芳郎は，貝塚を生業活動の性格により「当時の砂浜に形成された貝塚（ハマ貝塚）」と「集落の内部に形成された貝塚（ムラ貝塚）」に分類している。阿部は「ハマ貝塚」として千葉市宝導寺台貝塚を例に挙げ，貝以外の遺物の僅少性や焚き火跡の存在という特徴を示した（阿部 1996：10頁）。

中里貝塚は，まさしく「ハマ貝塚」の典型と考えられ，『北区史』のなかで阿部は中里貝塚を「浜辺での専業的な貝類の加工を行う」場所と捉え，こうした活動を「中里類型」と名付けている。また，「ムラ貝塚」に対応する概念として，東京都北区西ヶ原貝塚等のあり方から多角的な活動を想定した「西ヶ原・御殿前類型」を設定した。さらに，両者の性格を併せ持つ類型として同北区袋低地遺跡を代表とする「袋類型」を提示している（阿部 1997：88頁）。

「ハマ貝塚」の特異なすがたが注目される一方で，植月学は市川市内の低地性貝塚の分析を通じて，前期後半から中期初頭（「前半期」）の遺跡群と後期の遺跡群には性格の違いがみられることを提示した。前者は後者ほど台地上集落との差異が明確ではなく，また前期末葉前後の遺跡数減少が関東地方全域で認められる[5]ことから，居住形態と生業形態の変化に伴う低地への進出の結果であると考えた（植月 1999：80～83頁）。植月はさらに，先の前半期および後期の低地性貝塚と台地上の集落を比較し，旧稿での分析を検証した。その結果，後期低地性貝塚における活動の限定性が確認された。この種の遺跡を，活動の限定性に基づき「単純型」と名付けている。これに対し前半期の遺跡群にみられたような，より多様な活動を想定させる一群を「複合型」とした（植月 2000：93～94頁，99～104頁）。

阿部の「ハマ貝塚・中里類型」と植月の「単純型」，阿部の「袋類型」と植月の「複合型」は，それぞれ対応する関係にあると考えられる。「ハマ貝塚・中里類型」・「単純型」に共通な特徴は，貝以外の遺物に乏しく，貝の加工という専業的活動を行っていたと考えられることである。時期的にはおよそ中期後半以降に形成された遺跡がほとんどで，「単純型」は主に後期低地性貝塚の特徴とされている。ここでは貝層の組成までは特に問題とされていないが，中里貝塚での出土状況ではマガキ・ハマグリにほぼ限定され，しかも中型から大型の個体に偏るという明らかな選択性が働いている。阿部はムラ貝塚とした西ヶ原貝塚での貝類組成の多様性と比較し，中里貝塚にみられる「ハマ貝塚における採貝活動の集約性」（阿部 2000：252～253頁）を強調している。

一方，「袋類型」・「複合型」に共通する特徴は，一般集落における多角的活動とハマ貝塚で

の専業的活動の両者を併せ持つことで,「単純型」より多様な活動が考えられる。遺物は比較的豊富で,居住地の可能性も示されている（植月 2000：94頁）。「ハマ貝塚」と対照的に中期初頭以前の遺跡を主体とする。なお,千葉市宝導寺台貝塚は阿部と植月で評価が分かれており,阿部が遺物の少なさと火の使用を強調する（阿部 1996：11頁）のに対し,植月はむしろ貝類以外の遺物がさほど限定的ではないと評価した（植月 2000：94頁）。

II. 沿岸性遺跡の比較にあたって

　先行する研究として,伊皿子貝塚を契機とした沿岸性の貝塚に対する認識から,台地上集落との対比,低地性貝塚の類型分類を簡単に見てきた。低地性貝塚の分析は,低地遺跡一般の調査の進展とともに深化してきた。ひとつの河川の流域に分布する遺跡群には,拠点集落や「ハマ貝塚」以外にも,貝層を伴わず,キャンプサイト[6]と呼ばれるような低地遺跡が存在する。先に触れたように,これまでの類型分類では,こうした遺跡は分類の対象とされてこなかったきらいがある。しかし早・前期の遺跡においては貝層の有無に関わらず遺構の存在が顕著であり,九十九里沿岸においては貝層を伴わない遺跡が目立つ。これらの遺跡を先の低地性貝塚とともに比較し,あらためて各遺跡の概要を検討してみたい。

　比較にあたって,対象地域を3つに分けてみた。先の類型分類でも主要な対象地域であった東京湾岸の東西両岸域と,近年低地遺跡の調査例が蓄積されてきた九十九里沿岸地域をとりあげた。ただし東京湾岸については全域を含めてはいない。縄文時代の海岸線を復元する研究は,東木龍七によって始められた[7]。その後も酒詰仲男に引き継がれ,貝塚の地形学的分類において東京湾岸を奥東京湾と現東京湾の左右両岸域に分けて分析している（酒詰 1951：11頁）。伊皿子貝塚の報告でも,金子浩昌が酒詰の研究をもとに東京湾西岸の貝塚群の消長をまとめている（金子 1981：443～444頁）。その分類に照らせば小稿の対象地域は,西岸で「奥東京湾沿岸」と「中東京湾地域」,東岸で「奥東京湾沿岸」から「南東京湾岸域」の一部に相当する。

　なお,「沿岸性遺跡」とは,植月が「低地性貝塚」の定義で示した「洪積台地上よりも海へのアクセスがよい場所」（植月 2000：93頁）という概念を,貝塚を伴わない遺跡にも拡大したものとしておきたい。

III. 各地域における遺跡の概況

　表1と表2により,各遺跡の概要と時期的な変遷を概観し,地域ごとの概況をまとめてみたい。

東京湾東岸（図1～図3）

　主な分布範囲として,奥東京湾沿岸にあたる市川市域,中東京湾地域の千葉市中央部と,南東京湾岸域の千葉市南部から市原市北部にかけての地域がある。時期的な特徴として,市川市域で前期後半から中期初頭の遺跡が目立つ点が挙げられる。中東京湾地域の宝導寺台貝塚も同一の時期であり,東京湾西岸の東京都北区中里遺跡を除き,この時期に形成された遺跡は他地

図1　東京湾東岸の沿岸性遺跡（1）
（植月・松田ほか　2000）第1図を縮小して一部加筆

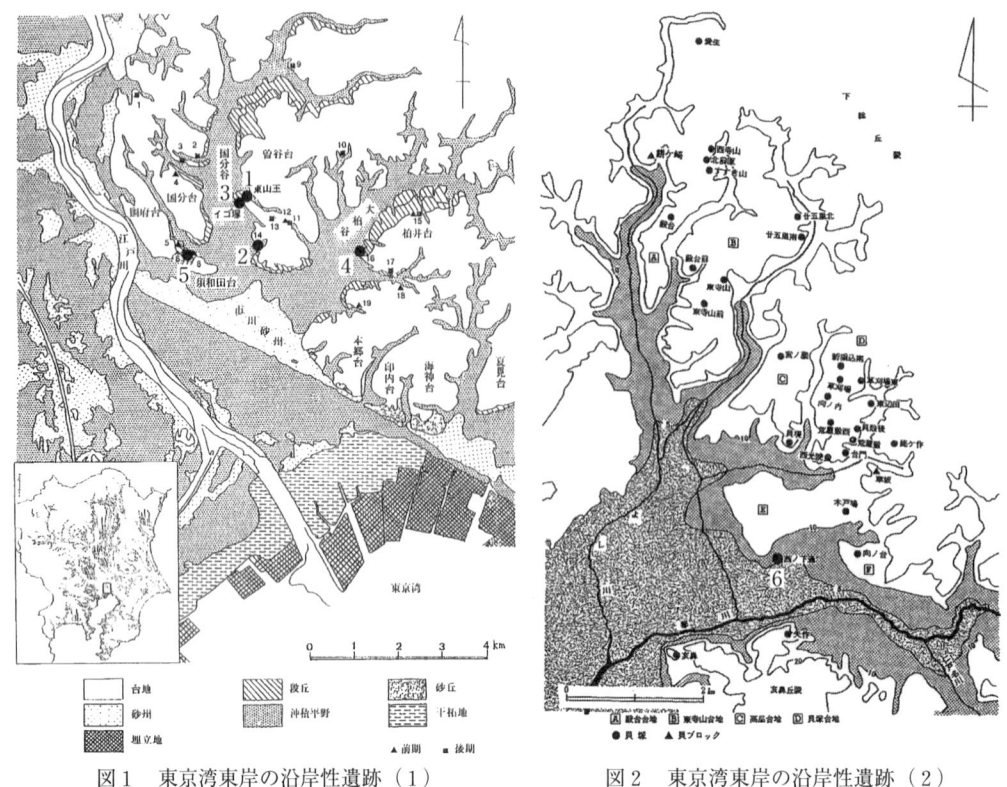

図2　東京湾東岸の沿岸性遺跡（2）
（武田　1990）第4図を縮小して一部加筆

域ではみられない。これらの遺跡はすべて「複合型」とされるものであり，南東京湾岸域の千葉市神門遺跡（早期後半〜前期前半），市原市姉崎妙経寺貝塚（中期前半〜後半）も同様である。これに対して中期後半以降の遺跡では，市原市実信貝塚と市川市内の後期遺跡群が「単純型」とされる。実信貝塚は市原条里制遺跡の一角を占め，その周辺が県立スタジアム用地として調査された際に，早期のブロック状貝層と中・後期の遺物包含層が検出された。この地点を市原条里制遺跡（県立スタジアム）（以下，「市原条里・県スタ地点」と呼称する。）として対象遺跡に加えた。

　これらの遺跡についてもう少し個別に見てみると，「複合型」とされた遺跡でも，市川市根古谷遺跡，須和田遺跡第28地点（以下，須和田遺跡）で貝類以外の遺物が少ない。また，貝層の組成については，市川市東山王貝塚Ⅰ期と神門遺跡でやや限定的である。宝導寺台貝塚は「複合型」としては貝類の組成と焼貝ブロックの存在が「単純型」により近く，「単純型」としては土器・石器の量がやや多いと思われる。貝類の組成を除けば，東山王貝塚Ⅰ期と姉崎妙経寺貝塚が「複合型」の特徴をよく示していると言えよう。特に姉崎妙経寺貝塚は，獣骨と黒曜石チップが多量に出土していることから，狩猟と石器製作という貝類採取以外の多様な活動が裏付けられている。神門遺跡では，貝類以外にも遺構として認識できるほどの魚骨やイルカが出土しているが，これは別な意味で水産資源獲得に専業化した遺跡とも言えるのではないだろ

図3　東京湾東岸の沿岸性遺跡（3）
（武田　1991）付図17を縮小して一部加筆

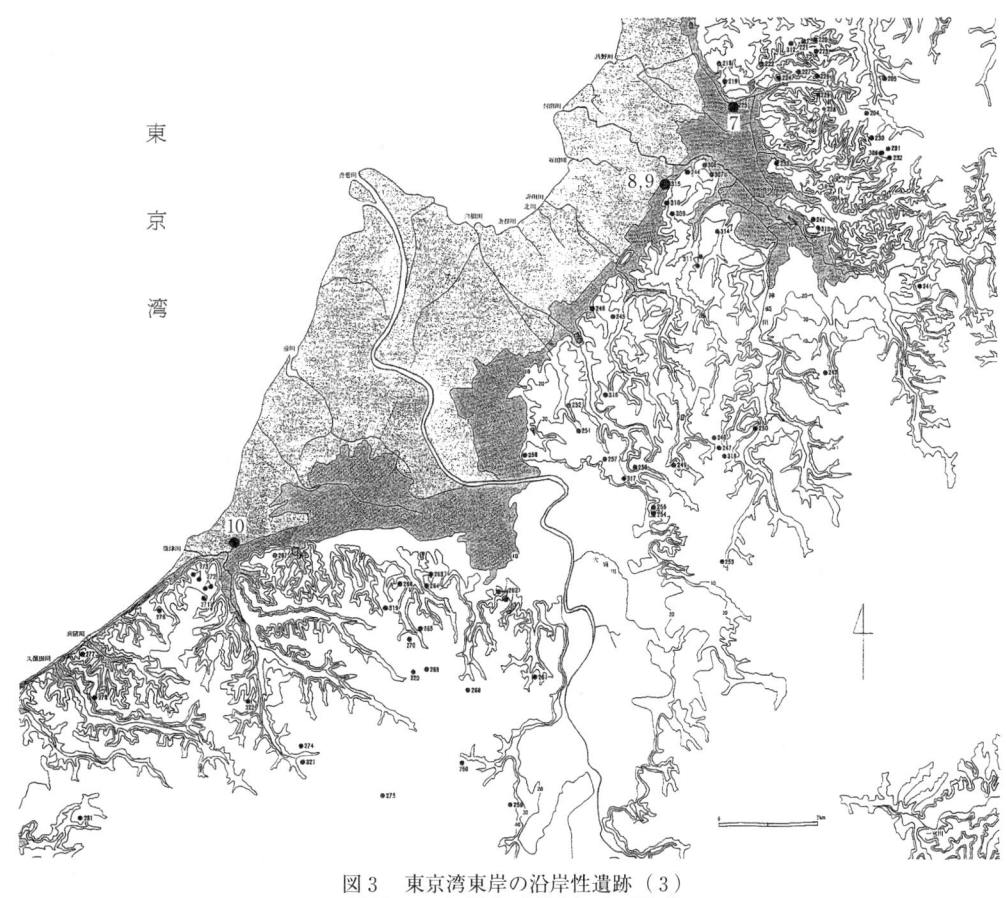

うか。これら3遺跡には共通して集石遺構が検出されている。

「単純型」とされる遺跡については，市川市イゴ塚貝塚と奉免安楽寺貝塚が典型的な様相を示し，遺物の少なさと焼貝層の存在がみてとれる。貝類の組成もマガキないしハマグリに偏っている。いづれも植月が指摘した後期低地性貝塚の限定性を表している。同じ後期の東山王貝塚Ⅱ期については，貝種の多様性がやや異なるところか。実信貝塚は「単純型」とされたが，被熱貝の存在を除いて，多量の土器片錘や鹿の解体跡などから，貝の処理以外にも漁労・狩猟等の多様な活動を行っていたことが窺える。さらに埋葬人骨も検出されており，居住の痕跡こそみられないものの，一般集落にかなり近い面も有していたようである。貝層の組成に関しても，主体種のハマグリが5割前後であるので，偏りは弱いと言える。隣接する市原条里・県スタ地点第二期（中・後期段階）では，実信貝塚の時期と重なる多量の土器が出土している。

東京湾東岸の遺跡群は，時期別におよそ3つのグループに分けることができよう。まず，神門遺跡と市原条里・県スタ地点第一期であるが，早期後葉から前期前半までの時期である。いづれも貝塚ないし小貝層を形成し，神門遺跡では活発な活動が窺える。この時期は海進の最盛期前後にあたり，台地上の集落とは別に低地への進出が開始された頃である。

次に前期後半から中期前半の時期に形成されたグループがある。東山王貝塚Ⅰ期，根古谷遺跡，須和田遺跡，宝導寺台貝塚のほか姉崎妙経寺貝塚を含める。姉崎妙経寺貝塚を除く遺跡はすべて前期後半から中期初頭に限定され，いづれも「複合型」とされた。研究史で触れたように前期末前後に台地上の遺跡数が減少する。市川市域ではこれに呼応するかのように低地性貝塚が増えることから，植月はこの時期の低地性貝塚を「テンポラリーな居住地」と考えた（植月 1999：80～83頁）。他地域に比べて東京湾東岸はこうした遺跡のあり方が顕著であると言える。

　３つ目のグループは，中期後半から後期に形成されたグループである。実信貝塚，市原条里・県スタ地点第二期，東山王貝塚Ⅱ期，イゴ塚貝塚，奉免安楽寺貝塚が含まれる。およそ「単純型」とされる遺跡が占めている。姉崎妙経寺貝塚も一部重なるが，他の遺跡が中期後半以降を主体とするので別扱いとした。加曽利Ｅ式期から堀之内式期までにほとんどの遺跡が形成されている。奉免安楽寺貝塚のみ，加曽利Ｂ式期の遺跡である。

　なお，東京湾東岸で中期前半に形成された沿岸性遺跡は，今回のなかでは姉崎妙経寺貝塚のみであり，やや特異な遺跡と言えよう。

東京湾西岸（図４）

　対象とした遺跡が分布する地域は，奥東京湾沿岸の荒川谷沿岸域（北区周辺）と，中東京湾地域の港区周辺である。袋低地遺跡第一期（早・前期段階）を除き，すべて貝層を伴う。貝層の形成時期は中期初頭から後期前半までである。時期的に特に目立った傾向はないようだが，前期後半の遺跡が欠落している。遺跡の性格は，中里類型の標式とされた中里貝塚をはじめ「単純型」の典型例が大方を占める。「複合型」に相当する袋低地遺跡は袋類型の標式でもあり，第二期（中期後半段階）以降で多量の土器片錘や獣・魚骨の出土をみる。

　個別の状況についてみると，袋低地遺跡は，第一期が神門遺跡とほぼ同時期で集石遺構も検出されているが，貝層は伴わない。貝塚形成以降の遺跡の性格は，時期により違いがみられる。第三期（後期前半段階）が比較的多様な活動を示すのに対し，第二期の内容は，漁労活動の痕跡を示してはいるが単純型により近いものである。土器・魚骨が少なく，貝類の組成はハマグリが９割を占め単調である。なお，遺跡内に旧河川の流路跡が検出されていることから，第二期以降はすでに周辺の陸地化がある程度進んでいたことが想定されるので，海浜部に限らず周辺河川での活動も考慮する必要があるだろう。また，後期後半以降も盛んに遺物集中地点が形成されるのであるが，もはや海産資源を利用した痕跡は確認できない。

　中里貝塚と伊皿子貝塚はともに「単純型」で，ハマ貝塚の例としてよく引き合いに出される遺跡である。中里貝塚は，貝塚自体の規模の膨大さに比べて貝類以外の遺物の少なさが明瞭であり，貝類の組成もマガキ・ハマグリにほぼ限定される。さらに焼け貝と焼礫を出土した木枠付き土坑がマガキの処理施設と考えられ，遺跡の専業的な性格を浮き立たせている。こうした専用の施設とは別に焚き火址も検出されており，ハマ貝塚として最も特化した遺跡と言えるだ

ろう。隣接する中里遺跡では，中里貝塚の貝層形成直前にあたる中期初頭の貝塚が検出されている。中里遺跡の立地は，まさに沿岸そのものであり，海進最盛期の前期に形成された波食崖や，砂浜に変化した中期中葉の汀線も検出された。また，中里貝塚の時期にあたる土器片錘が多量に出土し，中里貝塚と異なる「複合型」としての活動類型が想定されよう。なお，独木舟も検出されている。

伊皿子貝塚，東京都港区丸山貝塚はともに，「単純型」の特徴をよく備えている。貝類以外の遺物が少ない点，貝類の組成がマガキやハイガイに偏る点，焼貝層の存在が指摘できる。時期的には中期後半の丸山貝塚が先行し，これと入れ替わるように伊皿子貝塚で堀之内式期の貝層が形成された。両遺跡は位置的にも比較的近いため，時期的に補完し合う関係にあったとみることもできよう。また，伊皿子貝塚では貝層形成以前の後期初頭に住居跡が単独で構築されており，本格的な専業活動に備えての下見とか準備という意味合いもあるのかもしれない。

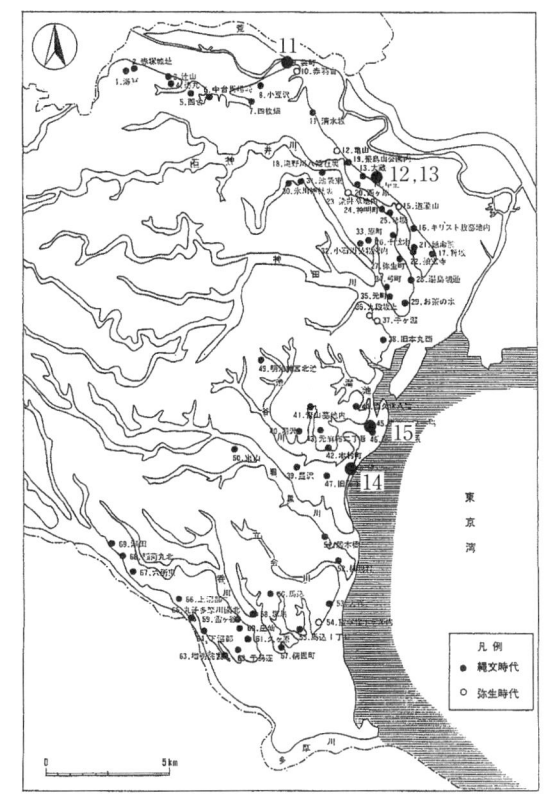

図4 東京湾西岸の沿岸性遺跡
(東京都教育委員会 1985) 第4図を縮小して一部加筆

貝層形成期の活動類型を限定しなければ，東京湾東岸の姉崎妙経寺貝塚でも似たような，住居跡構築（中期初頭）から貝層形成（中期前半）というパターンがみられる。

以上のように，東京湾西岸の遺跡群は，東岸に比べて少ない遺跡数のなかでも，典型的な「単純型」の遺跡が目立っていることが指摘できた。こうした状況の背景として，阿部芳郎は，武蔵野台地を流れる河川とその支谷の距離が長いことと，採貝に適した良好な環境が確保されていたことを示している。このことにより，豊富な資源をひとつの河川流域で複数の集団により分配するシステムが想定され，交易品生産のための専業的活動という考えには否定的である（阿部 2000：254〜257頁）。

九十九里沿岸（図5・図6）

主な分布域は，北部の旭市から光町周辺と，中央部の東金市から南部の茂原市周辺である。九十九里沿岸の地形的環境は，東京湾岸と大きく異なり，広大な海岸平野と砂堤列の存在が特

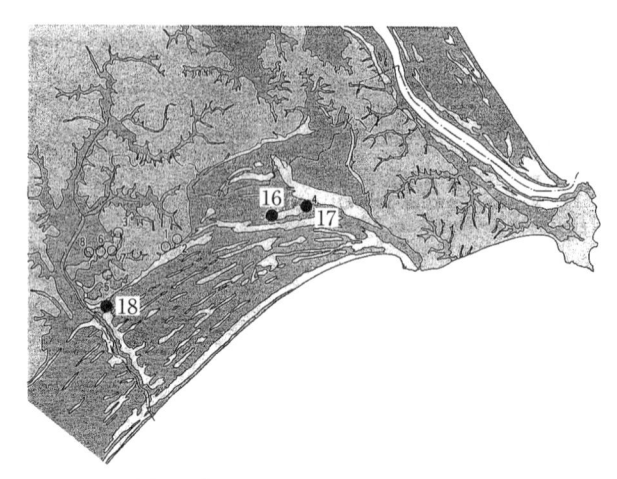

図5　九十九里沿岸の沿岸性遺跡（1）
（財団法人　東総文化財センター　1998）（図2）を縮小して一部加筆

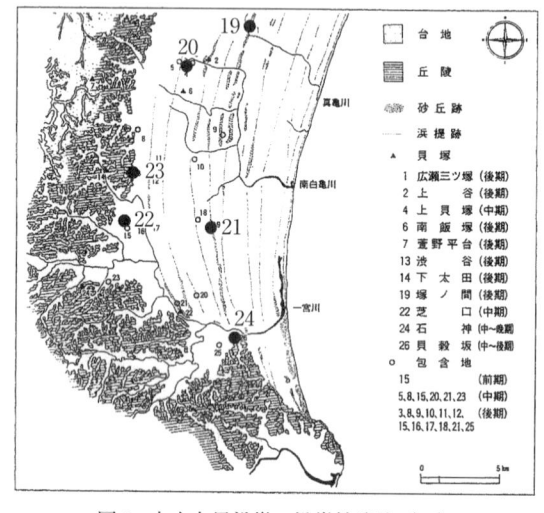

図6　九十九里沿岸の沿岸性遺跡（2）
（小高　1989）第2図を縮小して一部加筆

徴である。砂堤列はその形成時期により3つのグループに分けられており，第2砂堤列までが縄文時代に形成されたと考えられている（森脇　1979：8～9，13～14頁）。この地域の遺跡群の特徴として，主体時期が中期後半以降の遺跡のみであること，貝層を伴わない遺跡が多いことが指摘できるだろう。これまで低地性貝塚に関わる類型分けには取り上げられてこなかったため，ここで既存の類型に当てはめながら概観してみたい。

まず，北部の旭市坊ノ場遺跡（後期前半），仲島遺跡（中期後半），光町中島遺跡（後期初頭）は，いずれも第I砂堤帯に立地し，竪穴状遺構や炉跡という居住の痕跡が検出されているが，貝層は伴わない。そして遺物量が比較的多いことが注目される。仲島遺跡では炉跡から多量の動物遺存体も検出されたという（財団法人　東総文化財センター　1998：22～24頁）。坊ノ場遺跡と仲島遺跡は距離的にも近く，同一の砂堤上に立地する。この砂堤は旧椿海に面し，台地からは孤立した位置にあると言える。これらの遺跡は貝塚ではないので，低地性貝塚の類型には当てはまらない。

坊ノ場遺跡は，検出された竪穴状遺構に炉が伴わず，キャンプサイトという評価が与えられている（赤塚　1995：7～8頁）。これに対して，仲島遺跡と中島遺跡ではともに炉跡が検出され，前者は獣・鳥・魚骨が多量に出土し，後者では中期末から後期中葉の土器が多量に出土した。両遺跡のこうしたあり方はキャンプサイトの範疇に収まるものではないと思われ，集落の機能を補う一定の役割を果たしていたと考えられよう。

こうした遺跡を理解する考え方として，「台地部から海岸へ移動する際の中継地点」（西山

表 1　沿岸性遺跡地名表

東京湾東岸			
1	市川市東山王貝塚I期	諸磯式〜五領ヶ台式期貝層約24m³/0.3〜0.4m厚/ハマグリ・アサリ8割/土器多い、集石遺構
2	市川市東山王貝塚II期	後期前半貝層24m²/0.4m厚/貝種多様、人工遺物僅少
3	市川市根古屋遺跡	諸磯式〜五領ヶ台式期貝層（10×15m）/1.4m厚以上/貝種多様（量的比率不明）、土器少量、魚、獣骨/石器僅少
4	市川市イT塚貝塚	堀之内式期貝層約33m³　0.3m厚/マガキ純貝層と焼貝、炭化物等の互層、人工遺物僅少、焚火跡多数
5	市川市奉免東サ貝塚	加曽利B式期貝層100×30m/（2100m²）/1m厚/マガキ主体・ハマグリ/焼貝層と炭化物・灰、土器少量、獣・魚骨欠如
6	市川市須和田遺跡第28地点	前期後葉（〜中期初頭）貝層6×3m以上/0.6m厚/ハマグリ主体、土器少量
7	千葉市宝導寺台貝塚（西ノ下通貝塚）	諸磯式〜下小野式期水平堆積貝層40×35m/2.5m厚/ハマグリ・マガキ主体/焼貝ブロック/土器中量、石器やや多、軽石多い
8	千葉市神門遺跡	条痕文期・前期中葉貝層32×30m/2.6m厚/ハマグリ5割厚有、集石跡、魚骨集積（前期末）/イルカ解体跡・魚骨集積（前期初頭）
9	市原市実信貝塚	加曽利E式期主体貝層（〜晩期後半）47×29m/940m²/1.2m厚/ハマグリ主体、被熱貝集中地点170、土坑1、土器片錘多量、鹿解体跡、屈葬人骨、獣・魚骨欠如、後期中葉〜晩期終末包含層
10	市原市原条里制遺跡（県スタ）①	条痕文期貝層5×4m/0.5m厚/ハマグリ主体/土器多量/土器片錘少量
	市原市原条里制遺跡（県スタ）②	加曽利E式〜堀之内式期包含層/長さ100m以上・幅10m以上/1.2m厚/ハマグリ・イボキサゴ主体、獣骨・黒曜石片多量、集石遺構1、中期初頭住居跡1
	市原市姉崎妙経寺貝塚	勝坂・阿王台式〜加曽利E式期貝層351m²/1.7m厚/290.3m³/ハイガイ・マガキ8割/焼貝層主体・加曽利E式土器片錘多様、前期波食崖、中期汀線検出
東京湾西岸			
11	都北区袋低地遺跡①	台地直下砂礫層、早期末〜前期前半集石遺構41、（〜前期初頭）炭化物集中地12、焼土址3
12	都北区袋低地遺跡②（袋町貝塚）	台地直下旧流路周辺・加曽利E式期貝層17m²以上/0.7m厚/ハマグリ9割・土器・魚骨僅少・周辺出土土器片錘30点（加曽利E式）
13	都北区袋低地遺跡③（袋町貝塚）	後期前半貝層132m²以上/1m厚/マガキ主体/ハマグリ・ヤマトシジミ多、魚骨出土、土器中量、牙製垂飾品
14	都北区中里遺跡	勝坂式〜称名寺式期貝層（500×100m）4.5m厚/マガキ・ハマグリの中〜大型個体にほぼ限定、人工遺物、石器・漁労具僅少/杭列、木枠付土坑（焼け貝・焼礫含む）……マガキ処理施設）、焚き火址
15	都港区伊皿子貝塚	五領ヶ台式期貝層0.6m厚/マガキ・ハマグリ主体、集気2、阿王台式〜加曽利E式期土器片錘多量、礫多量、魚骨少ない、獣骨多量、貝製品多い、漁労具僅少、後期初頭繁石住居跡1、後期中葉以降貝層（20×30m0.8m厚）/マガキ7割、魚骨、人工遺物僅少
	都港区丸山貝塚	台地斜面直下砂層上、中期後半以降堅穴住居層、土器中量
九十九里沿岸			
16	旭市坊ノ場遺跡	第I砂堤帯、堀之内式期竪穴状遺構1、土器中量
17	旭市仲島遺跡	第I砂堤帯、加曽利E式期炉跡3、土器中量、土器片錘等出土、動物遺存体多量
18	西蔵郡光町中島遺跡	第I砂堤帯、後期初頭炉跡、中期中葉土器多量
19	東金市広瀬三ツ塚貝塚	第II砂堤帯、後期中葉〜後半貝層/貝種多様
20	山武郡大網白里町上貝塚	第I砂堤帯、加曽利E式期馬蹄形貝層/径60m/幅約10m/0.2m厚/砂層とH層、ダンベイキサゴ・チョウセンハマグリ・ダンベイキサゴ主体、獣骨僅少、人工遺物僅少
21	長生郡白子町聖ノ間貝塚	第II砂堤帯、加曽利E式期貝層（30×20m）/0.2m厚以上/チョウセンハマグリ・ダンベイキサゴ原、貝層多様、加曽利B式包含層
22	茂原市小林西之前遺跡	第I砂堤帯、称名寺式期竪穴住居跡2、土坑1、堀之内式期/0.5m厚以上/貝層多様/魚・海獣・鳥骨出土、漁労具欠如
23	茂原市渋谷貝塚	丘陵頂部丘上、堀之内式期貝層20×50m/0.9m厚/貝種多様、海獣骨出土、土器多い、石器8点、骨角製品出土
24	長生郡一宮町一宮貝塚（貝殻塚貝塚）	丘陵裾部微高地上、丘陵斜面堀之内式主体（ハマグリ）9割、獣・海獣、魚・鳥骨出土、石器、骨角器等出土（漁労具多い）

表2　各遺跡主体時期の変遷

	早期		前期			中期			後期				晩期
	前・中葉	後葉	初頭	前半	後半	初頭	前半	後半	初頭	前葉	中葉	後葉	

東京湾東岸

神門遺跡
市原条里制遺跡(県スタ)①
東山王貝塚Ⅰ期
根古屋遺跡
須和田遺跡第28地点
宝導寺台貝塚
姉崎妙教寺貝塚
実信貝塚
市原条里制遺跡(県スタ)②
東山王貝塚Ⅱ期
イゴ塚貝塚
奉免安楽寺貝塚

東京湾西岸

袋低地遺跡①
中里遺跡
中里貝塚
袋低地遺跡②
丸山貝塚
伊皿子貝塚
袋低地遺跡③

九十九里沿岸

仲島遺跡
上貝塚貝塚
中島遺跡
小林西之前遺跡
坊ノ場遺跡
渋谷貝塚
一宮貝塚
塚ノ間貝塚
広瀬三ツ塚貝塚

2002：9頁）という概念がある。大網白里町上貝塚貝塚に対する評価ではあるが，台地・丘陵から海岸までの距離が遠いことと，北部において独木舟の出土が顕著なことを考慮すると，仲島遺跡のような遺跡も，ある程度の居住を伴う中継地点と考えることができるだろう。

　次に東金市以南の遺跡についてみてみたい。上貝塚貝塚（中期後半），茂原市小林西之前遺跡（後期初頭）は第Ⅰ砂堤帯に立地する。また茂原市渋谷貝塚（後期前半）はさらに内側の砂丘に立地している。東金市広瀬三ツ塚貝塚と白子町塚ノ間貝塚はともに第Ⅱ砂堤帯に立地しており，後期中葉以降の形成である。一宮町一宮貝塚（後期前半）は丘陵裾部の微高地上に立地する。小林西之前遺跡を除き貝塚であり，北部の様相と異なる。時期的には中期後半から後期後半に及ぶ。後期後半に貝層が形成された広瀬三ツ塚貝塚は，今回の対象遺跡のなかでも数少ない例である。

　各遺跡の性格を既存の類型から検討してみると，上貝塚貝塚は貝類以外の遺物に乏しいことから単純型に適用できようか。ただしその様相は東京湾岸の遺跡と比べると著しく異なり，焚き火や焼貝の痕跡は確認されていない。貝類の組成は単調である。貝類組成の評価については，九十九里沿岸の低地性貝塚や台地上の遺跡との比較が必要とされるので，事実のみ指摘しておく。渋谷貝塚[8]，一宮貝塚は遺物の豊富さから複合型ということができよう。魚・獣骨等の出土から，いづれも漁労と狩猟の両活動が行われていたと想定される。特に一宮貝塚での漁労活動の活発さが窺える。渋谷貝塚では遺物の出土量に比べて，貝類の組成は単調である。広瀬三ツ塚貝塚，塚ノ間貝塚は詳細が不明であるので性格は推定できないが，位置的に最も海岸寄りに存在する点が注目される。小林西之前遺跡では後期初頭の竪穴住居跡が2軒検出されている。炉を伴っており，報告では被熱度が弱いことから「キャンプ的要素が強い」（津田 1985：66頁）とされたが，西山太郎は定住性を評価している（西山 2002：6頁）。

　ここで，遺跡の時期と立地の関係についてまとめておきたい。最も古く中期後半に形成された仲島遺跡と上貝塚貝塚は，第Ⅰ砂堤帯に立地する。次に後期前半期を主体時期とする遺跡群のうち，坊ノ場遺跡，中島遺跡，小林西之前遺跡は第Ⅰ砂堤帯に立地している。渋谷貝塚，一宮貝塚はさらに内側の砂丘や微高地に立地しており，前段階の上貝塚貝塚よりも内陸寄りに位置している。後期中葉以降の広瀬三ツ塚貝塚，塚ノ間貝塚は第Ⅱ砂堤帯に立地する。時期が下るにつれて海岸線は後退し，それに伴い遺跡の分布位置もより外側の砂堤列へと変化したことが窺えるが，後期前半期の遺跡は必ずしもそうではなかった。最も内陸側にある渋谷貝塚，一宮貝塚で漁労活動の痕跡が顕著なのは興味深い。

Ⅳ．まとめ

　最後に全体の概況をまとめ，若干の問題点を指摘して結びとしたい。まず，対象遺跡全体を通して見た時期的な傾向について概観する。遺跡の形成時期からみると，およそ以下の4つのグループに分けることができる。

　a．早期後半から前期前半までに属する遺跡群

b．前期後半から中期初頭に属する遺跡群
　　c．中期後半を中心として前後の時期に形成された遺跡群
　　d．後期に形成された遺跡群

　a群には神門遺跡　市原条里・県スタ地点第一期　袋低地遺跡第一期が含まれる。b群には東山王貝塚Ⅰ期　根古谷遺跡，須和田遺跡，宝導寺台貝塚が相当し，中里遺跡も貝層形成は中期初頭であるのでこれに含める。c群には姉崎妙経寺貝塚，中里貝塚，袋低地遺跡第二期，丸山貝塚，仲島遺跡，上貝塚貝塚が相当し，実信貝塚の貝層は中期後半が主体であるのでこれに含める。d群はさらに，後期前半の一群と後期中葉以降の一群に分かれる。仮にd1群・d2群とすると，d1群には東山王貝塚Ⅱ期，イゴ塚貝塚，伊皿子貝塚袋低地遺跡第三期，中島遺跡，小林西之前遺跡，坊ノ場遺跡，渋谷貝塚，一宮貝塚のほか，中期後半からの継続であるが，市原条里・県スタ地点第二期を含める。d2群には奉免安楽寺貝塚，塚ノ間貝塚，広瀬三ツ塚貝塚が相当する。

　各遺跡群の数を比較すると，a群3遺跡，b群5遺跡に対し，d群が13遺跡で最も多く，7遺跡のc群がこれに次ぐ。d群はd1群だけでも10遺跡あり，後期前半期の遺跡が多いことがわかる。これを地域別に見ると，東京湾東岸ではa群2遺跡，c群2遺跡に対し，b群とd群が拮抗してともに4遺跡である。東京湾西岸は，a群・b群がともに1遺跡で，c群3遺跡，d群2遺跡の順になる。遺跡数の少なさを考慮すると，中期の遺跡がやや目立つと言える。九十九里沿岸は，c群2遺跡のほかはすべてd群に含まれる。d群7遺跡のうちd1群が5遺跡，d2群が2遺跡である。b群は東京湾岸に集中しており，植月が「複合型」として提示した遺跡群に相当する。市川市域以外ではごく数遺跡しか確認されておらず，普遍的な存在であるのか今後の資料の蓄積を待たねばならない。d群は九十九里沿岸に偏在する傾向がある。

　次に，遺跡の性格について見てみると，d群の遺跡には東京湾岸と九十九里沿岸で傾向の違いが指摘できよう。東京湾岸では「単純型」の特徴を備えるものが多く，逆に九十九里沿岸では渋谷貝塚　一宮貝塚など「複合型」の特徴を示す遺跡が目立っている。また，「単純型」とみられる上貝塚貝塚にしても，東京湾岸の単純型遺跡とは様相を異にしていた。すなわち，九十九里沿岸には典型的な「単純型」の遺跡は存在していないと言える。東京湾岸のなかでも東西での差異があり，西岸に「単純型」が顕著で，東岸の「単純型」はd群に属する遺跡が多かった。

　以上，時期別にまとまりが認められる遺跡群を抽出し，地域的な傾向に触れてきた。ここで，遺跡の評価における若干の問題点を挙げておきたい。まず，九十九里沿岸に多く存在する，貝層を伴わない遺跡群をどう位置づけるかという問題が存在する。これは，伊皿子貝塚，姉崎妙経寺貝塚でみられた，貝層形成以前の単独住居跡をどう評価するかということにも通じている。また，中里遺跡や市原条里・県スタ地点など，主要な貝塚に隣接する遺跡も対象となってくる。このほか，活発な活動が窺えるa群の遺跡に対する評価も，台地上の遺跡との比較を通じて検討される必要があるだろう。また，今回の検討で，既存の類型に合致しない遺跡も指摘できた。

これらの遺跡の再評価も合わせて，今後の課題としたい。

註
1）阿部芳郎による一連の論考と（阿部 1996, 1997, 2002）と植月学による研究（植月 1999, 2000）がある。
2）前掲（阿部 1996）。
3）植月学により定義された。「一般的に集落が形成されることが多い洪積台地上（標高20m前後）よりも海へのアクセスがよい場所」（植月 2000：93頁）を指す。
4）阿部による「袋類型」（阿部 1997），植月による「単純型」（植月 2000）が設定された。
5）前期末の遺跡数減少については，渋江芳浩・黒尾和久や今村啓爾によって積極的な解釈が試みられている。
　渋江芳浩・黒尾和久 1987「縄文時代前期末の居住形態〈予察〉」『貝塚』39　1～9頁
　今村啓爾 1992「縄文前期末の関東における人口減少とそれに関連する諸現象」『武蔵野の考古学～吉田格先生古稀記念論文集～』85～116頁
6）「キャンプサイト」という用語も概念が曖昧であるが，最近では工藤大の論考がある。
　工藤　大 2002「いわゆるキャンプ・サイト等について」『海と考古学とロマン－市川金丸先生古稀記念献呈論文集－』209～221頁
7）東木龍七 1926「地形と貝塚分布より見たる関東低地の旧海岸線（一），（二），（三）」『地理学評論』第二巻第七号　45～55頁，八号　27～46頁，九号　24～52頁。
8）筆者はかつて渋谷貝塚の報告のなかで，「拠点集落」という表現を用いた（沖松 1997：33～34頁）。これは，中里貝塚のような専業的な遺跡よりも渋谷貝塚が一般の集落に近い出土内容を示し，周辺の丘陵上には同時期の拠点的な集落が確認されていないことに拠る。しかし，現在では「拠点」という表現が適当ではなかったと考えている。

引用・参考文献
赤塚弘美 1995『千葉県旭市坊ノ場遺跡』財団法人 東総文化財センター
阿部芳郎 1997「第一章　第二節　台地上の大きなムラ跡と海辺での活動」『北区史　通史編　原始古代』
　　　　　　81～96頁
　　　　 1996「口絵　水産資源の活用形態」『季刊考古学』55号　10～11頁
　　　　 2002「縄文時代の生業と中里貝塚の形成」『中里貝塚』東京都北区教育委員会　243～259頁
植月　学 1999「縄文時代前半期低地性貝塚の研究―国分川流域の事例分析―」『早稲田大学大学院文学研究科紀要』44－4　73～85頁
　　　　 2000「縄文時代後期における貝類採集活動の空間的構造低地性貝塚の分析を中心に」『史観』
　　　　　　142　92～109頁
小高春雄 1989「白子町塚ノ間貝塚について」『竹箆』第6号　10～11頁
金子浩昌 1981「第10章6－（2）東京湾西岸貝塚群と伊皿子貝塚」『伊皿子貝塚遺跡』440～451頁
財団法人 東総文化財センター 1998『東総文化財センター年報3（平成7・8年度）』財団法人 東総文化財センター
酒詰仲男 1951「地形上より見たる貝塚－殊に関東地方の貝塚について－」『考古学雑誌』第37巻第1号
　　　　　　1～14頁

鈴木公雄 1982「伊皿子と木戸作—二つの縄文貝塚の比較をめぐって—」『稲・舟・祭—松本信廣先生追悼論文集—』139～159頁　六興出版
武田宗久 1990「縄文時代における東京湾東沿岸地域の海進海退（3）」『貝塚博物館紀要』第17号　1～38頁
　　　　　1991「縄文時代における東京湾東沿岸地域の海進海退（4）」『貝塚博物館紀要』第18号　1～24頁
津田芳男 1985『小林西之前遺跡』財団法人　茂原市文化財センター
東京都北区教育委員会 1997『中里貝塚−発掘調査概報−』
東京都教育委員会 1985『都心部の遺跡−貝塚・古墳・江戸−』
西山太郎 2002「九十九里地域の低地遺跡再考」『財団法人　東総文化財センター　設立10周年記念論集』1～18頁
保坂太一，樋泉岳二ほか 2000『中里貝塚』東京都北区教育委員会
堀越正行 1983「奉免安楽寺の提起する問題」『史館』14号　1～13頁
森脇　広 1979「九十九里浜平野の地形発達史」『第四紀研究』第18巻第1号　1～16頁

表データの出典
赤塚弘美 1995『千葉県旭市坊ノ場遺跡』財団法人　東総文化財センター
植月　学 1999「縄文時代前半期低地性貝塚の研究—国分川流域の事例分析—」『早稲田大学大学院文学研究科紀要』44−4　73～85頁
植月　学，松田光太郎ほか 2000『東山王貝塚・イゴ塚貝塚』市川市教育委員会
沖松信隆 1997『茂原市渋谷貝塚発掘調査報告書』財団法人　千葉県文化財センター
小久貫隆史，加納　実，高梨友子 1999『市原市市原条里制遺跡』財団法人　千葉県文化財センター
小高春雄ほか 1985「大網白里町上貝塚発掘調査報告」大網白里町史編さん委員会
小高春雄 1986「第一章　第二節　縄文時代」『大網白里町史』42～81頁
　　　　　1989「白子町塚ノ間貝塚について」『竹箆』第6号10～11頁
北区史編纂調査会編 1997『北区史　通史編　原始古代』東京都北区
北区教育委員会 1997『中里貝塚発掘調査概報』東京都北区
小出紳夫，忍澤成視 1996「2．姉崎妙経寺遺跡」『第11回市原市文化財センター　遺跡発表会要旨　平成7年度』財団法人　市原市文化財センター　8～12頁
財団法人　東総文化財センター 1998『東総文化財センター年報3（平成7・8年度）』財団法人　東総文化財センター
　　　　　2004『東総文化財センター年報9（平成14年度）』財団法人　東総文化財センター
佐藤　隆，新田浩三 1997「市原条里制遺跡（県立スタジアム）の調査成果」『研究連絡誌』第49号　財団法人　千葉県文化財センター　1～12頁
庄司　克 1970「千葉市都町　宝導寺台貝塚発掘調査概報」『貝塚博物館紀要』第3号　6～17頁
　　　　　2000「宝導寺台貝塚」『千葉県の歴史—資料編　考古I』千葉県　438～441頁
高柳圭一 1992「〈全国貝塚最新情報〉千葉県実信貝塚」『季刊考古学』第41号
高山　優ほか 1998「第II部　港区　丸山貝塚」『都内重要遺跡等調査報告書』都内重要遺跡等調査団　211～233頁

津田芳男 1985『小林西之前遺跡』財団法人 茂原市文化財センター
寺門義範ほか 1991『千葉市神門遺跡』千葉市教育委員会，財団法人 千葉市文化財調査協会
東北新幹線赤羽地区遺跡調査会調査団編 1992『袋低地遺跡－考古編－』東北新幹線赤羽地区遺跡調査会，
　　　　東日本旅客鉄道株式会社
外松　恵 1996『根古谷貝塚の土器』人類学博物館紀要　第15号　南山大学人類学博物館
中里遺跡調査団 1984『中里遺跡－発掘調査の概要Ⅰ－』東北新幹線中里遺跡調査会
　　　　　　　　1985『中里遺跡－発掘調査の概要Ⅱ－』東北新幹線中里遺跡調査会
西山太郎 2000「一宮（貝殻塚）貝塚」『千葉県の歴史―資料編　考古Ⅰ』千葉県　810～811頁
古内　茂 2000「上貝塚貝塚」『千葉県の歴史―資料編　考古Ⅰ』千葉県　824～825頁
保坂太一，樋泉岳二ほか 2000『中里貝塚』東京都北区教育委員会
堀越正行 1983「奉免安楽寺の提起する問題」『史館』14号　1～13頁
港区伊皿子貝塚遺跡調査団編 1981『伊皿子貝塚遺跡』日本電信電話公社，港区伊皿子貝塚遺跡調査会
山口慶一ほか 2001『袋低地遺跡』東京都埋蔵文化財センター

海と考古学

第5号

目 次

環オホーツク海文化圏の「種族」についての諸問題
　　　　　　　　　　デリューギン, V. A・デネコ, A. B.　　1

北海道における亀ヶ岡式土器と在地系土器の系統
　　　　　　　　　　　　　　　　　　福田正宏　　19

岩木川流域における縄文晩期および弥生時代の遺跡群
　　　　　　　　　　　　　　　　　　高瀬克範　　53

バリシャヤ・ブフタ1集落遺跡とアムール下流域・サハリンの
文化に関する幾つかの問題
　　　　　　　シェフコムード, I. Ya.・木山克彦（訳）　　73

海交史研究会

2003.2

東北地方太平洋岸弥生時代以降における漁撈民の多様化
— 仙台湾周辺出土回転式銛頭を手がかりとして —

山 浦　　清

はじめに

　仙台湾から三陸海岸（図1参照）にかけては、縄文時代、貝塚の発達と多種多様な骨角製漁撈具の出土で知られる。回転式銛頭ことに燕形銛頭は多くの人々の関心を引いた遺物である。こうした銛頭を使用しての漁撈活動は、マグロなどの大型表層魚あるいはアザラシ・クジラなどの海棲哺乳動物を追いかけるといった点から、最も発達した、あるいは特殊化した漁撈活動とされ、リスクも大きく、投機的な生業とされている[1]。

　弥生時代以降においても、回転式銛頭使用の伝統が無くなったわけではなく、仙台湾を中心として存続した。しかしながら当該地域のおける漁撈民も、農耕社会の出現により、たんに漁撈活動を行っているだけでは済まない状況となったことは容易に想像される。本論では、回転式銛頭を手がかりに、それらを使用する人々が当該地域において、いかなる形での漁撈活動を展開したのか、すなわち弥生農耕民との間にいかなる関係を有したか、また古墳時代からヤマト政権の成立、さらには古代国家の展開過程において、漁撈民がいかなる存在形態を取ることとなったか、といった問題を考えてみようとするものである。

I．弥生時代

1．銛頭資料

　当該地域における弥生時代の回転式銛頭としては、管見の限り3点ある[2]。それらは全て鹿角製であるが、その内、閉窩式とされるもの2点、内1点は七ヶ浜町東宮貝塚出土品（図2-1）である。当遺跡については後に触れることとするが、銛頭の長さは8.9cm、最大幅1.3cmを測る。丸みを持った断面形を呈し、その製作は鉄器によってなされたことが、その加工痕から推測される。ラインホールの穿孔方向が、回転面に対して鉛直方向になされている点が、縄文時代の燕形銛頭と異なる点であり、三浦半島の弥生時代遺跡出土品、あるいは北海道恵山文化に知られる一部の閉窩式銛頭と同一系統に属すると理解することに問題ない（渡辺 1969：232頁、金子 1980：125頁、山浦 1980：5頁）。もち論、縄文以来の伝統的ラインホールの方向を持つものも、一部には残存した（山浦 1996：546頁、高橋 2001：図8-12）。ただこうしたラインホールの転換が、何処で、いかなる理由により生じたかは今後の課題である。

　もう1点は塩釜市崎山洞窟出土品である（図2-2）。崎山洞窟出土品は長さ13.8cm、最大

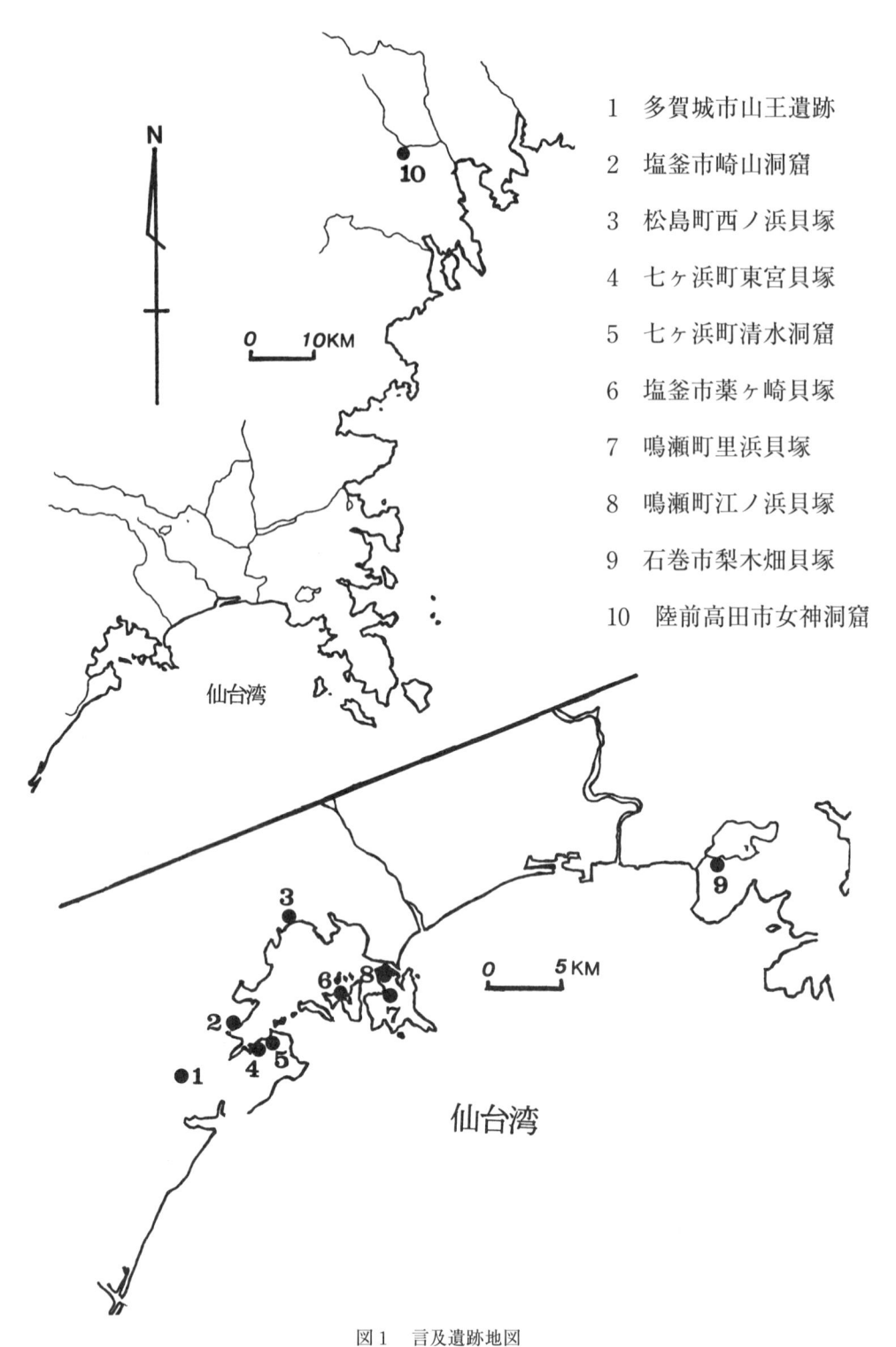

1　多賀城市山王遺跡
2　塩釜市崎山洞窟
3　松島町西ノ浜貝塚
4　七ヶ浜町東宮貝塚
5　七ヶ浜町清水洞窟
6　塩釜市薬ヶ崎貝塚
7　鳴瀬町里浜貝塚
8　鳴瀬町江ノ浜貝塚
9　石巻市梨木畑貝塚
10　陸前高田市女神洞窟

図1　言及遺跡地図

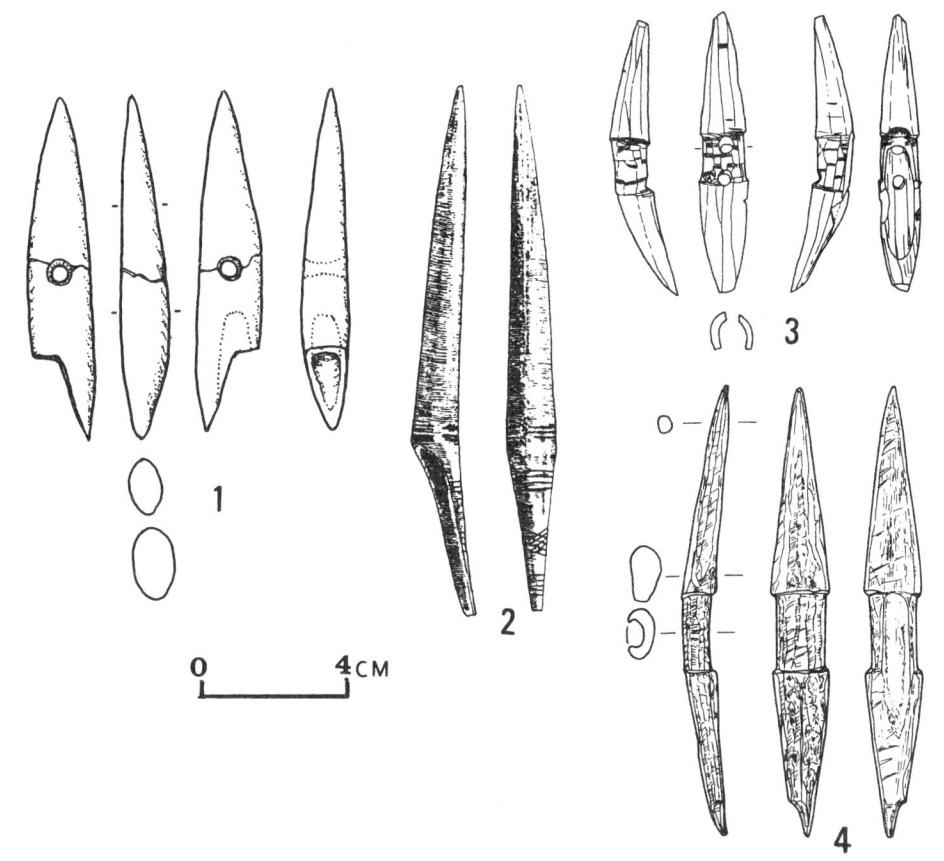

図2　弥生・古墳時代の銛頭
(図版原典については本文参照)
1　東宮貝塚　　2　崎山洞窟　　3　里浜貝塚　　4　山王遺跡

幅1.2cm。細身でラインホールは認められないが，報告者（永澤 1931：10頁）によれば，銛縄が取り付けられた痕跡が認められるという。距部には金属器による刻線文を有する。

　開窩式銛頭も1点（Fig.2-3），鳴瀬町里浜貝塚から検出されている（会田ほか1998：60頁）。長さ7.4cm，最大幅1.29cm。弥生時代中期後半の枡形囲式の時期という。後述する抉入式銛頭として知られるものと同一型式である。ただし締着溝（lashing groove）のところに2小孔が認められる点が興味深いが，残念ながらその具体的な機能は明らかでない。ところで，こうした単純な形態の開窩式銛頭に類似する資料は，縄文時代前期には岩手県域まで北海道から南下するが，東北地方においては，中・後期例は見られず，晩期になって再び出現する（渡辺1995：308頁）。当然のことであるが，それら晩期のものは，距部の形態において燕形銛頭との類似が看取される3距を持つもの，また双距を持つものが目に付く（渡辺 1995：310頁）。しかしながら弥生文化のものにしろ，恵山文化のものにしろ，それら開窩式銛頭の祖形を，前記の閉窩式銛頭と同様，縄文晩期のそうしたものに求めることに問題はなかろう。

2. 漁撈民と農耕民

　松島湾を中心に当地域弥生時代貝塚を集成した菅原弘樹氏（1991）は，そこに二種類の貝塚の存在を指摘されている。その一つは「製塩貝塚」であり，他の一つは「生活拠点貝塚」とされている。松島湾内では前者は12ヶ所，後者は上記七ヶ浜町東宮貝塚のみとされている。製塩貝塚とされたものは季節的な製塩のための作業場であり，貝層もマガキなどを主体とした単純な様相を呈するという。それに対し東宮貝塚においては稲作が行われ，一方では製塩，さらに農閑期に漁撈活動も行われたとしている。一方，藤沼邦彦氏（1997：163頁）は当該期仙台湾での漁撈民の活動つき，やや異なった像を描かれている。すなわち「松島湾などの海辺の村は漁撈活動に，より比重のおかれた半漁半農村で，近くにある大きな農村，たとえば南小泉遺跡や藤田新田遺跡の人々のためにも生鮮食料品としての魚介類・海草なども供給…山村と同じように漁村も大きな農村に従属するような形で地域的関係が新たに生じていたであろう」。こうした想定は，以前筆者が神奈川県逗子市池子遺跡や三浦半島洞窟遺跡をモデルとして描いた漁民像・集落景観，そこにおける漁撈民と農耕民との関係に近い姿をイメージされているようである。もちろん農耕民も漁撈活動も行ったであろうが，重要な点は，漁撈民と農耕民との間に有機的関係があり，農耕民へ水産物を提供する専業的漁撈民の存在を想定してもよいのではなかろうか[3]。

II. 古墳時代

1. 銛頭資料

　古墳時代の銛頭としては１点（図２－４），多賀城市山王遺跡八幡地区から出土しているもののみである（村田ほか 2001：149頁）。多賀城南に広がる当遺跡は，大規模な古墳時代後期集落であり，その七北田川・砂押川の旧河川部からは膨大な量の農耕具を含む木器，さらに骨角器として多数の骨鏃・卜骨なども発見されている。当遺跡から，そうした河川を通して仙台湾に容易に出ることが可能であった想定される。銛頭の出土層位は明確ではないようであるが，古墳時代後期，６世紀後半から７世紀中葉とされている。鹿角製。長さ11.8cm，最大幅1.6cmを測る。弥生時代の開窩式と同一形態である。

2. 古墳時代漁撈民の変容

　古墳時代における仙台湾沿岸地域での漁撈民の活動は残念ながら明確ではなくなる。弥生時代後期以降，製塩遺蹟が認められなくなることも，その一因であろう。

　山王遺跡の自然遺物を分析された菅原氏（村田ほか 2002：179頁）は，魚介類・鳥類には，少なくとも５km以上離れた松島湾沿岸で捕獲されたものも多く見られ，さらに特徴的な銛・ヤスなどの漁撈具の存在から，「稲作を中心としながらも，縄文時代以来の多岐にわたる生業形態と活動域（生業域）の広さが明らかとなった」とされている。

　一方，藤沼氏（1997：196頁）はこの時期，多賀城市大代地区には大きな漁村が存在した可

能性を指摘され，山王遺跡八幡地区出土の漁骨・貝類の分析結果について，「こうした魚の中には春から初夏の農繁期にあたるころ回遊するものがあるので，むしろ漁村の人が中心となって漁獲し，この地区の人々に供給されたと考えてほうがよい」と記述されている。上記した弥生時代漁撈民の延長線上に古墳時代漁撈民をとらえられている。

さらに当該地域での古墳体制の成長が想定される中，漁撈民は多様な在り方を求められることとなったと想定される。地域首長層に対する「贄」貢進を課せられた漁撈民といった存在も想定されよう（山浦 2001：13頁）。また石巻市五松山洞窟との関係で述べたが（山浦 2004：72頁），6世紀末前後から，ヤマト王権あるいは関東地方地域首長層の働きかけにより，仙台湾を中心として水軍的兵站部隊というような地域集団が成立し，そこに操船に慣れた漁撈民も吸収された可能性が考えられる。

Ⅲ．奈良・平安時代
1．銛頭資料

当該期の銛頭については，古く大塚和義氏（1966）が「抉入式銛頭」の分布の南限として注目されたことがある。氏の論考公表時には，4点の開窩式銛頭が知られるのみであり，それらは全て表杉ノ入期，平安時代のものとされた。またそれら銛頭は北海道を中心とした銛頭分布圏の南限として理解された。同様な理解を近年でも渡辺誠氏（1995）・佐藤正彦氏（2004）が表明されている。大塚論文以後，知られるようになった資料を含め次に紹介する。全て鹿角製である。

図3-1は七ヶ浜町清水洞穴1出土品。当銛頭については，すでに大塚氏（1966：35頁）によって報告されている。長さ7cm程，最大幅1.2cm程である。当遺跡は，塩釜湾に面する海蝕洞窟であり，幅25m程，奥行きは1～3mとされる。貝層と灰・炭・焼土，さらに製塩土器片が交互に80cmほど堆積しており，貝はカキを主体とし，アサリ・ハマグリも混じっている。また弥生時代人骨が26体分，さらには「日置」の墨書土器が出土しているという（藤沼ほか 1989：28頁）。

同図-2は，本論資料中では最北となる陸前高田市女神洞穴で発見された銛頭である。当資料も大塚氏（1966：35頁）によって表杉ノ入並行期のものとして紹介されている。1と同様な大きさであり，長さ6.6cm，幅1.2cm。当遺跡は，矢作川右岸，標高50mの高さに位置し，比高差10mに達するという。現海岸線までの直線距離は8kmほどあろう。こうした内陸部の洞穴からの出土は注目すべき点であるが，さらにその自然遺物中にマダイの骨が発見されてたことも興味深い（岩手県教育委員会 2000：41頁）。

同図-3・4の2点は石巻市梨木畑貝塚出土品である（楠本 1973：146頁）。当資料も大塚氏（1966：35頁）によって表杉ノ入期のものとして言及されている。共に両端部が欠損しているが，両者共に長さは，ほぼ8.8cm，幅はほぼ1.5cmを測る。当遺跡は，万石浦の湾口に近い南岸に位置し，標高5～15mの緩やかに北側へと下る斜面にある。縄文期の遺物もあるが，平安

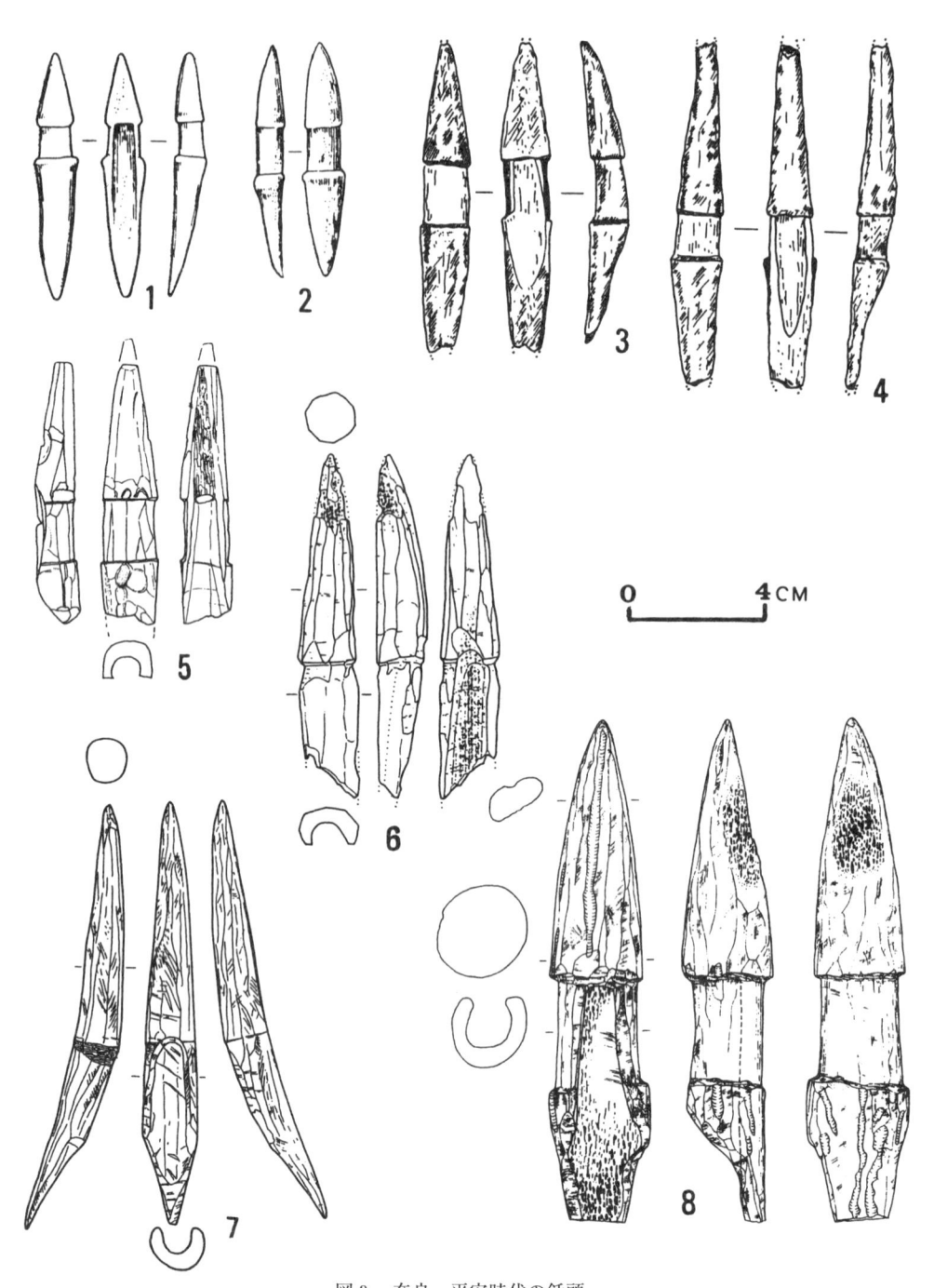

図3　奈良・平安時代の鏃頭
(図版原典については本文参照)
1 清水洞穴1　　2 女神洞穴　　3・4 梨木畑貝塚　　5 里浜貝塚　　6 薬ヶ崎貝塚
7 江ノ浜貝塚　　8 西ノ浜貝塚

時代の貝層が確認され，その上層はアサリ，下層はハマグリ主体という。さらに製塩土器・製塩用支脚・鉄製漁具が検出されている（藤沼ほか　1989：160頁）。

同図－5は鳴瀬町里浜貝塚西畑地区の出土品である。同遺跡からは弥生時代の銛頭が出土していることは既に言及した。当資料は奈良時代とされている（会田ほか　1998：60頁）。両端部は破損しているが，長さ5.5cm，最大幅1.61cmを計る。同時期の牛骨を用いた卜骨も出土している。

同図－6は塩釜市薬ヶ崎貝塚出土品である（真山　1989：225頁）。距端部が破損しているが，長さ9.9cm，最大幅1.75cm。当遺跡は野々島の北東に突き出た薬ヶ崎半島の先端に近い東向きの砂丘に立地し，海抜1m程である。小規模の調査がなされており，種々の時期の遺物が出土しているが，報告者は，当銛頭を奈良・平安期のものとしている。平安時代とされる製塩土器，クジラ骨も出土している。

同図－7は鳴瀬町江ノ浜貝塚出土品である（加藤　1989：図30）。完形品であり，最大長12cm，幅1.65cm程である。当遺跡は宮戸島北部にあり，入江に面した標高1～2mの砂丘から汀線にかけて，平安時代の製塩炉3基が確認されており，製塩土器・「角」・骨鏃も出土している（加藤　1989：18頁）。

同図－8は松島町西ノ浜貝塚出土品である。他のものに比べ太く大型である。距端部は破損しているようであるが，最大長14.4cm，最大幅3cmを測る。1981年に遺跡整備事業の際，奈良・平安時代の製塩土器と共に出土した（後藤ほか　1989：328頁）。当遺跡は松島湾西北部にあり，標高15mの舌状台地突端部から海岸部にかけて縄文前期以降の貝層が広がり，その汀線近くに奈良・平安時代の製塩土器が分布し，同期の製塩遺構も確認されている（加藤　1989：19頁，藤沼ほか　1989：62頁）。

2．銛頭の特徴

以上紹介してきた資料は，全て大塚氏が説く「挟入離頭銛頭」とされたものと同一型式であり，ほぼ平安時代9世紀前後のものとしてよいであろう。小型品は先端部断面形が扁平であるが，大型品ではその断面が円形に近いものが多いとすることが出来よう。こうした相違の意味するところは将来の課題であるが，興味深いのは，それらの型式的斉一性であり，単距でエンド＝ブレードなどを装着しない点である。現在の段階では，空白期間があるにしても，東北地方においては弥生時代以後，一貫してほぼ同一の形態が保たれたとされよう。

その大きさにおいて，大きなヴァリエーションがあることは，海獣類に限らず，多様な魚類を対象としていたと考えるべきであろう。またその斉一性から多様な推測が可能である。すなわち銛漁撈全体の技術的保守性，あるいは技術的停滞といった理解も可能である。また諸生業中における銛漁撈の相対的重要性の低さを指摘することが出来るかもしれない。

ところで，こうした三陸海岸部から仙台湾にかけての銛頭の系統が，弥生時代以降，平安時代まで辿れるとするなら，必ずしも北海道からの銛頭の波及を考えなくともよいこととなる。

ただ彼等銛使用民と北海道との関連を否定することは出来まい。すなわち周知のように，北海道系の後北C2-D式・北大式さらには擦文式などの土器群が，その分布には時代差があるとしても東北地方北部各地で発見されている。彼らは主として交易のために南下していたと想定されるが（山浦 2000），そうした人々との交流は当然考えられる。ただし北海道の銛使用漁撈民が，仙台湾近くまで南下したと考える必要はなかろう。

3．漁撈民の多様化

　大塚氏（1966：43頁）は，銛を使用しながら「土師器をつかった集団は…銛の操作を体得していた特定の専業漁撈集団」…「海獣類の皮革が交易の対象となっていた」とされた。例えば清水洞窟・女神洞窟からの銛頭の出土が知られるが，そうした洞窟は，いわば専業漁撈集団の一時的なキャンプサイトとして理解することも可能であろう。しかしながら洞窟を使用しながら漁撈活動を行う「専業漁撈集団」が存在したとしても，彼らを完全な国家体制「外」的な存在として生きる漁撈民として，特に平安時代の仙台湾周辺において想定することは困難である。すなわち大塚氏の説くように，それは「交易」を目的とした生業であり，後に触れる点ではあるが，715年における「閖村」における「郡家」の成立記事などを考慮するなら，奈良時代以降における仙台湾さらには三陸部の漁撈民は，「純粋」な漁撈民とは別の生存形態を取ることとなった，あるいは取らざるをえなくなっていたと措定すべきである。すなわち洞窟をキャンプ地として使用するにしても，彼等の本拠地を，次に述べるような製塩遺跡との関連で理解することも可能である。

（1）製塩労働者としての漁撈民

　銛頭が出土している遺跡に，製塩遺蹟とされるものが少なからず存在することは重要である。奈良・平安時代の製塩遺蹟は宮城県内では154ヶ所確認されているが，奈良時代の確実な例は塩釜市新浜B1遺跡のみであり，その他は全て平安時代に属するという（加藤 1989：4頁）。

　ところで律令国家による「征夷」過程で，東北への物的投入に塩が含まれていたことは当然である。岸本雅敏氏（1992：83頁）も指摘されているように，788年（延暦7）には北陸の塩を陸奥の国へ搬入するという記事が見え，同様な記事は790年（延暦9）に二度見える。さらに802年（延暦21）正月「佐渡国の塩百二十斛を年ごとに出羽国雄勝城へ」，803年（延暦22）二月には「越後の塩三十斛を造志波城所へ」とされている。しかしながら平安時代初頭を最後として，そうした記事は認められなくなるようであるが，まさにこうした状況と対応するように仙台湾での製塩が開始されたとされよう[4]。

　岸本氏，さらに平川南氏（1999：19頁），高野氏ら（高野・菅原 1997：364頁）は，多賀城24次調査で出土した木簡に「‥所出塩竈‥」・「‥塩竈木運二十人‥」と記されている点から，多賀城自体による製塩体制が成立することとなったとしている。こうした背景には多賀城自体の整備が関係しよう。すなわち8世紀末には，多賀城南方部に南北・東西道路が設けられ，方形区画の成立が確認されている。またそれらの側溝，あるいは辻に当たる地点からは祭祀遺

構の検出がなされ，9世紀段階において多賀城南側には都市的景観が出現したともされる（平川 1999，高野・菅原 1997）。こうしたなか，塩も兵糧としてだけではなく，多賀城の都市化とともに，その需要が増大したと考えられよう。

ところでこうした製塩遺跡において，銛頭と共に興味深い漁撈具が出土している。すなわち「角」と呼ばれる特徴的な複合式釣針軸部が，上記の江ノ浜貝塚（加藤 1989：図30-29）・塩釜市表杉ノ入貝塚（加藤 1989：図31）から出土している。これらはカツオ1本釣り用とされているが（中村 1993），紀伊半島から三浦半島にかけて弥生時代以降知られており，それらの北方への広がりとして理解される[5]。すなわち製塩に従事する人々は，他方において北方系の銛頭，あるいは南方系の角釣針というような特徴的な漁撈具を使用しての漁撈活動にも従事したことが想定されるのである。そこには，製塩に従う漁撈民の多様な系譜，あるいは広域的交流をうかがうことができよう。

(2) 水軍従事者としての漁撈民

五松山洞窟遺跡に関して説いたが（山浦 2004：74頁），漁撈民の内には組織化された水夫としての活動にも従うものもが，その後さらに増加したことは想定される。言うまでもなく多賀城の選地，さらには多賀城から胆沢城・志波城に至る律令国家による侵攻ルートは北上川の水運を利用したわけであり，水運の便があるからこそ，その立地・ルートが取られたのである（平川 1994）。従ってその兵站活動には，当然，操船になれた漁撈民が徴用されたことが想定されよう。

その前段階としての律令国家の北方政策において，陸奥へ至る海上輸送の重要性については文献史家（中村 1994）の説くところである。さらに奈良・平安時代のおける関東から東北への人的・物的移送に関し，川尻秋生氏（1997：52頁）は776年（宝亀7）の「令造安房・上総・下総・常陸四国船五十隻。置陸奥国。以備不慮」の記事に注目され，「令造」は改竄であり，本来は「和市」とすべきであるとし，関東四カ国の在地首長層所有の船舶・水夫の存在とそれらの陸奥への配置が指摘されている。また仙台湾から三陸海岸にかけて，海路による「征夷」活動の可能性が樋口知志氏によって指摘されている。すなわち789年（延暦8）における征夷において，多治比浜成の征討ルートとして三陸海岸が想定され，さらに801年（延暦20）の坂上田村麻呂による「遠閉伊村」遠征においてもその可能性が説かれている（樋口 2002：209頁）。また811年（弘仁2）年における文室綿麻呂の遠征時に対象となった「弐薩體」・「都母」・「幣伊」といった地域は，「海上のルート」によって結び付いていたとされている（入間田 1997：26頁）。

こうした点よりするなら，この段階において，水夫へと転換した，あるいは転換を余儀なくされた漁撈民の姿を見ることが可能であろう。

(3)「俘囚」としての漁撈民

9世紀初頭段階において，気仙郡に至る地域は律令体制内に組み込まれたとされる（樋口 2003：84頁）。ただしそうした地域の漁撈民が全て，唯々諾々として内民化したわけではない。

俘囚とされ，内国へと強制移住させられた漁撈民も存在した。出身地は不明であるが，具体的には831年（天長8），甲斐に移配された俘囚が漁業活動の便を考慮され，新たに駿河に再移配されたと言う記事は注目される（今泉 1992：167頁）。

おわりに

仙台湾以北の東北地方太平洋岸において以上取り上げた銛頭以外には，より時間的に下るものの例として下北半島東通村浜尻屋遺跡出土品（小山ほか 2004）が知られる[6]。しかしながら，閉伊以北の地域がどの段階において国家体制に組み込まれることと成ったか，その地域漁撈民がどのような生活を営むこととなったかという点について，いささか述べておきたい。

当該地域に関しては，715年（霊亀元）「蝦夷須賀君古麻比留」が，以前から行っていた昆布貢納を容易にするため，「閇村」に「郡家」を建てることを願うという記事がある。「閇村」を後の「閉伊」の村とする理解が通説であるが，必ずしも確実ではない（高橋 1991：365頁，関口 2003：81頁）。また正しいとしても，建郡されていない段階での「郡家」が，果たしてどの程度のものであったかは，検討の要があろう（大石 1997：39頁）。

さらに上記した811年（弘仁2）における文室綿麻呂による「尒薩體」・「幣伊」二村遠征，あるいはそれ以前の坂上田村麻呂の「遠閇伊」への遠征がなされたとしても，それらの「戦果」については議論の分かれるところである（熊田 2003：149頁，大石 1997：43頁）。そしてその後は，長く閉伊地域への政府側の干渉は文献からは認められない。当地域が，国家的体制に組み込まれるのは，早くても鎮守府将軍清原真衡・陸奥守源頼俊による「閉伊七村山徒」を「討ち随える」という1070年（延久2）以降であり（入間田 1997：13頁），さらに12世紀に下る可能性もあるとされている（大石 1997：29頁）[7]。

一方，近年においては8世紀後半とされる山田町上村遺跡から大槌町夏本遺跡・山田町山ノ内遺跡・宮古市島田Ⅱ遺跡など11世紀代まで継続的に，在地の海岸砂鉄を利用した製鉄遺跡の存在が確認されている（佐々木 2001：59頁）。また8・9世紀とされる宮古市長根古墳群（光井ほか 1990），山田町房の沢古墳群（佐々木ほか 1998）などからは多数の蕨手刀を含む刀剣類・鉄鏃・轡，さらには和同開珎・ガラス玉などが出土している。こうした遺跡の存在により，閉伊地方が中央政府との間に一定の関係のあったことは説かれるとおりであるが，そうした遺跡が海岸線を通して気仙郡によって統括されていたと理解すべきか（樋口 2004：241頁），あるいは独立した政治的地域集団として考えるべきか，は今後の課題である。

ところで既に7世紀後葉～8世紀前葉とされる八戸市丹後平古墳の段階で，その副葬品から当該地域社会における階層性の存在が指摘されている（工藤ほか 1991：116頁）。ただ9世紀に入ると周溝墓が造られるようになり，それらの副葬品は明確ではなくなるとされるが，一部には豊富な副葬品を持つ墓壙も存在する（八木 1997：446頁）。さらに八木光則氏（1996：275頁）は，7世紀から10世紀にかけての東北地方各地の鉄器遺存率を比較検討した結果，閉伊地方におけるその高さに注目され，「夷俘と呼ばれた人々も律令支配とは別の独自の生産活動を

また上記の綿麻呂「征夷」時に登場する「弐薩體村夷伊加古」が同盟を結ぼうとする「幣伊村夷」，あるいは「伊加古」と敵対関係にある「邑良志閇村降俘吉弥侯部都留岐」などから知られるように，中央政府との間に多様な関係を有しながらも，実質的にはかなりの政治的独立を保つ首長層・族長層が当該地域に存在したことは明らかであり，文献史家も8世紀代以降の族長層の成立と，彼らと律令国家との多様な交渉を説かれている（熊谷 1992, 1995）。そうした階層が存立していたとするなら，その経済基盤として，鉄器生産あるいは馬生産があったことが想定される。馬交易については既に787年（延暦6）から文献に知られており[8]，それは主に南方地域を交易対象としたものであり，鉄器類は在地及び北方地域を対象としたと考えてよかろう。さらにその鉄器交易圏内にはオホーツク文化も含まれることとなったのであろう（山浦 2000，赤沼 2004：228頁）。そうした海を介しての交易を担うものとして，それら地域の漁撈民の一部が変容することとなったと措定することは可能だろうし，そこでは彼等を漁撈民と呼ぶこと自体問題となるような存在となっていたとされよう[9]。さらに北海道側においても，その交易活動に参入する人々も生まれたとすることができる（瀬川 2003：4頁）。810年（弘仁元），渡嶋の狄200人の気仙郡漂着・越冬という記事は，北海道に至る地域と気仙・閉伊地域との交易活動の活発化を示している（山浦 2000：86頁）。

　さらに9世紀から11世紀にかけて東北北部においては「防御性集落」が出現する。三浦圭介氏（1995）はそこに社会的緊張関係を見，一方，井出靖夫氏（2002）はその時期における交易の活発化を説き，三浦説に否定的である。交易の活発化が社会的緊張状態を生み出すのであり，社会的緊張が時に交易活動を阻害することはあるが，まったく不可能とするものではなかろう[10]。そうしたなか，東北北部漁撈民も，さらに多様な在り方を示すこととなったであろう。

註
1) 世界各地の狩猟・漁撈民の使用する道具類を，体系的に比較研究したオズワルド（Oswalt 1976：p. 102）によれば，エスキモーの回転式銛頭使用の銛は，それらの内で最も複雑な構造を有するという。また民俗誌（小島 1991：594頁）においては，カジキマグロの「ツキンボ漁」に従事する男性と，それをバックアップするための女性による農業・磯仕事・山仕事などの重要性が指摘されている。
2) これらの銛頭以外，鉄製銛が里浜貝塚寺下地区から出土しているとされている。それが（藤沼 1997：図23）に示されたものであるとするなら，それは「銛頭」とは出来ないものである。なお本論で言及する宮城県内の遺跡名称は，藤沼ほか（1989）によることとする。
3) ところで近年，東日本の弥生研究者の中において，遠隔地間の交流を指摘する意見が公表されている（設楽 2003，石川 2004）。その際，銛頭などにも言及されるようになってきているが，正党的弥生研究者の新たな取り組みとして評価したい（山浦 2001：10頁）。ただ福田正宏氏（2004：153頁）は，設楽論文に関し，北海道と東北地方中・北部間の連絡を示すものとしては「銛頭以外にない」と，やや否定的見解を示している。しかしその銛頭の意味するところはなにか。考古学研究においてはそうした「一事」が大切であり，その背景に思いを致すべきである。
4) その製塩技術の系譜は，北陸に求められる可能性が指摘されている（岸本 1989：90頁）。

5）筆者は，石巻市五松山洞窟を中心として6・7世紀代における仙台湾と関東地方海岸部との漁撈民の関係について論じたことがある（山浦 2004：73頁）。その結論からすると，現在のところ未発見ではあるが，角釣針は既に6・7世紀段階から仙台湾で使用された可能性がある。

6）また古く鈴木尚氏（1956：187頁）は下北半島太平洋岸に位置する泊村洞窟において，中世と考えられる「鉄鏃を有する燕尾形の骨銛」を検出されている。残念ながらその実体は不明である。

7）前九年の乱では，安倍頼時を背後から攻めるため，1057年（天喜5）「鉋屋・仁土呂志・宇曾利」（現在の岩手北部から下北と推測される）の「三郡夷人」を糺合するよう安倍富忠の説得に赴いた気仙郡司金為時がいる。彼は三陸海岸沿いを北に向かったと想定されており（高橋崇 1991：122頁），11世紀段階においては既に，閉伊地方が気仙郡司の支配下に入っていたと考えることは出来よう。今後の課題である。

8）『扶桑略記』には，718年（養老2）に「出羽并渡嶋蝦夷」による「貢馬千疋」の記事があるが，年代，「渡嶋蝦夷」の存在，頭数などの点から疑問視されている。ただし三浦圭介氏（2004）は青森県下における馬産の本格化は，7世紀後半から考古学的に確認されるとしている。

9）こうした社会的複層化の背景として，馬産・鉄器生産における技術移転の問題も含め，「体制外」への人々の積極的移住を考える必要があろう。この点に関し，熊田亮介氏（2003：199頁）による「逃散」・「逃亡」などについての理解が参考となろう。

10）鈴木靖民氏（1996：59頁）も同様な見解をお持ちのようである。

引用文献

会田容弘ほか 1998 『里浜貝塚 平成9年度発掘調査概報』鳴瀬町教育委員会
赤沼英男 2004 「出土遺物の組成からみたオホーツク文化における鉄器使用の変遷」『アイヌ文化の成立』北海道出版企画センター
石川日出志 2004 「東北の弥生文化と北海道続縄文文化のかかわり」『第5回北アジア調査研究報告会発表要旨』
井出靖夫 2002 「北日本における古代環壕集落の性格とその背景」『津軽唐川城遺跡 古代環壕集落の調査』（富山大学考古学研究報告7）
今泉隆雄 1992 「律令国家とエミシ」『新版 古代の日本』9（東北・北海道）角川書店
入間田宣夫 1997 「鎮守府将軍清原真衡と「戸」「門」の建置」『北辺の中世史』名著出版
岩手県教育委員会 2000 『岩手の洞穴遺跡』（岩手県文化財調査報告書106）
大石直正 1997 「戸のまちの起源と交通」『北辺の中世史』名著出版
大塚和義 1966 「挟入式離頭銛」『物質文化』7
大山柏・八幡一郎 1925 「岩手県南部石器時代遺跡調査旅行」『人類学雑誌』40-10
岡村道雄 1996 『貝塚と骨角器』（日本の美術 356） 至文堂
Oswalt, W. H. 1976 *An Anthropological Analysis of Food-getting Technology*, John Wiley and Sons
加藤道男 1989 「仙台湾周辺の製塩遺蹟」『東北歴史資料館研究紀要』15
金子浩昌 1980 「弥生時代の貝塚と動物遺存体」『三世紀の考古学』（上巻） 学生社
川尻秋生 1997 「古代東国の外洋交通」『歴史学研究』703
岸本雅敏 1989 「西と東の塩生産」『古代史復元』9（古代の都と村）講談社
　　　　 1992 「律令制下の塩生産」『考古学研究』39-2
楠本政助 1973 「仙台湾における先史狩猟文化」『矢本町史』1

工藤竹久ほか 1991 『丹後平古墳』(八戸市埋蔵文化財調査報告書44)
熊谷公男 1992 「平安初期における征夷の終焉と蝦夷支配の変質」『東北学院大学東北文化研究所紀要』24
　　　　　 1995 「九世紀奥郡騒乱の歴史的意義」『律令国家の地方支配』吉川弘文館
熊田亮介 2003 『古代国家と東北』吉川弘文館
小島孝夫 1991 「房総の突きん棒漁」『海と列島文化』7（黒潮の道）　小学館
後藤勝彦ほか 1989 『松島町史』(資料編1)
小山卓臣ほか 2004 『浜尻谷遺跡』東通村教育委員会
佐藤正彦 2004 「小泉遺跡とその周辺」『法政大学国際日本学研究所研究報告』4
佐々木清文 2001 「蝦夷の生業　沿岸部の鉄生産」『いわて未来への遺産　古代・中世を歩く』岩手日報社
佐々木清文ほか 1998 『房の沢Ⅳ遺跡発掘調査報告書』(岩手県文化振興事業団埋蔵文化財調査報告書287)
設楽博己 2003 「続縄文文化と弥生文化の相互交流」『国立歴史民俗博物館研究報告』108
菅原弘樹 1991 「東北地方の弥生時代貝塚」『考古学ジャーナル』336
　　　　　 1994 「多賀城市山王遺跡出土の骨角製品」『考古学ジャーナル』383
鈴木　尚 1956 「東北地方の古人骨」『蝦夷』朝倉書店
鈴木靖民 1996 「古代蝦夷の世界と交流」『古代王権と交流』1（古代蝦夷の世界と交流）　名著出版
須藤　隆 2000 「仙台平野の古墳時代集落」『仙台市史　通史編2　古代中世』
瀬川拓郎 2003 「擦文時代の交易体制」『歴史評論』639
関口　明 2003 『古代東北の蝦夷と北海道』吉川弘文堂
高橋　健 2001 「続縄文時代前半期の銛頭の研究」『東京大学考古学研究室紀要』16
高橋　崇 1991 『律令国家東北史の研究』吉川弘文堂
　　　　　 1991 『蝦夷の末裔』(中公新書1041)
高野芳宏・菅原弘樹 1997 「第5節　古代都市多賀城」『多賀城市史』Vol.1（原始・古代・中世）
永澤譲次 1931 「陸前國塩釜港字崎山囲洞窟の石器及び古墳時代遺跡に関する略報」『史前学雑誌』3-1
中村太一 1994 「古代東国の水上交通」『古代王権と交流』2（古代東国の民衆と社会）名著出版
中村　勉 1993 「「角」とよばれる釣針について」『考古学研究』40-2
樋口知志 2002 「9世紀の蝦夷政策」『第28回古代城柵官衙遺跡検討会資料集』
　　　　　 2004 「奈良末・平安初期の気仙地方」『法政大学国際日本学研究所研究報告』4
平川　南 1994 「古代東北と海運」『平泉の原像』三一書房
　　　　　 1999 「古代地方都市論」『国立歴史民俗博物館研究報告』78
福田正宏 2004 「2003年の考古学界の動向」『考古学ジャーナル』516
藤沼邦彦 1997 「弥生時代」・「古墳時代」『多賀城市史』1（原始・古代・中世）
藤沼邦彦ほか 1989 『宮城県の貝塚』東北歴史資料館
真山　悟 1989 「薬ヶ崎貝塚」『三十三間堂遺跡ほか』(宮城県文化財調査報告書131)
三浦圭介 1995 「北奥・北海道地域における古代防御性集落の発生と展開」『国立歴史民俗博物館研究報告』64
　　　　　 2004 「古代「蝦夷」の馬」『ネットワーク発掘』18
光井文行ほか 1990 『長根Ⅰ発掘調査報告書』(岩手県文化振興事業団埋蔵文化財調査報告書146)

八木光則 1996 「蝦夷社会の地域性と自立性」『古代王権と交流』1（古代蝦夷の世界と交流）名著出版
　　　　 1997 「7～9世紀の墓制－東北北部の様相」『蝦夷・律令国家・日本海』（日本考古学協会1997年度秋田大会シンポジウムⅡ・資料集）
村田晃一ほか 2001 『山王遺跡八幡地区の調査　2』（宮城県文化財調査報告書186）
山浦　清 1980 「北西太平洋沿岸地域のおける回転式銛頭の系統問題」『物質文化』35
　　　　 1996 「日本先史時代回転式銛頭の系譜」『國分直一博士米寿記念論文集ヒト・モノ・コトバの人類学』慶友社
　　　　 1999 「漁撈具から見た弥生文化と恵山文化」『物質文化』66
　　　　 2000 「続縄文から擦文文化成立期にかけての北海道・本州間の交流」『現代の考古学』5（交流の考古学）朝倉書店
　　　　 2001 「東日本太平洋岸弥生文化における漁撈民」『貝塚』57
　　　　 2003 「交換財製作と漁撈民」『立教大学日本学研究所年報』2
　　　　 2004 『北方狩猟・漁撈民の考古学』　同成社
渡辺　誠 1969 『縄文時代の漁業』雄山閣
　　　　 1995 「東北地方における一王寺型（開窩式）離頭銛頭について」『みちのく発掘　菅原文也先生還暦記念論集』

謝辞

東宮貝塚出土銛頭の観察・実測においては，次の方々のお世話になった。後藤勝彦・工藤雅樹・山田晃弘・阿部博志。また資料収集の段階においては佐藤則之・菅原弘樹にもお世話になった。以上の方々には深く感謝したい。（敬称略）　　　　　　　　　　　　　　　　　　　　　　　（2004年8月30日）

側面索孔燕形銛頭考
── 東日本弥生文化における生業集団編成のあり方をめぐって ──

設 楽 博 己

はじめに

　長谷部言人によって名づけられた燕形銛頭は，縄文時代の漁撈活動に伴う技術の粋を集めた漁撈具である。それは鉄の素材におきかわって今日に受け継がれているが，基本形はすでに縄文晩期に完成していた。したがって，弥生時代にもそれは継続して用いられている。ことに，神奈川県三浦半島の海蝕洞穴で多くの出土例が知られており，弥生文化における生業形態や農耕との関わりなどを考える上で，他の遺物との関係や海蝕洞穴の性格ともども古くから議論の素材になってきた。また，縄文時代にはまったくといってよいほど類例が知られていなかった北海道で，続縄文文化の恵山式期になると，にわかに出土するようになる。それはオホーツク文化にも継承されて，アイヌのキテの成立ともいくぶんか関係を有しているようである。さらに北方の狩猟漁撈民にも古くから，そして現在にいたるまで燕形銛頭は用いられており，その系統的な関係性についてはさまざまな議論がおこなわれてきた。

　本稿では，おもに弥生時代・続縄文時代の燕形銛頭を取り上げ，それがどのように縄文時代のものから変化し，拡散してきたのか論じ，燕形銛頭を用いた漁撈活動にどのような特色があったのか考える。そして，三浦半島周辺の燕形銛頭の出自と系譜を世界的な視野から考えた上で，農耕文化の中に漁撈集団がどのように関わっていたのか，という課題に対して，東日本の他の沿岸地域における弥生集落との関係性や，縄文時代の貝塚の内容，西日本の弥生時代における漁撈文化の性格とも比較しつつ考察を加える。それによって，東日本における農耕文化の生業集団編成のあり方や，異文化交流がそれに果たした役割をうかがう手がかりとしたい。

I. 縄文時代の燕形銛頭

1. 燕形銛頭の形態と機能

(1) 銛の定義と分類

　燕形銛頭について述べる前に，銛の定義と分類に触れておきたい。清野謙次は，銛が他の狩猟具と区別されるのは，離頭・有紐という特徴にあるとして，それを離頭有紐利器と呼び（清野 1944：45〜49頁），佐藤達夫もそれを批判的に継承したが（佐藤 1953→1983：350頁）[1]，この定義からすると，回転式離頭銛などという名でよく使われる「離頭銛」は重箱読みのように説明が重複してしまう（金子 1980a：113頁）。しかし，清野は現代の紀州型捕鯨銛はすべて

銛頭と柄は固定して一体となっていて，離頭性でないことも紹介しており（清野 1944：83頁），銛が離頭銛と固定銛とに区別される（長谷部 1926b：306頁）のも理由のないことではない。

そうなると，今度は固定銛と簎の区別があいまいな点が問題になる。投擲具を銛，手持ちのツキンボを簎と区別したところで，具体的な使用方法がわかる民族・民俗資料はともかく，出土が銛先にほぼ限られた考古資料に有効とは思えない。まして，先端部分だけ出土した場合には，銛と簎の区別は絶望的である。ここでは銛と簎をめぐっては定義の上で混乱があることを前提に，中には固定性のものもあるが，多くは離頭性があり，銛頭と柄を結ぶ銛縄装着のための索孔や索溝，索肩をもつ漁撈具を銛と呼んでおく。

銛頭は，おもに中柄とどのように組み合わせるかによって，分類されてきた。イヌイット（エスキモー）の銛頭を分類したルロア・グーランの雄形・雌形（Leroi-Gourhan, A., 1946, p.7）は銛頭の基本的な分類に据えられるが（山浦 1980b：10頁），これは有茎，無茎としたほうが他の考古遺物との整合性がとれる。無茎については長谷部が早く茎溝をもつものと茎槽をもつものとに区分し（長谷部 1926c：471頁），いわゆる茎溝式と茎槽式と呼ばれるようになったが，茎孔と茎溝が同じ発音のこともあって混乱している（瀧川1998：94頁）し，茎は本体に付随するものであって，銛頭に差し込まれる中柄を茎と呼ぶのも混乱に拍車をかける。コリンズは Open socket と Closed socket と呼び分け（Collins, H. B., 1937, p.99），清野がそれに開窩，閉窩の名を与えたが（清野 1944：62頁），これが最も混乱がないように思われる。

（2）燕形銛頭の形態と機能

燕形銛頭は，図1に示したような形態と部分名称をもつ[2]。燕形銛頭の名付け親である長谷部は，「長楕円形にして柄頭を貫入すべき茎槽を有する鹿角製銛頭のうち，少々縦に彎曲してその凹彎する側を背面とし，側方から見るとその端の背側に突出した逆鉤は燕の尾のごとく分岐し，体の腹面にあたる逆鉤はそのくちばしに例えることができる。これを便宜的に燕形銛頭と名づける」と要を得た解説をしており（長谷部 1926a：141頁），本稿でもそれに従い，この型式の銛頭を燕形銛頭と呼ぶことにする[3]。

燕形銛頭には，先端に鏃がつけられ，体部には鉤が彫られ，銛縄を通す索孔が穿たれ，尾をつけるなどさまざまな工夫がなされている。長谷部は，ベーリング海峡バロウ岬付近に住むイヌイット（エスキモー）の銛の変遷をたどったマードック（Murdock）の業績から，①索孔と尾・側鉤が直交する最古の開窩式，②それが閉窩式になったもの，③刃溝に石鏃をはさむようになるが，石鏃による傷口と銛縄とが直交しており摩擦が大きいので，索孔と並行するように石鏃を取り付けた型式，④捕鯨用の大銛では依然として石鏃と索孔が直交する型式が保守的におこなわれた，という変遷をとらえている（長谷部 1926a：143～144頁）。鏃や銛縄の摩擦が銛頭に及ぼす力をどのように按配するか，という視点は燕形銛頭の変遷における各部位の位置関係の変化にいかなる意味があるのか，考える上で重要である。

コリンズは燕形銛頭の分類において，索孔と尾（距）が並行するものをy，直交するものをxとしたが（Collins, H. B., 1937, pp.99-100），前者は背腹索孔で，後者は後に問題にする側

面索孔である。日本では背腹索孔が側面索孔より古いので，前者を1，後者を2とする。もう一つの問題である鐖と索孔の位置関係だが，直交するものを＋，並行なものを－とするとわかりやすい。その組み合わせで刃溝と索孔の関係を4象現で表すと，＋1型は刃溝や鉤が背腹索孔に直交する，＋2型は刃溝や鉤が側面索孔に直交する，－1型は刃溝や鉤が背腹索孔に並行する，－2型は刃溝や鉤が側面索孔に並行する型式になる[4]。

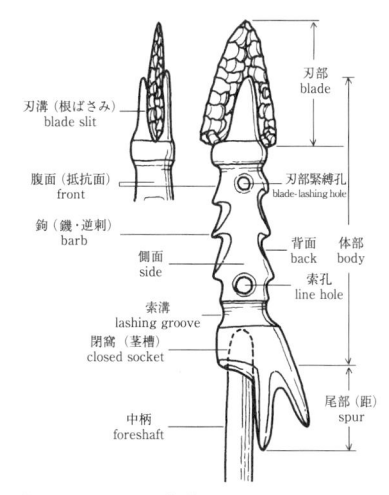

図1　燕形銛頭の部分名称（銛頭は馬目1967図4を改変した模式図）

　前田潮は銛の基本的な機能として，①刺突機能，②離頭機能，③抵抗機能，④繋留機能の四つをあげ，抵抗機能を銛がもつ重要な機能としている（前田 1974：3頁）。銛頭の多くは，獲物に刺さってから銛縄で引っ張られた時に抜け落ちないようにするため，銛頭が獲物の体内で抵抗機能を発揮する工夫がなされている。日本で最も早くこの点に注目した分類を行なったのは馬場脩であり，銛を「アゲ引き法」と「キテ式引き法」に区分した（馬場 1937：298～299頁）。アゲ引き法は体側につけられた鉤によって引っ掛かりを持つのに対して，キテ式引き法である回転式は90度回転して抵抗機能を発揮する。燕形銛頭は左右非対象の形態を特徴付ける長い尾を特色とするもので，回転よる抵抗機能を備えた回転式であることは疑いない[5]。獲物に貫入した部分の面積に比べて，体内で横になった銛頭の貫入孔に対する面積が格段に増すことから，抵抗機能の点で回転式は鉤引式よりもすぐれているといえ，容易に抜け落ちない工夫が凝らされているのである。

　銛の回転性については，日本では稲生典太郎がアイヌのキテに回転性があることを指摘したのが学史としては古く，銛縄を手繰り寄せる時に銛頭にかかる抵抗機能で説明したのは注目される（稲生 1936：275頁）。名取武光は離頭銛をハナレと総称し，それにSimple harpoonとToggle-headed harpoonがあり，それぞれに鉤引式と回転式の訳を与えた。回転式の用語としては先駆であろう（名取 1939→1972：180頁）。

2．燕形銛頭の用途
（1）内水域での燕形銛頭
　類例の少ない縄文前・中期の資料を除いて，確立した型式として燕形銛頭が登場するのは後期前葉，堀之内2式である。岩手県貝鳥貝塚からはこの時期の燕形銛頭が出土しており，それに匹敵するあるいはそれに続く宮城県金剛寺貝塚や田柄貝塚の燕形銛頭は，沼津貝塚など晩期

のものと比較すると，細くて華奢なものが目に付く。田柄貝塚からは200点を超える燕形銛頭が出土しているが，イワシ類とサバが他の魚種に比べて抜群に多いのに比べて外洋性回遊魚が少ない（新庄ほか 1986：526頁）。貝鳥貝塚は内陸の淡水貝塚で，そのような所から燕形銛頭が出土するのは驚きだという（金子 1971：209～214頁）。

現行の民俗例ではあるが，新潟県三面川流域で2～4叉に分れたそれぞれの柄の先端に燕形銛頭をつけた「カサヤス」と呼ばれる銛がサケ漁に用いられたように[6]，内水域でも燕形銛頭を使っていたことが知られている（後藤 1992：196頁）。初期の小型や華奢な燕形銛頭については，捕獲対象物を外洋性魚種に特定する必要もないように思われ，必ずしも大型の獲物ばかりが燕形銛頭の対象でなかったことも注意をしておく必要がある。

（2）回転式銛頭の捕獲対象

しかし元来，離頭銛は陸海ともに大型動物捕獲用とされている（清野 1944：60頁）。またそれは船の上などから使用する投擲具であるから，海の中層や海底に生息するタイ類やヒラメなどに用いるには不向きで，表層を泳ぐマグロ，カジキ，サメやイルカや海獣に適している。回転性をもつ銛頭は，それら暴れる外洋性の大型魚類や哺乳類に効果を発揮したことは，前田が述べる通りである。回転式銛頭と捕獲対象物との関係を具体的に見ていくことにしよう。

北海道では縄文早期以来，道東の東釧路貝塚や内浦湾の伊達市北黄金貝塚，八雲町コタン温泉遺跡，虻田町入江貝塚などから，オットセイをはじめとして，トド，イルカなどの海獣の骨が多量に出土するが（西本 1984：2～3頁），それと同時に開窩回転式銛頭が出土する。銛頭が開窩式から閉窩式に変わっても，海獣狩猟は南有珠6遺跡など続縄文文化に引き継がれた。このことから，回転式銛頭が海獣を中心とした狩猟，漁撈活動に用いられたことは疑いない。

これに対して江坂輝彌は，青森県ドウマンチャ貝塚では海獣が多出するにもかかわらず燕形銛頭は出土しない反面，岩手県大洞貝塚など三陸海岸の燕形銛頭を多出する遺跡ではマグロの出土が顕著なことから，燕形銛頭はマグロ漁用との見方を示し[7]，渡辺誠もそれを支持した（渡辺 1969：219・232～233頁）。金子浩昌や西本豊弘は，燕形銛頭の対象はオットセイ，トド，アシカだった可能性があるとして海獣狩猟に対する銛頭の有効性を認めつつも，燕形銛頭をもつ貝塚での海獣骨の出土量がわずかであることから，銛猟は海獣に限らず，イルカ，ウミガメ，カジキやマグロなどが対象だったとしている（金子 1968：184頁，西本 1993：24頁）。

（3）燕形銛頭の捕獲対象と生態系との関わり

実際に燕形銛頭を出土する遺跡における魚類，海棲哺乳類の傾向を見てみよう。

福島県寺脇貝塚の縄文後期，加曾利B2～安行1式のB地区貝層では，脊椎骨の数はマダイ73，ホオジロザメ9，アオザメ9，カツオ6，マグロ4で，後期中葉～晩期中葉のA地区貝層では，クロダイ・マダイ159，マグロ32，アオザメ27，ホオジロザメ22の順である。大洞C_2式単純のC地区貝層では，ホオジロザメ11，マダイ10，アオザメ3，マイルカ1となっている。B地区からA地区へとマグロが増加しており，渡辺誠はそれを晩期前半～中葉の傾向として重視し，結合釣針や回転式銛頭の出現背景とした（渡辺 1966：44頁）。たしかに，B地区からA

地区へとサメは19％から23％へと微増であるのに対して、マグロは4％から11％へと大きく増えている。しかし、C地区でのサメ類の多さにも注目せざるを得ないから、晩期に増加する回転式銛頭はサメやカジキ、マグロなどの大・中型中〜表層遊泳魚を対象に発達したという見解が妥当である（馬目 1966：169〜177頁）。

燕形銛頭を多出する宮城県沼津貝塚から出土した自然遺物の中に、マグロやマダイ、クロダイ、ニシン類などの魚類に加えて、両生類としてウミガメ、哺乳類としてクジラ、イルカ、トド、オキゴンドウ、オットセイがいるのが注目される（三塚ほか 1976：25頁）。

後期末葉以降大型化する燕形銛頭の特性は、大型動物が捕獲時に暴れることに対する抵抗機能を高めたことであり、基本的に表・中層の大型魚類と哺乳動物に適用された。したがって、渡辺らの主張はある意味では正鵠を射ているものの、燕形銛頭の用途はマグロに限定されたものではなく、オットセイやトドなど寒海系の海獣類（馬目 1988：43頁）も含まれるし、暖海系のサメ類やウミガメ（馬目 1969）も格好の獲物と言える。三陸沖は親潮寒流と黒潮暖流がぶつかる世界でも有数の漁場であり、磐城沿岸がその南端にあたることと、これらの地域が縄文晩期における燕形銛頭の主体的分布域であることとは無関係でない（馬目 1988：45頁）。

燕形銛頭は、それぞれの地域の環境や生態系に応じて対象を選び用いる、汎用性の高い漁具である。このことは後に述べる弥生時代の漁撈活動における燕形銛頭の採用やその用途を考える上で、重要な点である。

II．側面索孔燕形銛頭の起源と系譜
1．縄文時代の側面索孔燕形銛頭

燕形銛頭の索孔に、腹背方向のものと側面方向の二種類あることは、長谷部が指摘している。長谷部は北海道本輪西貝塚出土の燕形銛頭が側面索孔であったことに対して、東北地方の縄文時代のそれがことごとく背腹索孔であり、側面索孔は絶無といってよいとした（長谷部 1926c：471頁）。その後の調査によって、縄文時代にも側面索孔型が存在していることが知られるようになったのはこれから述べるとおりであるが、縄文時代の燕形銛頭は背腹索孔を原則とすることが早々と指摘されたのは、特筆すべき点であろう。

田柄貝塚の燕形銛頭221点のうち、12点が側面索孔である。報告者は、海綿質が多く残る場合、索孔を穿つ方向によっては索孔の強度を大きく左右することにもなるので、側面索孔については索孔の強度を意識した結果と考えられると述べている（新庄ほか 1986：45頁）。索孔周辺は銛縄の牽引による銛頭の破壊をもたらす可能性をはらんでいるが[8]、索孔は銛頭の全体成形が終わった後に穿たれるであろうから、索孔の位置が背腹方向でほぼ厳格に規制されているからには、鹿角の素材からどのように銛頭を彫り出すかはデザインの際に索孔の位置関係も見定めてなされたことであろう。したがって、側面索孔は素材の形態に規定されてやむなくそのようなデザインになってしまった場合のような、縄文時代の燕形銛頭の中にあってはあくまでもイレギュラーなものであり、比率の低さがそれを物語っている。

2．弥生・続縄文時代における側面索孔燕形銛頭の展開
(1) 索孔の方向をめぐって

長谷部の研究は，続縄文文化と縄文文化の銛頭に違いのあることを指摘していた点でも注目すべきである。しかし，長谷部が側面索孔燕形銛頭を注目した段階では，それが弥生時代に顕著なものであることはまだわからなかったし，続縄文文化の概念も明確ではなかった。索孔が弥生・続縄文時代以降90度転換することを指摘したのは，佐藤達夫（佐藤：1953→1983：356～357頁）と赤星直忠（赤星 1953：96頁）である。

佐藤は本輪西上層式期（恵山文化期）と弥生時代の燕形銛頭の索孔が等しく側面であり，前代の習慣が改められているという共通性を明らかにしたが，両者の関係が不明確としたのは，前者がやや複雑かつ線刻による特徴的な文様を備えているのに対して，後者が単純という違いも存在していることに気付いていたからであろう。赤星は弥生時代の燕形銛頭と現在のマグロ漁に用いる鉄製銛頭との共通性を指摘した。索孔の90度回転についてはその後，渡辺誠（渡辺 1973：197頁），山浦清（山浦 1980a：5頁），馬目順一（馬目 1983：211頁），前田潮（前田 2000：19頁）ら銛頭専門家の話題となっていった。

(2) 三浦半島燕形銛頭の出自と系譜

三浦半島の弥生時代における燕形銛頭は，雨崎，大浦山，間口，毘沙門B，毘沙門C，海外第1洞穴の海蝕洞穴と逗子市池子遺跡から出土しており，13点が知られている[9]（表1）。それらは弥生中期後葉～後期であり，未成品以外すべて側面索孔の2型である（図2）。縄文晩期の燕形銛頭は，磐城沿岸を境にして南には極端に少なく，千葉県余山貝塚に1例知られているのみである（Kishinouye, K., 1911, p.340）。したがって，三浦半島海蝕洞穴の燕形銛頭は，縄文晩期からの漸次的発展によって増加したことはありえず，どこかからもたらされたと考えざるを得ない。それを明らかにするためには，まず弥生，続縄文時代で最も古い側面索孔燕形銛頭を確定し，その拡散状況を時代的，地理的に追うことが必要になる（図3）。

弥生時代でもっとも古い側面索孔燕形銛頭は，宮城県東宮（鳳寿寺）貝塚出土のものであり（図2-1），福浦島下層式に伴うとされている（金子 1980a：120頁）。馬目はこれが体部に鉤のない尖頭素体である点に大浦山洞穴例との相似を認め，間口洞穴の銛頭（図2-2・7）[10]に索溝があることを引き合いに出して，晩期の寺脇型やその系譜を引く福島県薄磯貝塚例（図3-4）と一致していると指摘した（馬目 1988：47頁）。薄磯の燕形銛頭は中期中葉の龍門寺式に伴うもので，これも三浦半島の例より古い。刃溝をもつが，こうした特徴も三浦半島洞穴例の一部（図2-2・3・8）に認められるので，馬目の指摘する通り，三浦半島の燕形銛頭は，松島湾，磐城海域と型式的なつながりが深く，時期的なつながりもよい。これらはいずれも2型である。

山浦も石巻・松島湾から磐城海域を基点とした燕形銛頭の伝播[11]を想定しているようであり（山浦 1996：552頁），馬目案に近い。前田はいわき地方，三浦半島などの弥生時代の燕形

表 1　縄文・弥生時代の燕形銛頭

遺跡名	所在地	時期	刃溝型式	索孔型式	目釘穴	刃部緊縛孔型式	索溝	体鉤	尾鉤	尾数	全長	遺存度など	文献	図面No.
木輪西貝塚1	北海道室蘭市	恵山式	×	2	×	×	×	○	×	3	(7.5cm)	先端・尾部欠失	佐藤1983：383頁	－
木輪西貝塚2	北海道室蘭市	恵山式	×	2	×	×	×	○	×	1	7.2cm	完全	佐藤1983：383頁	－
木輪西貝塚3	北海道室蘭市	恵山式	×	2	×	×	×	○	×	?	(3.6cm)	体鉤部付近	佐藤1983：383頁	－
木輪西貝塚4	北海道室蘭市	恵山式	○	2	×	×	×	○	×	?	(4.2cm)	体鉤部付近	佐藤1983：384頁	－
祝津貝塚1	北海道室蘭市	恵山式	×	2	×	×	×	○	×	1	(8cm)	先端部欠失	大場ほか1962：31・33頁	－
祝津貝塚2	北海道室蘭市	恵山式	×	2	×	×	×	○	×	2	12.5cm	完全	大場ほか1962：31・33頁	－
祝津貝塚3	北海道室蘭市	恵山式	×	2	×	×	×	○	×	2	7.3cm	完全	大場ほか1962：31・33頁	－
南有珠6遺跡1	北海道伊達市	恵山式	×	2	×	×	×	○	○	3	10.3cm	完全	三橋編1983：37・38頁	－
南有珠6遺跡2	北海道伊達市	恵山式	×	2	×	×	×	○	×	2	6.5cm	腹面先端・尾1欠失	三橋編1983：37・38頁	図3－1
有珠モシリ遺跡1	北海道伊達市	恵山式	×	2	×	×	×	○	○	3	7.6cm	尾1欠失	高橋2001：107頁	－
有珠モシリ遺跡2	北海道伊達市	恵山式	－	2	×	×	×	○	○	?	(6.8cm)	尾部欠失	高橋2001：109頁	－
有珠モシリ遺跡3	北海道伊達市	恵山式	(+)	2	×	×	×	○	○	2	8.4cm	完全	高橋2001：109頁	－
有珠モシリ遺跡4	北海道伊達市	恵山式	(+)	2	×	×	×	○	○	2	10.3cm	尾1小欠	高橋2001：109頁	－
有珠モシリ遺跡5	北海道伊達市	恵山式	?	2	×	×	×	○	○	1	(7.0cm)	先端部欠失	高橋2001：109頁	－
有珠モシリ遺跡6	北海道伊達市	恵山式	(－)	2	×	×	×	○	○	2	10.6cm	完全	高橋2001：109頁	－
有珠モシリ遺跡7	北海道伊達市	恵山式	(－)	2	×	×	×	○	○	2	10.0cm	完全	高橋2001：109頁	－
有珠モシリ遺跡8	北海道伊達市	恵山式	(+)	2	×	×	×	○	○	2	7.8cm	完全	高橋2001：110頁	－
有珠モシリ遺跡9	北海道伊達市	恵山式	(－)	2	×	×	×	○	○	1	10.4cm	未成品	高橋2001：110頁	－
有珠モシリ遺跡10	北海道伊達市	恵山式	－	2	×	×	×	○	○	?	(10.4cm)	未成品	高橋2001：113頁	－
有珠善光寺遺跡	北海道伊達市	恵山式	×	2	×	×	×	○	○	2	8.8cm	完全	高橋2001：113頁	－
礼文白台貝塚	北海道森町	恵山式	?	2	×	×	×	○	○	1	(7.0cm)	体部上半欠失	童場ほか1952	－
尾白内貝塚	北海道恵山町	恵山式	×	2	×	×	×	○	×	1	7.6cm	完全	佐藤1983：357頁	－
恵山貝塚1	北海道恵山町	恵山式	×	2	×	×	○	○	○	2	8.4cm	完全	佐藤ほか1996：3頁	－
恵山貝塚2	北海道恵山町	恵山式	?	2	×	×	○	○	○	2	10.0cm	腹面上半欠失	佐藤ほか1996：3頁	－
恵山貝塚3	北海道恵山町	恵山式	?	2	×	×	×	○	○	?	(4.2cm)	腹部下半欠	佐藤ほか1996：3頁	－
恵山貝塚4	北海道恵山町	恵山式	×	2	×	×	×	○	○	?	(5.0cm)	尾部	佐藤ほか1996：3頁	－
フゴッペ洞窟	北海道余市町	縄文後半	×	2	×	×	×	○	×	4	8.2cm	完全	渡辺1973：196頁	－
東宮(鳳寿寺)貝塚	宮城県七ヶ浜町	縄文後半期	+	2	×	×	×	×	×	2	8.9cm	完全	金子1980a：117頁	図3－1
薄磯貝塚1	福島県いわき市	龍門寺式	+	2	×	×	○	○	×	3	7.9cm	刃先半欠・尾2欠失	猪刈1988：302・304頁	図3－4
薄磯貝塚2	福島県いわき市	龍門寺式	+	2	×	×	○	○	×	3	7.7cm	尾2欠失	猪刈1988：302・304頁	－
大浦山洞穴1	神奈川県三浦市	宮ノ台式	+	2	×	×	×	○	×	?	5.8cm	完全	赤星1967：94頁	図2－13
大浦山洞穴2	神奈川県三浦市	宮ノ台式	?	2	×	×	×	○	×	?	(5.7cm)	先端小欠	かながわ考古学財団1999b：397頁	－
間口A洞穴1	神奈川県三浦市	久ヶ原式	－	2	○	×	×	○	×	2	8.2cm	完全	赤星1953：81頁	図2－7
間口A洞穴2	神奈川県三浦市	後期	－	2	○	×	×	○	×	2	6.8cm	刃部半欠	神沢1973b：27頁	図2－8
間口A洞穴3	神奈川県三浦市	後期	－	2	○	×	×	○	×	2	6.6cm	完全	神沢1973b：27頁	図2－3
間口A洞穴4	神奈川県三浦市	後期	－	2	○	×	×	○	×	3	(5.9cm)	先端欠失	神沢1974：33頁	図2－2
毘沙門B洞穴	神奈川県三浦市	久ヶ原・弥生町式	－	2	×	×	×	○	×	2	6.1cm	先端・尾部欠失	赤星1953：96頁	図2－10
毘沙門C洞穴	神奈川県三浦市	久ヶ原?	－	2	×	×	×	○	×	?	(4.6cm)	先端・尾1欠失	赤星1972	－
雨崎洞穴	神奈川県三浦市	後期?	?	2	×	×	×	○	×	3	(6.6cm)	完全	海外洞穴遺跡発掘調査団1983：12頁	図2－11
池子遺跡1	神奈川県逗子市	宮ノ台式	×	2	×	×	×	○	×	2	7.9cm	完全	かながわ考古学財団1999b：431頁	図3－8
池子遺跡2	神奈川県逗子市	宮ノ台式	?	2	×	×	×	○	×	2	7.9cm	完全	かながわ考古学財団1999b：384頁	－
池子遺跡3	神奈川県逗子市	有東式	?	2	×	×	×	○	×	?	(5.8cm)	未成品	かながわ考古学財団1999b：384頁	－
石川II遺跡	静岡県清水市	中期後半	?	2	×	×	×	×	×	1	4.9cm	完全	渡辺2000：5頁	図2－15
台浜遺跡1	三重県鳥羽市	中期後半?	?	1	×	×	×	○	×	1	6.6cm	完全	渡辺2000：5頁	図3－12
台浜遺跡2	三重県鳥羽市	中期?	○	2	×	×	×	×	×	?	(3.7cm)	先端部	渡辺2000：5頁	－

刃溝型式の( )は片側をさいだ型式、×はなし、○は型式不明。+は索孔方向と直交したもの、－は並行したもの、2型は側面索孔。尾鉤は尾部先端内側につけられた鉤。縄文時代の銛頭集成は(高橋2001)を参照した。

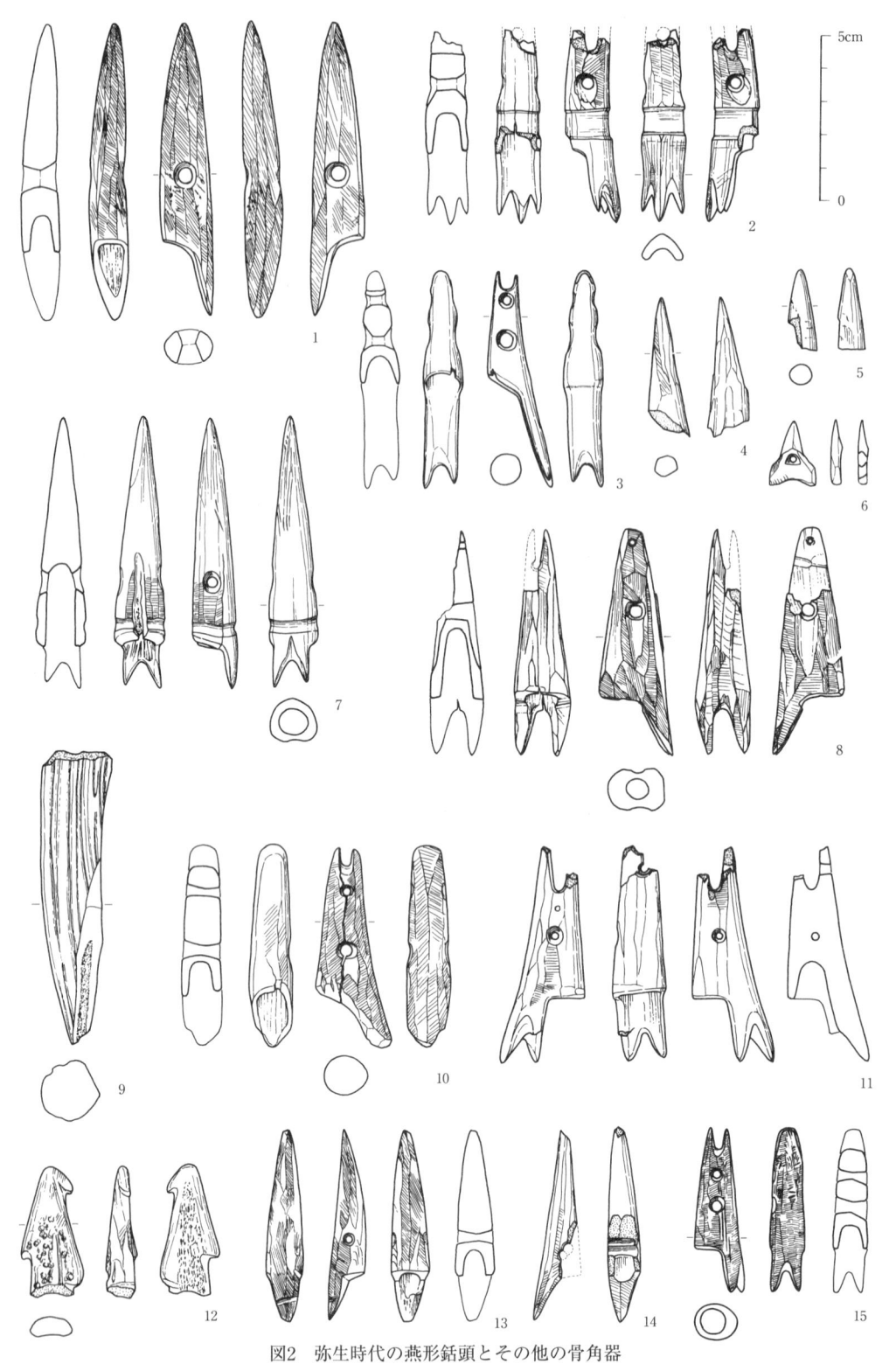

図2　弥生時代の燕形銛頭とその他の骨角器
1. 宮城・東宮貝塚　2〜9・12. 神奈川・間口A洞穴　10. 神奈川・毘沙門B洞穴　11. 神奈川・海外第1洞穴
13・14. 神奈川・大浦山洞穴　15. 静岡・石川Ⅱ遺跡

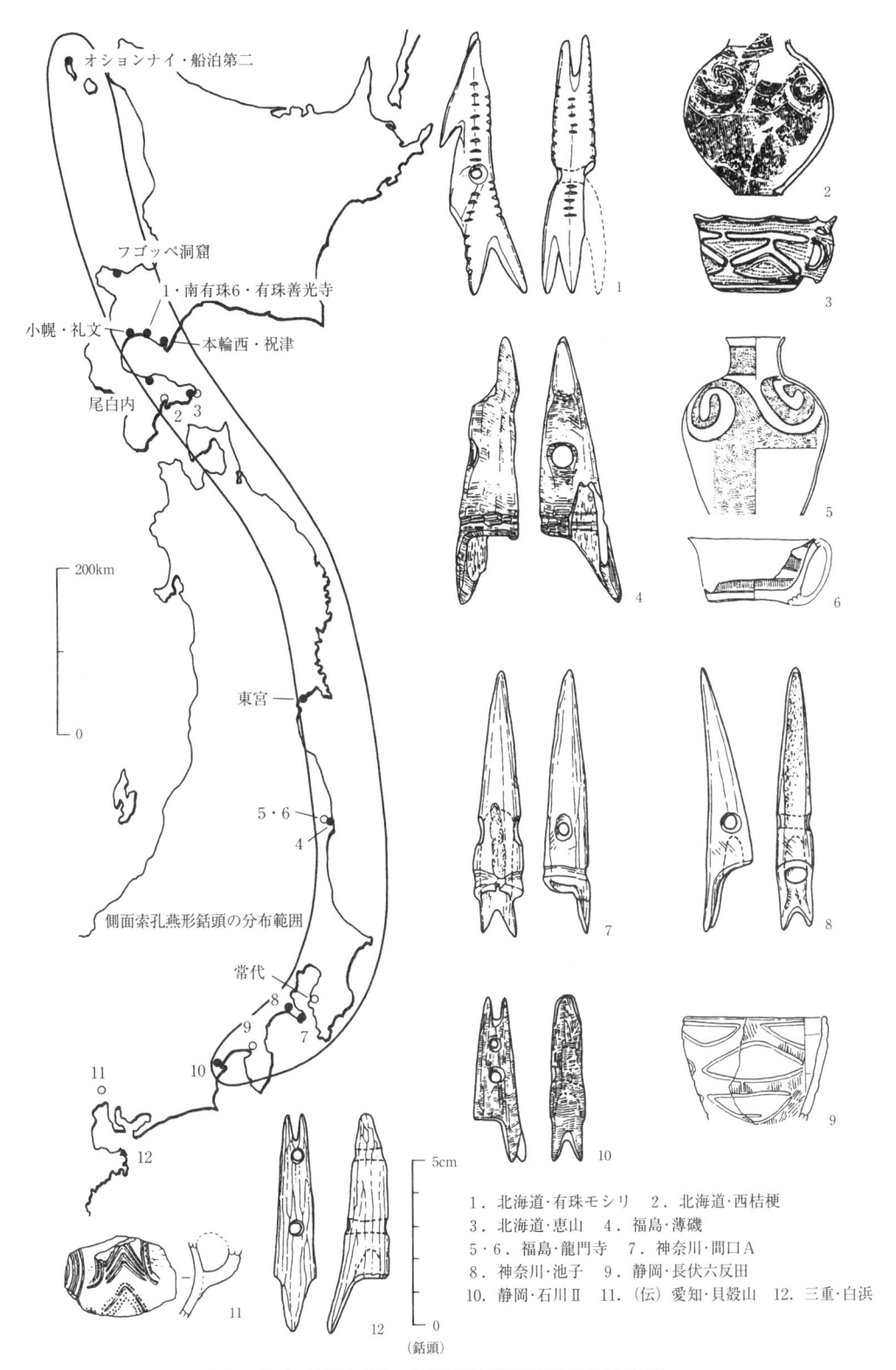

図3 弥生・続縄文時代の側面索孔燕形銛頭及び関連資料
(●燕形銛頭出土遺跡、▲白浜遺跡、○恵山式・龍門寺式及びその系統の土器出土遺跡、土器は縮尺不同)

1. 北海道・有珠モシリ　2. 北海道・西桔梗
3. 北海道・恵山　4. 福島・薄磯
5・6. 福島・龍門寺　7. 神奈川・間口A
8. 神奈川・池子　9. 静岡・長伏六反田
10. 静岡・石川Ⅱ　11. (伝) 愛知・貝殻山　12. 三重・白浜

銛頭は，恵山文化のそれと同様に三陸沿岸の影響下に出現したとみて，恵山文化ならびに弥生文化の燕形銛頭がいっせいに索孔を90度ずらすことは，共通の母体を三陸沿岸に求めること，すなわち一元的な伝播で理解しやすくなるとした（前田 2000：18〜19頁）。しかし，三陸沿岸の初期弥生文化における燕形銛頭はまったく知られていないのが難点である。

　このように微妙な違いはあるが，東北地方中，南部からの伝播によって，三浦半島の燕形銛頭が出現した，というのが共通の理解である。とくに側面索孔，刃溝，索溝，無鉤尖頭素体という型式的な特徴からすれば，松島湾，磐城海域が故地としてまず考えられる。また，薄磯貝塚からはイノシシの牙でつくった鏃が出土しており，燕形銛頭の銛先とされているが，三浦半島でも間口洞穴からサメの歯やアワビ製の鏃[12]が出土しており，銛頭型式の一致ばかりでなく，構造的な関連性もうかがわせている。したがって，東北地方と三浦半島との関係が，たんに銛頭の型式の伝播にとどまるものなのかどうか，さらに深めなくてはならない。この点に関しては三浦半島海蝕洞穴遺跡の由来が問題になるので次章に譲ることにして，弥生時代の燕形銛頭をさらに西に追いかけることにしよう。

（3）駿河湾，伊勢湾地方への伝播

　弥生時代の燕形銛頭は，清水市石川Ⅱ遺跡に認められる（図2－15）。中期後葉の有東式である。刃溝とその下に刃部緊縛孔をもった馬目が言う素体複孔であり（馬目 1967），2尾の－2型である。尾部は短いものの，全体的に間口洞穴例（図2－3）に近似しており，この地方から伝播したものであることは疑いない。

　弥生時代の燕形銛頭の西端は，三重県鳥羽市白浜遺跡にまで達している。一点は，刃溝をもち単尾で石川Ⅱ遺跡の例と類似する（図3－12）。弥生中期後葉であることから，中・南東北－三浦半島の系列のもとにある可能性が高く，伝播経路からしても太平洋岸を西漸したものと考えざるを得ない。しかし，山浦や安斎正人が指摘するように，背腹索孔である点が決定的な違いである（山浦 1996：546頁，安斎1997：70頁）。山浦は縄文時代にすでにこの地に燕形銛頭が伝播していた可能性を指摘するが，そうすると白浜例までの継続性に問題を残すことになるし，上述の系統関係からしても考えにくい。先祖がえりと見なすしかないだろう。

　もう一点の銛頭は体部に索孔をもつことから，おそらく燕形銛頭であろう。刃溝をもつが，先端部がふくらんでおり，こうした例は三浦半島になく薄磯貝塚にある。したがって，これら燕形銛頭の技術的な情報源は磐城海域の可能性が考えられる。

　岡山県郡貝塚の銛頭（鎌木ほか 1962：75頁）は閉窩であることは確かだが，先端部のみで，燕形か否か不明である。燕形だとすれば，鉤をもつ点から三浦半島の洞穴例と軌を一にする（金子 1980b：96頁）と単純には考えがたく，恵山式に伴う型式に類例を求めるべきであろうが，三浦半島では鉤のつく猟ないし固定銛頭は継続してもちいられていたから（図2－12），それらとの合成型式である可能性もある。ただし，恵山式土器に関係をもつとされる土器[13]が愛知県貝殻山貝塚から出土している（図3－11）ので，北方文化の南下も考えられなくはない。

3．続縄文文化と北方の側面索孔燕形銛頭
（1）恵山文化の側面索孔燕形銛頭

　高橋健の集成によると，恵山文化の燕形銛頭は33例[14]あるが，それらはいずれも側面索孔である（表1）。恵山文化の燕形銛頭を三段階に細分した高橋は，最古の南有珠6遺跡Ⅵ層段階を南川Ⅲ群に，最新の有珠モシリ4号墓段階ないしそれより新しい礼文華貝塚例を南川Ⅳ群すなわち恵山文化後半[15]に位置付けた（高橋 2001：111頁）。

　大竹憲治は恵山文化の燕形銛頭は本州から北進したものだと考え（大竹 1991：67頁），前田は恵山文化の双尾式燕形銛頭が三浦半島と同じく三陸沿岸からの影響で出現し，それをもとに先端に有茎銛先鏃をつけるためのヒ面をつくったタイプや先端を鋭く尖らせたタイプが発達し，それが浜中遺跡など礼文島にも影響を与えたと考えた（前田 2000：18～19頁）。大島直行は恵山文化の燕形銛頭を形態的に細分し，二尾あるいは三尾のものが見つかったことなどから先端を尖らせたタイプのものや刃溝をもつものは東北地方の影響によって出現し発展すると，佐藤，前田の説に与している（大島 1988：30頁）。一方，金子浩昌は索孔の方向や巨大な尾鉤，銛縄固定の溝の存在といった縄文文化のそれとの違いを重視して，古コリヤーク文化の閉窩式銛頭との共通性から，北方系の系譜の中で理解した（金子 1980a：119頁）。

　これに対して，木村英明は恵山文化の燕形銛頭は縄文系と北方系両者の共通の技術基盤から生まれた恵山期独特のものである，という両者の折衷的な見解を示した（木村1982：161頁）。それぞれの地域の銛頭に特徴があることから，木村案が注目されるが，問題は恵山文化期に千島列島，アリューシャン列島やベーリング海域など北海道以北で，同じような特徴をもった燕形銛頭が存在していたかどうかである。

（2）北海道以北の側面索孔燕形銛頭

　日本列島の北に広がる地域の燕形銛頭について，山浦の論文（山浦 1980a）に目を通しておこう。

　沿海州では開窩式銛頭がいくつか知られているが，燕形銛頭はまだ明確でなく[16]，かろうじて閉窩式銛頭と思われるものがスンガリー川上流嫩江岸におけるシデミ文化（前1千年紀）の墓から見つかっているにすぎない（山浦 1980a：7頁）。樺太では全般にオホーツク文化，アイヌのキテとの類似が認められるようであり，そのうちの背腹幅が狭い型式の閉窩式燕形銛頭は，尾部先端に鉤のある恵山文化の伝統を引いたものである。装飾にベーリング海のプヌーク文化（6世紀頃）からの影響があると言う。

　北千島・カムチャツカ半島の閉窩式燕形銛頭はいずれも側面索孔型であり，千島列島の銛頭は北海道方面との関係で説明できると言う。側面索孔はアリューシャン列島の民族例にも引き継がれており（Jochelson, W., 1925, p.91），側面索孔がいかに重要なものとして認識されていたかわかる。ヴァシリエフスキーによるオホーツク海北岸地域・チュクチ半島の資料では回転式銛頭が開窩，閉窩ともに見られるが，閉窩式燕形銛頭には側面索孔と背腹索孔の二種類があ

り，6世紀のサヴィアロヴァ期から16世紀以降にまで伝統的に用いられていたようである（山浦 1980a：8頁）。これと同様のものはチュクチ半島の民族資料中にも認められるが，いずれも側面索孔型である。

ベーリング海峡におけるセント・ローレンス島ガムベルで発掘したコリンズは，開窩式銛頭を型式分類し，古ベーリング海期から現代まで7型式の変遷を提示した（Collins, H. B., 1937, Fig.24）。これらはいずれも燕形であり，開窩式ではあるが側面索孔が最古期からある。それは鉄鏃をはさむ刃溝を有している。ラーセンとレイニーは古ベーリング海期を3～5世紀ころに位置付けている（Larsen, H. and Reiny, F., 1948, p.155）。オホーツク海北岸では閉窩式燕形銛頭に先んじて開窩式銛頭が存在するが，それらはアラスカ・イヌイット（エスキモー）最古とされるノートン文化のものに近いから（山浦 1980a：13頁），この地域の閉窩式燕形銛頭の年代は，前4世紀以降であろう。イヌイット（エスキモー）文化にみられる閉窩式銛頭の最古期はイピウタック期であるが，ラーセンとレイニーによれば，起源前には遡らない（Larsen, H. and Rainey, F., 1948, p.155）。恵山文化前半よりも新しい年代である。さらに興味深いのは，北千島の側面索孔燕形銛頭と北西アラスカの資料（山浦 1984）の類似である。山浦が報告したアラスカのクリギタヴィク遺跡出土回転式銛頭には，開窩式も含めて側面索孔燕形銛頭が多数存在している。7～8世紀なので，山浦は，これは当然アリューシャン列島を通じて影響を受けたものとしている（山浦 1980a：12頁）。

このように，北海道以北の千島，アリューシャン列島，ベーリング海やアラスカにおける側面索孔燕形銛頭は恵山文化をそれほど遡るとも思えなし，この地域に通じる道東地方に燕形銛頭が見られない（図3，設楽 2003a：33頁）のは，金子説に不利である。やはり恵山文化の燕形銛頭は，独自性をもっているものの，前田の言うように本州北太平洋岸との交渉の中で生まれたと考えるのが妥当であり，北方文化の影響によるものとは見なしがたい。むしろ，続縄文文化からオホーツク文化に至り，北海道各地に側面索孔燕形銛頭が拡散したのを受けて，より北方にその分布を広げた可能性が考えられよう。しかし，そのことが燕形銛頭に北方系の性格がないことを意味するものではない。

（3）日本列島における燕形銛頭の性格

世界の燕形銛頭と関連資料を渉猟したルロア・グーランや佐藤達夫によれば，その分布はせいぜい日本の太平洋沿岸とアメリカ北西海岸のカリフォルニア北部どまりであり，環太平洋を視野にすればその北半にのみ位置する。

南太平洋アンダマン島のネグリト族は離頭銛を用いてジュゴン，ウミガメ，イルカや大型の魚を捕獲するが，その離頭銛は小さな鉄片を二つ対称形に合わせて中柄をつけたもので，鉤引式であって回転式ではない（清野 1944：58～59頁）。南米のネイティブの銛，南米最南端のヤーガンがアザラシや捕鯨用に用いる銛に鉤引式があり，ポリネシア，ニュージーランドには南境型の回転銛はあるが（後藤 1992：201頁），燕形は見当たらないようである。離頭銛は環太平洋文化の一つの現れであり，とくにその中のある型式がオホーツク海文化圏で発達した（清野

1944：45頁）と言うのが正鵠を射ているのであって，ある型式とはすなわち回転式銛頭であった。その点では燕形銛頭をはじめとする回転式銛頭は北方系を代表する銛頭と言ってよい。

燕形銛頭が縄文文化ではマグロ漁主体に用いられたことから，北方系漁撈具としての評価に慎重になるむきもある。また，後藤明が指摘するように，環太平洋地域には暖かい海にまで，銛猟が広がっており，「銛は北」という固定観念は捨てねばならない（後藤 1992：214頁）。しかし，厳しい環境における生態系に対峙した北方の漁撈活動は，漁撈技術の複雑化[17]の点でも，漁撈具にみる精神的な側面（設楽 1999：90～91頁）においても，南海の漁撈活動とはやはり相当違うのではないだろうか。環太平洋に広がる数ある銛頭の中でも，暴れまくる大型の表層魚類や海獣類を対象とした漁撈活動に伴う漁具として，回転式の一種である燕形銛頭は技術的複雑化の頂点に立つ北方系の一亜種と位置付けるのがふさわしいように思われる。

燕形銛頭の出現に関しては諸説あるが，海獣をおもな狩猟対象にした北海道における縄文後期の開窩式回転銛頭である船泊型との形態的近似性が注目される[18]。したがって，燕形銛頭にはそもそも北方系狩猟具の性格が備わっていた可能性がある。三浦半島の燕形銛頭については東北地方からの伝播によって成立することは確かなので，このような点からすれば三浦半島の弥生文化は北方系の影響を強く受けていた点は動かない。

（4）側面索孔転換の理由

それでは，なぜこのように広い地域で，いっせいに索孔が90度転換するのだろうか。実際に，弥生・続縄文時代の燕形銛頭においてどの程度の比率で側面索孔が現れるかを示したのが，表1である。これによれば，ほぼ100％を占める。あらためて強調するまでもなく常識化していることであるが，これはもはや縄文時代の側面索孔燕形銛頭に考えられたデザイン上のやむを得ない措置とはいえず，何らかの規制がかかっての一斉転換であることは疑う余地がない。

問題は，その転換が何を契機に生じたのか，ということである。山浦は索孔にループ状の綱を通してから一本の引き綱としたためであり，さらに続縄文時代後半になるとフゴッペ洞窟例のように，背面寄りに索孔を移動させて索孔付近にかかる力を緩和するのを促したとみなす（山浦 1980 a：5頁）。確かにそう考えれば，銛頭が柄から離れて銛縄に引っ張られたときの回転が，背腹索孔型よりもスムーズにいくと思われる。しかし，そのようなことを縄文晩期の人々が思いつかなかったとも思われないし，刃部の表裏面が回転方向に直交する＋1式や−2式などは，刃部の抵抗が大きくて回転に不利だと考えられる。このように，銛頭の形態決定と変遷はマードック（Murdock）などが考えた機能主義的側面ばかりでは解決することのできない文化的伝統や流行など，非合理的な側面ももっているようだ。

Ⅲ. 弥生時代における漁撈文化の二類型
1. 三浦半島海蝕洞穴漁撈集団出現の背景
（1）海蝕洞穴民の漁撈活動の出自と系譜

　前章で，三浦半島の弥生時代洞穴出土側面索孔燕形銛頭を取り上げ，松島湾や磐城海域の系譜を引いていることを確認した。ここでは，そのほかの漁撈具や漁撈活動の内容，土器の移動などから，東北地方沿岸漁撈集落と三浦半島洞穴遺跡との関係がたんに燕形銛頭の伝播にとどまらず，漁撈集団の成立自体に深いかかわりをもっている可能性を探ってみたい。

　三浦半島の海蝕洞穴から出土する弥生時代の漁撈具は，釣針，銛頭，猯，鏃，アワビオコシなどであり，このうちの燕形銛頭，アワビオコシは，本来三浦半島の縄文時代に系譜を求めることはできない。燕形銛頭は漁具全体の12％を占める。その対象だが，三浦半島の海蝕洞穴の魚種を調査した剣持輝久によると（剣持　1972：19頁），19種類の魚類のうちネズミザメ科，カツオ，クロダイ，マダイが多く出土し，燕形銛頭は表層性のネズミザメ科を対象に用いられたことがわかる（表2）。また，三浦半島の縄文中・後期の貝塚からはアワビが出土することはまれであるのに対して，海蝕洞穴からはアワビが出土するようになり，それも最大長が20cm以上の大型のものが多い（剣持・西本　1986：36頁）。アワビオコシ（図2－9）が見られるようになるのも，その捕獲が活発化したことを物語っている。間口洞穴の8・10層（弥生中・後期）は炭酸カルシウムを含む灰層が20cmの厚さに堆積し，製塩を行なっていた可能性が指摘されており（神沢　1973a：150頁），大浦山洞穴も似たような状況にあるが（赤星　1970：183頁），製塩の跡だとすればこれもまた縄文時代のこの地域にはなかった生業活動である。

　それでは，三浦半島の燕形銛頭の故地である松島湾や磐城海域ではどのような生業活動が展開していたのだろうか。弥生時代でもっとも古い中期前葉の側面索孔燕形銛頭が出土した東宮貝塚は，魚類ではサメ類，クロダイ，マダイ，スズキ，マグロなど，獣類はシカ，シノシシを主体とした漁撈・狩猟とともに，製塩活動を行なっている（金子　1980b：127～128頁）。松島湾における製塩活動は縄文晩期に遡る。大洞A・A′式期になると小さな貝塚がたくさん出現し（図4－1），ほとんどが製塩関係の遺物を伴出するが，その傾向は弥生時代に引き継がれる（後藤　1990：332頁）。中期中葉の薄磯貝塚には，燕形銛頭に加えて結合釣針や単式釣針，固定銛などが存在しており，マダイ，マグロ，サメなどの回遊魚やアシカ，ウミガメ，サカマタ，クジラなどの捕獲が行なわれ，アワビ，クボガイなどの貝層が形成されていることなどから縄文晩期の対象魚種や海獣などが弥生時代になっても捕獲できる環境にあり，漁撈活動の継続性が重視されている（大竹　1985・87・88，山崎　1988：519頁）。晩期の貝層からはアワビオコシが出土しており，近隣の寺脇貝塚では晩期終末まで用いられている（猪刈　1988：347頁）。

　このように，東北地方中南部沿岸では地域によって違いはあるが，マダイなどの釣漁に加えてサメ類やウミガメなどを対象とした銛漁，アワビオコシを用いたアワビ捕獲といった縄文時代に伝統的な漁撈に加えて製塩が行なわれており，三浦半島の漁業活動の原型をそこに見ることができる。東北地方からの漁業活動の影響はたんに燕形銛頭にとどまらず，もっと包括的な

表2 三浦半島の諸遺跡および愛知県朝日遺跡出土魚類遺体

主たる生息環境		種類	縄文 間口東洞穴	弥生 大浦山洞穴	弥生 間口A洞穴	弥生 毘沙門B洞穴	弥生 毘沙門C洞穴	弥生 西ノ浜洞穴	弥生 歌舞島B洞穴	弥生 海外洞穴	弥生 池子No.1-A	弥生 池子No.1-A	朝日
外洋	中〜表層	ネズミザメ科	(+)	++		+	+			+	+		
外洋	中〜表層	他のサメ類	(+)	+			+	+		+	++	(+)	(+)
外洋	中〜表層	カジキ類					+	+		+	+		
外洋	中〜表層	マグロ属		+						+			
外洋	中〜表層	カツオ		++	+			+		++	++	(++)	
外洋	中〜表層	ムロアジ	(+)										
外洋	中〜表層	ブリ属									(+)		
外洋→沿岸	中〜表層	マアジ／アジ科	(++)						(+)		(+)		(+)
外洋→沿岸	中〜表層	サバ属	(++)						(+)	+	(++)	(+)	
外洋→沿岸	中〜表層	マイワシ／ニシン科	(++)						(++)		(+)	(++)	
外洋→沿岸	中〜表層	カタクチイワシ							(++)		(++)		
外洋沿岸	岩礁	ウツボ科	(++)				+	++	(+)	++	+		
外洋沿岸	岩礁	ハタ科		+					(+)				
外洋沿岸	岩礁	コショウダイ属					+						
外洋沿岸	岩礁	イシダイ属	(+)	+						+			
外洋沿岸	岩礁	タカノハダイ	(+)										
外洋沿岸	岩礁	コブダイ	(+)	++	+	+	+	++	(+)	+			
外洋沿岸	岩礁	ベラ科	(+)					++					
外洋沿岸	岩礁	ブダイ		+		+		+	(++)	+			
外洋沿岸	岩礁	ハリセンボン科						+	(+)				
外洋沿岸	岩礁	ハコフグ科	(+)						(+)				
外洋沿岸〜内湾	岩礁	フサカサゴ科	(+)					+	(+)	+		(+)	
外洋沿岸	底層	マダイ	(++)	++	+	+	+	+	(++)	++	+		
外洋沿岸	底層	アンコウ科	(+)	+									
外洋沿岸〜内湾	底層	アナゴ属	(+)					+					
外洋沿岸	中〜表層	カワハギ科	(+)						(+)				
外洋沿岸〜内湾	中〜表層	フグ科		+					(+)				
外洋沿岸〜内湾	砂底	トビエイ科									(+)		
外洋沿岸〜内湾	砂底	コチ科	(+)				+				(+)		
外洋沿岸〜内湾	砂底	ヒラメ科									(+)		
外洋沿岸〜内湾	砂底	カレイ科	(+)				+						(+)
外洋沿岸〜内湾	砂底	ササウシノシタ亜目								+			
外洋沿岸〜内湾	砂底	キス科											(+)
内湾		サヨリ属									(+)		
内湾		スズキ属			+		+	(+)			(+)	(+)	
内湾		ボラ科	(+)	+	+		+			+	(+)		
内湾		クロダイ属	(+)	+			++	(+)	+	+	(+)	(+)	
(内湾〜汽水)		ハゼ科									(+)	(+)	
淡水〜汽水		アユ										(+)	
淡水〜汽水		ウグイ属										(+)	
淡水〜汽水		フナ属										(++)	
淡水〜汽水		コイ／コイ科									(+)	(+)	
淡水〜汽水		ドジョウ科										(++)	
淡水〜汽水		ウナギ										(++)	

樋泉1999：331頁および渡辺誠・田中禎子1992「朝日遺跡貝層ブロック・サンプリングの調査報告」『朝日遺跡Ⅱ』愛知県埋蔵文化財センター：177頁による。＋＋は多い、＋はあり。（ ）は水洗選別、それ以外は現場での回収。

ものであったことが予想される。

　その一方で，三浦半島では東北地方とはまた異なる漁撈活動の特色がみられる。東北地方の漁撈集落が縄文文化の伝統を保持してマグロ漁を行なっていたと思われるのに対して，表2からうかがえるように，三浦半島海蝕洞穴では不活発である。主たる対象はサメ類とカツオ，カジキであり，在地集団の選択が働いたのであろう。先述のように燕形銛頭が，生態的条件や目的によって対象物を臨機応変にかえる汎用性に富んでいた結果である。

(2) 漁撈集団出現の時期と背景

　三浦半島の海蝕洞穴の利用は，縄文後期にさかのぼるが，縄文時代の利用は微々たるものであり，これが本格化し始めるのは，弥生中期中葉である。三浦市雨崎洞穴[19]からは，一定量のこの時期の土器が見つかっている（神奈川県 1979：図版487）。海蝕洞穴では雨崎洞穴の他に間口東洞穴からこの時期の土器が出土しており，これもまた洞穴利用の活発化の兆しを示す。

　弥生中期中葉といえば，東日本各地で本格的な潅漑農耕集落が出現し，土器の移動が活発化するが（石川 2001：88～89頁），いわき地方で大陸系磨製石器3種が出現し，伐採斧では閃緑岩，ヒン岩，ホルンフェルスを用いた石器製作体系が整備され，茨城方面などよその地域に搬出されるなど（杉山 2004：50頁），人や物の動きが活発化する時期に相当する。このことは，三浦半島海蝕洞穴の漁撈集団出現背景を考えるうえで看過できない点である。

　いわき周辺で製作された中期中葉の龍門寺式土器は，埼玉県池上遺跡など内陸のほかに，太平洋岸に沿って運ばれており，静岡県三島市長伏六反田遺跡（図3－9）にまで及んでいる（石川 2001：74頁）。側面索孔燕形銛頭をはじめとする東北南部の漁撈文化が，三浦半島はもとより清水市石川Ⅱ遺跡にまで広がるのは，このような龍門寺式土器の分布を背景に理解することはできないだろうか（図3）。

　伊豆諸島のココマノコシ遺跡でも弥生中期中葉に大型のサメ類やウミガメ類を捕獲しており，三浦半島と同じく積極的な外洋性漁撈活動がこの時期に太平洋岸に広まったとされている点は，注目に値する（金子 1980b：126～128頁）。間口洞穴からはカエシが内側についた釣針が出土している。磐城海域の釣針は寺脇貝塚などの晩期には内鉤が皆無であったのが，薄磯貝塚で認められるのは石巻・松島湾など北方からの影響とされており（馬目 1988：46頁），間口洞穴の釣針はさらにそれが南下した可能性がある。アワビ，サメ歯製の銛先を装着した燕形銛頭やアワビオコシの系譜ともども，注目しておきたい。

2．農耕社会における漁撈集団編成の一類型
(1) 地域社会における農耕集団と漁撈集団

　松島湾沿岸，磐城海域と三浦半島先端という三つの地域を取り上げて，弥生時代の漁撈活動を中心とした生業の共通性を指摘した。この地域の平野には，同時に農耕集落が存在していたが，それとの関係を踏まえて，地域の中における海蝕洞穴や貝塚の位相を整理しておこう。

　平低地　いわき周辺の平低地（図4－2）は夏井川などが形成した三角州低地からなる。龍

門寺遺跡は，三角州低地の南端を流れる滑津川が平野を形成し始める，奥まった所にある。この遺跡からは在地化しているものの太型蛤刃石斧，石庖丁，扁平片刃石斧，柱状石斧など大陸系磨製石器がそろって出土し，籾痕土器も報告されている（猪狩ほか1985）。こうした遺物組成や湿地を望む台地縁辺という立地条件からすれば，付近に水田をもつ農耕集落とみなして間違いない。

薄磯貝塚は平低地が海岸に面する南端にあり，北端には地引洞窟がある。薄磯貝塚からは籾痕土器が出土しており，龍門寺など農耕集落とかかわりがあったことは間違いない。地引洞窟からは大洞A´式ないしその直後の土器と弥生中・後期土器が出土し，骨角器は有角式刺突具（逆刺式固定銛），先端研磨角器などが出土した（福島県教育委員会1991）。縄文晩期終末ないし弥生前期から利用されている点に注目したい。龍門寺遺跡と地引洞窟と薄磯貝塚はそれぞれ8～12kmほど離れて平低地を取り囲む三角形の頂点に位置し，その内側に台地に沿って大洞C_2式～弥生前期の久保ノ作洞窟，縄文直後の沼之内遺跡や，砂畑，永井，妻など龍門寺式を出土する遺跡が点在している。

仙台平野 仙台平野（図4-1）では中期前葉に船戸前遺跡などが平野の奥に出現し，中期中葉と時期が下るにしたがって，南小泉遺跡や高田B遺跡など，より低いところに向かって農耕集落が拡大していく。そこからおよそ10～20km北上した松島湾周辺には，東宮貝塚や桝形囲貝塚，寺下囲貝塚などの貝塚や製塩集落が営まれる。これらの集落からは籾痕土器や石庖丁などが出土しており，農耕集落と関係が深かったことは言うまでもない。古墳時代中期の燕形銛頭が出土した崎山囲洞窟は，貝層は形成しない

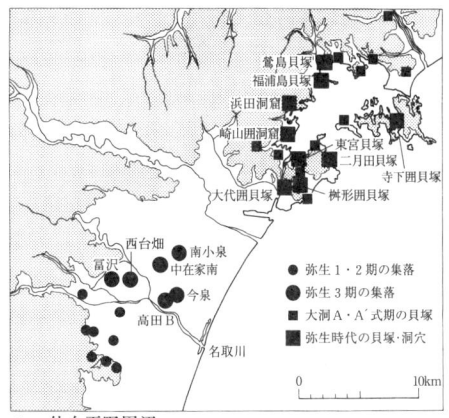

1．仙台平野周辺

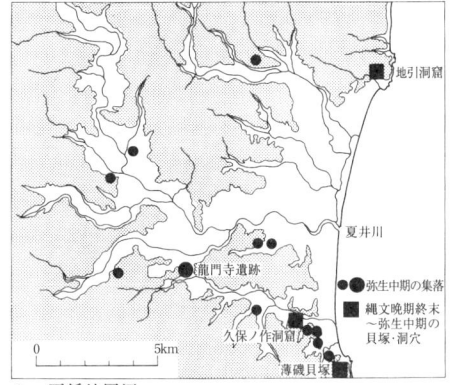

2．平低地周辺

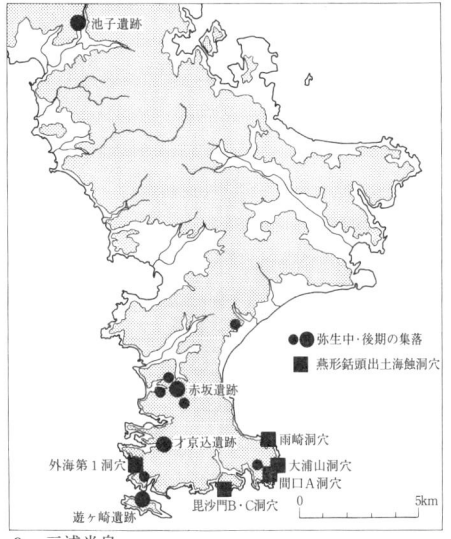

3．三浦半島

図4　弥生時代集落と貝塚・洞穴の配置

ものの，大洞A式から利用を開始する点にも注目したい（金子 1980 b：132頁）。松島湾は丘陵が間近に迫り平野が狭いので，平低地のように背後に農耕集落を控えることはない。しかし，松島湾の集落が農耕集落と関係を保っていることからすると，南部の仙台平野と松島湾との関係性は，歪んではいるが基本的に平低地と同じ三角形構造をなしていると言ってよい。

　三浦半島　そこで三浦半島（図4－3）であるが，先端部に展開する海蝕洞穴遺跡と関係が深いと思われる農耕集落は，5 km以内の距離にある弥生中期後葉宮ノ台式の赤坂遺跡や後期の才京込遺跡であろう。赤坂遺跡 5 a 号大型住居跡からは，銛ないし猟の先と考えられる骨角器が出土しており，海蝕洞穴との距離関係と立地条件からすれば，漁撈集団との関係性を抜きにしてこの骨角器を評価することはできない。赤坂遺跡の西にも湾はあるが，洞穴や貝塚はない。そこで赤坂遺跡や才京込遺跡と海蝕洞穴との関係を積極的に考えれば，それらの間に描くことのできる遺跡配置（サイト・フォーメーション）が，仙台平野や平低地と一致していることに目が向けられる。

　この三者にある程度共通したフォーメーションは，狩猟場の台地を控えるとともに，水田稲作の技術的な未熟さから三角形の平野の奥などに位置した農耕集落と，沿岸部の洞穴や貝塚との間に形成された，5〜20kmという資源獲得領域（キャッチメント・エリア）に収まる三角形構造を基本としたものである。

（2）三浦半島海蝕洞穴における漁撈集団の専門性

　上述の各地において，農耕集団と漁撈集団が密接に結びついていた可能性を指摘したが，その依存関係はどのようなものだったのか。岡本勇は三浦半島の弥生時代の集落間関係について，台地上の赤坂遺跡などが拠点で，海蝕洞穴遺跡がその分岐集団だ，とした（岡本ほか 1977：1〜2頁）。海蝕洞穴の集団の性格を明らかにするために，これは重要な問題なのでこの点から議論していくことにしよう。

　大浦山洞穴の第1次調査資料（1959年）を整理した金子浩昌によると，宮ノ台式の第Ⅵ層では魚類ではサメ類，哺乳類はウサギが出土し，特殊なもののみ増えていることが明らかにされた（金子 1967：438頁）。大浦山洞穴の最近の調査でも，マダイについでカツオ・サメが多く，ツノザメ，アオブダイ，アンコウ科は三浦半島の縄文貝塚では出土しないことが指摘されており（剣持 1997 a：82頁），カツオも縄文時代の間口東洞穴からは出土していないことが表2からわかる（剣持 1997 b：70頁）。

　海蝕洞穴出土漁骨を分析した剣持輝久は漁撈の中心が春から夏の農繁期と重なる外洋性のマダイやカツオであり，漁具もそれと相即の釣針や回転銛など外洋に出かけて本格的に行なう操業形態を推測させ，台地上の集落と海蝕洞穴とはそれぞれ別の集団であるとした（剣持 1996：64頁）。さらに三浦半島の海蝕洞穴では鳥類の狩猟が盛んに行なわれたが，それらはアホウドリ科，ミズナギドリ科，ウ科，カモメ科であり，冬に飛来する鳥が多い（剣持 1990：32頁）。農繁期には重ならないが，それを含めて通年で洞穴利用が行なわれていたことがわかる。

　三浦半島の海蝕洞穴から出土するアワビやサザエの殻はきわめて大量で，かつ大型のものが

多く，交易品としての可能性が指摘されている（金子 1980 b：125頁）。間口洞穴や大浦山洞穴の厚い灰層が製塩活動にかかわるものであれば，塩が交易品として生産されていた可能性がある。また，大浦山洞穴でイノシシやシカなど弥生時代の獣骨の量が，縄文時代の貝塚と比べて著しく少ないこと[20]や（赤星 1953：129・132頁，金子 1967：438頁），鹿角は出土するが骨が出土しないという傾向が間口洞穴でも指摘されてきた（神沢 1973 a：151頁）。洞穴遺跡からは鹿角製の骨角器やシカの肩甲骨などを用いた卜骨が多量に出土するが，これらの素材は，狩猟場を背後にひかえた台地部の集落を介して手に入れたのであろう。毘沙門Ｃ洞穴から出土した弥生後期の甕形土器には籾の圧痕があり，土器も台地部の集落との交易によって手に入れたことを物語っている。

　三浦半島の海蝕洞穴からは，アワビでつくった貝庖丁が多量に出土する。これについては，稲の穂摘みに用いたものだとする見解（赤星 1953：97頁，神沢 1973 a：150～151頁）が一般的であったが，神沢はその後岩場の海藻類の採集や処理に用いられた可能性を説くに至り（神沢 1979：40頁），谷口肇も製塩の際できた塩をこそげ落とすなどした可能性を考え，穂摘具説を否定した（谷口 1995：94頁）。赤星はそれを海蝕洞穴の人々が用いたというよりも，交易品として製作したと考えているので，海蝕洞穴集団の農耕へのかかわりを低く見積もる点では一致している。

　このように見てくると，三浦半島の海蝕洞穴集団は，通年の操業によって得た大型魚類，アワビ，鳥，塩など特産物を農耕集団にもたらし，その見返りに農耕生産品や土器などさまざまな物や情報を得て交易を行なっていたと考えられる。したがって，洞穴民は専業的な漁撈集団であると考えるのが妥当だろう[21]。この専業性はマグロ漁の発展に見る漁業の季節性の強化などに典型的に示されるように，すでに縄文後期終末から晩期の東北地方太平洋岸で準備されていたのであり（渡辺 1973：205頁），燕形銛頭の南下は専業化傾向の拡大ともいえる。アワビ捕りは縄文時代の東北ですでに交易の一環としておこなわれており，前項で検討した太平洋岸における燕形銛頭の系統関係を補強している。

（３）池子遺跡の漁撈活動

　逗子市池子遺跡は逗子湾から 2～3 km 内陸に入った弥生Ⅳ期の農耕集落だが（図 4－3），そこからも燕形銛頭が出土している。

　この遺跡の魚類遺体を分析した樋泉岳二は，サメ類・カツオなど，相模湾沖での表層の外洋性回遊魚を対象にした漁撈が発達しており，燕形銛頭は，サメ類やカツオなどの外洋性漁業に用いられたと考えている。その一方，クロダイ・マダイ・ヒラメなどを対象にした内彎性沿岸漁業は不活発で，コイなどの内水面漁業はほとんどやっていなかったことが確認されており，外洋性魚種に特化した選択的な漁撈活動が行われていた。樋泉によれば，漁撈活動の季節が水田稲作などの農繁期と重なっていることや，魚骨が遺跡の中でかたよった出土をすることから，「漁労民と農耕民が，生業組織としてはそれぞれ独立した集団を保持しつつ，一つの集落内で共生系を成していた可能性」が指摘できるという（樋泉 1999：336頁）。農耕集落の中に漁撈

集団が存在するあり方は，三浦半島の海蝕洞穴と異なる農耕集団との共生形態といえよう。この遺跡からは大型の石錘が多量に出土しており，洞穴遺跡では行なっていなかった網漁が発達しており，タモ網枠が出土していることから内水面漁撈も行なっていたようである。

（4）農耕集団と漁撈集団の取り結ぶ関係

　農耕集団と漁撈集団の共生があったとすれば，その出自が問題になる。はたしてこれら漁撈集団は農耕集団の中から析出していったのか，部外者だったのか。都出比呂志は漁撈集団が農業生産物を他の共同体にまったく依存していたか，一部依存であったかは，①製塩集団・漁業集団として自立し，農業生産物との交易関係を保っている，②農業集団の中に取り込まれつつ，製塩・漁業に従事している，という差があり，これはその集団が，A縄文時代以来の海浜集団のうち，農業に転換できなかったものから成立してくるか，B海浜に近い農業集団が自らの内部で漁業・製塩に従事するグループを析出させるか，の二つのコースの差である，とした（都出 1968：134頁）。

　前項において考察した三浦半島海蝕洞穴漁撈集団のあり方は，①である。松島湾周辺や平低地の沿岸集団も同様だろう。それに対して，池子遺跡の漁撈集団のあり方は②であり，農耕集落に寄留していた。池子の漁撈集団と海蝕洞穴のそれとの間には，前者がソウダガツオ，メジマグロ，イナダなどを欠いている違いが指摘されている。池子の漁撈集団が雑魚は狙わず，もっぱらサメ，カツオなどの大物ねらいというリスクを背負った操業を行なっていたのに対して，洞穴漁撈集団はマダイ，クロダイなども捕獲しているのは（樋泉 1999：333頁），前者が農耕集落に寄留していたからなしえた選択であろう。

　海蝕洞穴漁撈集団は，すでに弥生Ⅲ期に北方系漁撈民の関与によって成立していたのに対して，池子はⅣ期の集落だから，海蝕洞穴の専業的漁撈集団の一部が池子で農耕集落に寄留するようになったものと思われる。したがって，海蝕洞穴の漁撈集団は台地の農耕集団からの分岐集団であるという岡本の見解とは逆に，海蝕洞穴からの別れが池子や赤坂の漁撈集団であると理解すべきである[22]。

　それら漁撈集団の出自に関しては，農業に転換できなかったか否かは判断困難だが，漁撈具の系譜や漁撈具と捕獲対称動物との間に長い間にわたって築かれた相対関係などからみて，いずれも都出の言うAであり，農業集団の中からこのように専門的な漁撈技術がにわかに出現したとは考えられない。Bについてはまた別系譜の漁撈集団のあり方が問題になるので，それを次に考えてみたい。

3．もう一つの弥生文化漁撈類型

（1）海民的漁撈と農耕民的漁撈

　渡辺誠は農村型漁業という類型を設けた（渡辺 1988：19頁）。農村型漁業とは河川や湖沼ばかりでなく，水田や用水路で筌や簗を使う漁法をさす。大野左千夫もまた弥生時代の漁業を，農民漁業を特徴とするものと理解した。農民漁業とは，釣漁法と刺突漁法に習熟した三浦半島

海蝕洞穴集団のような海民漁業に対して，錘の存在によって推測される地先海域を漁場とする網漁業をもっぱらとするものである。さらに，2～5月の農閑期に操業するイイダコ漁や筌や簗など集落近傍の河川や沼などで行なう受身的な漁法，すなわち渡辺のいう農村型漁業の発達も，その特徴とする（大野 1992：19頁)[23]。わかりやすいのだが，農民，海民という用語は規定的なので，農耕民的漁撈，海民的漁撈としておく。

弥生中～後期の愛知県朝日遺跡ではコイ・フナ・ナマズ類といった淡水魚が出土した。環壕の底には簗が，大阪府山賀遺跡，福岡県辻田遺跡では筌がしかけられており，大阪府池上曽根遺跡，静岡県角江遺跡などで枠が出土したタモ網で，これら淡水魚をすくい取ったものと思われる。要するにそれは罠漁である。朝日遺跡の銛は大型で鉤がたくさんつけられた縄文文化のものと遜色ない，あるいはより発達した状況を示しているが，こうした罠漁の際の捕獲に用いたものである。したがって，それは農耕民的漁撈に用いられたのであり，縄文系の漁撈具とはいっても海民的漁撈を基本とする縄文時代の漁具とは性格に差があったと見なすべきであろう。弥生中期の愛知県瓜郷遺跡の動物遺体は，縄文時代の動物相とほとんどかわらない様相を示すという（金子 1980 b：114頁）。これも，縄文系の漁撈なのか，農耕民的漁撈に縄文系の漁具が用いられた結果なのか，慎重に見極める必要があろう。

大阪府池上曽根遺跡では，環壕の内部で漁具の分布が均質であることから，農耕とともに漁撈活動にも従事していたとされ，漁撈の専業性は認められないと言う（秋山ほか 1999：80頁）。すなわち，池子遺跡のような専業的漁撈集団の存在は認めがたい。池上曽根遺跡を含む大阪府の海浜部集落で共通して見られる漁具が，タコ壺，石錘，土錘，タモ網など，網漁と内水面漁業を主体とするもので，縄文系の本格的な漁具を伴わないこともその傾向と関係する。

数々の水辺や田園の生き物とともに桜ケ丘神岡5号銅鐸などに描かれた漁撈風景は，水田に遡上して産卵する淡水魚を水路などで捕獲する内水面漁撈を背景に描かれたものである。水田の出現が，そうした水辺環境とそれを餌場とした動物，そしてそれを捕食した人々との関係を変化させた（根木 1991：98頁）。弥生時代には水田開発によって形成された環境のなかに，漁撈の施設や漁場という生業活動の場そのものを取り込んでいく行為，すなわち他の生業を農業のなかに内部化すること（安室 1998）が，近畿地方や濃尾平野など，巨大環壕集落を擁する低地帯に認められる。漁場が水田付近なので遠出する必要はなく，漁撈活動は農繁期でも行なえ，高度な技術はいらないので分業の必要もない。そこには専業的な漁撈民は存在せず，農耕民が漁撈を行なったのであろう。

（2）農耕民的漁撈の系譜

内水面漁撈は，画像石（八幡1959：23頁）や明器から推して大陸に起源をもつ漁法であることは明らかである。この漁法は縄文時代には顕著でなかったし，何よりも農業に内部化されていくことにより発達した，縄文文化とは根本的に仕組みの違う漁撈活動である。

そうした漁法は，たとえば大阪湾岸や濃尾平野の低地帯において水田稲作を推し進めた環壕集落という，大陸的な文化要素の強い集落に特に顕著に認められることが指摘できる。したが

って，その系譜については，弥生文化で自生したとみなす余地もあるが，農耕文化複合の一要素として大陸から伝えられた可能性が高いのではないだろうか。

IV．東日本弥生文化における生業集団編成の性格

1．農耕民的漁撈集団との差

東日本における弥生時代の生業集団編成のあり方は，西日本の低地帯における環濠集落の弥生文化や縄文時代のそれと引き比べて，どのような特質をもっているのであろうか。

池子の漁撈集団は海蝕洞穴の漁撈集団とは異なり，大型の石錘を利用した網漁を行なっていた。規模の大きな網漁は縄文文化の伝統というよりは，網漁法を中心とする西日本の弥生文化からの影響とみることが妥当であり，池子における異系統集団の編成には，農耕の労働力確保とともに漁撈活動でも労働力を確保するという役割があったものと思われる。タモ網を用いた内水面漁撈も西日本弥生文化の系譜であろう。

しかし，池子の生業活動に西日本の弥生文化の特徴が認められる一方で，漁撈の操業方法の点では洞穴遺跡の漁撈集団と同じく縄文文化の伝統をよく残しており，漁撈専業集団の存在がうかがえる。こうした異系統集団の共生は，大阪湾沿岸などの水稲農耕集落のあり方と大いに異なっている。

先述のように，大阪湾沿岸や濃尾平野の水田稲作を基盤にした環濠集落では農耕民的漁撈を行なっており，漁撈専業集団の存在は希薄である。かりにそこに漁撈集団を認めたとしても，その出自を縄文系と断ずることはできず，自立的な傾向も弱いと評価せざるを得ない。それに対して，池子の漁撈集団や海蝕洞穴の漁撈集団は北方の漁撈集団に出自をもつ縄文的な色彩を濃厚にもち，ことに洞穴遺跡の漁撈集団は一年の内のかなりの期間をそこで過ごすような自立的傾向を示すことが，大きな違いである。すなわち，農耕集団と共生しつつも専業度を高めた漁撈集団の一定の自立性[24]が認められるのである。

2．縄文時代の漁撈との差

そうであるならば，池子や三浦半島海蝕洞穴などと，それ以前，すなわち縄文時代の漁撈活動に比重を置いた集落との性格の違いが問題になる。なぜならば，縄文後期以降の集落は，それぞれに個性的な特徴によって役割を分担し，ある種の社会的分業の単位として機能しているとの説があるからである。だが，そこにも違いを認めることができる。

縄文時代の場合には，どのような貝塚でも寡多の違いはあれ，漁撈具ばかりでなく，磨石や石皿など植物加工の道具や石鏃など狩猟具も出土するのが一般的である。すなわち，基本を網羅的な生業戦略において，その上で役割分担を行なっているわけで，特化の度合いが低い。これに対して，三浦半島の海蝕洞穴の漁撈集団は漁撈への専業度が高く，すでに縄文時代の漁撈集団からはその性格を大きく変化させているといわざるを得ない。

しかしこの自立的傾向は，洞穴遺跡の文化要素の中に，農耕集団から持ち込まれたさまざ

なものがあることから，農耕集団との共生において初めて可能なことであることは疑いなく，漁撈集団としての一定の自立性も交易活動などを通じた共生体系の中で保たれていた。これもまた，弥生文化の漁撈集団が，縄文時代のそれと大きく異なる質的展開を遂げていたことを示すものであって，渡辺誠が指摘するように，縄文時代の伝統を再編成して専業化が進んだことが弥生時代における漁業の特徴の一つであると言えよう（渡辺 1988：19頁）。

3．異系統文化の関与

平低地や仙台平野周辺では農耕という生業体系を基軸にした集団と伝統的な漁撈集団という，生業の違いによる集団が専門の度合いを強めて分節化しつつも互いに依存し合う共生関係を結んだ。三浦半島においては，北方系漁撈文化の関与のもとに在来の集団を基盤として成立した漁撈集団が，台地上や内陸の農耕集落と共生関係を結んでいった。このように，生業集団の編成が在来の集団にとっては異文化集団の関与によってなされているところに，東日本初期農耕文化の生業集団編成の特色がある。一方では縄文系の漁撈文化が色濃い北海道と連絡し，一方では本格的な農耕文化と連絡する東西の接点である関東地方やいわき地方，仙台湾周辺で，弥生中期中葉～後葉という社会変動の時期により強くこうした現象が生じていることは，注目に値する。

近畿地方など西日本でも，白浜遺跡に見られるように場所によっては縄文系の漁撈集団が一定の自立性をもっており，専業的な漁撈集団が農耕集団と分離して後の海人集団へ移行していく要素を多分にもっている。北部九州地方や山陰地方[25]にもそうした自立的な漁撈集団が認められる（下條 1989）。相対的に自立した漁撈民と農耕民との共生関係は東日本だけに認められるわけではなく，縄文系の漁撈集団が農耕集団との共生によって専業度を高めていくのは，東西を問わず弥生時代における生業集団編成の一つのあり方である。そうした生業編成は，水田稲作を主たる生業とし，農耕民的漁撈を行なう環壕集落の生業編成との間に大きな差がある，と言うのが適切であろう。

V．結論
1．北方系漁撈文化の南下

三浦半島海蝕洞穴の燕形銛頭を取り上げ，特に側面索孔が100％を占めるという型式学的特徴などから，それが磐城海域や松島湾からの影響によることを，土器の移動や生業の内容の類似とも絡めて論じた。

この三つの地域は，5～20km程の範囲の中に農耕集落と洞穴や貝塚といった漁撈関係集落をもつ。松島湾や平低地では，縄文晩期から貝塚が引き続き営まれ，縄文晩期終末の大洞A式期に洞穴遺跡の利用が始まるが，弥生前期以降，内陸に農耕集落が出現し展開すると，それらの間に共生関係が結ばれていったようである[26]。三浦半島の海蝕洞穴利用の開始は，こうした東北中，南部の太平洋沿岸漁撈民の関与によっている可能性が高いが，たとえばそれはたんに

燕形銛頭を伝えたにとどまるような漁撈民の単純な渡海活動の結果ではなく，内陸の農耕集団との間に築いた共生関係も合わせもつ体系的なものであったことが，三地域に共通した遺跡配置や生業，農耕集団との関わり方から窺うことができる。

　松島湾や磐城海域における弥生時代の漁撈集団は，漁撈や製塩活動など直接縄文時代の生業活動を継承しているから，三浦半島海蝕洞穴の漁撈集団は関東から見れば北方に展開した縄文系の漁撈文化を受け入れて成立したわけである。そもそも回転式銛頭は世界的にみて北方系の暴れる海獣や大型魚の表層漁撈に用いられたものである。燕形銛頭は，開窩回転式銛頭が黒潮と寒流のぶつかる所で採用されて成立したのであり，生態系に応じて選択されていった汎用性の高い漁具である。したがって，三浦半島の漁撈文化は大・中型魚ではサメとカツオ，カジキという暖海性の魚類に特化しているものの，それは環境的要因などによって選択されたものであり，本質的には北方系漁撈の色彩を帯びた文化と言ってよい。東日本における弥生時代漁撈集団の成立に北方系文化の様相を色濃くもつ集団が関与していたことは，東日本の弥生文化が西日本からの影響によって成立する，という図式が特に強調されていた点に再考を促すものである[27]。

2．弥生文化がもつ多様性の背景

　三浦半島海蝕洞穴の漁撈集団は，専業性の強い漁撈活動を行なっている。弥生時代には平野に大規模な農耕集落がいくつも出現したことによって山と海が分断され，狩猟の比重が急速に低下することにより，漁業が専門的に発達したという指摘（甲元 1983：23頁・1992，渡辺 1988：20頁）は，弥生時代の漁撈集団専業化の要因を考える上で重要である。本稿ではその専業性の高さが，一つには農耕集団と交易などを通じて相互依存するようになる共生の結果であることを論じた。農耕集団との共生の仕方にも，洞穴民のように一定の相対的自立性を保っている場合と，池子遺跡のように農耕集団の中に取り込まれるような形で寄留している場合がある。後者の場合，農耕集団にとっては，農耕とともに漁撈活動においても網漁などの労働力を確保する効果を含んでいたであろう。

　弥生時代の漁撈文化には，こうした縄文系の漁撈文化が自立性を保ちつつ農耕文化と共生している海民的漁撈を中心とする漁撈文化類型と，完全に農耕の中に内部化された漁撈活動を行なっている農耕民的漁撈文化の二類型があることを，先学の業績を踏まえて論じた。農耕民的漁撈は農耕民自らの漁撈であり，その中に外洋漁業などの専門的な技術をもつ本格的な漁撈集団は存在していなかった可能性がある。この点こそが，海民的漁撈を主軸とした東日本に顕著な弥生時代生業集団編成との大きな差である。

　農耕民的漁撈の系譜的追究は今後の課題とせざるを得ないが，大陸起源であるとすれば，そうした漁法と縄文文化との関わりは希薄であるとすることができよう。これに対して，本稿で分析したような内陸の農耕集団と沿岸の漁撈集団が相互に依存関係を結んでいく生業集団編成のあり方は，縄文文化の弥生的変容と捉えることができる。したがって，弥生文化における生

業集団編成にも，大陸に起源をもつ文化と縄文系文化との関わりの強弱や有無によって，異なる類型が生じていることを指摘することができる。東日本の弥生時代漁撈文化には縄文時代からの技術の継承はもちろんあるが，農耕集団との共生というコミュニティーの変化，それによってもたらされた生業の特化や文化変容を行なって生活様式の変化を経験しているのであり，それをたんに伝統という一言ですますことはできない。それぞれの文化要素や文化複合の由来や変化の様子を，現象面にとどまらずその性格にまで踏み込んで，より深く掘り下げていくことが求められよう。

相対的に自立した漁撈集団と農耕集団の共生は，あらかじめ漁撈文化を内在させていた可能性の高い西日本環濠集落の生業集団編成と根本的に異なる。とはいえ，西日本にもいたる所に海民的漁撈集団が認められるし，東日本の農耕集団にも，西日本の弥生文化の影響によって，網漁などの農耕民的漁撈を積極的に行なうようになるものもある。このように弥生時代の漁撈集団の編成方法は，縄文系の漁撈文化という伝統やそれぞれの地域の環境や生態系に応じた操業形態，大陸系の弥生文化に内在する農耕文化と漁撈文化などに規定され，あるいはそれら異文化が交流する中で，多様に展開していった。このような伝統と新来の文化の複合性，それによる伝統の変容は，漁撈活動ばかりでなくさまざまな文化要素にもうかがえるであろう。弥生文化が地域によって個性が豊かな理由の一端は，そこにある。　　　（2004年12月19日稿了）

謝辞

本稿をまとめるにあたって，稲村繁，川口徳治朗，小井川和夫，後藤勝彦，須田英一，樋泉岳二，西本豊弘，福田正宏，山田晃弘の各氏のお世話になりました。山浦清氏にはいろいろ御教示をいただいたうえ，貴重な文献を借用させていただきました。前田潮先生には院生の時から今にいたるまで，何かとお世話になっております。にわか勉強で，はたして献呈に値する論文になったか心配ですが，お許しください。先生を見習い，行者の心境でこれからも研鑽を積んでいきたく思います。

註

1）→は，原典にあたれなかった左側の文献の引用を右側に示した記号。
2）部分名称については，おもに（長谷部 1926a），（清野 1944），（佐藤 1953→1983：350頁）および馬目順一の名称を参考にし，採用したものの別称を（　）で示した。
3）福島県寺脇貝塚を標識とする「寺脇型」閉窩式銛頭は，索溝など燕形銛頭との関係は深いものの，三つの尾（距）がそれぞれ同じ長さなので，長谷部の定義に照らせば燕形銛頭に加えることはできない。閉窩式銛頭はすべて燕形銛頭であるとは言えず，閉窩式に寺脇型と燕形があるとみるべきだろう。
4）馬目順一は，燕形銛頭を刃溝と索孔の方向の組み合わせで四つに分類した。これは銛先の獲物への貫入時にかかる抵抗の加わり方による分類で，本稿でも基本的にそれにならう。すなわち，−1型は馬目の縄文類型，−2型は弥生類型，+2型は続縄文類型，+1型はアイヌ類型である（馬目 1983：211頁）。ただし，三浦半島海蝕洞穴の燕形銛頭は−2型と+2型が半々で，続縄文でも偏らないので

（表1），−2型，＋2型だけを弥生類型，続縄文類型とするわけにはいかない。

5）一方で，銛はすべからく命中度合いで回転機能をもつから，形態のみからでは回転式か否かはきめがたい，という意見もある（金子 1984：93頁）。トンプソンは，索孔の位置によっては鉤引き式銛頭も回転式銛頭のような運動を行なう場合もみられるとする（Thompson, 1954, pp.193−211→山浦 1980 b：12頁）。

6）例示された銛頭の長さは6cmである。縄文時代末期の銛頭49例の大きさを計測した佐藤達夫によると，全長は5cmから13cmに及び，6cmは小さいほうである（佐藤 1953→1983：355頁）。

7）江坂による「縄文時代における漁労技術の変遷」と題した，1960年の日本考古学会例会における発表。キテの使用方法をアイヌの漁撈活動にもとづいて分析した名取武光によると，アザラシ，オットセイ，クジラのように皮膚が強靭な獲物は銛頭が体内で回転して引っ張られた時に，側面積が小さくても皮膚が破れる心配がないが，メカジキのような柔らかな皮膚をもつ魚類は体内に突入することが容易な反面，筋肉や皮膚が破れる恐れがあるので，側面積が大きくなければならないという（名取 1972：194〜195頁）。燕形銛頭の多用がマグロ漁の活発化と相関関係にある，という説に都合がよい。

8）実際に燕形銛頭には，腹面下部の索孔周辺が破損したものが多く，民族例によりその破損が中柄の回転によることが確かめられている（甲野 1941：244頁）。図2−14の大浦山洞穴例も，その一つである。穿孔しかけて途中でやめている孔は，腹部側に偏って穿たれており，そのままでは抵抗によって腹部から壊れることが必定であったために新たに中央寄りに穿ったものである。抵抗が銛体にかかる力と孔との関係を充分意識してデザインが行なわれたことを知ることのできる例である。

9）佐藤達夫はこのほかに，おそらく（赤星 1952）を参照して「また洞」出土としているが（佐藤 1953→1983：357頁），これは間口洞穴のことである。

10）図2−2は索溝が幅広く平坦で，体部と段をなして削られており，尾部側面が軽く彎曲し，尾部背面に稜をもち，尾部の先が尖り，中央の尾部がやや長いといった点に，擦文文化の開窩回転式銛頭との類似性がうかがえる。

11）本稿で使う伝播の概念は，たんに物が移動して伝わるだけでなく，情報の伝播や文化人類学でいう，刺激伝播といった概念を含む。

12）関東地方の縄文晩期にも，猪牙製の鏃は見つかっているが，弥生時代との間に断絶がある。間口洞穴出土燕形銛頭の一点（図2−8）の刃溝下端とサメ歯製鏃（図2−6）の下端をそろえると，お互いの目釘孔の位置と大きさが一致する。この例は偶然の一致であるかもしれないが，サメ歯製の鏃やアワビ貝製の鏃が弓矢以外に燕形銛頭の銛先であった可能性もあることを示しており，この技法が伝播して，在地の素材で継承されたことを考えさせる。

13）すでに指摘したように，この土器は恵山系と言ってよいか，問題も含んでいる（設楽 2003a：39頁）。

14）33例のうち，開窩銛頭の可能性が考えられるもの及びオホーツク文化のものは表1では省いた。

15）南川III群は，青森県の田舎館式の新しい段階，IV群は念仏間式に併行し，それぞれ弥生III期，IV期に併行する。

16）小畑弘己の著した『シベリア先史考古学』にも燕形銛頭は見当たらない（小畑 2001）。

17）回転式銛頭が，銛頭の製作技術だけでなくさまざまな装備を伴う複合性という点で発達した技術をもつことは，（山浦 1980b）を参照されたい。

18）燕形銛頭の出現に関しては，縄文前期初頭の上川名貝塚例（馬目 1983：216〜217頁），前期中葉の大木囲貝塚例（佐藤 1953→1983：352〜353頁），あるいは前期後葉の川下響貝塚例（馬目 1983：216〜217頁）など，縄文前期からの系統的発展を考える案と，中期後葉に石巻・松島湾で出現した南境型

などいわゆる古式離頭銛からの発達を考える（渡辺 1973：169頁）二案があるが，最近別の案として北海道の縄文後期の船泊型開窩式銛頭に燕形銛頭を受け入れる地盤ができていた可能性が示唆されている（富田 2004：27頁）。

馬目らの挙げた前・中期の燕形の祖形になるという銛頭は実例が少なく，燕形との間をつなぐのに資料不足の点は否めない。沼津型と燕形の間に系統的連続性は見出しがたい（安斎 1997：65頁）。この点については，山浦が早く指摘している（山浦 1974：10頁）。有孔有茎銛頭の南境型離頭銛頭には回転性があるだろうが，南境型の体部が伸びて

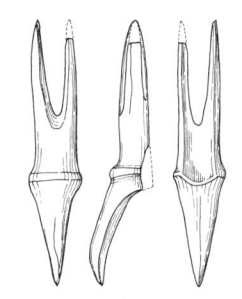

図5 北海道船泊遺跡出土 船泊型開窩回転式銛頭（長さ約10.5cm）

鉤が複数になった沼津型は鉤引式であり（種市 1998：5頁），むしろ回転性は南境型に比べて劣っているようである。船泊型は図5から明らかなように刃溝をつけるため体部が厚く，側面が燕形銛頭によく似た形態になっており，時期的にも接点をもつ。しかし，燕形銛頭は閉窩であるのに対して船泊型は開窩であるのが決定的な違いである。長谷部は燕形銛頭が開窩銛頭から生まれたと考えたが（長谷部 1926a：143～144頁），甲野勇や佐藤達夫は開窩から閉窩への変化については，その過渡的なものがないことを理由に，長谷部案を退けた（甲野 1947：87頁，佐藤 1952：342頁）。船泊型は刃溝をもつのに対して，初期の燕形は素体であることも，大きな違いである。このように，いずれの案も問題を含んでいるが，馬目案が資料不足とはいえ今のところ最も説得力があるものと考える。

ただし，船泊型が間接的に影響を及ぼしていた可能性も捨てがたい。というのは，晩期の岩手県獺沢貝塚に刃溝をもつ開窩式銛頭が現れること（金子 1980a：118頁），燕形銛頭の尾の発達が，開窩式の影響の可能性があること（山浦 1980a：5頁），晩期の磐城海域における燕形銛頭に認められる索溝が，北海道方面の抉りが入った開窩式銛頭と関係すること（金子 1980a：118頁）などが指摘されているからである。逆に，北海道久根別遺跡の大洞C$_2$式の開窩式銛頭は三尾であることから燕形銛頭との関係が考えられており（金子 1980a：116頁），北海道方面での開窩式銛頭と燕形銛頭の接点もなくはない。船泊型開窩銛頭は分布が礼文島にほぼ限られるなど，地理的に閉窩銛頭との接触も考えにくいのが難点であったが，噴火湾の虻田町入江遺跡から16点出土し（大島ほか 1994：49～53頁），この点はやや解消された。起源問題はおいておくとしても，晩期に北海道と本州太平洋岸で相互交渉があった可能性は考慮しておく必要があるだろう。

19) 雨崎洞穴からは燕形銛頭が出土しており注目されるが，中期中葉なのかそれ以降なのか，はっきりしない。
20) 一方，雨崎洞穴と海外第1洞穴は，ともにイノシシとニホンジカの骨や角が多く出土し，未成品もあって，洞穴で解体処理を行なっていたことが推測されている（剣持 1996：62頁）。必ずしも洞穴すべてにわたり獣骨の出土が少ないわけではない。
21) 東京湾東岸でも同じような現象が認められる。市川市木戸口貝塚の弥生中期中葉池上式の竪穴住居に残された貝塚を分析した鈴木正博は，出土土器に伊豆地方の大里東式や北関東の野沢2式など異系統土器が含まれていることから，弥生時代におけるある種の貝塚の専業的性格と非定着性を踏まえて，漁撈資源を供給する集団と理解した（鈴木2000：37頁）。
22) これに対して神沢は洞穴遺跡が墓地として利用されていることから，たんに台地上集落民の季節的利用とは考えられないとし（神沢 1979：47頁），剣持は漁期が農繁期と重なり，海蝕洞穴の人々が銛や釣針を中心とするのに対して，台地上のそれは網漁法であるという漁法の違いから，両者は別集団と

見なすなど（剣持 1996：64頁），この問題をめぐっては議論がある。
23）弥生時代のこうした漁法については，（根木ほか 1992，高橋 1996）などを参照されたい。
24）小林行雄が弥生時代漁撈集団を「独立の傾向」があると捉えたことに対して，山浦が批判しているが（山浦 2001：16頁），ここでいう自立性は独立性とは異なる。農耕集団と漁撈集団の関係については，山浦論文を参照されたい。
25）鳥取県青谷上寺地遺跡など。青谷上寺地では長崎県原ノ辻例と同様な特異な形態の銛頭が出土しており，原ノ辻例と恵山型銛頭との関係が議論されている（山浦 1999）。島根県加茂岩倉遺跡や青谷上寺地遺跡では，銅鐸や土器にウミガメやサメのような動物絵画が描かれ，近畿系文物にこの地域の特性が織り込まれており，興味深い（設楽 2003b：122頁）。北部九州や山陰地方の弥生時代海民的漁撈については，樋泉氏の御教示を得た。
26）佐藤達夫が指摘しているように，弥生時代以降の燕形銛頭がいずれも洞穴遺跡から出土しているのは，偶然ではない（佐藤 1953→1983：358頁）。
27）弥生時代に先立つ北方系文化の南下問題，とくに大洞C_2・A式期の意義については（鈴木 1998）が示唆的である。

参考文献

（日本語文）

赤星直忠 1952「金石併用時代の漁民」『漁民と対馬』60～82頁，関書院
　　　　 1953「海食洞穴－三浦半島に於ける弥生式遺跡」『神奈川県文化財調査報告』20，53～143頁，神奈川県教育委員会
　　　　 1967「三浦半島の洞穴遺跡」『日本の洞穴遺跡』91～102頁，平凡社
　　　　 1970『穴の考古学』学生社
　　　　 1972「雨崎洞穴調査概報」『日本考古学年報』20，129～130頁，日本考古学協会
秋山浩三・後藤理加 1999「巨大環壕集落における漁撈専業度と"船着場"－池上曽根遺跡の漁撈関連様相と弥生「都市」論のかかわりをめぐって－」『みずほ』第28号，65～85頁
安斎正人 1997「回転式銛頭の系統分類－佐藤達夫の業績に基づいて－」『東京大学考古学研究室研究紀要』第15号，39～80頁
石川日出志 2001「関東地方弥生時代中期中葉の社会変動」『駿台史学』第113号，57～93頁
稲生典太郎 1936「『アイヌの人形』その他」『ミネルヴァ』第1巻第7号，269～276頁
猪狩忠雄ほか 1985『龍門寺遺跡』（『いわき市埋蔵文化財調査報告』第11冊）いわき市教育委員会ほか
猪刈みち子 1988「骨角器」『薄磯貝塚』（『いわき市埋蔵文化財調査報告』第19冊）292～366頁，いわき市教育委員会
大島直行 1988「続縄文時代恵山式銛頭の系譜」『季刊考古学』第25号，26～30頁
大島直行ほか 1994『入江貝塚出土の遺物』（『虻田町文化財調査報告』第4集）北海道虻田町教育委員会
大竹憲治 1985「東北地方南部出土の弥生時代骨角製品」『古代文化』第37巻第5号，230～234頁
　　　　 1987「いわき周辺弥生時代の骨角器」『月刊文化財』11月号，31～34頁
　　　　 1988「いわき地方の釣針と銛」『季刊考古学』第25号，31～35頁
　　　　 1991「弥生時代における閉窩式銛頭の南進と北進」『十勝考古学とともに』63～69頁，十勝考古学研究所
大野左千夫 1992「弥生時代の漁具と漁撈生活」『考古学ジャーナル』344号，15～19頁

大場利夫ほか 1962『室蘭遺跡』室蘭市教育委員会ほか
岡本　勇ほか 1977『三浦市赤坂遺跡』赤坂遺跡調査団
小畑弘己 2001『シベリア先史考古学』中国書店
海外洞穴遺跡発掘調査団 1983「三浦市海外洞穴調査の概報」『横須賀考古学会年報』26，横須賀考古学会
神奈川県県史編集室 1979『神奈川県史』資料編20　考古資料，神奈川県
かながわ考古学財団 1999a『池子遺跡群Ⅸ』かながわ考古学財団調査報告45
　　　　　　　　　　1999b『池子遺跡群Ⅹ』かながわ考古学財団調査報告46
金子浩昌 1967「洞穴遺跡出土の動物遺存体」『日本の洞穴遺跡』424～451頁，平凡社
　　　　 1968「縄文石器時代貝塚出土のアシカ科海獣類の遺骸について－宮城県大木囲貝塚の出土例を中心として－」『仙台湾周辺の考古学的研究』160～190頁，宝文堂
　　　　 1971「動物遺骸」『貝鳥貝塚－第4次調査報告－』209～214頁，岩手県花泉町教育委員会ほか
　　　　 1980a「銛頭の変遷」『歴史公論』第6巻第5号，113～121頁
　　　　 1980b「弥生時代の貝塚と動物遺存体」『三世紀の考古学』86～141頁，学生社
　　　　 1984「骨角器の分析」『考古学調査研究ハンドブック』2巻，92～97頁，雄山閣出版
鎌木義昌ほか 1962『岡山市史　古代編』岡山市
萱場敏郎ほか 1952「豊浦町遺跡の調査報告」『噴火湾沿岸の縄文文化遺跡』48～50頁，伊達高校郷土研究部
神沢勇一 1973a「神奈川県間口遺跡」『日本考古学年報』24，148～151頁
　　　　 1973b『間口洞窟遺跡（本文編）』（『神奈川県立博物館発掘調査報告書』第7号）神奈川県立博物館
　　　　 1974『間口洞窟遺跡（2）』（『神奈川県立博物館発掘調査報告書』第8号）神奈川県立博物館
　　　　 1979「南関東地方弥生時代の葬制」『どるめん』23，35～47頁
木村英明 1982「骨角器」『縄文文化の研究』6続縄文・南島文化，143～165頁，雄山閣出版
清野謙次 1944「環太平洋文化としての離頭有紐利器，特に日本及びベーリング海に於ける此の利器の発達」『太平洋に於ける民族文化の交流』43～94頁，創元社
剣持輝久 1972「三浦半島における弥生時代の漁撈について」『物質文化』19，11～22頁
　　　　 1990「三浦半島の海蝕洞穴遺跡における弥生時代の鳥猟について」『横須賀考古学会年報』28，27～34頁，横須賀考古学会
　　　　 1996「三浦半島南部の海食洞穴遺跡とその周辺の遺跡について」『考古論叢神奈河』第5集，51～66頁
　　　　 1997a「自然遺物」『大浦山洞穴』（『三浦市埋蔵文化財調査報告書』第4集）77～86頁，三浦市教育委員会
　　　　 1997b「脊椎動物門」『間口東洞穴遺跡』65～74頁，松輪間口東海蝕洞穴遺跡調査団
剣持輝久・西本豊弘 1986「狩猟・漁撈対象物」『季刊考古学』14，36～40頁
甲野　勇 1941「燕形銛頭雑録」『古代文化』第12巻第5号，243～245頁
　　　　 1947『図解先史考古学入門』山岡書店
甲元眞之 1983「海と山と里の文化」『えとのす』第22号，21～25頁
　　　　 1992「海と山と里の形成」『考古学ジャーナル』344，2～9頁
後藤　明 1992「銛漁－環太平洋的視点－」『海から見た日本文化』海と列島文化10巻，189～220頁，小学館

後藤勝彦 1990『仙台湾貝塚の基礎的研究』東北プリント
佐藤達夫 1952「セント・ローレンス島出土の銛について」『古代学』第1巻第4号，338～348頁
　　　　 1983「我が国に於ける回転式銛頭について」『東アジアの先史文化と日本』349～414頁，六興出版
佐藤智男・五十嵐貴久 1996「能登川コレクションの骨角器について」『市立函館博物館研究紀要』第6号，1～32頁
設楽博己 1999「南北精神文化の原点」『新 弥生紀行』90～91頁，朝日新聞社
　　　　 2003a「続縄文文化と弥生文化の相互交流」『国立歴史民俗博物館研究報告』第108集，17～44頁
　　　　 2003b「弥生時代の祭祀・儀礼とその特質」『東アジアにおける新石器文化の成立と展開　國學院大學 21COEプログラム国際シンポジウム予稿集』119～131頁，國學院大學21COEプログラム国際シンポジウム実行委員会
下條信行 1989「弥生時代の玄海灘海人の動向－漁村の出現と役割－」『横山浩一先生退官記念論文集Ⅰ 生産と流通の考古学』107～123頁，横山浩一先生退官記念事業会
新庄元晴ほか 1986『田柄貝塚Ⅲ』(『宮城県文化財調査報告書』第111集) 宮城県教育委員会
杉山浩平 2004「東北地方南部の弥生時代石器製作について－石器製作システムの比較による地域間関係－」『駒沢史学』第63号，25～57頁
鈴木正博 1998「続々「荒海」断想－北からの銛は獲物を追い，南からの米作りは耕地を狙う！－」『利根川』19，24～36頁
　　　　 2000「木戸口貝塚論序説－東京湾東岸における大型ハマグリ・マガキ主体「宮ノ台式」直前期弥生式貝塚の形成－」『利根川』21，28～39頁
高橋　健 2001「続縄文時代前半期の銛頭の研究」『東京大学考古学研究室研究紀要』第16号，83～137頁
高橋龍三郎 1996「弥生時代以降の淡水漁撈について」『早稲田大学文学部研究科紀要』第41輯・第4分冊，115～131頁
瀧川　渉 1998「北海道における縄文時代銛頭の型式学的研究とその機能について」『北海道考古学』第34輯，93～104頁
谷口　肇 1995「「貝包丁」への疑義」『古代』第99号，74～98頁
種市幸生 1998「キテをめぐる諸問題（前編）－雌型銛頭の分類について－」『列島の考古学　渡辺誠先生還暦記念論集』1～11頁，平電子印刷
都出比呂志 1968「考古学からみた分業の問題」『考古学研究』第15巻第2号，131～142頁
樋泉岳二 1999「池子遺跡№1－A地点における魚類遺体と弥生時代の漁撈活動」『池子遺跡群ⅩNo.1－A地点』(『かながわ考古学財団調査報告』46) 311～343頁，かながわ考古学財団
富田恵子 2004「礼文島における銛頭の変遷－銛頭からみた初期オホーツク文化の研究－」『物質文化』77，21～38頁
名取武光 1972「アイヌの原始狩漁具「ハナレ」と其の地方相」『アイヌと考古学（一）名取武光著作集1』180～201頁，北海道出版企画センター
西本豊弘 1984「北海道の縄文・続縄文文化の狩猟と漁撈－動物遺存体の分析を中心として－」『国立歴史民俗博物館研究報告』第4集，1～15頁
　　　　 1993「海獣狩猟から見た津軽海峡の文化交流」『古代文化』第45巻第4号，195～201頁

根木　修 1991「銅鐸絵画に登場する長頸・長脚鳥」『考古学研究』第38巻第3号，91～99頁
根木修・湯浅卓雄・土肥直樹 1992「水稲農耕の伝来と共に開始された淡水漁撈」『考古学研究』第39巻第1号，87～100頁
長谷部言人 1926a「燕形銛頭」『人類学雑誌』第41巻第3号，141～145頁
　　　　　1926b「燕形銛頭とキテ」『人類学雑誌』第41巻第7号，303～306頁，141～145頁
　　　　　1926c「本輪西貝塚の鹿角製銛頭」『人類学雑誌』第41巻第10号，471～475頁
馬場　脩 1937「千島群島出土の狩猟具及び漁具」『民族学研究』第3巻第2号，295～337頁
福島県教育委員会 1991『福島県の貝塚』(『福島県文化財調査報告書』第260集) 89～91頁
前田　潮 1974「オホーツク文化とそれ以降の回転式銛頭の型式とその変遷」『史学研究』東京教育大学文学部紀要96，1～35頁
　　　　2000「恵山文化の銛頭について」『海と考古学』第2号，15～22頁
馬目順一 1966「鹿角製漁撈具と水産資源の獲得について」『寺脇貝塚』157～177頁，磐城市教育委員会
　　　　1967「素体複孔銛頭」『物質文化』10, 9～14頁
　　　　1969「刺突傷痕のあるウミガメ類の側板骨について」『古代文化』XXI-9・10，220～228頁
　　　　1983「閉窩式回転銛」『縄文文化の研究』7, 210～224頁，雄山閣出版
　　　　1988「生業Ⅱ(漁撈)」『季刊考古学』第23号，43～47頁
三塚敏明ほか 1976「沼津貝塚の考古学的調査」『沼津貝塚保存管理計画策定事業報告書』8～60頁，石巻市教育委員会
三橋公平編 1983『南有珠6遺跡』(『噴火湾沿岸貝塚遺跡調査報告』1) 札幌医科大学解剖学第二講座
安室　知 1998「水田の持つ生業内部化の機能とその意義－日本稲作における複合生業の極地－」『水田をめぐる民俗学的研究－日本稲作の展開と構造－』492～552頁，慶友社
山浦　清 1974「回転式銛頭について」『大塚考古』12，10～14頁
　　　　1980a「北西太平洋沿岸地域における回転式銛頭の系統問題」『物質文化』35，1～15頁
　　　　1980b「民族誌にみる銛の構造と機能－エスキモーを中心として－」『どるめん』26，7～20頁
　　　　1984「アラスカ・クリギタヴィク出土の回転式銛頭について」『東京大学考古学研究室研究紀要』第3号，213～262頁
　　　　1996「日本先史時代回転式銛頭の系譜」『國分直一博士米寿記念論文集　ヒト・モノ・コトバの人類学』545～556頁，慶友社
　　　　1999「漁撈文化からみた弥生文化と恵山文化」『物質文化』66，35～44頁
　　　　2001「東日本太平洋岸弥生文化における漁撈民」『貝塚』第57号，10～19頁
山崎京美 1988「動物遺存体」『薄磯貝塚』(『いわき市埋蔵文化財調査報告』第19冊) 383～519頁，いわき市教育委員会
八幡一郎 1959「魚伏篭」『民族学研究』第23巻第1・2号，19～24頁
渡辺　誠 1966「自然遺物」『寺脇貝塚』25～44頁，磐城市教育委員会
　　　　1969「燕形離頭銛頭について」『古代文化』XXI-9・10，229～233・219頁
　　　　1973『縄文時代の漁業』雄山閣出版
　　　　1988「縄文・弥生時代の漁業」『季刊考古学』第25号，14～20頁
　　　　2000「弥生・古墳時代における回転式離頭銛頭の研究」『高宮廣衛先生古稀記念論集　琉球・東アジアの人と文化(下巻)』1～12頁，高宮廣衛先生古稀記念論集刊行会

(外国語文)

Collins, H. B., 1937, Archaeology of St. Lawrence Island, Alaska. *Smithsonian Miscellaneous Collections,* vol.96, no. 1 . Smithsonian Institution.

Jochelson, W., 1925, *Archaeological Investigation the Aleutian Islands.* The Carnegie Institution of Washington.

Kishinouye, K., 1911, Prehisoric Fishing in Japan. *Journal of the Collage of Agriculture, Imperial, University of Tokyo,* vol. 2 − 7 , pp.327−328.

Larsen, H. and Rainey, F., 1948, Ipiutak and the Arctic Whale Hunting Culture. *Anthropological Papers of the American Museum of Natural History,* Vol.42.

Leroi-Gourlan, A., 1946, Archeologie du Pacifique-Nord. *Tra vaux et Memoires de L'Institut d'Ethnologie,* XLⅦ. Universite de Paris.

Thompson, 1954, Azilian Harpoons. *Proceeding of the Prehistoric Society,* vol.20 .

国家形成初期における水上交通志向の村落群
―千葉県印旛沼西部地域を例として―

田 中 　 裕

はじめに
1. 視角

　日本列島の国家形成期研究において，人々の生活や人間関係など，具体的な社会のあり方を描く研究の中では，観点は政治と直結する水田稲作農耕に偏ってきた面がある。これは，古代の律令体制が水田耕作を通じた個別人身支配を基本とし，以後，近世まで年貢米が税制の基本であった事実が念頭に置かれている。したがって，この支配体制に至る過程の理屈―水田農耕による安定的な生産によって余剰生産物が生じ，貧富の差が生まれ，階層分化が進んだという唯物史観的見方や，水田農耕に必要な灌漑を巡って団結したり，水争いなどの調整役の必要から権力が生じたという古典的な水利国家論的な見方など―が，根強く息づいている。

　この理屈は魅力的であるが，水田農耕の安定性や生産力という面を過大評価することは適切ではない。単一の農耕は天災に脆い面をもっており，わずかな天候不順の影響が大である。問題は自然環境だけではない。そもそも農耕民以外の存在が想定される上，農耕民でさえ，ほかに衣食住・冠婚葬祭に関わる日々の活動がある。燃料確保，建材確保，食材確保など，精神活動を除いた日常の資源獲得活動だけでも，枚挙に暇がない。これらは自然環境に加えて知識，職能，道具，施設，人脈といった地域社会内・外の「人文環境」に左右される。自然環境と人文環境は相互に影響しあって変化し，複雑な状況を醸し出すので，民衆の欲求や願望は単純なものではない。少なくとも，上記の水田農耕重視の理屈どおりに事が運ぶ保証はないのである。

　仮に，集団として一つの欲求が共有されることがあると，その時は地域の歴史が大きく動く時期である。環境要素に変化があり，一定の実現性が見込まれれば，同じ価値観を共有する形で広域的にまとまる地域社会が生まれることもあろう。結合体の形成には人々の選択が働き，安定・永続の保証はないが，そこには確かに地域社会の紐帯となる「何か」があり，時間経過に伴い，環境と一緒に「何か」は変質する。この「何か」について，近年とくに再注目されつつある「交通」という視角のうち，小稿では水上交通の面から迫ってみたい。

2. 村落の志向性とその分析法
（1）村落の志向性

　村落[1]とは生活を営むための領域をさし，居住空間である集落のほか，田畑，里山，墓，

田中　裕

道，広場，水場や堰等，生産や精神活動の場としての機能を付加された，事実上の共同利用空間を含むと理解している。考古学的に高確率で検出できるのは，このうち集落と墓にすぎないが，居住空間（集落）等の選地傾向が判明すれば，村落全体の偏りも推定でき，さらに村落の志向性（生活の中で民衆が何を重要視して村落を営んでいたか）も見いだすことが期待される。

（2）分析時期・地域と方法

小稿は，方法的には単純な分布論に回帰することとなるが，高密度で発掘調査や分布調査が蓄積された地域を題材とすることで，「密度が薄い」部分についても積極的に論拠とする。

扱う時期は国家形成期初期であり，とくに弥生時代後期から古墳時代前期までの期間に焦点を当てる。対象地域における調査歴のある遺跡から，当該期の遺跡を拾い，分布と地形の関係をみる。詳細な遺跡データを網羅的に調べる膨大な作業が予想されるため，ＧＩＳを用いた分析が望ましいが，まず手始めとして視角の有効性を示す必要があるので，小稿では試論としてごく狭い地域を選定し，微地形による分布の偏在がいえるかどうかを検証する。

従来の水田農耕重視型の考えでは一般的に，水田となる湿地—とくに谷地や自然堤防に囲まれた後背湿地など—に面した微高地や台地上が農耕生活の適地とされてきた。小稿はこれを基本的に認めた上で，さらに別の要因で集落選地が行われていないかに注目する。例えばある地域において，水田農耕適地として類似の地形がほかにも近くに存在するにもかかわらず，遺跡密度に明確な差が生じている場合，水田農耕適地が集落選地の要件ではないことになる。

かつての高地性集落論も農耕以外の集落選地要件という視角から展開されたものであったが（小野 1959），防御の側面が強調されたように，農耕以外の観点は一般的に軍事に偏っている。しかし，集落等の選地要件には，農耕や軍事との関係だけではなく，多様な背景が考えられる。小稿はそのうち，水上交通を重視したことによる集落選地がありうる，との視角に絞り，次に詳述する，最も合理的な水上交通ルートの一つを抱える千葉県印旛沼西岸地域を分析対象とし，遺跡分布の特性を探ることで，より具体的な人間活動を描くものとする。

Ｉ．関東水郷地帯における印旛沼西岸地域の位置

1．小舟による理想的水上交通路

関東は面積的に広大であり，平野の占める割合が高い。平野は平坦ではなく，台地と低地が細かく入り組む微地形の連続で，水が豊富な台地縁辺は居住に有利であり，地形的に著しく不利な場所は少ない。ゆえに古来より多くの人口を保持し，このことが列島の歴史に様々な影響を及ぼしたと考える。

関東内部は大河川と内海によって繋がっている（図1）。そのうち，茨城県側の霞ヶ浦から，県境を流れる現在の利根川下流，そして千葉県側の印旛・手賀沼にかけての水郷地帯は，かつて一連の内海であった。「香取海」[2]とも呼称されるこの大きな内海と，東京湾奥に流入する現在の江戸川（旧：利根川等）によって切り離された細長い半島が，房総半島である。

関東の内海というと東京湾を挙げるのが通常であろう。しかし，東京湾は奥ほど広く，間に

図1　関東平野の現河川流路図

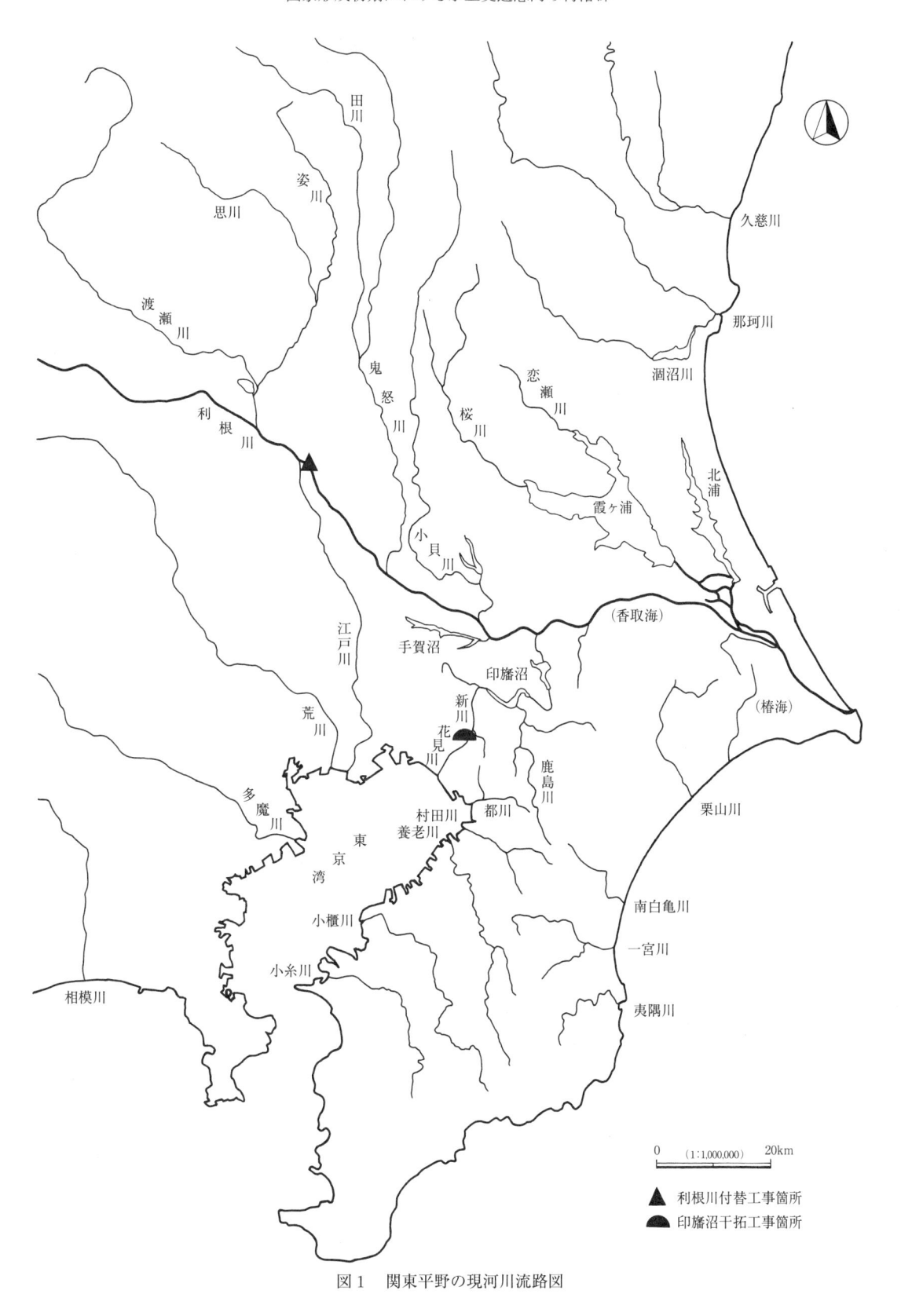

島々が存在しない点で，外海に近い。相互視認が安定的に可能なのは，千葉県富津岬と神奈川県三浦半島間など南部の一部に限られ，ほかで直接に渡海するには相当の苦労を要する。

これに対し，東関東における霞ヶ浦から印旛沼にかけての内海は，台地に囲まれた細い樹脂状の谷が連続する狭い空間で，島が多い水郷地帯を形成する。浅くて芦が生い茂る湖沼は，東京湾とまったく異なる景観をもち，大型船には適さないが，静かな水面はむしろ小型船に適している。実際，商業都市佐原[3]などの存在に象徴される，中世から近世における水運の重要なルートであった。

東関東の内海は鬼怒川や小貝川などが流入し，旧利根川や荒川などが流入する東京湾側とは異なる水系である。しかし，江戸時代に旧利根川と旧鬼怒川を連結する現在の利根川が開削され，水郷地帯は直接東京湾と通じた。この工事は江戸の治水が主目的であったため，内海の一部であった印旛沼は水位が著しく不安定化し，しばしば水害に見まわれている。このため，印旛沼最奥部（最西端）に位置する平戸村（現八千代市）等から，幕府に対してたびたび治水・干拓の請願書が出されている。幕府はこれを受けて治水・干拓工事を繰り返し敢行し，周辺地形を大きく変貌させた。最も代表的な工事は，印旛沼西南端（現・新川）と東京湾に南流する花見川とを直線的に連結する開削工事である。この工事は江戸時代に3度試みられたが完成せず[4]，近代になって完成をみている（千葉県立関宿城博物館 1995）。

印旛沼干拓後に現出した新川（平戸川）は，流域に古代印旛郡の郷（『和名抄』記載の船穂郷，村神郷）想定地が2か所あり，大規模開発に伴う発掘調査例も多かったため，考古学的に注目される。しかし地形的には，縄文海進時ですら古鬼怒湾の一部と認識するかどうか微妙な扱いであり，玄関口どころか最奥部の一支谷として，無視を免れればよい方であった。これには，江戸時代以降の地形改変の激しさから，位置づけが躊躇されてきた側面もある。

実際，新川と周辺小支谷が，水を湛えた海や湖沼であったかは疑問の余地がある。現在の地図によると，新川流域の低湿地は現在の印旛沼（標高1.25m）より標高が4〜5mほど高い。この高さは確かに縄文海進時の海水面としても評価の分かれる数字である。海水面はその後，現在より下がった時期もある（安田 1982）とされる一方，再び海進する時期があったという説（坂口 1993）もあるが，確実に低くなった。また，当該地域がこの200万年の関東造盆地運動に伴い，最も沈降した地域であるとの指摘もあり（羽島 1975，柴田 2004），単純に現標高に基づく作業では，新川流域を古代の内海に含めることは確かに躊躇される。

しかし，深く広い海や川よりも，浅い湖沼の方が，日常的に行われる小舟を使った水上交通には有利である。そうした草の根的な交通網こそ社会の根底を支えるものであり，大型船に依存する社会体質は，よほど機構的に整備されなければ生じない。じつは，この地域はそうした浅く狭い芦原が続く湖沼であることを，次の5点から想定してよいと考える。

1）かつての地形は現在よりも低湿地や支谷が確実に深かったと想定される[5]
2）現在よりも格段に水位の変動が激しかったと想定される[6]
3）谷奥まで標高差があまりないので水の流れはほとんどない

4) 現在とは異なる芦や茅などの植生により高い保水力が期待される
5) 現在よりも地下水位の高さが期待される

このうち，とくに2）はこれまで軽視されてきたところである。しかし，水位変化の影響を直接受ける，水位と標高が変わらぬ程度の湿地は，頻繁に水没するので農耕適地とは限らない。むしろ，そのような場所こそ小規模な水上交通には適している。高水位時に水が被る場所は水上交通路として十分に機能する上，もし定期的な水位変化であれば，人間はこれを積極的に利用することができる[7]。印旛沼西岸地域はこうした湿地帯であり，工夫次第ではかなり谷奥まで小舟が通るのに十分であったと考える。

印旛沼と東京湾を直線的に結ぶ新川〜花見川ルートは，分水嶺である標高30m前後の台地を挟んで，両方の主流（標高5m前後）が約2kmの距離まで迫っており，支谷を用いた陸路の最短距離は約0.4kmという陸狭部となっている。また，新川に流入する勝田川をさらに南に遡ると，最南端で東京湾側の支谷に約1.3kmの距離まで迫る[8]。ほとんど陸路を通らずに水路だけで受け渡しが可能なのである。ちなみに，現在の印旛沼から東京湾岸までの距離は新川経由で約22km，東京湾岸に迫る流路はほかに，佐倉市から千葉市東部にかけての鹿島川経由の約34kmがあるが，前者がいかに短路であるか理解されよう。最短ルートといってよい。

図1に関東平野における現河川等の主要流路図を示した。この地域で可能な限り陸を通らず，水上交通のみで往来したと仮定する。すると，関東の河川は基本的に東京湾から放射状をなし，東京湾岸は一つの核となるが，東関東の内海と，そこに注ぐ鬼怒川や桜川等は別世界である。東京湾側との交通を確保するため，外海を伝っていく方法もあるが，遠回りで危険な上，高い技術が必要である。これに比べ，印旛沼を通過して東京湾奥に抜けるほうが短く，最短の新川〜花見川ルートは，渡海技術を要さない静かな環境である。この地域は同時に，手賀沼方面へと北にまっすぐ貫く小支谷に通じており，印旛沼方面だけでなく手賀沼方面の集団にとっても，重要な位置にある。このことは，茨城県や栃木県方面がこの地域を介して直線的に東京湾岸と繋がることも可能であったことを意味する。

小稿は水上交通に主眼を置くため，以上の理念的な理由から，新川とその周辺，すなわち印旛沼西岸地域の動向に注目する。

2．弥生時代後期土器からみた印旛沼西岸地域の位置

印旛沼西岸地域の地理的特性を理解するため，ここでは土器群にみられる独自性と，他地域との関係を知っておきたい。関東では，弥生時代後期から古墳時代前期にかけて，東海等からの外来系土器本格的参入前（弥生時代後期），本格的参入期（弥生時代末〜古墳時代初頭），外来系土器が定着した五領式期（古墳時代前期）の3段階を経て土器は劇的に変化する。このうち，地域性が強い弥生時代後期の土器群を採り上げ，概要を紹介する。

東関東における弥生時代後期の土器は，南関東系と北関東系，または帯縄文土器群と縄文多様土器群（図2：設楽1991：77頁）と概括される。両者は，文様構成及び外形に一目瞭然の

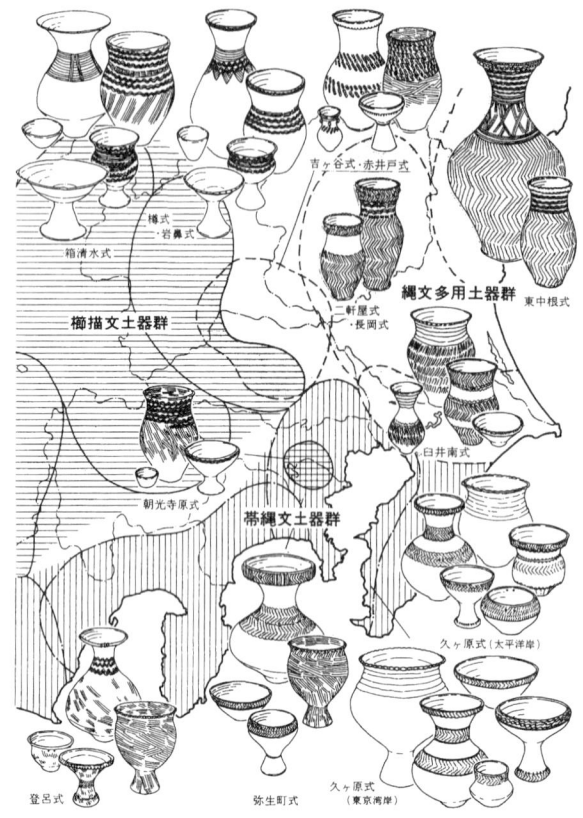

図2 弥生後期の土器分布圏（設楽1991による）

相違があり、土器圏の境界はちょうど水郷地帯で接する。なかでも山武地域から印旛地域を経て東葛飾北部地域に至る千葉県側一帯は、両者が混在・融合する独特の土器群が分布する。

菊池義次（1961）は、印旛沼と手賀沼周辺地域が、北関東系弥生土器と南関東系弥生土器の混合地域であるとの認識を示した。このとき、地域の特殊性とされたのは、両系統の異なる土器が同時に出土する点である。融合や折衷という意味合いは強くなかった。その後、柿沼修平（1974）らの報告を機に議論が活発化すると、古内茂（1974）のように、大枠で北関東系土器群との理解が広がった。これに対し、熊野正也ほか（1975）が佐倉市臼井南遺跡を報告した際に注目した土器は、輪積口縁と縄文が一個体に同居する土器であった。熊野は輪積装飾が多用される南関東の甕が基本にあるとして、久ヶ原式における特殊な土器と考え、その後「臼井南式」という名称を与える（熊野 1978）。同じころ、深沢克友（1978）は「印旛・手賀沼系式」と称し、南関東系とは異なる独自の地域的土器群を強調した。ただし、多岐にわたる特徴を併記しており、名称のとおり印旛・手賀沼における土器群の総称という意味合いを帯びる。この間の研究史は小高春雄（1986）に詳しく、用語整理をしがたい研究背景の発端が知られる。

問題の土器群を印旛沼西岸地域の八千代市道地遺跡例で調べてみると、図3のように異系統土器が器種として共存する側面と、異系統要素を一個体に内包する側面（055号跡-4，074号跡-5）とを併せもっている。甕と壺がともに細身の筒形で、形態差が明確ではなく、外面を縄文に覆われる（074号跡-4）点は北の要素を多く有する。一方、太身の輪積甕（074号跡-3）は南の要素である。この輪積甕と、北の壺・甕のほとんどは二次被熱を受けて煤に覆われ、煮炊きの甕として使用されるのに対し、壺・甕類で二次被熱を免れるのは、胴丸で帯縄文をもつ久ヶ原式や弥生町式の壺（045号跡-2，074号跡-1）に限られる。稀少な器種である高杯、無頸壺（045号跡-1）は久ヶ原式と共通のものである。このように、器種により周辺要素（搬入品も含む）の含み方は異なる上、生活に取り込まれ、使い分けまで行われている。非常に複雑

国家形成初期における水上交通志向の村落群

南（西）からの要素　　　　　北（東）からの要素

045号跡

＜赤彩＞

久ヶ原式と共通の器種（南関東）

「縄文多用」（茨城県南）

055号跡

「く」の字

「輪積」＋「縄文多用」（融合）

「有段口縁」（西日本）

074号跡

「帯縄文」

附加条縄文
「縄文多用」（地元）

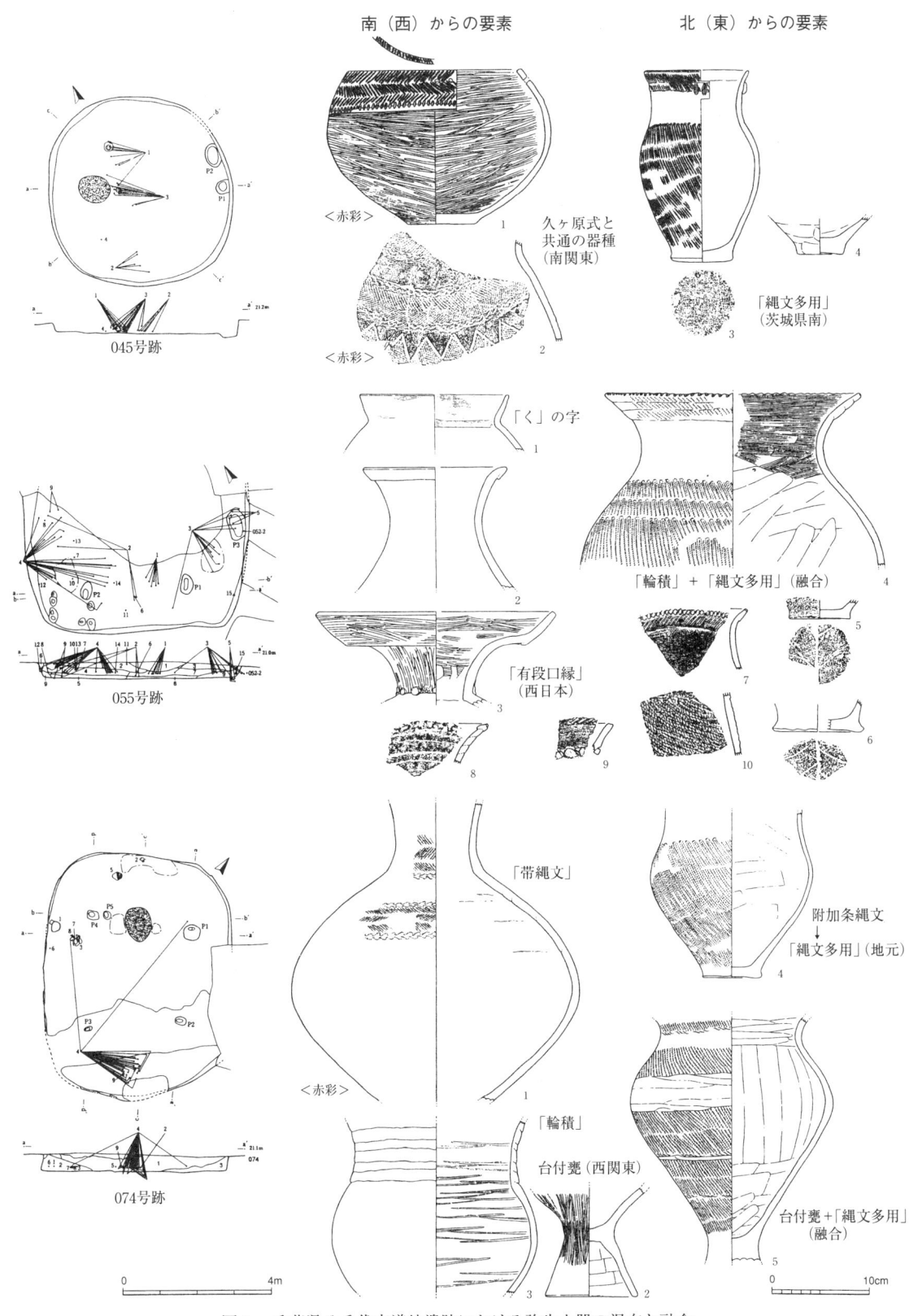

＜赤彩＞

「輪積」
台付甕（西関東）

台付甕＋「縄文多用」（融合）

図3　千葉県八千代市道地遺跡における弥生土器の混在と融合

337

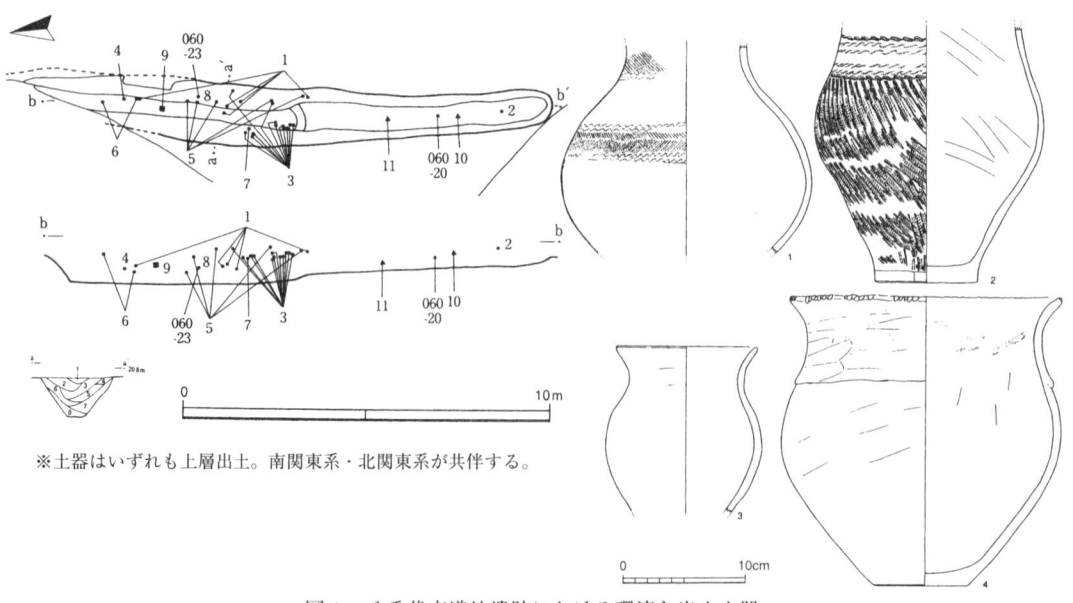

図4 八千代市道地遺跡における環濠と出土土器

※土器はいずれも上層出土。南関東系・北関東系が共伴する。

な混在状況であって，二者択一でも一律的な融合でもない。

　臼井南遺跡例では，甕口縁部の輪積装飾と，縄文とを同時にもつ資料が注目された。同様の資料は，印旛沼西岸地域でも出土するが，道地遺跡等では多くはなく，筒胴の縄文多様土器群のほうが多い。こうした違いを小高春雄（1995）は，北側の利根川流域と南側の印旛沼南岸域で細い帯状に現れる地域差と分析している。道地遺跡は小高が想定する土器圏のちょうど境界域に位置するので，臼井南遺跡との相違は小地域性の可能性はある。しかし，この両遺跡は流路を通じてわずか8km程度しか離れていない。日常的な接触が想定される程度の地理的距離を考えると，単純な地域差とするには近すぎる。資料は同じ竪穴から出土するので時期差と断じることも難しく，時期差にしろ系統差にしろ，まずは多様性を認めておく必要がある。ただし，多様性の中にも，貫徹された特色もみられる。例えば，道地遺跡出土土器の縄文は，久ヶ原系壺の帯縄文を除くと，縄文多用の壺や甕をはじめ，精製の無頸壺・高杯までほとんど附加条縄文か直前段多条縄文であり（西野 2004），非常に細かく装飾性が高い（田村 1979）という。

　このように，印旛沼西岸地域における印手式[9]の土器群は，地域性を保持しながらも極端

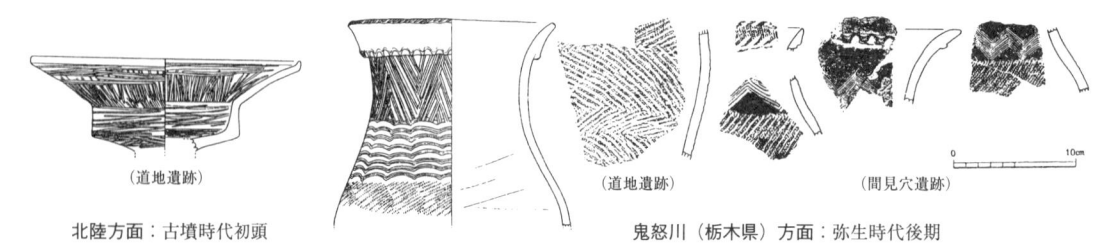

（道地遺跡）　　　　　　　　　　　　　　　　（道地遺跡）　　　　　　　　　（間見穴遺跡）

北陸方面：古墳時代初頭　　　　　　　　　　　鬼怒川（栃木県）方面：弥生時代後期

図5　遠方と親縁性の高い土器（千葉県八千代市）

なまでの多様性を内包しており，東海系土器が本格的に参入する以前から活発な交流があったことを示す。土器群の親縁性という点では，東京湾岸と茨城県南という近接地域が最も強く，遠方では鬼怒川上流（栃木県方面）との親縁性が突出している（図5）。また，東海東部をはじめ，早くも北陸や近畿の系統とみられる土器を拾うことができる。印旛沼西岸地域が弥生時代後期のある段階から，東関東における交通のいわば「交差点」であったことがわかる。

II．水上交通志向の村落群
1．印旛沼西岸地域の弥生時代後期から古墳時代前期までの遺跡と分布

印旛沼西岸地域において発掘調査歴のある遺跡に限り，弥生時代後期から古墳時代前期にかけての集落と墓が確認された遺跡を拾って，地図に示したのが図6である[10]。

最も分布密度が濃い地区は，新川と神崎川の結節点に突き出た平戸・佐山半島である。この台地は「弥生半島」と呼ばれても不思議ではないほど，弥生時代の遺跡が集中する。

平戸・佐山半島では，印旛沼西岸地域で唯一，弥生時代中期の環濠集落が調査されている。田原窪遺跡(1)は，断面V字形の環濠が円形に巡り，内部に宮ノ台式期の竪穴が重複のない状態で45軒検出された（八千代市教育委員会 1995）。宮ノ台式期の集落は稀少で，その立地がのちの地域圏形成に大きな影響を及ぼしたとみられる。なお，環濠域内で後期の竪穴は確認されず，中期末には居住地の役目を終えたとされる。

弥生時代後期から古墳時代前期の遺跡は，田原窪遺跡の東に道地遺跡，南に間見穴遺跡，西に佐山台遺跡がある。道地遺跡(2)は道路幅調査で竪穴75軒が検出され，弥生時代後期は40軒，環濠とみられる溝（図4）を有する。その後，弥生時代末～古墳時代初頭は23軒，古墳時代前期前半は12軒が検出される（田中・西野ほか 2004）。すでに知られる弥生時代竪穴6軒（林 1986）を加えて，弥生時代後期の密度が最も濃い。間見穴遺跡(3)では，道路幅で当該期竪穴計39軒が検出され，9軒が弥生時代後期の所産である（田中・大内ほか 2004）。その南西隣には，島田込ノ内遺跡(4)がある。道路幅で弥生時代末以降，古墳時代前期の竪穴が12軒検出されている（蒔 1998）。佐山台遺跡(7)は全面調査で竪穴が236軒検出され，弥生時代末から古墳時代前期を主体とする（八千代市教育委員会 1995）。このほか，これらに隣接して松原遺跡(11)，東山久保遺跡(10)，瓜ヶ作遺跡(9)，真木野向山遺跡(8)（以上，八千代市教育委員会 1996），子の神台遺跡(5)（八千代市教育委員会 1983）等があり，松原遺跡と田原窪遺跡が弥生時代末から古墳時代前期主体の集落跡であるほかは，弥生時代後期主体の集落跡である。

このように，平戸・佐山半島はほぼ全域が弥生時代後期から古墳時代前期の集落跡であり，範囲は半島の付け根に及ぶ。弥生時代中期に始まった集落は拡散・拡大しながら，古墳時代前期まで継続し，単一村落ではないが，拠点的というのに十分な規模で営まれた。前期後半には縮小し，古墳時代中期以後は，短期間で移転を繰り返す小規模集落へと変貌する。

次に分布が集中するのは，新川南端付近である。北からみていくと，権現後遺跡(14)（加藤ほか 1984）とヲサル山遺跡(15)（阪田・藤岡 1986）等は，新川に接した西側台地上に位置する一

連の遺跡で，全面調査の結果，当該期の竪穴は計139軒，古墳時代前期まで継続的に営まれた比較的大きな集落とみられる。うち弥生時代後期が85軒あり，主体を占める。次に，白幡前遺跡(17)も西側台地縁の遺跡で，面的調査により弥生時代後期を主体に17軒の竪穴が検出されている（藤岡 1987）。同一台地上に隣接する井戸向遺跡(16)は当該期竪穴37軒，うち弥生時代末から古墳時代前期までが31軒で，白幡前遺跡から移行した集落とみられる[11]（藤岡 1986）。南端の川崎山遺跡(18)は数次にわたって面的調査が行われ，新川低地に接する台地縁に当該期の竪穴が計54軒検出された（八千代市遺跡調査会 1980, 常松 2003等）。弥生時代後期から古墳時代初頭まで営まれ，急に縮小する。古墳時代中期初頭には玉（滑石製模造品）作りの竪穴が少数検出されており，移転を繰り返す小規模集落に変貌したとみられる。上ノ山遺跡(19)も弥生時代後期を中心とした川崎山遺跡と一連の集落遺跡である（八千代市上ノ山遺跡調査会 2000）。村上・辺田前の入江を挟んで対岸には，著名な鍛冶遺跡である沖塚遺跡(20)（大鷹 1994）や，弥生時代後期の竪穴13軒が検出された村上込ノ内遺跡(21)（天野ほか 1975）等がある。以上の遺跡が立地する萱田・村上地区は，支谷が樹枝状に入り組む地形にもかかわらず，新川に直接臨む台地に遺跡は集中する。主流路への強い志向性が読み取れる。

　新川・印旛沼の主流路に囲まれた地区には，印旛沼南沿岸部におおびた遺跡(29)（増田ほか 1975），栗谷遺跡(30)（蕨 2001），上谷遺跡(31)（武藤 2001）などが分布し，前2者に次ぐ分布の集中がみられるほか，阿蘇中学校東側遺跡(36)（佐藤ほか 1980等）など，支谷の新川側から入る小支谷と印旛沼中央部付近から入ってきた支谷との分水嶺に，当該期の遺跡が多い。

　一方，印旛沼（神崎川）の北岸では，当該期の竪穴20軒が検出された鳴神山遺跡(39)をはじめ（鳴田・田形 1999），船尾白幡遺跡(40)（野村・古内 1976, 糸川 2004），船尾町田遺跡(41)（古内 1984），向新田遺跡(38)（金丸・落合 2002），谷田木曽地遺跡(45)（及川ほか 1984），松崎Ⅱ遺跡(43)（西野・鈴木ほか 2003）など，さらに北奥には一本桜南遺跡(44)が分布する（雨宮・落合 1998）。これらは一本桜南遺跡を除いて，やはり印旛沼，神崎川，新川の低湿地に臨む台地縁辺部に集中している。鳴神山，船尾白幡，船尾町田の3遺跡は弥生時代後期の集落遺跡で，鳴神山遺跡では道地遺跡とほぼ同じ内容の印手式土器群が出土しているが，集落としてはいずれもやや小規模で，継続性に乏しい。これに替わって営まれるのが，やや奥まった立地の松崎Ⅱ遺跡や一本桜南遺跡である。両者は時期差を含むが，弥生時代末から古墳時代初頭の集落である。輪積み，刻みを伴う「く」の字口縁ハケ目台付甕などを主体とした土器群のみがみられ，存続期間は短い。次は向新田遺跡である。平底甕を中心とした五領式古相～新相の時期に営まれ，和泉式期には1軒もない。つまり，古墳時代前期の間だけの集落であり，存続期間は短い。このように，印旛沼（神崎川）北岸では，対岸の平戸・佐山半島に比べて集落の存続期間が短く，活発な離合集散または集落移転を繰り返したとみられる。

　弥生時代後期の墓については不明な部分が多いが，道地遺跡(2)には新川に臨む台地縁の極めて浅い位置で，弥生時代後期の土器棺墓やガラス玉を伴う土坑墓が検出された。それらが弥生時代の基本的な墓であった可能性が高い。一方，弥生時代末以降になると，平戸・佐山半島の

国家形成初期における水上交通志向の村落群

● 集落
□ ◻ ◽ 古墳・方形周溝墓

(平戸・佐山半島：八千代市)
1 田原窪遺跡
2 道地遺跡
3 間見穴遺跡
4 島田込ノ内遺跡
5 子の神台遺跡
6 佐山貝塚
7 佐山台遺跡
8 真木野向山遺跡
9 ヶ作遺跡
10 東山久保遺跡
11 松原遺跡
12 原内遺跡

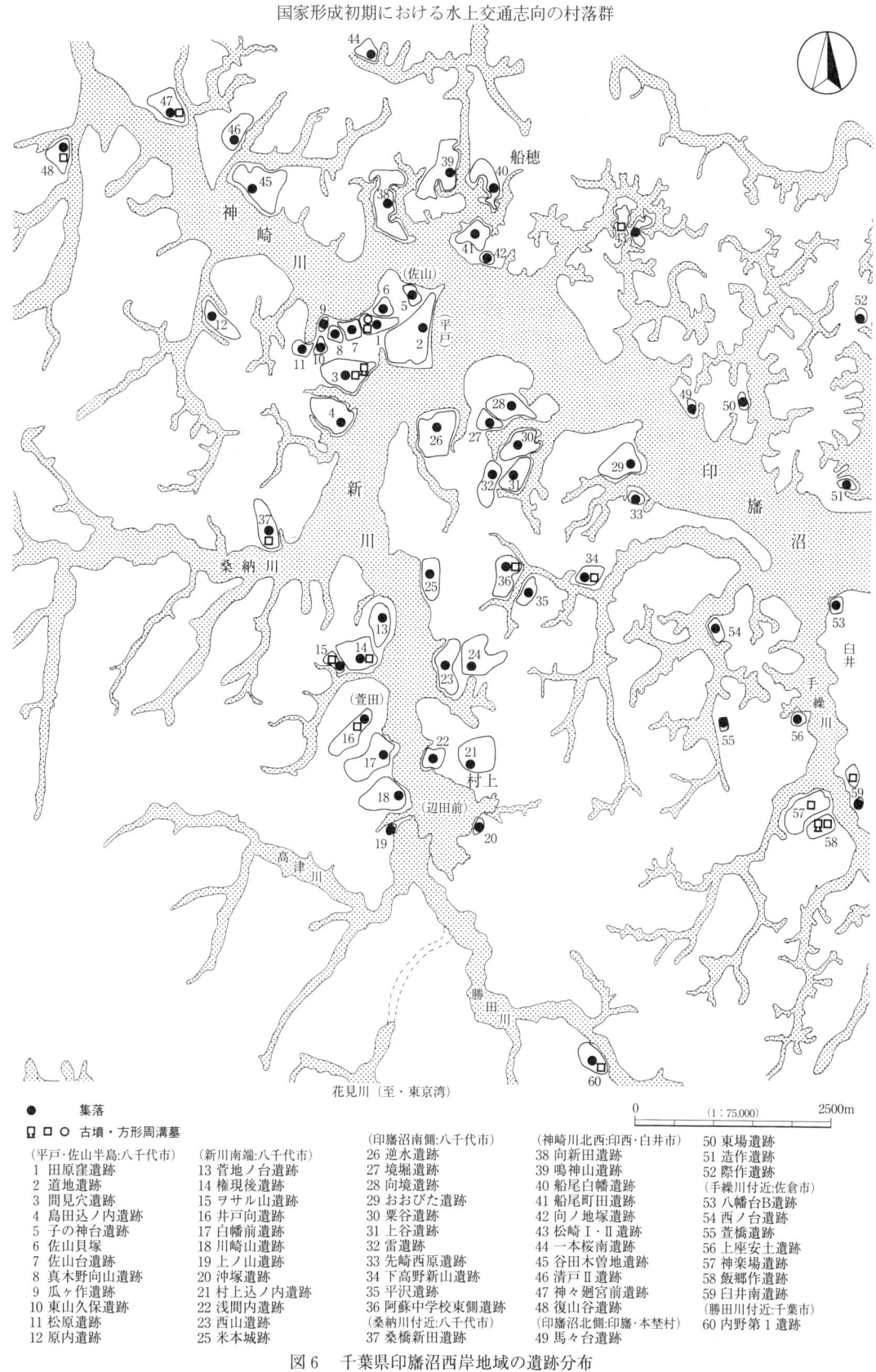

(新川南端：八千代市)
13 菅地ノ台遺跡
14 権現後遺跡
15 ヲサル山遺跡
16 井戸向遺跡
17 白幡前遺跡
18 川崎山遺跡
19 上ノ山遺跡
20 沖塚遺跡
21 村上込ノ内遺跡
22 浅間内遺跡
23 西山遺跡
25 米本城跡

(印旛沼南側：八千代市)
26 逆水遺跡
27 境堀遺跡
28 向境遺跡
29 おおびた遺跡
30 粟谷遺跡
31 上谷遺跡
32 雷遺跡
33 先崎西原遺跡
34 下高野新山遺跡
35 平沢遺跡
36 阿蘇中学校東側遺跡
(桑納川付近：八千代市)
37 桑橋新田遺跡

(神崎川北西：印西・白井市)
38 向新田遺跡
39 鳴神山遺跡
40 船尾白幡遺跡
41 船尾町田遺跡
42 向ノ地塚遺跡
43 松崎Ⅰ・Ⅱ遺跡
44 一本桜南遺跡
45 谷田木曽地遺跡
46 清戸Ⅱ遺跡
47 神々廻宮前遺跡
48 復山谷遺跡
(印旛沼北側：印旛・本埜村)
49 馬々台遺跡

50 東場遺跡
51 造作遺跡
52 際作遺跡
(手繰川付近：佐倉市)
53 八幡台Ｂ遺跡
54 西ノ台遺跡
55 萱橋遺跡
56 上座安土遺跡
57 神楽場遺跡
58 飯郷作遺跡
59 臼井南遺跡
(勝田川付近：千葉市)
60 内野第1遺跡

図6 千葉県印旛沼西岸地域の遺跡分布
（弥生時代後期から古墳時代前期）

付け根に方形周溝墓ないし前期古墳（小規模方墳）が築かれる。間見穴古墳群(3)では4基が弥生時代後期の竪穴に重複して築かれたが，以後の竪穴とは重複せず純粋な墓域を形成し，台地縁に整然と並んで造営される（田中・大内ほか 2004）。壺形埴輪を出土した間見穴2号墳（一辺21mの方墳ないし前方後方墳）が特筆される。神崎川に臨む北岸では，田原窪遺跡(1)・東山久保遺跡(10)・松原遺跡(11)等に数基がみられる。田原窪遺跡では田原窪1号・3号墳が円墳とされ，2号墳は小規模方墳である。このほか，新川南東岸の境堀遺跡(27)・向境遺跡(28)・栗谷遺跡(30)・上谷遺跡(31)，北岸の神々廻宮前遺跡(47)（印旛郡市文化財センター 1988）や復山谷遺跡(48)（千葉県文化財センター 1978）等，新川南側のヲサル山遺跡(15)・井戸向遺跡(16)等に小規模方墳（方形周溝墓）が検出されているが，集落密度に反していずれも少数であり，分布は散漫である。そこに集団墓的性格は認められない。なお，外来系土器本格参入以前の弥生時代後期に，確実に遡る方形周溝墓は確認されず，もともと方形周溝墓の伝統はもっていなかった可能性がある。一部の人間のための墓制として，古墳時代に入るころに新しく受容したとみられる。集落と歩調を合わせるように，これらも主流路沿いに分布する。

2．水上交通志向性の検討
（1）主流路への集中

　印旛沼西岸地域における弥生時代後期から古墳時代前期の遺跡は，前項の分析をとおして，1）低地を望む台地縁辺部に分布すること，2）継続的に営まれるか，近い立地で展開することが明らかとなった。これは一見，継続性の高い水田農耕に適した低地に，隣接して居住するという，従来の常識的な考え方に合致しているかのようである。

　しかし，詳しく調べると，低地に接しているはずの台地縁辺にも，分布の粗密がみられる。新川本流と，現在の桑納川（西から新川に合流する大支谷）は最も対照的である。

　かつて天野努（1986）は，すでに印旛沼西岸地域の遺跡分布を詳細に検討し，古墳時代の遺跡分布と，奈良・平安時代の遺跡分布とが大きく異なることを明らかにしている（図7）[12]。このとき示された分布図で最も対照的な地区が，図に「➡」で示した桑納川流域である。古墳時代には少なかった分布が，奈良・平安時代には一転，満遍なく散りばめられる。平川南（1990）はこれを，生産の場を谷田まで広げた開墾の成果とみる。『常陸国風土記』をもとに平川が想定した奈良・平安時代の谷田開発は，印旛沼西岸地域でも行われた可能性はある。

　しかし，古墳時代の遺跡分布がなぜ新川沿岸に偏るのかは依然として疑問である。桑納川低地は，新川低地とほぼ同様の幅があり，標高も同じで，小支谷の入り方もとくに相違がなく，自然地形上の条件の相違はほとんどない。もし，低地における水田農耕が主たる選地要件であったならば，混み合った新川低地に限らず[13]，桑納川低地にも同様の密度で水田を営み，あるいはそれぞれに付随する支谷に水田を営んだとして，開発の可能性も，労力も，さほど相違があるとは見積もれない。遺跡がもっと分散していてもよいはずであろう。

　天野が描いた分布の相違は，古墳時代から奈良・平安時代への移行に伴って生じたものでは

ない。小稿の分析のように，古墳時代前期の分布偏在は明白であり，これが古墳時代全体の分布偏在にも影響している。したがって，古墳時代中期・後期の遺跡分布は，この図の印象とは必ずしも一致しない。

八千代市教育委員会による最近の調査成果では，問題の桑納川低地における弥生時代後期から古墳時代前期の遺跡について，新川との合流地点に近い桑橋新田遺跡㊲を再確認したほかは新たに確認されず，小支谷にいたっては，存在をほのめかすわずかな証拠も出ていない。一方，他の時期では，奈良時代竪穴1軒が検出された内野南遺跡（常松2000）をはじめ，大和田新田芝山遺跡，中野台遺跡など奈良・平安時代の遺跡が，小規模調査でも着実に確認されている（森 2003：3頁）。

新川の西支谷と東支谷も好対照である。印旛沼主流路に囲まれた東側では，さらに印

図7 印旛沼西岸地域の遺跡（天野1986，→は加筆）

旛沼中央部の臼井方面から深く刻み込んでくる支谷の最奥部と，新川からの支谷の分水嶺に，弥生時代後期から古墳時代前期の遺跡が分布する（図6）。一方，新川の西側では，主流路沿いのみに高密度の分布が認められ，支谷に入ると，ぱったり分布がみられなくなる（図6）。例えば，村上・辺田前の入江から西に入る高津川支谷では古墳時代前期までの遺跡がまったくないが，谷の奥部に古墳時代中期・後期，奈良・平安時代の良好な集落遺跡として内込遺跡（森ほか 2001，森 2003）は存在する。周辺は調査機会が多いので，古墳時代中期以降の集落が検出された一方で，弥生時代後期から古墳時代前期は確認されない事実は重い。古墳時代前

期以前と，中期・後期の遺跡分布が異なっている証拠の一つといえよう。

印旛沼北岸では千葉ニュータウン建設に伴い，良好な支谷に囲まれた台地が広く調査されたにもかかわらず，分布は神崎川・印旛沼に臨む台地に集中し，谷奥部では少ない。

では，分布が集中している地区はどのような特徴の場所なのか。新川～花見川が内海世界を東京湾岸世界と繋ぐ水路上の最短ルートであるという観点からみてみよう。

まず，東京湾岸から花見川を北上し，わずかな陸路を越えてまず見えるのは，現在は新川の水を花見川に汲み出す排水機場（図6の入江を仕切る線），そして大きな入江である。この村上・辺田前の入江は，かつて内海の南端最奥部とみられる。水路の観点からいえば，陸路との最低限の受け渡しをし，また，可能なら南東の勝田川経由で，都川水系（千葉市域）との受け渡しをする，重要な結節点である。萱田・村上地区の各遺跡は，この入江を囲んで分布する。

次に，入江からまっすぐ北上すると，正面を遮るように見えてくるのが，平戸・佐山の半島である。現在の神崎川と新川が合流する地点に当たり，新川はここで屈曲する。半島にぶつかって右（南東）に折れると現在の印旛沼，左（北西）に折れて神崎川を遡れば，手賀沼西部方面である。反対に，神崎川と印旛沼からそれぞれ進んでくると，平戸・佐山半島は正面を遮る壁のように横たわっている。新川～花見川ルートを想定した際の，内海世界屈指の要衝である。ここに弥生時代から古墳時代前期までの遺跡が最も集中しているわけである。

現・印旛沼方面に南東へ6km下ると，正面に半島状に突き出た臼井地区の台地が見えてくる。ここで右（南）に折れ，手繰川を2km遡った場所がタイプサイト，臼井南遺跡である。手繰川を挟んで臼井南遺跡の対岸には，古墳時代前期の古墳群，飯郷作遺跡がある。

このように，弥生時代後期から古墳時代前期にかけての遺跡は，地形から理念上で想定される水上路線に沿って分布している。しかも，要衝とみられる地点にはより濃い密度で分布している。印旛沼主流路に対する遺跡（おもに集落）選地の偏りは，少なくとも現時点の調査成果からみる限り，明らかといえよう。

集落と墓の両者が主流路沿いにあるということは，村落の主要な生活空間が主流路沿いに偏っていることを示す。各遺跡内の密度からいっても，遺構は台地縁の方が圧倒的に多い。主流路がかなりの湿地であるとすると，水田は岸辺を細々としか利用できないことも十分に考えられ，主流路沿いに集落が並ぶ以上，その低地に十分な空間は確保できない。村落領域の大部分を占める田畑や里山などは，主流路と直交するように奥へ入った台地や小支谷を利用することになる。つまり，村落を俯瞰的にとらえると，集落は主流路にへばりつくように，村落の最も端に設けられていた。村落の中心ではなく，いわば入口で生活していたことになる。

こうした主流路隣接地への偏在は，高低差や水の利便性といった自然地形だけに左右されない，立地に対する地理上の選択が強く働いていることを物語る。水田の生産性のみでは生じえず，水路の利便性が重視されたとみるべきであろう。

（2）水上交通路の維持活動

印旛沼（神崎川）北岸には，やや例外的に支谷最奥部で営まれる一本桜南遺跡(44)がある。

印旛沼からここに至る支谷は，拠点的な平戸・佐山地区付近で主流路から分かれ，まっすぐ北上して入る細長く深い谷である。これを戸神谷と呼ぶ。戸神谷は3.6kmも北上し，その北端では，最短でわずか0.15kmの台地越えを経て，手賀沼方面からの支谷に接し，また一本桜南遺跡のある台地を約0.7km越えると，やはり手賀沼方面からの大支谷に繋ぐことができる。

戸神谷の谷中は標高5mというかなりの低湿地であり，現在もすぐに水がわき出てくる場所であるが，幅が狭く浅いため，主流路に比べると水位変化の影響はより大きいと考えられる。そのままでは，恒常的な水上交通には不適といわざるをえない。

西根遺跡はこの戸神谷の低湿地に位置する（図8）。縄文時代後期の遺跡として著名だが，標高4mの地点で検出された古墳時代前期の流路に，堰とみられる木組遺構が，かなり良好な状態で検出された（千葉県文化財センター 2001）。この場所は船尾町田遺跡や船尾白幡遺跡の麓であり，谷の両台地上に当該期集落が知られている。

堰について，水田や畑の灌漑用水路の取水目的と考えるのがこれまでの常識的見解である。しかし，西根遺跡付近は，谷の奥までほとんど標高が変わらず，水の流れは滞りがちである。4mという標高は，季節，天候や潮位によってはすぐに水が被る高さである。湿地といっても，必ずしも水田農耕に適しているとは限らない。堰の位置は印旛沼への合流点に近く，水がさら

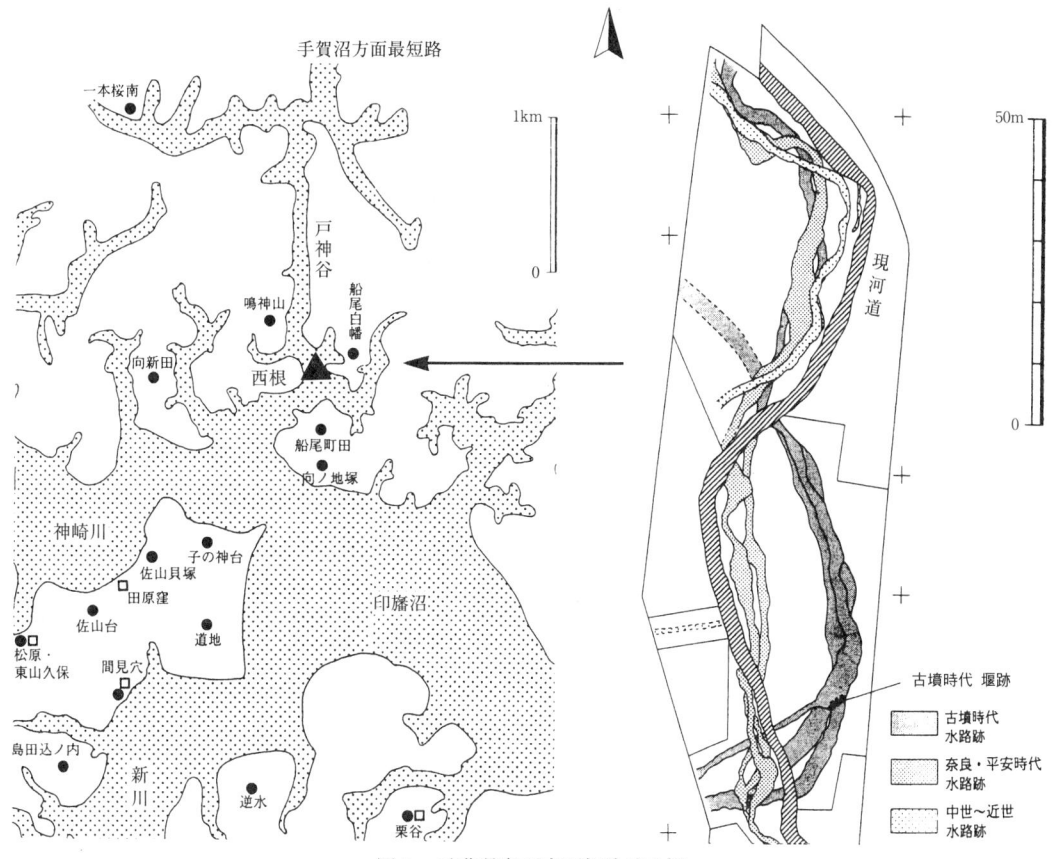

図8　千葉県印西市西根遺跡の堰

に豊富な低湿地にしか流せないという意味で，灌漑の役にはほとんど立ちそうもない。少なくとも関連の調査では，隣接地で水田遺構は確認されていない。灌漑用の可能性は低いのではなかろうか。では，梁などの漁労における仕掛けなのか。可能性はあるが，流速がないので具体的な仕掛けの内容を想像しにくい。水場としても機能するが，周辺の低地はこれほど大規模な施設がなくとも，生活に十分な水は確保できる。とすれば，この堰はなにか。

西根遺跡の堰が支谷の水位維持を目的としていたなら，水上交通志向の村落群の存在とよく符合する。小舟程度であれば，わずかな水位の上昇でかなりの距離が移動可能になる。水路の幅もわずかに確保できればよい。利用頻度が高ければ，草や水路の深さの管理に多くの労力は必要ないが，もし管理をすれば，なおしっかりと水路が維持できる。水位の変化は現在と異なり，かなり激しい。水位が高い時期は問題ないが，水位が低くなると交通に支障が出る可能性はある。このとき，水位が高くなる時期の前に堰を設け[14]，水位を保っておけば，水位が低くなった時期でもかなりの期間，水路としての機能を維持できる。地形的に，やや標高が高いから水路に適しないというのは，人間の活動を不当に軽視するものである。むしろ狭い水路は，幅が広く深い海よりも，よほど波風の影響を受けず，推力の確保もしやすいため，安全に航行できると考える。

このように，西根遺跡のような堰などの流路遺構は，水路維持のための施設である可能性も考慮されてよいのではなかろうか。

（3）水上交通の目的の一つ

水上交通を志向する背景には，明確な目的や実利が含まれている可能性が高い。これを探るために注目すべき遺跡として，弥生時代末〜古墳時代初頭の稀少な鍛冶遺跡である八千代市沖塚遺跡がある。炉壁を伴う鍛冶炉の検出例では全国屈指の古い例で，高熱によって生じる粒状滓等も含まれ，高熱処理を行ったのは確実である。ただし，大陸・朝鮮半島系原料に近い成分の資料が多く，荒鉄からの精錬・鍛錬作業が想定されると分析された（大澤 1994）。多量の砂鉄が伴出しているため製鉄（素材生産）も視野に入れ，精錬をめぐって解釈が流動化しつつあるが，佐々木稔は銑鉄から鋼を作る精錬（素材加工）と断定する（萩原・佐々木 2001）。これが確かなら，精錬炉としては東日本で最も古い例である。なお，佐々木は本遺跡での鍛錬（鉄器製品化）はしていないというが，高温操業が可能であったことは，製品化も修理も十分に可能であったことを示す。すなわち，鉄素材を搬入して加工し，鉄器に製品化するような場所が印旛沼西岸地域に存在したわけである。

八千代市川崎山遺跡3D住居跡は，沖塚遺跡と同じ弥生時代末〜古墳時代初頭の竪穴である。ほぼ床面で，鉄滓とされるスラグ集中区が2か所，砂利を含む赤褐色土が1か所検出され，赤褐色土の上に軽石が被った状態で出土した（常松 2003）。軽石は古墳時代や奈良・平安時代の鍛冶遺構からも出土するので，鍛冶関連遺物とみてよく，砂利を伴う焼土遺構は鍛冶炉の可能性を考慮するべきであろう。

なお，スラグは出土していないが，砂利を伴う炉は八千代市道地遺跡054号跡にもみられる。

弥生時代後期の竪穴としては3.6m×2.8mの小規模長方形という特異なもので，砂利を伴う0.6m×0.4mの炉も隅部に設けられる。弥生時代末～古墳時代初頭の竪穴である061号跡からも多量の砂利が出土している。砂利は炉に伴わなかったが，この竪穴は炉が計7基も営まれている特異な例で，小片2個とはいえ，軽石が出土している（田中・西野ほか 2004）。これらが鍛冶関連遺構である直接証拠はないが，川崎山遺跡の例から見直す必要があろう。

以上のように，印旛沼西岸地域は鍛冶関連遺構・遺物が集中する地域の可能性が高い。東関東内海世界の東端，「椿海」沿岸には，沖塚遺跡例より古いといわれる精錬炉の炉壁が出土した海上郡海上町岩井安町遺跡（赤塚 1995）があることも考え合わせると[15]，現時点では，東日本という広い視野に立ってさえも，この時期としては卓越している。

沖塚遺跡と川崎山遺跡が位置するのは，東関東水郷地帯の玄関口ともいえる新川の南端，村上・辺田前の入江である（図6）。ここは，新川～花見川ルートにおいて，陸路を越えてすぐの位置，すなわち，東京湾岸からの鉄素材入手に関し，最も恵まれた場所である。もし製品化した鉄器を搬出するのであれば，運搬路が確保されている点で，背後（印旛沼や手賀沼方面）に大きな需要を抱える場所である。加えて，鉄器は修理の必要がある。これは供給の問題以上に，身近で切迫した問題である。この修理においても，もし自前の技術者をもたない集団があれば，陸路を使わず，破損品を積んだまま舟でこぎ着け，修理を依頼することができる。

鬼怒川上流の栃木県における鉄器普及も，第一波がちょうどこの時期に当たり，その入手は，茨城県南部など東関東との交流によるという（今平 2004）。これは，前述の土器にみえた親縁関係とも符合する。印旛沼西岸地域を通じて，生活路の連鎖にすぎないにもかかわらずじつに壮大で根の張った水上交通網が形成され，長期に維持された可能性を示唆する。

鉄は原料の鉱石などから鉄素材を取り出し，利器にするためにはさらに鋼質素材に加工してから，製品に利用することになる。この意味では，もう一つの伝統的な利器素材である石器の原石とは大きく異なり，素材の質を決定する素材技術が関係するので，その流通は単に鉱石産地との距離的関係では理解できず，素材生産や素材加工の技術保持者がどこにいるか，という人文環境が大きく影響してくる。

鉄素材に関しては，精錬された便利な鉄鋌に限らず，抽出した初期の鉄塊（銑鉄と塊錬鉄）も想定すべきで，鉄塊は西日本の一部で生産可能であったにせよ，基本的には朝鮮半島に依存したものとされる（村上 1999）。この状態で流通した場合には，精錬する高温操業技術が必要であり，新技術として広まった可能性があるという（大阪府立弥生文化博物館 2004）。

関東では，弥生時代中期まであった磨製石斧[16]が，弥生時代後期になると出土しなくなる。この背景として，第一段階の鉄器の普及があったという（大村 2003）。普及の第二段階は古墳時代初頭とされる。鉄製品の集落出土量は，弥生時代後期から古墳時代前期にかけて非常に少なく，普及度を測ることは難しい。しかし，墳墓からは群馬県・神奈川県・千葉県で弥生時代後期に剣や釧などの非日用品も出土し（田中 2004），弥生時代後期には一定量が入手されている。また，副葬品としての鉄製品は，古墳時代の開始前後に増加することは間違いない。

鉄に頼らざるをえない状況下にいったん置かれたならば，自前で素材生産が期待できない人文環境では，交通ルートの確保は村落の重大関心事であった可能性が高い。鉄原料（鉱石など）は不要な成分が多いので運搬コストは高く，素材での運搬が合理的である。しかし，素材生産地が東アジア的視座の中でも限られるとなると，安定入手の保証はない。入手できた分だけ少しでも多く運搬したいと考えた場合，重い鉄素材の運搬手段はなにか。古墳時代前期以前には家畜労働力はなく，車輪も存在しない。陸路では人力で担ぐこととなる。とすれば，舟による水上輸送は最も合理的な手段である。

Ⅲ．まとめ

千葉県印旛沼西岸地域においては，弥生時代後期から古墳時代前期にかけての集落や墓などは，水上交通に適した内海の主流路沿いに集中する。水上交通への志向性が高かったために，村落の領域内において，居住空間をおもな交通路である湖沼（河川）の主流路に近接して営んだと考える（図9）。水上交通を重要視した要因の一つに，鉄素材の確保，鉄製品の流通があった。鉄以外の物流や，漁労の利便性も考えられるが，鉄の重要性は当時，極めて高く評価され，しかもその高い評価は社会・一般を通じてのものであったと考える。近年の研究では，鉄の「輸入ルートの支配権をめぐる争い」が西日本における広域（瀬戸内沿岸地域と北部九州）の政治連合を形成させる要因であったと論じられるほど（白石 1999：58頁），国家形成期における鉄の重要性が強調されている。

印旛沼西岸地域が水上交通に適していたかについては，現在よりも水位の変動が激しかったこと，芦や茅など現在とは異なる植生で保水力が期待されることなどから，小舟の水路にはむしろ適しており，自然条件を積極的に利用する堰の設置や水路の管理など，人為的な環境整備も考慮に入れると，安定的な通路を確保できたと考える。水上交通に関して今後は人間活動を過小評価せず，環境への積極的な働きかけも考慮する必要があろう。

図9　水上からみた村落想像図

なお，水路管理などの環境整備は，特定の村落にとどまるものではない。水路を挟んだ村落間の密度の濃い関係が想定される。いずれの村落も水路の重要性を認識していたのなら，水上交通を絆とし，地域社会としてこれを支える態勢をとったかもしれない[17]）。

以上，水上交通志向の村落群が，弥生時代後期から古墳時代前期にかけて存在するという仮説について，具体的な景観復原を行いながら一例を示した。印旛沼西岸地域にとりわけ顕著に

現れた理由としては，南北から延びてきた交通ルートの交差点に当たるからと評価できる。北は手賀沼を経由して鬼怒川方面から，東は水郷地帯から，南は東京湾岸などを経由してさらに西方世界から荷が集まる。このことが，古式土師器成立以前から土器群の折衷・混在が常態化し，多様性を生じさせた原因と考える。

　ところが，小舟による理想的水上交通路として採り上げたこの印旛沼西岸地域においても，水上交通への志向性がこれほど顕著にみられる時期は，後にも先にも，この国家形成初期しかない[18]。ということは，水上交通への志向性は，時代的な特徴であるという可能性を示唆する。つまり，弥生時代後期から古墳時代前期までは，程度の違いはあっても，水上交通志向の村落群がとくに多い時期ではなかったか，と考えさせる。

　この時期，瀬戸内海を抱える海辺の西日本世界と，山岳と広大な陸地からなる東日本世界とでは，人文環境にも大きな格差があった。すなわち，家畜も車もない状態では，水上交通と陸上交通の効果の差は歴然としていた。しかも，多くの産地や種類がある石材と異なり，鉄素材には選択肢がない。鉄器をいったん受容すれば需要は不可逆的であり，増加の一途をたどる。その背景にある東日本の人口規模は巨大である。同時にやりとりされる他の文物も含め，水上交通への志向性は他の時期より一段と高まったことと推測される。しかし，内部的に水上交通によるかぎり，陸の世界である東日本では，外部的にも内部的にも，動線は細くならざるをえない。この中で，内部的に水上交通を基幹として，比較的活発な交通を確保した「小さな海の世界」が関東の一部に現出したと考えたい。「小さな」とは瀬戸内海に比較した場合であり，面積と人口は近畿地方に勝るとも劣らず，その一部とは，むろん印旛沼西岸地域を含むが，西方世界からの物資を比較的多く担った東京湾岸とその流入河川沿いを忘れてはならない。とはいえ，それは細い動線の延長線上でしかなく，弥生時代末～古墳時代初頭に外海経由による水上の動線が少し太くなっても，構造的には同じであったと考える。根本的な変革は古墳時代中期を待つことになる。

註

1） 木村礎は，「農耕社会における村落の一般概念を，集落＋耕地＋α（林野，水路，道，寺社等々）の小地域的統一体だ」と規定している。また，「前農業段階や非農業地域」を含めて一般化すると，「居住域＋生産域＋αと考えればよい」とする（木村 1992：4頁）。ραの内訳について，多くの範囲を占めるヤマ（里山）に注目することは村落領域の構造を考える上で重要だが（福田 1982），人間活動のあらゆる痕跡を資料とする考古学にとっては不十分である。考古学的に問題となる施設には，ほかに墓，道（木村の道），広場，用水路を含む水場や堰（木村の水路）がある。

2） 「香取海」の用法については，白井久美子（2002）が小稿と同様に水運を切り口として東関東を分析した際に，内海の呼称について整理しているので，便宜的にこれにしたがっておく。ただし，当該の内海全体を「香取海」と呼んだ確証はなく，時代や地域によって呼称は異なった可能性が高い。事実，白井も引用している『常陸国風土記』（奈良時代前半）では，全体の呼称がみられず，「信太流海」「榎浦流海」「佐我流海」など，部分的に沿岸の地名と同じ呼称が用いられる。

3）伊能忠敬の根拠地として知られる千葉県北部，利根川に面した香取地域最大の商業都市である。各商家まで舟を着けることができる町並みは国の伝統的建造物群に指定されている。

4）新川の第1回開削工事は，平戸村染谷源右衛門からの請願書をもとに実施，資金不足で中止された。第2回目は田沼意次，第3回目は水野忠邦により実施されたが，いずれも失脚により中止された。

5）新川沿岸では度重なる干拓と埋立てが行われた。周辺の台地縁辺部は削平されて直線的に変形しており，この掘削造成地に現在の民家が建てられている。この土砂と，幕府による堀割開削の土砂は尋常な量ではない。また，台地上の古墳を調査した際に検出される古墳時代の旧表面は，現在の地表面より50cm〜30cm高い位置にあることが多い。周辺の土砂が古墳築造時に整地で削られた可能性もあるが，盛土量を考慮すると，古墳時代以降の土地利用等を遠因として台地から流失した可能性が高い。さらに，富士山などの降下火山灰も確認される。以上の土砂は，小支谷の奥部から埋没させ，古代の面から2m以上堆積する場合もある。したがって，この千年間の谷の埋没速度は急激に加速しており，内海最奥部の新川周辺が現・印旛沼中央部より相当に高くなることは十分に起こる範囲である。

6）水位の変化があると，被った水が流れ出る時間差から，全体的に高い水位が保たれる。変化要因には，潮位の変化と，雨量の変化がある。

7）潮汐変化は規則的で，変化が大きいので，人間活動に大いに利用されてきた現象である。季節的な水位変化も，活動の計画を立てやすく，土地利用をより豊かにする。

8）勝田川は南端の千葉市稲毛区と四街道市境付近で，東京湾に注ぐ都川の支流，葭川に近接する。

9）融合・折衷土器とともに，周辺地域の類品や搬入品も多く，生活に取り込まれている。『印旛手賀』で最初に指摘された混合状態はこのことであろう。これほどの多様性は，隣接する茨城県南部や，千葉県南部の土器群には認めがたい。混在や折衷が常態であるとすれば，多様性を認めた大枠での把握は現実的な選択肢である。小稿では便宜的な総称として呼び慣わされてきた印手式を用いている。

10）図6は，以前作成した図（田中・西野ほか 2004：174頁）をもとに，常松成人作成図（常松・川口 2003：4頁）により修正を加えたものである。常松は八千代市の最新成果や未報告資料を盛り込んだ精度の高い分布図を作成しており，調査遺跡の集成表も掲載しているので併せて参照の上，検証願いたい。図6に関しては，未報告や確認調査成果のうち，若干数の竪穴しかない調査例や内容が不明確なもの，及び分布集中地帯で若干数の竪穴しかない調査例は除外しているが，それらを加えても傾向は同じである。

11）その後は縮小し，同一台地上で移転を繰り返す小集落となったとみられる。井戸向遺跡のさらに北隣に位置する北海道遺跡（阪田・藤岡ほか 1985）は，基本的に古墳時代中期からの玉（滑石製模造品）作り集落遺跡である。後期まで継続するが縮小し一時断絶，奈良・平安時代に再び大集落を営む。

12）『千葉県埋蔵文化財地図』をもとにした極めて網羅的な図は，当時としては抜きでた成果である。

13）加えて，主流路は水が豊富すぎて農耕適地ではない可能性も考慮する必要がある。

14）水位が低くなった時に現れる，狭く低い流路のみに堰をかけておくのが効果的である。小舟にとって幅が2m〜3mあればすれ違うこともできる。

15）岩井安町遺跡では住居内に置かれた弥生土器とともに，炉壁片のみが出土した。萩原恭一（萩原・佐々木 2001）は外洋に近い岩井安町遺跡の方が新技術導入に有利と考えるが，岩井安町遺跡の位置は「椿海」（図1東端付近）の北岸で，奥にあり，外洋から素材を運ぶと，「椿海」は素通りされてしまう。一方，北からはわずかな陸路を越えたすぐの場所という意味で，沖塚遺跡の立地と類似している。内海の交通により運ばれ，「椿海」の集団に鉄器が供給されたとみると流れは合理的である。ただし，炉壁の分析で，東関東では採取不可能の鉱物が含まれているという。他の鍛冶関連遺物・遺構が皆無

である点と考え合わせて，評価には慎重な対応が求められる。
16) 東関東は石器入手も困難な地域である。大村直（2003）は関東の磨製石斧の多くが中部高地産に依存していたという意見（馬場 2001）をもとに，石器でさえ外部に依存した状況が，鉄器化を促進したとみる。もしそうなら，その後の鉄剣や鉄鏃等を中部高地経由で入手する人文環境が整っていたといえる。
17) したがって，緊張関係は考えにくく，例えば，平戸・佐山地区に環濠集落とみられる道地遺跡（図4）があるが，あくまで活発な水上交通を背景とした地域社会を前提として，その中核的村落に設けられた付随的な施設に過ぎず，深刻な社会不安によるものではないと考える。
18) その後，陸上交通に加えて，水上交通手段の主力が小舟ではなく，より大型へと移行した人文環境の変化が，狭い湿地帯における水上交通への志向性低下に関係があると考える。時代は下るが，絵図が残る近世初頭には，鹿島川が描かれるのに対し，新川はまったく描かれず，主要河川の認識が失われる（例えば「下総国之図」，道上ほか 2002）。この認識が現在まで受け継がれ，印旛沼西岸地域が注目されない要因となった。重ねて主張しておくが，とくに景観復原において地形や植生といった自然環境の分析とともに，人文環境を考慮する必要がある。人間活動は環境に働きかけつつ，環境と共生するところに妙がある。このとき，文献史料は貴重であるが，分析対象の時代の著述でないと環境変化を記録できているとは限らない。考古学的成果がもっと反映される必要がある。

引用文献

赤塚弘美 1995『岩井安町遺跡―滝のさと自然公園造成工事に伴う埋蔵文化財発掘調査報告書―』海上町教育委員会

天野努 1986「下総国印旛郡村神郷とその故地」『千葉県文化財センター研究紀要』10

天野努ほか 1975『八千代市村上遺跡群』財団法人千葉県都市公社

雨宮龍太郎・落合章雄 1998『千葉ニュータウン埋蔵文化財調査報告書ⅩⅡ―白井町一本桜南遺跡―』財団法人千葉県文化財センター

糸川道行 2004『千葉ニュータウン埋蔵文化財調査報告書ⅩⅥ―印西市船尾白幡遺跡―』財団法人千葉県文化財センター

及川淳一ほか 1984『千葉ニュータウン埋蔵文化財調査報告Ⅷ―船尾町田遺跡・谷田木曽地遺跡・谷田神楽場遺跡―』財団法人千葉県文化財センター

大阪府立弥生博物館 2004『平成16年秋期特別展 大和王権と渡来人―三・四世紀の倭人社会―』

大澤正己 1994「古墳時代初等・沖塚遺跡鍛冶工房跡出土遺物の金属学的調査」『八千代市沖塚遺跡・上の台遺跡他―東葉高速鉄道埋蔵文化財調査報告書―』財団法人千葉県文化財センター

大鷹依子 1994『八千代市沖塚遺跡・上の台遺跡他―東葉高速鉄道埋蔵文化財調査報告書―』財団法人千葉県文化財センター

大野康男 1991『八千代市白幡前遺跡―萱田地区埋蔵文化財調査報告書Ⅴ―』財団法人千葉県文化財センター

大村直 2003「古墳時代集落出土の鉄製品」『考古資料大観』第7巻　小学館

小高春男 1986「『北関東系土器』の様相と性格」『千葉県文化財センター研究紀要』10

　　　　　1995「千葉県における弥生時代後期時の地域性について」『千葉県文化財センター研究紀要』16

小野忠凞 1959「瀬戸内地方における弥生式高地性集落とその機能」『考古学研究』22

柿沼修平 1974「印旛沼周辺地域の弥生時代遺跡」『なわ』13

加藤修司ほか 1984『八千代市権現後遺跡』財団法人千葉県文化財センター

金丸誠・落合章雄 2002『千葉ニュータウン埋蔵文化財調査報告書ⅩⅤ―印西市向新田遺跡―』財団法人千葉県文化財センター

菊池義次 1961「印旛・手賀沼周辺地域の弥生文化―弥生土器の新資料を中心として」『印旛手賀―印旛手賀沼周辺地域埋蔵文化財調査』早稲田大学出版会　1985所収

木村礎 1992「日本村落史を考える」『日本村落史講座』1 総論　雄山閣出版

熊野正也 1978「佐倉市・臼井南遺跡出土の後期弥生土器の意味するもの」『MUSEUM ちば』9　千葉県博物館協会

熊野正也・伊礼正雄ほか 1975『臼井南』佐倉市遺跡調査会・佐倉市教育委員会

今平利幸 2004「栃木県内における鉄器普及の様相―主に古墳時代前期集落を中心に―」『栃木県考古学会誌』25　栃木県考古学会

財団法人印旛郡市文化財センター 1988『千葉県印旛郡白井町船橋カントリー倶楽部造成地内埋蔵文化財発掘調査報告書 神々廻遺跡群』

財団法人千葉県文化財センター 1974『千葉ニュータウン文化財調査報告書Ⅵ』
　　　　　　　　　　　　　　2001「西根遺跡」『千葉県文化財センター年報―平成12年度―』No.25

坂口豊 1993「過去8000年の気候変化と人間の歴史」『専修人文論集』51

阪田正一・藤岡孝司ほか 1985『八千代市北海道遺跡―萱田地区埋蔵文化財調査報告書Ⅱ―』財団法人千葉県文化財センター

阪田正一・藤岡孝司 1986『八千代市ヲサル山遺跡―萱田地区埋蔵文化財調査報告書Ⅲ―』財団法人千葉県文化財センター

佐藤克巳ほか 1980『阿蘇中学校東側遺跡』八千代市遺跡調査会

設楽博巳 1991「関東地方の弥生土器」『歴博フォーラム 邪馬台国時代の東日本』国立歴史民俗博物館

蔀淳一 1998『船橋印西線埋蔵文化財調査報告書1―八千代市島田込ノ内遺跡―』財団法人千葉県文化財センター

柴田徹 2004「利根川の流路変遷と関東造盆地運動について」『松戸市立博物館紀要』11

白井久美子 2002『古墳から見た列島東縁世界の形成』千葉大学考古学研究叢書2　平電子印刷所

白石太一郎 1999『古墳とヤマト政権―古代国家はいかに形成されたか―』株式会社文芸春秋

田中裕 2004「副葬品―剣・鏃・鏡などを中心に―」『シンポジウム東日本における古墳出現について 発表要旨資料』第9回東北・関東前方後円墳研究会大会　東北・関東前方後円墳研究会

田中裕・大内千年ほか 2004『船橋印西線埋蔵文化財調査報告書3―八千代市間見穴遺跡―』財団法人千葉県文化財センター

田中裕・西野雅人ほか 2004『船橋印西線埋蔵文化財調査報告書2―八千代市道地遺跡―』財団法人千葉県文化財センター

田村言行 1979「弥生式土器について」『江原台』佐倉市教育委員会

千葉県立関宿城博物館 1995『千葉県立関宿城博物館 常設展図録』

常松成人 2000『千葉県八千代市内野南遺跡a地点発掘調査報告書』八千代市教育委員会

常松成人・川口貴明 2003『千葉県八千代市川崎山遺跡d地点―萱田町川崎山土地区画整理事業に先行する埋蔵文化財発掘調査報告書』八千代市遺跡調査会

西野雅人 2004「弥生土器の縄文」『船橋印西線埋蔵文化財調査報告書2 ―八千代市道地遺跡―』財団法人千葉県文化財センター

林勝則 1986『平戸道地遺跡』八千代市教育委員会
鳴田浩司・田形孝一 1999『千葉北部地区新市街地造成事業関連埋蔵文化財調査報告書Ⅱ―印西市鳴神山遺跡・白井谷奥遺跡―』財団法人千葉県文化財センター
西野雅人・鈴木弘幸ほか 2003『松崎地区内陸工業用地造成整備事業埋蔵文化財調査報告書1―松崎Ⅱ遺跡―』財団法人千葉県文化財センター
野村幸希・古内茂 1976「船尾白幡遺跡」『千葉ニュータウン埋蔵文化財調査報告Ⅴ』財団法人千葉県文化財センター
萩原恭一・佐々木稔 2001「八千代市沖塚遺跡の再検討」『千葉県史研究』9 千葉県
羽島謙三 1975「関東ローム層と関東平野」『11 URBAN KUBOTA』株式会社クボタ
馬場伸一郎 2001「南関東弥生中期の地域社会」上『古代文化』53-5，同 下『古代文化』53-6
林勝則 1986『平戸道地遺跡』八千代市教育委員会
平川南 1990「東国の村落」『日本村落史講座2』景観Ⅰ原始・古代・中世 雄山閣出版
深沢克友 1978「房総地方弥生後期文化の一様相―印旛・手賀沼系式土器文化の発生と展開について―」『千葉県文化財センター研究紀要』3
福田アジオ 1982「村の領域」『日本村落の民俗的構造』弘文堂
藤岡孝司 1986『八千代市井戸向遺跡』財団法人千葉県文化財センター
　　　　 1987『八千代市白幡前遺跡』財団法人千葉県文化財センター
古内茂 1974「房総における北関東系土器の出現と展開」『ふさ』5・6合併号
　　　 1984「船尾町田遺跡」『千葉ニュータウン埋蔵文化財調査報告Ⅷ』財団法人千葉県文化財センター
蕨茂美 2001『栗谷遺跡』八千代市遺跡調査会
増田誠蔵ほか 1975『おおびた遺跡―八千代市少年自然の家建設地内遺跡―』八千代市教育委員会
道上文ほか 2002『平成13年度企画展 中世の船橋～掘る・読む・たずねる～』船橋市郷土資料館
武藤健一 2001『千葉県八千代市上谷遺跡』第1分冊 八千代市遺跡調査会
村上恭通 1999『倭人と鉄の考古学』日本史のなかの考古学 青木書店
森竜哉ほか 2001『千葉県八千代市内込遺跡発掘調査報告書―宅地造成に伴う埋蔵文化財調査―』八千代市遺跡調査会
森竜哉 2003『千葉県八千代市内込遺跡b地点発掘調査報告書―宅地造成に伴う埋蔵文化財調査―』八千代市遺跡調査会
安田喜憲 1982「気候変動」『縄文文化の研究』Ⅰ 雄山閣
八千代市遺跡調査会 1980『萱田町川崎山遺跡発掘調査報告』
　　　　　　　　　　 1984『千葉県八千代市阿蘇中学校東側遺跡Ⅲ』
八千代市上ノ山遺跡調査会 2000『八千代市上ノ山遺跡b・c地点発掘調査報告書』
八千代市教育委員会 1995『平成6年度 八千代市埋蔵文化財調査年報』

ISSN 1346-5929

海と考古学

第6号

目 次

北海道北部における続縄文前半期の集石土坑について
  －種屯内遺跡検出事例を基にして－ ……………木山克彦 1

北海道のイノシシ歯牙製品について……………………内山幸子 23

近世北日本におけるアワビ漁の考古学的研究……………足立早苗 37

疑似餌考………………………………………………………中村太郎 55

オンコロマナイ遺跡について………………………………前田 潮 59

オンコロマナイ1遺跡測量調査の経緯……………………内山真澄 69

海交史研究会
2003.6

松戸市行人台遺跡の鋳造鉄斧と多孔式甑
— 東京湾沿岸地域と渡来系文物 —

日 高　慎

はじめに

　遺跡からはさまざまな遺物が出土する。墳墓では副葬品のほか，古墳なら墳丘に立てられた埴輪や土器，墳丘を造っていくさまざまな段階におこなわれた祭祀の痕跡としての遺物などである。一方集落からは，当時の人びとが生活のために使っていた各種の日常用品としての遺物，集落内でおこなわれた祭祀行為に使用された遺物などが出土する。我々はこれらの痕跡から，当時の人びとの具体的な姿を推定していくわけである。中には，従来あまり知られていないものが出土したり，従来考えられていたよりも古く遡る資料が出土したりする。それゆえ発掘調査によって，日進月歩で考古学の成果が塗り替えられてきたのである。

　今回考究する行人台遺跡出土の鋳造鉄斧もそのような資料であり，関東地域では類例の極めて少ない遺物である。本稿では，この類例の少ない鋳造鉄斧と特徴的な甑を手がかりに，これらの物質資料が行人台遺跡の地にもたらされた背景を探っていきたい。

Ⅰ. 行人台遺跡の鋳造鉄斧と多孔式甑の出土状況

　行人台遺跡は千葉県松戸市久保平賀字行人台に所在する（図１）。松戸市埋蔵文化財地図によれば，集落跡であり縄文・古墳および行人台城跡（中世）と登録されている（松戸市教育委員会 1997）。古墳時代の集落跡は1989年に発掘調査され，概報が刊行されているが（大塚ほか 1990），筆者は2001年度に報告書刊行に伴う整理作業をお手伝いすることになり，現在報告書を編集中である（峰村ほか 2005）。詳細は報告書を参照していただくこととして，ここでは古墳時代集落の概要を述べておきたい。

　古墳時代の竪穴住居７軒，古墳時代と思われる土坑６基が確認されている。出土した土師器の諸特徴から，（３号住居）[1]→６号住居→９号住居・８号住居→１号住居→２号住居・５号住居という変遷が辿れると思われ，その期間はおおむね５世紀中葉から５世紀後半の50年ほどと考えられる。６・８・９住居は西側に位置しており，１・２・５号住居は東側に位置する。

　鋳造鉄斧[2]と特徴的な甑は，６号住居から出土した。住居は南北長5.5m，東西長5.8m，深さ0.3mを測りほぼ正方形を呈する（図２）。住居の北側の中央部に炉床があり，炭化した木材が放射状に残存していることから，いわゆる消失住居と考えられる。土師器と鉄斧・管玉は，主に住居の北側および東側から出土している。出土した土器は高坏，坩，鉢，壺，甕，甑であ

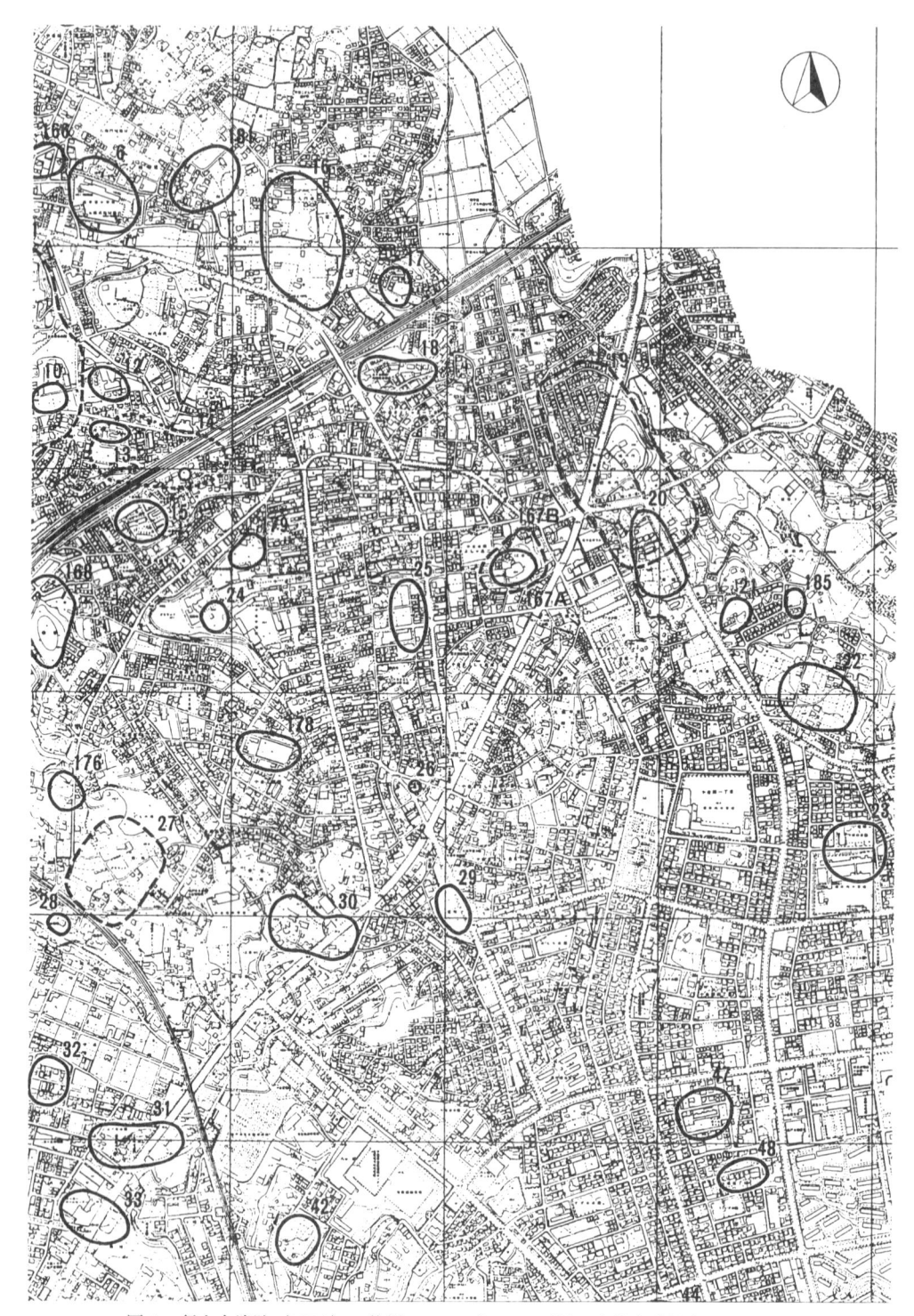

図1 行人台遺跡（167A）の位置：15,000分の1　（松戸市教育委員会 1997より）

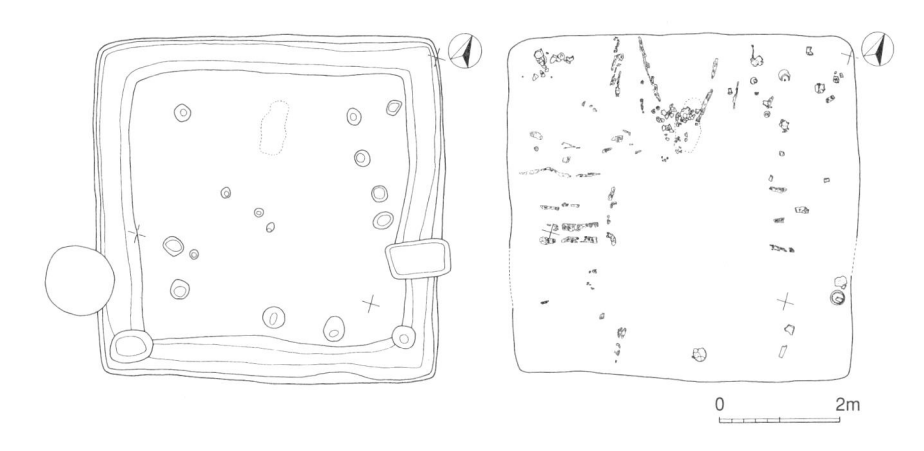

図2　6号住居と遺物出土状況　（峰村ほか2005より）

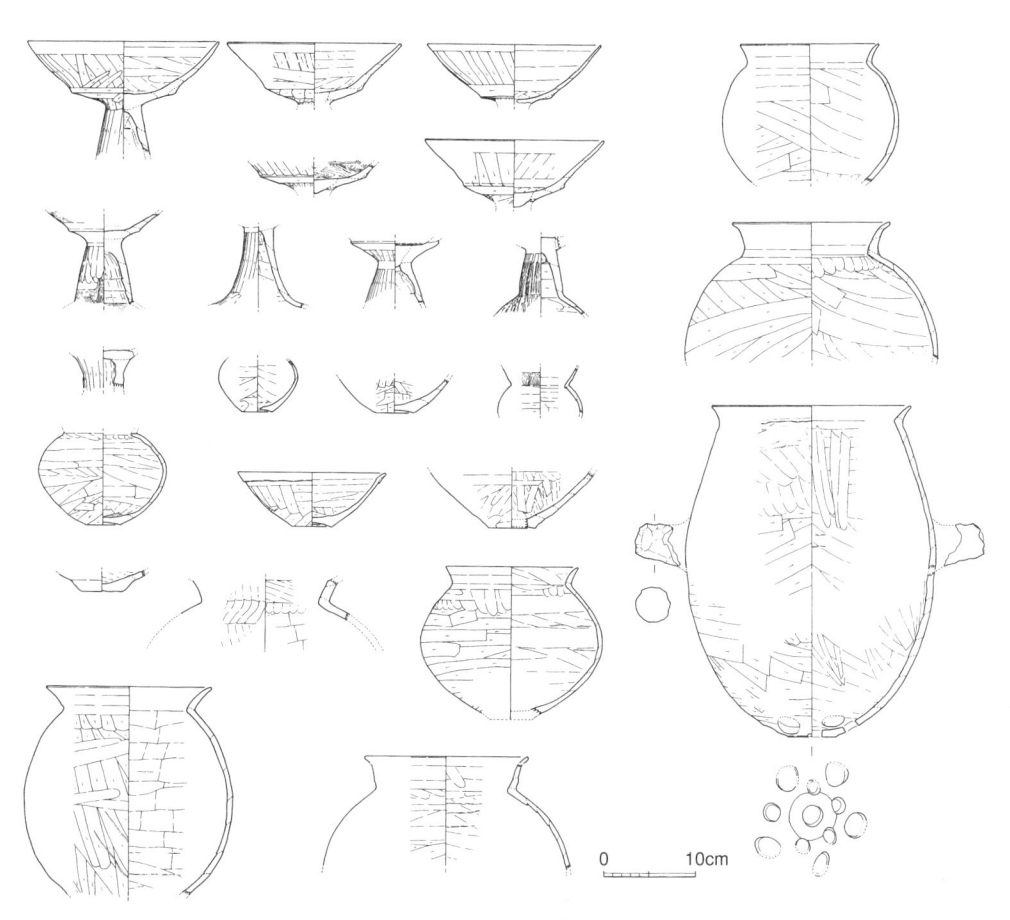

図3　6号住居出土の土師器　（峰村ほか2005より）

り，いずれも破片となっていたが，全体に和泉期前半の土師器類と考えられ，坏類を一切含まない点からも和泉期前半でも比較的古相といえる（図3）。二次焼成を受けた個体が多く，甕や甑などを除けばおおむね本住居が焼失したときに被災したものといえよう。出土状況をみると，甕・甑などはかなり広範囲で接合関係が認められる。このうち甑は，主に炉の周辺から潰れた状態で出土している。

Ⅱ．鋳造鉄斧の諸特徴と類例について

　行人台遺跡6号住居で出土した鋳造鉄斧は刃部から袋部の一部までが残存するもので，袋部の大部分は欠失していた。残存長9.5cm，刃部幅5.5cm，袋部幅5.0cm，厚さ1.2cmを測り，突線などはなく上面の左右の端部が突出する（図4）。

　鋳造鉄斧は日本列島においては，それほど類例の多くない資料である。管見に触れた古墳時代の鋳造鉄斧を集成したのが表1であるが[3]，現在までのところ関東地域から南九州まで広範囲にわたって出土しており，合計82遺跡（遺構）が確認できる。ひとまず，関東，中部・東海，近畿，中国，四国，九州の6つの地域にわけて，その出土遺跡数を比較したのが図5である。近畿地域と九州地域に集中して出土していることが分かる。近畿地域では，奈良県新庄町周辺，大阪府河内地域南部，兵庫県播磨地域南部および但馬地域北部などに分布の集中がみられる。九州地域では，福岡県福岡平野周辺および沖ノ島で集中して発見されている。また，岡山県域，愛媛県松山平野周辺でも狭い地域で複数遺跡からの出土が確認できる。関東地域はその出土が最も少ない地域である。行人台遺跡を含め，わずか4遺跡にとどまる。中部・東海地域と並んで，希薄地域と呼べるだろう。

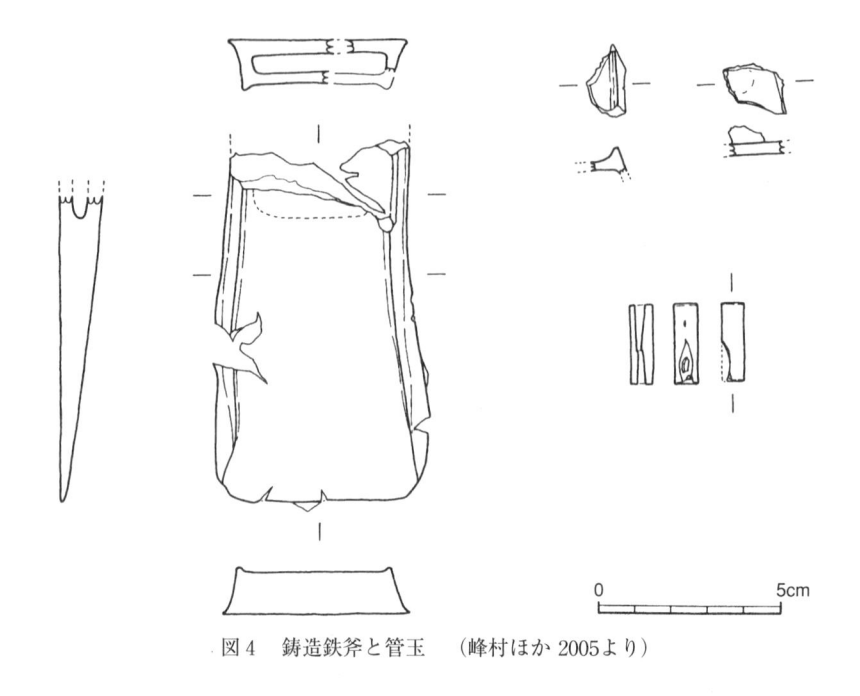

図4　鋳造鉄斧と管玉　（峰村ほか 2005より）

表 1　古墳時代の鋳造鉄斧一覧

	遺　跡　名	所　在　地	遺跡の性格、墳形	数量	出土位置	残存状況	鍛冶関係資料	時　期	文　献
1	行人台遺跡6号住居	千葉県松戸市久保平賀字行人台	集落	1	住居床面直上	袋部欠	なし	中期前半	峰村ほか2005
2	送り神遺跡	千葉県市原市江子田	?	1	住居	袋端一部欠	なし	?	田中1995
3	草刈遺跡J区107号住居	千葉県市原市草刈	集落	1	住居床面直上	刃端・袋端部欠	草刈1号墳から鉄ティ	後期初頭	鳥立1992
4	後集坂遺跡162号住居	埼玉県児玉郡児玉町下浅見	集落	1	包含層	袋部一部のみ	8cの製鉄遺構	中期中葉	増田ほか1982
5	天王中野遺跡	静岡県浜松市天王	集落	1	溝覆土	ほぼ完形	なし	中期?	鈴木1997
6	須部II遺跡SD07	静岡県浜松市都田町	円、径17.5m	3	木棺内	完形2、刃部のみ1	なし	中期後半	佐藤ほか2000
7	磐田67号墳	静岡県磐田市寺谷	古墳	2	堅室内	袋部一部欠、刃部のみ	なし	中期中葉	松浦1977
8	鍛冶久保古墳	長野県上水内郡牟礼村	集落	1	包含層	一部欠	なし	中期後半	小柳1994
9	雲出嶋女遺跡	三重県津市雲出鳥貫町	方、23.5×22m	2	木棺床上	ほぼ完形	なし	未詳	伊藤・川崎2001
10	わき塚古墳	三重県上野市神戸深坂間	祭祀遺構	1	岩盤上	ほぼ完形	なし	前期後半	森ほか1973
11	青運寺土山C-11地区祭祀遺構	三重県名張市青運寺	古墳群	1	包含層	ほぼ完形	なし	未詳	門田1978
12	堀切古墳群周辺	京都府京田辺市新	大溝ほか	1	溝覆土	刃端部欠	鉄滓・羽口	中期?	吉村ほか1989
13	東山城遺跡	奈良県櫻原市東坊城町	方、13×13m	1	堅室土	完形	なし	中期後半	斎藤1993
14	兵家6号墳	奈良県北葛城郡当麻町兵家	円、径13m	1	横室内	完形	なし	後期前半	伊藤ほか1978
15	寺口千塚15号墳	奈良県北葛城郡新庄町寺口	円、径13m	1	横室内	袋部欠	なし	後期前半	坂ほか1991
16	寺口忍海H19号墳	奈良県北葛城郡新庄町寺口	円、径13m	1	横室内	袋部一部のみ	なし	後期前半	千賀ほか1988
17	寺口忍海日19号墳	奈良県北葛城郡新庄町寺口	円、径13m	1	横室内	袋部一部のみ	なし	後期前半	千賀ほか1988
18	佐田ケノ木遺跡	奈良県御所市井戸	河川流路下層	1	河川流路下層	袋部欠	隣接地より鉄滓・羽口	中期中葉	青柳1996
19	長原遺跡	大阪府大阪市平野区長吉	堅穴住居	1	堅穴住居内	袋部欠	なし	中期	市川2004
20	鈴の宮遺跡3号墳	大阪府堺市八田北町	方、6×6m	1	周溝	袋部欠	なし	中期中葉～後半	堺市1989
21	大庭寺遺跡II区	大阪府堺市大庭寺	集落	1	包含層	ほぼ完形	なし	未詳	冨加見1990
22	森遺跡第2	大阪府交野市森南	集落	1	溝覆土	刃端・袋部欠	鍛冶遺跡	後期中葉	奥野ほか1990
23	塩塚遺跡溝	大阪府東大阪市箱殿町・新町	集落	1	溝覆土	袋端部一部のみ	羽口	後期初頭	中西ほか1997
24	西ノ辻遺跡	大阪府東大阪市西石切町	谷（水利遺構上）	1	推土中	完形2	?	後期初頭	中西1994
25	新池古墳	大阪府高槻市上土室	円、径11m	1	横室内	ほぼ完形	なし	後期中葉	森田ほか1993
26	鳴滝6号墳	和歌山県和歌山市善明寺	円	1	木棺内	袋部、一部のみ	なし	中期末	和歌山県1973
27	音浦遺跡	和歌山県和歌山市音浦	集落	2	溝覆土	完形（融着）	なし	中期?	和歌山県1984、前田2001
28	若王寺遺跡	兵庫県尼崎市	集落	1	包含層	袋部欠	なし	未詳	中西1994
29	萬代3号墳	兵庫県三田市	古墳	1		ほぼ完形	なし	中期	野島永氏ご教示
30	牛ノ神9号墳	兵庫県三木市鳥町	円、径10m	1	周溝	袋部欠失	なし	後期前半	長濱ほか2002
31	行盛塚古墳	兵庫県加古川市神野町	方円、100m	3	中央副葬品箱内	完形2、破片1	西服装品箱より鉄床	中期中葉	森下ほか1997
32	泰田L号墳	兵庫県揖保郡揖保川町泰田町	方、7×7m	2	木棺内東小口	完形2	後期初頭箱より鉄斧	中期中葉	揖保川町2000
33	商江中山8号墳	兵庫県朝来郡和田山町筒江	方、	1	木棺内	ほぼ完形	なし	中期中葉	小川1992
34	小丸山古墳	兵庫県姫路市	古墳	2	堅室内	完形、袋部一部のみ	なし	前期?	東1998
35	出粂3号墳	兵庫県城崎郡竹野町須谷	円	2	溝覆土	完形2	?	前期後半	朝日新聞但馬020530版
36	大平遺跡	兵庫県美方郡村岡町	?	1	包含層	完形2	?	前期後半	朝日新聞但馬020530版
37	里仁33号墳	鳥取県鳥取市里仁字岩ヶ谷	方、14×12m	2	周溝、墳頂	袋部端欠、袋部一部欠	なし	中期前半	中原ほか1985
38	南谷大山遺跡C-V区SI-17-4	鳥取県東伯郡泊村長谷	集落	1	住居埋土	袋部欠	別地区より鉄斧1	中期後半	森下ほか1997
39	長瀬高浜遺跡SI-192	鳥取県東伯郡羽合町長瀬	集落	1	住石坑肩部	ほぼ完形	別地区より鉄滓	中期前半	鳥取県1994
40	栗利遺跡はなえな古墳	岡山県久都邑久郡邑久町	古墳?	1	箱棺内?		なし	前期?	西川1975

	遺跡名	所在地	遺跡の性格，墳形	数量	出土位置	残存状況	鍛冶関係資料	時期	文献
41	金蔵山古墳	岡山県岡山市沢田	方円，165m	5	副室合子内	袋端部欠5	なし	前期末	西谷・鑢木1959
42	甫崎天神5号墳	岡山県岡山市津守字甫崎	方，9×9m	1	周溝	袋部欠	後期古墳より鉄滓	前期後半	岡山県1994
43	殿山8号墳	岡山県総社市三輪	方，13×12m	2	周溝	刃端部欠・袋部端欠	なし	前期末〜中期初	平井1982
44	河辺上原3号墳	岡山県津山市河辺	円？，径10m	1	木棺内棺小口	袋端部欠・半截？	鉄滓	中期前半	小郷1994
45	長畝山北6号墳	岡山県津山市国分寺	円，径11m	1	木棺内	完形（鍛造？）	鉄滓	後期初頭	行田・木村1992
46	地蔵堂山1号墳	広島県広島市安佐南区高取町	方，17×14m	2	墓坑上	完形	なし	中期後半	松村1997
47	西願寺遺跡D地点1号石室	広島県広島市安佐北区口田	？，披礫積群	1	竪室東小口	完形（二条突帯半）	なし	前期？	広島県1974
48	木ノ井山古墳北杜土檀	山口県熊毛郡田布施町大字川西	円，径27m	1	木棺内東小口	完形	なし	中期中葉	岩崎1994
49	岡田村所在古墳	香川県綾歌郡綾歌町岡田村	古墳	1	石棺内	完形	なし	中期中葉	岩崎ほか1979
50	岩崎山11号墳東棺	香川県坂出市加町	方円，26m	1	埋正断面	袋部一部欠	なし	中期中葉	樋口ほか2002
51	弁天山古墳	愛媛県松山市別府町	円	1	墓壙溝内	刃部のみ	周辺より鉄滓	前期末〜中期前半	朝日新聞愛媛版1985.8.23
52	福音小学校内遺跡65号住居	愛媛県松山市福音寺町	集落	1	竪穴内	袋部端欠	なし	後期中葉	武正2003
53	筋違B遺跡3号住居	愛媛県松山市福音寺町	集落	1	住居内	袋部のみ	？	中期後半以降	武正2003
54	出作遺跡	愛媛県伊予郡松前町出作	祭祀遺構	1	SX01	袋部一部のみ	鉄テイ，鍛造残片	中期中葉	東1998
55	今治市	愛媛県今治市	？	1		袋部一部のみ	なし		東1998
56	炭焼3号墳	福岡県筑紫郡那阿川町	方，6.8×6m	1	周溝	袋端部欠	なし	前期後半	柳田ほか1968
57	山ノ神古墳	福岡県嘉穂郡穂波町枝国・石ヶ坪	方円，80m	6	横穴内	完形4，刃部端欠2	なし	後期前半	児島1973
58	釜田町遺跡	福岡県大野城市政屋所	円？	1	箱棺内	完形	なし	未詳	石山ほか1978
59	太田町遺跡	福岡県糟屋郡古賀町	集落	2	包含層	ほぼ完形1，袋端部欠1	なし	中期後半？	田中1935，花田1993
60	釣川川未遺跡	福岡県宗像市河東	集落？	1	包含層	断片	鉄滓	中期〜後期	岡崎ほか1979
61	沖ノ島4号遺跡	福岡県宗像郡大島村	祭祀遺構	9	岩陰祭祀	断片	なし	後期中葉	鏡山ほか1958
62	沖ノ島7号遺跡	福岡県宗像郡大島村	祭祀遺構	11	岩陰祭祀	ほぼ完形3，断片	なし，8号墳より鉄滓	後期前半	鏡山ほか1958
63	沖ノ島8号遺跡	福岡県宗像郡大島村	祭祀遺構	27	岩陰祭祀	袋部欠	なし，象嵌鍬頭	後期前半	岡崎ほか1979
64	沖ノ島21号遺跡	福岡県宗像郡大島村	祭祀遺構	2	岩上祭祀	ほぼ完形	鉄テイ，鉄鋸	前期〜中期	岡崎ほか1979
65	クエゾノ5号墳	福岡県福岡市早良区梅林	円，径8m	1	竪横室内	完形	鉄鉗，鉄鋸	後期中葉	常松ほか1995
66	金武古墳群吉武L群4号墳	福岡県福岡市西区吉武	円，径22.5m	1	竪室内？	刃部のみ	隣接古墳より冶口	後期初頭	二宮ほか1980
67	金武古墳群吉武S群4号墳	福岡県福岡市西区吉武	円，径14m	2	周溝内	袋部端欠	なし，8号墳より鉄滓	後期前半	横山・加藤2003
68	金武古墳群吉武S群9号墳	福岡県福岡市西区吉武	円，径16m	1	横室内	刃部端欠	なし，8号墳より鉄滓	後期前半	横山・加藤2003
69	金武古墳群吉武S群10号墳	福岡県福岡市西区吉武	円，径12m	2	竪室内	ほぼ完形，刃部端欠	なし，8号墳より鉄滓	後期前半	横山・加藤2003
71	金武古墳群吉武S群11号墳	福岡県福岡市西区吉武	円，径10m	1	竪室内	袋部のみ	8号墳より鉄滓	後期中葉	横山・加藤2003
72	金武古墳群吉武S群15号墳	福岡県福岡市西区吉武	円，径14m	2	横室内	刃部端欠	8号墳より鉄滓	後期後半	横山・加藤2003
73	金武古墳群吉武S群27号墳	福岡県福岡市西区吉武	円，径10m	2	竪室内	ほぼ完形	鉄滓	中期中葉	横山・加藤2003
74	元岡遺跡20次	福岡県福岡市西区	集落	1	溝	完形	なし	後期	比佐氏ご教示
75	釣ヶ裏遺跡SO-007	福岡県宗像郡津屋崎町比田勝	小石室	1	竪室内	刃部・袋部端欠	なし	後期初頭	津崎崎町1998
76	古墳古墳	長崎県上県郡大島村比田勝	古墳	1	箱棺内	袋部一部のみ	なし	中期末〜後期初	野本ほか1953
77	コノサエ遺跡A-11遺構	長崎県上県郡大島村上対馬町大字唐舟志	墳墓	1	石室系墳墓内	袋部一部のみ	なし	前期初頭	藤田・安架1984
78	コノサエ遺跡A-7・10遺構間	長崎県上県郡大島村上対馬町大字唐舟志	墳墓周辺	1	遺構間出土	袋部一部のみ	なし	前期初頭	藤田・安架1984
79	長目塚古墳	熊本県阿蘇郡一の宮町字上毅掛	方円，111m	1	前方堅室内	完形	なし	前期末	坂本1962
80	妙見遺跡SA2	宮崎県えびの市東川北	集落	1	二次堅面直上	刃部端欠	冶口	後期前半	上村1978・1980
81	双子塚古墳	鹿児島県曽於郡大崎町	円？	2		完形2	？		
82	越智敷谷大塚	愛媛県？	古墳？	1					東1998

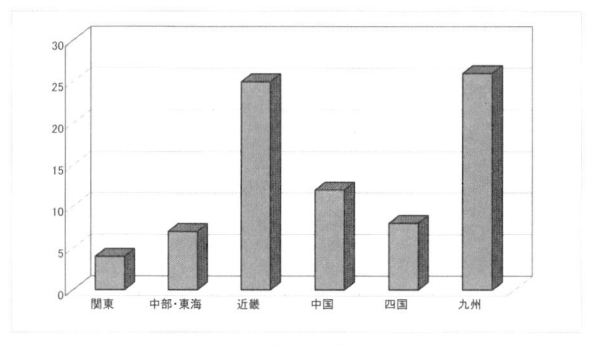

図5　鋳造鉄斧の地域別出土傾向

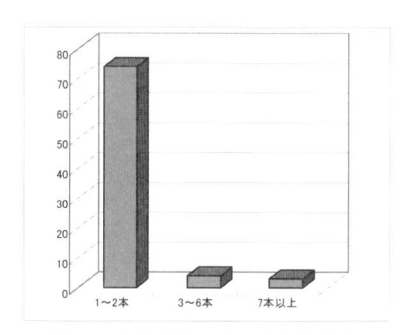

図6　鋳造鉄斧の出土個体数傾向

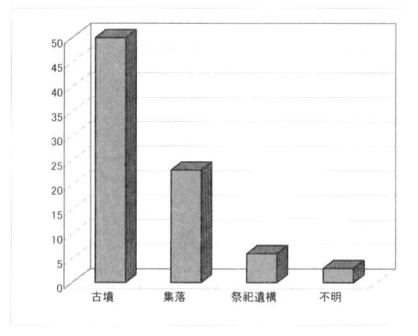

図7　鋳造鉄斧の遺構別出土傾向

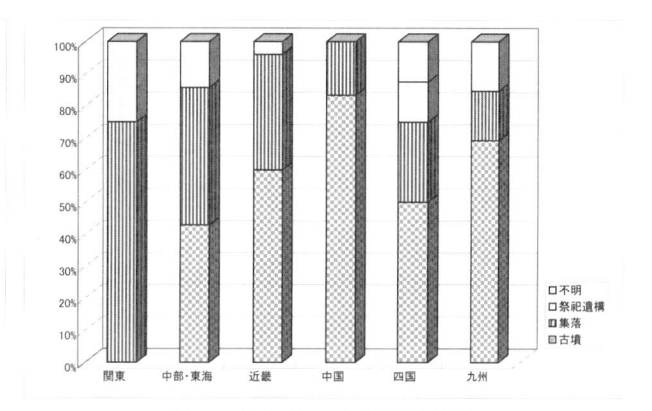

図8　地域ごとの出土遺構別傾向

　図6は，出土個体数を比較したものである。1～2本が圧倒的に多く74遺跡を数え，3～6本は4遺跡でいずれも古墳からの出土品であり，7本以上は3遺跡ですべて沖ノ島の祭祀遺構出土のものである。3～6本出土した古墳は，静岡県磐田市磐田67号墳（3本）を除けば，兵庫県加古川市行者塚古墳（3本），岡山県岡山市金蔵山古墳（5本），福岡県穂波町山ノ神古墳（6本）と，その地域の中で築造された古墳のなかで最大級の古墳から出土していることが知られる。

　図7は，出土した遺構別に比較したものである。圧倒的に古墳からの出土が多くその数50遺跡，集落出土は23遺跡，祭祀遺構出土は6遺跡，不明3遺跡である。鋳造鉄斧が古墳に関わる物品として確認されることが多いとわかる。行人台遺跡のように，集落遺跡からの出土は古墳出土の約半数ということになる。そこで，地域ごとに出土遺構別傾向を示したものが図8である。近畿，中国，九州では古墳出土が多く，四国でも半数が古墳出土のものである。それに対して関東では，古墳出土がないばかりかほとんどが集落遺跡出土であることが特筆される。ただし関東地域の場合，遺跡数が極めて少ない上での傾向なので，あくまでも現状での状況である。

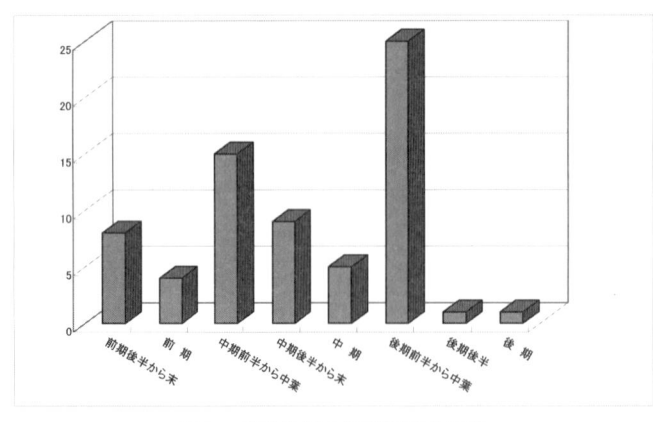

図9は時期ごとにその出土数を示したものである。中期前半から中葉にかけてと後期前半から中葉にかけての2つのピークが存在する。古墳時代中期の場合，48％が古墳出土のものであり，41％が集落遺跡出土のものである（図10）。古墳時代後期の場合，67％が古墳出土のものであり，26％が集落出土のもので

図9　鋳造鉄斧の時期別出土傾向

ある（図11）。中期に比べて後期の方が古墳出土例の増加がみられ，それに比例して集落遺跡出土例が減っている。

　いずれにせよ，日本列島において出土する鋳造鉄斧は，古墳出土や祭祀遺跡出土のものではぼ完形を呈するものもあるが，多くは破砕し破片となって出土する場合が多い。また，刃部の両端が丸くなっており，使用による磨り減りを思わせるようでもある。しかしながら全国での類例が82遺跡と，当時一般的な農工具であったとも思われない。上述したように，列島各地で比較的集中して発見されている奈良県新庄町周辺，大阪府河内地域南部，兵庫県播磨地域南部，福岡県福岡平野周辺，沖ノ島，愛媛県松山平野周辺などは渡来系の人々が多く住んでいた場所あるいは朝鮮半島との行き来のルートと符合する。さらに，古墳時代の鍛冶遺構などの製鉄遺跡が集中して見られる地域とも重なってくる場合が多い（村上 2004など）。この点に，鋳造鉄斧を読み解く鍵があると言えるだろう。

Ⅲ．多孔式甑の諸特徴と類例について

　行人台遺跡6号住居で出土した多孔式甑は，炉の周辺と北西隅のものが接合しているが，やや縦長の甕形を呈し，接合はしないが棒状の把手がつくと思われる。口縁部は土師器甕と同様

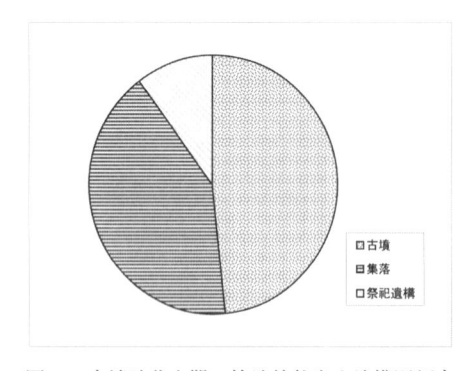

図10　古墳時代中期の鋳造鉄斧出土遺構別傾向 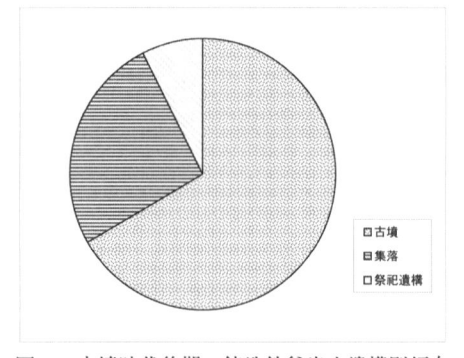　　図11　古墳時代後期の鋳造鉄斧出土遺構別傾向

なつくりである。底部は径5cmほどの平底であるが、全体のプロポーションからみるとむしろ砲弾形といった方がよいかもしれない。底部周辺には中央に1個、その周りに5個、さらにその周りに千鳥状に5個の計11孔を穿つ。いわゆる多孔式（多重）の甑である。調整はケズリおよびナデであり、土師器である。

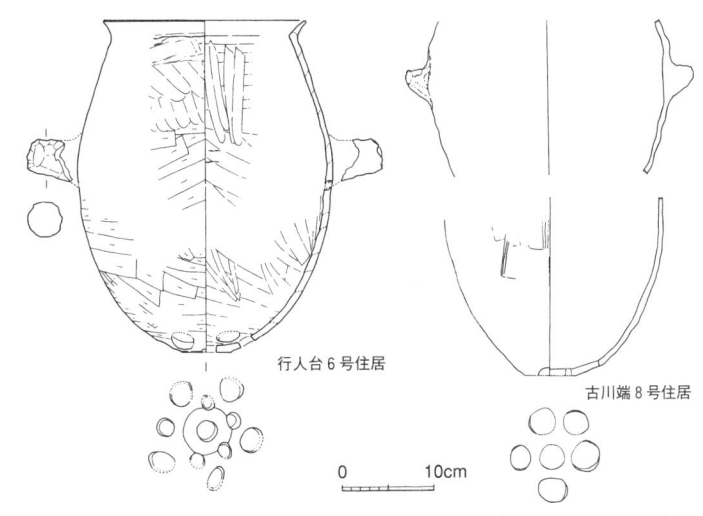

図12　多孔式甑とその類例（峰村ほか2005・小久保ほか1978より）

　本甑については類例に乏しく、系譜などを語るほど資料に恵まれていない。列島各地での甑の類例を探索したが、行人台遺跡の事例と同様の甑を確認することができなかった。ただし強いて類例を求めるならば、埼玉県本庄市古川端遺跡8号住居出土例（小久保ほか1978）があげられる（図12）。出土土器からは、行人台遺跡8号住居とほぼ同時期と思われるので、6号住居ともそれほどの時期差はない。古川端遺跡例は多孔式の砲弾形の甑であり、中心に1個の孔とその周りに5個の孔をめぐらしたものである。残念ながら口縁部は未詳だが、把手付の胴部があり、行人台遺跡例と同様な棒状である。胴部はナデおよび粗いハケを施しており、土師器の甑である点も共通する。以上の点は行人台遺跡例と極めて共通した特徴を有している。

　関東地域では火処に竈が導入された当初から、甑は独自の形態を持っていたことが知られており、その多くが把手を持たず底は筒抜けである（杉井1993・1999）。そのことからすれば、両遺跡の甑は特異な存在であり、偶然の一致とも思えない。今後の類例の増加を待ちたい。

　ちなみに、朝鮮半島における甑の地域性を論じた酒井清治氏によれば、砲弾形で多孔式の甑は伽耶東部地域（金海あるいは昌寧地域）で見られる（酒井1998）。行人台や古川端との直接の関係を論じるには相違点が多いものの、日本列島内における地域性の淵源を探る上でも注目すべきであろう。いずれにせよ、日本列島における古墳時代中期ころの甑は、そもそもが朝鮮半島から導入されたものであり、極めて渡来系の色彩が濃いものといえるだろう。

IV. 行人台遺跡にもたらされた渡来系文物の流入背景

　ここまで、行人台遺跡6号住居で出土した鋳造鉄斧と甑を手がかりに、その位置付けをおこなってきた。その結果、両者ともに渡来系の色彩が強いものであると考えられた。ここでは、行人台遺跡が所在する千葉県松戸市に渡来系文物がもたらされた背景を探っていきたい。

　筆者は以前、東北北部・北海道地域における古墳時代文化の受容を日本海側、あるいは太平

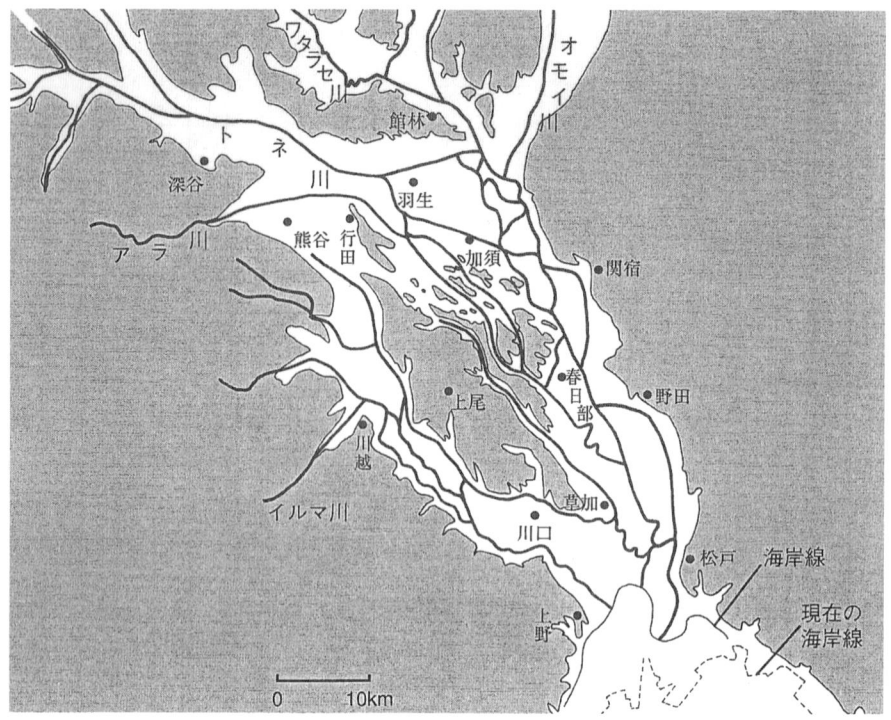

図13 古墳時代の河川流路 （松戸市立博物館 2003より）

洋側の海上ルートによると考えたことがある（日高 2001・2003）。また，関東地域においても，太平洋沿岸には内陸部とは異なる特徴的な資料が確認できることから，海上交通や水上交通を担っていた人々とそれを統括する首長が存在していたと考えた（日高 2002）。

鋳造鉄斧が出土した送り神遺跡や草刈遺跡の周辺では，草刈1号墳で鉄鋌が出土している。また，旧国では下総となるが，隣接する千葉市大森第2遺跡では住居から百済土器が出土している（酒井 2002）。同じく鋳造鉄斧が出土した後張遺跡のほど近くでは，上述の本庄市古川端遺跡出土の多孔式甑が確認される。行人台遺跡では鋳造鉄斧と多孔式甑がセットで出土した。つまり，それぞれの地域において一見単独で孤立しているかのように見える鋳造鉄斧が，半島系の土器とともにもたらされていると思われるのである。

鋳造鉄斧は朝鮮半島において一般的に出土する鉄製品である。今日までの発掘調査の進展により，古墳の副葬品だけでなく，集落や製鉄遺跡からも出土しており，地域も新羅だけでなく百済地域でも類例が数多く報告されている。ここで，行人台遺跡出土の鋳造鉄斧がどこで生産されたものであるかを明言することはできないが，朝鮮半島産とすることに異議はなかろう[4]。

行人台遺跡の所在する松戸市は下総丘陵に位置し，西には現在の江戸川・中川が流れ，中川低地および東京東部低地から段丘を上がった場所である（図13）。低地に流れる何本もの川は，東京湾に流れ込んでおり，今日まで重要な流通の根幹をなしていた（松戸市立博物館 2003）。また，東京東部低地には，百済土器や韓式系土器を出土した足立区伊興遺跡が所在し，近接する足立区舎人遺跡では古墳時代と考えられる鉄鋌が出土している（足立区立博物館 2000）。東

京湾周辺地域とは、低地部および段丘を上がった場所をも含め物流の基点となる場所であったと考えられる。行人台遺跡の位置も、まさにその物流の基点となる地域に含まれると思われるのである。それは、松尾昌彦氏が明らかにした産地の異なるさまざまな古墳使用石材の分布からも首肯される（松尾 2002・2004など）。

　太平洋沿岸地域の海上交通によってもたらされた渡来系文物や甑に見られる新来の情報が、東京湾沿岸地域から河川交通によって内陸部へと運ばれたと考えられないだろうか。つまり、関東地域における鋳造鉄斧の流入ルートは東京湾に入り、さらに河川（利根川・荒川など）で北上していったと思われるのである。そのルート上には、陶質土器や初期須恵器などももたらされた。そして、そのような水上交通を統括する首長が存在したのであろう。もちろん陸上交通を否定するものではないが、古墳時代における海上交通あるいは水上交通の役割はきわめて大きかったといえるだろう。

おわりに

　本稿は、松戸市行人台遺跡出土の2点の資料をもとに、渡来系文物が東京湾沿岸地域にもたらされたことをあとづけたものである。少なくとも、その位置付けをすることはできたと思う。ただ、当初の目論見とはうらはらに、甚だ拙いものとなってしまったことをお詫びしたい。

　本稿を成すにあたって、下記の方々および機関に大変お世話になりました。記して謝意を表します。赤沼英男、青柳泰介、有馬義人、池田征弘、岩崎卓也、太田博之、大野左千夫、大道和人、風間栄一、川崎志乃、君嶋俊行、鈴木一有、鈴木敏則、竹中哲朗、田中新史、田中裕、中村倉司、野島永、坂靖、比佐陽一郎、松尾昌彦、松林豊樹、松本建速、真鍋成史、峰村篤、桃崎祐輔、山田俊輔、岩手県立博物館、埼玉県埋蔵文化財調査事業団、福岡市埋蔵文化財センター、松戸市教育委員会、宮崎県埋蔵文化財センター（敬称略）

註
1）3号住居は出土遺物が極めて少ない。断片的な資料から想定される時期は、最も遡る可能性があるものの、住居群の分布からすると東側に位置することから、新しい一群となるかもしれない。
2）「鋳造鉄斧」については、鋳造品でありかつ脆いことなどから実用品ではなく、鉄素材（伊藤 1973：369頁の註⑧）あるいは実物貨幣（村上 1981）であるとの見解もある。また、用途については農具である可能性が指摘されている（東 1979）。そうなると伐採具としての斧という名称は不適切ということになるが、ひとまず一般的になっている「鋳造鉄斧」という名称を使用したい。これまでの諸研究については東潮氏によって詳細にまとめられている（東 1998）。
3）一覧表の作成にあたっては、東潮氏の研究（東 1998）、田中新史氏の研究（田中 1995）、長岡拓也・坂靖氏の研究（長岡・坂 1991）などのほか、管見に触れたものを合せて作成した。一部に確認ができなかったものも含まれるので、若干の変動はあろうかと思う。また、形態的には有肩鉄斧であるが鋳造として報告されているものがある。例えば、静岡県磐田市安久路2号墳（1点）、大阪府堺市カ

トンボ山古墳（1点），福岡県糟屋郡須恵町乙植木2号墳（1点），同北九州市白萩2号横穴（1点）などである。有肩鉄斧の多くは鍛造品であり，筆者はこれらも鍛造の可能性があると思っているので，ひとまず一覧表からは除外した。
4）大阪府東大阪市西ノ辻遺跡出土の鋳造鉄斧を検討した中西克宏氏によれば，氏の分類Ⅳ形態（小型品）は「朝鮮半島から渡来した工人によって列島内において製作された可能性も考えることができる」としている（中西 1994：16頁）。その場所は後の河内・大和周辺地域が有力とされている。

引用文献

東 潮 1979 「朝鮮三国時代の農耕」『橿原考古学研究所論集』4 吉川弘文館（東1998に加筆・修正し再録 323～359頁）
　　　　 1998 「鋳造斧形品をめぐる諸問題」『古代東アジアの鉄と倭』渓水社 284～322頁
足立区立郷土博物館 2000 『古代伊興遺跡の世界』（図録）
伊藤秋男 1973 「韓国慶州古墳群における石室墳の編年について－慶州皇南洞第151号墳の研究－」『古代文化』25－11 355～374頁
大塚広往ほか 1990 「行人台遺跡」『平成元年度松戸市内遺跡発掘調査概報』 松戸市教育委員会 31～48頁
小久保徹ほか 1978 『東谷・前山2号墳・古川端』（埼玉県遺跡発掘調査報告書16） 埼玉県教育委員会
酒井清治 1998 「日韓の甑の系譜から見た渡来人」『楢崎彰一先生古希記念論文集』27～38頁
　　　　 2002 『古代関東の須恵器と瓦』 同成社
杉井 健 1994 「竈の地域性とその背景」『考古学研究』40－1 33～60頁
　　　　 1999 「甑形土器の地域性」『国家形成期の考古学』 大阪大学考古学研究室 383～409頁
田井知二 1997 『千原台ニュータウン7－草刈1号墳－』（千葉県文化財センター調査報告295）
田中新史 1995 「使用具の古墳埋納（下）」『古代』100 5～87頁
長岡拓也・坂靖 1991 「古墳出土の鋳造鉄斧地名表」『寺口千塚古墳群』奈良県立橿原考古学研究所 251～253頁
中西克宏 1994 「集落跡出土の鋳造鉄斧」『東大阪市文化財協会ニュース』6－2 9～17頁
日高 慎 2001 「東北北部・北海道地域における古墳時代文化の受容に関する一試考」『海と考古学』4 1～22頁
　　　　 2002 「水界民と港を統括する首長」『専修考古学』9 31～45頁
　　　　 2003 「北海道大川遺跡出土資料の再検討」『考古学に学ぶ（Ⅱ）』（同志社大学考古学シリーズⅧ） 721～730頁
松尾昌彦 2002 『古墳時代東国政治史論』 雄山閣
　　　　 2004 「古墳時代後期の石材交流と舟運」『専修考古学』10 173～179頁
松戸市教育委員会 1997 『松戸市埋蔵文化財地図』
松戸市立博物館 2003 『川の道 江戸川』（図録）
峰村篤ほか 2005 『行人台遺跡』 松戸市教育委員会（刊行予定）
村上英之助 1981 「古墳時代の斧形鋳鉄品」『たたら研究』24 1～11頁
村上恭通 2004 「古墳時代の鉄器生産と社会構造」『文化の多様性と比較考古学』67～74頁

鋳造鉄斧出土遺跡参考文献（表1文献欄に対応）

青柳泰介　1996　「御所市井戸遺跡・南郷安田遺跡発掘調査概報」『奈良県遺跡調査概報　1995年度』奈良県立橿原考古学研究所

朝日新聞愛媛版　1985.8.23付　「朝鮮製の鉄斧出土　松山の古墳」

朝日新聞但馬版　2002.5.30付　「竹野・出持3号墳　農具「鋳造鉄斧」が出土」

東　潮　1998　「鋳造斧形品をめぐる諸問題」『古代東アジアの鉄と倭』　渓水社

石山勲ほか　1978　「太田町遺跡『九州縦貫自動車道関係埋蔵文化財調査報告』21　福岡県教育委員会

市川創　2004　「舶来品の鉄器と玉」『葦火』111　（財）大阪市文化財協会

伊藤裕偉・川崎志乃　2001　『嶋抜Ⅲ』（三重県埋蔵文化財調査報告218）　三重県埋蔵文化財センター

伊藤勇輔ほか　1978　『兵家古墳群』（奈良県史跡名勝天然記念物調査報告37）

岩崎仁志　1994　『木ノ井山古墳』山口県教育委員会

岡崎敬ほか　1979　『宗像沖ノ島』　宗像大社復興期成会

岡山県教育委員会　1994　『山陽自動車道建設に伴う発掘調査　8』

小川良太　1992　「筒江中山古墳群」『兵庫県史　考古資料編』　兵庫県

奥野和夫ほか　1990　『森遺跡Ⅱ』交野市教育委員会

鏡山猛ほか　1958　『沖ノ島』　宗像神社復興期成会

上村俊雄　1978　「鹿児島県曽於郡大崎町持留双子塚出土の朝鮮式鉄斧」『隼人文化』4

　　　　　　1980　「鹿児島県の古墳文化（一）」『古文化談叢』7

行田裕美・木村祐子　1992　『長畝山北古墳群』（津山市埋蔵文化財発掘調査報告45）津山市教育委員会

児島隆人　1973　「山ノ神古墳」『嘉穂地方史　先史編』

小柳義男　1994　『庚申塚古墳発掘調査報告書』　牟礼村教育委員会

斎藤明彦　1993　「東坊城遺跡　六反田地区」『大和を掘る　1991年度発掘調査速報展』奈良県立橿原考古学研究所附属博物館

堺市教育委員会　1989　『堺市の文化財－考古資料編－』

坂本経堯　1962　『阿蘇長目塚』（熊本県文化財調査報告3）

佐藤由紀男ほか　2000　『須部Ⅱ遺跡』（財）浜松市文化協会

島立桂　1992　「市原市草刈遺跡J区（千原台地区）」『千葉県文化財センター年報』17

小郷利幸　1994　『河辺上原遺跡』（津山市埋蔵文化財発掘調査報告54）　津山市教育委員会

鈴木正行　1997　『天王中野遺跡2』財団法人浜松市文化協会

武正良浩　2003　『福音小学校内遺跡Ⅱ』（松山市文化財調査報告書91）　松山市教育委員会

田中新史　1995　「使用具の古墳埋納（下）」『古代』100

田中幸夫　1935　「筑前宗像郡釣川床の遺蹟」『考古学評論』1-2

千賀久ほか　1988　『寺口忍海古墳群』新庄町教育委員会

常松幹雄ほか　1995　『クエゾノ遺跡』（福岡市埋蔵文化財調査報告書420）　福岡市教育委員会

津屋崎町教育委員会　1998　『生家釘ヶ裏遺跡』（津屋崎町文化財調査報告書14）

鳥取県教育文化財団　1994　『南谷大山遺跡Ⅱ　南谷29号墳』（鳥取県教育文化財団調査報告書36）

　　　　　　　　　　1997　『長瀬高浜遺跡Ⅶ』（鳥取県教育文化財団調査報告書49）

中西克宏　1994　「集落跡出土の鋳造鉄斧」『東大阪市文化財協会ニュース』6-2

中西克宏ほか　1997　『鬼塚遺跡第8次発掘調査報告書』財団法人東大阪市文化財協会

長濱誠司ほか　2002　『年ノ神古墳群』（兵庫県文化財調査報告234）　兵庫県教育委員会

中原斉ほか　1985　『里仁古墳群〈32・33・34・35号墳の調査〉』鳥取県教育文化財団
西川　宏　1975　『吉備の国』学生社
西谷真治・鎌木義昌　1959　『金蔵山古墳』（倉敷考古館研究報告1）
二宮忠司ほか　1980　『吉武塚原古墳群』（福岡市埋蔵文化財調査報告書54）　福岡市教育委員会
花田勝広　1993　「宗像郷土館の研究」『古文化談叢』30（上）
坂靖ほか　1991　『寺口千塚古墳群』（奈良県史跡名勝天然記念物調査報告62）
樋口隆康ほか　2002　『岩崎山第4号古墳・快天山古墳発掘調査報告書』　津田町教育委員会・綾歌町教育委員会
兵庫県教育委員会　1984　『筒江遺跡群』（兵庫県文化財調査報告書31）
平井　勝　1982　『殿山遺跡・殿山古墳群』（岡山県埋蔵文化財発掘調査報告47）
広島県教育委員会　1974　『西願寺遺跡群』広島市高陽町矢口所在遺跡群の調査概報
冨加見泰彦ほか　1990　『陶邑大庭寺遺跡II』（（財）大阪府埋蔵文化財協会調査報告書50）
藤田和裕・安楽勉　1984　『コフノ緕遺跡』（上対馬町文化財調査報告書1）　上対馬町教育委員会
前田敬彦　2001　『渡来文化の波－5～6世紀の紀伊国を探る－』和歌山市立博物館
増田逸朗ほか　1982　『後張』（埼玉県埋蔵文化財調査事業団報告書15）　財団法人埼玉県埋蔵文化財調査事業団
松浦哲二　1977　『磐田67号墳調査報告書』（磐田市立郷土館報告2）　磐田市教育委員会
松村昌彦　1977　「地蔵堂山遺跡群」『高陽新住宅市街地開発事業地内埋蔵文化財発掘調査報告』広島県教育委員会
水口昌也・門田了三　1978　『名張市遺跡調査概要　蔵持黒田遺跡　前山遺跡群』　名張市教育委員会
水野清一ほか　1953　『対馬』（東方考古学叢刊乙種第六冊）　東亜考古学会
森浩一ほか　1973　「三重県わき塚古墳の調査」『古代学研究』66
森下章司ほか　1997　『行者塚古墳発掘調査概報』（加古川市文化財調査報告書15）　加古川市教育委員会
森田克行ほか　1993　『新池』（高槻市文化財調査報告書17）　高槻市教育委員会
柳田康雄ほか　1968　『炭焼古墳群』（福岡県文化財調査報告書37）　福岡県教育委員会
横山邦継・加藤良彦　2003　『吉武遺跡群　XV』（福岡市埋蔵文化財調査報告書775）　福岡市教育委員会
吉村正親ほか　1989　『堀切古墳群調査報告書』（田辺町埋蔵文化財調査報告書11）　田辺町教育委員会
吉本正典・戸高眞知子　1994　「妙見遺跡」『九州縦貫自動車道建設工事にともなう埋蔵文化財調査報告書』2　宮崎県教育委員会
和歌山県教育委員会　1984　『鳴神地区遺跡発掘調査報告書』
和歌山県文化財研究会　1973　『鳴滝古墳群緊急発掘調査現地説明会資料』

中世地下式坑の形態変遷について

大 森 隆 志

はじめに

　中世地下式坑の形態に関しては，千葉県松戸市・根木内城跡と小金城跡で発見された33の事例を用いて変遷案を示したことがある（大森 2002 a：181～191頁）。この案の提示後，根木内城跡第2地点での発掘調査で15の地下式坑が発見され事例数が増えたので，これを機会に再度形態変遷について考察してみたい。また，未報告資料ではあるが，小金城跡第2地点[1]の3例も加えて，検討してみたい。

　松戸市内の発掘調査で地下式坑は，2004年3月末現在で，小金城跡内で13箇所（馬屋敷遺跡[2]の6例，及び今回検討の対象に加えた未発表資料の3例を含む），根木内城跡（根木内遺跡を含む）[3]では41箇所[4]，殿平賀遺跡で1箇所，計55箇所報告されている。これらの特徴は，1例を除き，何れも中世城跡内，しかも，高城氏との関わりが強い城郭で発見された，という立地的・歴史的な共通点がある[5]。しかし一方で，形態的な面で相違するところもある。本稿ではこれらのことを筆者が2002年に示した視点（大森 2002 a：181～191頁）で再度分類し，地下式坑の変遷案を提示したい。

Ⅰ．小金城（跡）と根木内城（跡）について

　先ずはじめに，本稿でとりあげる小金城（跡）と根木内城（跡）の歴史的背景と立地について簡単に記しておく（年代についての詳細は「Ⅴ」参照）。

　小金城は，16世紀代に戦国武将の原氏，高城氏が本拠にしていた場所である。正確な築城年代は不明だが，文献資料によれば，原氏の小金城での定着が確実なのは16世紀初頭（1517年～1538年），高城氏は天文年間（1532年）以降である。天正18（1590）年，小田原の後北条氏の滅亡に伴い高城氏も滅亡し，城の歴史的役割も終了した。

　小金城跡の発掘は1962年が初めてで，2004年3月末現在で11地点で発掘調査が行われている。現況は城域の大部分が宅地開発されてしまったが，2箇所が保存されている（現状保存1箇所，史跡公園1箇所）。

　根木内城は高城氏が小金城居城前の本拠ではないかと伝えられているが，現在のところそれを裏づける史的根拠はない。ただし，出土遺物により15世紀後半～16世紀前半に使用されたものと推定されている。

　城跡（根木内遺跡を含む）の調査は1969年が初めてで，2004年3月末現在で16地点で発掘調

図1　遺跡の位置（①小金城跡　②根木内城跡・根木内遺跡）
(国土地理院発行の2万5千分の1地形図「松戸」・「流山」の一部を使用)

査が行われている。小金城跡と同様に大部分が宅地開発されているが，一部の地域は保存され史跡公園にされることになっている。

　城の立地は，両方とも千葉県北部地域に広がる下総台地の北西部に位置する（図1）。この下総台地のなかでも旧東葛飾郡に広がる台地は，東葛台地と呼ばれることもある。この東葛台地の西側は，中川低地から東側にのびる大小の谷によって樹枝状に刻み込まれている。小金城は中川低地を直接臨む台地上にあり，このような地形の特徴を生かして作られている。つまり，台地内に入り込んだ樹枝状の小さな谷を城の縄張りに利用していた。

　一方，根木内城は，中川低地に直接面せず，中川低地から大きく入り込む谷に舌状に突き出した台地の先端部に立地する。両城跡は距離で約1,600m離れている。

Ⅱ．地下式坑の形態変遷

　1970年代後半以降，地下式坑に関して注目される論考[6]が出てくるが，当時すでに，半田堅三は，地下式坑の形態の相違を時間差と見なしていたようである。半田は地下式坑の形態を網羅的に示すなかで（図2），「A」は基本形で，B・C・Dの順に地下式坑の各部位（竪坑の形態・羨門部の有無・羨道状部分の有無など）が簡易化・省略されるとした。しかし，それを裏づける事例は示されなかった[7]。

　一方，形態差と時間差を比較的明解に実例として示したのは簗瀬裕一である。簗瀬は千葉県千葉市・高品城跡で発見された地下式坑の形態差を時間差と見なした（簗瀬 1997：227〜228

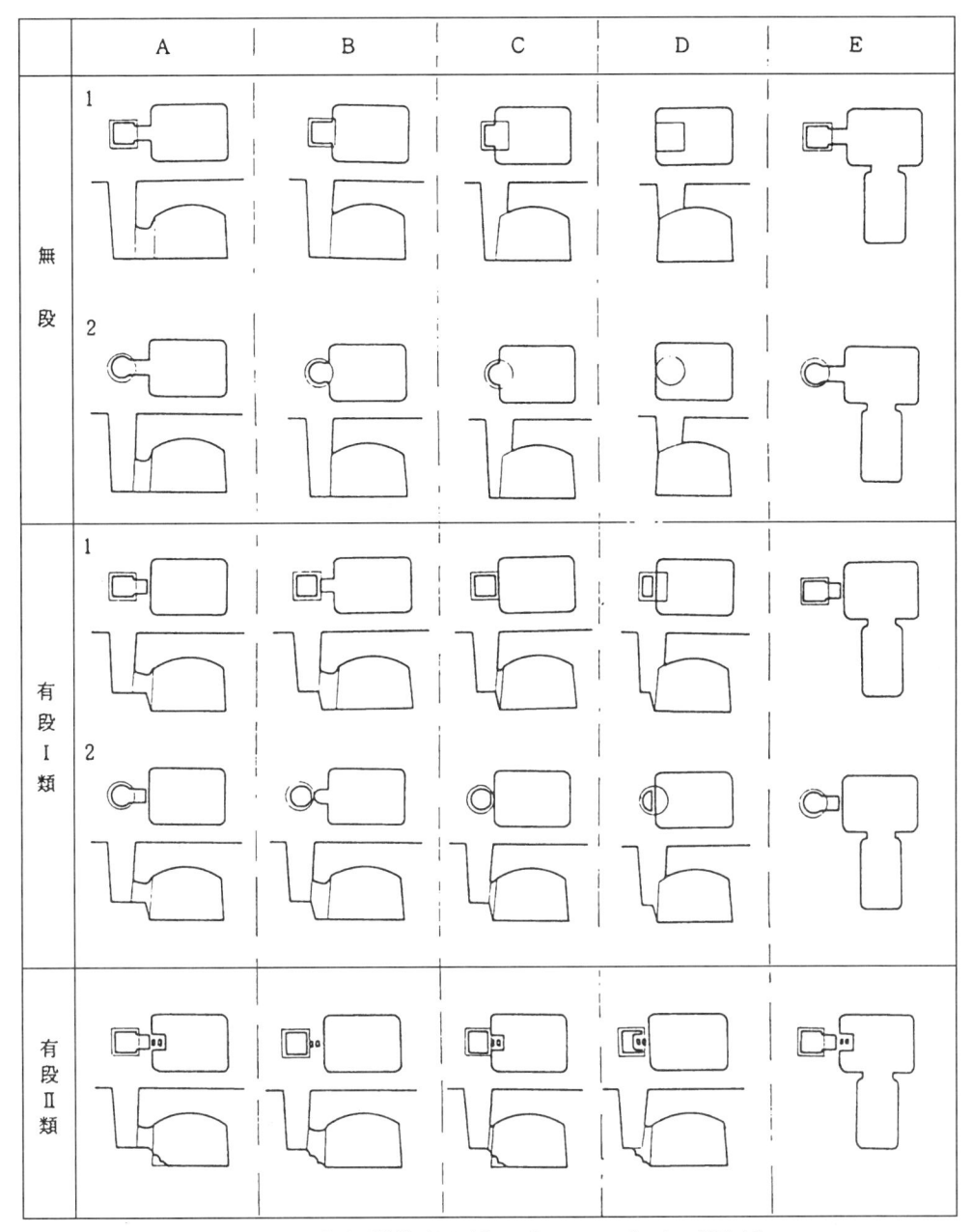

図2　地下式坑形態模式図（半田（1979：15頁）を一部改変）

頁）。簗瀬自身の表現にこだわらずに説明すると、高品城跡では2つの形態の地下式坑が発見され、各々を仮に①、②とすると、

①「竪坑と主室が完全に分かれており、竪坑は主室床面と同じくらいの深さまで掘られており、主室への入り口が横に開口し、これをくぐって主室に入るようになっている」形態（図3 −(1)・(2)）。

371

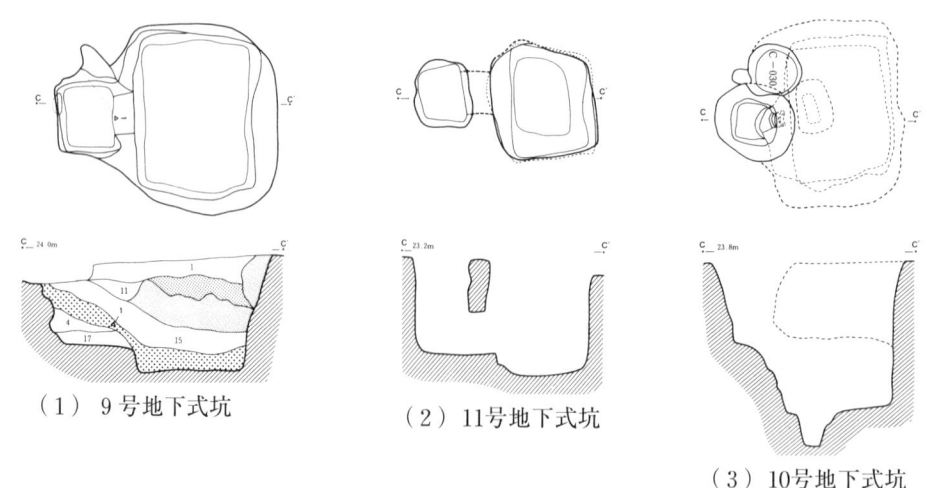

（1）9号地下式坑　　　　　（2）11号地下式坑
　　　　　　　　　　　　　　　　　　　　　　　　（3）10号地下式坑

図3　高品城跡地下式坑（S=1/160）

②「竪坑が主室の壁面沿いに設けられ，壁面には足をかける穴が掘られている。（中略）竪坑は主室の天井に開口するように掘られている」形態（図3-(3)）。

梁瀬はこの2つの形態の相違は時間的なものによると推定し，竪坑の作り方が簡略化され，①から②へと変遷した，と考えた。そして，時期については，他遺跡の類似資料との比較，出土遺物，高品城の普請で地下式坑が壊されていること等を考慮して，①は15世紀前半，②は15世紀後半とした。

筆者も以前，梁瀬の方法に準じて小金城跡と根木内城跡・根木内遺跡の地下式坑の分類を行なったところ，有意な結果が得られた（大森2002a：181〜191頁）。

以上のように，竪坑の作られ方に時間差があらわれるので，これを分類基準の一つにして再度，小金城跡，根木内城跡・根木内遺跡で発見された地下式坑の分類を行ない，それに基づく形態の変遷を考えてみたい。

Ⅲ．地下式坑の分類

小金城跡（馬屋敷遺跡も含む）発見の13，根木内城跡・根木内遺跡発見の36[8]，計49の地下式坑を対象とする。

地下室と竪坑或いは入口施設との位置関係を基準にして，A（A₁，A₂），B，C，の4形態に分類した（以下，各遺跡の地下式坑を次のように略記する場合あり。遺跡名，調査地点，遺構番号，の順に表記。例，小①-1〈小金城跡・第1地点・1号地下式坑〉。遺跡名の略は以下のとおり。小：小金城跡，馬：小金城跡（馬屋敷），城：根木内城跡，根：根木内遺跡。図5〜9も同様。）。

A₁形態

長方形又は方形の地下室を有し，一側辺に竪坑を設けたもの。竪坑の位置は地下室に接し，竪坑の坑口は部分的に地下室天井を穿って作られている。また，竪坑の底部は地下室床面より

も高い位置にある。天井が残存する地下式坑（図6：根④-7，図7：根④-8・11・12）でわかるように坑底は天井とほぼ同じところにある。

根木内城跡第2地点では，1〜5・7・10〜12・16号，根木内遺跡では，第2地点-1号，第3地点-1・2号，第4地点-4・5・7・8・10〜12号[9]，第5地点-2・3a・3b・6・7号，小金城跡では第2地点-1・2号，馬屋敷の2・5号，計29が該当する。

A₂形態

本来はA₁と同一形態であったが，竪坑の周囲が改変されたと思われるもの。そのため，スロープ状の入り口部が地下室床面に向かって作られている様に見えたり（図9：小④-1・2，図6：城②-8，図7：根④-1・9・14など），或いは，大きな坑口をもった竪坑を有する様に見えたりする（図8：根⑤-1・4など）。

根木内城跡第2地点では，6・8・15号，根木内遺跡では，第4地点-1・3・9・14号，第5地点-1・4・5号，第6地点1号，小金城跡では，第1地点-1・2号，第2地点-3号，第4地点-1・2号，計16が該当する。

ここで，いくつかの例をあげ，竪坑周囲が改変されたであろうこと，そしてそれが天井崩落前に行なわれたことを説明しておこう。

根木内遺跡第6地点1号（図8：根⑥-1）は改変状況を直接表す。当初の竪坑は楕円形の内側に「小さい円」で表わされた部分（スクリーントーンで強調）であったはずである（竪坑部分の断面復原はドットで示した）。

根木内遺跡第4地点3号（図7：根④-3）も竪坑周囲の改変が天井崩落前に行われたことを示す。図の下側が改変されているが，仮に左側が改変されたとすれば，図7の根④-9・14の様にスロープ状の入り口部の如く見えるだろう。

根木内遺跡第4地点14号（図7：根④-14）の土層断面図からは，改変された後に地下室が埋まっていったことがわかる。

A₂は本来はA₁と同形態であった，と先に述べた。そうならば，竪坑の底部は地下室天井とほぼ同じところにある筈である。

根木内遺跡第5地点1・5号（図8：根⑤-1・5），根木内遺跡第6地点1号（図8：根⑥-1）は天井が残っているので坑底の位置が分かり易い。では，天井が崩落した遺構ではどうだろうか。

根木内遺跡第4地点1号（図7：根④-1）の土層断面図から竪坑付近の天井が地下室底部から180cm位のところにあったと推定できる。そして，ほぼ同一の高さにあるステップ（▼で示した）は竪坑の底部であったと思われる。

根木内遺跡第4地点9号（図7：根④-9）では天井残存部から竪坑付近の天井高を推定すると，地下室底部から120〜150cm程度である。▼で示したところが坑底であったと思われる。第4地点14号（図7：根④-14）でも同様の方法で坑底であったところを▼で示した。

小金城跡第1地点2号（図8：小①-2），第4地点1・2号（図9：小④-1・2）では，

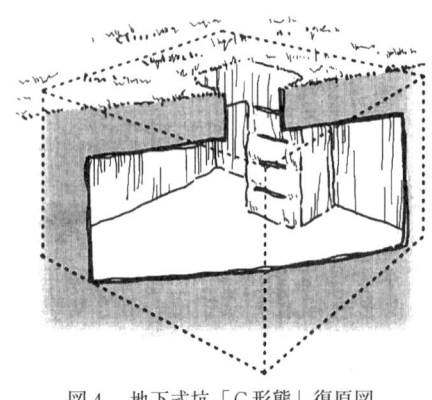

図4　地下式坑「C形態」復原図
（下川原由美氏作図）

残存していた天井と概ね同じ高さの所にある段が竪坑の底であったと思われる。

以上のことにより，A_2がA_1の竪坑周囲を天井崩落前に改変したものであることが理解できたと思う。

B形態

竪坑は地下室と一体となり（地下室から離れて穿たれるのではなく），且つ，竪坑の底と地下室床面との間に段差がない。故に，地下室天井が崩落してしまえば，竪坑の位置はわからない。半田堅三が分類した「無段D」と同じである（図2）。

小金城跡（馬屋敷）の1・3号（図9：馬-1・3）が該当する。但し，馬屋敷の場合は遺構断面図から判断すると，天井崩落によるハードロームに偏りがないので，地下室の長辺側に入り口部があった可能性がある。

C形態

概ね長方形又は台形の地下室を有する。竪坑はなく，一側辺に地下室への出入り用と思われる「張り出し部」があり，平面形が「凹」の字状になる。（復原図〈図4〉参照）小金城跡（馬屋敷）の4・6号（図9：馬-4・6）が該当する。6号には足かけのための抉れが2箇所あるが，4号にはない[10]。

以上のように，49の地下式坑が筆者が2002年に示した，A（A_1，A_2），B，C，の4形態（大森 2002a：181〜191頁）に分類できた。追加資料となった根木内城跡第2地点の13例は，A_1が10例，A_2が3例，小金城跡第2地点の3例は，A_1が2例，A_2が1例であった。地下室と竪坑或いは入口施設との位置関係を基準にした分類が有効な方法であることが再度確認で

表1　地下式坑形態別分類表

	地点	A_1	A_2	B	C
根木内遺跡	2	1			
	3	1,2			
	4	4,5,7,8,10,11,12	1,3,9,14		
	5	2,3a,3b,6,7	1,4,5		
	6		1		
根木内城跡	2	1,2,3,4,5,7,10,11,12,16	6,8,15		
小金城跡	1		1,2		
	2	1,2	3		
	4		1,2		
小金城跡（馬屋敷）		2,5		1,3	4,6

※「形態」の列の数字は各遺跡（地点）の地下式坑番号

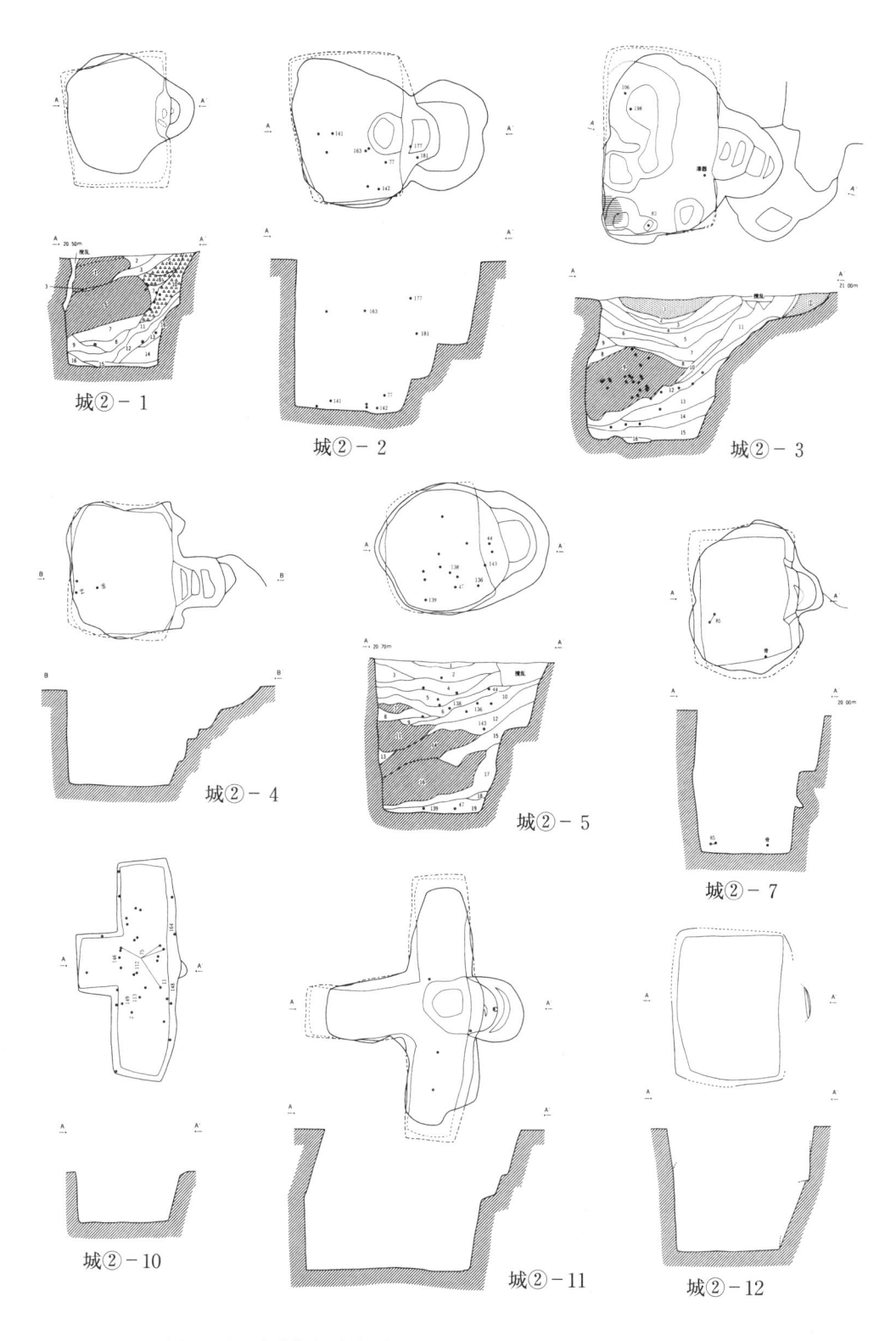

中世地下式坑の形態変遷について

図5　地下式坑集成（1）（S=1/120）※遺跡・遺構の表記は本文「Ⅲ」参照

図6　地下式坑集成（2）（S=1/120）

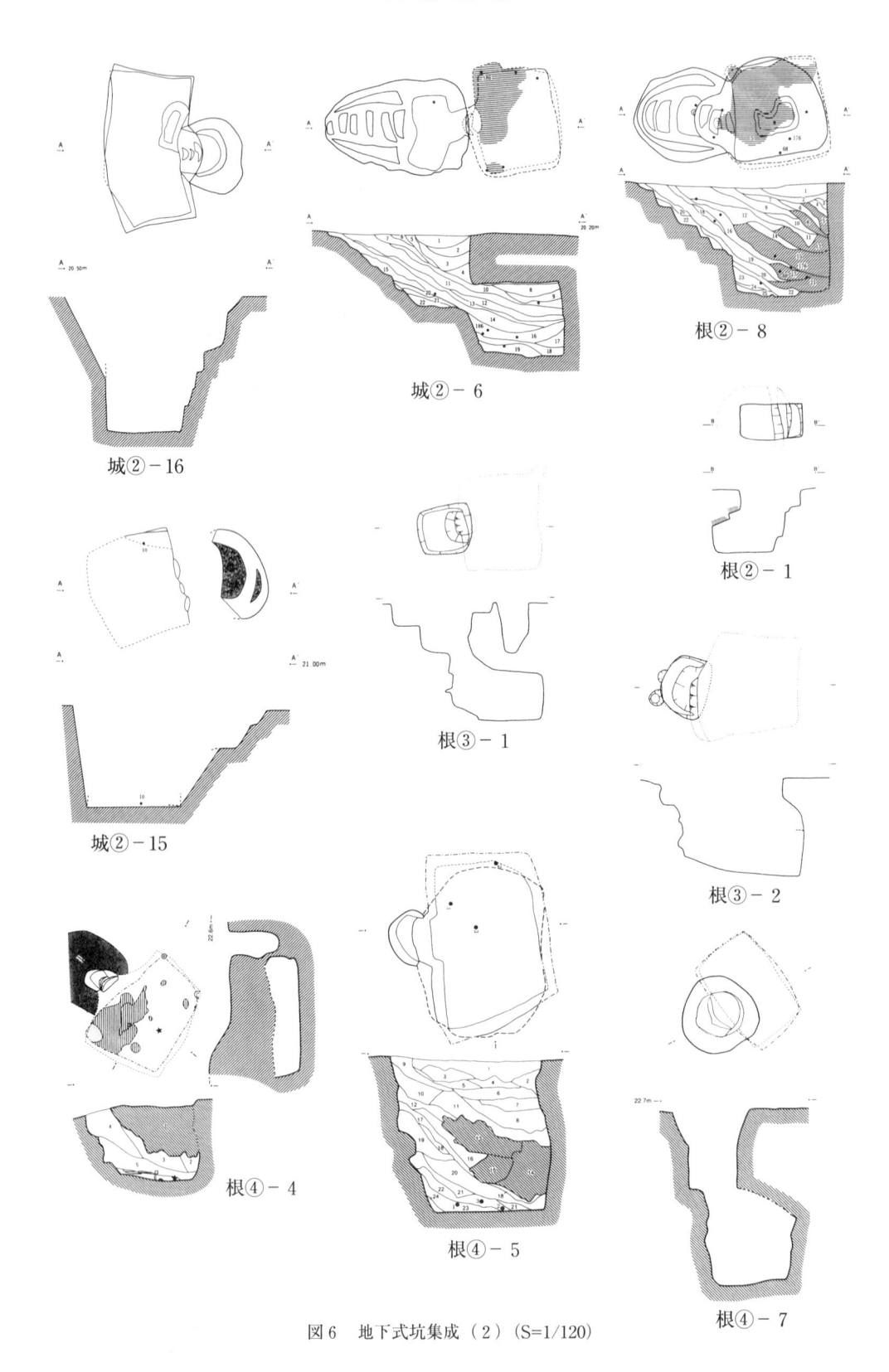

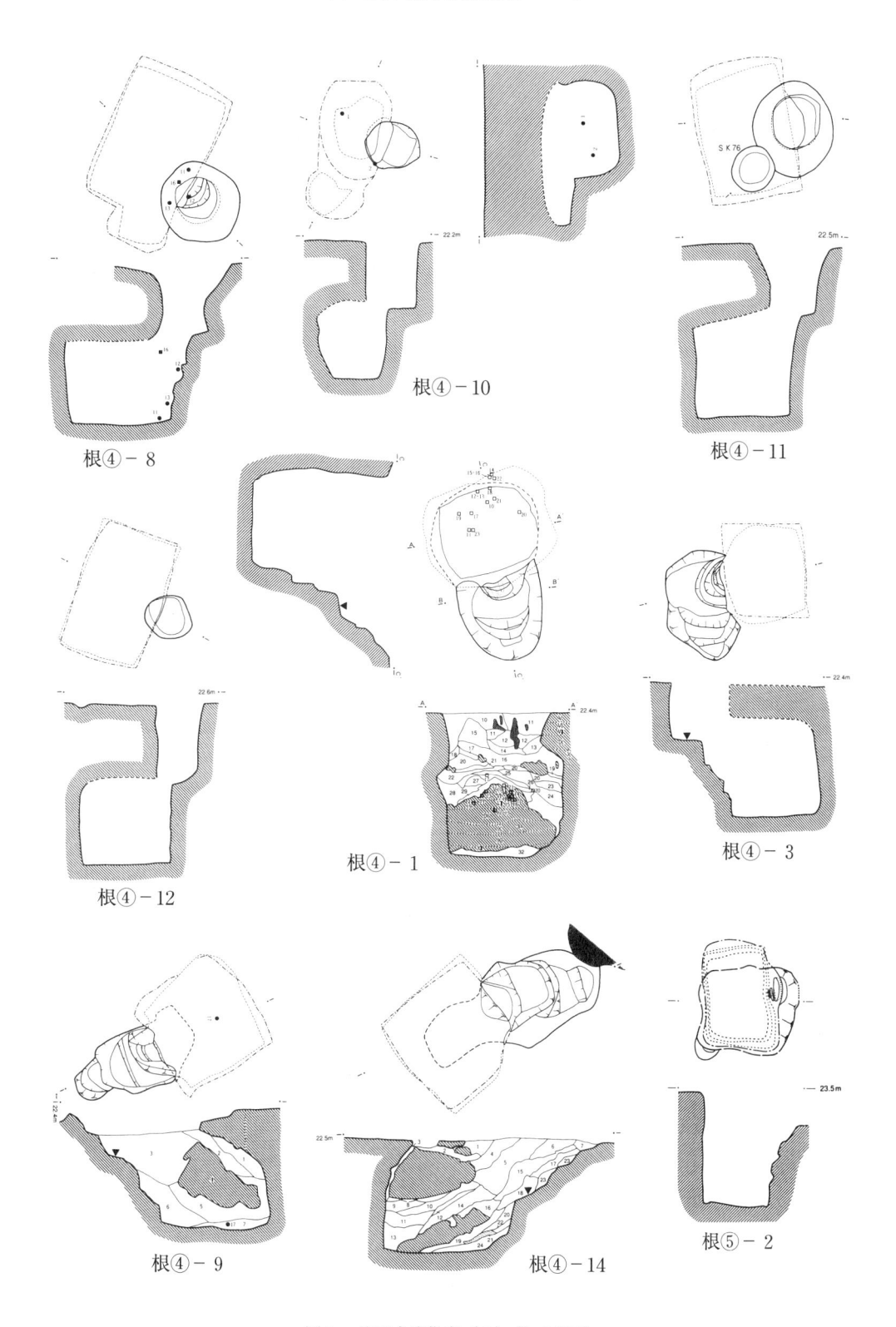

中世地下式坑の形態変遷について

図7 地下式坑集成（3）(S=1/120)

377

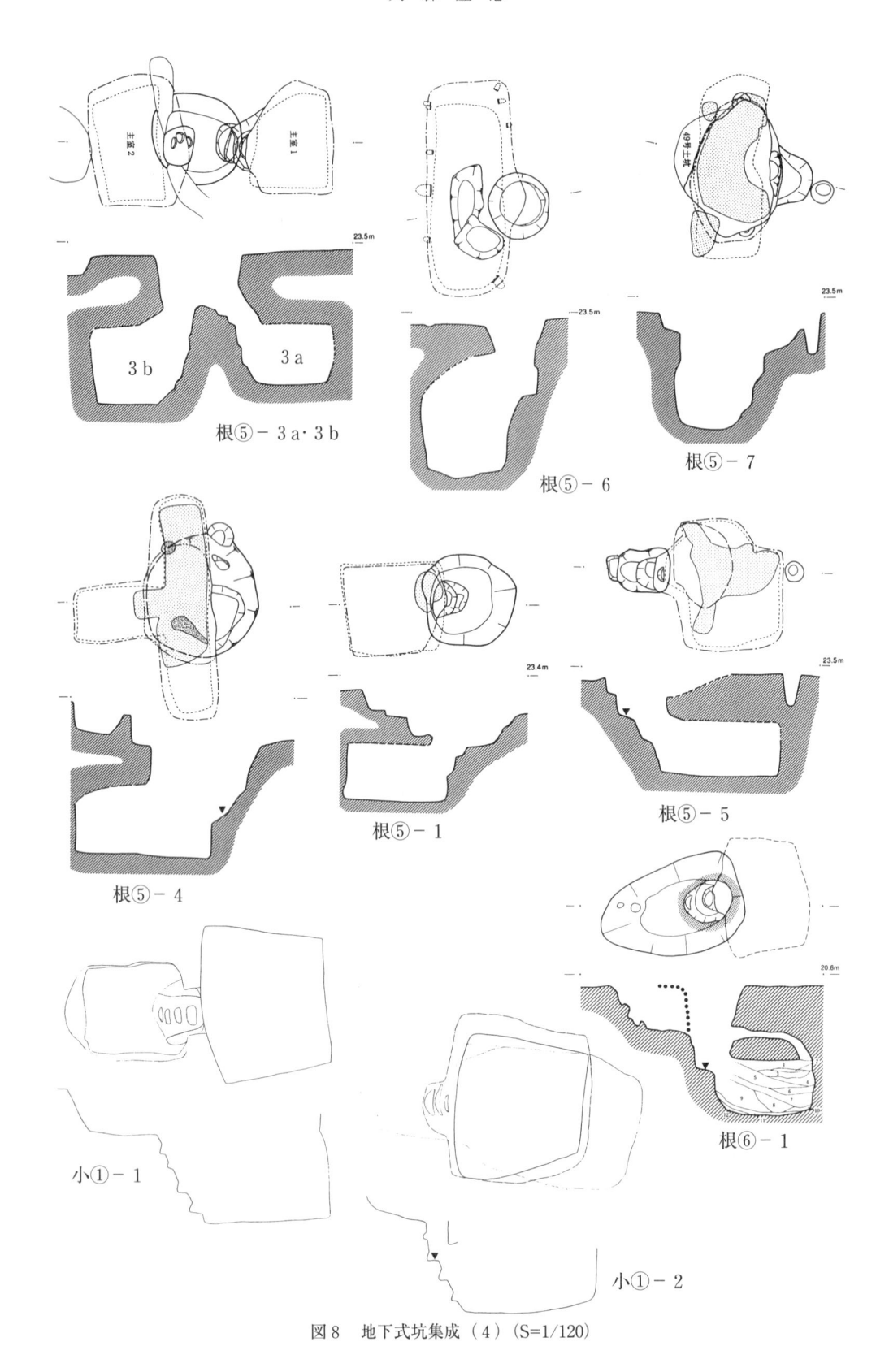

図8 地下式坑集成（4）（S=1/120）

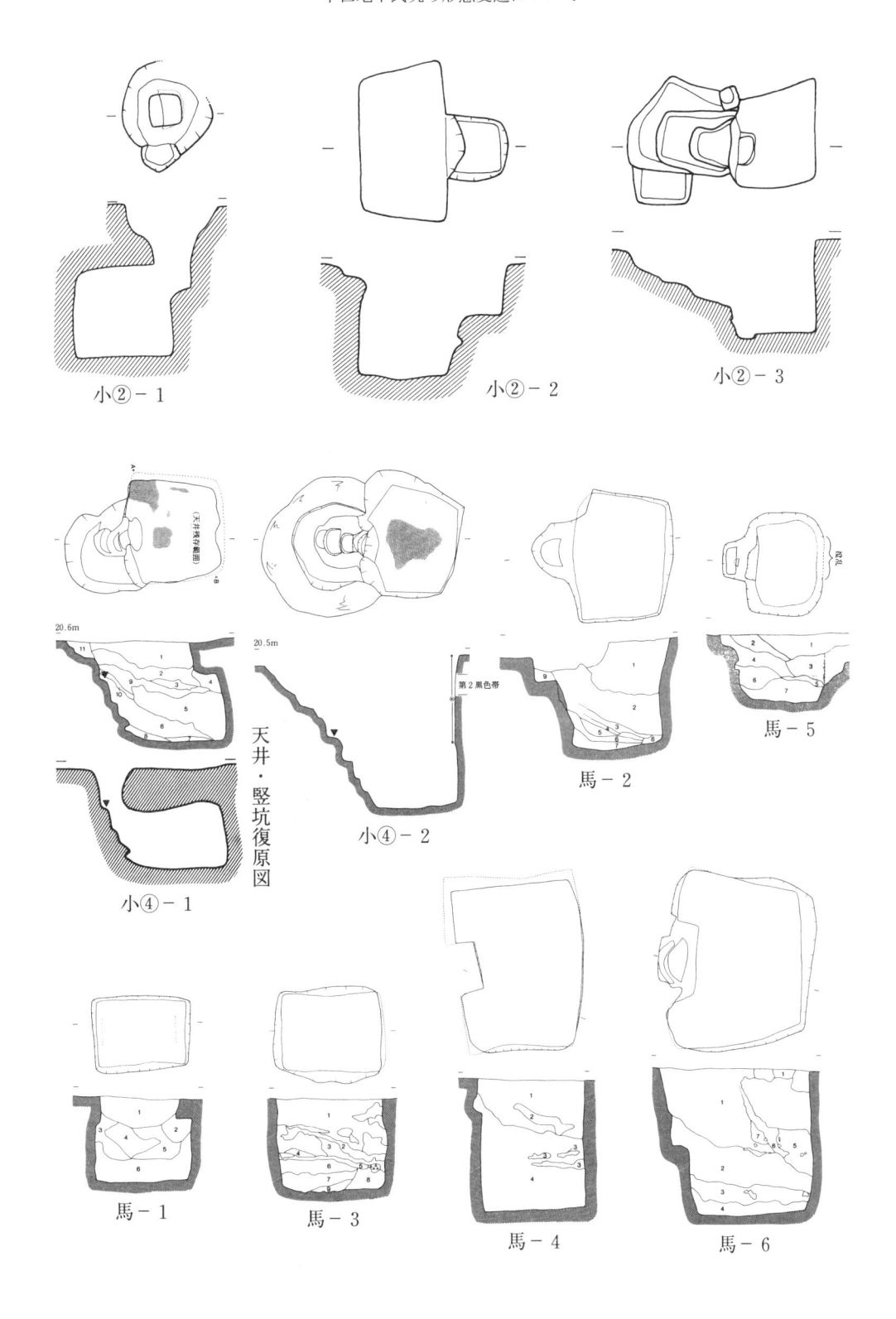

中世地下式坑の形態変遷について

図9　地下式坑集成（5）（S=1/120）

379

中馬場遺跡23号地下式坑

14号地下式坑

7号地下式坑　　9号地下式坑　　11号地下式坑

本村耕地1遺跡
（＊トーンで凹部を強調した）

前原遺跡
4号地下式坑

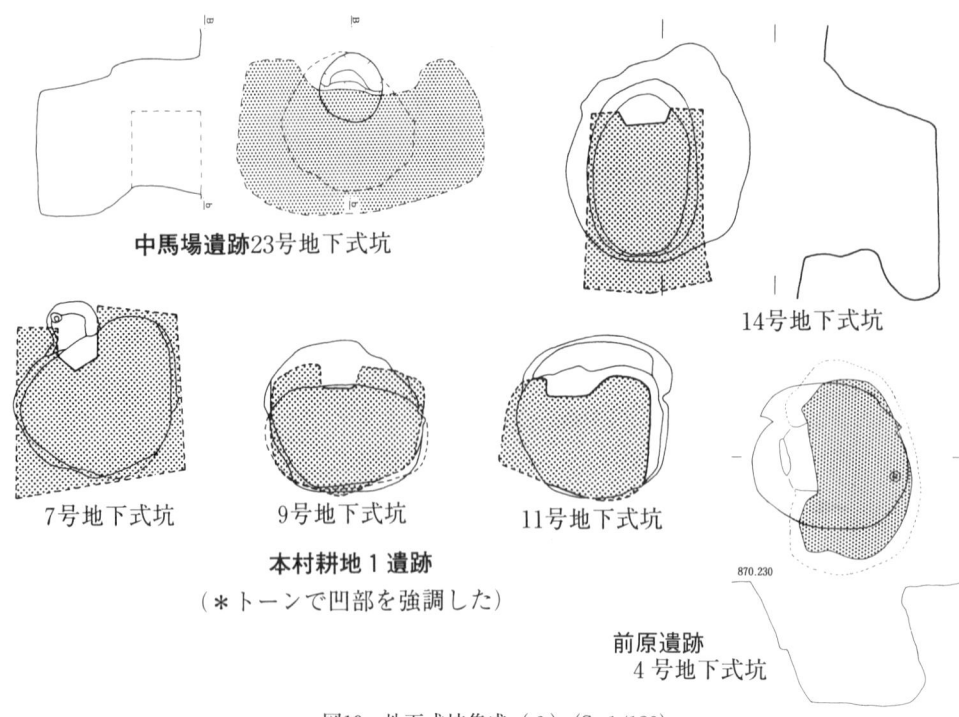

図10　地下式坑集成（6）（S=1/120）

きた。

　更にこの分類結果は，根木内城跡・根木内遺跡ではＡ形態，小金城跡ではＡ・Ｂ・Ｃ形態が発見される傾向（大森 2002 a：181～191頁）とも一致する。

Ⅳ．地下式坑の時期

　今回，分類の対象にした地下式坑の構築・使用時期を直接的に決定できる資料は残念ながら見当たらない。ただし，小金城跡（馬屋敷）について言えば，3号地下式坑の天井崩落後の窪みに捨てられた貝の中から16世紀代のカワラケが出土しているし，同貝層から採取した貝試料の炭素14年代測定をしたところ，暦年代がＡＤ1667～1815年，ＡＤ1516～1637年，であるので，中世末から近世初頭に天井が崩落したと言えそうだ。つまり，地下式坑の構築は中世末以前であったことは言える。

　また，根木内遺跡第4地点1号地下式坑の天井崩落で出来た窪み，及び天井崩落ロームの亀裂から銭貨が18枚発見された。その中には世高通宝（1461年初鋳・琉球）が含まれていたので，天井崩落は1461年以降であった事は言える。

　このように，個別の遺構の時期については情報が少ないが，遺構群として巨視的に見た場合はどうか。

　地下式坑の立地（発見パターン）の1つに城館跡で発見されることがよくあげられている。地下式坑の時期と城館が機能した時期が異なる場合もあるようだ。しかし，これまでに松戸市

で発見された55の地下式坑の内，54が小金城跡と根木内城跡（含む根木内遺跡）から発見されており，地下式坑と城郭との強い関連が認められる。加えて，城との時間差を表すような調査結果（城に関係する遺構との重複や城の普請の時に地下式坑を壊した等々）も今のところ無いので，城と概ね同じ時期の遺構であったと考えてよいと思う。

では，小金城と根木内城の年代はどう捉えることができるのか，以下でみていこう。

V．小金城と根木内城の年代

1．文献でみた小金城と根木内城の年代

小金城は16世紀代に戦国武将千葉氏の家臣である原氏，千葉氏一門の高城氏が本拠にした場所である。古文書の記録を総合すれば，原氏が小金城に居住した確実な年代は1517～1538年，高城氏は天文年間の1538～1548年の間に定着し，1590年まで居城した，といわれている（中山 1996：51～66頁)[11]。

1590年の小田原の役で北条氏が豊臣秀吉に降伏したのに伴い，北条方についた高城氏は小金城を去り，城としての小金城の歴史的役割は終わった。その後は，1592年まで徳川家康の息子で甲斐国の武田氏を継いだ武田信吉が「小金に」封ぜられたが，信吉が小金城を使用したか否かは今のところ不明である。

また，1600年の関ヶ原合戦直前の，家康勢による上杉攻めの途中で，里見氏が「小金」に陣取るが，この時の「小金」は小金城のことなのか，単に地名なのかも今のところ不明であるようだ（中山 1996：51～66頁）。

根木内城については，「高城家由来書」（近世成立）に依れば，高城氏は根木内城から小金城へと本拠を移したとされる。つまり，1538～1548年以前は根木内城に居住していて，根木内に高城氏，小金に原氏が居住していた時期が或る期間並行していたことになるが，この由来書は年代的或いは事実関係の不整合が目立つため，これだけをもって高城氏の「根木内城→小金城」等があったとはいえない（中山 1996：51～66頁）。

2．出土遺物からみた小金城と根木内城の年代

小金城跡（馬屋敷）で発見された在地土器（かわらけ・瓦質擂鉢等）と陶磁器を年代別に大まかにまとめたものが表2である。そして，小金城跡第1地点出土の陶磁器を再検討したところ表3のような結果であった[12]。先に記した文献からの城の年代と符合するのではないか。16世紀代を中心とする遺物が多く，また，近世の陶磁器も少なからず出土することは[13]，小金城跡第4地点でも認め

表2　小金城跡（馬屋敷）出土の在地土器・陶磁器
（大森　2002a：185頁の表を引用）

時　期	在地土器	国内産陶磁器	輸入磁器	計
14世紀			3	3
15世紀		11		11
15～16世紀	1	8	1	10
16世紀	20	31	1	52
16～17世紀	3	8	2	13
17世紀以降	1	41	4	46

表3 小金城跡第1地点出土の陶磁器
（大森 2002a：185頁の表を引用）

時　期	輸入磁器	国内産陶磁器	計
15世紀		1	1
15～16世紀	11	18	29
16世紀	32	23	55
16～17世紀	1	6	7
17世紀以降		63	63

られる。

根木内城跡第2地点では出土遺物が「大枠で見て1500年をはさんだ前後数十年が主体」（中野 2004：64頁35行）と把握されており，また，根木内遺跡第4地点でも中世の出土遺物群を総合的に判断して「概ね15世紀後半から16世紀前半の年代」としている（峰村 1997：215頁17行）。

出土遺物の中で，根木内城跡と小金城跡の年代について示唆するものがある。それは，鉄砲の弾である。根木内城跡・根木内遺跡では出土せず，小金城跡では出土している。鉄砲の伝来は，1543年とされているが，松戸に鉄砲がもたらされた時すでに，根木内城は使用されていなかったため出土しないのか，或いは，鉄砲玉が出ないところだけを今まで調査してきたためのか，判断に苦慮する。しかし，2つの遺跡における鉄砲玉の有無は，既に記した両遺跡の年代と整合する。

以上のことより，根木内城の使用は今のところ，15世紀後半から16世紀前半となり，16世紀代においては小金城と併存していた期間があった，と言えそうである。

3．小金城と根木内城の年代

1，2で述べたことをまとめると以下のようになる。

①小金城の文献上での確実な使用年代は，1517～1538年（原氏），天文年間（限定すると1538～1548年頃）～1590年（高城氏）。

②小金城は1590年以降1600年までに短期間，或いは臨時的に使用された可能性がある。

③小金城跡（馬屋敷），小金城跡第1・4地点出土遺物の年代と①の年代はほぼ一致する。

④根木内城の使用年代は15世紀後半から16世紀前半。

⑤根木内城と小金城は一時併存していた。

Ⅵ．地下式坑の時期と形態変遷

「Ⅳ」と「Ⅴ」での記述を踏まえると，根木内城跡・根木内遺跡発見の地下式坑の時期は，15世紀後半～16世紀前半，小金城跡発見の地下式坑は16世紀初頭～16世紀末と考えられる。

そして，根木内城と小金城が一時併存していたこと，地下式坑「A」は両遺跡で発見されるが，B・Cは小金城跡でのみ発見されていることを考え合わせると，地下式坑の先後関係は「A」→「B・C」となり，それぞれの時期は以下のようになるだろう。

①地下式坑「A」は15世紀後半～16世紀前半

②地下式坑「B・C」は16世紀中頃～16世紀末

そして，地下式坑の形態は，A→Bと竪坑の作り方が簡略化されていくことがわかる。

更に，今回得られた変遷結果と簗瀬が千葉市・高品城跡の地下式坑の先後関係を推定した結

果を合わせると，以下のような地下式坑の変遷が考えられる。

　第1段階　～15世紀前半　竪坑と地下室は完全に分かれていて，これらは短いトンネルで繋がっている。高品城跡の9・11号地下式坑（図3）が該当する。

　第2段階　15世紀後半～16世紀前半　竪坑が地下室に接し，且つ，坑口は部分的に地下室天井を穿って作られる。今回分類の「A」及び，高品城跡の10号地下式坑（図3）が該当する。

　第3段階　16世紀中頃～16世紀末　竪坑と地下室が一体となる。今回分類の「B」が該当する。

　以上の結果は僅か3遺跡（群）の事例を結びつけて導いたものであり，今後，更に多くの遺跡の事例で検討してみる必要がある。

　また，3段階の変遷案の提示は，単に，我々が「地下式坑」と呼んでいる遺構の形が時間的に変化していく様を明らかにしようとしただけであって，変化をもたらした人間行動や変化がもたらせた社会を復原するまでには力が及ばなかった。しかし，筆者は地下式坑に対する人間行動－特に使われ方＝用途－については，しばしば議論される墓或いは墓関連施設説や倉庫説といった，単一で固定的な考えをとらない。本稿で示したように，概ね300年間で3段階の形態変遷をする地下式坑が終始同一目的のために使用されたと一面的に考えるよりも，多面的に考えても良いと思っている。

　尚，「C」については，竪坑の作られ方が簡略化され地下室と一体となっていく，というA→Bのような変遷過程で解釈可能か否か検討の余地がある。A，Bとは別系統の地下式坑であり，他の解釈を用意しなければならないかもしれない。現在のところ，筆者の知る限りでは，千葉県内では柏市・中馬場遺跡23号地下式坑だけであり，その他では，山梨県北杜市・本村耕地1遺跡（旧北巨摩郡白州町所在）で数例[14]，若干変形しているが，前原遺跡（旧北巨摩郡高根町所在）で1例発掘されている（図10）。今後も，更なる類例調査をすすめ疑問点の解決に努めていくつもりである。

付　記

　前田潮先生は松戸市における埋蔵文化財調査の黎明期（1960年代）から今日に至るまで，学生時代は調査員として，そして教鞭をとられてからは，調査指導者として市内の多く遺跡の調査に関わりをもたれてきた。その中には，出土遺物が国の重要文化財に指定された幸田貝塚，子和清水貝塚，貝の花貝塚など考古学史上に名を残す遺跡も含まれる。

　本稿でとりあげた，松戸市・小金城跡は，前田先生が東京教育大学の学生時代に試掘調査から本調査（1962年）に至るまで，更には，第2次調査（1964年）にも参加された遺跡である。本稿の内容は本書のタイトル，『海と考古学』とは直接関連しないが，先生に縁のある遺跡の資料を用いた，ということで御寛容願いたい。

　末尾にはなりましたが，この度，定年退官をむかえられた先生が，ますます御壮健で，御研究を続けられることを祈念する次第である。

註

1）1987年調査。松戸市教育委員会の資料提供による。
2）小金城跡の範囲は広大で約248,500㎡あり，この範囲内には城跡内にありながら遺跡台帳では別称されている地域（遺跡）が3箇所ある。「馬屋敷（ばやしき）遺跡」もその中の一つである。1995～96年の発掘調査では，小金城に伴う，堀・堀立柱建物跡・地下式坑等が発見された（松戸市遺跡調査会2002）。本稿では，文脈によって「小金城跡（馬屋敷）」，或は「馬屋敷」等と記す。しかし，小金城全体について言及する場合，「小金城跡」には「馬屋敷遺跡」も含める。
3）以前は，根木内遺跡と根木内城跡とは別遺跡とされていた。しかし，近年の調査で根木内遺跡から城に伴う大規模な堀が発見されたことにより，根木内遺跡で発見される中世の遺構・遺物は城跡に伴うものと考えられている。本稿での両遺跡の呼称は報告書どおりとする。
4）根木内遺跡第5地点3号地下式坑（図8）は，地下室を2つ有するものと報告されているが，ここでは「1つの竪坑を共有する2つの地下式坑」と理解し，「主室1」を3a号，「主室2」を3b号とする。また，根木内城跡第2地点の6号地下式坑と9号地下式坑は地下室の改変や再使用が指摘されているが，ここでは便宜的にそれぞれ1つの遺構として数える。
5）殿平賀遺跡と小金城跡との間には中川低地から入る小さな谷がある。2遺跡間の距離は約150mあり，中世において小金城と無関係というわけではないだろう。
6）中田英（中田1977：71～103頁），半田堅三（半田1979：1～28頁），江崎武（江崎1985：593～616頁）など
7）半田は寧ろ地下式坑の用途に力点をおいている。
8）小金城跡は報告されている第1・4地点及び馬屋敷の10例と第2地点（未報告）の3例を分類対象とした。また，根木内城跡・根木内遺跡では41箇所発見されているが，その内4箇所（根木内遺跡第4地点2・6・13号，根木内城跡第2地点13号）は未発掘，未完掘で形態が不明確なため対象外とし，1箇所（根木内城跡第2地点9号）は報告書の図から形態が判別できず，これも対象外とした。
9）10号は未完成の地下式坑である可能性がある（大森2002b：69～72頁）。
10）「張り出し部」には目立った損傷がないので，未使用の地下式坑であった可能性がある。
11）小金城の年代に関しては，築造開始が1530年で1537年には城郭が完成した旨の記述が小金城跡第1地点発掘調査報告書である『大谷口』の中の幾つかの部分でみられる（松戸市教育委員会1970）。この年代は『八木原文書』（江戸時代）に基づくものであるが，史料調査が進み，地方史研究が進展し，かつまた，考古資料が蓄積された現状では本文中に示した年代が妥当と思われている。
12）対象とした陶磁器の数は187点。この内の中・近世の陶磁器の数の内訳である。出光美術館学芸員・荒川正明氏による。
13）近世の陶磁器が多いのは，近世になって，小金城の地に何らかの施設が置かれた結果である可能性が指摘されている（桃崎2002：151～174頁）
14）杉本充氏（北杜市教育委員会）より未発表資料を提供していただいた。

引用文献

江崎　武　1985　「中世地下式壙の研究」　滝口　宏編『古代探叢Ⅱ』早稲田大学出版部　593～616頁
大森隆志　2002a　「第13章　中世地下式坑について－小金城跡と根木内城跡で発見された事例をもとに－」松戸市遺跡調査会編『馬屋敷－馬屋敷遺跡の調査研究－』松戸市遺跡調査会　181～191頁

	2002b	「未完成地下式坑」　松戸市立博物館編『松戸市立博物館紀要』第9号　松戸市立博物館　69～72頁
中田　英	1977	「地下式壙研究の現状について」『神奈川考古』第2号　神奈川考古同人会　71～103頁
中野修秀	2004	「第5章　成果と課題」　松戸市遺跡調査会編『千葉県松戸市　根木内城跡－第2地点発掘調査報告書－』松戸市遺跡調査会　64～65頁
中山文人	1996	「小金城主高城氏－その歴史舞台への登場から終焉まで－」松戸市立博物館編『小金城主高城氏』松戸市立博物館　51～66頁
半田堅三	1979	「本邦地下式壙の類型学的研究」『伊知波良』2　伊知波良刊行会　1～28頁
松戸市遺跡調査会	2002	『馬屋敷－馬屋敷遺跡の調査研究－』
松戸市教育委員会	1970	『大谷口』
峰村　篤	1997	「(3)年代について」松戸市教育委員会・松戸市遺跡調査会編『根木内遺跡－第4地点発掘調査報告書－』松戸市教育委員会・松戸市遺跡調査会　215頁
桃﨑祐輔	2002	「第12章　松戸市小金城出土土器・陶磁器の変遷とその意義」松戸市遺跡調査会編『馬屋敷－馬屋敷遺跡の調査研究－』松戸市遺跡調査会　151～174頁
簗瀬裕一	1997	「1．地下式壙について」千葉市文化財調査協会編『千葉市高品城跡Ⅰ』千葉市文化財調査協会　227～228頁

地下式坑集成図出典

小金城跡第1地点：松戸市教育委員会編　1970　『大谷口－松戸市大谷口小金城跡発掘調査報告－』
　　　第2地点：未報告　松戸市教育委員会提供
　　　第4地点：松戸市遺跡調査会編　1997　『千葉県松戸市　小金城跡（第4地点）』
　　　馬屋敷：松戸市遺跡調査会編　2002　『馬屋敷－馬屋敷遺跡の調査研究－』
根木内城跡第2地点：松戸市遺跡調査会編　2004　『千葉県松戸市　根木内城跡－第2地点発掘調査報告書－』
根木内遺跡第2地点：松戸市教育委員会編　1984　『中峠遺跡・根木内遺跡』
　　　第3地点：松戸市教育委員会編　1992　『平成3年度松戸市内遺跡発掘調査概報』
　　　第4地点：松戸市教育委員会・松戸市遺跡調査会編　1997　『根木内遺跡－第4地点発掘調査報告書－』
　　　第5地点：松戸市教育委員会編　1997　『平成7年度松戸市内遺跡発掘調査報告』
　　　第6地点：松戸市教育委員会編　1998　『平成8年度松戸市内遺跡発掘調査報告書』
中馬場遺跡：柏市教育委員会編　1999　『中馬場遺跡　第4次』
本村耕地1遺跡：杉本充氏（山梨県北杜市教育委員会）提供
前原遺跡：高根町教育委員会編　1997　『前原遺跡』

ISSN 1346-5929

海と考古学

第7号

目　次

マルタにおける臨海環境のもたらす石造文化財への影響について
　　－巨石神殿遺跡ハジャール・イムを中心に－…………谷口　陽子　1

利尻島沼浦海水浴場遺跡発掘調査報告………山谷　文人・内山　幸子　15

サハリン南部ハザールスコエ遺跡について………………木山　克彦　35

房総九十九里海岸で採集した貝類について
　　………………清水　研志・落合　千鶴・原木　夕子　45

海交史研究会
2004.4

生活復原資料としての鳥類遺体の研究
― カモ亜科遺体の同定とその考古学的意義 ―

江 田 真 毅

はじめに

　遺跡から出土した動物遺体を分析することで最初に明らかになることは，「その遺跡を利用していた人々がどんな動物を利用していたか？」である。しかし，動物遺体の分析からもたらされる情報はそれだけに留まらない（松井 1983，Parmalee 1985，西本 1991など）。利用されていた動物が家畜であれば，その系統を追うことから他の遺跡や文化，地域との関係性，交易の有無の推定などが可能となる（たとえば内山・松村 1997，Watanobe et al. 2001など）。一方，野生動物の場合には，生態が現在と変わらないことを前提にすると，遺跡形成者の生業範囲や狩猟・漁撈の技術，遺跡の形成時季，他の地域との交易の有無，遺跡周辺の自然環境などの推定が可能となる（松井 1983，西本 1991）。例えば，現在深海に主に生息し産卵期にのみ水深100m以浅の岩礁域にあがってくるイシナギ属の骨が縄文時代前期の羽根尾遺跡から出土したことは，当時の人々が深海の魚を獲得する技術をもっていたことを示唆する（樋泉ら 2003）。オホーツク文化期の香深井A遺跡から出土した歯の季節輪の分析からは，遺跡形成者がオットセイを冬季から春季に，ヒグマを主に春季に狩猟したことが明らかになった（大井ら 1980，1981）。また，北海道礼文島の浜中2遺跡から出土したタカラガイやヒグマの遺体は，現在のこれらの種の分布範囲や地理的遺伝構造と組合せることで，遺跡形成者と北海道本土やさらに南の地域の人々との交易のあったことを想定させた（忍澤 2001，Masuda et al. 2001）。これらの動物遺体が持つ過去の人々の生活復原資料としての情報は相加的なものである。そのため，遺跡形成者の生活のより詳細な解明のためには，より多くの資料に基づいた議論が必要である。

　これまで，日本の動物考古学では，哺乳類や魚類，貝類が精力的に研究されてきたが，ニワトリに着目したいくつかの研究以外（たとえば，西本 1993，坂平・新美 2003など），鳥類については報告書の記載に留まり，あまり研究されてこなかった（金子 1969aや新美 1994も参照）。この傾向はかつて欧米においても同様であった（Dawson 1969，Parmalee 1985）。Dawson（1969）は，その理由として，鳥類遺体の出土量が哺乳類や魚類，貝類に比べ少ないこと，同定に必要な骨格標本の数が多いこと，種間の形態差が少なく同定が困難なことの3点を指摘している。これらの理由は，日本で鳥類遺体がほとんど研究対象とされてこなかったことを説明するのにも有効であろう。しかし，これは過去の人類の生活を復原する資料としての

鳥類遺体の重要性が低いことを意味するものではない。貝類や魚類，哺乳類に比べて各遺跡からの出土量は少ないものの，日本全国の縄文時代の700遺跡を集成した山崎（1998）によれば，鳥類の骨はそのうち305遺跡（43%）から出土している。また，Dawson（1969）も指摘している同定上の問題から，骨は出土しているものの記載されない可能性も想定され，実際に鳥類遺体が出土している遺跡数はさらに多いと考えられる。遺跡出土動物遺体による過去の人類の生活復原の相加的な性質を考慮すると，日本の様々な環境に現在540種以上が生息する（日本鳥類目録編集委員会 2000）鳥類の遺体の分析は，遺跡形成者の生活を復原する新たな知見を提供する可能性が極めて高い。

カモ類（カモ亜科）は，ウ類やキジ類と並んで遺跡からもっとも多く骨が出土する鳥類である（新美 1994）。同時に，日本に生息する種数が非常に多い分類群でもある。日本鳥類目録編集委員会（2000）によれば，現在，12属38種が日本に分布する。さらに，カモ類の生態は非常に多様である。例えば季節移動についてみると，北陸地方の場合，オナガガモ（*Anas acuta*）やヒドリガモ（*A. penelope*），スズガモ（*Aythya marila*）やキンクロハジロ（*A. fuligula*）は冬季にのみこの地域を訪れるのに対し，カルガモ（*Anas poecilorhyncha*）やオシドリ（*Aix galericulata*）は夏季にもこの地域に留まり，繁殖する（日本鳥類目録編集委員会 2000，表1）。また，採食域についてみると，上記の種が淡水域と汽水域で主に採食するのに対し，クロガモ（*Melanitta nigra*）やビロードキンクロ（*M. fusca*）などは主に海洋で採食する（日本鳥類目録編集委員会 2000）。各遺跡からカモ類のどの種が出土しているかを明らかにすることから，遺跡を形成した人々の狩猟の季節性や，海洋，あるいは淡水域や汽水域での狩猟を推定できると期待される。

これまで多くの場合出土したカモ類の骨は，ハクチョウ類やガン類とともにカモ科（Anatidae）として，カモ亜科（Anatinae）として，あるいはカモ亜科の中での大きさごとに分けて（例えば，松井ら 1994，西本・江田 1997など）報告されてきた。カモ亜科の遺体を大きさで分けて報告することは，最小個体数の推定や遺跡形成者が利用していた種の多様性を示すうえで重要である。一方で，季節移動や採食域と体の大きさには関係性が認められないため，カモ亜科の遺体から遺跡形成者の生活に関する情報を抽出するためには，より低次の分類群での同定が望ましい。

このようなコンテクストの中で，直良信夫氏，金子浩昌氏，小野慶一氏の三氏が種あるいは属を単位としてカモ亜科の骨を同定していることは注目に値する。例えば，直良氏は，朝日トコロ遺跡でマガモとコガモを（直良 1953），堀松貝塚でカルガモ（*Anas poecilorhyncha zonorhyncha* Swin.）を（直良 1955）検出している[1]。また，金子（1969a）はカモ類の遺体を再検討し，スズガモ（*Aythya marila mariloides*），ビロードキンクロ（*M. f. stejnegeri*），クロガモ（*M. n. Americana*），ホオジロガモ（*Bucephala clangula clangula*）?，カワアイサ（*Mergus merganser orientalis*）の5種（「あるいは大体この系統の種類」）が以前に出土していたことを指摘し，さらに，南境貝塚でビロードキンクロ（*Melanitta fusca*（Linnaeus））とク

表1 カモ亜科各種の日本各地での分布と生息状況,および小論で利用した標本数

属名	種名	学名	地域 北海道 東北 関東 中部 北陸 近畿 中国 四国 九州 沖縄	試料 MU NM YI KP EP 計
ツクシガモ属	アカツクシガモ	Tadorna ferruginea	──AV──	11 1 12
	ツクシガモ	T. tadorna	──IV── ──WV── ─IV─	8 1 9
	カンムリツクシガモ	T. cristata	←AV→	
マガモ属	マガモ	Anas platyrhynchos	RB,PV─── ──RB,WV── ──WV──	8 2 10
	カルガモ	A. poecilorhyncha	←MB── ──RB── ──WV,RB	2 4 1 7
	コガモ	A. crecca	PV,RB─── ──WV,RB── ──WV──	13 1 1 3 1 19
	トモエガモ	A. formosa	──IV── ──WV── ─IV─	1 1
	ヨシガモ	A. falcata	←PV,MB── ──WV──	4 2 1 7
	オカヨシガモ	A. strepera	PV,MB←WV─→WV,MB ──WV── ─IV─	11 1 2 14
	ヒドリガモ	A. penelope	PV,WW─── ──WV──	11 1 12
	アメリカヒドリ	A. americana	──IV──	1 1
	オナガガモ	A. acuta	←PV── ──WV──	7 6 3 1 17
	シマアジ	A. querquedula	MB,PV─── ──PV,WV	10 10
	ハシビロガモ	A. clypeata	←PV── ──WV──	11 1 1 1 14
アカハシハジロ属	アカハシハジロ	Netta rufina	←AV── ──AV── ──AV── ──AV──	12 12
	ベニハシガモ	N. peposaka		7 7
スズガモ属	ホシハジロ	Aythya ferina	PV,MB─── ──WV── ─IV─	15 2 17
	アメリカホシハジロ	A. americana	──AV──	
	オオホシハジロ	A. valisineria	←AV── ──AV──	
	クビワキンクロ	A. collaris	←AV──	
	メジロガモ	A. nyroca	←AV── ──AV──	8 8
	アカハジロ	A. baeri	──IV──	
	キンクロハジロ	A. fuligula	←MB,PV── ──WV──	12 1 1 2 16
	スズガモ	A. marila	←PV,WV── ──WV──	9 1 57 2 2 71
	コスズガモ	A. affinis	←AV── ──AV──	
オシドリ属	オシドリ	Aix galericulata	←MB── ──WV RB──	4 3 1 6 14
コケワタガモ属	コケワタガモ	Polysticta stelleri	←WV,IV──	
ケワタガモ属	ケワタガモ	Somateria spectabilis	←AV→	1 1 2
	ホンケワタガモ	S. mollissima		10 10
	メガネケワタガモ	S. fischeri		2 2
ビロードキンクロ属	クロガモ	Melanitta nigra	──WV──	12 12
	ビロードキンクロ	M. fusca	──WV──	11 11
	アラナミキンクロ	M. perspicillata	←AV──	
シノリガモ属	シノリガモ	Histrionicus histrionicus	←WV,RB── ──WV──	1 1
コオリガモ属	コオリガモ	Clangula hyemalis	←WV── ←WV,IV─ ─IV─ ─IV─	12 12
ホオジロガモ属	ホオジロガモ	Bucephala clangula	──WV── ─IV─	12 1 13
	ヒメハジロ	B. albeola	←AV── ──AV── ──AV──	4 4
	キタホオジロガモ	B. islandica		1 1
アイサ属	ミコアイサ	Mergus albellus	PV,MB─── ──WV── ─IV─	9 9
	ウミアイサ	M. serrator	──WV── ─IV─	12 12
	コウライアイサ	M. squamatus		
	カワアイサ	M. merganser	RB,PV─── ──WV── ──WV IV── ─IV─	13 13

分布と生息状況の記号は,RB:周年生息,MB:飛来して繁殖,WV:冬季に飛来,PV:渡りの途中に通過,IV:不定期に飛来(irregular visitor),AV:偶発的に飛来(accidental visitor)を示す.分布と生息状況の記載がない種は日本産鳥類として登録されていない種を示す.試料の所蔵機関および所有者の記号は,MU:ミュンヘン人類学・古解剖学コレクション,NM:国立科学博物館・地学研究部,YI:山階鳥類研究所,KP:川上和人氏,EP:筆者を示す.分布と生息状況の記載および学名とその配列順は日本鳥類目録編集委員会(2000)に従った.

ロガモ(*Melanita nigra* Linnaeus)を(金子 1969b),貝鳥貝塚でマガモ類似種(*Anas* sp. a),コガモ類似種(*A.* sp. b),ヨシガモ類似種(*A.* sp. c),トモエガモ類似種(*A.* sp. d),ホシハジロ類似種(*Aythya*. sp.),カワアイサ(*Mergus merganser orientalis* Gould)を(金子 1971),西広貝塚でコガモ(*Anas crecca*),カモ類・ビロードキンクロ類(*Melanitta* sp.),カモ類(*Anas* sp.)を同定している(金子 1977).一方,小野氏は,帝釈観音堂遺跡でスズガモ(*Aythya* sp.)とコガモ(*Anas* sp.)を(野苅家・小野 1980),里浜貝塚でビロードキンクロ(*Melanitta* cf. *fusca*)とクロガモ(*M.* cf. *nigra*),マガモ属(*Anas* spp.)を(小野 1986),草刈貝塚でマガモ属とハジロ属[2](学名はともに Anatidae gen et sp. indet)を(小野ら 1986)確認している.これらの遺体の報告は,金子(1969a)を除いて発掘調査報告書や町村史中でなされたものである.そのため,紙面の制約などからか,金子(1969a)がマガモとビロードキンクロを識別する基準を示している以外,同定基準についてはほとんど示されていない.

骨の同定基準が明らかにされていないことは,カモ亜科の遺体を種あるいは属を単位に同定した例が非常に少ないことと深く関係しているであろう.ヨーロッパ産のカモ亜科遺体の同定

基準は，Woelfle（1967）が検討しているものの，これは日本の遺跡から出土したカモ亜科資料の同定に直ちに利用できるものではない。その理由は，カルガモ，トモエガモ（*Anas formosa*），ヨシガモ（*A. falcata*），オシドリ，ケワタガモ（*Somateria spectabilis*），シノリガモ（*Histrionicus histrionicus*），ヒメハジロ（*Bucephala albeola*）など日本では観察されるものの，ヨーロッパではほとんど，あるいはまったく観察されない種は検討されていないためである。

小論では，遺跡から出土したカモ亜科遺体のもつ生活復原資料としての情報を抽出するために，遺跡からもっとも良く出土する上腕骨の同定基準を作成した。また，作成した同定基準に基づいて，縄文時代前期の石川県の遺跡である三引遺跡から出土した骨を同定した。最後に，カモ亜科の骨を低次分類群で同定する場合の問題点を述べるとともに，カモ亜科の骨をより低次の分類群を単位として同定した場合に得られる新たな考古学的知見について考察した。

I．資料と方法

1．カモ亜科上腕骨の同定基準の作成

ミュンヘン人類学・古解剖学コレクション（Staatssammlung für Anthropologie und Paläoanatomie München），山階鳥類研究所，国立科学博物館・地学研究部の各機関所蔵標本と，川上和人氏（森林総合研究所・多摩森林科学園）及び筆者所有の標本，計11属32種379個体分を利用した（表1）。これらの標本には，日本鳥類目録編集委員会（2000）に記載されたカモ亜科のうち，偶発的に飛来する7種と，北海道で越冬し，東北地方に不定期的に渡来するコケワタガモ（*Polysticta stelleri*），全国に稀に渡来するアメリカヒドリ（*Anas americana*）を除くすべての種が含まれる。一方，ベニバシガモ（*Netta peposaka*），ホンケワタガモ（*Somateria mollissima*），メガネケワタガモ（*S. fischeri*），キタホオジロガモ（*Bucephala islandica*）の4種は日本産鳥類とされてはいないものの（日本鳥類目録編集委員会，2000），アカハシハジロ属（*Netta*），ケワタガモ属（*Somateria*），ホオジロガモ属（*Bucephala*）の形態的特徴を明らかにするために検討対象とした。

同定基準の作成のために，各資料を観察し，分類群間の比較の際鍵となる形質を選定した。形質の選定には，Woelfle

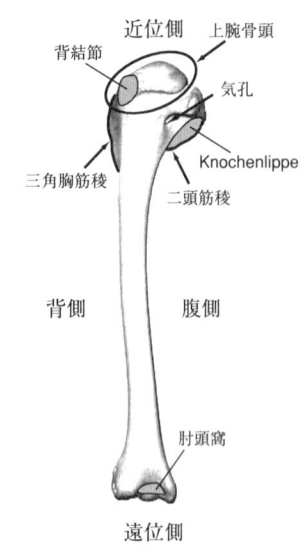

図1．今回言及する解剖学的位置の名称．Woelfle（1967），Baumel et al．（1993），日本獣医解剖学会（1998）をもとに作成．

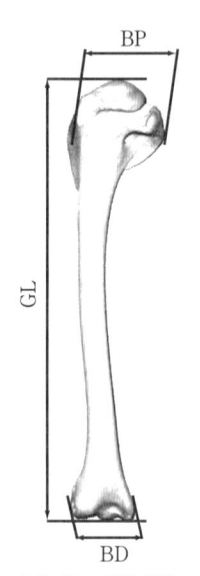

図2．上腕骨の計測部位．Dreisch（1976：pp.116, Fig.54）に従って作成．

(1967) と金子 (1969a) を参考にした。Woelfle (1967) に比べ参照した標本の数が少ないことを考慮して，新たに設定する形質の数は最小限に留めた。骨の部位の名称は Baumel et al (1993) とその和訳である日本獣医解剖学会 (1998) に従い，これらで名称のつけられていない部位については Woelfle (1967) に従ってドイツ語で表記した（図1）。また，骨の最大長 (GL)，近位端最大幅 (BP)，遠位端最大幅 (BD) を Dreisch (1967：pp.116，Fig.54) に従って計測した（図2）。計測値は，各種の最大値，最小値，平均値を表にまとめて示すとともに，散布図を作成して比較した。散布図は，一度にたくさんの分類群をプロットした場合の煩雑さを避けるため，気孔のある分類群とない分類群（結果で詳述）に分け，属を単位として作成した。計測値の独立性の問題から，各分類群間の回帰直線の傾きや y 切片の相等性は検定しなかった。

2．作成した基準による遺跡資料の同定

分類群間で異なる形質の記載，資料の計測値，および現生の骨格標本を利用して，三引遺跡（石川県鹿島郡田鶴浜町三引）から出土したカモ亜科資料を同定した。三引遺跡は，七尾湾に面した低地帯に位置する縄文時代早期末から前期初頭，縄文時代後期，古代，中世の包含層を含む低湿地遺跡である（石川県埋蔵文化財センター 2004）。縄文時代早期末から前期初頭に比定される佐波式土器を伴う5つの貝塚から大量の動物遺体が検出され，貝塚では貝類を除いて4mmの篩を用いた水洗選別によって遺物が採集された。貝塚以外の遺構として，この時代の層からは貯蔵穴と推定されるピットが約90基検出されている。出土した動物遺体のうち，貝類は，岩礁や内湾干潟，河口，淡水など多様な環境に生息する計34種を含み，内湾棲のハイガイとサルボウ，汽水棲のヤマトシジミが主体をなした。ハイガイとサルボウについては成長線分析が行なわれ，両種の採集時期が春から夏に集中していたことが示唆された。魚類は内湾棲の種を中心に30種以上が確認された。内湾棲のクロダイとカワハギ，外洋沿岸棲のマダイが主体をなし，湾内を中心に湾口部での漁撈も示唆された。哺乳類遺体は18,000点以上が出土し，遺体の約80%を占めたニホンジカを中心にイノシシ，イルカ類，イヌ，タヌキ，キツネなどが検出された。

鳥類遺体は筆者が同定し，113点中63点を目以下の単位で同定した（江田 2004）。確認された科はアビ科，カイツブリ科，ミズナギドリ科，ウ科，カモ科，タカ科，キジ科，ツル科，フクロウ科の9科であった。カモ科の骨は同定された鳥類遺体の約3割（22点）を占め，内訳はカモ亜科19点，ガン亜科3点であった。カモ亜科の上腕骨は9点であった。これらの上腕骨のうち，近位端と遠位端，骨体のすべてが残っている資料（完存）は4点，近位端が残存している資料は3点，遠位端が残存している資料は1点，中間部しか残存していない資料は1点であった。筆者は，これらの上腕骨を当時までに実見していた標本の形態をもとに属を単位とした同定を試み，マガモ属 (*Anas*)，スズガモ属 (*Aythya*)，カモ類 a (Anatinae gen et sp. indet. a)，カモ類 b (Anatinae gen et sp. indet. b) の4つに分類していた。カモ類 a，b としたもの

は，マガモ属ともスズガモ属とも異なる資料で，それぞれビロードキンクロ属（*Melanitta*），ホオジロガモ属に形態が近いものの，骨格標本の不足から同定には至らなかった資料である。また，マガモ属には，オシドリ属との識別に窮した資料も含まれた。小論では，これら9点の上腕骨それぞれについて，識別のために選定した形質を記載し，可能な限りの計測箇所を測定して，現生資料の計測値と比較した。

II．結果

1．カモ亜科上腕骨の同定基準の作成

（1）分類群間における形質の差の比較

標本の比較，および先行研究で着目されてきた形質を参考に，以下の7つの形質について各分類群間の特徴を記載した。これらのうち，3）上腕骨頭の遠位より骨縁以外の形質はWoelfle（1967）で検討されていたものである。すべての形質について，Woelfle（1967）で検討されていないカルガモ，トモエガモ，ヨシガモ，ベニバシガモ，オシドリ，ケワタガモ，メガネケワタガモ，シノリガモ，ヒメハジロ，キタホオジロガモを含めた全標本について再検討したうえで，改めてすべての分類群について記載した。

1）三頭筋気孔窩（図3－1；Woelfle 1967：Fig.75－1）

基本的に三頭筋気孔窩に気孔がある属（ツクシガモ属（*Tadorna*），マガモ属，アカハシハジロ属）とない属（スズガモ属，ケワタガモ属，ビロードキンクロ属，ホオジロガモ属）とに分けられた。例外的に，アイサ属（*Mergus*）では，ウミアイサ（*M. serrator*）とカワアイサ（*M. merganser*）では気孔があり，ミコアイサ（*M. albellus*）ではなかった。また，各属一種しか検討していないオシドリ属（*Aix*），シノリガモ属（*Histrionicus*），コオリガモ属（*Clangula*）については，オシドリは気孔があり，シノリガモとコオリガモ（*Clangula clangula*）ではなかった。

2）上腕骨頭下への骨体の潜り込み（図3－2；Woelfle 1967：Fig.81－6；金子1969：第2図a）

上腕骨頭の下に骨体が潜り込む分類群（ケワタガモ属，ビロードキンクロ属，シノリガ

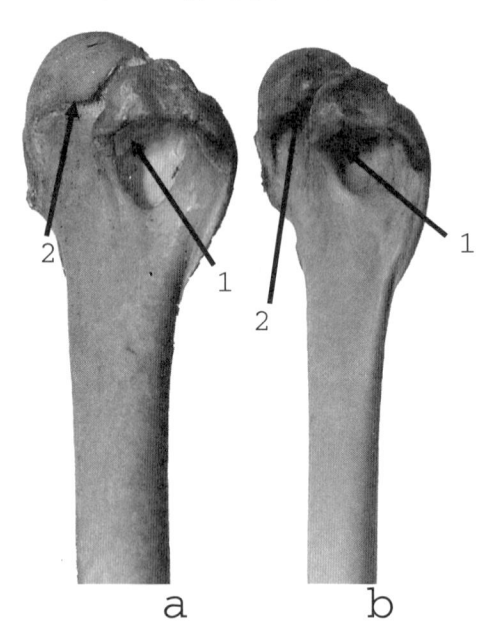

図3．三頭筋気孔窩と上腕骨頭下面の形質の比較．a：オシドリ，b：ホオジロガモ．aでは気孔（1）があるのに対し，bではない．また，bでは上腕骨頭が骨体の上にまで大きく張り出すのに対し（2），aでは張り出さない．

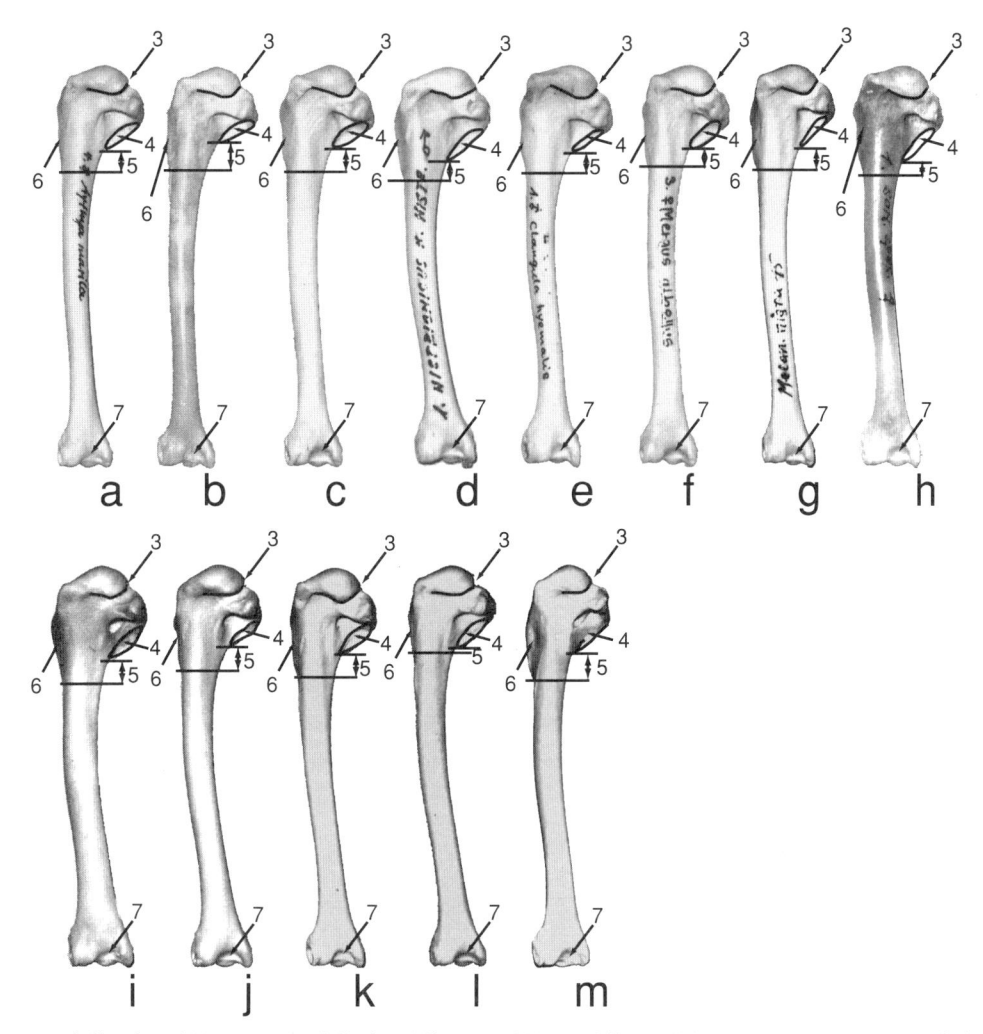

図4. 各種の左上腕骨における記載箇所の形質. 3. 上腕骨頭の遠位より骨縁, 4. Knochenlippe, 5. 三角胸筋稜と二頭筋稜の遠位側始点の相対的位置関係, 6. 三角胸筋稜と骨体の間の溝, 7.肘頭窩. a：スズガモ, b：ヒメハジロ, c：ホオジロガモ, d：シノリガモ, e：コオリガモ, f：ミコアイサ, g：クロガモ, h：ケワタガモ, i：オシドリ, j：マガモ, k：カワアイサ, l：アカハシハジロ, m：アカツクシガモ. 形質1, 2については図3および本文を参照. 形態の比較のためにほぼ同一の大きさに骨の大きさを揃えた.

モ, コオリガモ, ホオジロガモ属, アイサ属) と潜り込まない分類群 (ツクシガモ属, マガモ属, スズガモ属, アカハシハジロ属, オシドリ) とに分けられた。特に, ホオジロガモ属とビロードキンクロ属では強い潜り込みが認められた。

3) 上腕骨頭の遠位より骨縁 (図4-3)

　遠位骨端との関係でみると, マガモ属, アカハシハジロ属, スズガモ属, ケワタガモ属ではほぼ平行で, コオリガモ, ホオジロガモ属, ビロードキンクロ属では背側から腹側の方向にほぼ直線的に傾斜していた。オシドリ, シノリガモ, アイサ属では腹側で舌状の張り出しが認め

られた。この傾向はウミアイサとカワアイサで特に顕著であった。ツクシガモ属では上腕骨頭の遠位より骨縁と遠位骨端はほぼ平行で，上腕骨頭の骨縁は非常に短かった。また，背側では背結節と骨体との境が不明瞭であった。

4）Knochenlippe（図4－4；Woelfle 1967：Fig.75－5）

　オシドリ，アイサ属，ホオジロガモでは大きく，二頭筋稜は丸みを帯びた。また，アカハシハジロ，ケワタガモ属，ビロードキンクロ属，シノリガモ，コオリガモでは，前述の3分類群に比べKnochenlippeが小さく，二頭筋稜は直線的であった。ヒメハジロでもKnochenlippeは大きかったが，二頭筋稜は直線的であった。これらに対して，マガモ属とスズガモ属，ベニバシガモではKnochenlippeの面積，二頭筋稜の形態とも個体差が大きく，丸みを帯びて大きいものから直線的で小さいものまで多様であった。一方，ツクシガモ属とホオジロガモの一部の標本ではKnochenlippeと骨体の間に明確な境界（Leiste；Woelfle 1967, Fig.80）が認められなかった。

5）三角胸筋稜と二頭筋稜の遠位側始点の相対的位置（図4－5；Woelfle 1967：Fig.75－16）

　アカハシハジロ属では，三角胸筋稜と二頭筋稜の遠位側始点がほぼ同じなのに対して，ツクシガモ属，マガモ属，スズガモ属，オシドリ，ケワタガモ属，ビロードキンクロ属，シノリガモ，コオリガモ，ホオジロガモ属，アイサ属では三角胸筋稜の遠位側始点のほうが遠位よりであった。特にツクシガモ属ではこの傾向が顕著であった。なお，実際に標本でこの形質を検討する場合，前面から検討したほうが認識はより容易であった。

6）三角胸筋稜と骨体の間の溝（図4－6；Woelfle 1967：Fig.82－10）

　ツクシガモ属でのみ，骨体との間に溝（Sulcus）が認められた。

7）肘頭窩（図4－7；Woelfle 1967：Fig.75－5；金子 1969：第2図b）

　ツクシガモ属，マガモ属，アカハシハジロ属，スズガモ属，オシドリといった近遠位方向に狭く，窩の浅い分類群と，それらに比べて近遠位方向に広く，窩の深い分類群（ケワタガモ属，ビロードキンクロ属，シノリガモ，コオリガモ，ホオジロガモ属，アイサ属）とに分けられた。後者のうちでも，ビロードキンクロ属，コオリガモ，ホオジロガモ属では特に窩が深かった。

　上記の7つの形質を整理すると，少なくとも近位端の残存しているカモ亜科の上腕骨であれば，ツクシガモ属，マガモ属，アカハシハジロ属，スズガモ属，オシドリ，ケワタガモ属，ビロードキンクロ属，シノリガモ，コオリガモ，ホオジロガモ，ヒメハジロ，ミコアイサ，アイサ属（ミコアイサ以外）の13の分類群への分類が可能であった。

表2 カモ亜科各種の上腕骨の近位端最大幅(BP), 遠位端最大幅(BD), 最大長(GL), 最小値, 平均値, および最大値

		近位端最大幅(BP)			遠位端最大幅(BD)			最大長(GL)		
種名	学名	最小	平均	最大	最小	平均	最大	最小	平均	最大
アカツクシガモ	Tadorna ferruginea	21.6	23.8	25.3	16.2	17.4	18.8	106.3	115.9	124.4
ツクシガモ	T. tadorna	20.2	22.7	24.7	14.2	16.0	16.8	94.9	106.4	112.4
マガモ	Anas platyrhynchos	19.9	20.6	22.3	13.6	14.3	16.2	88.1	91.6	94.5
カルガモ	A. poecilorhyncha	19.3	20.5	22.0	13.2	14.2	15.8	88.9	93.6	97.1
コガモ	A. crecca	11.9	12.6	13.5	8.4	8.9	9.6	55.7	58.2	61.5
トモエガモ	A. formosa		14.3			10.0			64.9	
ヨシガモ	A. falcata	17.0	17.9	18.5	12.2	12.6	13.3	78.4	83.2	87.1
オカヨシガモ	A. strepera	17.2	18.3	19.6	12.1	12.9	13.7	79.4	85.0	88.9
ヒドリガモ	A. penelope	17.2	17.6	18.3	11.6	12.4	13.3	79.6	81.7	83.9
オナガガモ	A. acuta	17.6	19.4	20.7	12.5	13.4	14.3	84.5	89.5	94.2
シマアジ	A. querquedula	12.5	13.2	13.8	8.6	9.3	9.9	59.2	63.3	65.8
ハシビロガモ	A. clypeata	15.0	16.0	17.4	10.8	11.3	11.8	70.2	75.0	78.9
アカハシハジロ	Netta rufina	18.6	19.9	20.8	13.0	13.7	14.4	90.8	94.5	100.1
ホシハジロ	Aythya ferina	16.9	17.7	18.9	11.1	11.7	12.6	78.8	84.5	88.8
メジロガモ	A. nyroca	14.3	15.2	16.5	9.3	10.1	10.9	68.9	72.1	78.5
キンクロハジロ	A. fuligula	16.1	16.9	17.9	10.1	10.9	11.3	75.1	80.2	82.0
スズガモ	A. marila	16.5	18.8	20.0	10.7	11.9	13.1	78.5	85.8	92.1
オシドリ	Aix galericulata	15.4	16.4	16.8	10.8	11.4	12.0	63.0	70.7	75.7
ケワタガモ	Somateria spectabilis	21.8		25.3	14.6		16.2	95.5		113.5
クロガモ	Melanitta nigra	18.8	19.7	20.7	11.2	12.2	12.9	89.6	92.8	98.6
ビロードキンクロ	M. fusca	20.2	21.4	22.3	13.0	13.7	14.3	93.0	97.4	103.2
シノリガモ	Histrionicus histrionicus		16.0			10.2			67.4	
コオリガモ	Clangula hyemalis	16.6	17.5	18.8	10.0	10.7	11.7	69.2	72.9	79.1
ホオジロガモ	Bucephala clangula	15.7	17.3	19.2	10.0	11.0	12.0	69.6	75.1	83.6
ヒメハジロ	B. albeola	12.0	12.9	13.8	8.0	8.6	9.1	55.3	59.3	63.5
ミコアイサ	Mergus albellus	13.9	15.3	16.5	9.0	9.7	10.3	63.1	68.8	71.9
ウミアイサ	M. serrator	17.7	18.6	19.7	11.1	11.9	12.5	80.7	85.9	90.7
カワアイサ	M. merganser	20.5	21.8	23.2	13.4	14.5	15.6	91.2	97.7	103.2

計測箇所の詳細は図2を参照。

（2）計測値の比較

すべての計測値で種間に範囲の重複が認められ，他種と範囲がまったく重複しない計測値はなかった（表2）。日本産に限っても，例えばマガモの最大長（GL）は，カルガモ，オカヨシガモ（Anas strepera），オナガガモ，アカハシハジロ，ホシハジロ（Aythya fenina），スズガモ，クロガモ，ビロードキンクロ，ウミアイサ，カワアイサの10種と，スズガモの全長は，マガモ，カルガモ，ヨシガモ，オカヨシガモ，ヒドリガモ，オナガガモ，ハシビロガモ，アカハシハジロ，ホシハジロ，メジロガモ（Aythya nyroca），キンクロハジロ，クロガモ，コオリガモ，ホオジロガモ，ウミアイサ，カワアイサの17種と範囲が重複した。また，最小のコガモ（Anas crecca）の標本から最大のアカツクシガモ（Tadorna ferruginea）の標本まで，すべての計測箇所で明瞭な大きさの境界は認められなかった。

前項1）の気孔のある分類群とない分類群に分け，属を単位として最大長，近位端最大幅

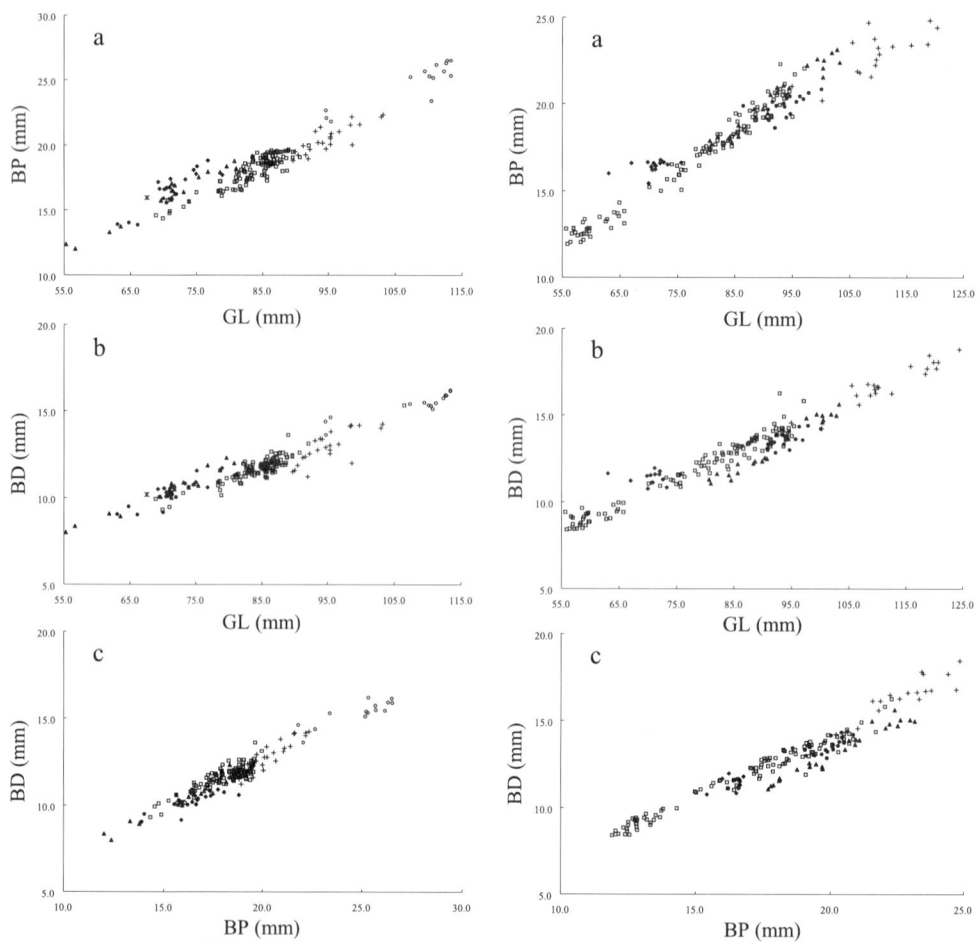

図5. 気孔のない分類群間の計測値の比較．気孔のない分類群を属単位でまとめてプロットした．a：最大長（GL）－近位端最大幅（BP），b: GL－遠位端最大幅（BD），c：BP－BD．□：スズガモ属，▲：ホオジロガモ属，◆：コオリガモ，＊：シノリガモ，＋：ビロードキンクロ属，●：ミコアイサ，＋：ケワタガモ属．

図6. 気孔のある分類群間の計測値の比較．気孔のある分類群を属単位でまとめてプロットした．a：最大長（GL）－近位端最大幅（BP），b: GL－遠位端最大幅（BD），c：BP－BD．＋：ツクシガモ属，□：マガモ属，◆：オシドリ，●：アカハシハジロ属，▲：アイサ属．

（BP），遠位端最大幅（BD）の計測値を総当りさせた散布図を作成した（図5，6）．気孔のない分類群についてみると，全計測値でケワタガモ属が大きく，これにビロードキンクロ属，スズガモ属が続いた（図5a-c）．中型から小型のスズガモ属の計測値は，ホオジロガモ属，コオリガモ，シノリガモ，ミコアイサと範囲が重複した．一方で，最大長が同程度のスズガモ属と比較すると，ホオジロガモ属とコオリガモ，シノリガモでは近位端と遠位端の最大幅が，ミコアイサでは近位端最大幅が長い傾向があった（図5a，b）．反対に，ビロードキンクロ属では，最大長が同程度のスズガモ属と比較すると遠位端最大幅が，ケワタガモ属と比較すると近位端と遠位端の最大幅の両方が短い傾向にあった．

気孔のある分類群についてみると，ツクシガモ属は全計測値で長く，他属とほとんど計測値

が重複しなかった（図6a－c）。他属と比べ種数が多いマガモ属の計測値の変異は大きく，中型から大型のマガモ属は全計測値でアカハシハジロ属やアイサ属と，中型のマガモ属はオシドリと計測値の重複する範囲があった。アカハシハジロ属とアイサ属の計測値は重複する範囲が多かったが，オシドリと重複する範囲はなかった。一方で，最大長が同程度のマガモ属と比べると，オシドリは近位端最大幅，遠位端最大幅ともに長い傾向があった（図6a，b）。反対に，アカハシハジロ属とアイサ属は，全長が同程度のマガモ属に比べ遠位端最大幅が短い傾向にあった（図6b）。さらに，アイサ属では同程度の近位端最大幅を持つ他属と比べ，遠位端最大幅が小さい傾向があった（図6c）。

日本に生息する同属内の種間で計測値を比較すると，ホオジロガモ属のホオジロガモとヒメハジロ，アイサ属のミコアイサ，ウミアイサ，カワアイサの全計測値と，ビロードキンクロ属のビロードキンクロとクロガモの遠位端最大幅で計測値に重複がなかった（表2）。一方で，マガモ属では小型から中型のコガモ，シマアジ（*Anas querquedula*），ハシビロガモが例外的に他種とほとんど計測値の重複がないのを除くと，それらより大きい種間では互いに複数種と計測値が重複した。また，スズガモ属ではメジロガモが他種よりやや小さいものの，大型の個体は他種の小型の個体よりは大きく，全種間で計測値の重複が認められた。ツクシガモ属のアカツクシガモとツクシガモの間でもすべての計測値で重複があった。

2．作成した基準による遺跡資料の同定

三引遺跡から出土した9点の上腕骨それぞれについて，前項で記載した形質を観察し，可能な計測点を測定した（表3）。各資料の形質の観察と各分類群の記載の比較から，それぞれの資料は表3中の「同定結果」のように同定された。この再検討の結果，江田（2004）がカモ類aとしたもの（MB-16，MB-105，MB-112）はビロードキンクロ属に，カモ類bとしたもの（MB-63）はホオジロガモに，マガモ属としたもの（MB-1，MB-13，MB-15）はマガモ属（MB-1，MB-15）とオシドリ（MB-13）に同定された。オシドリと同定された資料は，江田（2004）が同定に窮し，暫定的にマガモ属として報告していたものである。ま

表3　三引遺跡出土上腕骨の観察表

資料No.	残存状況	左右	形質1)	2)	3)	4)	5)	6)	7)	同定結果	計測値 GL	BP	BD	江田(2004)	写真図版
MB-1	近位端～中間部	右	あり	なし	ほぼ平行	大，曲線的	三角胸筋稜が遠位	なし	－	マガモ属	－	18.52	－	マガモ属	
MB-13	完存	左	あり	なし	舌状に張り出す	大，曲線的	三角胸筋稜が遠位	なし	遠近に短く浅い	オシドリ	69.21	15.55	11.1	マガモ属	1
MB-15	近位端～中間部	左	あり	なし	ほぼ平行	大，曲線的	三角胸筋稜が遠位	なし	－	マガモ属	－	19.54	－	マガモ属	7
MB-16	完存	右	なし	あり	背腹に傾斜	小，直線的	三角胸筋稜が遠位	なし	遠近に長く深い	ビロードキンクロ属	93.77	20.56	13.09	カモ類a	9
MB-25	中間部	右	－	－	－	－	－	－	－	カモ類	－	－	－	カモ類	
MB-44	遠位端～中間部	右	－	－	－	－	－	－	遠近に短く浅い	カモ類	－	－	－	スズガモ属	6
MB-63	完存	左	なし	あり	背腹に傾斜	大，曲線的	三角胸筋稜が遠位	なし	遠近に長く深い	ホオジロガモ	71.3	－	10.15	カモ類b	3
MB-105	完存	左	なし	あり	背腹に傾斜	小，直線的	三角胸筋稜が遠位	なし	遠近に長く深い	ビロードキンクロ属	－	－	－	カモ類a	
MB-112	近位端～中間部	右	なし	あり	背腹に傾斜	小，直線的	三角胸筋稜が遠位	なし	－	ビロードキンクロ属	－	20.52	－	カモ類a	

形質1～7の記載については図3，4および本文を，計測箇所については図2を参照。「写真図版」の項の番号は，写真図版3の番号と対応

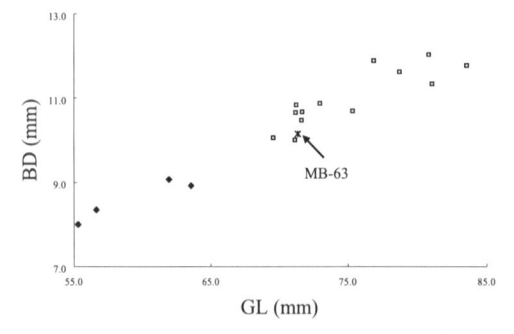

図7. 三引遺跡出土ホオジロガモ属の最大長（GL）－遠位端最大幅（BD）の計測値（＊）．比較のために，ヒメハジロ（◆）とホオジロガモ（□）の現生標本の計測値も示した．

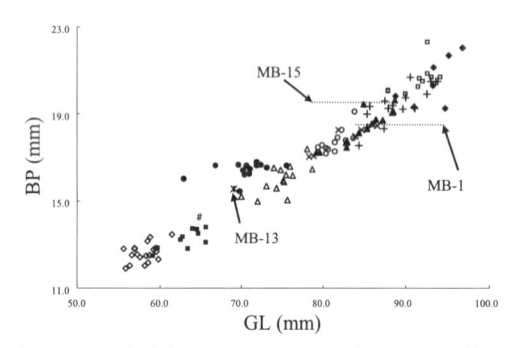

図8. 三引遺跡出土マガモ属の最大長（GL）－近位端最大幅（BP）の計測値（＊）．比較のために，コガモ（◇），シマアジ（■），ハシビロガモ（△），ヨシガモ（×），オカヨシガモ（▲），ヒドリガモ（○），オナガガモ（＋），マガモ（□），カルガモ（◆），トモエガモ（#），オシドリ（●）の現生標本の計測値も示した．

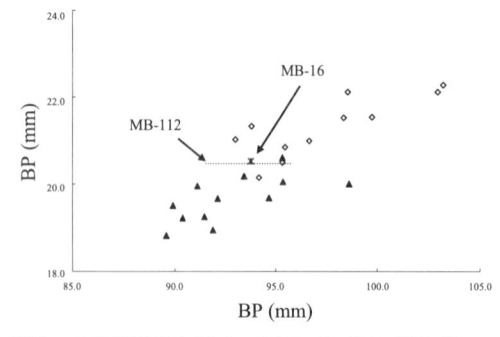

図9. 三引遺跡出土ビロードキンクロ属の最大長（GL）－近位端最大幅（BP）の計測値（＊）．比較のために，ビロードキンクロ（◇）とクロガモ（▲）の現生標本の計測値も示した．

た，近位端が残存していなかった資料（MB-25，MB-44）は作成した基準ではカモ亜科以下の単位では同定できなかった．

資料の計測は6点で可能であった（表3）．属ごとに日本に分布する現生種の値と比較すると，ホオジロガモと同定された資料（MB-63）とオシドリと同定された資料（MB-13）はそれぞれの種の計測値の分布範囲に入った（図7，8）．一方で，計測が可能であったビロードキンクロ属と同定された資料（MB-16，MB-112）はともにビロードキンクロとクロガモの計測値の境界付近に位置した（図9）．また，計測が可能であったマガモ属と同定された資料（MB-16，MB-112）は，コガモやシマアジ，ハシビロガモよりは大きいものの，オカヨシガモやヒドリガモ，ヨシガモ，オナガガモ，カルガモなど6種の計測値が分布する領域に位置した（図8）．二箇所以上の計測ができたMB-13，MB-16，MB-63は，それぞれの資料が同定された分類群（MB-13：オシドリ，MB-16：ビロードキンクロ属，MB-63：ホオジロガモ属）と類似した計測値間の比を示した（図7-9）．

Ⅲ．考察

カモ亜科には，各地に冬季に飛来するものや夏季にもその地域に留まって繁殖するもの，主に海洋域で採食するものや陸水域で採食するもの，頻繁に潜水するものやほとんど潜水しないもの，その場から真上に飛翔できるものやできないもの，動物食のものや植物食のもの，羽色が派手なものや地味なものなど，さまざまな生態的・生理的特徴をもつ分類群が含まれる（羽田 1963，宇田川 1978，

日本鳥類目録編集委員会 2000など)。これらの特徴は，狩猟の季節性や場所，必要な技術，さらには味や色に対する嗜好性など，遺跡形成者の生活を復原する上で多くの情報を含んでいると考えられる。これらの情報をカモ亜科の遺体から抽出するためには，亜科ではなく，種や属といったより低次の分類群を単位とした同定が必要となる。小論では，遺跡からもっとも頻繁に出土する上腕骨を対象に，カモ亜科の低次分類群での同定基準を作成し，この基準を用いて縄文時代前期の三引遺跡の資料を同定した。以下，カモ亜科遺体の低次分類群での同定について，また，その考古学的意義について考察する。

1. カモ亜科遺体の低次分類群での同定

カモ亜科の11属32種計379点の上腕骨を比較した結果，7つの形態形質に基づいてこれら11属を分類できた。これらの属の中にはWoelfle (1967) が検討していないオシドリ属とシノリガモ属も含まれる。カモ亜科の分布が過去と現在でほとんど変化しないことを前提とすると，北海道と東北地方以外では，この基準を利用して近位端の残存しているカモ亜科の上腕骨をツクシガモ属，マガモ属，アカハシハジロ，スズガモ属，オシドリ，ケワタガモ属，ビロードキンクロ属，シノリガモ，コオリガモ，ホオジロガモ，ヒメハジロ，ミコアイサ，アイサ属（ミコアイサ以外）の13分類群に分類できる。上腕骨の形態形質に基づいた属を単位とした同定基準は確立できるものの，ツクシガモ属やマガモ属，スズガモ属の各属内では種同定が困難であるという結果は，Woelfle (1967 : pp.87-94) と同様であった。一方で，北海道や東北地方では，コケワタガモが資料に含まれる可能性を考慮する必要がある。この種は，北海道には冬季に，東北地方には稀に飛来する（日本鳥類目録編集委員会 2000）。翼長は約210mmで，スズガモ（翼長約210mm）やシノリガモ（同約200mm），ホオジロガモ（同約218mm）と類似した大きさである（宇田川 1978）。また，コケワタガモは，ケワタガモ属やビロードキンクロ属，シノリガモ属，コオリガモ属，ホオジロガモ属，アイサ属とともにアイサ族に含まれる潜水するカモであることから（日本鳥類目録編集委員会 2000），これらの属で一般的なように，気孔がなく，近遠位方向に広い肘頭窩を持つと予想される。特に北海道や東北地方では，上記の形質を併せ持つ資料は慎重に同定する必要がある。

Dreisch (1976) の基準に従った資料の計測では，各計測値で種間に範囲の重複が認められ，他種と範囲がまったく重複しない計測値はなかった。このことは，資料の計測だけでは種単位での同定が困難なことを示唆する。一方で，気孔がある分類群とない分類群に分けて計測値間の比を属間で比較した結果，いくつかの分類群間で計測値間の比が異なる傾向があった。この傾向は，属単位の同定結果を別の視点から検討するうえで有効と考えられる。また，日本に生息する同属内の種間で計測値を比較すると，ホオジロガモ属のホオジロガモとヒメハジロ，アイサ属のミコアイサ，ウミアイサ，カワアイサ，ビロードキンクロ属のビロードキンクロとクロガモの間では計測値が重複しなかった。また，上記の種以外でも，コガモやシマアジ，ハシビロガモなど，計測値の範囲に他種がまったく分布しない範囲をもつ種が数種認められる。し

かし，このような排他的な範囲のほとんどは，より多くの標本を計測したWoelfle（1967）では明らかに狭くなっている。また，同一の種であっても地域集団や時代の差によって体サイズや体のプロポーションが変化することが知られている（たとえばBerry 1978, James 1983, Rhymer 1992など）。そのため，計測値に基づいてこれらの種を同定する場合には，各資料の計測値を示すとともに，地域集団間や時代間の差がないことを前提としていることの明示が不可欠であろう。また，資料の古代DNA分析と計測を統合した研究によって，この前提の危うさの程度を推定することも急務となろう（Eda et al. 投稿中）。

三引遺跡出土の上腕骨は，骨の形質からマガモ属2点，オシドリ1点，ホオジロガモ1点，ビロードキンクロ属3点と同定された。マガモ属とビロードキンクロ属の資料については，計測値を利用した属以下の同定は困難であった。過去と現在で各種の分布が変化していないこと，各種の体サイズが変化していないことを前提としても，複数の種の計測値と範囲が重なるためである。ただし，前述の前提に従えば，マガモ属の2資料については，コガモやシマアジ，ハシビロガモといった小型から中型のマガモ属ではないと言えるであろう。また，カモ亜科以下同定不能とされた資料も2点含まれた。筆者は当時利用可能であったマガモ属とスズガモ属の標本を比較して，マガモ属ではスズガモ属に比べ全体的に丸みをもった太い骨幹部を持つという特徴を見出し，このうちの1点（MB−44）をスズガモ属と同定していた（江田 2004：335頁）。しかし，今回より多くの標本を検討した結果，この特徴だけでは属を単位とした同定はできないと判断するに至った。また，併せて筆者が属単位で同定したカモ亜科の上腕骨のうち近位端の残存していない資料（汐留遺跡出土のマガモ類16点とハジロ類2点（西本ら 2000），飯田町遺跡出土のマガモ類4点（江田・加藤 2001），羽根尾遺跡出土のマガモ類17点とスズガモ類15点（樋泉ら 2003））もカモ亜科（Anatinae sp.）と同定すべきと考えている。ここに記して同定を訂正したい。

2．カモ亜科遺体の低次分類群での同定の考古学的意義

今回資料を分析した三引遺跡は北陸地方に位置する。過去と現在でカモ亜科各種の分布が変化していないことを前提とすると，遺跡周辺に10属29種が出現した可能性がある（日本鳥類目録編集委員会 2000，表1）。また，これらの中には，冬季にのみこの地域を訪れる種が16種，冬季に個体数は増加するものの一部はこの地域で繁殖する種が3種，一年中この地域に留まる種が1種，秋と春の渡りの途中にこの地域を通過する種が1種含まれる。このため，カモ亜科を単位として資料を同定した場合，季節性の情報は得られない。

作成した同定基準を用いて資料を分析した結果，マガモ属，オシドリ，ホオジロガモ，ビロードキンクロ属の4分類群が確認された。このうち，ホオジロガモとビロードキンクロ属の各種はすべて冬季にのみこの地域を訪れる。このことから，これらが狩猟によって獲得されたと仮定すると（しかし，シャルク 2003も参照），三引遺跡の形成者が冬季にこの遺跡を利用していたことが示唆される。ハイガイやハマグリの成長線分析で認められた春季と夏季以外に（富岡

ら 2004：427～429頁），冬季の活動も推定できたのは興味深い。また，ビロードキンクロ属は主に海洋域に分布する（日本鳥類目録編集委員会 2000）。このことは，三引遺跡の形成者が海洋域での狩猟をおこなっていたことを示唆する。金子（1969a：6～7頁）は，スズガモ，ビロードキンクロ，ホオジロガモを海ガモと総称し，これらの分類群が近年でも魚網にかかることに触れ，これらが漁撈活動の副産物として獲得された可能性を指摘している。三引遺跡からは実際にカワハギ類やイワシ類など内湾や沿岸性の魚類で，網による漁獲が想定される種も比較的多く出土しており（パリノ・サーヴェイ 2004：344～345頁），金子（1969a）の指摘するように，網を使った漁撈活動の副産物としてこれらの分類群が獲得された可能性もある。

　一方で，三引遺跡で確認された分類群のうち，マガモ属やオシドリは主に淡水の湖沼や河川に生息する（日本鳥類目録編集委員会 2000）。これらの分類群には周年観察される種が含まれるため季節性の推定には利用できないものの，淡水の湖沼や河川での狩猟を示唆する。既述のように，カモ亜科にはさまざまな生態を持つ種が含まれる。そのため，低次の分類群で遺体を同定してはじめて，これらの狩猟域や狩猟の季節性に関する情報の抽出が可能となる。ただし，これらの解釈が過去と現在で各種の生態がほとんど変わっていないことを前提にしていること，さらに，生物の分布範囲や生態は時間的に変化する可能性があること（例えば，松島・前田 1985：107～128頁）には注意が必要である（Muñiz 1998, Serjeantson 1998）。

　これまで，カモ亜科の遺体をより低次の分類群を単位として同定し，その多寡を定量的に示した報告はなかった。今後，今回提示した基準に従ってこれらの遺体が同定されるようになれば，カモ亜科の利用に顕著な地域性や時代性が認められるようになると期待される。また，上腕骨だけでなく他の部位についてもより低次の分類群で同定できれば，分類群による部位構成の相違も検出されるであろう。それらの相違は，カモ亜科に含まれる分類群のもつ渡りの習性，採食域，潜水や飛行の能力，食性，羽色などの多様性に端を発し，遺跡形成者の側の狩猟の季節性や場所，技術などの相違，さらには味や色などに対する嗜好性の相違から生じることが想定される。したがって，カモ亜科の遺体をより低次の分類群で同定することによって，遺跡形成者の生活を復原する上でのより多くの情報が抽出できるようになると期待される。この情報は，これまでも精力的に研究されてきた哺乳類や貝類，魚類の遺体から得られた情報と比較検討されることで，さらには花粉分析などから得られる周辺植生の情報や共伴した石器や骨角器と関連付けて考察することで，より大きな意味をもつようになると考えられる。小論が，これまで動物遺体の中であまり注目されてこなかった鳥類遺体により多くの方々が目を向ける契機になれば幸いである。

謝辞

　小論は筆者が前田潮先生にご指導いただいて筑波大学第一学群人文学類に提出した卒業論文と主題を同一とする。私がまがりなりにも卒業論文を書き上げられたのは，主題と研究の枠組みを含む，先生からいただいた適切なご指導の賜物にほかならない。7年が経過した現在，先

生からいただいたテーマに立ち返って執筆した小論は，当時の先生のご指導なくして完成することはなかった。ミュンヘン人類学・古解剖学コレクション，山階鳥類研究所，国立科学博物館の各機関には，骨格標本を閲覧させていただき，ヨリス・ピータース（Joris Peters）氏，北川千織氏，平岡孝氏，真鍋真氏には，それらの閲覧に際し便宜を図っていただいた。川上和人氏には所蔵の標本を拝見させていただいた。金山哲哉氏には，三引遺跡の鳥類遺体の利用に際し，多大な便宜を図っていただいた。姉崎智子氏には草稿に対して多くのご助言をいただいた。末筆ながら以上の方々に厚く御礼申し上げる次第である。

註

1）金子（1969a）で再検討され，ビロードキンクロ類の骨として同定されている。
2）*Aythya* 属の和名として用いる研究者もいるが，小論では日本鳥類目録編集委員会（2000）に従って*Aythya* 属の和名としてスズガモ属を採用した。

引用文献

Baumel, J. J., King, A. S., Breazile, J. E., Evans, H. E., and Berge, J. C. M.（eds.）Second Edition
   1993 [1979] *Handbook of Avian Anatomy: Nomina Anatomica Avium.* Cambridge, Nuttall Ornithological Club.

Berry, R. J.
   1978 Micro-evolutionary Studies in Animals: Their Relevance to Archaeology. D. R. Brothwell, K. D. Thomas, and J. Clutton-Brock,（eds.）*Research Problems in Zooarchaeology.* London, Institute of Archaeology London, pp.1-8.

Dawson, E. W.
   2 nd 1969 [1963] Birds Remains in Archaeology. D. Brothwell and E. Higgs（eds.）*Science in Archaeology.* New York, Praeger Publishing. pp.359-375.

Driesch, A. von den
   1976 *A Guide to the Measurement of Animal Bones from Archaeological Sites.* Harvard, Peabody Museum Bulletin 1.

江田真毅　2004　「三引遺跡出土の鳥類」石川県埋蔵文化財センター編『田鶴浜町三引遺跡Ⅲ（下層編）』石川県教育委員会・石川県埋蔵文化財センター　333～338頁

江田真毅・加藤久雄　2001　「動物依存体・鳥類」千代田区飯田町遺跡調査会編『飯田町遺跡』千代田区飯田町遺跡調査会　240～242頁

羽田健三　1963　「内水面に生活する雁鴨科鳥類の採食型と群集に関する研究　ⅩⅤ　雁鴨科鳥類の採食型」　信州大学教育学部研究論集　14　23～89頁

石川県埋蔵文化財センター編　2004　『田鶴浜町三引遺跡Ⅲ（下層編）』　石川県教育委員会・石川県埋蔵文化財センター

James, F. C.
   1983 Environmental component of morphological differentiation in birds. *Science.* 221, pp.184-186.

Masuda, R., Amano, T., and Ono, H.
   2001 Ancient DNA Analysis of Brown Bear（*Ursus arctos*）Remains from the Archeological Site

of Rebun Island, Hokkaido, Japan. *Zoological Science*.18, pp.741-751

松井章　1983　「貝塚の情報性」　加藤晋平・小林達雄・藤本強編　『縄文文化の研究2　生業』　雄山閣　172〜183頁

松井章・小林和彦・高橋理　1984　「動物遺存体」須藤隆編『中沢目貝塚』東北大学文学部考古学研究会　96〜131頁

松島義章・前田保夫　1985『先史時代の自然環境　縄文時代の自然史』東京美術製作センター

日本鳥類目録編集委員会編　6版　2000［1922］　『日本鳥類目録』　日本鳥学会

日本獣医解剖学会編　1998　『家禽解剖学用語』　日本中央競馬会

新美倫子　1999　「縄文時代の鳥類狩猟」　『動物考古学』　第3号　43〜54頁

西本豊弘　1983　「動物の死亡時期査定と遺跡利用の季節性について」『考古学ジャーナル』223号　7〜9頁

　　　　　1991　「動物考古学の現状と課題」『国立歴史民俗博物館研究報告』第29集　3〜12頁

　　　　　1993　「弥生時代のニワトリ」『動物考古学』第1号　45〜48頁

西本豊弘・鵜沢和宏・姉崎智子・江田真毅・太田敦子・樋泉岳二・山根洋子・最上加奈　2000「汐留遺跡出土の動物遺体」汐留地区遺跡調査会編『汐留遺跡Ⅱ』153−176頁

金子浩昌　1969a　「鳥と縄文人の生活」『考古学ジャーナル』第28号　5〜9頁

　　　　　1969b　「南境貝塚出土の動物骸」　宮城県教育委員会編　『埋蔵文化財緊急調査概報　南境貝塚』　36〜42頁

　　　　　1971　「脊椎動物門」　草間俊一・金子浩昌編　『貝鳥貝塚　第4次調査報告』花泉町教育委員会・岩手県文化財愛護協会　170〜214頁

　　　　　1977　「動物遺体」　上総国分寺台遺跡調査団編　『西広貝塚』　早稲田大学出版　443〜530頁

Muñiz, A. M.
　　1998 The Mobile Faunas: Reliable Seasonal Indicators for Archaozoologists? T. R. Rocen and O. Bar-Yosef（eds.）*Seasonality and Sedentism: Archaeological Perspectives from Old and New World Sites*. Cambridge, Peabody Museum, pp.25-39.

直良信夫　1955　「石川県羽咋郡堀松貝塚発掘の自然遺物」『石川考古学研究会会誌』　第7号　56〜60頁

　　　　　1963　「トコロ貝塚の自然遺物」東京大学文学部編『オホーツク海沿岸・知床半島の遺跡』上巻　東京大学文学部　230〜246頁

野苅家宏・小野慶一　1980　「帝釈観音堂洞窟遺跡土器伴出層準出土の両生類・鳥類遺骸」　広島大学文学部考古学研究室編　『帝釈峡遺跡群発掘調査室年報Ⅲ』　広島大学文学部考古学研究室　75〜84頁

大井晴男・大泰司紀之・西本豊弘　1980「礼文島香深井A遺跡出土ヒグマの年齢・死亡時期・性別の査定について」『北方文化研究』第13号　43〜74頁

大井晴男・大泰司紀之・和田一雄・西本豊弘　1981「礼文島香深井A遺跡出土オットセイの年齢・死亡時期・性別の査定について」『北方文化研究』第14号　199〜240頁

小野慶一　1986　「里浜貝塚出土の鳥類遺骸」　東北歴史資料館編　『里浜貝塚Ⅴ・Ⅵ』　東北歴史資料館　85〜93頁

小野慶一・山崎京美・伊藤弘美　1986　「草刈貝塚の脊椎動物遺骸について」千葉県文化財センター編　『千原台ニュータウン遺跡Ⅲ　草刈遺跡（B区）』千葉県文化財センター　765〜793頁

忍澤成視　2001　「縄文時代におけるタカラガイ加工品の素材同定のための基礎的研究−いわゆる南海産

　　　　　　　　貝類の流通経路解明にむけて－」『古代』109号　1〜76頁
Parmalee, P. W.
　　　　1985 Identification and Interpretation of Archaeologically Derived Animal Remains. R. I. Gilbert, Jr. and J. H. Mielke (eds.) *The Analysis of Prehistoric Diets.* Orland, Academic Press, pp.61-95.
パリノ・サーヴェイ　2004　「三引遺跡出土の魚類」石川県埋蔵文化財センター編『田鶴浜町三引遺跡Ⅲ（下層編）』石川県教育委員会・石川県埋蔵文化財センター　339〜358頁
ランダル・シャルク　2003　「北アメリカ北西海岸沿岸部の遺跡における鳥類の後肢骨の少なさに関する解釈」松井章編『考古科学的研究法からみた木の文化・骨の文化』クバプロ　95〜110頁
Rhymer, J. M.
　　　　1992 An experimental study of geographic variation in avian growth and development. *Journal of Evolutionary Biology.* 5, pp.289-306.
坂平文博・新美倫子　2003　「出土ニワトリの古DNA分析に関する基礎的研究」『動物考古学』第20号　15〜21頁
Serjeantson, D.
　　　　1998 Birds: a Seasonal Resource. *Environmental Archaeology.* 3, pp.23-33.
樋泉岳二・姉崎智子・江田真毅・鵜沢和宏　2003「羽根尾貝塚の動物遺体群」玉川文化財研究所編『羽根尾貝塚』玉川文化財研究所　298〜352頁
富岡直人・谷村彩・上岡真帆　2004「三引遺跡出土斧足綱の貝殻成長線分析」石川県埋蔵文化財センター編『田鶴浜町三引遺跡Ⅲ（下層編）』石川県教育委員会・石川県埋蔵文化財センター　424〜441頁
内山幸子・松村博文　1997　「イヌの頭蓋骨の多変量解析－浜中2遺跡出土の続縄文犬を中心に－」『動物考古学』第8号　1〜20頁
宇田川竜男　3版　1978［1935］『原色鳥類検索図鑑』北隆館
Watanobe T., Ishigro, N. Okumura, N., Nakano, M., Matsui, A., Hongo, H., and Ushiro, H.
　　　　2001 Ancient Mitochondrial DNA Reveals the Origin of Sus scrofa from Rebun Island, Japan. *Journal of Molecular Evolution.* 52, pp.281-289.
Woelfle, E.
　　　　1967 *Vergleichend morphologische Untersuchungen an Einzelknochen des postcraniales Skelettes in Mitteleuropa vorkommender Enten, Halbgänse und Säger.* München, Institut für Palaeoanatomie, Domestikationsforschung und Geschichte der Tiermedizin der Universität München.
山崎京美　1998　『遺跡出土の動物遺存体に関する基礎的研究』平成7年度〜9年度　科学研究費補助金研究成果報告書

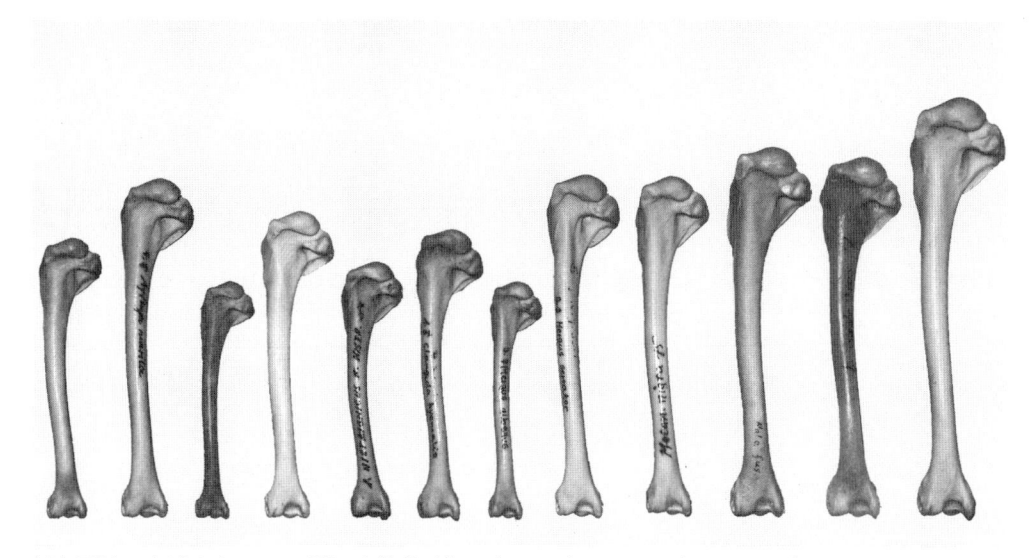

生活復原資料としての鳥類遺体の研究

写真図版1. 気孔がないカモ亜科の上腕骨（約50%）. 1：キンクロハジロ, 2：スズガモ, 3：ヒメハジロ, 4：ホオジロガモ, 5：シノリガモ, 6：コオリガモ, 7：ミコアイサ, 8：ウミアイサ, 9：クロガモ, 10：ビロードキンクロ, 11：ケワタガモ, 12：メガネケワタガモ. ウミアイサは気孔があるが, ミコアイサとの比較のために提示した.

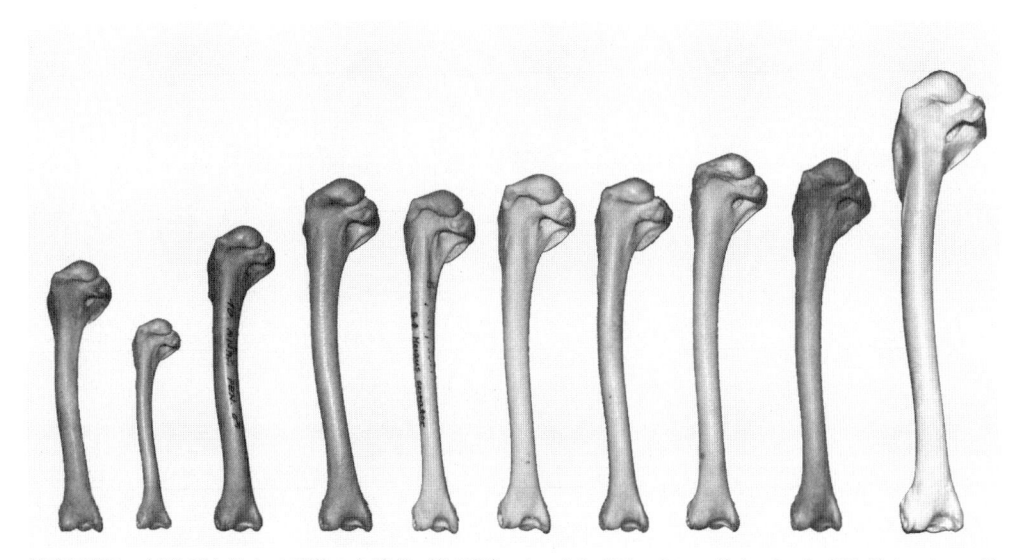

写真図版2. 気孔があるカモ亜科の上腕骨（約50%）. 1：オシドリ, 2：コガモ, 3：ヒドリガモ, 4：マガモ, 5：ウミアイサ, 6：カワアイサ, 7：ベニバシガモ, 8：アカハシハジロ, 9：ツクシガモ, 10：アカツクシガモ.

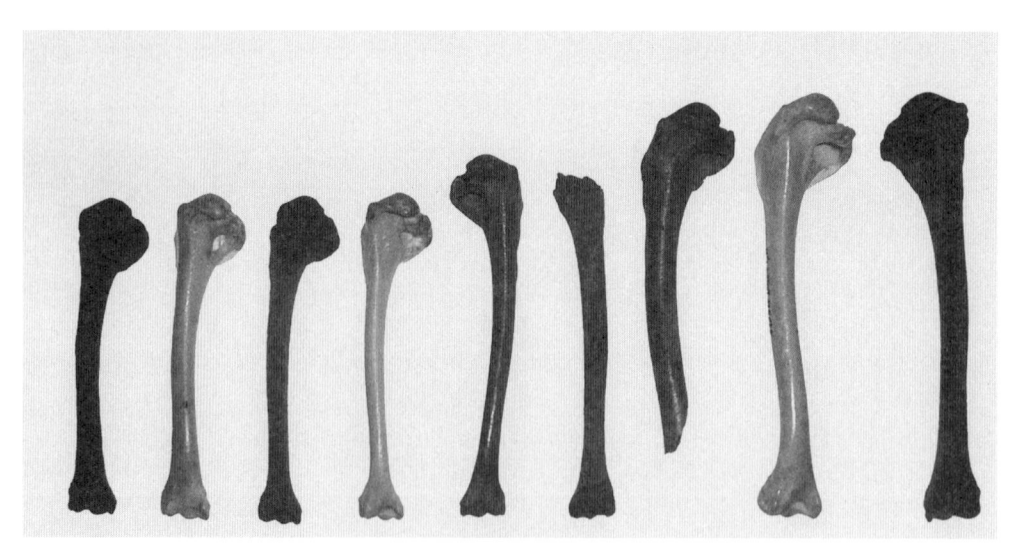

写真図版3. 三引遺跡から出土したカモ亜科の上腕骨（約60％）．2：オシドリ，4：ホオジロガモ，5：スズガモ，8：オナガガモは現生の標本．他は三引遺跡出土試料．写真中の番号は，表3の番号と対応．

Мой друг Усио Маеда – ученый и педагог.

В. А. Голубев

Мне очень приятно поделиться на станицах этой книги о дружбе и сотрудничестве с хорошо известным в Японии и России ученым-археологом профессором Университета Цукубо Усио Маедой. Вот уже почти 15 лет продолжается наше творческое и научное сотрудничество в изучении древней истории островных земель; Сахалина, Курильских островов и о. Хоккайдо. С этими осколками материка связаны многие годы нашей жизни, научной и преподавательской карьеры. Про древнюю историю этих земель, археологию и этнологию написаны наши многочисленные статьи, книги, прочитаны лекции студентам, а сколько интересного сохранилось в нашей переписке, факсах и e-mailax.

Впервые об Усио Маеде я узнал в 1978 году в беседах с японским исследователем Тосихико Кикути. Он тогда находился на стажировке в Институте Истории в Новосибирском Академгородке, собирал материалы для курса лекций «Археология Сибири и Дальнего Востока». Лекции по этой тематике Т.Кикути читал студентам Хоккайдского Университета. Его заинтересовали мои публикации по археологии Сахалина и Курильских островов, и в беседах Т.Кикути часто ссылался на взгляды, идеи Усио Маеда, упоминал его статьи. По возвращении в Саппоро Т.Кикути собрал и выслал мне копии публикаций японских археологов, в том числе, статьи У.Маеды по проблемам охотской культуры. Позднее я неоднократно слышал прекрасные отзывы о работах У.Маеды на Хоккайдо от проф. К.Отцука (г.Осака) и Ё.Ивамото (г.Киото).

В начале 90-х г.г. проф. И.Накамура, выступавший куратором нашего договора о совместных исследованиях совместно с японскими учеными, также очень хорошо отзывался о научных трудах Усио Маеды.

В июне 1990 года договор о совместных раскопках на Хоккайдо и Сахалине подписал профессор Университета Саппоро – Хидеаки Кимура, дополнительная программа работ включала участие в эту группу археологов из Университета Цукубо во главе с проф. У.Маедой. Именно с ним, с его студентами и сотрудниками предполагалось начать наши совместные исследования древней истории Хоккайдо уже с августа 1990 г.

Из рассказов сибирских коллег; А.П.Деревянко, Р.С.Васильевского, В.Е.Ларичева – мы кое-что знали о специфике и особенностях полевых работ в Японии. Что-то было известно из научных публикаций, но лично Усио Маеда, его коллеги нам были совершенно неизвестны. Как будут организованы совместные работы в Японии, какова методика его исследований – это и многое другое было очень интересно...

3 августа 1990года рейсом Аэрофлота наша группа прилетела из Хабаровска в г.Ниигата. В аэропорту по поручению У.Маеды нас встречал его аспирант Х.Като. На вид ему было где-то 20-25 лет, он хорошо говорил по-русски, который выучил в Японии и России. Встреча с руководителем была назначена в маленьком городке Сибата, куда мы отправились на поезде. Даже вечером в городе было очень жарко - 38^0 тепла, влажно и душно. Устроились в гостиницу, затем Като-сан устроил для нас ужин из блюд японской кухни. Почти к завершению ужина в ресторан подъехал У.Маеда.

Первое впечатление от встречи с ним было благоприятным; корректен, вежлив, подвижный и веселый человек. На вид ему где-то 47-48 лет, мужчины в Японии достаточно долго выглядят молодыми. Маеда-сан кратко познакомил с программой на ближайшее время; экскурсии, совместные раскопки, осмотр коллекций в музеях. Получалось, что вместе с ним мы как бы 《перелистаем》 многие интересные 《страницы》 в громадной книге истории Японии.

В моем дневнике сохранилось много записей о первых днях пребывания в стране, поездках по о. Хонсю, встречах с интересными собеседниками, разнообразные сюжеты из жизни гостеприимного народа. Маеда-сан за рулем верного ему 《Ниссан Каравана》 успел показать нам разнообразные памятники островной археологии, крайне полезные для нашего профессионального восприятия; стоянки, поселения, могильники, средневековые замки 《дайме》, музеи, выставки.

За время первого этапа поездки мы успели о многом с ним переговорить, выяснить общие интересы, научные проблемы, достижения наших коллег-археологов. Оказалось, что долгие годы, занимаясь изучением общей проблемы – происхождением и развитием охотской культуры, мы работали параллельно, разделяли нас только проливы. Так, в 60-70-е г.г. нас разделяли Курильские проливы, позднее – пролив Лаперуза. Когда наш отряд проводил раскопки на Кунашире, Шикотане, Юрии, группа Маеды занималась изучением древних поселений на о. Хоккайдо в районе Немуро, Раусу, Вакканая. Мы даже успели пошутить, а не подсматривали мы друг за другом с Манерона на Рэбун? А с мыса Соя вполне можно было бы, и покричать что-то приятное...

Оказалось, что у нас есть и не только общие научные интересы. Например, автомобиль – мы оба за рулем почти 30 лет каждый, и конечно, рыбалка. Позднее Маеда-сан доказал какой он отменный рыбак, мастер-рыбак, по-другому не скажешь. Но это было потом, а пока 《Ниссан Караван》 колесил по дорогам о. Хонсю; стоянки Сатохама, Маракуяма, коллекции музея в г.Сендай.

В музее Сендая по просьбе У.Маеды нам показали древнейшие палеолитические орудия, найденные на территории Японии; Бабадан и Зазараги. Немного позднее, уже на о. Хоккайдо в музее г.Асахигава У.Маеда обратил наше внимание на небольшую коллекцию из Стародубского, Чехова (Сахалин), а также находки Хыромити Коно с Южных Курильских островов.

Достаточно быстро мы отчетливо поняли насколько Маеда-сан открытый, честный человек, он с большим интересом рассказывает и демонстрирует уникальные археологические коллекции.

Под колесами 《Ниссан Каравана》 остались участки великолепного автобана вдоль лагуны Саромa, здесь наш хозяин показал места своих ранних раскопок около г.Токоро. Представилась возможность посетить стоянку Майоро, а также прекрасно оформленную археологическую композицию в Суехиро. Раньше об этом мы могли только мечтать, читая и просматривая японские научные журналы, любуясь иллюстрациями найденных предметов древней культуры. Здесь, на Хоккайдо удалось подержать в руках, рассмотреть прекрасные изделия из камня, кости, фрагменты керамики с типично охотским орнаментом.

Конечно, мы прекрасно понимали и отдали дань уважения У.Маеде, только при его поддержке, его коллег-археологов мы смогли многое увидеть. Приятно, что его отлично знают на о. Хоккайдо, почти везде принимают, редко отказывают в просьбах что-то показать, куда-то зайти и т.д. Хотя ведь У.Маеда – 《человек с юга》, как говорит Т.Кикути, однако как великолепно принимал нашу группу у себя дома мэр г.Энгару.

Нельзя забыть душевную встречу с группой местных археологовлюбителей, особенно с одним из них, который овладел техникой изготовления муляжей древних орудий из обсидиана. Этот мастер дважды посещал нашу базу вблизи Энгару, готовил для нас японскую баню – 《фуро》.

До окончания нашей поездки мы вспоминали теплое чувство гостеприимства Маеда-сан, он познакомил нас с маленькой японской гостиницей – 《рёкан》, научил нас использовать 《осибори》 и носить 《юката》. Однако, самое главное – Маеда-сан проявил высокое чувство долга – 《гири》, в чем мы успели убедиться очень хорошо. Прощаясь с Маеда-сан, мы договорились о продолжении нашего сотрудничества на Сахалине.

Прошел год, 3 августа 1992г. мы встречали в Южно-Сахалинском аэропорту группу японских археологов, среди которых был У.Маеда. Программа их пребывания на Сахалине предусматривала совместные раскопки, экскурсии на известные археологические стоянки, встречи со студентами. С учетом интересов японских коллег прошли раскопки стоянки вблизи Поречья, 《возраст》 которой 12-18 тыс. лет назад. Также успели побывать с гостями на охотских стоянках в районе Углегорска, Шахтерска. Но самое главное – наши японские коллеги посетили Сусуйскую стоянку. На обнажении раковинной кучи У.Маеда сделал зачистку слоя, собрал образцы раковин. Появился повод обсудить наши точки зрения на истоки охотской культуры. У.Маеда в целом согласен с положением о том, что в южной части Сахалина сложилась основа этой культуры (Сусуйская), ориентированная на приморскую адаптацию древнего населения острова. Однако, это не означает, что в остальном Маеда-сан разделяет взгляды своих сахалинских коллег. Это и хорошо, значит, есть общие научные интересы, над ними и будем дальше работать совместно! Вот пример, при раскопках на Седых найдены остатки двух печей в жилищах охотской культуры. На о. Хоккайдо такие печи – «комадо» не обнаружены. Почему? Маеда-сан с должным чувством юмора объяснил, что на Сахалине климат холоднее – «самуй». Хотя его коллега, также специалист по охотской культуре – К.Ямаура или «Юрий Юрьевич», как мы его прозвали в шутку, по поводу «комадо» прочитал нам целую лекцию...

Продолжением исследований 1991г. на Сахалине были археологические экскурсии на стоянки вблизи Стародубского, на морском побережье около Остромысовки провели «прощальную уху»...

В 1992г. наши совместные исследования продолжились, первоначально на о. Рэбун, где У.Маеда проводит раскопки уже несколько лет. Объектом исследований стала стоянка Хаманака-2, в программе планировались также экскурсии по острову, а в дальнейшем раскопки на Хоккайдо. Кроме этого предполагалось наше участие в международном симпозиуме по проблемам охотской культуры.

В подготовке программы совместных работ У.Маеда принимал самое живое участие, начиная со встречи нашего отряда в порту г.Вакканай, куда мы пришли из г.Корсакова на теплоходе «Юрий Трифонов».

Профессор Маеда снова за рулем своего «Ниссан Каравана», экскурсия по Вакканаю, небольшой японский обед – «тюсёку», далее паром на Рэбун. Маеда-сан лично устроил нас в уютный «рёкан», угостил зеленым чаем, провел экскурсию по острову, который является крупным туристским центром. Все было великолепно организовано. Это честь «гири»!

В группе У.Маеда много студентов из университета Цукубо, а также ребята и девушки, обучающиеся на гуманитарном факультете университета Саппоро. Мне как педагогу было интересно наблюдать со стороны систему японской высшей школы, так как все студенты проходят здесь на Рэбуне археологическую учебную практику. Прежде всего, меня приятно удивило высокое чувство такта и уважение японской профессуры к своим ученикам. В тоже время обратил внимание насколько выражено строгое повиновение старшим, почти сыновья почтительность к своим учителям. Это тоже долг, основанный на строго предписанном регламенте человеческих взаимоотношений, он обязывает японца вести себя подобающе, иногда даже вопреки собственному желанию, выгоде.

Маеда-археолог, ученый и Маеда-сенсей «учитель», все это прекрасно соединилось в одном человеке, поэтому его студенты буквально влюблены в своего «сенсея». Этого не заметить было нельзя...

Все участники нашего отряда, особенно А.А.Василевский, Н.В.Плотников, И.А.Самарин, да и я также, единодушно считают, что Маеда-сан прекрасный человек. Он не простой, это ясно, но честный и добрый, переживает за гостей, то есть за нас, старается все сделать по высокому классу!

После раскопок на Рэбуне У.Маеда устроил для нас прекрасную экскурсию по северо-восточному побережью Хоккайдо; Тесио, Усть-Тесио, Момбецу, и г.Энгару. Здесь проходил тот самый симпозиум, о котором нас предупреждали в программе работ на 1992г. Организаторы симпозиума сумели придать ему высокий статус; много гостей, доклады, церемония «гисики». Нас постоянно опекал У.Маеда или его коллега – Т.Амано. По окончании работы симпозиума, банкета с традиционным «компай», нам пришлось расстаться, так как У.Маеда планирует побывать в Магадане. Расставаться с профессором У.Маедой слегка грустно, остается надеяться на наши будущие встречи и совместные работы.

Предварительную программу работ на Сахалине отправили для У.Маеды в феврале 1993г. Уже в марте Х.Като сообщил, что программа раскопок вблизи г.Красногорска устраивает японскую сторону. Наши совместные исследования начались в августе 1993г. У.Маеда привез с собой группу студентов и аспирантов, а также часть коллег-археологов из Японии. Среди них наши старые знакомые; Х.Като и К.Ямаура («Юрий Юрьевич») и профессор Х.Исида из Саппоро.

Охранным раскопом на берегу протоки из оз.Айнское мы охватили три жилища охотской культуры, что позволило получить интересную информацию о конструкции древних жилищ, предметах жизни и быта их обитателей. Еще в 1991г., возвращаясь из Углегорска, мы остановились передохнуть на берегу озера. Наши японские друзья дружно бросились осматривать береговые обрывы, в которых ... торчали обломки керамики, орудия из камня. Именно тогда У.Маеда высказал пожелание провести здесь совместные раскопки. Вот теперь, в 1993г. эти проекты сбываются. Что же мы найдем здесь, на Усть-Айской стоянке?

В наших дневниках, моем и У.Маеды, сохранилось много интересных записей о ходе раскопок, находках, комментарии. Часть этих записей опубликованы в книгах, отчетах.

Среди находок, вызвавших профессиональный интерес, следует отметить фрагмент остродонного сосуда. У.Маеда долго ходил вокруг находки, повторяя; «Сусуя – тип, Сусуя!», чем лишний раз подтверждал свою точку зрения о вероятных сахалинских истоках охотской культуры. Не менее интересной была находка железного ножа с костяной рукояткой, по времени – 7-10 в.в. Н.Э.

Сезон наших совместных работ 1993г. завершился экскурсиями на м.Свободный, поездкой в Корсаков и Озёрск. Прощаясь, Маеда-сан предложил продолжить работы в Японии, а потом вновь побывать на Сахалине.

Следующая встреча с У.Маедой произошла только в 1996г., когда он в составе группы проф. С.Цудзи прибыл на Сахалин для участия в комплексных исследованиях на юге острова. К этому времени в нашем распоряжении появился небольшой стационар – учебная археологическая база на оз.Седых. Именно эти прекрасные места, исключительно богатые в археологическом плане, стали почти на 7 лет объектом совместных работ.

Уже в июле 1996г., вместе с группой японских палеогеографов У.Маеда приступил к изучению речных и озерных террас, на которых расположено большинство поселений охотской культуры. Некоторые из них, например Седых-1, включают до 850 и более жилищ.

Почти каждый день Маеда-сан уходил на археологические разведки, зарисовывал, фотографировал поселения, выполнил собственную карту-схему древнего комплекса Седых. Он, как-то очень вежливо, типично по-японски, с чувством собственного достоинства, не внял нашим просьбам воспользоваться готовыми схемами. Внимательно ознакомился с нашими находками, высказал свою точку зрения на восстанавливаемое нашим отрядом одно из раскопанных жилищ. Маеда-сан поддержал нашу методику восстановления жилища, поделился информацией о способах реконструкции, известных в Японии. Он также согласился с тем, что изученное нами жилище относится к 10-11в.в.

Раскопки на Седых мы продолжили в 1997г., когда приступили к исследованию еще одного жилища охотской культуры. В составе группы студентов Сахалинского Университета на раскопках участвовал также японский студент Кацухико Кияма. Он приехал на Сахалин 4 апреля 1997г. по направлению своего учителя У.Маеды, с которым мы обговорили программу пребывания К.Киямы. Основная цель его поездки на Сахалин – сбор материалов по охотской культуре для своей дипломной работы. К.Кияма быстро вошел в состав студенческого отряда, русские ребята обращались к нему – «Костя-сан». На раскопках наш японский гость проявлял характерную национальную щепетильность, много рисовал, фотографировал интересные для него объекты.

В начале августа вместе с группой С.Цудзи на Сахалин вновь приехал У.Маеда. Наш совместный отряд проводил исследования в районе Красногорска, на берегах Вавайского озера. Завершались работы вновь на базе Седых, С.Цудзи провел для нас интересный семинар по палеогеографии южной части о.Сахалин. Свои комментарии, но уже с археологическими врезками, предложил У.Маеда. Так, он утвердительно выразил свою научную концепцию о том, что существовала особая культура типа сусуя, поселения которой связаны с ранней береговой террасой вблизи неглубоких морских лагун. По его мнению, на этом этапе древней истории вырабатывались основные элементы охотской культуры, которые позднее получили дальнейшее развитие. Одним из важных факторов приморской адаптации является рыболовный промысел, а затем и добыча морского зверя.

Насчет рыболовства – это абсолютно верно, так как почти круглый год на Сахалине, Курилах и Хоккайдо можно ловить рыбу. Особенно в июле-сентябре, когда в островные реки заходят на нерест косяки лососевых рыб.

На Седых мы не только обсуждали научные проблемы, но и немного отдохнули. Наиболее популярным отдыхом была…рыбалка в акватории рыбозавода в с.Охотское. На рыбозаводе вовсю шла путина, переработка, засолка горбуши и кеты. В ковше рыбозавода скопилось много хищной рыбы; красноперка, кунджа, окуни, которая питалась всем что, смывалось в море. Рыбалка здесь отменная, где только мне не приходилось рыбачить вместе с У.Маедой; реки под Углегорском, Шахтерском, протока оз.Айнское, реки, впадающие в Тунайчу, Вавайское, лагуну Буссе. Однако, такого азартного У.Маеду я раньше не встречал; он бегал с удилищем по пирсу, закидывал и вытаскивал крупных красноперок. Когда рыба сходила с крючка, топал ногами, а К.Кияма в это время прятался за стенку пирса…Вот это рыбак, ну профессор У.Маеда! Просто здорово!

Наш полевой сезон 1997г. завершился в сентябре, когда У.Маеда, его аспирантка С.Учияма побывали на Сахалине. Работали с коллекциями Сахалинского краеведческого музея. Будем ли продолжать сотрудничество дальше? Маеда-сан утвердительно отвечал; 《Канарадзе》, то есть 《обязательно》.

В сентябре 1998г. профессор У.Маеда вновь прибыл на Сахалин, с ним его ученики; К.Кияма и С.Учияма. Встреча с Кацухико была для меня очень приятной, он поделился своими небольшими успехами, планами на будущее. Почти неделю мы провели на Седых; работали с коллекциями, разбирались в стратиграфии раскопа, обсудили некоторые интересные находки. Затем вместе с В.Д.Федорчуком вся наша группа выезжала на пять дней в Поронайский район, где ознакомилась с коллекциями местного музея, осмотрела стоянки на берегах оз.Промысловое. Оставшиеся до отъезда дни японские гости посвятили отдыху на Седых, конечно, не обошлось без рыбалки…

Мы расстались в надежде встретиться на следующий год, однако судьба распорядилась иначе. Почти пять лет продолжали переписываться, обменивались поздравлениями, информацией о научной жизни в Японии и России. Мне было очень приятно узнать об успешном симпозиуме по проблемам охотской культуры (Саппоро, Университет, 28.02-1.03.2002). Потом пришло сообщение А.А.Василевского о публикации отчета о наших совместных исследованиях стоянки Усть-Айнское в 1993г. Отчет опубликовал К.Ямаура в сборнике 《Проблемы формирования охотской культуры》/ Бюллетень музея университета Хоккайдо, No.1, март, 2003г./. Что-то уж больно долго Ямаура готовил материалы нашего совместного отчета. О находках керамики типа Сусуя и Эсутору написал, а о том, что в работах принимали участие археологи Сахалинского университета написать Забыл. Уверен, что У.Маеда так бы никогда не поступил!

В сентябре 2003г. мне вновь удалось встретиться с японскими коллегами на Сахалине, и опять на Седых. Это произошло благодаря поддержке моих бывших учеников, сотрудников археологической лаборатории, которой ныне руководит д.и.н. А.А.Василевский. Он подал идею о моей поездке на Сахалин, ее поддержали: В.Д.Федорчук, П.Кашицын, О.Дедяхин, В.Грищенко.

Встреча была теплой, было много воспоминаний, рассказов, небольшой русско-японский 《компай》... Среди гостей из Японии были мои добрые друзья; У.Маеда, С.Цудзи, К.Кияма, С.Учияма. Мне приятно, что у них все идет хорошо, много открытий, интересных находок, впереди большие планы. Маеда-сан долго расспрашивал меня о жизни в Нижнем Новгороде, работе, семье, пожелал успехов во всех делах, просил не забывать о нашей дружбе и писать письма. Что я и делаю в этой статье, вспоминая наши долгие и хорошие отношения, выражаю надежду, что наше сотрудничество будет продолжаться. Хочу пожелать, прежде всего, Маеде-сенсею успехов и удачи, а его друзьям и ученикам – не забывать своего учителя, наставника и старшего друга!

友人，前田潮 ― 学者として，教育者として ―

V. A.ゴルベフ（訳：木山克彦）

　この論集に，日本そしてロシアで著名な考古学者である筑波大学前田潮教授との友情，協力について発表する事が出来て，私は大変うれしく思います。サハリン，千島列島，北海道島といった島嶼地域の古代史研究に関して，私達は，創造的な学術協力をはや15年続けてきました。この大陸の切れ端という環境は，永きに渡る私達の生活，学術そして教育活動に大きく関連し

てきました。この地域の古代の歴史に関して，私達は，考古学的，民族的に，多くの論文，本を執筆し，学生達に講義をしてきました。一方，私達の交わした手紙，ファックス，e-mail にも幾分興味深い内容が残されています。

私が，最初に前田潮氏について知ったのは，1978年日本人研究者菊池俊彦氏との会談まで遡ります。彼はその時，《シベリアと極東の考古学》という講義クラスの為の資料を集めに，ノボシビルスク，アカデミーガラドクの歴史研究所に研修に来ていました。菊池氏は上記のテーマで北海道大学の学生に講義を行っており，サハリンと千島列島の考古学に関する私の著作に関心を持っておられました。会談の中で，菊池氏は，見解中にしばしば前田潮氏の考えを引用し，彼の論文に触れていました。菊池俊彦氏は，帰国後，日本人考古学者の出版物のコピーを集め，私に送ってくれました。その中には前田潮氏のオホーツク文化の問題に関する論文も含まれていました。その後も，大塚和義氏教授や岩本義雄教授から，私は再三，前田潮氏の北海道での活動に関する素晴らしい評価を耳にしました。

1990年代初め，日本人研究者との共同調査協定において，私達の後見人であった中村斎氏もまた前田潮氏の学術活動に対して大変高い評価をしていらっしゃいました。

1990年6月，北海道，サハリンでの共同発掘調査の協定に，札幌大学の木村英明教授が署名されました。その追加の作業プログラムの中に，前田潮氏を筆頭とした筑波大学の考古学者のグループが参加する事が組み込まれていました。私達は，前田氏と彼の学生，研究者とともに1990年の秋から北海道の古代史について共同調査を始める事になったのです。

A. P.デリェビャンコ，R. S.ワシリエフスキー，V. E.ラリチェフといった私のシベリアの同僚との話で，私達は幾分か，日本でのフィールドワークの特徴，特色といったものを知っていました。前田潮氏については，学術論文で幾分かは知られてはいましたが，彼自身や彼の同僚について，直接的には全く知られていませんでした。日本での共同作業がどのように組織されるのか，前田氏の学術的手法はどのようなものか，こういった事やその他諸々の事についてとても興味深く感じていたのです…。

1990年3月，私達のグループは，アエロフロート，ハバロフスク－新潟線で飛び立ちました。空港で，前田潮氏の代理で来ていた彼の大学院生の加藤博文氏と出会いました。加藤氏は見たところ，20～25歳くらいに見えました。彼は日本とロシアで習得したロシア語を上手に話していました。新発田という小さな町で，彼の指導教官と会う事になっており，そこに電車で向かいました。町は夕方を迎えても尚，38℃と暑く，湿って蒸していました。ホテルにおさまった後，加藤サンは，私達に日本料理の夕食を手配してくれました。夕食がほぼ終わりかけた頃，前田潮氏はレストランにやってきました。

前田氏の最初の印象は，礼儀正しく，丁重で，活動的で明るい人という好印象でした。彼は47～48歳くらいに見えました。日本の男性はかなり若く見えるものです。前田サンは手短，簡潔に私達のプログラムを紹介してくれました。私達のプログラムはエクスカーション，共同発掘調査，博物館の資料見学でした。私達は，前田氏と，日本の膨大な歴史書の幾つもの興味あ

る《頁》を《めくる》事となったのです。

　私の日記には，初めての日本滞在の日々，本州への旅行，興味深い会話，もてなし好きな国民の生活に関する様々な話題と出会いに関する多くのメモが記されています。前田サンは，《日産キャラバン》を上手に運転しながら，私達に列島の考古学の遺跡を見せてくれました。それは，私達の専門的な感受性にとても訴えかけるものでした。遺跡，集落，墓，中世《大名》の城，博物館，展示といったものです。

　旅行の初めの頃，私達は，彼と共通の興味や学術的問題，私達の同僚の考古学者の仕事について，たくさん話しをしました。そして，長らく，オホーツク文化の形成と発展という共通の問題に取り組み，私達は海峡を挟んで，並行して仕事をしていた事が分かりました。60〜70年代，私達は根室海峡を挟んで仕事していましたし，その後はラペルーザ（宗谷）海峡を挟んでいました。私達の隊が，クナシリ，シコタン，ユーリで発掘調査をしていた時に，前田氏のグループは北海道島の根室，羅臼，稚内地域で古代の集落の調査をしていたのです。私達は，モネロン島と礼文島とで互いに盗み見していたかも？と冗談を言い合う程になっていました。宗谷岬から叫べば，きっと声が届いたことでしょう…。

　私達には，学術的な点だけでなく共通する興味がありました。例えば，自動車。私達はそれぞれほぼ30年近く，車の運転をしていました。勿論，釣りもそうです。後に，前田サンはいかに素晴らしい釣り師であるか，まさに釣り名人と呼ぶにふさわしい事を証明してくれました。しかしこれは後の話。この時は《日産キャラバン》で本州の道を方々に移動しました。里浜遺跡，マラクヤマ，仙台市の博物館のコレクションを見学したりしました。

　仙台市の博物館では，前田氏が依頼してくれたおかげで，日本で発見された最も古い旧石器時代の遺物，馬場壇，座散乱木遺跡の資料を見る事ができました。また，北海道の旭川市博物館では，河野広道氏が南千島で見つけた資料，サハリンのストラドゥブスコエ，チェーホフ遺跡出土のコレクションも私達に見せてくれました。

　かなり早い段階で，前田サンがどれほど包み隠しのない誠実な人かという事が私達にははっきり分かりました。彼はとても面白く話して聞かせてくれ，ユニークな考古学コレクションを紹介してくれました。

　サロマ湖の周りの美しい道路脇に《日産キャラバン》を停め，ここで私達の主人は常呂町周辺で自分が以前発掘した場所を見せてくれました。モヨロ貝塚や，また末広遺跡の素晴らしい考古学展示を見る機会を得る事が出来ました。これらについては，以前から日本の雑誌を見て，発掘された古代文化の道具に見惚れ，強い憧れを抱いていました。ここ北海道で，実際に手に取り，石器，骨角器，典型的なオホーツク文化の文様を持った土器片を見る事ができたのです。

　勿論，私達は前田潮氏への敬意をしっかり理解していましたし，評価していました。彼や彼の同僚の助力があってはじめて，私達は多くの事を体験する事が出来たのです。北海道では，前田潮氏は良く知られており，ほとんど至る所で受け入れられていました。菊池俊彦氏のいうように，前田潮氏は《南の人》でしたが，何を見せて欲しい，どこに行きたいといった頼みが

断られる事は稀でした。遠軽町では，私達は市長の家にも招かれる事になったのです。

　ここでの郷土の考古学愛好家の方々との出会いは，忘れる事が出来ません。その中でも黒耀石で古代の道具を復元製作する技術を習得している方については，特によく覚えています。この名人は私達の滞在場所に2度訪ねて来てくれ，私達に日本の《風呂》を用意してくれました。

　旅の終わりには，前田サンのもてなし好きの温かな気持ちを覚えていました。彼は，私達に日本の小さなホテル，《旅館》を案内してくれ，私達に《おしぼり》の使い方や《浴衣》の着方を教えてくれました。しかしながら，最も重要な事は，前田サンは高貴な感情，《義理》を持って私達に接してくれた事です。私達はこの事をとても強く感じました。前田サンとの別れを迎え，私達は，サハリンにおける私達の共同作業の継続を約束しました。

　1年の月日が流れた1991年2月，私達はユジノ＝サハリンスク空港で，前田潮氏を含めた日本人考古学者の一団を迎えました。サハリンでの滞在プログラムは，著名な遺跡へのエクスカーション，共同調査，学生との交流が予定されていました。日本の同僚の興味を考慮して，18,000〜12,000年前の年代を持つ，ポリツィエ付近の遺跡発掘に向かいました。同じく，お客とともに，ウグレゴルスク，シャフチョールスク地域のオホーツク文化の遺跡を巡る事も出来ました。その中でも最も重要なのは，私達の日本人の同僚がススヤ遺跡を訪ねる事でした。貝塚の残る地点で，前田潮氏は層を清掃し，貝を集めていました。ススヤ遺跡への訪問は，オホーツク文化の起源に関する私達の見解を討議するきっかけとなりました。前田潮氏は概して，サハリン南部にこの文化の基盤（鈴谷）が形成され，島の古代住人が沿海への適応に向かったとする立場に賛同していました。これは，前田サンが他の点でサハリンの同僚と見解を異にするという事ではなく，私達が共通する学術的関心を持っている事，将来，共同で仕事をしよう！という事を良く示しています。セディフ遺跡の発掘では，オホーツク文化の住居において2つの竈が検出された例がありました。北海道では，このような《カマド》は検出されていません。なぜですか？と尋ねると，前田サンは持ち前のユーモア感覚で，サハリンの気候はより冷涼だ－《サムイ》－からと説明しました。彼の同僚，前田氏と同様にオホーツク文化の専門家である山浦清氏－私達は冗談で《ユーリー＝ユーリェビッチ》とあだ名を付けている－が《カマド》に関してみっちりと講義をしてくれました。

　1991年のサハリンの調査は続き，スタラドゥブスコエ周辺の遺跡のエクスカーションを行い，海辺の岬の突端で，《お別れのウハ（訳注；ロシアの魚スープ）》を調理して食べました…。

　1992年も私達の共同調査は続きました。最初は前田潮氏が既に何年か発掘調査している礼文島での調査でした。調査地は，浜中2遺跡でした。また，プログラムでは，島内の遺跡，北海道の過去の発掘調査地のエクスカーションが予定されていました。この他，オホーツク文化の問題に関する国際シンポジウムへの私達の参加も予定されていました。

　共同調査プログラムの準備段階から前田潮氏は積極的にもてなしてくれました。まず，私達の隊はコルサコフ港発の発動汽船《ユーリー＝トリフォノフ号》で稚内港に向かい，そこには前田氏が出迎えに来てくれていました。

前田氏は再び，《日産キャラバン》を運転し，稚内のエクスカーションをしてくれ，日本の《昼食》をとった後，フェリーで礼文島に向かいました。前田サンは自ら快適な《旅館》を手配し，緑茶を入れてくれ，島内のエクスカーションに連れて行ってくれました。礼文島は有名な観光地でした。全てが素晴らしく手配されていました。これこそ《義理》に違いないと感じました。

前田潮氏のグループには，筑波大学の多くの学生と札幌大学の人文社会学系学部の若者がいました。学生は皆，考古学実習で礼文島に来ていたので，私は教育者として日本の最高教育機関のシステムを興味深く見ていました。まず第一に，日本の教授が自分の学生に高尚な節度と敬意の念を持って接している事にうれしい驚きを覚えました。と同時に，学生が，自分の先生に対してまるで息子であるかのような敬意を持って，年長者に従っている事にも注目しました。これは，日本人の心の内にある規律に基づいた，義務でもあり，時折自らの望みや利益に反しても，これによって日本の人々はしかるべき態度を取る様になるのでした。

考古学者としての前田氏，《教師》としての前田センセイ，これらが全て一人の人格の中で結びついていました。だからこそ，彼の学生達は，自分の《先生》に全く魅了されていたのです。これは決して忘れてはならない事でしょう…。

私達の隊の参加者全員，特にA. A.ワシレフスキー，N. V.プロトニコフ，I. A.サマーリン，そして私も勿論，一致して前田サンが素晴らしい人だと理解していました。彼は単純な人ではないが，誠実で穏やかで，客人つまり我々に対して気にかけてくれ，全てを高いレベルで行おうとしてくれたのです！

礼文島での発掘の後，前田潮氏は，天塩町，天塩河口，紋別市，遠軽町といった北海道北東沿岸地域の素晴らしいエクスカーションに連れて行ってくれました。遠軽町では，1992年の作業プログラムに予定されていたシンポジウムが行われました。シンポジウムの開催は多くの人々，発表，セレモニー《儀式》があり，彼の高い地位を示していていました。我々は常に前田潮氏と彼の同僚である天野哲也氏にお世話いただきました。シンポジウムの終わりには，パーティーが催され，我々は伝統的な《乾杯》を交わしました。前田潮氏がマガダンを訪問する為に，私達は別れる事となりました。前田潮氏は少しさびしげに，将来の再会と共同調査を期待し，去っていきました。

1993年2月，前田潮氏にサハリンでのプログラムの予定を送りました。3月にはもう加藤博文氏から，日本側でクラスノゴルスク市近郊の発掘を行いたいという知らせがありました。私達の共同調査は1993年8月に始まりました。前田潮氏は学生，大学院生，日本の同僚考古学者の一部から成るグループを連れてやって来ました。その中には，私達の旧友，加藤博文氏，山浦清氏（《ユーリー＝ユーリェビッチ》）や，札幌からやって来た石田肇氏の顔もありました。

アインスコエ湖から海に注ぐ川沿いの保護発掘調査で，私達はオホーツク文化の住居址3軒を発見しました。これらは，古代の住居址の構造，その住人の日常品，生活様式に関する興味深い情報が得る事のできるものでした。1991年に，ウグレゴルスク市から帰る途中，アインス

コエ湖の岸辺で休憩をとりました。その時，私達の日本人の友人達は一致協力して，岸辺の断面の調査に取りかかりました。そしてそこには…土器片，石器が突き出ていたのです。その時，前田潮氏は，ここで共同発掘を行いたいと希望を述べました。そして，1993年にこの計画は実現されたのです。我々はここ，ウスチーアインスコエ遺跡で何を見つけたでしょう？

　私と前田潮氏の日誌には，発掘の過程，遺物，コメントに関する多くの興味深いメモが残っています。このメモの一部は本や論文で既に公のものとなっています。専門的な関心を呼び起こす遺物の中で，尖底の土器片は注目に値するものでしょう。前田潮氏はずっと，《鈴谷，鈴谷式》と繰り返し話していました。この遺物によって改めて，オホーツク文化のサハリンにおける起源に関する自らの見解を確認する事となったのです。また，7～10世紀にあたる骨製の柄を持った鉄製刀子の発見も極めて興味深いものでした。

　1993年の我々の共同調査のシーズンは，スヴァボードスィ岬へのエクスカーション，コルサコフ，アジョールスクへの旅で終わりました。別れの時，前田サンは日本での仕事を続け，また再びサハリンを訪れると申し出てくれました。

　前田潮氏との次の再会は1996年まで待たなければなりませんでした。その時前田氏は，サハリン島南部における複合研究への参加のため，辻誠一郎教授のグループの一員として，サハリンにやってきました。この時には，私達は，セディフ湖に小さな常設施設－考古学的学術拠点－を運営していました。ここは考古学的に格別に豊富な資料を有する場所で，7年間の共同調査の地点となった場所です。

　1996年の7月，日本の古地理学のグループとともに，前田潮氏はオホーツク文化の大規模集落が分布している河岸段丘，湖の段丘の調査に取りかかっていました。そのうちのいくつか，例えばセディフ1遺跡には850以上もの住居址が遺されています。

　ほとんど毎日，前田サンは考古学探査を行い，集落の写真撮影，セディフにおける古代コンプレックスの平面図を作成していました。彼は，とても丁重に，そして典型的な日本式に，私達が既に作成していた平面図を利用する事を断りました。私達の発見を注意深く観察し，私達の隊の発掘した住居址の復元について自らの見解を述べてくれました。前田サンは私達の住居址復元の方法に手を貸してくれ，日本で知られている復元方法に関する情報を提供してくれました。彼はまた，私達の住居が10～11世紀に属するという見解に賛同してくれました。

　1997年にも我々はセディフでの発掘を続け，この時もまた別のオホーツク文化の住居の調査を行いました。発掘には，サハリン大学の学生グループの一員として，日本の学生，木山克彦氏が参加しました。彼は自身の先生である前田潮氏に勧められて，1997年4月にサハリンに来ていました。私は前田氏と木山氏の滞在プログラムについて話し合っていたのです。彼のサハリン滞在の主目的は，卒業論文作成の為にオホーツク文化の資料を収集する事でした。木山克彦氏は，すぐに学生達の一員として溶け込み，ロシアの若者は彼を《コースチャーサン》と呼んでいました。私達の日本の客人は，発掘においてその国民的特性といえる慎重さを発揮し，自身の関心に従って多くの図面や写真をとっていました。

8月初め，辻誠一郎氏のグループとともに前田潮氏は再びやって来ました。我々共同調査隊はクラスノゴルスク地域，ヴァヴァイ湖岸で調査を行いました。再びセディフのキャンプで調査を終了する際，辻誠一郎氏は私達にサハリン島南部の古地理に関する興味深いセミナーをしてくれました。前田潮氏は考古学的な事象を照らし合わせた自らのコメントを述べました。彼は，確信を持って，浅い海浜ラグーン傍の古い段丘と密接に関係する鈴谷式の基盤文化が存在したとする自らの研究概念を述べました。彼の見解は，古代の歴史におけるこの段階で，後に更なる発展を見るオホーツク文化の基礎的な要素が形成されたとし，沿岸適応の重要な要素の一つに漁撈があり，その後，海獣の獲得へと続いていくといったものでした。

　漁撈に関して言えば，サハリン，千島，北海道はほぼ一年を通して魚を取る事ができるので，絶対的に必要なものです。特に7～9月は，サケ科の魚群が産卵のため島の河川に入ってくるのです。

　セディフでの我々は研究に関する問題を討論していただけでなく，若干の息抜きもしました。最も一般的に行った休息は…オホーツコエ村の魚工場の入り江での釣りでした。魚工場では，サケやカラフトマス漁の最盛期に，加工，塩蔵といった作業が猛烈な勢いで行われます。魚工場の人工湾は，ウグイ，アメマス，メヌケといった多くの肉食性の魚が工場から海に流される全てのものを食べようとあふれていました。ここでの釣りは素晴らしいものでした。前田潮氏とはここだけでなく，ウグレゴルスク，シャフチョールスクの河川，アインスコエ湖から海に流れる川，トゥナイチャ湖に注ぐ川，ヴァヴァイ湖，ブッセ湖のラグーンでも釣りをしました。ですが，ここでの前田潮氏の熱中ぶりはかつて私が見た事もない程でした。彼は釣竿を持って堤防に走り，竿先を投げ入れると，大きなウグイを引き上げました。魚を釣針から外す時には，足で踏んづけていました。その時木山克彦氏は埠頭に隠れていたのに…これが，釣り師，前田潮教授！実に素晴らしい！

　1997年の我々のフィールドシーズンは9月に終わりましたが，この年また，前田潮氏は彼の大学院生内山幸子氏とともにサハリンを訪れました。サハリン郷土博物館で資料調査を行いました。この先も，共同調査を継続しますか？と尋ねたところ，前田サンは確信を持って《カナラズ》，《アビザーテリナ（訳注：ロシア語で「必ず，きっと」の意）》と答えてくれました。

　1998年9月，前田潮氏は，彼の教え子，木山克彦氏と内山幸子氏とともに再びサハリンを訪れました。克彦との再会は私にとってとてもうれしい事でした。彼は自身の将来のプランと成功について語っていました。ほぼ1週間我々はセディフに滞在し，資料調査や発掘の層序の検討，幾らかの興味深い資料の検討を行いました。その後，V. D.フェドルチュクとともに，我々のグループは皆でポロナイスク地域への5日間の旅に出発しました。ここでは，郷土博物館の資料調査をし，プロムィスロヴォエ湖岸の遺跡を見学しました。日本へ出発するまで残った日々は，日本の客人達はセディフで休息をとって過ごしました。勿論，釣りも欠かしませんでした。

　我々は次年に再会する事を希望して別れましたが，運命は違った形で働きました。ほぼ5年

の間，祝辞やロシア・日本の研究生活に関する情報をやり取りする文通が続きました。私はオホーツク文化の問題に関するシンポジウム（於札幌，北海道大学　2002年2月28日～3月1日）の成功を知り，とてもうれしく思いました。その後，A.A.ワシレフスキーから，1993年のウスチ＝アインスコエ遺跡における我々の共同調査の報告が公表されたという知らせを受けました。山浦清氏が《オホーツク文化形成期の諸問題》（北海道大学博物館紀要 No.1，2003年3月発行）という論集にその成果を公表したのです。

　2003年9月，私は再び日本の同僚とサハリンで会う事が出来ました。それも再びセディフにおいてです。この再会は私のかつての教え子や，現在A.A.ワシレフスキー歴史学博士が指導している考古学研究所研究員の助力で実現しました。彼は私にサハリン旅行を提案してくれ，V.D.フェドルチュク，P.カシツィン，O.デデャーヒン，V.グリシェンコもそれを支持してくれました。

　再会は暖かなものでした。多くの思い出話や会話をし，ロシアー日本の《乾杯》を少々交わしました…。日本からの客人の中には私の親しい友人達，前田潮氏，辻誠一郎氏，木山克彦氏，内山幸子氏がいました。彼等が皆うまくいっている事，多くの業績を挙げている事，興味深い発見がある事，これからの大きな計画がある事を知り，うれしく思いました。前田サンは長い事，私にニージニー－ノヴゴロドでの生活，仕事，家族について尋ね，全ての事が上手く行くよう祈ってくれました。そして手紙を書くように，私達の友情を忘れないようにと頼んでくれました。

　私はこの論文の中で，研究とはまた違った側面の素晴らしい関係の思い出について書いてきました。望むべくは私達の協力関係がこの先も続いて欲しいと思います。第一に，前田センセイの成功を祈念します。そして，彼の友達や教え子達には，自分の先生，教師，そして年長の友人を忘れないように！と望みます。

ゴルベフ＝ヴァレリー＝アレクサンドロビッチ
歴史学カンディダート，助教授，ロシア自然科学アカデミー（PAEH）準会員。ロシア新大学ニージェゴロド校，観光講座長。1962年～99年までサハリン国立大学考古学研究所に勤める。

訳者注：本文の訳出にあたっては，原文に忠実に翻訳するよう心がけたが，本論集の体裁に合わせて，一部抄訳した部分がある。翻訳に際しては，加藤博文先生，V.A.デリューギン氏より御助力を頂いた。また，図版作成は内山幸子氏によるものである。

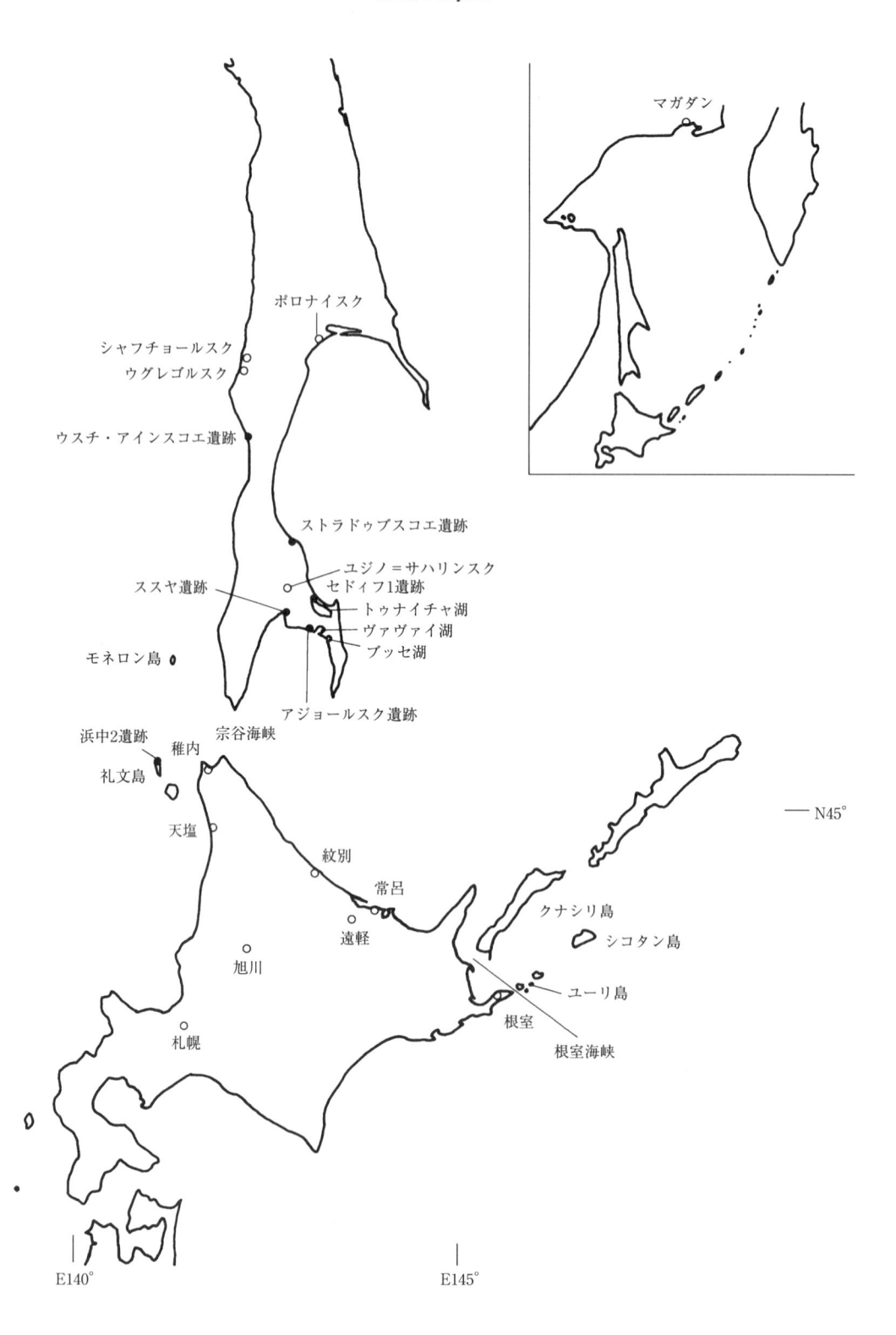

地図　本稿で言及する主要な都市および遺跡

Мой друг Усио Маеда – ученый и педагог.

写真1　復元された竪穴住居の前に立つ前田潮氏と筆者

写真2　サハリンにて（1991年）
後方左より前田潮氏、横山英介氏、山浦清氏、木村英明氏、右隅に辻誠一郎氏
手前中央　筆者

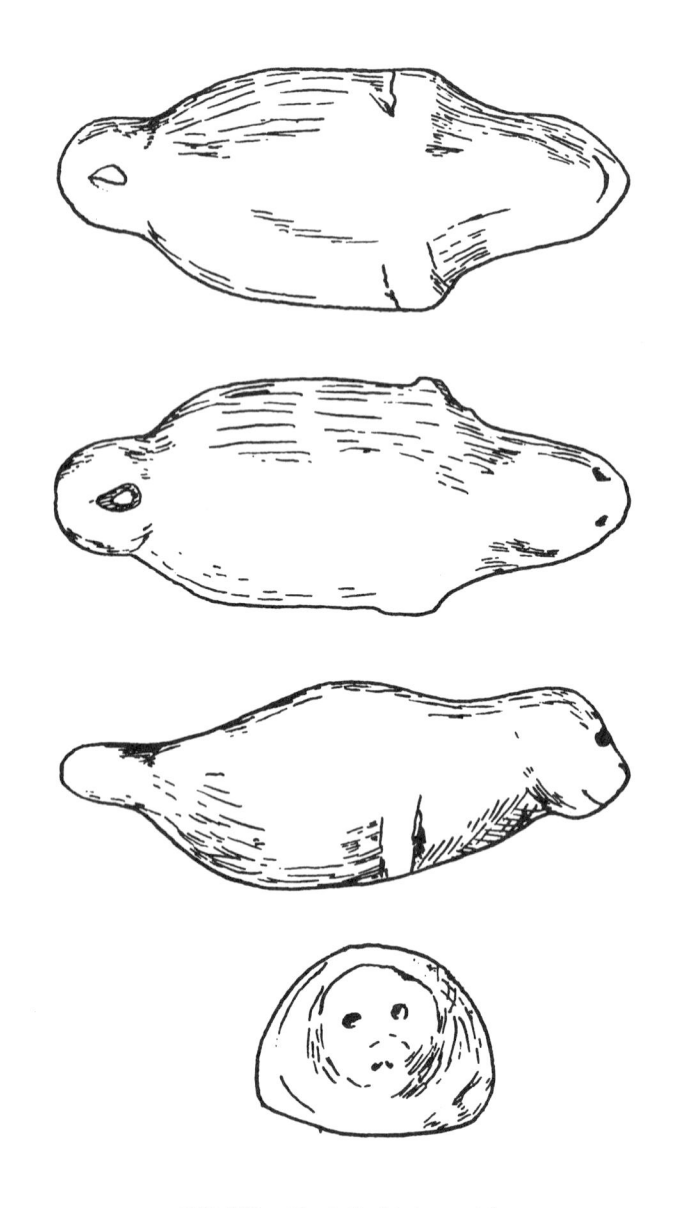

海獣骨製アザラシ像（オホーツク）
根室市オンネモト遺跡出土
東京教育大学文学部 1974『オンネモト遺跡』

編集後記

　考古学論集『海と考古学』の発刊に至るまでの経緯については，当初，筑波大学教授前田潮先生が2005年3月をもって筑波大学を退職されることに合わせ，その教え子や学外・学内での研究仲間があつまって献呈論集をつくろうというものでした。しかし，前田先生のもとにその話をもちかけたところ，極めて強い固辞のご意見が寄せられ，前田先生の退職をお祝いするという趣旨は変更せざるを得ない状況に至りました。趣旨の変更があったにもかかわらず，総勢25名の執筆者を得，本論集を刊行することができました。事務局としてこの上ない後押しを頂いた思いです。ありがとうございました。

　論集刊行にあたっては，六一書房そして，印刷を受け持っていただいた平電子印刷所には大変お世話になりました。記して謝意を表します。慣れない編集作業ではありましたが，なんとか刊行することができました。皆さんありがとうございました。

執筆者の所属 （執筆順）

天野　哲也	北海道大学総合博物館
木山　克彦	北海道大学大学院文学研究科
臼杵　勲	札幌学院大学人文学部
高畠　孝宗	枝幸町教育委員会
内山　幸子	日本学術振興会特別研究員
加藤　博文	北海道大学大学院文学研究科
加藤　真二	奈良文化財研究所飛鳥資料館
桃崎　祐輔	福岡大学人文学部
福田　正宏	日本学術振興会特別研究員
石井　淳	札幌市埋蔵文化財センター
松本　建速	筑波技術短期大学
横山　英介	私設北海道考古学研究所
瀬川　拓郎	旭川市博物館
石田　肇	琉球大学医学部形態機能医科学講座
近藤　修	東京大学大学院理学系研究科
MARK J. HUDSON	北海道大学スラブ研究センター
山田　康弘	島根大学法文学部
沖松　信隆	千葉県文化財センター
山浦　清	立教大学文学部
設楽　博己	駒澤大学文学部
田中　裕	千葉県文化財センター
日高　慎	東京国立博物館
大森　隆志	松戸市立博物館
江田　真毅	日本学術振興会特別研究員
V.A.ゴルベフ	ロシア新大学ニージェゴロド校

海と考古学

2005年2月15日　初版発行

編　者　海交史研究会考古学論集刊行会
発行者　八木　環一
発行所　有限会社　六一書房
　　　　〒101-0064　東京都千代田区猿楽町1-7-1　高橋ビル1階
　　　　TEL 03-5281-6161　　FAX 03-5281-6160
　　　　http://www.book61.co.jp　　E-mail info@book61.co.jp
　　　　振替　00160-7-35346
印　刷　有限会社　平電子印刷所

ISBN 4-947743-26-3　C3021　　　　　　　　Printed in Japan